THE BUIK
OF THE
CRONICLIS OF SCOTLAND
OR
A METRICAL VERSION OF THE HISTORY
OF HECTOR BOECE
BY
WILLIAM STEWART

VOLUME II

Elibron Classics
www.elibron.com

Elibron Classics series.

© 2005 Adamant Media Corporation.

ISBN 1-4021-1017-0 (paperback)
ISBN 1-4212-9756-6 (hardcover)

This Elibron Classics Replica Edition is an unabridged facsimile
of the edition published in 1858 by Longman, Browns, Green,
Longmans, and Roberts, London.

RERUM BRITANNICARUM MEDII ÆVI
SCRIPTORES,

OR

CHRONICLES AND MEMORIALS OF GREAT BRITAIN
AND IRELAND

DURING

THE MIDDLE AGES.

THE CHRONICLES AND MEMORIALS

OF

GREAT BRITAIN AND IRELAND

DURING THE MIDDLE AGES.

PUBLISHED BY THE AUTHORITY OF HER MAJESTY'S TREASURY, UNDER THE DIRECTION OF THE MASTER OF THE ROLLS.

On the 26th of January 1857, the Master of the Rolls submitted to the Treasury a proposal for the publication of materials for the History of this Country from the Invasion of the Romans to the Reign of Henry VIII.

The Master of the Rolls suggested that these materials should be selected for publication under competent editors without reference to periodical or chronological arrangement, without mutilation or abridgment, preference being given, in the first instance, to such materials as were most scarce and valuable.

He proposed that each chronicle or historical document to be edited should be treated in the same way as if the editor were engaged on an Editio Princeps ; and for this purpose the most correct text should be formed from an accurate collation of the best MSS.

To render the work more generally useful, the Master of the Rolls suggested that the editor should give an account of the MSS. employed by him, of their age and their peculiarities ; that he should add to the work a brief account of the life and times of the author, and any remarks necessary to explain the chronology; but no other note or comment was to be allowed, except what might be necessary to establish the correctness of the text

The works to be published in octavo, separately, as they were finished; the whole responsibility of the task resting upon the editors, who were to be chosen by the Master of the Rolls with the sanction of the Treasury.

The Lords of Her Majesty's Treasury, after a careful consideration of the subject, expressed their opinion in a Treasury Minute, dated February 9, 1857, that the plan recommended by the Master of the Rolls "was well calculated for the accomplishment of this important national object, in an effectual and satisfactory manner, within a reasonable time, and provided proper attention be paid to economy, in making the detailed arrangements, without unnecessary expense."

They expressed their approbation of the proposal that each chronicle and historical document should be edited in such a manner as to represent with all possible correctness the text of each writer, derived from a collation of the best MSS., and that no notes should be added, except such as were illustrative of the various readings. They suggested, however, that the preface to each work should contain, in addition to the particulars proposed by the Master of the Rolls, a biographical account of the author, so far as authentic materials existed for that purpose, and an estimate of his historical credibility and value.

In compliance with the order of the Treasury, the Master of the Rolls has selected for publication for the present year such works as he considered best calculated to fill up the chasms existing in the printed materials of English history; and of these works the present is one.

Rolls House,
    December 1857.

THE

BUIK OF THE CRONICLIS OF SCOTLAND;

OR

A METRICAL VERSION OF THE HISTORY OF HECTOR BOECE ;

BY

WILLIAM STEWART.

EDITED

BY

WILLIAM B. TURNBULL, ESQ.

OF LINCOLN'S INN, BARRISTER-AT-LAW.

PUBLISHED BY THE AUTHORITY OF THE LORDS COMMISSIONERS OF HER MAJESTY'S
TREASURY, UNDER THE DIRECTION OF THE MASTER OF THE ROLLS.

VOL. II.

LONDON:
LONGMAN, BROWN, GREEN, LONGMANS, AND ROBERTS.

1858.

THE BUIK OF THE CRONICLIS OF SCOTLAND.

VOL. II.

~~~~~~~~~~~~~~~~~~~~~~~~~~~~~~

HEIR ENDIS THE SAXT BUKE AND BEGYNNIS· THE
SEVINT, CONTENAND MONY SINDRIE [THINGIS]
OF THE ROMANIS AND OF THE DISTRUCTIOUN
OF ROME BE THE GOTIS, AND OF THE CUMING
AGANE OF THE SCOTTIS IN THAIR AWIN LAND
BE THE SECUND FERGUS.

Fra all the Scottis prescribit war ilkone
In sindrie landis out of Albione ;
Sum in Denmark, and sum in Norowa,
Sum in the Ylis, and sum in Orkna,   20,240
So fremmitlie in mony sindrie land,
Sum be the se, and vther sum be the sand,
With soir travell than baith with barne and wyfe,
Richt mony da leidand ane langsum lyfe.
This Maximus, of quhome befoir I tald,   20,245
In all his tyme baith bellicois and bald,
Walkryfe in weir, in all thing wyss and war,
Richt circumspect and weill culd se on far
Quhat wer to cum or apperand to be,
Be thing bygane so greit ingyne had he.   20,250
And quhen he knew richt weill that it wes sua
In Albione that tyme he had no fa,
Into na steid his stait that durst ganestand,
Baith ill and gude war all at his command.

How Maximus held ane Counsall in Eborac, quhair he dewydit Scotland, deilland it betuix the Britis and the Pechtis.

Sone efter that, in Eborac I weyne,   20,255
The lordis all befoir him gart convene
Of Brit and Pecht into ane parliament,
Quhair he diuydit with thair haill consent,
The Scottis landis baith be land and se.
Syne euerilk man efter his facultie,   20,260
Als far that tyme as he culd vnderstand,
Rewardit hes than with the Scottis land.
To Pecht and Brit, Romane and all the laif,
Full greit reward oft syis he thame gaif.
So full he wes of liberalitie,   20,265
And vsit so his greit auctoritie,
In Albione bayth with knaif and knicht
He louit wes aboue all vther wicht.
So large he wes, so humull and so wyss,
So meik also and full of gentreiss,   20,270
So plesand als in ernist and in pla,
That all the Romanes in Britania,
Bayth ill and gude, with thair auctoritie
Declarit him thair emprioure to be.

How Maximus was crovnit Emprioure in Londoun.

Col. 2.   In Lundoun toun with hie laud and honour,   20,275
With diademe maid him thair emprioure ;
And sevintene ʒeir or thair about so lang,
As emprioure in Albione he rang.
At his command haif[and] boith les and moir,
As neuir ane vther had his tyme befoir,   20,280
In Albione the haill auctoritie,
Na ʒit sen syne I wait nocht quhat will be.

How the Emprioure gart with Battell persew Maximus.

In Rome that tyme thair rang ane emprioure,
Hecht Walentyne, quhilk wes of grit honour.
This emprioure, quhen that he hes hard tell   20,285
How Maximus agane him did rebell,
In greit contemptione of his majestie,
Declarand him ane emprioure to be ;
Quhairfoir with thame till him alway wes trew,
With mort battell he gart thame oft persew.   20,290
Bot of his purpois he culd nocht prevaill,
Far oftar ay he wes maid for to faill,
And tyne the feild no victour for to be,
Quhylis be strenth, quhilis be subtilitie.
Quhen tua houndis richt oft hes other preuit,   20,295
Into bergane quhill tha be baith mischeuit,
And none of thame can haif the victorie,
Tha wilbe fane ilkane to go other by.
Siclyik that tyme I say heir be thai tuo :
Quhen ilk of thame had previt other so   20,300
But victorie, than war thai fane to ceiss,
Betuix thame tuo syne mak gude rest and peice.
Than Maximus, as victour him allone,
Ane emprioure he rang in Albione.

How Maximus, efter that he had subdewit Albione, passit in Gallia with ane greit Armie of Pechtis, Romanis and Britis, and syne was slane be Theodoc[i]us.

Bot men that ar in greit auctoritie,   20,305
Richt schort quhile standis in prosperitie ;
For quhen thai ar most heiche vpone the quheill,
And traistis than that all thing standis weill,
Than tha misknaw God and Fortoun so far,
Na wounder is suppois tha get the war,   20,310

That stryvis baith aganes God and mycht,
And Fortoun als that brocht him to the licht.
Men sould be war sic tyme and gyde thame weill,
For quhen ane mane is heast on the quheill,
He sould be wyss and beir him self rycht law;   20,315
Quha fallis heichast gettis the grittest faw.
Be Maximus I say this thing for-thy,
Quhen Albione culd nocht him satisfy,
Bot sone efter he dressit him till go
To Gallia and other landis mo,   20,320
For to subdew thame to his senȝeorie,

Lib. 7, f. 101.
Col. 1.
For hie vane gloir and for na vther quhy,
With mony Pecht and mony Romane knycht,
And mony vther worthie war and wicht;
And all the strenthtis into Albione   20,325
He stuffit thame, syne furth his way is gone.
To schip burd went syne efter on ane da,
Out ouir the pais tuke land in Gallia;
And how he fuir that tyme in his travell,
It war ouir lang and tariesum to tell,   20,330
And I haif nocht that mater in memorie,
It is sua lang sen that I saw that storie.
That mater als pertenis nocht to me,
Thairfoir as now heir I will lat it be.
Bot for to tell ȝow schortlie of his end,   20,335
Gif it be trew as my author me kend,
Efter he had subdewit Gallia,
And mony landis in Germania,
And slane also had nobill Gratianus,
Vincust he wes be Theodocius   20,340
In plane battell quhair he lost the lyfe;
Thus endit he that maid so mekle stryfe.
Lat him go now sen that he is gone,
And turne agane to tell of Albione:
Sic aventure amang thame as befell,   20,345
Will ȝe tak tent and ȝe sall heir me tell.

How Octaueus, the Sone of Octaueus foir-said, come furth of Gallia in Britane, desyrand to be maid King.

Ane nobill man of fredome and of fame,
Octaueus quhilk callit wes to name,
Octaueus son, as I befoir schort quhile
Schew to ȝow heir, that fled in Mona Yle, 20,350
For to remane with gude Eugenius,
And his bruther the ȝoung Ethodeus,
Quhilk efter fled, as my author did sa,
Fra Maximus far furth in Gallia.
Syne quhen he knew that Maximus wes slane, 20,355
Weill ma ȝe wit thairof he wes full fane.
In Britane als that tyme thair wes na king
Of Britis blude, thairfoir but tareing
Bownit in Britane thair or he wald blin,
His croun agane and kinrik for to win, 20,360
Quhilk wes his eldaris heretage of ald,
And his fatheris, befoir as I haif tald.
Befoir the lordis that tyme in Britane,
Into ane court quhair that counsall began,
Thair he hes maid, with richt lang sermoning, 20,365
Ane sair complaint in wanting of thair king ;
And that the realm sa lang wes destitute,
Without ane king cumit of the Britis blude,
Quhilk wes his fatheris heretage of ald ;
His will it wes thairfoir gif that tha wald 20,370
To mak him king at thair plesour and will,
As he that had most rycht and clame thair till.
And als he schew, how that the Romanes strang
Had thirlit thame in seruitude so lang,
And maid thame all bot bondis for to be 20,375
Quhair thai wer wont befoir for to leve frie.
Thairfoir, he said, gif he richt wnderstude,
Had thai ane king wer of thair awin blude,

That he wald suffer greit traveill and pane,
For to reskew thair libertie agane.   20,380
And sen that he wes of the blude royall,
And narrest air discendand lineall,
And sone also to gude Octaueus,
Quhilk wes̄ so constant and so curt[e]us,
That for thair saik sufferit sa mekle pane   20,385
For to reskew thair libertie agane.
Thus and siclike in presence of thame aw
He said, and mair than I will to ȝow schaw.

How this Octaueus, be the Perswasioun he maid to the Britis, was crovnit King in Londoun.

Thro quhais sueit and subtill perswasioun,
In rob royall with sceptour, sword and croun,   20,390
Octaueus thair haif thai crownit king
Of all Britane amang thame for to ring.
The Romanis all into Britania,
Keipand the strenthis in that tyme that la,
Resistit thame than als far as tha mocht,   20,395
And euirilk da hes done all that tha docht.
Bot all for nocht, that tyme it wald nocht be,
The Britis wer so blyth of libertie,
And had sic curage als of thair new king,
Tha set the Romanis bot at lytill thing;   20,400
And euerilk da hes done thame grit injure,
Dischargand thame of all office and cuir,
Puttand thame out of all auctoritie,
And maid the Britis alway to leve fre.

How the Emprioure Theodocius send ane Armie in to Britane to dantoun this foirsaid Octaueus.

The emprioure than Theodocius,   20,405
Quhen that he hard how that Octaueus

Rebellit had in Britane of the new,
Than sone he send, the Romanis to reskcw
Into Britane remanand that war than
Within strenthis, richt mony nobill man, 20,410
And to reduce the Britis les and moir
To Cesaris faith siclike as of befoir,
Or with mort battell planelie thame persew.
And so thai did, quhair mony ane thai slew
On euerilk syde, or tha weiris wald ceiss, 20,415
Syne at the last betuix thame wes maid peicc.
With thir conditionis endit wes[1] thair stryfe :
Octaueus, for terme of all his lyfe,
Sould bruik the croun without ony discord,
Of all Britane be callit king and lord ; 20,420
And all the strenthis that wer in thair landis
Suld all be put in the Romanis handis,
Evin as tha stude at that tyme ane and aw,
With haill power to execute the law,
And siclike tribute for to gif alsua, 20,425
As tha war wont to Maximus to pa.

HOW THE EMPRIOURE SEND TUA LEGATIS IN
BRITANE, MARTIUS THE TANE AND VICTORIUS
THE TOTHER.

Lib.7, f.101b.
Col. 1.

The emprioure then, Theodocius,
Quhen all wes done as I haif said ȝow thus,
Fra Rome that tyme tua legatis he hes send
To fortifie his richtis, and defend 20,430
In Albione gif ony wald rebell ;
The tane of thame, that tyme as I hard tell,
Hicht Victoryn, the tother Martius,
In Lundoun toun, my author sayis thus,
For to remane and president to be 20,435
Of all the South and haif auctoritie.

─────────────
[1] In MS. *with.*

And Victoryn, as my author did tell,
In Eborac for to remane and duell,
To execute the law in Romane stylis,
Fra Eborac evin vnto the North Ylis.   20,440
And so thai did that tyme in Albione,
Ouir all pairtis but contradictione.

How Victorius commandit the Pechtis to vse the Romane Lawes and forbeir thair awin.

In this same tyme to ȝow now that I schaw,
The Pechtis ȝit wer vsand thair awin law,
As Maximus thame grantit of befoir.   20,445
This Victoryn thame manassit with grit schoir,
In pane of deid, tha sould sua hardie be
As to hald law of thair auctoritie ;
Sen of the Romanis that tha held thair land,
Tha war ouir hardie for to tak on hand,   20,450
And semit weill that stude bot litill aw,
At thair awin hand to execute the law,
As tha to Cesar suld pertene nothing,
Thair self, thair law, thair landis, and thair king.
Quhairfoir, he said, wnder all charge and pane,   20,455
To execute sic barbour lawes agane,
In tyme to cum Romanes sould judgis be,
And tha ansuer to thair auctoritie ;
Of na les pane na wanting of his heid
Incontinent quha that maid pley or pleid.   20,460

Heir followis how Hargustus, the King of Pechtis, was so subdewit with Victoryn, for greit Displesour on ane Tyme quietlie in his Chalmer slew him selff.

Hargust thair king, that wes baith waik and ald,
Quhen that he hard thir tydenis to him tald,
So greit displesour thairof that he tuke,
The lang nycht ouir but ony sleip he woik.

Fra end to end oft sleipand neuir ane wynk,   20,465
The day also withoutin meit or drink ;
So noyit he wes with sic melancolie,
That of him self almaist he set nocht by.
Sobband full soir oft syis sayand allace !
Into his eild to haif sa havie caice,   20,470
To lois his law and als his libertie,   Col. 2.
And all his legis bondis for to be
To the Romanis, quhilk wes his mortall fo.
" Allace ! " he said, " thairfoir that I did so,
" Wnto the Scottis that I wes so vntrew.   20,475
" Wa wirth the wicht in quhome that tressoun grew,
" Tha[t] causit me so sone to faill to thame,
" Quhilk wytles wes anent ws of all blame !
" Perfitlie now I knaw and wnderstand,
" Als lang as we to thame keipit oure band,   20,480
" And tha till ws, and we to thame, wer trew,
" That the Romanis durst nocht ws than persew ;
" And quhen thai did, tha come bot litill speid,
" So trew tha war and traist to ws at neid.
" The quhilk throw ws ar brocht boith les and   20,485
    moir,
" To nocht for euer. Alace ! " he said, " thairfoir,
" Had tha bene now as tha war wont to be,
" In Albione at thair awin libertie,
" At sic freindschip as we war of befoir,
" The Romanes durst full lytill mak sic schoir.   20,490
" Bot now," he said " fairweill ; that help is gone ! "
Thus secreitlie oft syis he maid his mone
Vnto him self, vpoune the same maneir,
Weipand full soir that pitie wes till heir.
And quhen he saw that thair wes no remeid,   20,495
With sic desyre than of his awin deid,
Vpone ane tyme secreit be him awin sell,
Gif it be trew I hard my author tell,
In his wodnes ane lang knyfe furth he drew,
Quhairwith richt sone him awin self he slew.   20,500

How Victoryn, heirand of the Deith of Hargustus, commandit the Pechtis wnder the Pane of Deith that tha sould mak na ma Kingis agane.

This Victoryn, quhen he hard of that thing,
The greit mischance and fortoun of that king,
And how he had maid sic ane wickit end,
Rycht sone ane herald he hes to thame send,
Commanding thame nane be so pert to prewe,   20,505
In tyme to cum, without the Romanes leve,
Of thair awin blude to mak ane king agane,
In pane of deid and wnder na les pane.
And quhen the herald had maid his proclame,
He tuke his leif, and syne he sped him hame.   20,510

How the Pechtis crownit ane King attouir forbidding.

The lordis all that war into Pec[h]tland,
That tyme wald nocht obtemper his command,
The quhilk so far declynit fra the rycht.
Thair hartis war so full of pryde and hicht,
Thair curage als that tyme wes so quik,   20,515
With ane consent contempnit that edik.
Syne at ane counsall in Camelidone,
Quhair thai convenit in the tyme ilkone,
And crownit hes ane king wes callit Drust,
That sone and air wes to this ilk Hargust,   20,520
Quhome of befoir schort quhile I maid ȝow kend
Off his deidis and his vnhappie end.

Lib.7, f.102.
Col. I.

How Victorin, heiring the Pechtis hes maid ane King, come with ane greit Armie vnwittand of the Pechtis, and set ane greit Seig to the Toun of Camelidone.

To Victoryn quhen thir tydenis wer tald,
Withoutin lat no langar than he wald

Mak sojourning; in all the haist he mocht,   20,525
Into Pechtland ane greit armie he brocht.
This new maid king and his lordis ilkone
Remanand war into Camelidone,
Takand thair plesour in all sport and play,
Deliciouslie in meit and drink allway,   20,530
Or thai war warnit thair be ony wicht,
This Victorin, with mony Romane knicht,
Hes vmbeset thame baith be land and se,
That tha had nother tyme nor place to fle.
And quhen tha wist that tha micht nocht go   20,535
    hens,
Stuffit the toun and maid thame for defence :
Greit stalwart stonis laid vpone the wall,
Drew draw briggis, and lute portculȝeis fall :
Closand the portis baith be land and se,
Syne forsit thame with mony stone and trie.   20,540

How Victorin seigit and wan the Toun of Camelidone.

Be that the Romanes war alreddie boun,
And laid ane seig evin round about the toun,
Of bowmen bald with bent bowis in hand,
Syne maid ane sailȝe baith be se and land.
And tha within hes maid defence richt lang,   20,545
Baith arrowis schot, and greit stonis outslang
Attouir the wall that wounder wes to se ;
Als thick as haill the braid arrowis did fle.
The Romanis than sic prattik had in weir,
And alss tha war so garnist in thair geir,   20,550
Of instrumentis richt so thai had no falt,
That neidful war to mak sailȝie or salt ;
And weill tha wist that thair wes gude to wyn,
And better will, thairfoir or tha wald blin,

Into the toun thai leit thame tak no rest,   20,555
Quhill force it wes to thame syne at the lest
Gif ouir the toun, and put thame in thair will,
Quhat euir it war than other gude or ill.

How Victoryn delt the Spulȝe of the Toun to the Romanis and send the King of Pechtis to Rome.

This Victorin, efter the toun wes wyn,
All gold and riches that he fand thairin,   20,560
Withoutin delay he hes gart in that tyde
Richt equalie amang his men diuyde.
The ȝoung Drust and his lordis also
War principall, he hes maid thame till go,
Fast bund in band to Lundoun toun the way,   20,565
And syne to Rome, as my author did say,
To Cesar send and put into his will,
Sic auenture dame Fortoun send thame till.

Col. 2.
And all the laif that he fand thair that tyme,
As pairtakaris accusit of that cryme,   20,570
Sum he gart hang, and vther sum he gart heid;
With lytill pley thus endit all that pleid.
So war tha puneist all baith les and moir,
For tha war fals to thair freindis befoir.

How Victorin maid Bondis of all the Pechtis.

In tyme to cum that thai sould nocht rebell,   20,575
This Victorin, as my author did tell,
Hes bondis maid of all the nobill blude,
And all the laive put in vyle servitude.
At his plesour, but ony dome or law,
In cart and wane he gart thame drag and   20,580
    draw,

With greit displesour and with mekle pyne ;
Out of the erth thai gart thame metall fyne,
And out of craigis gart thame stonis hew,
And euirilk da torment thame of the new.
The ferd part ȝeirlie of thair gude alsua,   20,585
To procuratouris of Cesaris gart thame pa ;
Of corne and crop, of cattell and of stoir,
Of all thair wynning siclike les and moir,
In pane of deith, gif ony wald defraude,
Or war so pert ane [1] pennyworth to had.   20,590
Syne gart thame pas richt far into the North,
With wyfe and barne beȝond the watter of Forth,
Thair to remane for euir, baith man and page ;
Syne to the Britis gif in heretage
The landis all that thai had in the South,   20,595
Lyand fra Forth southwart to Tuedis mouth.
Syne efter that gart big into that tyde,
Fra Abircorne vnto the mouth of Clyde,
Of erd and stone ane mekle heiche strang wall,
With fowseis braid that war rycht deip withall,   20,600
That cassin war that tyme on euerilk syde
The Britis fra the Pechtis to devyde.
Syne gaif command wnder the pane of deid,
And no les pane nor wanting of his heid,
That ony Pecht sould be so perth to preve,   20,605
To pas that wall without the legatis leve,
Bot all thair tyme beȝond that wall remane.
God wait or nocht gif that tha sufferit pane,
In langsum lyfe withoutin libertie,
Halding thair handis to the hevin on hie,   20,610
Cryand of Christ, and his mother also,
Thame to deliuer of that endles wo,
And help thame out of all that cruell pane,
Or in this warld no langar to remane !

---

[1] In MS. *in.*

For tha war puneist in that tyme so soir,   20,615
Aneuch tha said for all the falt befoir,
Tha[t] tha had maid in breking of thair band,
Agane the Scottis quhen tha tuke on hand
For to be fals withoutin caus or querrell,
To pleis the Romanis, lukand to no perrell.   20,620
As ressone wald and petie als thairfoir,
Sen thair awin wand hes dung thame than so soir,
Than tyme it war that God sould on thame rew,
Sen in his faith tha war ay leill and trew.
In this wnrest I lat thame heir remane,   20,625
And to the Scottis turne I will agane:
Withoutin lat quha lykis now till heir

Lib. 7, f.102b.
Col. 1.
Of aventuris that I can tell perqueir,
My purpois is now at this tyme to tell,
The fassoun how and in quhat tyme tha befell.   20,630

HEIR EFTER FOLLOWIS HOW THE SUCCESSIOUN OF
ETHODEUS IN DENMARK, QUHILK WES BRU-
THER TO EWGENIUS, AND OF HIS SONE FER-
GUS; HOW HE WAS AT THE DISTRUCTIOUN OF
ROME, AND OF HIS CUMING IN SCOTLAND.

It is weill wist how gude Ethodeus,
That bruther wes to king Eugenius,
Be Maximus wes baneist Albione,
In Denmark syne for to remane is gone.
For caus he wes cume of so nobill blude,   20,635
The king him tretit like ane man of gude,
And gaif him landis quhair he had most levar,
In heretage to him and his for euir:
Quhair he remanit that tyme all his lyfe,
In greit abundance baith with barne and wyffe. 20,640
Ane sone he had, quhilk hecht Fergus to name,
Borne of his wyfe or that he come fra hame,
Quhilk wes his air succeidand in his steid,
Ane lytill quhile efter his fatheris deid

Spousit ane wyfe, as my author did sa,   20,645
The quhilk to name that callit wes Rocha,
That dochter wes to nobill Rorichus,
The grittest lord, my storie tellis thus,
In all Denmark he wes except the king ;
He weddit hir at kirkdur with ane ring.   20,650
He gat on hir ane sone callit Fergus,
In all this warld wes nane mair curious ;
Quhilk efterwart tuke greit travell and pane,
For to reskew his heretage agane,
As I to ȝow sall schaw with Goddis grace,   20,655
Heir sone efter quhen tyme cumis and place.

How Alaricus, King of Gothis, passit with ane greit Armie of Daynis, Norrowais, Gotis and Germanis to Rome, and seigit the Toun of Rome, and sone efter wan it and held it at his Plesoure.

In this same tyme the men of Cithea,
Of Denmark, Gothland and Sa[r]matia,
Of Germanie als, with ane will and consent,
Agane to the Romanes all to the weir tha went. 20,660
Alaricus, that wes of Gothis king,
Had all his ost that tyme at his gyding,
At his counsall and als at his command,
Ay as he wald to weild wnder his wand.
The haill counsall with consent of the lave,   20,665
As principall to him that tyme tha gaif
With thair consent the haill authoritie,
Of all the laif at his command to be.

How Fergus was maid Captane to the Danis.

Out of Denmark thair wes chosin than,
With him to wend richt mony nobill man,   20,670

This ȝoung Fergus, of quhome befoir I tald,
Wes chiftane maid that wes baith big and bald,
And mony Scot with him that tyme is gone,
That exulat wer out of Albione

Col. 1.   Into Denmark, and mony vther mo,   20,075
With ȝoung Fergus that tyme wer maid to go,
With him to byde and be at his bidding,
As principall nixt Alaric the king.
Of thair passage this wes the caus and quhy,
Tha had the Romanis at so grit invye,   20,080
That throw thair pryde, thair power, and [thair]
    hicht,
Ouir all this warld but ony caus or richt,
With injust battell spilt sa mekle blude,
Puttand sa mony to vyle seruitude,
And mony one maid exull for to be   20,085
In vncouth land, richt far fra hame to fle,
At thair plesour but ony caus or quhy,
That all this warld culd thame nocht satisfie.

How Alaricus wan mony Feild in Almany, and syne finallie seigit the Toun of Rome.

Alaricus, of Gothis that wes king,
Furth that he went with all his gay gaddering ; 20,090
And how he [fure] adpertenis nocht to me
To tell this tyme, thairfoir I lat it be.
It wer so langsum for to put in ryme,
And occupie als wald sa mekle tyme,
To my purpois impediment also,   20,695
Thairfoir as now sic thing I will lat go.
Ȝit will I tell, for I haif space and tume,
How efterwart he set ane seig to Rome.
Efter lang battell and greit victorie,
Decrettit hes with all his senȝeorie,   20,700
To Rome ane seig richt suddanelie to la ;
And so he did sone efter one ane da,

With all devyiss quhairby he mycht prevaill,
The citie scharplie than he did assaill,
With gun and ganȝie, and sic ganand geir,   20,705
All instrument that neidfull war in weir,
With bow and slung to cast arrow and stone,
Quhat neidfull war thairof tha wantit none.
And tha within, as richt weill ma be kend,
Wantit richt nocht that sould ane toun defend, 20,710
Quhilk dantonnit had sa mony king and prince,
War put that tyme into so hard defence,
And sufferit hes sic outrage and ouirthraw,
With the outwaill than of this warld aw,
That neuir sensyne attenis to sic gloir,   20,715
Na sic honour as that tha had befoir.
To tell this tyme ouir lang it war to me,
The grit mister and the miseritie ;
Thair is no clerk can write with pen and ink
The greit distress tha had of meit and drink, 20,720
Within the toun ane weill lang tyme thai had,
That mony one of mennis flesche wes fed.
The mother thocht that tyme bot lytill harme,
To eit hir child that la into hir arme ;
No ȝit na terrour in hir mynd it kest   20,725
To eit his fiteis that suckit hir breist,
And in hir wame for to ressaue agane
The child scho buir with grit dolour and pane.
With so greit hunger lang tyme in the toun,
Tha war ouirset and brocht to confusioun ; 20,730
In falt of meit thair deit than far ma
Within the toun, nor sword or knyfe did sla.

     How Alaricus wan Rome the First Da of
         Aprile the ȝeir of God Four hundreth
         and tuelf ȝeiris.

That seig it lestit till ane weill lang quhile,   Lib.7, f.103.
And syne, vpoun the first day of Aprile,   Col. 1.

The toun wes tane with greit difficultie,   20,735
Quhair mony ane was maid that da to de.
Four hundreth ȝeir it wes efter also,
That Christ wes borne tuelf ȝeiris and no mo.
Ane thousand ȝeir, ane hundreth and saxtie
And four ȝeiris that tyme wer passit by,   20,740
Fra Romanes first foundit had the toun,
To that ilk da of thair confusioun.
Tane wes the toun that tyme and all ouirharld,
The quhilk throw strenth befoir tuke all the warld.

HOW ALARICUS, EFTER THE TOUN WES TANE, GAIF
COMMAND TO ABSTENE FRA SLAUCHTER, AND
SPECIALLIE IN THE KIRK.

Alaricus, quhen that the toun wes tane,   20,745
Richt strait command hes gevin euirilk ane,
Fra all slauchter that tyme for till abstene,
In sanctuar siclyke that nane war sene,
Fleand folkes thair into hurt or ska,
No spulȝe mak nor ȝit to tak no pra.   20,750
In sanctuar that all suld be maid fre,
Baith ȝoung and ald that tuke refuge to fle.
At his command tha war alreddie boun,
Syne efter that the spulȝe of the toun,
To all his men wer present in the tyde,   20,755
Richt equalie amang thame gart diuyde.
To ȝoung Fergus that tyme amang the laif
Richt larglie of that spulȝe he gaif.
In that spuilȝe thair he[s] fell to his part
Ane courtlie kist wes closit with greit art,   20,760
Wes full of bukis [1] contenand mony storie,
For to reduce agane into memorie

---

[1] In MS. *mony.*

The greit weiris that war befoir bygone,
Of the Romanis richt lang in Albione,
With Britis, Pechtis and Scottis also ;   20,765
All thir war thair and mony vther mo.
Vpoune this kist he hes maid greit expenss,
For to be keipit with greit diligence,
Syne hame with him he brocht in Dania,
With greit travell throw all Germania ;   20,770
Syne efterwart within ane litill space,
To Iona Yle in ane religious place,
Quhilk callit is this da Ecollumkill,
With all tha buikis tha kist hes brocht till,
Thair to be keipit with greit diligence,   20,775
That men efter micht haif rememberance
Of this Fergus and his nobill deid,
Quha hapnis efter of sic thing to reid.
That tyme also he gart put in memorie,
His elderis deidis writtin in ane storie,   20,780
Fra thair begynning ay wnto tha dais ;
Syne put thame all, as that my author sais,
For to be keipit in Ecollumkill,
Quhilk to this da remanand ar ȝit still.
In this mater I will no moir remane,   20,785
Bot to my storie pas I will agane.

How Alaricus send Fergus to Cicilia with
    ane greit Navin, and he loissit be
    Storme of the Se the Tua Part of his
    Schippis, and syne returnit agane in
    Ytalie.

The thrid day efter that the toun wes win,
Alaricus, or he wald langar blin,
This foirsaid Fergus causit hes to ga   Col. 2.
With ane greit armie in Cicilia,   20,790
For to subdew that leid and a[l]s the land,
Him to obey and be at his command.

Throw aventure of stormis in the se
In his passage so troublit than wes he,
That or he come richt lang to Cicill cost,   20,795
Of his naving the tua part neir wes lost.
Him self also into that tyme wes fane
In Ytalie for to returne agane.
Or he come thair Alaricus wes deid,
And Ethaulphus maid king into his steid,   20,800
Quhilk tretit him ane king as he had bene,
With all plesour did till ane prince pertene.

How Fergus tuke his Leif, and passit Hame in Denmark with mony riche Reward.

Sone efter that with mony riche reward,
He tuke his leif and went hame with his gaird,
Throw Italie and throw Germania,   20,805
Syne at the last come hame in Dania.
At his plesour thair will I leif him still :
Of vther mater talk ane quhile I will.

Of[1] the Fayth of Haly Kirk; of Sanct Augustyne, Ambros, Hieronimus, and S. Martyne, and of thair Halienes in that Tyme.

In that same tyme the faith of halie kirk
Wes maid richt cleir, withoutin ony mirk   20,810
Of all errour that lang befoir had bene,
Lyke ony sterne than wes it maid to schene,
Clengit richt clene of all errour and cryme,
Be halie[2] doctouris that war in that tyme.
Sanct Augustyne wes ane into tha dais,   20,815
Gif it be suith of him that all man sais,

---

[1] In MS. *In that same tyme.* | [2] In MS. *dalie.*

Richt mekill error in his tyme confoundit,
So greit science and faith in him aboundit,
Baitht naturall and of diuinitie,
Of halie kirk the strangest wall is he.   20,820
S[anct] Ambros a[l]s, that samin tyme to conclude,
In sapience and als in sanctitude,
Ouir all the warld he schene as ony sterne,
That euerie man thairby micht weill decerne
The suith fra leis without difficultie ;   20,825
Of halie kirk the cheif pillar is he.
S[anct] Jerome a[l]s, the well of eloquence,
Of sanctitude and eik of sapience,
As the bricht sone into the Orient,
He schend als cleir and in the Occident ;   20,830
The cheif matres of all moralitie,
Historiographe of halie kirk is he.
Sanct Martyn als he wes into tha dais ;
And Sanct Niniane, as my author sais,
Biggit ane kirk than into Galdia,   20,835
Quhilk Quhitterne now is callit at this da.
Ouir lang war this tyme to tell ȝow heir
Thair halines, and I haif nocht perqueir
Thair lyvis all writtin in my buke,
And at this tyme I list nocht for to luke.   20,840   Lib. 7, f. 103b.
In sic reiding I will nocht now remane,   Col. 1.
Bot to my storie turne I will agane.

HOW THE PECHTIS QUHILK WAR IN VYLE SER-
    UITUDE, HEIRAND THE STORIE OF THIS FER-
    GUS, SEND FOR HIM TO CUM IN SCOTLAND TO
    WIN HIS KINRIK AND CROUN.

The Pechtis dalie beand soir opprest
With seruitude, and erast ay the best,

---

¹ In MS. *tuke*.

To thair power wes alway importabill,　　　　20,845
With greit torment quhilk wes intollerable.
And quhen thai hard the greit distructione,
Of Rome the seiging and the casting doun,
And als with trew men in the tyme hard tell,
Agane the Romanes mony did rebell,　　　　20,850
Perfitlie as tha wnderstude and knew
How ȝoung Fergus, of quhome befoir I schew,
In tha weiris sa meikill honour wan,
In all his tyme sen first weiris began,
Wes neuir proud of sic auctoritie　　　　20,855
Moir wirschip wan, nor in that weir wan he.
The Pechtis tuke greit plesour of that thing,
Because he wes apperand air and king
Of Scottis, and of Scotland for to bruik the croun,
That flemit war out of thair awin regioun ;　　20,860
Traistand throw him and his auctoritie,
Of seruitude for to deliuerit be.

How the Pechtis send ane Herald to Fergus.

Thairfoir ane herald secreitlie tha send,
With humbill mynd and hartlie recommend ;
Beseikand him that he wald mak prepair　　20,865
In Albione sen he wes prince and air ;
And thocht thair fatheris of befoir wer fals,
Ane part of thame that levand than war als
Onto the Scottis quhilk wes to thame so trew,
Full sair sen syne that micht tha ilkane rew　　20,870
Thair awin deid had puneist thame so soir.
Beseikand him richt hartfullie thairfoir,
For to remit all malice and invye,
And all injure befoir wes passit by ;
And plesit him to cum in Albione,　　　　20,875
His croun and kinrik for to reskew agone,

Traist weill he sould haif thair help and supple,
In his querrell tha sould all erar de,
Out of the feild or tha sould fle him fro,
And follow him quhair euir he list till go.   20,880

How Fergus promist to the Pechtis to cum
  in Scotland, and first or he wald tak
  that Jornay on Hand, he send to all
  the Scottis in other Partis to wit thair
  Mynd.

This ȝoung Fergus quhen that he vnderstode
That thair desyre wes honorable and gude,
He thankit thame richt oft of thair gude will,
Sayand he sould all thair desyre fulfill.
Sone efterwart, quhen he his tyme micht se,   20,885
As he had said traist weill it sould so be.   Col. 2.
Ȝit thocht he nocht that purpois till persew,
Quhill he perfytlie wnderstude and knew
Gif all the Scottis thairof wald be content.
In that mater to wit quhat that tha ment,   20,890
On to the Scottis war in Ybernia,
Orkna, the Ylis, and in Norrua,
His secreit seruandes he hes send thame till,
In that mater to wit quhat war thair will.

How all the Scottis that war in sindrie
  Pairtis promittit to Fergus to tak his
  Part baith in Lyffe and Deid.

The Scottis all, perfitlie quhen tha knew   20,895
That Fergus will and mynd wes to persew
His heretage, as I haif to ȝow tald,
Amang thame all wes nother ȝoung nor ald
Promittit nocht in his querrell to l⟩.
Or to reskew baith land and libertie ;   20,900

Thankand greit God that send to thame sic one.
With this ansuer the herald hame is gone.
All thair promit he schew till him perqueir,
Ilk word by word as I haif said ȝow heir.
Ȝit neuirtheles ȝoung Fergus did remane   20,905
Still in Denmark, quhill that he hard agane
On fra the Pechtis sum vther tydenis new,
Or he that purpois forder wald persew.
Stone still he la and schupe nocht for to steir,
Quhill efterwart hapnit as ȝe sall heir.   20,910

How Martius the Legat was slane be Gratian, and in his Place enterit Constantyne, quhilk wes slane efter in Gallia, and than Victorin tuke all the Cuir in Britane.

This Martius of quhome befoir I schew,
Bot schort quhile syne wes legat as ȝe knew,
Into Britane richt suddanelie wes slane
Than be ane Brit wes callit Gratiane.
Efter his deith the Romanis in Britane,   20,915
Ane vther legat haif tha chosin than,
The quhilk to name wes callit Constantyne,
In Gallia that efter passit syne,
And slane he wes thair be Constantius
Fra Cesar send callit Honorius.   20,920
In Eborac, the legat Victoryne,
Quhen that he knew that slane wes Constantyne,
To Lundoun toun he passit to remane,
And dalie had greit travell and grit pane
At Romane faith the Britis to contene,   20,925
In that same tyme as my author did mene.
The Pechtis sone efter that this wes done,
Knowand for thame that tyme wes oportune,

Ane herald sone to ȝoung Fergus [tha] send,
Quhilk schew to him ilk word fra end to end, 20,930
With circumstance at lenth and greit laseir,
In forme and sett as I haif said ȝow heir ;
Exhortand him, sen tyme wes oportune,
In Albioun that he wald speid him sone, Lib. 7, f. 104.
  Col. 1.
His heretage agane for till reskew. 20,935
Traist weill, tha said, that tha sould all be trew
In that querrell, and erar suffer to deid,
Of that injure or tha gat nocht remeid,
Of mekle wrang with sic calamitie,
Vyle seruitude and greit miseritie, 20,940
So wranguslie on thame the Romanis wrocht ;
And als thairwith gif that he traistit nocht
To that tha said wes suith and verriement,
Tha suld be sworne all by the sacrament
In sanctuar, be euerie bell and buik, 20,945
Quhill thai micht all thair heltht and lyvis bruke,
Tha sould be trew, thairof haif he no dreid,
In tyme to cum baith into word and deid.

HOW ȜOUNG FERGUS COME FURTH OF DENMARK
    WITH ANE GREIT ARMIE IN SCOTLAND TO
    RESKEW HIS RICHT.

Than ȝoung Fergus, quhen that he hard and knew
Thair will wes gude, trowand tha suld be trew, 20,950
And als thair with he had sic appetyte,
So greit desyre with curage and delyte,
For to conqueis his kinrik and his croun,
In gudlie haist than hes he maid him boun.
With schip and boit, with bark and ballingar, 20,955
With carvaill, craik, haifand baith saill and air,
Ane greit navin he furneist to the se,
With men and meit, and with artalȝerie.

He sparit nocht that tyme for no expens,
Pairt of his awin, and part of his prince;   20,960
Riches he had of gold and vther geir,
That he befoir had wyn into the weir;
Bot most of all wes he suppleit than
Be his grandschir, quhilk wes the grittest man
In all Denmark that tyme except the king,   20,965
Quhilk fortifeit this Fergus in all thing,
With greit plesour evin at his awin intent.
Syne on ane da to schipburd all tha went;
The wynd wes fair, and tha leit saillis fall,
And saillit furth ouir mony wyndy wall;   20,970
With greit tranquill of Neptune in the tyde,
Lord Eolus richt fanelie did thame gyde,
Fra thair passage efter the auchtane da,
All in the firth than of Morauia.
Sum set to schoir and vther sum to sand;   20,975
Sum with thair boittis passit all to land.

How the Scottis come to Fergus fra sindrie Partis.

Fra it wes knawin he wes cumin thair,
Fra all pairtis that tyme baith les and mair,
The Scottis gatherit to him da by da,
Sum fra the Ylis, sum fra Ybernia;   20,980
Fra Orkna als richt mony men of gude.
Wes neuir nane that wes of Scottis blude,
That tarie maid quhen that tha hard sic thing,
That he wes cumit the quhilk sould be thair king.
Col. 2.   With wyffe and barnis, insicht and all stoir,   20,985
Tha come to him richt glaidlie les and moir,
In that beleif for to sit doun agane,
Quhair thair fatheris war wont for to remane.
Tha thocht na perrell sic prattik to preve,
In ȝoung Fergus tha had so gude beleve.   20,990

How the Pechtis, heirand of Fergus cuming,
   crownit ane King, and syne send to Fer-
   gus and renewit the Band betuix thame
   and the Scottis.

The Pechtis als of this cuming wes proude,
Traistand agane rich[t] suddantlie tha soud
Fra seruitude and bondage be maid fre,
And to releve agane to libertie.
In that beleif thai haif crownit ane king,   20,995
Syne send richt sone withoutin tareing
Ambassadouris, the quhilk war men of gude,
That wysast war and of the nobill blude,
To this Fergus, of quhome befoir I schew,
The band agane and peice for till renew,   21,000
And euermoir betuix thame trewis tak.
Syne at thair will ane mendis for to mak
Of the greit falt thair fatheris maid befoir,
Efter thair power all thing to restoir ;
Beseikand him that tyme to tak na cuir   21,005
Of all the wrang, the harmis and injure,
Wes done to thame with Hargustus thair king.
Him self thai said wes wyit of all that thing,
And nane vther thair wes to wyit bot he ;
Quhairfoir, tha said, his greit iniquitie   21,010
Richt sone efter turnit him to teyne,
And all the laif sen syne richt soir to meyne,
Sen thai war puneist for thair falt so soir.
Beseikand him for to remord na moir
Of sic injure, bot lat it all pas by,   21,015
But ony yre, malice or invye ;
And to convene in siclike vnitie,
As thair fatheris befoir had wont to be,
Agane the Romanes wes thair felloun fa.
Richt weill tha wist, tha said, and he did sua,   21,020

Amang thame self and tha wald all be trew,
Richt eith it war agane for to reskew
Than all thair richt out of the Romanes handis,
Considderand in all pairt out it standis,
With richt trew men, tha said, tha haif hard tell   21,025
Agane the Romanes mony did rebell;
So far contempnit wes thair majestie,
In Albione tha micht send no supple,
Tha wist richt weill, other les or moir,
As tha war wont in tyme bigane befoir.   21,030
Tha knew also the Britis had ane ee
With greit desyre agane to libertie;
And sen it wes thair tyme wes oportune,

Lib.7, f.104b.
   Col. 1.
Beseikand him richt suddantlie and sune,
Sic cuir on him that he wald wndertak,   21,035
With quhat conditioun that he pleis to mak.

How Fergus maid Ansuer to the Herald.

This ilk Fergus, haiffand auctoritie,
Be wyse counsall of greit maturitie,
Of his lordis richt plesand and benyng,
Sic ansuer maid agane wnto that thing.   21,040
Sayand he wald at thair plesour fulfill
All the desyre that tha had laid him till;
So that tha wald resing into thair handis,
Without alledgeance all and haill tha landis
In heretage thair eldaris had befoir,   21,045
Withoutin sturt agane for to restoir.
Of that conditioun tha sould reddie be,
In just battell all on ane da to de,
Or ellis tha sould agane to thame restoir
Thair libertie siclike as of befoir.   21,050

How the Pechtis come to Fergus grantand
his Desyre, and renewit the Band betuix
thame agane.

With this ansuer tha passit hame agane,
Quhairof the Pechtis joyfull war and fane.
Syne king and lordis come all on ane da,
To this Fergus into Morauia,
Oft thankand him with all humanitie,   21,055
So far for thame he saillit ouir the se
Into wynter, haifand no dreid of perrell,
So kynd he wes to thame into that querrell.
And moir kyndnes than I haif said ȝow heir,
Tha schow to him no I can tell perqueir.   21,060
The band also that tyme tha did renew,
And ilk ane swoir to vther till be trew;
And all injure, rancour and invye,
For to postpone, forȝet and lat pas by.
Than, to conferme all that tha said befoir,   21,065
The Scottis all thai did agane restoir
To their steidis, all that war fra thame tane,
In quhome befoir thair fatheris duelt ilkane.
The strenthis als that war into thair handis,
Restorit thame agane with all the landis;   21,070
Than war thai maid that samin tyme als fre
Into Scotland as thai war wont to be.

Quhen this wes done, the Scottis, to fulfill
That tha had said, went all to Argatill,
And set this Fergus on the marbell stone;   21,075
Syne with consent of all wes thair ilkone,
In rob royall with sceptour, croun and ring,
Tha crownit him of Scottis to be king.
Fourtie ȝeir and foure also bygone,
Efter that Scottis war flemit Albione;   21,080

The ʒeir of God, tuentie and tua also,
And four hundretht withoutin ony mo,
Sevin hundreth ʒeir and sewintie alss bygone,
Sen first Fergus wes king in Albione.

How Fergus wan the Strenthis fra the Romanis.

This beand done he raid ouir all his landis ;   21,085
The strenthis all war in the Romanis handis,
Contrair thair will on force thair hes he tane,
Syne leit thame pas vnharmit hame ilkane
To Victoryn, quhilk schew to him full sone,
At lenth all thing as ʒe haif hard wes done.   21,090

How Victorynus send ane Herald to the Pechtis.

Quhairof he wes commouit than richt far,
Traistand richt sone that it sould turne to war.
With prouisioun that he doucht to mak,
He sped him sone that tyme to Eborac ;
Syne suddantlie ane herald hes he send   21,095
Wnto the Pechtis wicht prattik till pretend,
Richt wyslie than for to lat thame wit,
With greit requeist and mony fair promit,
Of land and law, and libertie agane,
At Romane faith so that tha wald remane,   21,100
And leve the Scottis that war thair felloun fa ;
Richt weill he wist, and tha wald nocht do sua,
Sone efterwart quhen thai thair tyme mycht se,
Quhen euir it war and thai mycht maisteris be,
Tha sould revenge with all power tha mocht   21,105
The grit injure the quhilk to thame wes wrocht
Be ʒour fatheris, bot schort quhile of befoir,
Quhilk in thair[1] mynd remanes ʒit full soir.

---

[1] In MS. ʒour.

" That rancour is so rowstit in thair [1] hart,
" With sic ruittis festnit fast inwart,   21,110
" And in thair breist bowdin with sic ane blast,
" That force it is it man out at the last.
" And thocht tha gif ʒow fair langage as now,
" In thame is nother for to trest nor trow.
" Tha ar the leid culd neuir ʒit be leill   21,115
" For band or· aith, for saw or ʒit for seill.
" Quhen euir tha list tha find ane caus to brek ;
" Thair lawtie ay wes bot litill effect.
" We war neuir fals nor ʒit culd neuir fenʒie ;
" And gif ʒe think that ʒe haif caus to plenʒie, 21,120
" In ony thing that we haif ʒow offendit,
" At ʒour ain will it salbe weill amendit."

How the Pechtis wald nocht consent to brek fra the Scottis for na Requeist of the Romane Legat.

Quhen this wes said that I haif said and mair,
The Pechtis all that present than wes thair,
Bayth king and counsall that tyme gude and ill, 21,125
For na requeist that micht be maid thairtill
Wald nocht consent, bot said tha wald defend
Thame selffis and Scottis to thair lyvis end,
And ay to thame for to be leill and trew ;
That tha war fals to thame that micht tha rew. 21,130
Thair awin wand hes dung thame than so soir,
In tyme to cum tha wald be fals no moir ;
Na lippin nocht in him that wes so sle,
That put thame all in sic miseritie,
At his plesour, but ony caus or quhy,   21,135
Aganis thame wrocht all tyme so wrangusly.
And of ane thing tha said he sould be suir,
Tha sould revenge all harmes and injure
That he had wrocht agane thair libertie,
Or all atonis on ane da sould de.   21,140

Lib. 7, f. 105.
Col. 1.

_____

[1] In MS. ʒour.

HEIR FOLLOWIS THE ORDOUR AND THE MANER
OF THE GREIT BATTELL BETUIX VICTORYN,
THE ROMAN LEGAT, AND FERGUS, THE KING
OF SCOTTIS, WITH HELP OF THE PECHTIS.

Quhen this was schawin befoir this Victoryn,
That tha wald nocht to his willis inclyne,
Than[1] all the power he micht be that da,
Fiftie thousand, as my author did sa,
In curage cleir he had at his command,   21,145
Quhome with richt sone he come into Pechtland.
Ouir Carroun flude, neirby Camelidone,
Thair he remanit with his men ilkone.
Than king Fergus, herand that he was thair,
With all his power that tyme les and mair,   21,150
And king of Pechtis, for tha war in the north,
Tha passit sone attouir the watter of Forth,
With mony berne that war baith bald and wicht.
Syne in the morning, or tha micht se licht,
Or at the nicht departit fra the da,   21,155
In rayit battell quhair the Romanis la,
With birny, brasar, bricht brand and braid scheild,
On fit and hors thair haif thai tane the feild.
This Victoryn, that weill thair cuming knew,
As of befoir his spyis to him schew,   21,160
He put his men all reddie in array,
Bydand battell ane litill forrow day.
Quha had bene thair that tyme for till haif sene
Thair semelie schroud likeas siluer schene,
Thair baneris bricht, that wer all browdin new, 21,165
Thair staitlie standertis of mony diuerss hew,
With trumpet, talburne, and with clarione cleir,
And buglis blast that hiedeous wes till heir.
The bowmen bald syne enterit in the feild ;
Thair schuitting scharp hes persit mony scheild. 21,170

---

¹ In MS. *That.*

The fedderit flanis than tha flew so thik,
Quhair euir tha hit tha markit in the quik,
Out-throw thair birneis bait or tha wald blin,
Syne throw thair breist tha maid the blude to rin.
The men of armes interit in the feild   21,175
With sic ane rousche, quhill mony targe and scheild
At thair counter all to pecis claue ;
Sa mony duchtie to the grund tha draue.
Into that stour that stalwart wes and strang,
With egir will and force thai faucht so lang,   21,180
That Carroun water, quhilk wes neir thame than,   Col. 2.
Into that tyme all of reid blude it ran.
So feill slauchter, as my author did mene,
Into ane feild befoir wes semdill sene.
But victorie tha faucht ay still quhill none ;   21,185
Syne at the last ane schour of haill full sone,
Als mark as midnicht fra the hevin discendit,
That baith the pairteis gritlie hes offendit.
In falt of licht micht nane ane vther se,
Bot drew abak and leit the battell be.   21,190

How the Romanis and the Albionis abstenit lang efter fra Weir.

This bergane wes so bludie to thame baith,
On euerie syid tha gat sa mekle skaith,
That lang efter, as my author did mene,
That baith the pairteis did fra the weir abstene.
This Victoryne, syne on the other da,   21,195
No langar baid bot passit hame his wa,
With the few folk wes left to him vnslane,
To Lundoun toun quhair that he did remane.
The strenthis all he hes gart stuf alsua
Into Pechtland and in Saluria ;   21,200
And als the laif of landis les and moir,
To Scot and Pecht that did pertene befoir.

Fergus siclike, quhen that he saw and knew
Thair power wes so brokin of the new,
In that battell tha had sa mony slane,   21,205
And wes ouir few for to gif feild agane ;
Thairfoir tha kest the best way that mycht be,
The land tha had to bruik with libertie ;
And in the tyme the pepill for to leir
Vse and prattik of battell and of weir,   21,210
And all sic thing that neidfull war to ken,
Quhill that ʒoung childer grew vp and war men;
Syne efterwart quhen tyme wes to persew,
Thair heretage agane for till reskew.

How the Pechtis war of sic Multitude thair awin Landis micht nocht suffice thame, quhairfoir thair duelt mony in Athoill.

That tyme the Pechtis, as my author menit,   21,215
Sa mony war tha micht nocht be sustenit
In Othylyn and in Orestia,
In Ernywall and into Gowria ;
Quhairfoir that tyme wes grantit thame to duell,
Alhaill the landis callit is Athoile.   21,220
Ane lang quhill thair than that tha did remane,
Quhill conqueist wes thair awin landis agane,
The quhilk that lay besouth the watter of Forth,
Sua lang tha duelt that tyme into the north.

Lib.7, f.105 b.
Col. 1.

How Victoryne gart mend the Wall fra Abircorne to Clyde.

In that same tyme, as ʒe sall wnderstand,   21,225
This Victorin hes giffin strait command,
Without delay no langar to abyde,
The wall wes biggit to the mouth of Clyde
Fra Abircorne richt sone for to compleit,
In euerie place quhair faltis war to beit,   21,230

Fra Scot and Pecht the Britis to defend,
Richt sone efter thair purpois tha pretend.
Syne craftismen for to compleit that wall,
In sindrie pairtis semlit hes thame all,
And stankis kest that war baith wyde and   21,235
    deip,
And men of weir the craftismen to keip,
Fra Scot and Pecht that thai sould tak na skayth.
Bot sone efter, of Scot and Pechtis baith,

How the Scottis slew all thame that war set to big this Wall, and all thame that war put thair to keip thame.

Ane multitude convenit in the tyme,
With thair chiftane the quhilk wes callit Gryme,   21,240
And suddantlie, as my author me schew,
Thair craftismen and all the laif tha slew.
Syne in the boundis that war neirhand by,
Tha raisit fyre with mony schout and cry;
Greit spulȝe maid ouir all baith far and neir   21,245
Of men and beist, that wounder wes to heir;
Brocht hame with thame so greit ane multitude
Off gold and siluer and of other gude.
This nobill Grym, of quhome befoir I spak,
As that my author dois me mentioun mak,   21,250
Borne that he wes ane man of Dacia,
Of Algone als wes his familia,
Ane Scot, quhilk wes borne of the royall blude,
His father wes, quhilk wes ane man of gude,
And his mother ane greit nobill alsua,   21,255
Ane lordis dochter wes in Dania;
And he himself, as ȝe sall wnderstand,
Had to his wyfe ane ladie of that land,
Quhilk buir to him ane virgin amorus,
That quene wes than to this ilk king Fergus;   21,260

Quhilk buir to him, as my author did sa,
Or he and scho come furth of Dania,
Thre ȝoung sonnis richt plesand and preclair.
The eldest sone and his apperand air,
Callit he wes to name Eugenius,   21,265
The thrid Constant,[1] and the secund Dongarus :
Of thair deidis efter, be Goddis grace,
I sall schow ȝow quhen I haif tyme and place.

HOW THE SCOTTIS THAT WAR DISPERSIT IN SINDRIE LANDIS, HEIRAND OF KING FERGUS, COME HAME ALL AGANE IN SCOTLAND.

In this same tyme that I haif schawin heir,
Fra sindrie landis ouir all far and neir,   21,270
As Spanȝe, Spruiss, and eik Germania,
Fra Ytalie and Portingalia,
Richt mony Scot herand of Fergus fame,
In Albione to Fergus than come hame
In his support, and for to mak supple   21,275
For to reskew thair land and libertie,
Quhilk fra thair fatheris reft wes of befoir ;
All in ane will at that tyme les and moir,
In his querrell baith for to leve and de,
And of the Romanis to revengit be.   .   21,280

HOW FERGUS RESSAUIT ALL THE SCOTTIS THANK-FULLIE THAT COME HAME AGANE.

Of thair cuming so hie his curage rais,
For to revenge him that tyme of his fais,
Sone efter that he hes send one ane da,
Ane greit armie into Saluria,
Quhilk enterit in with greit anger and yre   21,285
Amang the Britis, baith with blude and fyre.

Col. 2.

---

[1] In MS. *Tristant.*

The Romanis than, that knew thair cuming weill,
Ane greit power, in planeplait of steill,
Gaif thame battell richt pertlie on ane plane ;
On euerilk syde thair wes richt mony slane.   21,290
Sa lang tha faucht thir worthie men and wycht,
But victorie quhill twynnit thame the nycht,
In that semblie so mony than wes slane,
That euerie syde refusit to fecht agane.
That samin nicht, als far as tha micht wyn,   21,295
Ilkone fra vther drawin hes in twyn.
Syne on the morne, richt sone or it wes da,
Baith Scot and Pecht hes left Saluria,
And in thai boundis wald na langar byde,
Or dreid the Romanis on the vther syde,   21,300
Thair power dalie sould grow and incres,
And thairis ay be menist and maid les ;
And of the ʒeir it wes so lait also,
Quhill efterwart that wynter wer ago,
This king Fergus and all his men ilkone,   21,305
The narrest way to Argatill ar gone,
At his plesour thair to remane and byde,
Quhill efterwart into the symmer tyde,
That men for[1] cald micht walk vpone the plane,
And ganand tyme for to mak weir agane.   21,310

How this Fergus and all his Lordis the nixt Symmer held ane Counsall in Argatilium.

In symmer syne, quhen euerie schaw wes schene,
And euerie garth with gerss wes growand grene,
The Scottis lordis than baith ald and ʒing,
In Argatill befoir Fergus thair king,
To ane counsall convenit thair full sone,   21,315
For to devyss quhat best war to be done.
In that counsall thair wes amang the laif
Richt mony man that for best counsall gaif,

---

[1] Sic in MS. *fra ?*

With Victoryn that tyme quhair that he la,
With all his power into Galdia,　　　　　　21,320
But ony proces pertlie to persew
In plane battell thair strenthis of the new;
For to reskew agane out of his handis,
That wrangaslie he held fra thame, thair landis ;
And tak the chance that God wald send thame　21,325
　till,
Quhat euir it war than other gude or ill.
And vther sum, that better wnderstude,
Said to the king that counsall wes nocht gude ;
Thinkand it wes ouir perelous to preve,
Without wisdome in sic ane louss beleve,　　21,330
The commoun weill to put in jeopardie,
All on ane da it war ane greit folie ;
Sum other way moir wyslie for to wirk
With countering and carmuische thame to irk ;
Baith nicht and da to hald thame euir on steir, 21,335
With sic wisdome to put thame ay in weir,
Quhill efterwart that [tha] thair tyme micht se,
Quhen euir it war so hapnit for to be ;
Quhilk wald be sone tha said, as thai presume
Sa mony than rebellit agane Rome,　　　　　21,340
In euirilk land lyand neirhand than by.
Tha wist richt weill that Victoryn for-thi,
Sone efterwart of sic weiris sould ceis,
And be content to bruke Britane in peice :
Than micht thai weill at thair plesour but pane, 21,345
Thair richtis all for to reskew agane.
The counsall all thocht than that that wes best ;
Than suddantly devysit wes and drest
Ane greit power in haist for to provyde,
Of men of weir vpoune the bordour syde,　　21,350
For to debait the boundis tha war in,
And preis na forder at that tyme to win.
And thus tha wrocht ane lang tyme of the ʒeir,
Quhill efterwart hapnit as ʒe sall heir.

How Victoryn thocht to haif fled quietlie
of Britane, heirand the Emprioure [wes]
displesit at him ; and syne, throw Coun-
sall of his Freindis, was crownit in
Lundoun, callit him selff the Empri-
oure of Britane.

To Victoryn wes schawin be ane man,   21,355
Honorius that emprioure wes than,
By wrang reherss held him than rycht suspect.
Dreïdand it sould sone follow in effect,
He schupe richt sone, gif na better mycht be,
Out of Britane richt quyetlie to fle,   21,360
To saue him self wnto ane better tyme,
Or dreid he war accusit of that cryme.
And sum to quhome his counsall that he schew,
Him counsall gaif richt sone for to persew
The haill impyre of Britane for to bruke.   21,365
At thair counsall richt sone on him he tuke
The purpure habite that tyme with honour,
In Lundoun toun that tyme gart croun him em-
     prioure.

How Heraclius wes send in Britane be
     Honorius, and how the Romanis, heirand
     of his cuming, tuke Victoryn and deli-
     uerit him bund to Heraclian.

Honorius, of this quhen he hard tell,
How Victoryn in Britane did rebell,   21,370
Ane man of gude, callit Heraclian,
With greit power he send into Britane.
The Romanis all in Britane les and moir,
That fortifeit this Victoryn befoir,
Greit terrour tuke of this Heraclian,   21,375
Thinkand he wes so fortunit ane man.

And to vmschew Heraclianus schoir,
Agane the faitht that tha had maid befoir,
This Victoryn tha tuke richt sone in handis,
And all the laif fast bundin into bandis,   21,380
War principall that·tyme the leist ane man,
Deliuerit thame syne to Heraclian.
And he thame send sone efter that to Rome,
In capitall quhair that tha sufferit dome ;
All to the deid wantit thair heidis syne ;   21,385
So wes the end of this ilk Victoryne.

How Heraclian passit Hame agane.

Sone efterwart, as my author did sa,
Heraclian he passit hame his wa
To Rome agane, and left into Britane
Ane Planctius, quhilk wes ane rycht soft man,   21,390
Without ingyne or jeopardie in weir ;
Of sic prattik that tyme he wes to leir ;
Illiberall, and richt semdell wes trew.
This king Fergus, that his conditionis knew,
Thinkand for him that tyme wes oportune,   21,395
Ane multitude convenit hes gart sone,
Of mony berne that worthie war and wicht,
Buskit for battell than in armour bricht.
The king of Pechtis that tyme, that Drustus
    hecht,
With mony freik he fuir with him to fecht,   21,400
And sone tha enterit into Saluria
With fyre and blude, and als in Galdia.
Thair wes na Brit befoir thame thair tha fand,
No ʒit Romane, other be se or land,
Baith ʒoung and ald, of hie or law degrie,   21,405
Without debait tha maid thame all to de.
Syne in Pechtland and eik Dyeria,
In Vicomage and Ordulucia,

In thair rancour amang the Romanis raid ;
With fyre and blude so grit distructioun maid   21,410
Of men and beist, of corne, cattell and stoir,
Was neuir sene siclike ȝit of befoir.

How Fergus wan Planctius in Feild, and chaissit him to Eborac that Tyme.

This Planctius, quhen he hard this wes done,
With greit power than hes he sped him sone
Into Pechtland, with mony nobill man ;   21,415
Ane bitter battell thairwith sone began.
This king Fergus with mony cruell knicht,
And king of Pechtis with mony worthie wicht,
In curage cleir richt manlie hes thame met ;
With brandis bricht vpone thair basnetis bet   21,420
Thir bernis bald with mony bitter blaw.
The fedderit flanis in the feild that flaw,
Als fers as fyre out of the flynt dois found,
Quhilk wrocht the Romanes mony werkand
   wound,
Throw birny bricht and habirschone of maill,   21,425
The fitmen all into the feild gart faill.
Tha micht nocht weill sustene agane thair force,
Bot drew abak behind the bardit hors.
Than all the strenth and haill force of the feild
With speir and lance, with scharpe sword and   21,430
   with scheild,
The bardit horss assailȝeit all atonis,
Quhair mekle blude, and mony brokin bonis,
And mony steid la stickit in the feild,
And mony knicht full cald wnder his scheild.   Lib.7, f.106 b.
So mony duchtie thair wer maid to die,   21,435   Col. 1.
That force it wes the Romanis for till fle,
And leif the feild, thocht tha war rycht vnfane ;
Fleand that da war mony of thame slane.

This Planctius, as my author did sa,
To Eborac with few he fled awa ;   21,440
But skarslie als he chaipit wth his lyfe,
He wes so straitlie sted into that stryffe.

How Fergus gart diuyde the Spulʒe of the Feild.

This king Fergus, the spulʒe of the feild,
Baith bow and brand, coit armour, targe and
　scheild,
Richt equallie amang the men of weir,   21,445
Distribute hes with horss, harnes and geir.
This Planctius, quhilk preuit had the pith
Of Scot and Pecht, and manlines thairwith,
The quhilk on force had maid him for to faill,
Wittand so weill that he micht nocht prevaill   21,450
Agane the power that wes of sic pryss,
And greit folie to set on synk and syss
The grit honour befoir the Romanis wan,
Dreidand also the tynsall of Britane,
Als in that tyme with trew men he hard tell,   21,455
Agane the Romanis sa mony did rebell,
In sindrie land with greit power and pryde,
In euerie part ouir all the warld wyde.

How Planct[i]us send ane Herald to Fergus for Peax.

And for that caus he stude into greit dout,
For to mak weir with his nichtbouris about.   21,460
And to compleit the purpois he pretend,
Richt suddantlie ane herald he hes send
To king Fergus, to treit with him for peice,
And king of Pechtis, to gar thair weiris ceis :
That tyme betuix thame lang trewis to tak,   21,465
With quhat conditioun that tha pleis to mak.

On this conditioun than the peice wes maid,
With mony band and seillis that war braid :
That is to say, baitht Scot and Pecht sal haue,
Without cummer in ony thing to craue,   21,470
The landis all that time baith les and moir,
That thair fatheris lang bruikit of befoir,
Of thair ald termes for to be content,
Gif plesit thame thairtill to gif consent,
And clame na thing within the Britis landis.   21,475
Of that conditioun bund war than tha bandis,
Confirmand peice withoutin ony stryfe,
Betuix thame all for termis of thair lyfe.
Peice beand maid, as I have said ȝow heir,
Quhilk lestit efter lang and mony ȝeir,   21,480
Thir kingis baith hes[1] done all that tha mycht,
With diligence and travell da and nycht,
For to reforme[2] all faltis maid befoir,
And thair kinrikis agane for to decoir
With luif and lautie, libertie and law,   21,485
And put thame out of bondage and ouirthraw,
And servitude that tha war in richt lang,
Be the Romanis that wrocht thame mekle wrang.
Tha war all maid agane for to leve frie,
To vse thair law and thair awin libertie.   21,490

How Fergus diuydit Scotland the Secund Tyme, gevand ilk Regioun ane new Name.

Quhen this was done, and tha war brocht to peice
In Albione, and all the weiris ceis,
This king Fergus, that tyme I wnderstand,
The secund tyme diuydit hes Scotland.
To euerie man he hes gevin ane daill   21,495
Efter his deidis as he wes of availl ;

---

[1] In MS. *had*.   [2] In MS. *reformis*.

And changit all the namis les and moir
Wes gevin thame be first Fergus befoir;
And euerie land, as my author did sa,
Gaif it the name that it hes this same da;   21,500
Sum efter flude, sum efter montane hie,
Sum efter men for thair nobilitie.
The causis quhy ar langsum to reherss,
And tydeous this tyme to put in verss;
Quhairof thairof as now I hald me still,   21,505
And forder moir of Fergus speik I will.

How Fergus reformit the Kirk off Christ.

As he wes flour and cheif of cheualrie,
Siclike he wes in religiositie.
The kirkmen als that flemit war befoir,
Baith preist and prelat, monkis les and moir,   21,510
Brocht hame agane with laud and dignitie,
With honour, reuerence and benignitie;
Ressauyng thame with countenance bening,
With fair calling and hamelie cheresing.
Syne plesand places gart for thame provyde,   21,515
Quhair tha at plesour micht remane and byde,
Godis seruice thairfoir to say and sing:
That neidfull war thai wantit thair nothing,
At thair lyking, with greit larges and luke.
And tha agane the pepill till instruct   21,520
The faith of Crist and halie kirk to knaw,
And for to keip commandis of the law,
And idolrie for to abhor alhaill.
Into the tyme, that thai sould no tyme faill,
In Iona Yle, of quhome befoir I spak,   21,525
Ane fair abbay of black monkis did mak,
And biggit hes richt mony plesand cell
Within dortour quhairat tha sould dwell.
All vther houssis that war necessair,
He hes gart big richt plesand and preclair.   21,530

That plesand place syne poleist hes within
With chaleis, crowat of siluer and tyn,
And vestimentis of siluer claith and silk,
Sum reid, sum grene, sum quhit as ony milk.
And in that place the kingis sepultuir,   21,535
He ordand hes with diligence and cuir ;
And so it wes richt lang and mony da,
And ȝit is sene the places quhair tha la.

How Fergus biggit the Strenthtis agane.

The strenthis all, baith castell, tour and toun,   Lib. 7, f. 107.
Distroyit war befoir and cassin doun,   21,540   Col. 1.
He hes gart big far strenthear agane ;
And dalie waigeouris thairin to remane,
Off his awin coist thair to remane and byde,
Into the strenthis on the bordour syde,
Neirby the boundis of the Britis la.   21,545
Ane better king nor he, I dar weill sa,
I can nocht find in na storie I reid,
Quhilk previt alway richt weill by his deid.
Now will I pas of him into this place,
And of the Romanes speik ane litill space.   21,550

How Walentenianus succedit to Honorius the Emprioure, quhilk send ane Legat in Britane efter the Deith of Planctius was callit Castius.

Honorius of Rome the emprioure,
That tyme with seiknes staid wes in ane stour,
Aganes quhome he had no strenth to stryfe,
Bot tuke his leif out of this present lyfe.
His sister sone, hecht Walantenian,   21,555
Plesand and proude, and ane rycht fordwart man,

Quhilk wes the sone of Theodoc[i]us,
And lauchfull air to this Honorius,
Into his place efter that he wes deid,
As emprioure succedit in his steid.   21,560
This Planctius, of quhome befoir I tald,
Throw sair seiknes that tyme as weirdis wald,
Set him so soir that he micht nocht ouirset,
To God and nature quhill he payit his det.
Ane Castius, efter that he wes deid,   21,565
To gyde the Romanes enterit in his steid,
Into Britane that thai suld nocht rebell.
This king Fergus, thairof quhen he hard tell,
And Drustus king of Pechtis to for-thi,
Sayand the tyme of peice wes passit by   21,570
That tha had maid with Planct[i]us of befoir,
Sen he wes deid than it suld lest no moir.
Thairfoir tha said that tha wald nocht forga
All Cummerland and als Westmawria,
The quhilk thair fatheris bruikit of befoir;   21,575
Without the Romanis wald to thame restoir,
Declarit thame that tha sould haif no peice,
Quhill that war done fra battell suld nocht ceis.

How the King of Scottis and the King of Pechtis hereit all Westmurland.

And for that caus with [all] power and mycht
Of Scot and Pecht richt mony worthie wicht,   21,580
Thir tua kingis, sone efter on ane da,
Greit heirschip maid ouir all Westmaria.
In that land wes nother ill nor gude,
That ony sparit for to spill his blude;
Ʒoung or ald, other barne or wyffe,   21,585
Withoutin reuth tha reft fra thame thair lyffe.
Col. 2.   Wes neuir hard, nother be land nor se,
In no weiris so greit crudelitie

Of reif and raip, of blude and als of fyre;
Tha war so full of malice and of yre, 21,590
Tha sparit nothing in thair gait tha fand,
In Cumbria and als in Westmureland.

How the Romane Legat send ane Herald to thir Kingis.

The word of this to Castius is went,
Quhairof that tyme he wes nothing content.
His levir wes for to haif peice nor weir, 21,595
For of ane thing he tuke so greit ane feir;
The quhilk sone followit efter in effect,
Or euer he wist it straik him in the neck.
Full soir he dred than Deonethus,
Quhilk wes the sone of the last Octaueus, 21,600
Off Britane king, befoir as ʒe micht heir,
Deceissit wes into that samin ʒeir.
This Castius richt soir thairfoir he dred,
For Deonethus to his wyffe than hed
King Fergus sister, that schort quhile of befoir 21,605
He weddit hes with grit honour and gloir,
The quhilk he louit alway with his hart;
Thairfoir he dred that he sould tak his part.
Thairfoir ane herald sone to him he send,
Commandand him of tha boundis to wend, 21,610
Puttand till him than silence for to ceiss,
Gif he desyris of him to haif peice;
And wald he nocht, he promist him rycht sone
He sould forthink the thing that he had done.
Remember him how lang befoir tha war 21,615
Fra Albione maid exull bene so far;
And how the Pechtis, for thair ingratitude,
War put in bondage and vile seruitude.

Richt so, he said, with thame it sould be done,
And tha agane maid nocht amendis sone.   21,620
Quhen this was said befoir thame that wes thair,
Amang thame all wes nother les nor mair,
Quhen tha hard speik of sic vile seruitude,
All with ane schout than schortlie tha conclude
With the Romanis no way for to mak peice :   21,625
Fra fyre and blude sayand tha suld nocht ceis,
Quhill that he suld resigne in to thair hand
All Cumbria, and also Westmureland,
In peice to bruke but ony boist or schoir,
As that thair eldaris vsit of befoir.   21,630

HOW THE LEGAT MAID PROUISIOUN FOR BATTELL, AND HOW IN THE SAME TYME WAS SCHAWIN HIM THAT DIONET WITH MONY BRITIS WAS PASSIT TO SUPPLE THE SCOTTIS.

This Castius, quhen he hard thair desyre,
Commouit wes als hett as ony fyre.
Sayand, richt sone he suld revengit be
Of that injure, or mony ane sould die.
With all the power that tyme that he hed,   21,635
Richt spedelie on to thame he him sped,
Him to revenge of that injure and cryme,
Richt suddantlie, and schew him in that tyme
How Dieonet the lord of Cambria,
Quhomeof schort quhile befoir ȝe hard me sa,   21,640
The eldest sone of king Octaueus,
That weddit [had] the sister of Fergus,
With all the power he micht be that da,
Of Cambriens and of Icinia,
Baith ill and gude that tyme that he mycht be, 21,645
Come to king Fergus for to mak supple.

Lib.7,f.107b.
Col. 1.

How Fergus, the King of Scottis, faucht with
Castius the Legat, and wan the Feild,
and chaissit this Legat callit Castius.

This Castius thairof he tuke greit cuir ;
With sic prouisioun fordwart ay he fuir,
Withoutin tarie other da or nicht,
Quhill that he come into his fais sicht   21,650
Quhair that king Fergus with his grit ost la,
And king of Pechtis in Westmaria,
And Dionethus come in thair supple,
In the best ordour that tyme that tha mycht be.
Ane quhile tha stude arrayit all at rycht,   21,655
On euirilk syde ilkone in otheris sicht ;
The bowmen bald syne enterit in the feild,
Thair scharpe schutting hes persit mony scheild.
The fedderit flanis in the feild that flew,
Throw birneis bricht richt mekill blude tha   21,660
      drew.
The lansis and grit speiris with [thair] force,
Maid sic ane brusche vpone the bardit horss,
Quhill speiris brak and all thair scheildis claif,
Birneis did brek and all in pecis raif.
Steidis la stickit stark deid on the grund,   21,665
And mony knicht, with wyde and werkand wound,
In that counter lay cald vnder his scheild,
And mony freik wes fellit in the feild,
Throw force that da that rais neuir vp agane ;
On euirilk syde richt mony man wes slane.   21,670
That stour it wox baith stalwart, stif, and strang,
But victorie of ony part richt lang ;
This king Fergus thairto that did intend,
Than suddantlie of euerie wing he send
Lycht lyuer men to cirkill thame about,   21,675
Syne haistelie set on thame with ane schout
                                              D 2

Or euir tha wist baldlie behind thair bak,
Quhilk causit thame greit terrour for to tak.
This Castius thairof wes soir adred ;
For feir of thame out of the feild he fled.   21,680
Of his fleing the laif wes so agast,
Out of the feild thai followit all rycht fast.
The tother syde quhen that tha saw thame fle,
Trowand thai war in sic securitie,
Throw victorie tha wan into that place,   21,685
Withoutin ordour pairt followit on the chace ;
Als mekle skaith gat in that chace agane,
As tha did than and had als mony slane.
Ane vther part, that keipit ordour still,
Did mekill skaith and gat bot litill ill ;   21,690
Col. 2. Of the Romanis and Britis that war bald,
Tha tuke and slew alss mony as tha wald.
Syne all the spulȝie in the feild that la,
This king Fergus vpone the tother da,
To Scot and Pecht, and Cambriens that tyde,   21,695
Richt equallie amang thame gart diuyde.

How Castius efter the Feild fled, and syne efter he was passit the Britis crownit Deonethus King of Britane.

This Castius to Kent that tyme he fled,
With sa few folk thair levand that he hed,
Out of the feild passit with him awa ;
Syne Cumbirland and all Westmawria, .   21,700
He left thame than into thair fais hand,
Without defens vther be se or land,
Or ȝit supple, fra tyme that he wes gane,
Do as tha wald of him tha wald get nane.
Syne efter this incontinent wes done,   21,705
This Dionet thai haif set in ane trone,
In purpure cled and diadème conding,
And crownit him of Britane to be king.

Syne tuke the feild with mekle boist and schoir,
With Scot and Pecht, the langar ay the moir ;   21,710
Agane the Romanis than tha dalie wrocht,
With fyre and blude, all the injure tha mocht ;
Quhilk put thame all in sic penuritie,
With haill purpois out of Britane to fle,
Seand thair fortoun maid sua oft to faill,   21,715
Without beleif agane for to prevaill.
So sould haif bene, as apperis to me,
War nocht the sonner that tha gat supple.

HOW ETHEUS, THE ROMANE LEGAT IN GALLIA, SEND ANE GREIT MAN OF GUDE INTO BRITANE CALLIT MAXIMIAN, TO SUPPLE THE ROMANIS WAR THAIR.

Ane greit Roman wes callit Etheus,
In Gallia, my author tellis thus,   21,720
That all Romanis that da that levand war,
In worthines precellit than richt far,
For to supple the Romanes in Britane,
Ane man of gude callit Maximian,
That cousing wes als to the emprioure,   21,725
Into his tyme that wan so grit honour,
With greit power to thame richt sone he send,
To fortifie thair richtis and defend.
The Britis all, that tuke the Romanis part,
Richt blyth thai war that tyme in to thair   21,730
    hart,
Quhen tha hard tell of this Maximian,
With sic power wes cuming in Britane.
On fot and horss with greit solempnitie,
Tha met him all as he come fra the se ;
Oft thankand him that cuming wes thame till,   21,735
Sayand, tha sould with hartlie mynd and will
With him ay wend quhair that he wald alway,
For his plesour in all thing that tha may,

Lib.7, f.108.
Col. 1.

And to be traist to him in euerie steid,
And tak his part baith into lyffe and deid.   21,740
He thankit thame richt curtaslie agane ;
Sayand, he wald for thair plesour be fane
Thame for to pleis with all power he ma,
At thair plesour other be nicht or da.

How Maximian proclamit that euerie Man sould be reddie at set Da and Place, and syne with all his Armie come to Eborac.

Sone efter that, this ilk Maximiane   21,745
Proclamit hes that tyme ouir all Britane,
That euerie man within the tuentie da,
Suld reddie be to wend with him alwa.
And so thair [war] within the tuentie nicht,
Off Britis bald and mony Romane knicht,   21,750
And mony vther out of Gallia,
And feill folk als out of Germania,
Sic multitude other with les or moir,
In Albione wes neuir sene befoir.
To Eborac he passit on ane da ;   21,755
Syne efter that onto Westmawria,
Quhair king Fergus and Drustus in that tyde,
And Dionet togidder all did byde ;
All in ane will and purpois tha pretend,
Fra all injure tha landis to defend.   21,760
With Dionet thair come that samin da,
Itiniens[1] and men of Cambria ;
Tha followit him with gude will and fre hart,
In all Britane wes na mo tuke his part.

---

[1] In MS. *Contynyens.*

How the Romanis and the Albionis come in Sicht of vther.

Syne on ane da, ane litill forrow licht,   21,765
Ilkone of vther cuming ar in sicht;
Vnder ane bank besyde the bentis broun,
Vpoun ane plane plantit thair palȝeonis doun.
On euerie syde stark watchis maid that nicht,
Quhill on the morne that it wes fair da licht,   21,770
In gude ordour syne passit till array,
In that intent sone vther till assay.

How King Fergus maid his Oresoun.

I list nocht now to ȝow this tyme rehers,
So langsum war to me to put in verss,
Of king Fergus the grit persuasioun,   21,775
He maid that tyme, and eik his oresoun,
Vnto his men so ornatlie he spak,
Quhilk causit thame all curage for to tak.
The tyme is schort, I may nocht lang dwell
In sic talking; thairfoir I will nocht tell   21,780
His oresoun, nor put it in memorie,
Ilk word by word contenit in the storie.
Bot of ane thing that I dar wndertak;
So plesandlie to thame that tyme he spak,
Tha war content alway to wirk his will,   21,785
Quhat euir it wes than other gude or ill.

Heir followis the greit Battell betuix Maximian and Fergus, King of Scottis.

Col. 2.

The lawe siclyke wald nothing pretermit;
Than to the feild tha fuir all fit for fit,

In gude ordoure arrayit all at richt,
With baneris braid browdin with gold full   21,700
    brycht,
Fra Phebus face that flamit as the fyre,
And staitlie standertis wroch[t] all with gold wyre.
In curage cleir like till ane bureall brycht,
As ony lamp tha lemit all of lycht.
The Romanis rayit on the tother syde,   21,795
With standartis waifand with the wynd full wyde,
And baneris bricht as ony buriall stone,
Agane the schynyng of the sone that schone,
In coit armour of birneist gold so bricht,
With rubeis reid and dyamontis weill dicht ;   21,800
Thair basnetis bricht as ony siluer schone,
Of poleist perle and mony precious stone.
Ane fairrar sicht befoir wes neuir sene
Of Adamis seid, nor ȝit sensyne hes bene.
The buglis blastis maid sic ane busteous beir, 21,805
And hornis als. that hiddeous war till heir,
As hevin and erth that tyme had gane togidder,
Quhilk causit mony for to sueit and swidder.
The trumpetis blew with sic ane awfull sound,
Quhill that thair blast gart all the erth rebound; 21,810
The schalmis schouttit quhill all the schawis schuke,
The buglis blast reboundit fra the bruke ; *
So awful rumour, and so rude ane reird,
Wes neuir hard with no man in this erd.

How King Fergus Bowmen enterit in the Feild.

The bowmen big, with bent bowis in hand,   21,815
Befoir king Fergus in the feild did stand.
Of fedderit flanis into randoun richt,
Fra thame thair flew richt mony felloun flycht,

Als ferce as fyre out of the flynt dois fair,
And thik as snaw thai flew in to the air ;   21,820
Evin lyke ane cloude adumbrit[1] all the lycht,
So thik tha flew into ane randoun richt,
Into the air makand ane awfull sound,
And ferce as fyreflaucht throw the feild did sound,
Throw all thair weid tha wrocht thame woundis 21,825
   wyde.
That bikker wes so awfull till abyde,
Into the feild the Romanes that faucht first,
Tha gart the blude out-throw thair birneis brist ;
And skaillit mailʒeis in the feild full wyde,
For all thair pryiss tha parit of thair pryde.   21,830
And had nocht bene tha gat sonner reskew,
Gif it be suith that my author me schew,
Tha had forthoucht that da that tha come thair,
That schutting wes to thame so scharpe and sair.

How the Romanis had bene distroyit had nocht the Legat soner send Supple.

Maximiane, thairto quhen he tuke heid,   21,835 Lib.7,f.108b.
Col. 1.
Ane new battell buskit in weirlike weid,
In thair supple, with all the haist he ma,
He send to thame faucht nocht befoir that da.
Thir[2] bernis bald that stalwart war and strang,
Tha enterit sone into the thickest thrang ;   21,840
At thair cuming wes sic ane counter maid,
That mony berne bled of his blude full braid ;
And mony schouder schorne out throw the scheild,
And mony freik als fellit in the feild ;
And mony proude man laid vpoun the plane,   21,845
Sum ill woundit, and vther sum than slane.
Richt lang thai faucht with egir will in hart,
Quhill that the Romanis had the fairast part,

---

[1] In MS. *abumbrit.* | [2] In MS. *Thair.*

Persand the feild quhairat the ordour brak,
And enterit syne behind king Fergus bak   21,850
Quhair that he faucht, and king Drustus also ;
Richt haistelie withoutin ony ho,
Tha cirklit thame richt suddantlie about,
In that beleif that thai suld nocht wyn out.

How thir Tua Kingis renewit the Feild agane, and how gude Fergus wes slane.

Thir tua kingis, quhair tha faucht in the feild,   21,855
Richt haistelie quhen tha sic thingis beheld,
Wittand so weill that na better micht be
Into that tyme bot other do or de ;
And weill tha wist that thair wes no remeid,
And, for to be revengit of thair deid,   21,860
The battell baldlie did agane renew,
And of the Romanes mony that tyme slew.
Suppois thai war baith stalwart, stout and stuir,
Ʒit neuirtheles tha micht nocht ay induir
Into that stour fechtand so strang tha stude ;   21,865
The Romanis als wes of sic multitude,
And in ane cirkill closit thame about,
That be no way tha micht that tyme wyn out,
And with the Romanes tha wald nocht be tane,
Quhairfoir tha faucht to deid that da ilkane.   21,870
Thair deid that da it wes full deirlie sauld,
Gif it be trew that my author me tald.
Suppois the Scottis that da tynt the feild,
For tua of thame thair wes thre Romanis keild.
The laue of thame, richt sone and suddantlie,   21,875
Quhair that thai faucht in other feildis by,
Into the tyme tha wer so soir adred,
Out of the feild richt fast away tha fled.
The Romanis follouit richt fast vpone the chace
Wit[h] grit slauchter in mony sindrie place,   21,880

All da to end als lang as tha had licht,
And ceissit nocht quhill twynnit thame the nycht.
To Scot and Pecht that wes ane cairfull feild,
Thair kingis baith that samin da war keild;
The maist pairt thair of thair lordis all,   21,885
Into that feild wer maid that da to fall;
And all the laif syne, throw that greit mischeif,
That samin tyme wer put in sic beleif,
Quhen euir the Romanis plesit thame invaid,
Fra Albione all exull to be maid.   21,890
This wes the end of gude Fergus the king,
The saxtene ȝeir than efter of his ring.
This Dionet, into that samin da,   Col. 2.
Out of 'the feild with few men fled awa;
Vnto the se, the quhilk wes neir hand by,   21,895
Richt haistelie that tyme he did him hy;
Into ane schip, as my author did sa,
Sone efter that passit in Cambria.[1]

How Maximian, efter the Feild, brint all Pechtland and Galdia.

Maximiane, or he wald stanche of yre,
All Galdia he hes brint in ane fyre;   21,900
All Pechtland als, and eik Dieria,
All Wicomage and Ordolucia,
And slew thairin alhaill baith wyffe and man.
Camelidone he seigit syne and wan;
Baith ȝoung and ald that he fand in that steid, 21,905
Without petie gart put thame all to deid;
Baith Scot and Pecht compellit to the North,
Without fauour, beȝond the watter of Forth,
And gart thame sueir thair ay to remane,
And neuir mair for to persew agane,   21,910
By richt or clame ather by nicht or da,
To ony land besouth ald Forth that la.

---

[1] In MS. *Cumbria.*

Of the Britis thair wes richt mony than,
Sic counsall gaif to this Maximiane,
Baith Scot and Pecht alhaill for to distroy,   21,015
Or the Romanis withoutin sturt or noy
In Albione sould be bot rycht schort quhile,
Quhill that war done, or than all maid exyle,
In[1] vther landis suddantlie to fle
Fra Albione richt far without pitie.   21,920

How Maximian abstenit fra Weir quhill Wynter wes done.

Maximiane, becaus he saw appeir
Sic ill weddar and winter als draw neir,
With frost and snaw, with greit wyndis and rane,
That nane for cald mich[t] walk vpone the plane ;
And Scot and Pecht that weill thame self culd   21,925
     keip
In montanis hie, and mossis cald and weit,
Fra him all tyme withoutin ony skaith,
He knew that weill of Scot and Pechtis baith.
And for that caus quhill gone wes wynd and rane,
Postponit all quhill symmer come agane.   21,930

How Licens come fra Rome, schawand Maximian how sa mony rebellit againe Rome, quhairfoir this Maximian gart croun him self Emprioure of Britane.

In Aprile quhen lenthit wes the da,
His purpois wes to pas in Cambria,
With all power befoir as ȝe hard tell
On Deaneth aganis him did rebell.
Lib. 7, f. 109. Col. 1. Him for to dant his purpois wes alhaill,   21,935
Syne of that purpois he wes maid to faill.
Ane freind of his come furtht of Rome and schew,
Ouir all the warld 'sa mony of the new

---

[1] In MS. *Or.*

Agane the Romainis, ȝe sall wnderstand,
Rebellit had in mony sindrie land, 21,940
And euerie Romane that tyme mair and myn,
Held to him self all landis he micht wyn.
Ane Beneface that tyme wes callit sua,
Rebellit had than ouir all Affrica,
And tua legatis of Walantinian 21,945
Thair he had slane and mony vther man.
Siclike that tyme tha letteris to him shew,
In Gallia wes cumin of the new
The Frenschemen, and tane at thair awin hand
Of Orliance and Pareis all the land, 21,950
And fixit thair thair settis to remane,
In that belief neuir to remoif agane ;
And pleneist had, withoutin ony pley,
Fra Rynis mouth to the mont of Peroney,
Alhaill tha landis at thair awin lyking, 21,955
Syne crownit hes ane of thame to be king.
Maximian, fra he tha letters red,
His freind fra Rome to him that tyme send hed,
With his counsall in quhome he did confyde,
Thinkand he wald than for him self prouyde, 21,960
And hald the honour to him self he wan,
As emprioure than for to bruik Britane.
And or he wald to that purpois proceid,
In gud[e] belief the better for to speid,
Thinkand that tyme he wald obeyit be 21,965
With the Britis be sum affinitie,
Be ony way gif he micht win thair hart,
To that purpois that tha sould tak his part.

HOW MAXIMIAN WEDDIT THE ȝOUNGEST DOCHTER
OF DEONETUS, QUHILK WAS CALLIT OTILIA.

This Dioneth, of quhome befoir I spak,
As that my author did me mentioun mak, 21,970

Tua dochteris had and childer than no mo ;
Otilia, the ȝoungest of tha tuo,
The lustiest that levand wes on lyfe,
Maximiane hes[1] weddit till his wyfe.
The eldest sister, as my author sais,   21,975
Hecht Vrsola, the quhilk in all hir dais
Ay leuit clene in puir virginitie,
And for the faith ane martyr maid to be,
As I sall schaw to ȝow with Goddis grace,
Sone efter heir at ganand tyme and place.   21,980
Maximian, throw that affinitie,
With all the Britis louit weill wes he ;
And Deoneth of most honour was than,
In all Britain nixt this Maximian.
And thus the hartis he hes conqueist all,   21,985
Of all the Britis that tyme bayth grit and small.
Heir will I mak ane paus into this place,
And of the Scottis speik I will ane space.

HEIR FOLLOWIS THE CROWNYNG OF EWGENIUS,
    THE SONE OF FERGUS, QUHILK WES ANE
    NOBILL KING ALL HIS TYME, AND SONE EFTER
    SUBDEWIT THE BRITIS.

Col. 2. Efter the deith of king Fergus schort quhile,
The Scottis all forgadderit in Argyle,   21,990
And crownit hes Eugenius to be king,
Gude Fergus sone that wes baith fair and ȝing ;
Prayand to God that tyme baith ane and all,
Sic fair fortoun and grace sould him befall,
And wisdome als, that he micht worthie be   21,995
To keip thair land in law and libertie.
Ewgenius, the first ȝeir of his ring,
Within schort quhile efter he wes maid king,
His fatheris cors he hes tane vp agane,
Neirby the feild befoir quhair he wes slane,   22,000

---

[1] In MS. *his.*

Quhair he wes bureit in ane prevat place;
Syne efterwart within ane litill space
To Iona Yle with mekle pomp and pryde,
With laud and gloir gart it convoy and gyde,
And sesit him thair in to sepulture,   22,005
With all reuerence takand of him greit cuir;
And stablit him into the samin steid,
Quhair he dewysit lang befoir his deid,
Into the abbay of Ecolumkill;
Richt weill he wist that wes his fatheris will.   22,010
Syne ordand seruice thair to sing and sa
Solempnitlie quhill on the auchtane da,
The sevin psalmis thairfoir to sing and reid,
With latony, placebo, and the creid;
And euerie da ane mes for to be sung   22,015
Solempnitlie, and all the bellis rung.
Syne fra that furth with honour, laud and gloir,
The kingis all, till king Malcum Canmoir,
Wer bureit thair with greit solempnitie,
Quhair takynis ʒit remanis for to se.   22,020

HOW EUGENIUS GATHERIT ANE ARMIE FOR TO
RESKEW HIS LANDIS OUT OF THE ROMANIS
HANDIS, AND QUHEN HIS POWER WAS OUIR
SMALL HE SKAILLIT THAME AGANE.

This being done as ʒe haif hard me sa,
Eugenius, sone efter on ane da,
In that belief for to reskew his landis
On southwart Forth out of the Romanis handis,
Hes gart proclame than with ane voce full cleir, 22,025
That euerie man wer passit saxtene ʒeir,
And within saxtie, that micht harnes weir,
Suld reddie be weill graithit in his geir,
Furneist richt weill for all thing fourtie dais,
To wend with him quhair euir he wald alwais. 22,030

And so thai did, as my author did sa,
Convenit all at ane set place and da.
Quhen tha come thair all and thair misteris schew,
Wyiss men of weir that all sic thingis knew,
Quhen tha had sene thair ordour ane and aw,   22,035
Tha thocht thair power wes that tyme ouir smaw,
Agane the Romanis for to mak stryfe or weir,
Quhomeof that tyme that all the warld tuke feir,
Tha gaif counsall so to pas hame awa,
And to defer all wnto ane other da,   22,040
Quhill that they saw thair tyme mair oportune ;
And so thai did, as my author said, richt sone.

Lib.7,f.109 b.
Col. 1.
Onto the place syne ilk man, les and moir,
Passit agane quhair he come fra befoir.

How Maximianus maid Peice with Ewgenius.

Maximiane, of quhome befoir I tald,   22,045
With so gude will thinkand that tyme he wald
Richt suddantlie, withoutin ony moir,
Compleit the purpois that he tuke befoir ;
And for to be out of the danger and dreid,
In that beleif to cum the better speid,   22,050
And for to bruke all Britane into peice,
And all that weir for to gar stanche and ceis.
Richt so he knew his power wes than brokin
With Scot and Pecht, befoir as ȝe hard spokin,
Into the feild quhair gude Fergus wes slane ; 22,055
Thairfoir he thoucht he wald mak peice agane
With Scot and Pecht, and all weiris forleit,
Or he micht nocht his purpois than compleit.
Then suddantlie ane herald he hes send
To king Ewgene with hartlie recommend,   22,060
And king of Pechtis, the quhilk this peax hes maid,
Syne bund it weill with letters seillit braid.

How Maximiane passit furth of Britane, and tuke with him all the Nobillis of Britane and all the Riches, and syne passit and wan Armorica.

Quhen that wes done, this ilk Maximian,
With all the nobillis that war in Britane,
And with consent of euerie Romane knicht,   22,065
In purpure cled and diademe so bricht,
In Lundoun toun with greit laud and honoure
Tha crownit him to be thair emprioure.
And thair he did rebell agane the richt
Of the Romanis, as ane fals vntrew knicht.   22,070
Sone efter that he chesit in Britane
The nobillest men that wes amang thame than,
And to the se causit with him to ga,
In that beleif to conqueis Gallia.
This Dioneth he left that tyme at hame,   22,075
For to defend the Britis fra all blame,
With ane legioun war nobill men of weir,
That Scot no Pecht sould do to thame no deir.
Than to the se he passit on ane da,
And syne tuke land into Armorica ;   22,080
With lytill stryfe that cuntrie all he wan,
At his plesour subdewit euerie man
In all the partis by the se that la.
Quhen that wes done, syne efter on ane da,
With greit power syne inwart is he gone   22,085
To seig ane citie callit wes Radone.
Out of tha places or he passit than,
He stuffit all the strenthis that he wan,
And all the laif wer oblist to be trew,
Or euer he wald that citie than persew.   22,090
That toun it wes so stuffit and so strang,
Maximian la about it richt lang,

And of his purpois na way culd prevaill,
Bot euerilk da far lykar for to faill,
He left the toun that tyme I wnderstand,   22,095
And heirschip maid about ouir all the land.

HOW ETHEUS CAUSIT ARMORICA TO REBELL AGANE
                MAXIMIAN AND TUKE ALL THE STRENTHIS
                AGANE.

In Gallia ane legat wes thair than,
Hecht Etheus, quhilk wes ane nobill man.
Maximian richt soir that tyme he dred,
Herand so weill in all partis he sped,   22,100
Quhilk causit hes, as my author did tell,
Armorica aganis him to rebell,
And brek to him thair obleissing and band,
And all thair strenthtis tuke in thair awin hand.
The men also war left thair for to keip   22,105
Tha strenthis all, sua sound tha gart thame sleip,
And suddantlie, and of so nyce ane wyss,
That tha forȝet agane ȝit for to ryss.

        HOW MAXIMIAN, HEIRAND QUHAT WAS DONE IN
                ARMORICA, SPED HIM SONE AGANE IN AR-
                MORICA AND CRUELLIE DISTROYIT ALL THE
                ARMORIENS.

Maximiane herand how tha had wroucht,
He sped him hyne in all the haist he mocht;   22,110
And maid no tarie that tyme nicht nor da,
Quhill that he come till Armorica.
Baith wyfe and barne befoir him that he fand,
Ȝoung[1] and ald, withoutin ony ganestand,
Of that injure for to revengit be,   22,115
Lyke doggis all he maid thame for to de,

---

[1] In MS. Ȝving.

Withoutin mercie that tyme baith ill and gude,
That he culd ken wes of Armorien blude.
The word thairof throw all Armorica,
It ran als swift as ony hart or raa.   22,120
Of that danger the laif all tuke sic dreid,
Tha fled als fast as spark gois out of gleid,
To sindrie landis that war neir hand by,
So soir tha dred that tyme his tirrany.
Thus flemit wes and slane all that natione, 22,125
The land als left but habitatioun.

How Maximian broucht out of Britane ane Hundretht Thousand Men and Wemen for to Inhabit Armorica.

Maximian quhen he perfytlie knew
Into that tyme the Britis war ouir few
He had with him into Armorica,
Quhairfoir richt sone he send agane for ma 22,130
Into Britane that tyme, I wnderstand,
That micht compleitlie pleneis all that land.
Ane hundreth thousand than of ȝoung and ald,
Into that tyme tha war by taill weill tald,
That come to him out of Britania,   22,135
For to remane in to Armorica.
Compleitlie than tha pleneist vp and doun
All haill that land, baith castell, toure and toun.

How Maximian maid Conanus, that was ane greit nobill, King of Armorica, quhilk now is callit Britane.

Lib.7, f.110. Col. 1.

Ane nobill man that Conanus wes cald,
Borne in Britane of the best blude and ald, 22,140
To Dioneth the quhilk wes neir of kin,
Maximian, or he wald langar blin,

With haill consent of all, baith ald and ȝing,
This Conanus hes crownit to be king.
Syne all that land callit Britania   22,145
Efter the Britis, the quhilk on to this da
Ȝit changit neuir be na auctoritie :
I wait nocht weill how efter it will be.

How Maximian, with his greit Armie, passit to Burgon.

Maximian, quhen that he had done so,
Vnto Burgon he tuke his leve till go.   22,150
With all the Romanis thair with him he had,
On to Burgon richt sone he hes him sped,
For to supple, my author sais thus,
The Burgundaris aganis Etheus,
The Roman legat in to Gallia.   22,155
Sone efter that, Conanus on ane da,
With all his lordis hes decreittit than,
That tha wald send agane into Britan,
Of ȝoung wemen to bring ane multitude ;
Tha thocht it best than of the Britis blude   22,160
Wyffis to tak, and weddit for to be
With thame that war of puir virginitie.

How Vrsola, the Duches of Dionethus, with ane Elevin Thousand Virginis, war had out of Britane to Armorica, and war all marterit in Colania for the Faith of Christ.

This Dioneth, befoir as ȝe micht heir,
Departit wes bot laitlie that same ȝeir,
Tua dochteris had, as ȝe haif hard me sa.   22,165
Of thame the ȝoungest callit Vrsola,

Quhilk vowit had to keip virginitie,
And tuke habit of religiositie,
And mariage in all hir tyme forsuik,
Magir hir will out of hir cell hir tuik,   22,170
For to be quene to this Conanus king.
And elevin thousand siclike of ald and ȝing,
Quhilk keipit had ay clene virginitie,
With mony seruandis send wes to the se,
With bark and barge, and mony gay gala,   22,175
For to be weddit in Britania.
Leit saillis fall, and ankeris vpdraw,
Syne saillit furth betuix baith wynd and waw.

How Vrsola and hir Madynis war put be Aventure of Wedder into the Mouth of the Watter of Ryne, quhair thai passit all to Land.

As plesit God, and so all thing man be,
That tyme tha war so vexit on the se,   22,180
Preissand to pas to Armorica,
Throw force of flude and greit tempest alsua,   Col. 2.
Ay seikand succur baith be North and South,
Quhill tha arryuit into Rynis mouth,
Into ane hevin befoir thame that tha fand,   22,185
Thir virginis all thair passit to the land :
On fit and hors thair purpois wes to ga,
With thair seruandis on to Armorica.
Sum men thair is that wrytis to my dume,
Thair purpois wes that tyme to pas to Rome,   22,190
For caus thai had vowit virginitie,
Agane thair will that tha sould weddit be,
Vnto the Paip thairfoir for to complane,
Of his gude grace gif he wald him dedane
In that mater to mak thame sum remeid,   22,195
To thame wes force to do or suffer deid.

How Vrsola and all the Laif war marterit be ane Tirrane, callit Othila of the Hwnis Blude.

In that same tyme into Colonia
Ane bellomy, wes callit Othila,
Ane Hwn he wes and borne of Hwnis blude,
Of Hwnis had with him ane multitude,   22,200
Quhilk passand war that tyme in Gallia,
In feir of weir, as my author did sa.
The virginis all quhilk clene war of intent,
For thai wald nocht to thame that tyme consent,
Nor to thair purpois na way wald apply,   22,205
Thair appetyte to stanche and satisfie;
Thir Hwnis all war paganis wnbapteist,
And thir virginis war of the faith of Christ;
And for that caus, without ony remeid,
Thir virginis all thair haif thai put to deid.   22,210
Of tha virginis in halie kirk diuyne,
Ar sung and said solempnitlie sensync
In sanctuar solempnit obseruance,
Ilk ȝeir sensyne in thair rememberance;
And ay salbe, gif that I richt presume,   22,21
Continuallie wnto the day of dome.

Heir followis the Maner how the Scottis and the Pechtis subdewit the Britis efter the Passage of Maximian into Armorica, and syne in Burgone.

Eugenius, that wes of Scottis king,
Quhen that he knew perfitlie all that thing,
How all Britane that tyme wes maid to be
Of all Romanis without help and supple;   22,220
And eik also of mony nobill man
Denudit wes of the best in Britane;
Thinkand thair power that tyme wes so small,
That eith it was for to ouircum thame all.

Quhairfoir richt sone, withoutin tareing, 22,225
He set ane tryst to meit with Drustus king
Of the Pechtis, quhilk wes ane nobill man,
Than for to speik and sindrie thing began.
And at the last thairat to him he schew
Than was best time thair richtis to reskew, 22,230
And of the Britis to revengit be,
Of the injure and greit iniquitie,
That tha had wrocht thair fatheris of befoir,
And to thame self, the quhilk [wald] nocht restoir
The braid landis tha¹ fra thame withhald. 22,235
He thocht it best that tyme gif that he wald,
Or euir sic thing wer to the Britis knawin,
Richt suddantlie for to persew thair awin.
For weill he wist richt eith it micht be done,
So thai war wyiss in haist and sped thame sone, 22,240
Or thair purpois war to the Britis [k]end,
With litell pley bring that purpois to end.
This king Drustus thairof wes weill content,
And suddantlie thairto gaif his consent,
Settand ane da and place quhair tha suld meit; 22,245
Syne gart proclame in euerie toun and streit,
That euirilk man within ane lytill space,
Sould reddie be to meit at da and place,
On fit and hors weill garneist in thair geir,
With sword and ax, bow, buklar and speir, 22,250
And victuall als to steid for fourtie dais,
To wend with thame quhair that tha wald alwais.

How thir Tua Kingis met [in] Calidone Wod.

And so thai did within ane lytill space,
In Calidone wod tha met at da and place,
With mony berne that wes baith bald and wicht; 22,255
Wit ȝe that tyme tha war ane semelie sicht.

---

¹ In MS. *the.*

Lib.7,f.110.
Col. 1.

Fourtie thousand thai war be taill weill tald,
In armour bricht, with mony berne full bald.
Quhen thai war gatherit thir grumes that war gay,
Amang thame all withoutin ony delay,   22,260
Eugenius, with ane loud voce and cleir,
He said to thame as I sall schaw ʒow heir.

How Eugenius, King of Scottis, maid his Oresoun.

" My friendis deir, I traist ʒe knaw rycht weill,
" How oure fatheris befoir, as I haif feill,
" So mekill wrang, so grit injure and lak,   22,265
" Of Britane, Romane, wes maid on force to tak;
" Loissand alway baith land and libertie,
" In seruitude and greit miseritie,
" With dalie wo, and mekill oppin wrang,
" So war thai maid with [thame] to leve so lang. 22,270
" Syne gude Fergus reskewar of this land,
" My fader deir, as ʒe sall wnderstand,
" Bot schort quhile syne slane in his awin defence,
" And ʒit sensyne dalie greit violens
" Tha wirk on ws with mekle oppin wrang ;   22,275
" Haldand fra ws oure heretage sua lang,
" So vnjustlie throw greit maistrie and mycht,
" But ony clame, without titill of richt,
" And thinkis nocht agane for to restoir.
" My counsall is," he said to thame, " thairfoir 22,280
" To tak oure tyme that now is oportune,
" For weill I wait it ma be rycht weill done,
Col. 2.   " Quhen euir we pleis that purpois for to preve.
" I knaw so weill tha ar out of beleif
" Of the Romanis to get help or supple ;   22,285
" As for this tyme I wait it will nocht be.
" Also," he said, " with trew men he hard tell
" Agane Rome sa mony did rebell,

" And worthelie reskewit had thair richt ;

" Quhairfoir," he said, " thair power and [thair]   22,290
     micht

" Extendis nocht to sic ane quantitie,

" That tha ma mak the Britis now supple.

" For Rome," he said, "he[s] now bene seigit twyis,

" Win and destroyit on sic ane wyiss,

" That it may neuir regres haif to sic gloir   22,295

" In to oure tyme as that it had befoir ;

" In all partis als far fra thair faith tha fle,

" Ouir all the warld exceptand Italie ;

" Thus none to thame perfitlie will obey,

" In all partis tha hald thame at grit pley.   22,300

" Britane also withoutin inhabitour,

" Neirby maid waist I wait at this same hour,

" And that thair power this tyme is so small,

" With lytill sturt we may ouircum thame all.

" Thairfoir," he said, " I ȝow beseik ilkone,   22,305

" Think on the lak oure fatheris gat bigone :

" The greit injure, the harmes and the skayth

" That thai haif done to thame and to ws bayth ;

" And sen it is that so is now befall,

" That we may haif thair bakis at[1] the wall,   22,310

" Without defend that ar oure commoun fa,

" And haif thame self and landis to our pra,

" Now at oure will as that oure awin self wald ;

" Quhairfoir," he said, " I wald nocht it war tald,

" Syne efterwart quhen that we haif no micht,   22,315

" We sat ouir far into oure awin licht.

" Quhairfoir," he said, " ilkone I ȝow beseche,

" Ȝe wald apply to my purpois and speche,

" Sen ȝe ma wyn so grit riches and gloir,

" Sic as oure faderis wan neuir ȝit befoir,   22,320

" Into na tyme sen weiris first began ;

" Thairfoir," he said, " heir I beseik ilk man,

---

[1] In MS. *all.*

" For his honour, and for his profite [1] baith,
" And for to be revengit of the skaith
" Is done to ws, and oure eldaris bipast,   22,325
" Now at this tyme to be nothing agast ;
" Bot for to think of the honour tha wan,
" And euirilk one now preiss to preve ane man."

How all the Scottis and Pechtis consentit to tak Eugenius Part quhat euir it war.

Quhen this wes said, than with ane schout and cry,
Ilkone that tyme that standand wes than by,   22,330
With greit confort and curage at thair hart,
Tha gaif counsall ay for to pas fordwart
On to the purpois he had tane on hand,
Sayand tha sould be ay at his command :
Siclike the Pechtis that tyme did apply   22,335
To that purpois, all with ane schout and cry.
Withoutin lat, that tyme tha war nocht lidder,
Thir tua kingis baith in ane will togidder
Has enterit sone in to Pechtlandia,
In Kyll, [in] Carrik, an[d] in Gallowa,   22,340

Lib.7, f.111. And all the landis that la in the south,
Col. 1. Fra Forth streikand recht on to Eskis mouth ;
The Britis all befoir thame that tha fand,
Baith ȝoung and ald that duelt in to that land,
Thair brandis baldlie baithit in thair blude.   22,345
Wes none so stout into thair gait that stude,
Bot like ane dog tha maid him for to de,
Or fra thair face recht far awa to fle.
Into greit haist tha fled fra hand to hand,
Throw Cumbria and als throw Westmureland,   22,350
Baith ȝoung and ald that tyme into greit number,
Richt haistelie all ouir the water of Humber,
Or euir tha durst in ony place remane,
Sic dred thai had for to be tane or slane.

---

[1] In MS. *perfite.*

So greit injure amang thame thair tha wrocht, 22,355
That all Britane had sone been put to nocht
At thair plesour but ony pley or pleid,
War nocht the sonner that tha gat remeid.

How the Britis send ane Herald to Rome to the Emprioure Valentinian, schawand to him how tha war oppressit with Scot and Pecht.

Into all haist thai send ane herald than
To Rome that tyme to Valentinian, 22,360
And schew to him how that tha war ouirthrawin
Be Scot and Pecht ilk da within thair awin;
Beseikand him of his help and supple,
And tha to Rome perpetuallie sould be
Subjett for ay, but ony pley or pleid, 22,365
So that tha wald defend thame fra the feid
Of Scot and Pecht, that set on thame so soir;
Help now, thai said, or releis[1] neuir moir.
Quhen this wes said to Valentinian,
In Gallia quhilk wes in Pareis than, 22,370
He hes gart pas the Britis to supple,
With greit power that tyme he tuke the se,
And enterit syne in Britane on ane da.
Thir tua kingis into Westmawria
Beleuit weill that he micht nocht lang byde 22,375
Into Britane, and speciallie that tyde,
To mak the Britis lang help or supple,
Quhairfoir thai fenzeit that tyme for to fle,
Quhill that tha saw thair tyme mair oportune,
Traistand the Romanis sould leif Britane sone, 22,380
For greit mater tha had ado that da,
So greit rebellioun wes than in Gallia.

---

[1] In MS. *rellis.*

And for that caus with greit anger and yre,
Tha boundis baldlie brint all in ane fyre,
Baith tour and toun, with all cornis and hay,   22,385
Syne scheip and nolt with thame turst away.
All kynd of thing wes lichtar than the stone,
That wald nocht hirne, with thame away hes tone.

How the Romane Legat, followand the
Scottis and Pechtis, tuke Rest at Forth,
and syne wes send for with Etheus to
cum to him in all Haist.

This Romane legat, herand thai war past,
With all his power followit efter fast,   22,390
With Britis gyde far into the North,
Quhill that he come on to the water of Forth.
Ane weill lang quhile syne in that place he la,
Col. 2.   With countering and carmusche euerilk da,
Of Scot and Pecht richt pertlie on the plane,   22,395
Quhill mony one on euerie syde wes slane.
It hapnit efter in that samin tyde,
That Romane legat micht no langar byde ;
This Etheus, that wes in Gallia,
He send for him that same tyme quhair he la,   22,400
For he of him had sic mister and neid
Exhortand him richt haistelie to speid,
And all the Romanis bring with him also.
This Gallio, who wald hither go,
He hes gart big agane into the tyde,   22,405
Fra Abircorne wnto the mouth of Clyde,
Of erd and stone the wall agane full wicht,
Aucht cubit thik and tuelf also of hicht.
With mony turet of erd, stone and tre,
He hes gart big that wall baith grit and hie,   22,410
Quhair men micht stand to fecht and mak defence,
To weir the wall fra wrang and violence,

Or dreid thair fais sould mak it for to fall.
Syne ordand men to walk vpoun the wall,
To wait and watche richt wyslie da and nycht, 22,415
Baillis to birne, and bekynis that war brycht,
Quhen tha saw other Scot or Pecht appeir,
To warne thame all about baith far and neir.
Syne ordand thame richt sone for to cum all,
Baith ȝoung and ald, for to defend the wall ; 22,420
Quha did nocht so it sould coist him his heid.
Syne efter that gart pleneis euerilk steid
War brint befoir, and castell, tour and toun,
Gart big agane wes laitlie cassin doun ;
And pleneis all agane fra Forth to Humber, 22,425
With cattell, corne, and pepill out of number.
Quhen that wes done, syne passit on ane da
To Etheus agane in Gallia ;
No Romane legat efter he wes gone,
Come ȝit agane sensyne in Albione. 22,430

NOW FOLLOWIS THE FASSOUN HOW THE SCOTTIS
AND PECHTIS WAN THE WALL BIGGIT BETUIX
ABIRCORNE AND THE MOUTH OF CLYDE, AND
ENTERIT SYNE WITHIN THE LANDIS.

Eugenius, heirand that he wes gone,
And king of Pechtis, thair power baith in one
Richt haistelie that tyme hes put togidder ;
Without leithin thai war nother sueir nor lidder.
Syne to the wall with mekle boist and schoir, 22,435
And grittar feir nor euir tha did befoir,
Tha passit syne sone efter on ane da,
Neirby the wall thair with thair grit ost Ia.
The Britis than [that] woik vpone the hicht,
Of that greit oist sone quhen tha gat ane sycht, 22,440
Baillis tha brint, and greit hornis syne blew,
Quhill reik and low ouir all the land it schew.

And thai siclike that duelt within the land,
Greit bekynnis brint ay on fra hand to hand;
Proceidand sua richt far and mony myle,   22,445
Continiewalie onto ane weill lang quhile,
With schout and cry and mony buglis blast,
Syne to the wall thai come all at the last.
Thir kingis tuo that tyme quhair that tha la,
Of chosin men syne on the secund da,   22,450
Devysit hes ane seig vnto the wall,
Seand on force gif that tha can gar[1] it fall.
Ane nobill man wes callit Grym that tyde
Thair gouernour wes maid thame for to gyde,
Come with king Fergus furth of Dania   22,455
Schort quhile befoir, as ȝe haif hard me sa.
The king of Pechtis that tyme befoir thame all,
Promittit hes quha first ȝeid ouir the wall,
He suld be maid for his reward anone,
Provest and principall of Camelidone.   22,460
This nobill Grym, of quhome befoir I tald,
Went to the wall with all tha bernis bald,
With bowis big into thair hand weill bent;
Thair wes no want of euerie instrument
Men could devyss, that ganit for ane salt,   22,465
Quhat neidfull war thairof tha had na falt.
Syne loud on hicht he cryit hes his seinȝe;
With that ane flicht of mony fleand ganȝe,
Alss ferce as fyre, amang the Britis flaw,
That bydand war for to debait the waw.   22,470
The braid arrowis, like ony schour of haill,
Flicht efter flicht ilkane on vtheris taill
Tha flew als ferce as fyre dois of the flynt;
Greit danger wes for to induir that dynt:
And tha within, that stalwart war and strang,   22,475
Out ouir the wall richt mony stanis slang.

---

[1] In MS. *gart.*

The men that stude vpone the touris hie,
Out ouir the wall lute mony flanis flie ;
And tha without vpoune the tother side,
On thame within lute mony ganʒie glyde,   22,480
Heidit with steill that scharp as rasure schair,
That mony Brit out throw the bodie bair,
That stude abone for to debait the wall,
Law to the grund tha maid thame for to fall.
That bicker wes so awfull till induir,   22,485
For to debait the Britis all forbuir
The wall abone, and drew thame fra the hycht.
Then nobill Grym, with all power and mycht,
Doun of the wall quhen that he saw thame went,
Assayit sone syne with all instrument   22,490
At euerie pairt the strenthis of the wall,
And suddantlie he hes maid it to fall.
So eith it wes for to brek doun that tyme,
For-quhy that wall wes nocht biggit with lyme,
Bot with dry mow that wes of lytill effect,   22,495
Quhairfoir it was the eithar for to brek.

How the Scottis and the Pechtis enterit ouir the Wall.

At sindrie pairtis quhair tha brak the wall,
Baith Scot and Pecht hes enterit in thair all,
And fand the Britis vpoun the tother syde,
In rayit battell bergane for to byde.   22,500
This nobill Grym than with ane shout and cry,
He set on thame sua sone and suddantlye,
That tha micht haif no lasar for to fle,   Col. 2.
That force it wes other to do or die.
Richt mony fled quhen that tha saw sic dout,   22,505
The laif that baid war all cloissit about ;
Syne suddantlie, with lytill dyn or stryfe,
In that same place thai loissit all thair lyffe.

Efter this tyme, as my author did sa,
That wall is callit ȝit on this da,   22,510
Grymis dyke, as I wnderstand,
With all the duellaris ȝit into this land.
This beand done as ȝe haif hard me sa,
Throw Wicomage on to Pechtlandia
Eugenius fuir, and king Drustus also,   22,515
And all thair power maid with thame till go,
And prayis tuke about fra hand to hand ;
With fyre and blude thair waistit all that land,

How ane Navin send be King Fergus en-
terit and landit in Pechtland.

That samin tyme, as my authour did sa,
Ane greit navin fra Ethelenia   22,520
Wes enterit than with mekill bost and schoir,
Be the command of king Fergus befoir,
Of Scot and Pecht that tyme into Pechtland,
Moir rigorous than as I wnderstand,
Be far that tyme nor war tha kingis tuo,   22,525
Onto the Britis wirkand sa mekle wo.
So furiuslie revengit hes thair feid,
No levand thing tha sparit fra the deid ;
Quhair euir tha come tha did richt mekle skayth.
Syne efterwart tha and thir kingis baith,   22,530
Ar met togidder syne vpoune ane da,
And passit all to Ordolucia.
The Britis all tha fled fra hand to hand,
Baith ȝoung and ald richt sone tha left the land,
And left all waist for fanenes for to flie,   22,535
Tha war so red for thair crudelitie.
With wyffe and barne and all thair gude fled hyne,
Far fra thair seit attouir the watter of Tyne.

How all the Guidis betwix Tyne and Tueid was maid for the Men of Weir.

Thir tuo kingis than maid ane opin cry,
Fra Tyne to Tueid baith corne, cattell and ky,   22,540
Nolt and scheip, gold and vther geir,
Sould all be fre wnto the men of weir.
Ilk man suld haif all that he docht to wyn;
The tyme wes set quhen that he sould begin.
Quha had bene thair that tyme for to haif sene   22,545
So grit slauchter, that cruell wes and kene,
Amang the Britis that tyme as tha maid,
Of ȝoung and ald withoutin ony baid,
With grit heirschip baith into fell and firth,
Sa mony slane gat nother grace nor girth.   22,550
Ane lang quhile so, at laser as thame lest,
Tha waistit all fra the Eist to the West.
The Britis quhilk wist of na vther wane,
Ouir Adrianis wall tha fled rycht fast ilkane,   Lib.7, f.112.
That biggit wes richt stark of stane and lyme;   Col. 1.
                                                     22,555
The quhilk thai tuke for thair defence that tyme,
And stuffit hes the touris that war hie,
With mony stone and with artalȝerie;
And mony men that weill culd[1] bowis draw,
And stonis cast, tha set to keip the wall.   22,560

How thir Tua Kingis left the seiging of the Wall quhill Symmer, and in the meane tyme causit the Scottis and Pechtis to inhabit all the Land without the Wall.

Thir kingis tuo than with thair power all
Hes left that tyme the seiging of the wall,
For caus it wes so lait tyme of the ȝeir,
Quhill wynter went and symmer suld draw neir.

---

[1] In MS. cald.

Quhen that wes done thir kingis gaif command   22,565
Baith wyffe and barnis to bring in that land,
With corne, cattell, and all vther geir,
To occupie that tha had wyn by weir,
Tha landis all liand of lenth and breid,
On fra the wall ay fordward sa to Tueid.   22,570
And so tha did richt sone I wnderstand;
Within schort space tha pleneist all that land.
Syne all the strenthis that war neir the wall,
Tha stuffit thame richt stranglie ane and all;
Becaus that wynter that tyme wes so neir,   22,575
Out of tha steidis syne wald na forder steir,
Bot in tha boundis bownit for to byde,
That biggit wes vpoun the bordour syde,
Quhilk strenthis war biggit of lyme and stone,
Thair to remane quhill all wynter wer gone.   22,580

How the Britis send agane in Gallia for Help.

In that same tyme, as my author did sa,
The Britis send agane in Gallia
Ane messinger to Etheus, quhilk schew
How Scot and Pecht so laitlie of the new,
In thair boundis with far mair bost and schoir,   22,585
War cumit agane nor euir thai did befoir;
With fyre and slauchter had distroyit all
Fra Forth ay South to Adrianis wall;
And in tha boundis schupe [for] to remane,
Quhill wynter went and symmer come agane,   22,590
And syne with battell thocht thame to persew;
And gat tha nocht of him that tyme reskew,
Tha war bot loist, thair power wes so small.
Than Etheus sic ansuer maid with all:
" Gude freind," he said, "forsuith I can nocht se,   22,595
" How I this tyme may mak help or supple.

" Thairfoir I wald ȝe did the best ȝe may,
" Quhill efterwart on to sum vther day,
" Quhen hapnis me for till haif les ado,
" Per aduenture than I will cum ȝow to."   22,600

How the Brit Herald schew his Ansuer in Lundone.

Col. 2.

With this ansuer the herald hame is gone
Without delay quhill he cum till Lundone;
In to that tyme thair counsall thair did hald,
Befoir thame all his ansuer thair he tald,
Word be word how that he said him till.   22,605
Quhairof the Britis lykit than richt ill
Of that ansuer quhen that tha hard and knew
Of Etheus tha wald get na reskew,
Quhilk had thame left into thair grittest neid,
And for that caus thai quaikit all for dreid.   22,610
And that tyme thai war so wo and will of wane,
In that counsall togidder all ar gane,
For till aduyss quhat best is till be done.
And sum thair wes that counsall gaif rycht sone,
For ony thing that efter micht befall,   22,615
Manlie to meit thame at the foirsaid wall,
With all the power that tha docht to be,
And in that querrell other to do or die,
Erar with thame nor for to be opprest.
Richt mony than thocht that counsall wes best.   22,620

How Conan Camber discentit to that Counsall.

Ane man that tyme of greit auctoritie,
Conan Camber callit to name wes he,
Richt neir he wes alss of Octaueus clan,
Amang thame all he wes the wysest man,
Quhilk to that counsall discentit rycht far;   22,625
Full weill he wist efter it wald be war.

F 2

Than vp he stude that tyme amang the laive,
Befoir thame all this counsall he thame gave:
" Richt weill ȝe knaw, quhen we had strenth
   and mycht
" Of horss and men, and als of armour bricht, 22,630
" And of the Romanis had help and supple,
" And docht alway oure awin worthit be ;
" Thir barbour bodeis that now ar so bald,
" Docht nocht of force than for to gar ws fald,
" No in that tyme no trewis with thame tak, 22,635
" Nor ȝit no peice bot at oure plesour mak.
" Bot now," he said, " allace, and harmissa !
" For all that welth is went full far awa.
" Ȝe knaw full weill how that Maxim[i]an,
" That tressonable tratour and fals tirrane, 22,640
" Denudit ws of all power and micht,[1]
" Of wisdome, wit, and mony nobill man
" Of the best blude that wes in all Britane.
" Allace ! " he said, " that euir sic thing sould fall ;
" Quhairthrow oure power parit is so small, 22,645
" That we ma nocht oure innimie resist,
" Fra blude and battell quhairin rycht grit tha
   th[rist],
" With sic haitrent and with sa greit invy,
" Thair appetite on ws to satisfie,

Lib.7, f.112 b.
Col. 1. " Off the injure oure faderis did beforne, 22,650
" Full mony ȝeir or ony heir wes borne.
" Thair is no travell that ma gar thame tyre,
" Nor ȝit na want of meit, or drink, or fyre.
" Hungar and cald to thame is litill pane ;
" To walk thairout baith into wynd and rane, 22,655
" Frost or snaw, ma do thame lytill deir ;
" To ly thairout tha ar nocht for to leir.
" Thair is nothing that tha think half so gude,
" No moir desyrous nor the Britis blude,

---

[1] Here a line seems to be wanting.

" With cruell slauchter dalie to exerce,
" That horribill is to me now to reherss.   22,660
" Saif better counsall, I say for me this da,
" To lat thame be als far now as we ma,
" Quhill efterwart that we oure tyme ma se ;
" Perauenture that sone efter may be ;
" And nocht this tyme to temp Fortoun ouir   22,665
    far.
" Full weill I wait that we will get the war
" And we do so ; for oucht that I can see,
" Sall loiss oure land, bayth law and libertie."

How the Britis rebutit Conan for his gude Counsall.

Quhen this Conanus had his taill so tald,
The Britis all richt bitterlie and bald   22,670
Rebalkit him, standand about, full soir,
Of tha wordis that he said of befoir ;
And all in euill that langage than tha tuke,
Richt so his counsall in the tyme forsuik.
With haill consent decreittit syne hes so,   22,675
Baith ȝoung and ald to battell all to go,
And wemen als, that waldin war and wicht,
And euirilk berne that mich[t] weir harnes brycht ;
Fra that semblie sould no man exceptit be,
Ȝoung or auld, of hie or law degrie ;   22,680
All to be reddie in ane lytill space,
For to convene at set da and at place.

How Conanus was slane with evill adwysit Men becaus he wald nocht consent to thair ȝoung Counsall.

This Conanus quhen he hard thame say so,
Out of his mynd neirhand as he wald go,

" Allace ! " he said, " soray and wo is me,   22,685
" That I so lang on lyfe sould levand be,
" To se sic folie as ȝe wndertak,
" To ȝour confusioun with greit schame and lak.
" And ȝe do so, adew Britane for euir !
" Allace ! " he said, " or so war I had levar   22,690
" Ane thousand tymes on ane gallous de,
" No be on lyfe so greit mischief to se.
" Forsuith," he said, " als far as I can juge,
" This nobill realme without ony refuge,
" Richt suddantlie it salbe put to nocht,   22,695
" And all oure barnage into bandone brocht.
" God I tak witnes, and the lawe heirto,
" In this counsall that I haif nocht ado ! "
Then furth he ȝeid fra thame ane litill space.

Col. 2.

The lawe of thame war present in that place,   22,700
Throw grit malice full of malancoly,
Tha ansuer maid to him agane in hy.
Of litill motiue rais ane suddane stryfe,
That euerie Brit hes drawin out ane knyfe,
That thair about war standand neirhand by,   22,705
To this Conanus, sone and suddantly,
Gaif mony wound war deidlie in that tyde,
Quhilk persit him than baith throw bak and syde ;
Amang thame thair, as my author sais,
He closit hes that tyme his latter dais.   22,710

How the Freindis of Conanus war displesit of his Deith.

In that counsall wes mony men of gude,
To this Conanus war richt neir of blude,
Commouit war richt far into that tyme,
Thinkand to be revengit of that cryme.
Amang thame than or it micht weill be gydit,   22,715
The haill counsall in tua wes sone diuydit,

And suddantlie lang knyvis out tha drew,
On euerie syde syne sindrie that tha slew
Ane lang quhile so in furiositie,
With greit crabing and sic crudelitie, 22,720
That scantlie weill with all into that place,
It micht be stanchit to ane weill lang space.

How ane Messinger come to Londoun, and schew to the Lordis how Grym had cassin doun the Wall.

Sone efter that within ane litill quhile,
Ane messinger that had run mony myle
Ouir hoip, ouir hill, ouir daill and mony doun, 22,725
Into all haist he come to Lundoun toun;
And schew to thame into that same tyme,
This nobill man the quhilk wes callit Gryme,
Quhome of I schew schort quhile of befoir,
Had cassin doun with mekle boist and schoir, 22,730
Fra Abircorne the wall passand to Clyde,
And neuir ane stone left standand in the tyde.
And efter that fuir fordward in the South,
Withoutin stop ay on to Tynis mouth,
And planeist had that tyme ouir all that plane, 22,735
In that beleif that neuir Brit agane
Into that place fra that furth suld releive.
Syne on the Britis hes done grit mischeif,
In euerie place befoir that tha fand,
At leist befoir wes levand in that land. 22,740
Sone efter that, he said, this being done
Thir tua kingis, richt suddantlie and sone,
In sindrie partis with thair power all,
Then brokin had this Adrianis wall.
For-quhy, he said, it wes rycht eith to do, 22,745
All instrument that neidfull wes thairto,
Or ȝit ingyne in warld that micht be wrocht
With mannis wit, thairof thai wantit nocht.

Lib.7. f.113.
Col. I.

Syne in tha boundis enterit in with sic number,
Fra Tynis mouth all to the water of Humber,   22,750
Baith wyffe and man with greit anger and feid,
And ȝoung and ald thai haif put all to deid ;
Thair is no leid in that pairt left in lyffe,
Ȝoung or ald, other man or wyffe,
With cruell hart and greit crudelitie,   22,755
Of thair injuris for to revengit be.
And tha, he said, that fled that multitude,
War dround ilkone passand attour the flude.
Baith seik and waik and ald that micht nocht fle,
Lyke doggis all tha maid thame for to de ;   22,760
And tha that baid for to defend the wall,
War tane or slane that tyme baith ane and all.

HOW THE BRITIS, HEIRAND THE CUMING OF THIR
KINGIS, GREITLIE WAR AFFERIT THAT THA
WIST NOCHT QUHAT TILL DO; SYNE AT THE
LAST THA SEND TUA HERALDIS, ANE TO
ETHEUS IN GALLIA FOR HELP, AND ANE
VTHER TO THIR TUA KINGIS FOR PEAX.

The Britis all so greit terrour tha tuke,
Quhen this wes said, tha trymlit and tha shuke,
Togidder syne to counsall all ar gone,   22,765
Ilkone to vther makand full sair ane mone,
Devysand than quhat best wes to be done.
Syne at the last decretit thair wes sone,
Quhen tha had arguud lang tyme to and fro,
In haist the heraldis in that time till go,   22,770
Onto thir[1] kingis thair quhairat tha la,
Quhilk said to thame as tha war ordand sa,
Fra Humber mouth wnto the watter of Tueid,
The[2] landis all lyand in lenth and breid,

---

[1] In MS. *And to thair.* | [2] In MS. *Tha.*

In heretage tha sould haif for to mak peice,   22,775
And sober thame fra sic slauchter and ceiss,
Baith gold and siluer and all other geir,
To laue in pece and no moir to mak weir.
To Etheus, that samin tyme also,
Ane vther herald haif tha maid till go,   22,780
That wes richt traistand in all thing to trow,
Quhilk said to him as I sall say to ȝow.

How the Herald maid his Oresoun to Etheus the Legat.

" Etheus, to the it is weill knawin,
" We war ay frie befoir within oure awin,
" And to no leid maid subject for to be,   22,785
" Bot leuit ay at oure awin libertie,
" Quhill[1] pairt be force, and far mair be fre will,
" ȝour celsitude [we] war subdewit till.
" ȝe war protectour and the suir port,
" The consolatioun and the greit confort,   22,790
" The hie refuge than baith to gude and ill,
" For ony succour that tyme send ȝow till ;
" And we," he[2] said, "wnder ȝour celsitude,
" At ȝour fauour lang befoir ay stude,   *Col. 2.*
" Quhill efterwart the fals Maximian,   22,795
" Quhilk spulȝeit ws of mony nobill man,
" Of gold and siluer, and all vther geir,
" And of all thing that neidfull war in weir ;
" Quhairfor we ar invaidit now rycht far
" Without fais the langar ay the war,   22,800
" That all thair tyme hes ay bene euill adwysit,
" And now with ȝow neglectit and dispysit ;
" And to be maid als with oure mortall fa,
" At thair plesour baith presoner and pra.

---

[1] In MS. *Quhilk.* | [2] In MS. *tha.*

" Quhairfoir," he said, " be this same argument, 22,805
" Onto ws all it ma be document,
" That changit is ȝour greit nobilitie
" To fals deceptioun and crudelitie ;
" Or ellis ȝour power parit is so far
" That ȝe are lichleit and put to the war,   22,810
" With greit contemptioun of ȝour majestie,
" As weill apperis at this tyme to be:
" And gif Fortoun hes decernit so,
" The nobill land of Britane for to go
" So fremmitlie into thair fais hand,   22,815
" Without supple of ȝow, or ȝit ganestand,
" To Scot and Pecht quhome that we most detest,
" Throw fyre and blude tha lat ws tak no rest ;
" Quhairfoir of force we ar maid for to flie
" Fra sted to sted quhill we come to the se,   21,820
" And thair on force we man byde and remane,
" Or ellis droun, or ellis with thame be slane.
" Tha bludie bouchouris all tyme ar so bald,
" Baith seik and sair, decreipit, ȝoung and ald,
" And febill folk fra thame that ma nocht fle,   22,825
" Without mercie hes maid thame all to de
" Richt cruellie with sic ane multitude,
" Bayth tour and toun this tyme that thame gane-
        stude,
" Hes cassin doun, and brint all in ane low ;
" Thus haif tha wrocht oure landis throw and   22,830
        throw.
" Heir we beseik," he said, " thi majestie,
" Gif reuth, or faith, or pitie in the be,
" Or for the treuth thow aucht the empriour,
" To rew on ws and send ws sum succour.
" It be nocht said of ȝow into na tyme,   22,835
" That ȝour falsheid, ȝour tressoun and ȝour cryme,
" And sic beleif hes done ws far mair skayth
" Na war or wrang of Scot and Pechtis baith.

" And do ȝe nocht it will exempill be
" To all this warld, quhen that tha heir and se 22,840
" With sic tressoun ȝe haif maid ws ane trane,
" Neuir for to haif in ȝow beleif agane."

How Etheus maid Ansuer agane to the Legat.

This Etheus that epistill quhen he red,
Grit reuth and petie in his hart he hed;
And said, " Deir freind, I pray apardoun me, 22,845
" For at this tyme I ma mak no supple.
" In Ytalie I trow ȝe haif hard tell,
" Contrair oure faith sa mony dois rebell,
" And I my self als standis in greit dout
" With mony rebellis that ar heir about. 22,850 Lib.7, f.113 b.
Col. 1.
" Thairfoir," he said, " it standis[1] so with me,
" That at this tyme I ma mak ȝow no supple ;
" Na ȝit na way I ma debait ȝour querrell,
" Without I put my self in ouir greit perrell.
" Thairfoir I wald, alsueill as that ȝe ma, 22,855
" Debait ȝour self wnto ane vther da,
" With grace of God it ma stand so with me,
" That I sall send ȝow greit help and supple."

How the Herald come Hame to Lundoun and schew his Ansuer ; quhairof the Britis was richt euill content.

The messinger hame with this ansuer sped,
In Lundoun toun befoir thame all it red ; 22,860
Quhairof the Britis wes richt euill content
Of that respons that Etheus thame sent.
That samin tyme the messenger also
Come hame agane thair fra tha kingis tuo ;
Sayand thai wald heir nane of thair desyre, 22,865
So full tha war of malice and of ire,

---

[1] In MS. stude.

Of na profer that tha can put thame till,
Quhill that tha haif all Britane at thair will,
Of thair injuris to revengit be,
So full thai war of crudelitie.   22,870
The nobillis all quhen he that ansuer schew,
For verrie dreid tha changit all thair hew ;
Wittand no way quhat tha sould say thair till,
Into ane studie ane lang quhile so sat still,
Without langage that tyme of ony on,   22,875
Quaikand for dreid tha war so will of wone.
Syne at the last thair spreitis did respyre,
And suddantlie, throw greit anger and yre,
Reprevit hes thair awin vngudelines,
To be so blunt throw beistlie basitnes,   22,880
Quhill causit thame to get grit skayth and lak
Ane ennimeis grit curage for to tak.
Syne with consent of all wes present thair,
Decreittit hes all man micht armour bair,
Baith ȝoung and ald, other ill or gude,   22,885
With all thair power and thair multitude,
Thir kingis meit at Adrianus wall,
And tak the chance that efter ma befall,
Quhat euir it war, other good or ill,
As plesit Fortoun for to send thame till.   22,890

How the Scottis and the Pechtis, heirand the Ansuer send fra Etheus to the Britis, incontinent enterit within Britane, makand grit Heirschip.

So quietlie this thing wes [nocht] done,
Quhen king of Scottis and Pechtis als rycht sone,
Sone efter than he hard tell of all that,
And of thĕ answer also that tha gat,
Fra Etheus thairout of Gallia ;   22,895
Than suddantlie thir foirsaid kingis tua,

Thair poweris baith togidder that hes drawin,
Onto the Britis or it wes kend or knawin,
With sic ordour of all thing les and moir,
As tha come neuir in Britane of befoir.   22,900
All Gallowa and Walis of Annand, *
And all the dalis on the efter hand,
The Mers also that tuke the feild befoir,
And formest fuir with grit triumph and gloir;
Athoill, Argyle and Calidonia,   22,905
All Othelyn, and als Orestia,
Wicomage, with princes of grit Pechtland,
The secund wyng that tyme hes tane on hand.
Thir tua kingis, with mekill schoir and bo[i]st,
In middis led the grit staill and the oist,   22,910
With baneris braid ay wavand with the wynd,
And all thair cariage cumand syne behind.
Syne efter all thair come ane mekle rout
Of mony wemen stalwart war and stout,
And men that war nocht ganand for the weir,   22,915
Sum ʒoung, sum ald, that mycht na harnes beir.
Sum for to se the aventur of battell,
And vther sum to carie away cattell;
Sic wes thair vse ane lang tyme of the ald,
Gif all be trew that my author me tald.   22,920

HOW THE BRITIS FIRST TUKE PURPOIS TO FECHT, AND SYNE CHANGIT THAIR MYND.

The Britis bald sone efter on ane day,
Thame to resist with all power tha may,
Hes tane the feild, baith vpone fit and hors,
With curage cleir richt mony clenelie corss.
Sone efter syne, quhen that tha wnderstude   22,925
Thair ennimeis war of sic multitude,
And of thair purpois than culd cum na speid,
Togidder all in counsall than tha ʒeid.

Sum said, als far as tha culd wnderstand,
Greit folie wes to tak sic thing on hand,   22,930
Sen that thair power wes sempill and small,
In auenture atonis to put thame all ;
Bot erar byde quhill tha micht efter se
Ane better tyme quhen euir that it micht be.
In present tyme trewis with thame to tak,   22,935
With what conditioun that tha pleis to mak,
Tha said it wes expedient richt far,
Or efterwart it wald turne thame to war.

How the Britis send ane Herald to thir Tua Kingis, schawand thame thair Mynd

With thair desyr ane messinger is gone
[On to] thir kingis and thir lordis ilkone ;   22,940
To lat thame wit quhat wes the Britis will,
With sic command as than [thai] gaif him till.
Thir tuo kingis wald nocht heir thair desyre,
Lib.7, f.114. Col. 1. Nor ȝit no way obtemper wald thair ire,
Without the Britis laulie come thame till   22,945
Ilkone that tyme, and put thame in thair will.
And wald thai nocht, than schortlie to conclude,
Tha sould nocht byde fra battell and fra blude,
Into that tyme quhill other man or wyffe
Of Britis blude war levand vpoun lyfe.   22,950
The messinger quhen he this ansuer tald
To the Britis, tha grew so het and bald,
Half in despair, and half in good beleif,
Tuke aventure the battell for to preif.
That tyme tha war into so greit dispair,   22,955
Tha[1] rakit nocht than other quhen or quhair,
Seing thame self in sic danger tha stude,
To gif battell to all that multitude.

---

[1] In MS. *Than*.

HEIR FOLLOWIS THE ORDOURE OF THE BATTELL
OF SCOTTIS AND PECHTIS ON THE ANE PAIRT,
AND THE BRITIS VPOUN THE TOTHER PART,
AS ȝE SALL NOW HEIR.

Be this the Scottis cuming war in sicht,
And Pechtis proude with mony baner bricht, 22,960
With schalmis schill and mony buglis blast ;
Quhairof the Britis war no thing agast,
Ire and invy so movit had thair thocht,
Of thair awin self tuke litill cuir or nocht,
And all tha[t] da disposit for to de, 22,965
So greit dispair tha had of libertie.
But ony mour, richt sone and suddantlie,
Tha tuke the feild all with ane schout and cry,
On fit and horss with mony speir and scheild,
Richt manfullie into the formest feild. 22,970
In that counter that cruell wes and fell,
Richt manfullie togidder tha did mell,
Quhill speiris brak and all in flenderis flew ;
Thair coit armouris that war so cleir of hew,
And basnetis, war brodin ouir with blude, 22,975
Into that stour so stalwartlie thai stude.
In that battell the Britis war so bald,
Richt mony freik tha maid on force to fald
Of Galloway men and of Annandia.
The Britis all tha war so bald that da, 22,980
Had nocht bene than tha gat soner supple,
Tha had bene loissit euirilkane but le.

HOW EUGENIUS SEND GRYME TO RESKEW THE
SCOTTIS.

Eugenius commandit hes[1] gude Gryme,
With new power to pas into that tyme

---

[1] In MS. *hes commandit.*

On to his men, thame [1] for to mak reskew, 22,985
That faillit fast and als tha war rycht few.
This nobill Grym richt haistelie him sped,
Of Ylis men ane rout with him he had,
On to the feild for to mak thame reskew,
Quhen that he come the battell did renew. 22,990
The Galloway men, the quhilk befoir that fled,
Of his cuming so grit curage tha hed,
Turnit agane als bald as ony boir,
With grittar strenth nor euir tha had befoir,
So stoutlie syne into that stour tha stude, 22,995
Baithand thair brandis in the Britis blude.
Richt mony als la gruflingis on the grund,
In thair bodie buir mony bludie wound,
Start vp agane richt sturdelie and stout,
And raikit in syne in the thikest rout, 23,000
And sic ane counter at thair cuming maid,
That mony Brit than tha gart bleid full braid.
The secund oist, als fast as tha micht frak,
Come in behind syne at the Britis bak,
Quhen that tha war forfochtin and confoundit ; 23,005
Fra bowis bent the braid arrowis aboundit,
Into the air ay fleand by and by,
Quhill that tha cled the cloudis of the sky.
Thir tuo kingis, with all thair royall rout,
Hes closit than the Britis round about 23,010
On euerie syde, alss thik as ony snaw.
The Britis than quhen thai beheld and saw,
So awfull wes for to induir thair dynt,
Tha fled als fast as fyre dois out of flynt
On to ane moss wes neir hand by besyid. 23,015
The Scottis carlis that present wes that tyde,
Quhilk litill vse or prattik had in weir,
With staf and sting, withoutin armes or geir,
Followit richt fast efter tha war gane,
With staf and sting syne slew richt mony ane, 23,020

Col. 2.

---

[1] In MS. *than.*

In mos, in marres, and in mony myre,
As quha wald fell doun fewall to the fyre.
Of all Britane the greit nobilitie
Deit that da without help or supple.
Foure thousand men, as my author did sa,   23,025
Of Scot and Pecht deit thair that same da ;
And fyftene thousand of the Britis bald
Siclike that tyme, as that my author tald.
Conanus counsall wes commendit than
With all the Britis ill and gude ilk man.   23,030
Tha rewit sair that tha did nocht his reid,
Quhen tha doucht litill for to mak remeid ;
As worthie wes, it maid thame all to rew
That sic a nobill for gude counsall slew.

How the Britis send ane Herald to thir Tua Kingis.

Sone efter syne, as that my author writis,   23,035
The haill barnage that left wes of the Britis
Vnslane that da, the quhilk war verrie few,
Quhen tha that tyme perfitlie saw and knew
Into sic dout and danger as tha war,
Negleccit als with fals Fortoun sua far ;   23,040
And als thairwith tha wist of no supple,
No ʒit apperand in that tyme to be ;
Knawand richt also in thair intent,
Thair ennimeis had no impediment
To wirk on thame thair willis as tha wald,   23,045
Quhilk war that tyme so bellicois and bald ;
Quhairfoir in haist than haif tha maid till go
Ane oratour wnto thir kingis tuo,
Beseikand thame of thair benignitie,
For peice and rest, concord and vnitie ;   23,050
Betuix thame thair than trewis for to tak,
With quhat conditioun that tha pleis to mak.

How the King of Scottis and the King of
Pechtis grantit Peax to the Britis, with
this Conditioun as followis heirefter in
Verss.

Thir tuo kingis of greit auctoritie
Compassioun had of thair miseritie,
And in that tyme richt weill tha vnderstude   23,055
That grit destructioun battell wes of blude ;
Full weill tha knew, for tha had loissit than
In to that feild sa mony nobill man.
To thame also it wes weill knawin and kend
Of all weiris peice wes the finall end ;   23,060
Thairfoir to thame tha grantit peice that da,
With thir conditionis as I sall ʒow sa.
Into the first, the land with lenth and breid,
Fra Humber water to the mouth of Tueid,
That Scot and Pecht sal haif in heretage ;   23,065
And euerie Brit, baith man, wyfe and page,
Tha sall remoif and na langer remane
Out of that land, and neuir cum thair agane.
And secundlie, neuir for to croun ane king
Of Britis blude in Britane for to ring.   23,070
Sextie thousand of gude money also,
Incontinent gif to thir kingis tuo ;
Sex thousand ʒeirlie for to pa but pleid,
Into tribute of fynest gold so reid ;
And no stranger in Britane to ressaue,   23,075
Romane legat or ony of the lawe ;
No with no leid mak weir or do offence
Without thair leve, but in thair awin defence ;
And ay to be reddie at thair command,
To wend with thame in ony vther land,   23,080
Quhen euir tha wald, other in peice or weir,
And of thair awin cost, hors, harnes and geir.

Thrie hundreth pledgis also to thame ȝeild,
Of quhome the ȝoungest auchtene ȝeir of eild [1]
Suld be no les, for-quhy tha thocht it neid,   23,085
The eldest als nocht threttie suld exceid.
Quhen thir conditionis, as my author writis,
Rehersit war ilkone befoir the Britis,
Suppois tha thocht tha war richt euill to vse,
Ȝit neuirtheles tha durst thame nocht refuse :   23,090
For dreid and danger thai war in alone,
At thair plesour fulfillit thame ilkone.
Fra that da furth the greit nobilitie
Of all Britane, and als auctoritie,
Wes wynt to be of sic honour and gloir,   23,095
Decressit than the langar ay the moir.

OFF FYN MAKCOULE, THE GREIT GIANT. [2]

Thre hundreth sax and fourtie also than,
Efter that Christ incarnat wes ane man,
And in the ring of Eugene the sevint ȝeir,
All this wes done that I haif said ȝow heir.   23,100
Gif it be suith, als that my author sais,
Fyn Makcoule wes in tha samin dais.
Of Scottis blude ane greit giant wes he,
Mekill by mesour, of greit quantitie,
Quhairfoir his name remanis in memorie.   23,105   Col. 2.
Bot I find nocht into na famous storie
His lyfe, his stature or nobilitie,
Quhairfoir richt loud of him I trow tha le.
And I am laith ane lesing for to mak,
Thairfoir as now I will nocht wndertak   23,110
To tell ȝow mair, or dreid ȝe sa I lie ;
Sen it is best, now I will lat it be.

---

[1] In MS. *ald.*

[2] In MS. *Off Marlinus, the Propheit of Britane.*

How the Archibischop Pauladinus was send in Scotland fra the Paip callit Silistinus.

That samin tyme, my author sais thus,
Ane archibischop callit Paladinus,
Fra Silistene the paip of Rome wes send   23,115
Into Scotland, as it wes richt weill kend,
Thame to instruct into the faith of Christ,
And to confirme all bairnis war baptist:
Sanct Patrik als into tha samin dais,
Into Yrland, as that my author sais.   23,120
Richt langsum war, thairfoir I will nocht dude,
To tell ʒow heir of all thair sanctitude,
And the gude werkis in thair lyfe tha did,
The grit wonder and miraclis that tha kid.
It will transcend the strenth of my ingyne,   23,125
To tell ʒow all thair godlines diuyne;
To man in erd that mater is ouir hie,
Thairfoir as now my self will lat it be.
Quha lykis heir thair legend tha ma luke:
Loving to God heir endis the sevint buike.   23,130

Lib. 8.   ### Heir endis the Sevint Buik, and begynnis the Aucht Buke; the quhilk treittis of greit Weir and Battell betuix the Britis on the tane Part, and the Scottis and Pechtis on that vther Part.

As ʒe haif hard into the sevint befoir,
How all the Britis that tyme les and moir
Subdewit war to king Ewgenius,
And king of Pechtis that callit wes Drustus.
The nobillis all and alls the multitude,   23,185
Continewallie in to sic seruitude

Ten ȝeir and moir tha war but ony pley,
Durst none of thame thir kingis disobey.
And than ane man, Conanus hecht to name,
Of all the Britis grittest wes of fame, 23,140
And of Conanus sone he wes also,
Quhomeof I schew ȝow schort quhile syne ago,
And lineallie discendit als wes he
Fra Octaueane and his genelogie,
Of Britis blude quhilk wes the hindmest man 23,145
That woir the croun and king wes in Britane.
This ilk Conan, of quhome ȝe heir me tell,
In purpois wes that same tyme to rebell
Agane thir kingis; sic desire had he,
For to redeme the Britis libertie. 23,150

How the Britis maid ane quyet Counsall.

Into Kent schire ane lytill toun thair stude   Lib.8, f.115.
Vpoun ane plane besyde ane rynnand flude,   Col. 1.
Within ane wod, quhair he ane tryst hes set;
The nobillis all of Britane thair him met
At his requeist sone efter on ane da, 23,155
To heir and se quhat he wald to thame sa.
Or dreid sic thing sould opinlie be knawin,
Richt quietlie thairfoir that draucht wes drawin,
Saying, for hunting thai sould all pas hidder.
Syne quhen tha war convenit altogidder, 23,160
Richt secreitlie into that place alone,
Thus hes he said amang them all ilkone.

How Conanus maid his Oresoun befoir tha Lordis.

" Lordis, forsuith I traist richt weill ȝe knaw,
" Sum tyme we had baith libertie and law,

" To vse alway at oure auctoritie,   23,165
" With riches, honour and nobilitie,
" Far worthiar that tyme nor I can ruiss,
" Of all the warld thocht we be now refuiss.   .
" In euerie land with all leid we are lakkit,
" With ʒone [1] barbouris sen that we war sub-   23,170
      jectit
" Ten ʒeir and moir, with sic miseritie
" That horribill is other to heir or se.
" Quhairof," he said, "thair is no leving man,
" That hes the wyit bot fals Maximian,
" Quhilk spulʒeit ws of all riches and micht,   23,175
" That ay seusyne we haif tane litill richt.
" Bot now," he said, "within thir ʒeiris ten,
" Into Britane richt mony nobill men
" Ar growin vp to richt greit quantitie,
" With strenth and micht and animositie,   23,180
" Into sic number quhat of moir and les,
" Without," he said, " that oure wnworthines
" Restrenʒe ws, we ma with litill pane,
" Baith land and law, and libertie agane,
" For to reskew for all thair bost and schoir;   23,185
" Sen that oure fatheris schort quhile of befoir,
" At thair plesour expellit thame ilkone
" Richt far to pas than out of Albione.
" And now," he said, "sen we haif strenth and
      mycht,
" Siclyke as tha, and als the samin rycht,   23,190
" Sen we want nocht bot curage and gude will,
" My counsall is we reddie ws thair till ;
" And tak the chance that God will to ws send,
" Quhat euir it be, and byde the latter end."

---

[1] In MS. ʒoung.

How mony of the Britis allowit his Coun-
sall, and mony mo allowit it nocht.

Quhen this wes said, richt mony that stude by 23,195
Commendit him, syne sone and suddantly,
To his counsall thairto gaif thair consent.
And mony mo thairof wes nocht content,
That[1] had thair freindis liand into pledge,
And for sic caus that tyme thai did alledge 23,200
Tha wald nocht brek thair oblissing and band,
That thai had seillit with thair awin hand.
Richt weill tha wist, tha said, and tha did so,
It wald thame turne sone efterwart to wo.
And thus ilk pairtie pleyit for thair richt, 23,205
Quhill da wes gone and cuming wes the nicht;
Syne wndecydit, my author did sa,
Ilk man tuke leve and passit hame his wa.

How the Britis Counsall was schawin to
the Scottis.

So secreitlie ȝit this thing wes nocht done
Amang thame self, quhill ane of thame rycht 23,210
sone,
Of all that counsall that all the mater knew,
To Scot and Pecht his secreittis all he schew.
Quhairof thir kingis war richt ill content,
And suddanelie ane herald to thame sent,
Declarand thame that tha war all wntrew; 23,215
Richt weill, tha said, thair counsall all tha knew
Be rycht traist men that tyme that did thame tell,
How tha presume agane thame to rebell,
Commanding thame for it that tha had done,
·Thair pledgis all for to fetche hame richt sone, 23,220

---

[1] In M.S. *And.*

And tuyss alss mony for to send agane,
That ȝoungar war, with thame for to remane ;
And no stranger amang thame to ressaue,
For any falt or mister tha micht haif ;
Or ȝit counsall amang thame self to mak ;   23,225
In tyme to cum thai sould not wndertak,
Without their leve sic thingis for to do,
And wald tha nocht, tha said, consent thairto,
Declarit thame richt sone or euir tha wene,
Thir kingis baith in Britane sould be sene,   23,230
With sic power and sic crudelitie,
Sic of befoir ȝit saw tha neuir with ee.
Syne finallie, he said, than to conclude,
Neuir for to stanche fra mort battell and blude,
Quhill all the Britis levand ar on lyfe   23,235
Be slane ilkone, baith man, barne and wyfe.
Quhen this wes said befoir the Britis all
That present war, that tyme bayth greit and small,
So greit rancour ȝit kendlit in thair mynd,
With ane assent amang thame all defynd,   23,240
Or tha did sua tha sould far erar de
All on ane da and out of trubill be,
No for to leve and be into sic pane.
All this decreit the nobillis war agane ;
Suppois it was richt soir aganis thair will,   23,245
Of force it wes for to consent thairtill,
With fair wordis misit the multitude,
And causit thame siclyke for to conclude ;
That efterwart richt sone tha did fulfill
Thir chargis all thir kingis laid thame till.   23,250

How the Commonis of Britane rebellit aganis the Lordis.

Sone efter this that I haif said ȝow heir,
Within the space of thre or foure of ȝeir,
The commonis all that duelt into Britland,
Convenit all togidder in ane band,

All on ane da said erar tha wald de,   23,255
No for to leif in sic miseritie ;
Agane thir kingis thocht for to rebell.
The nobillis all thairof quhen tha hard tell,
Dreidand full soir than for thir kingis tua,
And for thair freindis that in pledgis la,   23,260
Trowand on thame tha sould thair harme revenge ;   Lib.8,f.115b.
                                                        Col. 1.
Of that counsall thame self thair for to clenge,
That euerie man micht wit in verrament,
Of that counsall that thai [wer] innocent,
Tha gaif command, wnder the pane of deid,   23,265
The pepill all suld peice sone of that pleid.
The commonis than of thame stude litill aw,
Bot haistelie to armis all did draw,
And gaif thame battell pertlie on ane plane,
On euerie syde quhair mony ane wes slane.   23,270
The commonis thocht tha had greit multitude,
Thair ordinance and ordour wes so rude,
With lytill force thair war confoundit all,
And in the feild richt mony maid to fall.
The laif syne fled alss fast as tha mycht fle,   23,275
Sum to the mos, sum to the montanis hie.
Tha followit fast efter quhair tha wer gone,
And in that chace tha slew richt mony one.

How the Commoun Pepill rebellit the Secund Tyme.

The commoun pepill, thoucht thai tint the feild,
And had the moist part of thair power keild,   23,280
ʒit sone efter with mort battell agane,
Tha met the nobillis pertlie on the plane,
And in that feild thair war tha all confoundit,
Mony war slane and mony richt euill woundit ;
And all the laif war skaillit heir and thair,   23,285
Than for to fle thai wist nocht rycht weill quhair.

That tyme thair power wes so far opprest,
That efterwart thai leit thame tak no rest ;
Vpoun the plane tha durst nocht byde nor be,
Bot hid in woddis and in hillis hie,   23,290
Quhill syne that force compellit thame thairtill,
That tha put thame all into the nobillis will.
The nobillis als of thame tha had sic want,
But thame micht nother police nor ȝit plant;
On euerie syde thairfoir tha war richt fane,   23,295
Athir with other to agrie agane.
This inwart battell that tyme of the Britis,
Withoutin weir, as that my author writis,
It did mair skaith that tyme into Britane,
Nor all the spulȝe of Maximiane,   23,300
He had with him into Armorica,
Schort quhile befoir as ȝe haif hard me sa.
Efter this feild thair follouit ȝeiris thre
Into Britane of sic penuritie,
That throw grit hunger mo lossit the lyfe,   23,305
No did befoir other be sword or knyfe.
Syne efter that thair follouit ȝeiris thre
So fructuous with sic fertilitie,
In Britane siclike wes thair neuir sene
Lang quhile befoir, nor ȝit sensyne hes bene.   23,310
Quhilk causit thame that tyme baith ane and aw,
To leve vertew and to sic vices draw,
Syne efter that, richt lang and mony ȝeir,
That horribill wes to ony man to heir.
Of hurdome, hasart, and of harlatrie,   23,315
Of dansing, drinking, and full gluttony,
Adultrie so litill than tha dred,
That fornicatioun for na vice wes hed.
And, to my purpois forder to apply,
Col. 2. Wes neuir vice than ringand wnder the sky   23,320
That knawin wes, or ȝit befoir richt lang,
Amang the Britis in that tyme tha rang.

And speciallie the prelattis of the kirk,
Than of thame all maist wranguslie did wirk;
Castand fra thame of halie kirk all curis,   23,325
In drinking, dansing, and with commoun huris,
Vsit thair lyfe into sic harlatrie,
And at all thir [thai] had richt greit invye,
That vsit vertu into word or deid.
That wes the caus thairfoir, as sais Sanct Beid, 22,330
With the Saxonis tha war efter ouirthrawin,
And ay sensyne dishereist of thair awin,
Suppois thai war baith stalwart, stout and strang,
And ȝit are so, I wait nocht weill how lang.

How Eugenius departit out of this Lyffe.

In all this tyme that I haif tald ȝow heir,   23,335
Eugenius this nobill cheuilleir,
Richt equallie his kinrik gydit he
In peice and rest, and greit tranquillitie.
Gude faith and fredome in him so wes foundit,
All welth and weilfair in his [realme] aboundit; 23,340
His leigis all him luifit ouir the laif,
And to the kirk greit fredome that he gaif,
And causit thame obeyit for to be
In all his tyme with greit tranquillitie.
Four hundretht ȝeir and saxtie efter Christ   23,345
In Bethlem wes borne and syne baptist,
And of his ring quhilk wes the threttie ȝeir,
This nobill king of quhome I schew ȝow heir,
He tuke his leif and to his graif is gone.
For him thair murnit that tyme mony one,   23,350
Into his tyme so weill louit wes he
With ȝoung and ald for his humilitie ;
To freindfull men wes gentill to behald,
And to his fa baith bellicois and bald.
In Iona Yle I leve him liand still,   23,355
With his father into Ecolumkill.

HEIR FOLLOWIS THE CROWNYNG OF DONGARDUS
     AND OF HIS NOBILL DEIDIS. THIS DON-
     GARDUS WES BRUTHER TO THIS FOIRSAID
     EUGENIUS.

This king, of quhome his deidis I haif schawin,
No childer had that tyme that wes his awin.
Quhairfoir his bruther, hecht Dongard to name,
Ane nobill man withoutin ony blame,   23,360
With haill consent of ȝoung and ald ilkone,
Wes crownit king vpoun the marbell stone.
Ane man he wes all tyme of counsall gude,
And far affectit to the noble blude,
Begouth alway quhair that his bruther left;   23,365
Richt mony place he foundit and syne feft

Lib. 8, f. 116.
Col. 1.

In halie kirk, in ilk pairt of his ring,
And ordand preistis for to say and sing,
And seruice mak ilk da at tyme and hour.
Pauladius he held in greit honour ;   23,370
And with his nobillis causit him to haif
Greit reuerence, siclike of all the laif
That come with him, quhilk of the kirk had cuir,
Ilkane in ordour as tha office buir.
Syne sindrie judgis for to keip the lawes,   23,375
Knawledge to tak of euerie mannis causs,
And to decerne betuix the richt and· wrang,
To heid for slauchter, and for thift to hang,
And no trespas wnpuneist for to be,
Into his tyme sic lawes ordand he.   23,380
Sone efterwart, at greit laser and lenth,
He gart reforme ilk castell, tour and strenth,
And biggit new vpoun the bordour syde.
For weir in peice he thocht wes best to prouyde,
Quhen that sic thing micht best cum till effect ; 23,385
The quheill of Fortoun he held ay suspect,

Thairfoir with wisdome he wes all tyme gydit,
So that nothing he hes left wnprovydit.
In peice and rest I lat him heir remane,
And to the Britis turne I will agane.   23,390

How the Britis war put to Fredome, efter thai war subdewit with the Scottis and Pechtis Threttie Ƶeir, be the Counsall of Conanus quhome of I spak befoir.

Neirby the space that tyme of threttie ƶeir,
In sic bondage as I haif said ƶow heir,
The Britis war with greit miseritie.[1]
So far with thame that tyme thai war ouir
    thrawin,
Skantlie durst say thair saull wes thair awin.   23,395
The landis als tha lay in lenth and breid,
Fra Humber water to the mouth of Tueid,
Tha occupyit as all thair awin had bene ;
Within tha boundis durst neuir Brit be sene ;
Ten thousand pundis of gude money alsua,   23,400
In tribute ƶeirlie syne tha gart thame pa.
Moir miserable that tyme tha led thair lyfe
Na I can say, baith man, barne and wyffe,
With soir complaint, with piteous voice and stevin,
Haldand thair handis ilk da wnto the hevin,   23,405
Cryand on God, law kneilland on thair kne,
To bring thame out of that miseritie.
Ane lang tyme so thair prayer wes ouir all,
Syne efterwart it hapnit so to fall,
This ilk Conan, of quhome befoir I spak,   23,410
Ane quyet counsall causit thame to mak :
Befoir thame all wes present thair that day,
He said to thame as I sall to ƶow say.

---

[1] Here a line seems wanting.

How Conanus maid his Oresoun.

" Lordis," he said, "I knaw richt weill for-thi,
" Vnto my counsall had ȝe done apply,   23,415
" That I ȝow gaif lang syne befoir ago,
" With ws I wait it had nocht now stand so.
" We had bene fred, and maid for to leve frie,
" Brukand oure land, oure law and libertie,
Col. 2.   " Wnder ane king with plesour of oure awin,   23,420
" Quhair now we ar oppressit and ouir thrawin.
" For than we had hors, harnes and geir,
" Manheid and strenth, and armour for the weir :
" Thair lakit nothing that langit thairtill,
" Bot manheid, curage, hardines and will.   23,425
" And now," he said, " in oure weiris bygone,
" Oure strenthis all ar faillit far ilkone ;
" With darth and hunger, and infirmitie,
" Richt mony ane sensyne wes maid to de.
" And now," he said, "I se richt weill appeir   23,430
" Oure greit distructioun euerilk ȝeir by ȝeir,
" That finallie, and we remeid it nocht,
" Or euir we wit we wilbe put to nocht.
" Thairfoir," he said, "I ȝow beseik ilkone,
" Remember how oure fatheris bigone,   23,435
" Ȝone barbour bodeis vincust oft in feild,
" Syne exult thame, baith man [and] wyfe and
          ch[e]ild,
" Fra Albione richt far in other land,
" Sic aw tha stude that tyme of thair command.
" Quhairfoir," he said, "gif curage in ȝow be, 23,440
" Or ȝit desyre of land or libertie,
" Or ȝit in ȝow be other strynd or blude
" Of oure eldaris, so nobill war and gude,
" Than lat ws nocht so far degenerat be
" Fra thame quhilk wes of sic nobillitie ;   23,445

" Sen that we ar cuming of the Romane blude,
" Cast of this ȝok of sic vyle seruitude,
" Wnder ȝone barbouris no langer to be,
" And mak ws all to leve at libertie.
" Richt eith it is oure purpois to fulfill,   23,450
" So we wald all concord into ane will."

How the Britis decreittit to send in Armorica for Supple aganis the Scottis and Pechtis, and for to haif ane King of that Cuntrie.

Quhen he had said as I haif said to ȝow,
His langage all richt greitlie did allow ;
And ilkone said that that wes best to do,
And suddantlie gaif all consent thairto,   23,455
Incontinent without ony delay,
To tak the feild and fortoun till assay.
So had thai done richt sone and suddantly,
Had nocht bene ane that wes standand neirby,
Quhilk said, " Forsuith this is the mater indeid, 23,460
" And we do so we will cum lidder speid.
" Agane ȝone princes of power and pryde,
" Without ane king ws to convoy and gyde.
" And we oure self diswsit is in weir,
" But hors, harnes, or ony other geir,   23,465
" Without ordour, or ony ws to gyde.
" My counsall is thairfoir that we provyde
" In ony place quhair we ma get ane king,
" Or we temp Fortoun ouir far in sic thing."
Than euerie man thocht that counsall wes best, 23,470
Syne tuke to reid withoutin ony rest,
This ilk Conanus sould him dres to ga
With thair desyre onto Armorica,
And Guytillene ane man but ony cryme,
Quhilk bischop wes of Lundoun in that tyme,   23,475

Lib.8, f.116b.
Col. 1.

On to that king the quhilk wes of thair blude,
Beseikand him of his greit gratitude,
He wald prouyde for thame ane king or prince,
In gudlie haist to cum in thair defence ;
Sen he him self wes narrest to thair croun, 23,480
Fra Dioneth the fourt grie cuming doun.

How the Brit Lordis passit to Armorica.

In that mater wes nother stop nor strywe :
Sone war tha graithit on to the gait belyve,
With greit triumph syne passit to the fame.
The secund da this Conanus be name, 23,485
So alterit wes throw caldnes of the se,
Quhill that he fell in greit infirmitie,
On the thrid day, withoutin ony remeid,
He sufferit hes the strang panis of deid.
Guytillean richt greit displesure tuke 23,490
Of his diseis, and for his saik forsuik
Meit and drink tua dayes or thre.
Syne efterwart, quhen he come of the se,
Richt glriouslie gart graith him in his graif,
With all honour that sic ane man sould haif. 23,495
Syne efterwart quhen that he had done so,
To Androan he dressit him till go,
That king that tyme wes of Armorica,
Of thair awin blude discendit wes alsua.
Syne quhen he come befoir this crownit king, 23,500
Ilk word by word the fassoun of all thing
At lenth and lasar schew to him richt plane,
That I neid nocht heir to reherss agane.
His oresoun, the quhilk wes so prolixt,
Wald mar my mynd and I had with it fixt, 23,505
And tydeus to ȝow also to reid,
And hinder me richt far als of my speid,

And I no tyme hes now thairin to tarie :
With help of God and his deir moder Marie,
My purpois is to lat sic process pas,　　　　　23,510
And tell ȝow schortlie how the mater was.

How the King of Armorica send his Sone Constantyne in Britane with ane greit Armie, for to supple the Britis agamis the Scottis and Pechtis.

Off his desyre the king wes weill content ;
Of his awin coist that tyme incontinent
Schir Constantyne he send to the flude,
Quhilk wes his sone, with ane greit multitude　23,515
Of nobill men that vsit war in weir,
With bow and brand, with sword, ax and speir,
And with all thing quhairof tha micht haif neid,
In that jornay micht caus thame for to speid.
Quhen tha war put syne in ane gude array,　　23,520
To schip tha went without ony delay,
And in thair passage perrell fand thai none,
Quhill that tha come richt saif in Albione.
The pepill all that duelt baith far and neir,
Of thair cuming alss fast as tha culd heir,　　23,525

Col. 2.

Tha gadderit fast, and come to the se coist,
At his cuming tha met him with ane oist,
With sic desyre tha had that tyme to se
This Constantyne, that come thair king to be.
Guytillian quhen that he come to land,　　　　23,530
Quhair mony lord befoir him thair he fand,
Than word be word he schew to thame ilkone,
How he had sped in his travell bigone,
And how sa weill he treittit was alsua
With Androgen, king of Armorica ;　　　　　23,535
And of the honour that wes done him thair,
And all his ansuer ilk word les and mair.

The pepill als beheld this Constantyne,
Amang thame self ilk said to vther syne,
" This is the man we traist this tyme salbe   23,540
" The haill reskewar of oure libertie ;
" And do he nocht, traist weill in all ouir dais
" It beis wndone ;" ilkone to vther sais.

How the Britis convoyit Constantyne to Lundoun.

With honour, reuerence, and with greit renoun,
Convoyit [him] syne on to Lundoun toun,   23,545
Thair, with consent baith of ald and ȝing,
This Constantyne thair haif tha crownit king ;
Prayand to God his dais lang to induir,
And send him fortoun and gude aventuir.
Befoir thame all than wes he sworne to be   23,550
Baith leill and trew in his auctoritie,
And with all power that he micht in plane,
Thair libertie for to reskew agane,
Siclike befoir as tha war wont to be ;
That suld he do, he said, or ellis de.   23,555
Syne gart proclame within the fourtie da,
That euerie man als gudlie as he ma,
Sould reddie be that doucht armoure to weir,
Baith ȝoung and ald weill graithit into thair geir,
As tha micht furneis, baith on hors and feit ;   23,560
At Humber flude the tryst wes set to meit.

How the Scottis and Pechtis, heirand of the cuming of Constantyne, gart hang all the Pledgis that tha had that Tyme of the Britis.

Baith Scot and Pecht quhen tha hard tell that thing,
The pledgis all tha haif gart heid and hing :

And vyldar deid hes maid mony to de
Richt cruellie without humanitie.   23,565
The Britis all thairat had sic dispyte,
Thinkand thair deid and harmis for to quyte,
Thairfoir the sonner quhair the tryst wes set,
Tha sped thame all quhill tha togidder met.
In that same tyme thir nobill kingis tua,   23,570
With all thair power efter on ane da,
On fit and hors ane meruelus multitude,
Plantit thair palʒeonis neirby Humber flude.
And thair tha baid with mekle bost and schoir,-
Vpone ane spy that tha had send befoir   23,575
Into Britane fra thir tua kingis send,
Quhilk come agane and hes maid to thame kend
The Britis all with thair king war cumand,
Within four myll in all haist at thair hand.
Thir kingis tuo than to array is gone,   23,580
And put thair men in ordour thair ilkone ;
Syne be tha war arrayit weill at richt,
The Britis all apperit in thair sicht ;
Quhat movit thame it is wnkend to me,
Tha left the plane, and tuke the hillis he,   23,585
Neirhand besyde, baith of greit hicht and lenth,
And thair thai stude arrayit on ane strenth.
Thir kingis tuo quhilk did thair passage se,
Traistand the battell sould postponit be
Quhill on the morne or to sum vther da,   23,590
This king Dongard, as my author did sa,
To all his men, with ane loud voce and cleir,
He said to thame as I sall say ʒow heir.

Lib.8, f.117.
Col. 1.

How the King of Scottis maid his Oresoun.

" Mervell," he said, " nothing now of ʒone sicht,
" Quhairfoir the Britis dryuis to the hicht.   23,595
" It is weill kend to ʒow oft of befoir,
" Tha war ay full of bost, of brag and schoir,

" Behind oure bak, into all tyme and place,
" Syne fane to flie quhen that tha se our face.
" Far manliar ane slayis with thair word   23,600
" Ma men, ȝe wait, no other knyfe or sword.
" Ȝisternycht loud tha cryit all on hie,
" ' Quhair ar thai gone ? quhair sall we now thame
      se ?
" ' Quhair sall we find tha fals tratouris so strang,
" ' That we haif socht richt mony da so lang ?' 23,605
" And now this da quhen tha cum in oure sycht,
" And dois behald oure strenthis and oure micht,
" Thair greit curage now culit is so cald,
" That [thai] dar nocht oure faces weill behald ;
" For verra dreid, as ȝe ȝour self ma se,   23,610
" Fled fra the feild onto ane montane hie.
" Dreid nocht this tyme," he said, "as I suppois,
" To fecht with thame ar so meticolois,
" And full of dreid, for all thair boist and schoir,
" So oft with ws wes vincust of befoir.   23,615
" Ȝone ar the leid that lawtie hes forlorne,
" Faithles and fals, and oft syis mensworne ;
" Withoutin faith thai ar, baith man and cheild ;
" Sic falset ȝit fuir neuir weill in feild.
" And thocht," he said, "ȝe knaw ane lytill   23,620
      we,
" Now at this tyme thair power eikit be ;
" That is na caus now that tha suld preuaill,
" Nor ȝit no quhy quhairfoir we suld faill.
" Richt weill I knaw thair chiftane maid of new,
" That neuir befoir thair fassone kend or   23,625
      knew,
" For na requeist, teiching or document,
" Ma caus tha harlottis to tak hardiment,
" For na admonitioun he can to thame mak,
" Of ws this tyme so greit terrour tha tak,
" Sa oft befoir that preuit hes oure strenth,   23,630
" That garris thame ly so far fra ws at lenth.

" Traist weill," he said, " the hair dreid neuir the
    hound,
" No ȝit the scheip the wolf, in to na stound,
" Quhen scho is put till all hir grittest speid,
" So soir befar this da as tha ws dreid.   23,635
" Giff hapnis so this da that we get feild,
" Se that no Brit, suppois he wald him ȝeild,   Col. 2.
" Ȝe tak or saue quhill all perrell be past ;
" Tak tent and byde on to the latter cast,
" And quhen tha fle, or dreid tressone be   23,640
    wrocht,
" Without ordour se that ȝ e follow nocht ;
" For and ȝe do, ȝe ar abill to tak
" Throw sic wnwisdome baith greit skayth and lak."

HEIR FOLLOWIS THE ORDOUR AND THE MANER
    OF THE GREIT BATTELL BETUIX DONGARDUS,
    KING OF SCOTTIS, AND CONSTANTIUS, KING
    OF BRITIS, QUHAIR THE SCOTTIS WAN THE
    FEILD AND THAIR KING WAS SLANE THROW
    MISGYDING.

Be this was said, the watchis walkand by
Come in agane, and schew richt suddantly   23,645
The Britis war discendit fra the hicht,
And cumand war in gude array full richt,
Towart the place quhair at the Pechtis la.
Than Dongardus, in all the haist he ma,
He put his men into ane gude array,   23,650
And fordwart fure without ony affray.
Onto the place richt sone he gart thame pas,
Quhairat the feild syne efter strikin wes,
With buglis blast that hiddeous wes till heir,
And schalmis schill with clarionis clinkand cleir, 23,655
With baneris braid, and pynsallis of greit pryde,
And staitlie standartis· vpone euerilk syde.

Fra bowmen bald, with bent bowis in hand,
The flanis flew richt scharpe and weill scherand ;
On euirilk syde, withoutin ony feinȝie,   23,660
The cruell dartis with mony awfull ganȝe,
Lyke thunder quhisland flew into the air,
The dais licht adumbrit[1] ouir all quhair.
Syne efter that, with mony speir and scheild,
The laif richt fraklie enterit in the feild,   23,665
With sic ane dois togidder that tha draif,
Quhill all thair scheildis into pecis raif ;
So thralie than togidder that tha thrist,
Quhill speiris brak and birneis all did brist.

How baith the Wyngis of the Britis fled.

The wyngis baith than of the Britis oist   23,670
Inlaikit fast, and in the tyme neir loist,
In that counter sa mony thair wes keild;
The laif syne fled rycht far out of the feild.
Than all the pais la on the middill ward,
Quhair ȝoung Constans that tyme faucht with   22,675
   his gaird,
He brocht with him out of Armorica ;
Tha preuit weill, as my author did sa.

How Dongardus socht Constantyne in the Feild to fecht with him Hand for Hand, and as he was Slane.

Lib.8, f.117b.   This nobill Dongard as I wnderstand,
Col. 1.
   Sic curage had for to fecht hand for hand
   With Constantyne, of quhome he had na dout,   23,680
   Into him self so stalwart wes and stout,
   With sic desyre greit honour for to wyn ;
   Than with ane raice amang thame encertin,

---

[1] In MS. *abumbrit.*

Into the feld richt fraklie on his feit,
Trowand that tyme with Constantyne to meit,   23,685
Richt unauisit followit in oure far
Into the feld quhair that his fais war.
Or euir he wist, with few in cumpanie
That followit him, richt haistelie in hy
With his fais he wes closit about,   23,690
So that no way he had for to wyn out.
Syne faucht so lang, for he wald nocht be tone,
Quhen all his feiris war slane euirilk one,
Him self that tyme that stalwart wes and strang,
With speiris scharp that war bayth grit and   23,695
     lang,
On force wes borne than braidlingis on his bak ;
And as he rais defens agane to mak,
With speiris lang that war bayth grit and squair,
Out throw the bodie in the breist him bair.
This wes the end of gude Dongard the king,   23,700
Quhilk wes that tyme the fyft ʒeir of his ring.
Richt mony cowart of his deid so dred,
Out of the feild richt fast awa tha fled.
The laif, quhilk war moir stalwart in that steid,
Thinkand to be revengit of his deid,   23,705
Bald as ane boir in that feild tha fuir ;
Thair deidlie dyntis war awfull till induir,
Wes none so awfull of the Britis all,
Bot with ane straik tha maid thame for to fall.
The Pechtis proud that da war of sic pryss,   23,710
So manlie als, and of thair gyding wyss,
So hardie war, and of thair curage hie,
Out of the feild ane fot tha wald nocht fle ;
And thus tha faucht the space of half a da,
But victorie, as my author did sa.   23,715

How all the grit Battell of the Britis fled.

Syne at the last the Britis tuke the flycht ;
Langar to byde tha had no strenth nor mycht.
For sixtene thousand in that feild wes slane,
Without reskew la deid vpoun that plane ;
Of Scot and Pecht, as my author did sa,   23,720
Fourtene thousand la deid that same da ;
And gude Dongard, that wes of Scottis king,
As I ȝow schew, the fyft ȝeir of his ring.
This Constantyne quhen he had tynt the feild,
And had sa mony of his knichtis keild,   23,725
For him that tyme wald nocht convene agane,
Na langar than thairfoir he durst remane ;
Syne efterwart, vpoun the secund da,
Onto Kent schire he passit hame awa.
The Scottis all for the deid of thair king,   23,730
So sorrowfull and said wes of that thing,
Tha preissit nocht to follow on the chace,
No ȝit the Pechtis far out of that place,
Bot passit hame within ane litill quhile,
With gude Dongard thair king to Iona Ile.   23,735
Col. 2.   In Ecolumkill syne graithit him in his graue,
With all honour that sic ane prince suld have.

How Constantinus, the Bruther of Dongardus, efter his Deid, was crownit King of Scottis, quhilk previt wnworthelie in all his Tyme.

Ane sone he had of ȝouthheid within eild,
Congallus hecht, quhilk wes ane prettie cheild,
That wes ouir ȝoung that tyme to be ane king, 23,740
That all the lordis for that samin thing,
And commoun pepill that tyme did defyne
The kingis bruther, callit Constantyne.

With haill consent of all wes thair ilkone,
Tha crownit him vpoun the marbell stone. 23,745
Of him that tyme tha had better beleif
In all his tyme no he did efter preif.
Fra his father, and fra his bruther als,
Degenerit far, baith subtill, sle and fals ;
Voluptuous, full of gulositie, 23,750
And louit men weill that culd fleche and le.
Adulterie and fornicatioun,
Rapt, and incest, and defloratioun ;
Stuprion to him wes sic plesour,
With dansing, drinking, euerie da and hour, 23,755
With harlatrie and hurdome mony ȝeir,
That horribill wes into this erd to heir.
Of him this tyme quhat sould I say ȝow moir?
In Albione wes neuir king befoir,
So vitious wes in all his tyme as he, 23,760
Foullar infectit with faminitie.
For no requeist that the lordis culd mak,
No deid of armis wald he wndertak,
No in his tyme wald justice keip or law ;
Richt few thair wes of him stude ony aw. 23,765
For no persuasioun the lordis culd mak,
Befoir his face or ȝit behind his bak,
For quhat promit that tha culd mak him to,
No for no thing that tha sould sa or do,
Tha culd nocht all into ane feild him bring, 23,770
Quhair blude wes drawin or apperance of sic thing.
And als thairwith, as that my author writis,
He grantit peice skant askit be the Britis ;
At thair plesour gaif ouir siclike alsua
The tribute ȝeirlie that tha war wont to pa, 23,775
Richt quietlie, but aduiss of men of gude,
And mony strent that on the bordour stude.
Quhen all this thing ouir Scotland wes weill knawin
As he had done, and to the lordis schawin,

Tha thocht ilkone agane him to rebell ;   23,780
So had tha done, as my author did tell,
Had not bene than the nobill gude Congall,
Of Galloway lord, and wysest of thame all,
The quhilk to thame sa mony lessoun schew,
Greit perrell wes sic battell till persew   23,785
Amang thame self, knawand that it wes sua,
The Britis than quhilk wes thair mortall fa,
Redemit had that land and libertie,
And had ane king thair gouernor to be,
And bad also bot waittand on thair tyme,   23,790

Lib.8, f.118.
Col. 1.

" For to revenge the grit injure and cryme
" That we haif wrocht to thame this tyme befoir.
" Also," he said, "the Pechtis les and moir
" Ar perelous to lippin in, for-quhy
" Tha fauour thame ay hes the victory.   23,795
" My counsall is," he said, " for dreid of war,
" Till better tyme this mater to defar."
And so thai did at his counsall ilkone,
Skaillit that court, syne hamewart all ar gone.

HOW THE KING OF PECHTIS, SEING THE UN-
    WORTHINES OF THE KING OF SCOTTIS, HAIF-
    FAND NO BELEIFF OF HIS HELP; QUHAIRFOIR
    THA GART SLA THE KING OF BRITIS WITH
    TRESSOUN.

The king of Pechtis and his lordis all,   23,800
Considderand quhat efter micht befall
Of Constantyne that wes of Scottis king,
Wes so wnworthie into euerie thing;
Traistand richt weill gif war hapnit to be,
Of him tha sould get richt sober supplie.   23,805
The Britis als, vpoun the vther syde,
Quhilk war that tyme of sic powar and pryde,

And so rejosit of thair libertie,
And thair new king and his auctoritie,
And tha mycht nocht aganis thair purpois   23,810
  stryve ;
Quhairfoir tha haif conducit than belyve
Tua fair ӡoung men, the quhilk on hand hes tane,
For greit reward and giftis mony ane,
To sla this king of Britis Constantyne,
Throw greit dissait and throw subtill ingyne.   23,815
Syne fenӡeit thame as tha Britis had bene,
In Brit langage, as my author did mene,
Perqueir tha war in nothing for to leir,
That causit thame to tak the far les feir.
First in the court tha maid ane quhile repair,   23,820
And efterwart, the langar ay the mair,
Fra thai culd tak and tell of mony thing,
Quhairthrow thai gat sic quentance of the king,
Tha war nocht warnit nother tyme nor tyde,
Quhen plesit thame to cum till his bedsyde.   23,825

How Constantyne wes slane with Tressoun.

Syne quhen tha saw thair tyme wes oportune,
That ganand wes quhen sic thing sould be done ;
In his chalmer richt quietlie ane da,
Tha stikkit him in his[1] bed quhair he la.
Syne, or tha culd diuyde thame of that land,   23,830
Tha war baith tane and fast bund fit and hand ;
Syne in ane fyre war baith brint to deid,
For thair reward wes no vther remeid.
The fourtene ӡeir deposit of his ring,
This Constantyne of Britis that wes king.   23,835

---

[1] In MS. *hie.*

How the King of Scottis was slane with the Lord of the Ylis.

Sone efter syne, as ȝe sall wnderstand,
This Constantyne that king wes of Scotland,

Col. 2. Richt suddantlie wes slane into ane place,
At set purpois and nocht of suddante cace,
Be ane that tyme quhilk wes of nobill blude,   23,840
Lord of the Ylis and ane man of greit gude,
For the defoulling of his dochter deir,
Magir hir will, syne of ane vyle maneir.
And how it wes I can nocht, except I le,
Tell ȝow the cace, for it wes nocht tald me.   23,845
My author said, as I can richt weill trow,
The lordis all thairof did him allow.

Heir followis the Crownyng of Congallus the Sone of Dongardus foirsaid, and of his nobill princelie Deidis, as ȝe sall efter heir.

Quhen he was deid as I haif said ȝow heir,
Quhairof his ring wes than the threttene ȝeir,
The lordis all, within ane lytill quhile,   23,850
Convenit hes togidder in Argatyle ;
Crownit hes Congallus to thair king,
The sone of Dongard, plesand and benyng.
His fatheris way he follouit as he micht,
To euerie man to do justice and richt ;   23,855
Theif and revar gart baith heid and hing,
Without counsall that tyme he did na thing ;
And presit ay for to mak peice and rest,
In all his tyme he thoucht sic thing wes best.
Richt manlie als he wes in tyme of weir,   23,860
At no man wisdome neidit for to leir ;
In his stait royall heir I leve him still,
And to the Britis turne agane I will.

HEIR FOLLOWIS THE DISCRIPTIOUN OF THE KING OF BRITIS THRE SONIS, CONSTANTIUS, AMBROSIUS AND VTER.

This king of Britis, callit Constantyne,
Thre sonis had baith fettis, fair and fyne.   23,865
The eldest hecht Constantius to his name,
Ane basit barne ay full of dreid and schame,
Without makdome vther of lym or lith,
And richt vnnaturall he wes thairwith.
And for that quhy he ganit nocht to be   23,870
Ane king or prince, to haif auctoritie.
Thairfoir his father, for that samin caice,
Maid him ane monk in ane religious place.
He thocht he wes mair ganand for sic thing,
Na for to be ane governour or king.   23,875

HOW WORTIGERNUS TUKE CONSTANTYNE OUT OF RELIGIOUN, AND MAID HIM KING OF BRITIS.

Ane greit nobill, hecht Wortigern to name,
In all Britane he wes grittest of fame,
Efter the deith of Constantyne the king,
Out of religioun his sone hes gart bring,
Magir his will, be his auctoritie,   23,880 Lib.8, f.118b.
Syne crownit him of Britane king to be.   Col. 1.
In that beleif traistand he sould be maid
Greit governour of all Britane so braid;
For-quhy this king for sic thing wes vnable,
This tirrane wrocht that tyme so tressonable.   23,885
As he supponit, syne with haill consent,
Of all Britane he wes maid haill regent
And governour, baith be land and se
To reule and steir at his auctoritie.
Ane hundret Scottis stalwart and rycht stout,   23,890
Als mony Pechtis knycht into ane rout,

Conducit hes that tyme for meit and fie,
To keip this king and at his bidding be;
And of his corce dalie for till haif cuir,
And keip him weill fra all misauentuir.   23,895
For greit disceptioun all this thing he did,
That his tressoun the clossar micht be hid;
As efterwart it previt weill in deid
With Wortigerne in storie as we reid.
This sempill king, quhilk wes ane saikles   23,900
    wycht,
In to his bed gart murdreis him on the nycht.
That samin nycht quhen it wes kend and sene,
Of all sic thing as he had saikles bene,
Ouir all that place he reirdit vp and doun,
In his wodnes like till ane wyld lyoun,   23,905
As he wald ryve the flesche than fra the bane,
For sic displesour thairof he had tane,
All for the slauchter of that saikles king;
Bot in his thocht thair wes ane vther thing.
Baith Scot and Pecht that wes into his gard,   23,910
He hes gart tak and put thame all in ward,
Quhill on the morne till keip in fetteris fast,
Quhen da wes cuming and the nycht wes past,
In Lundoun toun syne airlie on the morne,
Baith Scot and Pecht gart present him beforne,   23,915
Quhair mony lord that tyme wes to se,
And the maist part of the commonitie.
Befoir thame all the Scottis he accusit,
And Pechtis als, of sic tressoun tha vsit,
Into the slauchter of ane crownit king;   23,920
To quhome thai gaif sic traist into that thing,
Thir saikles men, quhilk war richt innocent,
Condampnit war to schamles deid and schent:
Vpoun ane gallous made thame all to de,
For that same deith, without reuth or pitie.   23,925

How the Britis, efter the Deith of Constantius, becaus Ambrosius, his Bruther, was so ȝoung, chesit Wortingernus to be the King of Britane.

The Britis all as tha richt wnderstude,
Traistand that he had done all that for gude,
Commendit him, sayand ilkane that he
Was richt weill worth to haif auctoritie,
Baith ȝoung and ald, als far as thai had feill, 23,930
So able wrocht ay for the commoun weill.
The secund bruther of Constantius,
Callit he wes to name Ambrosius
Aurelius, ane wonder prattie cheild,
Bot he wes ȝoung and of richt tender eild.   23,935
This Wortigerne, that knew full weill that he
Wnabill was to haif auctoritie,
Befoir thame all proponit hes that thing,
Gif plesit thame this Ambros to mak king.
Than said thai all ilkone that tyme, that he 23,940
Was all to ȝoung ane king or prince to be,
Considdering all thing baith ill and gude,
In so greit doubt the commoun weill than stude.
Thus ansuerit tha the lordis and all the laif.
Said he agane, "Quhome plesis ȝow till haif?" 23,945
For force it wes this tyme to cheis ane king.
Than with ane voce thai said, baith ald and ȝing,
" Thy awin self we lyke above the laive;
" Thou ar most worthie sic office to haif."

Col. 2.

How Wortigernus was crownit King.

With sword, sceptour, and rob royall so reid, 23,950
And croun of gold syne set vpoun his heid,
And grit blythnes that tyme of ald and ȝing,
This Wortigerne thair haif tha crownit king.

Schort quhile efter that he the croun had tane,
Distroyit hes the friendis euerilk ane   23,955
Of Constantyne, the quhilk wes king befoir,
Flemit or slane thai war baith les and moir ;
Throw feinȝeit faltis as he fand anew,
Waill secreitlie richt mony that he slew.
The ȝoung childer to Constantius wes brother,   23,960
Ambrois the tane, and Vter hecht the tother,
That sonis war to nobill Constantyne,
Quhome of befoir I schew schort quhile syne,
Quhan that tha knew this cruell king did sua,
Fra him tha fled intill Armorica,   23,965
Amang thair freindis for to leve in lie,
Quhill efterwart that tha thair tyme micht se.

HOW CONGALLUS, THE KING OF SCOTTIS, AND
GALANUS, THE KING OF PECHTIS, HEIRAND
HOW WORTIGERNE HAD SLANE THAIR MEN,
PERSEWIT HIM INCONTINENT.

The king of Scottis Congallus, quhen he knew,
As Galanus the king of Pechtis him schew,
How Wortigerne without ony remeid,   23,970
So cruellie had put thair men to deid,
With fals tressoun his king quhen he had slane,
Without respect no langar wald remane.
Amang the Britis baith with fyre and blude,
Tha enterit in with sic ane multitude,   23,975
With sic desyr of greit crudelitie,
Of the injures to revengit be,
Wes nothing frie, ather in fell or firth,
Of Britis blude that tyme gat ony girth.
Baith wyffe and barne, ȝoung and ald ilkane,   23,980
Seik or ȝit haill, that tyme tha sparit nane.
Quhairfor the Britis euirilk da by da,
Tha lost thair guidis and fled richt fast awa

To Wortigerne, and tald him how it stude,
How tha had left baith wyfe, barnis and gude ; 23,985
And all war slane that tyme docht nocht to fle   Lib.8, f.119.
Fra Scot and Pecht, with greit crudelitie.   Col. 1.

How Wortigerne send Guytilyn to resist thir Kingis.

This Wortigerne herand that it wes so,
Richt haistelie gart furneis for to go,
With Guitilyn wes lord of Cambria,   23,990
Ane greit armie for to resist thir tua.
In Lundoun toun that tyme him self baid still,
To wend till weir he had bot lytill will ;
For he wist nocht, thairfoir he wald nocht go,
Quha was his freind or ȝit quha wes his fo.   23,995
This samin tyme that ȝe haif hard me sa,
This Guitilyn sone efter on ane da,
Come with his power as I wnderstand,
Quhair Scot and Pecht war skaillit in the land,
Without ordoure in mony sindre place,   24,000
Vp and doun, nocht wittand of that cace.
Or euir tha wist thair wes tua hundreth tane
In handis all, and syne richt sone ilk ane
Condampnit all as theuis for to die ;
On gallous syne sone hangit all full hie.   24,005
Quhen this was schawin to thir kingis tuo,
How Guitilyn thair liegis slane had so,
With all thair power on the auchtane da,
Come neir the place quhair that the Britis la.
At quhais cuming, at the first sicht and luke,   24,010
The Britis all so greit terrour thai tuke,
That tha refusit all that da to fecht,
So weill tha wist that euerie Scot and Pecht,

The victorie of thame and tha micht haue,
Thair wes na gold nor ransoum mycht. thame   24,015
   saue.
Guytilien, quhen [he] than wnderstude
So far than faillit wes thair fortitude,
With manlie wit and animositie,
He confort thame with curiositie;
And sic ane sermone that tyme to thame schew, 24,020
That euerie man new curage till him drew,
Sayand with him tha sould all erar die,
Out of the feild ane fit or tha wald flie.

How Guytylyn met thir Tua Kingis in Feild.

And or tha durst the greit battell assaill,
For to temp Fortoun with thair power haill,   24,025
With countering and carmusche mony dais,
Tha la richt lang, as that my author sais.
Syne at the last, with haill power tha met
Into ane place quhair at the feild wes set,
With baneris braid weill brodit of the new,   24,030
And mony standart all of sindrie hew;
With buglis blast vp to the hevin on hicht,
In breist plait, birny, and in brasar bricht.
Togidder syne so stalwartlie tha straik,
With sic ane schow gart all the schawis schaik; 24,035
Thair speiris scharpe that war baith grit and
   squair,
In splenderis sprang aboue thame in the air.
Thir wicht men weildit thair waponis so weill,
That euerie straik out-throw thair stuf of steill
Thay gart the blude brist out vpoun the grene, 24,040
That petie wes quha had bene thair and sene.

How baith the Britis Wyngis, efter that tha fled, set on Congallus.

Then baith the wyngis of the Britis syde
War put abak, and micht no langar byde,
And did releve, be thousandis sevin or aucht,
On to the feild agane Congallus faucht;	24,045
And eikit hes the Britis power far,
And put Congallus also to the war;
For all the force, and all the fortitude,
Of the haill feild that da agane him stude.
The king of Pechtis persauit that in hy,	24,050
Into ane wing quhair he wes fechtand by,
Richt sone he send behind the Britis bak,
Wicht waillit men ane counter for to mak;
With sic prattik seand gif he culd preve,
Fra that perrell Congallus to releve.	24,055
The Britis quhilk about thame had ane ee,
Richt suddantlie, quhen tha sic thing did se,
Tha tuke the flicht and wald no langer byde,
On to thair tentis fled fast in the tyde.
The king of Pechtis that persauit weill;	24,060
Richt stalwart men that war cled all in steill
He gart prevene the Britis thair ane space,
Quhairfoir tha fled all to ane vther place.
Thir kingis tua tha follouit on so fast,
Quhill tha war all ouirtane syne at the last.	24,065

How the Britis kest thair Armour awa, and come and askit Grace.

And quhen tha saw thair wes no place to fle,
In grit dispair, trowing all for to de,
As witles men out of thair wit richt wa,
Thair armour all tha kest that tyme thame fra:

And syne on kneis come thir kingis till,   24,070
And richt puirlie put thame all in thair will.
Thir kingis tuo baith presoner and pra,
That tha had wyn into the feild that da,
To euerie man efter his facultie,
Distribut hes thairof ane quantitie.   24,075
This battell wes richt bludie to the Britis,
For tuentie thousand, as my author writis,
And ma that da, wer slane into the feild ;
Of Scot and Pecht war neir foure thousand keild.
Quhen this wes doue, thir tuo kingis at lenth,   24,080
Seigit and wan richt mony toun and strenth,
And rycht greit slauchter maid ouir all that land
Into that tyme without ony ganestand.

How Wortigerne, herand the Feild was
    tynt, had fled out of Britane, war [it]
    nocht [for] Counsall of Freindis.

In Lundoun toun quhen this wes schawin plane,
How Guytilyn and all his men war slane,   24,085
This Wortigerne than of na way he wist
Thir kingis tuo how that he sould resist ;
Lib.8, f.119b. Than in his mynd richt sone deliuerit he
Col. 1.   Richt secreitlie out of Britane to fle.
To his freindis quhen that purpois [he] schew,   24,090
Tha said ilkone, that counsall is wntrew,
To mak him self thairfor to lycht so law,
Fra sic ane hicht takand so grit ane faw,
To all the warld it wald derisioun be,
And he did so without battell to fle.   24,095
Throw thair counsall he changit hes his thocht,
Ane vther way syne efter that he wrocht ;
Ane messinger, as my author did sa,
Sone efter that send in Germania,

With gold and siluer in greit quantitie,   24,100
For men of weir that wald tak meit and fie,
Agane his fais for to mak defence :
He bad him spair for no coist nor expence.

Heir followis the Maner and Caus quhy the Saxonis come first in Albione, quhilk was be this Wortigerne, King of Britis.

That samin tyme into Saxonia,
Of blude royall than wes thair brethir tua ;   24,105
Hungast to name than hecht the eldest bruther,
Orsa also als callit wes the vther.
Thir tua tha had greit wisdome into weir,
At none tha neidit prattik for to leir ;
Full mony feild and greit fechting had sene,   24,110
And had siclike in mony battell bene.
Thir tuo brether befoir this messinger,
Hes tane on hand, that mony one micht heir,
For thair reward to mak all Britane frie
Of Scot and Pecht, or ellis for to die.   24,115
This messinger thairof wes weill content,
And prayit thame richt sone incontinent,
With all thair power tha suld reddie be ;
Than threttie schippis tha laid to the se,
Ten thousand men that waillit war and wicht,   24,120
In breistplait, brasar, and in birny bricht,
With helme and habrik, and all ganand geir,
Tha tuk with thame that neidfull war in weir.
To se tha went, the wedder wes at will ;
Befoir the wynd thai saillit lone and still,   24,125
Tua dayis or thrie togidder ay in one,
Quhill at the last thai come in Albione :
Syne set to schoir thair schippis by ane sand,
And with thair boitis passit all to land.

How Wortigernus ressauit Hungast.

This Wortigerne thairof he wes richt fane,   24,130
And causit thame all at quyet to remane
Ane lytill quhile, refreschit for to be
Of thair travell tha had tane on the se.
Syne efterwart, vpoun the auchtane da,
He furneist him, and syne fuir furth his wa,   24,135
With tua oistis weill garneist all togidder,
Of Saxonis one and of Britis ane vther;
Ane multitude tha war into greit number,
And in all haist syne passit ouir Humber.

Col. 2.

The Scottis then, and the Pechtis also,   24,140
Ouir all tha landis as tha list till go,
Remanand war withoutin pley or pleid,
Haiffand na dreid of ony Britis feid.
Bot quhen tha knew richt weill, and wnderstude,
Tha war na matche agane that multitude,   24,145
Tha fled ilkone except thame that mycht nocht flie,
As waik and seik men in infirmitie ;
And mony mo thraw sleuth and raklisnes,
That baid ouir lang then throw fule hardines,
Syne war all tane in mony sindrie steid,   24,150
Without discretioun all war put to deid.
The Saxonis said that wes ane taikin gude
Of victorie that thai gat the first blude :
And so thai did, distroyand in thair yre
Tha boundis braid than baith with blude and   24,155
    fyre.
Thay sparit nane in quhome that tha fand lyffe,
Ȝoung or ald than, other barne or wyffe ;
In greit despyte ouir all that land tha ȝeid,
Fra Humber water north ouir Tyne to Tueid,
And enterit syne into Dieria,   24,160
Amang the Pechtis with fyre and blude alsua.

How Galanus send ane Herald to Congallus, schawing him of the cuming of the Saxonis.

The king of Pechtis Galanus quhen he knew
Of thair cuming, as suith men to him schew,
To Congallus ane messinger he send,
The quhilk to him that tyme fra end to end,   24,165
The haill maner hes schawin les and moir,
Of this Hungast, as I haif said befoir,
First of his cuming fra Saxonia,
With so greit power in Britania ;
Of Brit and Saxonis syne in sic number,   24,170
He cuming wes attour the water of Humber ;
And all tha landis, baith of lenth and breid,
He had distroyit to the watter of Tuied.
Als[o] that tyme he did him wnderstand,
How that he la richt far within thair land,   24,175
Vsand on thame richt greit crudelitie
Of fyre and blude without humanitie,
Richt mekle skaith into that tyme had done ;
And war he nocht, he said, resistit sone,
His purpois wes, baith Scot and Pecht ilkone   24,180
Exull to mak far out of Albione.

Heir followis the Ordour and the Maner of the Battell betuix Hungast and Galanus, and how Hungast wan the Feild.

Quhen this wes said, as I haif said ʒow plane,
Or ony ansuer culd cum hame agane,
The king of Pechtis tha haif gart wnderstand,   Lib. 8, f.120
That this Hungast wes cumand at the hand,   24,185   Col. 1.
Within les space tha said than fourtene myle.
The king of Pechtis in that samin quhile,
With all the power that he doucht to get,
Richt manfullie this ilk Hungast he met

In plane battell, quhair mony burdoun brak,　　24,190
And mony big man wes laid on his bak ;
And mony berne doun of his blonk wes borne,
And mony schulder throw the scheild war schorne.
Full mony Pecht that da bled of his blude,
This Hungest had with him sic multitude,　　24,195
Quhilk in the feild so stalwart war and strang ;
The Pechtis als that fouchtin had so lang,
And thair withall wer of sa few menȝie,
That force it wes that tyme to thame to fle.
Of this battell quhat sould I say ȝow moir ?　　24,200
The Saxonis gat the victorie and gloir.
The Britis all so basit war that da,
That this Hungest, as my author did sa,
For no treittie he culd mak or trane,
Into the feild skant culd he gar remane.　　24,205
Amang thame all wes nother mair nor les,
That da in feild that schew grit hardines.

How Hungestus, considderand the Britis of
　　sick litill Valour, consauit in his Mynd
　　quhen he micht se Tyme to conqueis all
　　Britane.

This Hungest syne, quhen he considderit haill
The Britis war bot of sa litill vaill,
Than in his mynd richt sone considderit he,　　24,210
Quhen euir it war that he his tyme micht se,
Syne· efterwart the Britis all ilkone
For till expell far out of Albione ;
Within him self richt far he hes defynd,
The quhilk remanit ay still in his mynd.　　24,215

How Galanus send ane Herald for Help to Congallus.

This king of Pechtis as I said of befoir,
To king Congall, his help for to imploir,
Ane herald send into all haist and speid,
Beseikand him of his supplie in neid,
Schawand to him, how be this ilk Hungest   24,220
His[1] power wes that tyme so soir opprest,
With tha Saxonis full of crudelitie,
Busteous and bald, without humanitie ;
And that thai war withoutin men also,
Of gentill faith, and also Cristis fo ;   24,225
The quhilk to him had done greit skayth and noy,
And schupe him self and landis to distroy ;
And come he nocht with his supple belyve,
Than force it wes to thame baith man and wyve,
With schame and lak, and greit miseritie,   24,230
Fra Albione in vther landis fle.

How Congallus promittit Help to Galanus.

This king Congall agane than said him till,
Intill all haist, richt hartlie with gude will,
That he sould cum richt sone in his supplie ;
Biddand him of gude confort [for to] be,   24,235
And for to mak the best defence he ma.
This king Congall syne efter on ane day,
With mony man that worthie wes and wicht,
Buskit richt weill all into armour bricht,
In Pechtland with king Galanus met,   24,240
Into ane place quhair at the tryst wes set,
With fourtie thousand furneist for the feild,
Baith bald and wicht that waponis weill culd w[eild].

---

[1] In MS. He.

Devoitlie syne, as that tyme wes the gyss
Of Cristin men, tha maid thair sacrifice ;   24,245
Prayand to Christ, that for thame sched his blude,
In thair defence to send thame fortoun gude
Agane tha paganis wes his mortall fo,
And ennimie alss to tha kingis tuo.

How the King of Scottis and Pechtis hangit all thame that fled for Feir, to gif Exempill to vtheris nocht to flie.

Syne furth tha fuir in till ane gude array,   24,250
Neirby the place quhair this Hungestus lay,
With baneris braid displayit vpoun hicht,
Quhill ather of vther cuming ar in sicht.
Of Scot and Pecht that tyme at the first luke,
Of thair nummer richt mony terrour tuke,   24,255
Of quhois sicht tha war so far adred,
To craig and cleuch richt mony of thame fled.
Quhen that wes knawin to thir kingis tuo,
Rycht haistelie hes efter thame gart go,
In handis tane and richt sone brocht agane ;   24,260
For thir war passing ilkone on the plane
Vpoun ane gallous war all hangit hie,
To all vther it suld exempill be
In tyme to cum, how euir that fortoun fawis,
So cowartlie to fle withoutin causs.   24,265

Heir followis the gritt Battell betuix the Scottis and the Pechtis on the ane Part, and Hungest with the Saxonis and Britis on the tother Part.

Be this wes done the bowmen big and bald
Hes tane the feild out of number wntald,
Vpoun thair fute quhair that tha fuir befoir ;
Thair scharpe schutting maid mony sydis soir,

In the vangard quhair that the Britis faucht,   24,270
Agane the Scottis quhair mony rout wes raucht,
And mony scheild war schorne all in schunder,
And mony breist maid bludie that wes wnder.
The Scottis quhilk wer wicht as ony aik,
Or ony vther enterit within straik,   24,275
Tha buir the Britis in the feild abak,   Lib. 8, f.120 b.
Col. 1.
And so greit slauchter of thame thair did mak
That force it wes to thame, or ellis die,
Out of that feild richt suddantlie to flie.
And so thai did but ony baid that tyde,   24,280
Left all the feild and wald no langar byde.
In that same tyme, richt sone and suddantly,
Ane schour of haill discendit frome the sky,
With so greit mirknes and obscuritie,
Than neuir one ane vther than micht se ;   25,285
The Scottis than weill wist nocht in that caice,
Quhidder to byde or follow on the chace.

How the Scottis and Pechtis tuke and slew of the Britis at thair Plesoure.

So at the last the cloude ane lytill we
Discouerit wes, that tha micht better se,
Baith Scot and Pecht trowand the feild wes   24,290
    wyn,
Efter the Britis langar or tha wald blyn,
Without ordour tha maid on thame ane chace,
And vp and doun in mony sindrie place,
Tha tuke and slew thair of the Britis bald,
At thair plesoure als mony as tha wald.   24,295
Quhill at the last the mirknes of the sky
Illuminat wes and all the blast gone by,
Quhilk clengit hes the mirknes of the air,
That men micht se richt scharplie ouir all quhair.

How the Saxonis set on the Scottis and Pechtis quhen tha war out of Ordoure.

This ilk Hungest quhair he stude in array,   24,300
And all his men wnfouchtin war that day,
Into that schour that he sould nocht ane loiss,
He gart thame togidder byde richt cloiss.
Bot quhen he saw sone efter and beheld,
Without ordour his fais in the feild   25,305
Vp and doun war skaillit heir and thair,
He gaif command withoutin ony mair,
To sla thame all quhair tha mycht be ouirtane,
And in that tyme se that thai suld saif nane.
The Saxonis than, richt sone and suddantlie,   24,310
Hes set on thame with ane greit schout and cry;
And mony Scot and Pecht als hes slane ;
The laif langar that mich[t] nocht weill remane,
Tha fled richt fast quhen tha knew the cace,
Without returne intill ane sober place.   25,315

How Hungast efter the Feild passit Hame incontinent to Wortigerne agane.

This [Hungast] thair no langar wald remane
Into that land, bot sped him hame agane.
Becaus that wynter drawand wes so neir,
And euill wedder he saw that tyme appeir ;
And most of all that tyme the causs wes quhy,   24,320
On to his purpois that he micht apply,
The Britis all sone efter to expell
Out of Britane, as ȝe haif hard me tell.
Col. 2.   That wes the causs sua sone away he fuir
Out of that land, doand no man injure.   24,325
The mo fais the Britis had to dreid,
He thocht that he micht cum the better speid.

With all his men passit to Lundoun syne,
To Scot and Pecht betuix Tueid and Tyne,
He left to thame all for to occupye,   24,330
As ȝe sall heir the caus efter quhy.

How Hungest in Lundoun befoir the King schew all the Fassoun of this Battell and his Victorie.

In Lundoun syne, befoir this Britane king,
He schew at lenth with greit loving all thing
That he had done, and wyn sic victorie
In thair honour agane thair ennimie ;   24,335
And sufferit hes richt greit travell and pane
In his jornay or he cume hame agane.
Quhairfoir he said, out of Germania,
Or somer come, hame without langar delay
So greit power sall bring in Albione,   24,340
Sic of befoir ȝit saw tha neuir none.
Quhen thir power and thairis wer togidder,
Without lat tha suld be nothing lidder ;
Baith Scot and Pecht, at thair plesour ilkone,
Suld exull mak richt far fra Albione.   24,345
The nobillis all for most part into Britane
Wes nocht content quhen that tha knew certane
How this Hungest dissauit so the king,
So mony Saxone in Britane to bring.
Tha held his lawtie in that thing suspect,   24,350
Dreidand full soir it suld cum to effect,
That tha suld lois baith land and libertie,
And he baid lang in sic auctoritie.
Wes none so pert durst planelie speik sic thing,
Becaus he had sic credens of the king,   24,355
And wes with him auctoreist than so hie,
Bot held thair toung and lute sic talking be :

And vther sum that tyme wes with the king,
Wes weill content and gaif him grit loving.
The king himself that tyme aboue the lave   24,360
Commendit him, and greit giftis him gaive,
Of gold and riches and all vther geir ;
And, for to haif the haill power of weir,
That euerie [strenth] suld be at his command
Ouir all Britane, baith be se and land.   24,365
This ilk Hungest thairof he wes full fane,
And curtaslie he thankit him agane,
And richt fair langage all that tyme him gaif ;
Dreidand thairfoir that mony of the laif
Louit him nocht suld change the kingis mynd,   24,370
Aganis his way seand tha war inclynd,
Or dreid thair counsall suld do him sum ill,
Thair with the king him self remanit still.
Fywe thousand men in battell weill durst byde
He hes gart send thame to the bordour syde,   24,375
To keip the strenthis and the pepill baith,
Of Scot and Pecht that tha suld tak na skayth.
Tha tynt the pryis that tyme for all thair pryde,
In mony bargane on the bordour syde ;
In schort quhile efter ilkone thair wes slane ; 24,380
This ilk Hungest thairof he wes full fane.

Lib.8, f.121.
Col. 1.
Quhat euir he said, it wes ay in his thocht
To pair thair power in all [thing] that he mocht ;
In that beleif siclike for to be slane,
Evin tuyiss alss mony he gart send agane   24,385
Within schort quhile ; thair cace wes litill better,
Mony war tane and haldin fast in fetter,
And tuyiss alss mony of thame thair wes slane ;
The laif all fled na langar durst remane.

How Ten gritt Nobillis of Saxone, with
Fyve Thousand Men with Wyffe and
Barnis, in Purpois to remane, come that
Tyme in Britane to this ilk Hungest.

In this same tyme now that ȝe heir me sa, 24,390
Fywe thousand men out of Saxonia
Vpoun the se come sailland, on the sand
In Britane all that tyme tha tuke the land,
With wyfe and barne as tha suld ay remane,
In that beleif neuir to pas hame agane, 24,395
Bot in that land ay for to leid thair lyfe.
With thame that tyme tha brocht Hungestus wyfe,
And his dochter the plesand Roxsana,
Of pulchritude, as my author did sa,
Quhilk in hir tyme, as I hard mony tell, 24,400
Of hir persone all vther did excell ;
And ten nobillis, quhilk war men of grit gude,
Wyiss men in weir and of the nobill blude.
The king thairof rycht blyth and glaid wes he,
Traistand be thame he suld revengit be, 24,405
And victorie wyn also than of his fa ;
Welcum tha war and tha had bene far ma.
Then grit blythnes into his mynd he tuke,
Traistand richt weill all Britane for to bruke
In peax and rest, and greit tranquillitie, 24,410
And of his fais victour for to be.
Richt mony nobill on the tother part,
Richt greit displesour tuke in to thair hart,
That this Hungest wes tholit be thair king
So mony Saxone in Britane for to bring ; 24,415
Trowand richt weill and he his tyme mycht se,
That he sould make thame bondis all to be,
The Britis all into Britane ilkone,
Or for to fle than out of Albione.

How Hungest obtenit at Wortigerne the King the Landis be North Humber to the Saxonis to mak thair Duelling, quhair tha did first remane.

This ilk Hungest he passit to the king,   24,420
And schew to him the fassoun of that thing.
With vipros vennum inwart in his mynd,
With lauchand luke, and plesand wordis kynd,
Dissaitfullie that tyme he gart him trow,
That he wrocht ay for his plesour and prow : 24,425
Desyrand him of his hienes and grace,
He wald prouyde for him sum land and place,
For wyfe and barnis quhair [that] tha mycht duell
But fallowschip of ony bot thame sell,

Col. 2.   In ony cuntrie quhair sic land wes kend,   24,430
Quhill all tha weiris war brocht till ane end.
This Wortigerne, the quhilk wald not deny
All his desyre, I can nocht tell ȝow quhy,
Quhither it wes, thairof haif I no feill,
That he durst nocht, or than lude him so weill, 24,435
He grantit him, as my author did sa,
Ane land that tyme callit Londisia,
Neir Eborak, liand by Humber flude.
The Britis all, with housit geir and gude,
Out of that land he gart richt far remove ; 24,440
To Saxonis syne that land for thair behuif
Grantit, and gaif thame landis as tha lest,
To plant and police quhair thame lykit best.
Into that land ane stark castell thair stude
Vpoun ane craig besyde ane rynnand flude, 24,445
Thuvyn castell gart call it in that tyme,
Vpoun ane strenth biggit with stone and lyme ;
In tha boundis the blude of Saxone
Thair duelling maid first into Albione.

How Hungestus, in the nixt Somer, with all his Saxonis, and Wortimerus, the Sone of Wortigernus, with mony Britis, passit to the Feild vpoun Scottis and Pechtis.

This beand done as I haif said ȝow heir,   24,450
This ilk Hungest into the symmer cleir,
With mony berne that wes bayth bald and wycht,
Of Saxone blude, all into armour bricht,
That worthie war thair waponis for to weild
He furneist hes with him to fuir on feild.   24,455
This Wortigerne siclike ouir all Britane
Contractit hes richt mony nobill man,
That waillit war and worthie for the weir,
And all other than that micht harnes beir,
To Wortymer his eldest sone and air,   24,460
Betaucht thame all to pas with him alquhair,
And this Hungest lieutennand for to be,
Of all the ost to haif auctoritie.
On the thrid [da] quhairat the tryst wes set,
ȝoung Wortimer and this Hungest is met;   24,465
Sextie thousandis, as my author did sa,
Of fechtand men tha war that samin da.
Fra Eborac tha sped thame waill gude speid,
Ay north ouir Tyne quhill that tha come to Tueid.

How Congallus and Galanus come with ane grit Armie for to resist this Hungestus.

Than king Congallus and Galanus that da,   24,470
With thair power neirby that place tha la,
Vpoun ane fell neirby ane montane syde,
With mony tent and palȝeoun of grit pryde,
Bydand thair tyme for to resist thair fa.
This ilk Hungest knew weill tha wald do sua,   24,475

Thairfoir he thocht the battell to pospone,
Quhill Scot and Pecht suld irkit be ilkone;
For hunger, cald, and grit necessitie,
Tha suld be fane hame bakwart all to fle ;
Trowand richt weill that tha micht nocht   24,480
    prouyde,
Sic multitude ocht lang fra hame to byde.
This Congallus quhilk knew in till ane part,
Quhat this Hungestus had in mynd inwart,
How that he thoucht the battell to pospone,
Quhill thai war tyrit and all thair victuall gone ; 24,485
And quhen he knew this Hungest so did mene,
He thocht thairfoir the battell to prevene,
Or dreid his men of lang lying suld tyre.
Betuix thir oistis thair wes ane mekle myre,
Quhilk be no way that tyme mycht be ouir   24,490
    past ;
This Congallus deuysit at the last,
That euerie man ane flaik sould mak of tre,
And faillis delf into greit quantitie,
Syne on the nycht, with mony staik and stour,
Gart mak ane brig quhair tha passit all ouir ;   24,495
And on the morne, by that the da wes lycht,
Tha come neirby into Hungestus sycht,
Quhair that he la and maid him nocht to steir.
Thairfoir Congallus that tyme come nocht neir,
Bot leit him ly quhair that he la that quhile,   24,500
Into his mynd consauit had ane wyle.
Be the Saxonis ane grit montane thair stude,
Baith large and braid, and of greit altitude ;
This Congallus, that tyme as he pretendit,
With all his oist vp in the mont ascendit,   24,505
And thair he tuke purpois to ly all nicht,
Quhill on the morne that it wes fair da licht.
This ilk Congall, of quhome befoir I spak,
Richt mony fagald all that nycht gart mak

Of falling wod, quhairof tha had anew,   24,510
And vther herbis that in the mont than grew,
And glak and glen in hole and mony hirne,
Widrit and dry that richt baldlie wald birne.
Thairof tha maid into greit quantitie,
Syne buir thame vp on to the montane hie,   24,515
Stude richt aboue this Hungest quhair he la ;
That samin nicht rycht lang befoir the da,
Full mony fagald leit doun on thame fall
Birnand in fyre, and mony bleis withall,
That all the stra and litter quhair tha la,   24,520
It set in fyre richt lang befoir the da,
Quhill all thair palʒeonis brint vp in ane bleis.
Thame[self] also that tyme had greit vneis ;
Or tha micht wyn richt weill out of that steid,
Richt mony ane in that fyre brint to deid.   24,525
The clamorus cry, the ʒoulling and the beir,
Of man and beist wes horribill for to heir ;
Out of the fyre micht nocht weill wyn awa,
Bot lay ay still thairin birnand quhill da.
The langar ay the fyre fastar doun fell,   24,530
Flag for flag far ma na I can tell,
That for no way that tyme that culd be wrocht,
That felloun fyre for thame stanche wald it nocht.
And quhen tha saw it micht na better be,   Col. 2.
Out of that fyre that force it wes to fle,   24,535
And wist nocht weill than quhair awa till go,
Sic dreid tha had that tyme than of thair fo,
And sic ane feir tuke of that felloun fray,
Grit pane it wes to bring them to array.
Syne this Hungest, with greit travell and pane,   24,540
Arrayit thame besyde vpoun ane plane,
And pat thame sone all into ordour gude ;
Vpoun thair feit syne all that nycht tha stude.

How Hungestus incedias [placit] behind Scottis and Pechtis.

Syne waillit hes fyve thousand of his men,
And gart thame ly richt clois into ane glen,   24,545
Amang hillis quhair that tha mycht thame hyde,
Richt clois togidder all thair still to byde.
Gif hapnit him vpone the morne to fecht,
Into that place aganis Scot and Pecht,
Tha suld tak tent quhen he ane sing did mak,   24,550
Than baldlie all cum in behind thair bak.
Rycht weill he wist, without ane wyle or gyn,
It wes nocht eith that tyme the feild to wyn.
This Congallus his purpois wes that nycht,
To gif thame feild lang or the da wes lycht;   24,555
Trowand the trubill that nycht tha had tane,
Had causit thame to tyne curage ilk ane.
And for that caus he changit hes his thocht,
Trowand that tyme that sic thing neidit nocht,
And still remanit in the mont all nycht;   24,560
Syne on the morne, be tha micht ken the lycht,
Doun fra the hicht discendit in the vaill
In gude ordour with all his power haill.

Heir followis the Ordour and the Fassoun of the greit Battell betuix Congallus and Hungestus; and how Hungestus wan the Feild be Dissait.

This ilk Hungestus, that tyme quhair he la,
Diuidit hes his greit oist into tua.   24,565
To Wortymer, as that my author writis,
The vangard gaif to leid with all the Britis:
Him self besyde remanit with the staill,
And all the power of the Saxonis haill.
Siclike king Congall in that samin da,   24,570
Diuidit hes his haill power in tua;

Salamis the king, with mony nobill Pecht,
In the vangard diuisit wes to fecht
Agane the Britis that tyme for the best ;
And he him self aganis this ilk Hungest,   24,575
With mony Scot that worthie war and wycht,
Hes tane the feild all into armour brycht.
Quha had bene thair that tyme for to haif sene
The fedderit flanis that flew so thick betuene,
Blak as ane cloud, and scharpe as ony haill,   24,580
Ay flicht. for flicht ilk ane on vtheris taill.
The tua wangairdis togidder syne tha met,
Witht brandis bricht ilkane on vther bet ;
So awfull was to byde thair bitter blaw,
At ilkane flap tha maid ane freik to faw.   24,585
Gude Galanus, that worthie wes and wyss,
And his Pechtis that da war of sic pryss,
The Britis all richt far abak tha bair,
Syne gart thame fle for tha mycht fecht na mair ;
Heir and thair in the fleing thik fald,   24,590
Tha tuke and slew als mony as tha wald.
Or that wes done, richt sone but ony lat,
The greit battellis togidder baith tha met
In gude ordour, with sic ane race and reird,
Quhill schawis schuke and trymlit all the erd ;   24,595
And mony burdoun all in pecis brak,
And mony berne wes laid vpoun his bak ;
So doggitlie togidder that tha draive,
That birneis brist and all in pecis raive.
Into that stour so stalwartlie tha stude,   24,600
That mony berne hes loisit of his blude ;
Wes neuir sene with na berne that wes borne,
Ane fellar faucht with sua few folkis beforne.
The Saxonis than with that ane litill we
Satlit abak and wes reddie to fle ;   24,605
Had nocht Hungest the sonner blawin his horne,
The Saxonis all that da had bene forlorne.

Lib.8, f.122.
Col. 1.

How Hungestus Men with ane Blast of Horne in rayit Feild come in behind the Scottis Bak.

For with the blast into that tyme he blew,
Fywe thousand men, in curage cleir of hew,
Out of ane glen into ane buschment brak   24,610
In gude ordour behind the Scottis bak.
The Scottis all, seand thameself in dout,
So vmbeset of euerie syde about,
Nocht wittand weill quhome to that tyid to turne,
For lidder speid cumis of airlie spurne ;   24,615
And so thocht tha, thair hartis wes so hie,
For all that fray tha thocht nocht for to fle.
For-quhy tha had sic wirschip wyn befoir,
And for that caus thair curage wes the moir,
Ane bargane baid lang efter bydand beild,   24,620
Becauss the Pechtis wynnyng had thair feild,
Lyp[n]ing richt lang that tha suld thame reskew :
It wes nocht so thairfoir that mycht tha rew.
And quhen tha saw that na better mycht be,
Tha fled ilkone alss fast as tha mycht fle   24,625
Vnto the Pechtis sune and suddantlie,
In rayand feild quhair tha war standand by.
This Congallus, all bludie and forbled,
Soir woundit than out of the feild wes hed ;
Magir his will, suppois it wes on force,   24,630
On to the hicht tha had him on ane horss.

How Hungest thocht to gif Feild to Gallanus.

This Hungestus, quhen he saw and beheld
That Gallanus that tyme had wyn his feild,
Col. 2. Trowand he wes brokin with the Britis,
And so tyrit, as my author writis,   24,635

And of his men so mony than had slane,
He schupe in haist to gif him feild agane.
Becaus it wes so neir that tyme the nycht,
Postponit all quhill on the morne wes lycht.
King Galanus, that weill his counsall knew,   24,640
Thinkand that tyme that he wald nocht persew
To temp Fortoun into that tyme present,
For of his part he held him than content ;
And for that caus fra end to end that nycht,
Richt mony fyre and balis gart burne brycht ;   24,645
And mony blast gart blaw of buglis horne,
As he sould byde all nycht quhill on the morne.
That samin nycht, richt lang befoir the da,
Richt quyetlie he passit hame awa
Wnto ane strenth that tyme wes neirhand by,   24,650
Without perrell quhair he mycht rycht weill ly.

How Hungestus, seand on the Morne efter
the Feild so mony of his Men war slane,
turnit agane to Eborac and left his
Men thair, and passit him self to Lun-
doun.

Syne on the morne, quhen it wes fair da lycht,
And Hungest saw he had na fa in sicht,
He tald his men ilkone vpoun that plane,
And fund he had foure thousand of thame slane 24,655
That Saxonis war, as that my author writis,
Foroutin all war tane and slane of Britis.
Thairfoir na langar wald he thair remane,
Bot in all haist he sped him hame agane
To Eborac, and gart ane armie byde   24,660
At Londesia, neirby the bordour syde.
Passit him self to Lundoun to the king,
And at greit lenth he schew him euerie thing,
Of all his weiris and his chevalrie,
Of his greit battell and his victorie,   24,665

And of sic perrell also he wes in,
So manfullie the feild syne he did wyn;
Of his fais sa mony he had slane,
Sa mony als he loissit hes agane.

How Wortigerne resauit Hungest with Blyt[h]nes.

This Wortigerne thairof he wes full glaid,   24,670
And to him than richt freindfullie he said;
" Welcum be thow, oure gyde and governour,
" Welcum be thow, of all knichtheid the flour,
" Welcum be thow, oure scheild and oure defence,
" That weiris ws fra wrang and violence."   24,675
To him that tyme grit rewardis gaif,
Far [1] mo no he desyrit for to haif:
Siclike to him the haill auctoritie,
Of all Britane the governour to be;
Lib. 8, f. 122b. Col. 1. And grantit hes the Saxonis in Britane,   24,680
That orabill wes to euerie Cristin man,
On to thair idolis of the pagane wyis,
In prophane places to mak sacrifyis.
Wnganand wes to ony Cristin prince,
Without faith to thoill sic offence,   24,685
Within him self so wickitlie gart wirk
Agane the faith of Christ and halie kirk.
The bischopis all that tyme wer in Britane,
The kirkmen als, and all gude Cristin men,
Displesit war rycht far, and all the laif,   24,690
That he to thame so greit indulgence gaif,
Sic pagane pepill that war vnbaptist,
In greit contemptioun of the fayth of Christ.

---

[1] In MS, For.

How it was schawin to Wortigerne that Ambrosius and Vter his Bruther, Sonis to Constantyne, wald persew him with Battell.

That samin tyme to Wortigerne wes schawin,
That secreitlie be freindis of his awin,   24,695
Sayand to him that 3oung Ambrosius,
Quhilk callit wes also Aurelius,
That sone and air wes to king Constantyne,
Quhome of befoir I schew 3ow schort quhile syne,
Prouydit wes into Armorica,   24,700
With schip and boit and mony gay gala:
Quhilk thocht richt sone in Britane to persew,
His croun and kinrik gif he micht reskew,
With so greit power and so mekle schoir,
In Britane 3it sic saw tha neuir befoir.   24,705
This being said, this ilk king Wortigerne
Abasit wes and culd nocht weill decerne
Into the tyme quhat best wes till be done.
This ilk Hungest callit befoir him sone,
Beseikand him thair of his counsall gude,   24,710
In so greit dout and danger as he stude.
Richt plesandlie he said to him agane:
" Dreid nocht thairof, heir I promit 3ow plane,
" Als lang as I haif sic auctoritie,
" Baith cuir and travell I sall tak on me,   24,715
" Of this conditioun I sall to 3ow tell;
" On the south cost neirby the se to duell,
" Wald 3e grant ws of 3our excellent grace
" Ane plesand land, with mony sicker place,
" Quhair we mycht byde ay reddie for to be,   24,720
" And to defend the portis of the se,
" So that no schip ather be se or sand,
" Without oure leve suld cum into that land."

How Hungest causit ane Saxone, haldin for
ane Brit, fenȝie Tydenis to Wortigerne
of the Scottis and Pechtis.

Off this desyre the king wes weill content,
And suddantlie thairto gaif his consent.   24,725
The Saxonis all, the quhilk wer of grit number,
Remanand war beȝond the water of Humber,
On to Kent schire translatit hes ilkone,
With wyfe and barne togidder all ar gone.
The Britis all that duelt into that land,   24,730
How euir it wes, without ony demand,
With all thair gude remoifit far awa,
And to quhat place that can I nocht weill sa.
Syne efterwart, within ane lytill space,
The Saxonis all sat doun into that place.   24,735
Quhen this Hungest his purpois had cumd till,
And gottin had all his desyre and will,
Sone efter that, within ane lytill quhile,
He vmbethocht him of ane grittar wyle,
How that he micht of his purpois prevaill,   24,740
And mak the Britis dalie for to faill.
Ane sle Saxone, that wes ane subtill freik,
That wes perfit the Brit langage to speik,
This ilk Hungest that tyme he did him leir
How he suld sa, as ȝe sall efter heir.   24,745
To Wortigerne he gart him pas in hy,
With fals fictioun and feinȝeit fantasy,
Sayand to him in Pechtland he had bene,
And in that tyme thair he had hard and sene
So greit prouisioun for battell and weir,   24,750
Of men and hors, harnes and vther geir,
Of Scot and Pecht, with sic blythnes and gloir,
In Albione sic saw he neuir befoir.
Without of force tha had bene maid to faill,
Richt sone thay think thir boundis to assaill,   24,755

Col. 2.

With so greit curage and crudelitie,
That aufull is other to heir or se.
Ane hundreth men that waillit war and wycht
Waponis to weild all cled in armour bricht,
Rycht hardalie this tyme hes wndertane   24,760
On this Hungest alluterlie allane,
" Ay for to wait quhair thow gois in the feild,
" Neuir to tak rest quhill thow be tane or keild.
" The thing in erth this da tha desyre maist,
" It is thi deid, I warne the weill, Hungest.   24,765
" Full weill tha wait and tha war quyte of the,
" Within schort quhile that all Britane suld be,
" And all the Britis also thairintill,
" Without reskew at thair plesour and will."
Quhen this wes said that tyme befoir the king, 24,770
Quhilk wes abasit richt far of that thing,
Far fra the rycht suppois he hard him raif,
Ʒit in all thing richt grit credens him gaif ;
And in the tyme he said to this Hungest,
" My afald freind, this da that I luif best,   24,775
" I ʒow beseik of ʒour gude counsall heir,
" In so grit perrell as I se appeir,
" On euerie hand with sic danger and dreid,
" Without ʒour help I will cum lidder speid."
This ilk Hungest to him agane said he,   24,780
" At ʒour command I sall ay reddie be,
" To quhat purpois ʒe pleis to put me to,
" In word and wark and all thing I can do."   Lib.8, f.123.
Ane vther Saxone standand wes besyde,   Col.1.
That this Hungest befoir had gart prouyde   24,785
Into that caus quhat counsal he sould give,
Onto the king he said, " Sir, with ʒour leve,
" Commove ʒow nocht, ʒe ar in litill dout
" Of Scot and Pecht, or ony berne about,
" So ʒe will do my counsall in this cace."   24,790
And thus he said vnto the kingis grace :

How ane Saxone gaif Counsall to Wortigernus.

" Tak gude Orsa[1] quhilk is Hungestus bruther,
" To do sic thing abillest of ony vther;
" Gar him remane foirnent Armorica,
" With all the Saxonis in Britania,   24,795
" With wyfe and barnis thair to byde and be,
" Endlang the coist in strenthis be the se,
" Quhair tha ma pleneiss and mak policie
" Within thame self, but ony cumpany.
" Sua at all tyme tha ma all reddie be,   24,800
" Gif ony navin cumis to the se,
" Into Britane out of Armorica,
' Ressaue ȝour freind and to repell ȝour fa.
" Hungestus sone, callit Occa to name,
" Wyss into weir and fluresand in fame,   24,805
" Caus him to cum into Britania,
" With new power out of Saxonia,
" For to remane beȝond the watter of Humber,
" And mak ȝow quyt of Scot and Pechtis cummer.
" Hungest him self remane heir with ȝow still,   24,810
" All ȝour desyr and plesour to fulfill;
" On euerie syde so sall ȝe soner be
" In pece and rest and greit tranquillitie;
" Sen ȝe ma haif so greit supple in neid,
" Thair is no caus quhairfoir that ȝe suld dreid." 24,815

How Occa, the Sone of Hungestus, come in Britane fra Saxone, and brocht with him Ten Thousand Men of Weir to supple Wortigernus.

This Wortigerne, that thocht his counsall gude,
To Hungestus he said quhair that he stude,

---

[1] In MS. *Wisa.*

" I ȝow beseik, in all the haist ȝe ma,
" Send for ȝour sone the nobill ȝoung Occa,
" With new support to cum in ouir supple ;   24,820
" Richt riallie he sall ressauit be."
Hungest he said, " Thocht I dar nocht deny
" ȝour grace, this tyme for this ressoun and quhy
" That ma I nocht, without damnage and skayth
" Into Saxone of land and freindis baith ;   24,825
" No gyde tha haif into that land bot he."
All that he said of greit subtillitie,
As it had bene richt far aganis his will,
Syne at the last consentit hes thairtill.
Sone efter that this ilk foirsaid Occa   24,830
Ten thousand men out of Saxonia
In Britane brocht, that war bayth bald and wicht,
Bodin for battell all in armour bricht,
With wyffe and barne richt mony out of number;
Syne sat all doun beȝond the water of Humber, 24,835   Col. 2.
Richt peceablie without ony demand,
Syne callit it to name Northumberland ;
And ay sensyne, quha lykis for to luke it,
Continewalie that same name it hes brukit.

HOW HUNGEST REQUEISTIT THE KING TO PAS WITH HIM TO LONDISSIA.

Quhen Hungest knew that tha war cuming thair, 24,840
As he dewysit richt weill of befoir,
Thair boundis all and bigging but ganestand
War vacand than and reddie to thair hand,
Fra Hummer water that tyme evin to Tueid,
It wes ouir sawin with the Saxonis seid.   24,845
This ilk Hungest requyrit than the king,
Beseiking him of his gude grace benyng,
To pas with him on to Londesia,
To se his wyfe and dochter Roxana :
His sone Occa with mony nobill man,   24,850
In his supple he hes brocht with him than.

This Wortigerne thairof wes weill content,
With greit triumph syne to Londesia went,
With knicht, squyer, and mony bald barroun,
In gude array tha raid all to the toun.   24,855
To Tuyn castell this Hungest had the king,
Quhair that his wyffe and Roxana the ȝing
Ressauit him at all poynt with plesance,
And all the honour pertening to ane prince.
This Wortigerne, as my author did sa,   24,860
Throw fantasie of this Roxiana,
Of hir sic plesour he had in that tyde,
That nicht at supper sat him self besyde,
Talkand of love and makand merrie cheir,
Betuix thame tua that plesand wes till heir.   24,865
Quhill at the last dame Venus cruell dart
Hes persit him quhair he sat throw the hart,
Quhilk causit him his honour to neglect,
And in his fame to put so foull ane blek ;
His awin ladie vnmaculat and clene,   24,870
Quhilk wes his wyfe and als his lauchfull
     quene,
Repellit hes but ony caus him fra,
And weddit hes this ilk Roxiana,
Quhilk wes ane genteill that tyme vnbaptist,
And ennemie als to the faith of Christ :   24,875
Vnsemand wes to sic ane Cristin king,
For beistlie lust for to commit sic thing.
Kent schyre al haill, as plesit him to haif,
To this Hungest that samin tyme he gaif,
With boundis braid to bruke baith vp and doun, 24,880
And strenthis all, baith castell, tour and toun ;
And all the Britis gart remoif richt far
Into that land that tyme that duelland war.
Syne to Hungest and to the Saxonis seid,
Tha landis gaif to pleneis and posseid :   24,885
To Lundoun toun syne efter[wart] is gone,
With this Hungest and Saxonis mony one.

How Roxiana, the Dochter of Hungestus, wes crownit Quene of Britane into Lundoun.

Roxiana, that wes baith bricht and schene,
Into Lundoun hes crownit to be quene.
Schir Wortimer, of quhome befoir I spak,
The kingis sone, into his mynd did tak
Richt greit anger that his fader the king
Injustlie that he hes done sic thing :
To the bischop of Lundoun for the tyme,
Maid sair complaynt of his faderis falt and
  cryme.
This ilk bischop, Wodynus hecht to name,
In all Britane of sanctitude and fame
Had no compairand of his auctoritie,
This Wortigerne thairof soir blamit he ;
For he that wes ane Cristin king and prince,
Agane his faith had done so grit offence,
To tak ane pagane for to be his peir ;
His lauchfull wyfe sum tyme to him so deir,
For fle[s]chlie lust and beistlie appetyte,
Withoutin causs to do hir sic dispyte,
For to expell furth of his bed and bour
In all hir tyme that wes of sic honour.
Grit lak it wes to him in all his lyfe,
Ane infidell syne to wed on to his wyffe.
Quhen he had said and schawin his intent,
This Wortigerne richt soir than did repent
Agane his faith so far he suld offend,
In tyme to cum sayand that he suld mend.
Throw greit displesour that he tuke betuene,
The bitter teiris birst out fra bayth his ene,
With mony sich and sob into the tyde.
This ilk Hungest, that wes neir hand besyde,
Or ony wist, into the tyme drew neir,
And fand this king makand so mad ane beir,

Lib.8,f.123b.
Col. 1.

24,890

24,895

24,900

24,905

24,910

24,915

And blamit him into the tyme richt soir,   24,920
Quhat wes the caus sayand, quhy and quhairfoir,
His wedding feist he had so maculat
With mad murning and with so soir degrat ?

How Hungest gart slay the Bischop of Lundoun, becaus he repreuit Wortigerne that put his Wyfe away and tuke ane vnfaythfull Woman.

On this bischop gart handis la in hy,
Baith preist and clerk that standand wes thairby,   24,925
And had thame all into ane quyet place ;
Quhen he thocht tyme without mercie or grace,
But dome or law, be his auctoritie
Richt saikleslie he maid thame all to de.
Ʒoung Wortymer, the kingis sone, also   24,930
For that same caus he hes gart seik to slo ;
And had nocht bene he fled into the tyme,
He than [had] deit for the samin cryme.
Quhen this wes done, syne efter on ane da
This Hungest wrait vnto his sone Occa   24,935
Richt secreitlie, and gaif to him command,
That all the strenthis into Northumberland,
Gif that he culd be slicht or ʒit ingyne,
Fra Eborac onto the water of Tyne,
In his keiping to tak thame all ilkane ;   24,940
And for to stuff ilk castell maid of stane,
And moir and moir the Britis euerie da,
Col. 2.   For to molest in all thing that he ma.
To Scot and Pecht he sould do na injure,
Bot all the landis leve into thair cuir,   24,945
To occupie at thair plesour and neid,
That tyme liand betuix Tyne and Tueid.

How Occa did the Command of his Father.

This Occa did all his fatheris command;
The strenthis all into Northumberland,
Sone efter that, or fourtie dais wer gone,
Throw slicht and force he tuke thame all ilkone: 24,950
Syne fenȝeit causis as he culd anew,
And all the nobillis of that land he slew,
And flemit mony for richt litill thing.
Syne quhen he wes accusit with the king,
He said, als far as he richt wnderstude,   24,955
All that he did wes for the kingis gude.
For-quhy, he said, the men all that he slew,
War tratouris all and to the king vntrew:
The strenthis all war in Northumberland,
Tha thocht to put into the Scottis hand;   24,960
And had he nocht remedit in the tyme,
That knew so weill thair counsall and thair cryme,
Lang or that tyme, he said, richt weill he knew,
Britane for euir tha had maid for to rew.
With fenȝeit falsheid and with flattering,   24,965
This ilk Occa so plesit hes the king.

How Hungest pat Ordoure amang his Men in Kent.

Sone efter that, this Hungest on ane day
Onto Kentschire he tuke the reddie way,
For to mak reule and ordour in his land;
To euerie man than gaif ane strait command,   24,970
In pane of deith that tha sould ane and all,
Fra that tyme furth the king of Kent him call.
Of all tha boundis neirby his land that la,
Baith man and wyfe he flemit far awa;

With bigging bair that tyme, baith but and   24,975
 · ben,
Tha left all waist to Hungest and his men.
Ouir all the land the kirkis gart distroy,
To kirkmen als he did richt mekle noy.
Tha that wer ȝoung, and big of bone and blude,
He put thame all into vile seruitude,   24,980
And all the laif richt far he hes gart fle,
Or with sum stres than maid thame all to de.
Devoit wemen that war of religioun,
Defoullit thame and kest thair placis doun ;
So wranguslie thus he ane lang tyme wrocht,   24,985
Quhill that Britane all wes put to nocht.

How all the Lordis of Britane, in Lundoun on ane Da, repreuit Wortigerne for the Manteinyng of Hungest.

The nobillis all than of Britania,
Befoir the king in Lundoun on ane da,
The soir complai[n]t tha maid of this Hungest,
Sayand be him tha war rycht far opprest :   24,990

Lib.8, f.124.
Col. 1.
And how the pepill puneist war so soir
Be this Hungest, as I haif said befoir,
That I neid nocht heir to rehers agane ;
·Repreuit hes richt schortlie into plane
This Wortigerne, bairand on him the feid,   24,995
Sayand richt sone, without he fand remeid,
Britane for ay he wald gar bring to nocht,
For ony way that efter can be wrocht ;
Quhairof, tha said, that he had all the wyte.
Into his face richt lang with him tha flyte,   25,000
That paneful wes to heir thair pley and pleid,
Sayand richt sone, and he find nocht remeid,
That all Britane, richt weill ilkone tha knew,
That he wes borne for euirmoir wald rew.

How Wortigerne wes disparit baith of Hungest and the Britis, that he wes so perplexit that he wist nocht quhat suld be done, puttand of the Tyme.

This Wortigerne of wane that wes so will, 25,005
Wist nocht richt weill quhat he suld sa thairtill.
Richt sad in mynd and havie into hart,
Suspect he wes richt far of euerie part.
Richt weill he knew this Hungest, and he mocht,
For his distructione all his tyme he wrocht ; 25,010
The Britis all richt so for the most fect,
In all his tyme he held thame ay suspect.
For weill he wist that tha luifit him nocht,
For the greit tressoun that himself had wrocht,
So saikleslie Constantius quhen he slew, 25,015
Schort quhile befoir as I heir to ȝow schew.
With grit silence he lute the tyme pas by,
Disparit for with greit melancoly,
That he wist nother quhat to do nor sa,
With sleipand sleuth dryvand ouir da be da, 25,020
That he wist nocht at quhat end to begin,
Throw negligence lattand the tyme ouir ryn.

How Wortigerne wes depryuit of his Croun, and his [Sone] Wortimerus crownit King of Britis.

Off all Britane the lordis on ane da,
In conventioun, as my author did sa,
Depryuit hes this Wortigerne thair king 25,025
Of his kinrik, his sceptour and his ring.
Syne in the Walis in ane presoun strang
Tha closit him, quhair he remanit lang.
Sone efterwart, as I sall schaw ȝow heir,
Syne crownit hes his sone ȝoung Wortimer, 25,030

With haill consent of Britane to be king,
Decretit so wes baith with ald and ȝing.
The Saxonis than, that war baith ferce and fell,
Fra Albione tha schupe for to repell;
And or tha wald to that battell proceid,   25,035
Of thair purpois for to cum better speid,

How Wortimerus, efter he was crownit King of Britis, send ane Herald to the King of Scottis, askand at him Supple aganis Hungestus.

To king of Scottis ane herald sone tha send,
At grit laser all thing fra end to end
Quhilk schew to him, as I haif said ȝow plane,
That I neid nocht heir to rehers agane,   25,040
Of this Hungest and his enormitie,
Of Wortigerne and his miseritie,
Of Wortimer how he wes crownit king,
And thocht to be revengit of that thing.
Beseikand him of his help and supple,   25,045
Richt freindfullie with all humanitie,
Agane the fa of Christ and halie kirk,
So wranguslie ane lang quhile had done wirk.
The haill fassone he schew to him at lenth,
With fals tressone as he had tane ilk strenth   25,050
Into Kent schire and als into Northumberland,
Wes none so stout that durst mak him ganestand.
And how he had gart cast the kirkis doun;
Baith men and wemen of religioun,
Distroyit hes ane richt greit multitude,   25,055
Syne all the laif put in vile seruitude.
And war he nocht resistit be sum way,
Sone efter that he wist weill, and he may,
Fra Albione or he thocht to disseuer,
The kirk of Christ he suld distroy for euir;   25,060

Beseikand him, as he wes Cristin prince,
For halie kirk he wald mak sum defence.
Also that tyme he gart him knaw perfyte,
How Wortigerne wes all the caus and wyte
Of baith the battellis that war last gone by; 25,065
Beseikand him that tyme richt reuerentlie,
For to considder baith the gude and ill,
And wyte thame nocht it wes agane thair will.
Promitting a[l]s the landis les and moir,
At thair plesour evin as tha had befoir, 25,070
Fra Tueidis bank on to the water of Humber,
Fra euir moir but ony clame or cummer.
So wes decreittit in the parliament,
In Lundoun toun with all thair haill consent,
Of king and lordis ilkane be thair name, 25,075
For euir moir withoutin ony clame.

How Congallus, King of Scottis, gaif Ansuer be Counsall of his Lordis to the Britane Herald.

This king Congall, be counsall of his lordis,
To him agane thir wordis he recordis:
" Gude freind," he said, "befoir I haif hard tell,
" How that the Saxonis furious and fell, 25,080
" In Albione so wranguslie did wirk
" Agane the faith of Christ and halie kirk,
" And how tha schupe with grit injure and noy,
" In Albione the faith of Crist distroy;   Lib.8, f.124b.
" And how tha war thair ennimie and fo. 25,085   Col. 1.
" Soir I forthink," he said, "that it is so.
" And for to schaw my grit humanitie,
" To ȝow this tyme of lufe and cheritie,
" Quhilk I am oblist of the law to wirk,
" In the defence of God and halie kirk." 25,090

How the Herald syne passit to the King of Pechtis, and syne efter Hame to Lundoun with his Ansuer.

Quhen this wes said, the messinger in hy
To king of Pechtis sped him spedely;
With sic respons that tyme as he him gaif,
At his plesour thair wes bot ask and haif.
The messinger thairof he wes full fane,⁣   25,095
And in all haist he sped him hame agane
To Lundoun toun, on [to] the king richt sone,
And schew to him how that all this wes done.
Quhairof this king wes richt hartlie content;
In Lundoun toun with all thair haill consent,   25,100
In parliament befoir thame all in plane,
With Scot and Pecht new peax wes maid agane,
With ilk conditioun I spak of befoir;
The spulʒe all tha gart agane restoir
On euerie syde alss far as tha mycht get,   25,105
Syne all injure forgevin and forʒet.

How the King of Scottis and King of Pechtis come to the Feild.

This beand done as ʒe haif hard me schaw,
Richt haistilie till armis all did draw;
The king of Scottis and Pechtis tuke the feild,
With euery wicht that wapin weill culd weild,   25,110
And maid na stop that tyme without ganestand,
Quhill that tha come into Northumberland.
Occa that tyme that weill thair cuming knew,
With all the Saxonis pleneist had of new
All haill that land, at thair plesour and will,   25,115
Richt haistelie tha gatherit all him till.

Syne quhen he saw apperand of sic skayth,
That da to fecht agane tha kingis baith,
Of nobill men had sic ane multitude,
Thairfoir rycht weill that tyme he wnderstude, 25,120
He wes ouirfew to fecht agane thame all,
For-quhy that da his power wes so small.
Quhairfoir he thocht the battell to delay,
Quhill efterwart that he durst thame assay,
Quhen that he saw his tyme mair oportune. 25,125
With that the Scottis and the Pechtis sone,
He set on thame thair with ane schout and cry,
In gude array quhair tha war standand by.
Thair wes nocht ellis bot other to do or de ;
The fedderit flanis in the feild did fle, 25,130
So baldlie bait vpoun thair armour brycht,
Vpoun the land richt mony law gart lycht.
The speiris lang, that war baitht traist and trew,
Aboue thair heid all into flenderis flew,
Throw birneis bricht quhair all thair ruvis 25,135 Col. 2.
   raue,
Baith scheild and targe all into pecis claue.
This Occas men, thocht tha wer neuir so wycht,
Vpoun the land tha war maid law to lycht ;
So vmbeset tha war on euirilk syde,
Tha tuke the flicht and micht na langar byde. 25,140
Richt mony Saxone in that feild wer slane,
And thryis als mony in the chace agane.
For gold nor ransoun that da chapit nane
Of Saxone blude, quhair euir tha war ouirtane.
Occa him self on to the mouth of Humþer 25,145
He fled awa, bot with ane litill number ;
Syne to his father efter on ane da,
Into Kentschire he passit quhair he la.

How Wortimerus, King of Britis, vincust
Hungestus in plane Battell, as efter
followis.

The Britis all richt blyth war of that thing,
And speciallie gude Wortimer the king,   25,150
He wes richt fane, ȝe ma weill wnderstand,
Quhen he hard tell into Northumberland,
How that king Congall had put than to confusioun
The Saxonis all that war of sic abusioun.
Displayit hes his baneris vpoun hie,   25,155
Thairin wes Crist vpoun ane croce of tre,
Naikit and bair nalit on the rude,
With fyve woundis bleidand for ws his blude.
Syne with cleir voce proclamit ouir all quhair,
That all quhilk leuit vpone Christis lair,   25,160
In his defence sould follow and proceid.
Ouir all Britane tha come to him gude speid;
Fiftie thousand, as my author did sa,
Of Britis bald he wes that samin da.
Syne with Hungest besyde ane montane met   25,165
In plane battell, quhair that the feild wes set,
And vincust him without ony reskew;
Ten thousand als thair of his men he slew.
Chaisit him self on to ane strenth neirby,
Without perrell that tyme quhair he micht ly.   25,170
Syne efter that, as ȝe sall wnderstand,
With all his men into Northumberland
He passit syne, to rest and to remane,
Quhill his armie renewit war agane.
And this he did, as my author did sa,   25,175
All be the counsall of his sone Occa.
Bot thair richt lang he durst nocht weill remane,
Dalie his men with Scot and Pecht wer slane;
Quhairfoir richt sone, efter ane litill we,
At Humber mouth he passit to the se;   25,180

How Hungest and his Sone Occa fled in
  Saxone, and how Wortimerus leuit all
  the Saxonis to pas Hame, and of Tua
  halie Bischoppis brocht out of Gallia
  in Britane.

Syne efterwart he and his sone Occa,
With all the laif onto Saxonia.   Lib.8, f.125.
                                                     Col .1.
The Saxonis all into the feild war tone,
This Wortimer he fred thame all ilkone,
Without ransoun or ʒit captiuitie,   25,185
To pas all hame at thair awin libertie.
Hungestus dochter, fair Roxiana,
With child consauit, my author did sa,
In Lundoun toun gart keip hir as ane quene,
Quhill efterwart the suith thairof wes sene.   25,190
This Wortimer syne efter on ane da,
Tua halie bischoppis out of Gallia
In Britane broucht, amang [thame] to remane,
The faitht of Christ for to renew agane.
The tane he hecht Germanus to his name ;   25,195
The tother Lupus[1] of richt nobill fame.
Grit diligence vpoun thame bayth tha tuke,
And mony lang nycht without sleip tha woik,
The faith of Christ agane for to restoir
To sic perfectioun as it had befoir.   25,200
The Britis war of so grit vanitie,
That all thair tyme thai louit noveltie,
And reddie ay thair awin faith to refuss,
And Gentill ryte, idolatrie, till vss.
Thir halie men tha sufferit mekle pane,   25,205
Or tha culd weill reforme all thing agane
On to sic stait as it wes wont to be,
With thair wisdome and thair auctoritie.
This Wortimer, quhilk wes ane nobill king,
Richt diligent [he wes] into sic thing,   25,210

_____

[1] In MS. _Vpeis._

And da nor nycht that tyme he ceissit nocht
Quhill all Britane on to the faith wes brocht.
In all Britane wes neuir ane better king,
Quhill he had tyme and laser for to ring :
Bot fals Fortoun at all thing hes invy   25,215
Quhen it gois richt, and for that samin quhy,
Doun of her[1] quheill scho gaif him sic ane faw,
And on his bak scho gart him ly full law,
With sic onrest that he rais nocht agane ;
Quhairof all Britane micht be richt vnfane.   25,220

How Roxiana gart poysoun Wortimerus the King.

Quhen he had brocht all Britane in to rest,
Roxiana, the dochter of Hungest,
Sic menis had with seruandis of the king,
Bud and reward that gydis euerie thing,
Hes causit thame for ony dreid of feid,   25,225
This Wortimer to poysoun to the deid.
Quhat sould I say ȝow moir into this thing?
Quhen poysound wes gude Wortimer the king,
Be the tressoun of this Roxiana,
Schort quhile befoir as ȝe haif hard me sa,   25,230
His suddant deith, so haistelie of new,
Throw Albione swyft as ane swallow flew.
The Britis all thairat lykit full ill,
Weipand for wo of wane tha war sa will,
Vncertifieit tha war into sic thing   25,235
Into that cace quhome that tha wald mak king.

How Wortigernus was restorit agane to his Croun.

Col. 2. Decretit syne wes with baith les and moir,
This Wortigerne agane for to restoir

---

[1] In MS. *his.*

On to his croun, with sword, sceptour and ring,
As he wes wont of Britane to be king.   25,240
In Lundoun toun into plane parliament,
Ressauit him with all thair haill consent,
Quhair he wes sworne befoir [thame] all that tyde
At thair counsall in all thing for to byde;
And all the feid he had at thame befoir,   25,245
For till forgif for than and euirmoir;
And neuir agane remember of sic thing,
In handis schuikand maid gude suithning.
Quhen this wes done, with grit triumph and gloir,
This Wortigerne, as he wes wont befoir,   25,250
Ouir all Britane he rang oure king and prince,
And gart reforme all wrang and violence.
Thair wes all thing wes neidfull till be done,
At his command it wes fulfillit sone,
And hes all Britane into peax and rest;   25,255
Syne efterwart it hapnit at the last,

How Hungestus, herand that Wortimerus was deid, come agane to Britane with ane greit Armie.

This ilk Hungest of quhome befoir I spak,
As that my author did me mentioun mak,
To Tames mouth ane rycht greit multitude,
Richt mony schip he broch[t] attouir the flude; 25,260
Occa his sone and his awin brether tua,
With mony nobill in Germania,
In sic ordour with grit triumph and gloir,
In Albione as he come neuir befoir.
Quhen this wes schawin to Wortigerne the king, 22,265
Rycht far he wes commouit at that thing,
Full weill he wist it wes for litill gude,
That he come thair with sic ane multitude;
For he had kend of his tressoun befoir,
And for that caus he dred him all the moir.   25,270

Incontinent proclamit with ane cry,
That euerie man suld reddie be in hy,
On the best wayis als gudlie as he may,
To meit in Lundoun on the auchtane day.
And so tha did withoutin ony ganestand,   25,275
The lordis all and baronis of that land,
And commoun pepill than bayth les and mair,[1]
Micht wapin weild or ony harnes bair.
In Lundoun toun the lordis all ilkone,
With Wortigerne to counsall all ar gone,   25,280
Amang thame all for to devyss the best,
For to provyde aganis this ilk Hungest.

HOW HUNGESTUS SEND ANE ORATOUR TO THE
    BRITIS FOR TO SCHAW THAME HIS MYND, THE
    QUHILK HUNGEST THAT TYME WAS RICHT FAR
    DISSIMULAT.

Lib.8,f.125b. Off thair counsall quhen this Hungestus knew,
Col. 1.   He thocht it wes grit perrell to persew,
His purpois than be strenth and way of deid,   25,285
Traistand thairof for to cum lidder speid.
He knew so weill the haitrent and invye
The Britis had at him, and for that quhy,
He durst nocht weill so grit thing wndertak,
Or dreid he turnit him baith to schame and   25,290
    lak :
Quhairfoir he thocht sen it stude him in sic neid,
Be way of slicht to his purpois proceid.
Ane oratour than hes he maid to go
To Wortigerne and his lordis also ;
In Lundoun toun, befoir thame all in feir,   25,295
He said to thame as I sall say ȝow heir.

_____

[1] In MS. moir.

" O royall prince ! in thi hie majestie,
" Hungest my lord richt gudlie greitis the,
" And all the nobillis that ar in thair land,
" Lattand ȝow wit this tyme and wnderstand,   25,300
" That his cuming sua haistelie wes ȝow till,
" Is all for gude and no way for ȝour ill.
" For quhy ȝe knaw ilkone boith les and moir,
" So oft for ȝow he bled his blude befoir,
" And in his mynd no other ȝit will mene,   25,305
" Bot keip kyndnes siclike befoir hes bene,
" That thinkis ay quhill he hes strenth to stryve,
" To all Britis than levand ar on lyfe.
" The caus quhy wes of his cuming heir,
" As ȝe sall wit but ony dout or weir,   25,310
" Now at this tyme, wes for na other thing
" Bot for to help gude Wortigerne the king,
" Revengit be of tha tratouris wntrew,
" Gude Wortimer his sone with poysoun slew.
" And mair attouir, ȝe knaw be commoun law, 25,315
" As ressoun wald, of proper det he aw
" On to his oy, sone of Roxiana,[1]
" Apperand prince now of Britania,
" Tutour to be as ressoun wald and skill.
" For thir caussis, and for na other ill,   25,320
" Ȝe sall beleif this tyme that he come heir,
" He hes in mynd thairof, I ȝow requeir,
" To grant him self in Britane to remane,
" Quhair plesis ȝow in previe or in plane,
" With so mony as plesis ȝow to void,   25,325
" And all the laif at ȝour command this tyde,
" At ȝour plesour for to pas hame agane,
" And in this land na langar to remane.
" And als thairwith he dois ȝow wnderstand,
" He covettis nother castell, toun nor land ;   25,330

---

[1] In MS. *Roxiona.*

" Nor na lordschip at ʒow this tyme will craue,
" Siclike befoir as he wes wont to haif,
" Except thair riches and thair proper gude,
" Tha boucht befoir rycht deir with thair awin
   blude,
" The quhilk tha left behind thame in Kent-   25,335
   schyre;
" Na vther thing this tyme tha will desyre.
" The thing this tyme that most desyris he,
" At commoning with Wortigerne to be,
" Quhair plesis him in ony tyme or tyde,
" With equale number vpoun euerie syde;   25,340
" And thair the mater all baith moir and les,
" At lenth and laser commoun and redres,
" And all faltis, gif ony war befoir,

Col. 2.   " And peax to mak perpetualie euirmoir;
" And freindlie love ilkane to vther schaw,   25,345
" As he that wes his darrest sone in law,
" And to forgiff all feid that wes befoir:
" At ʒow this tyme he will desyre no moir."

HOW HUNGESTUS DESYRE WAS SCHAWIN TO WOR-
    TIGERNUS, AND HOW WORTIGERNE DRED HIS
    TRESSOUN.

Quhen this was said into plane parliament,
Quhair all the lordis at that tyme war present   25,350
In audience of Wortigerne thair king,
Tha tuke ane da to auise thame of that thing.
The lordis all that tyme for the most fect,
Tha dred Hungest and held him richt suspect,
With sic petie he did than imploir,   25,355
Tha knew so weill his falsheid of befoir;
Dreidand also, and he his tyme micht se,
Gif efterwart so hapnit for to be,
Be strenth or slicht, or ony subtill charme,
He sould revenge the greit injure and harme   25,360

Into Kent schire wes done him of befoir.
This said tha all the lordis les and moir,
And counsall gaif into that tyme that he
With gold and riches sould rewardit be;
And mak freindschip for ald[1] feid and for new, 25,365
In tyme to cum ay to be leill and trew;
Ilkane to vther ay curtas and heynd,
And this Hungest to callit be thair freind;
But pleid or pley for to pas hame thair wa,
With all thair power into Germania. 25,370
Assurand him gif that plesit him nocht,
That he suld find far scharper than he brocht.

How Hungest and Wortigernus met at Commonyng, and how Hungest dissauit Wortigernus.

Richt mony wes into that multitude,
Apprevit weill that that counsall wes gude;
Ʒit neuirtheles consentit to that thing, 25,375
That this Hungest suld commoun with the king.
For thai wist weill it micht hurt thame rycht nocht,
Bot for to knaw the secreit of his thocht,
Gif his desyre wer honorabill and gude,
At thair counsall and at his plesour till dude; 25,380
And gif it war agane the commoun weill
Be his desyr, as tha ma richt sone feill,
He neidit nocht to do bot as him lest;
The haill counsall thocht all that that wes best.

Off the Meitting of Wortigerne and Hungest.

Ane plesand place, as that my author sais, 25,385
Quhilk callit wes Sares into tha dais,
Neirby the se quhair foundit wes ane ferrie,
Now in this tyme callit is Sarisberrie,

---

[1] In MS. all.

Vpoun ane plane the tyme and place wes set,
Quhair that the king and this Hungest[us] met.   25,390
Thre hundreth nobillis vpoun euerie syde,
Without wapone or armour in the tyde,
Dreidles of harme that tyme or ony skaith,
Amiddis the feild betuix thair oistis baith ;

And this Hungest wes suorne to be trew,   25,395
Without tressone for ald feid or for new.
Syne Wortigerne and this Hungest is gone,
Hand for hand togidder thame allone;
Siclike ilk Saxoun as I wnderstand,
Ay with ane Brit togidder hand for hand,   25,400
In sindrie pairtis vp and doun the plane,
At commoning ane lang quhile did remane ;
And quhat it wes I can nocht richt weill tell,
Bot harkin and heir how efterwart befell.

HOW THE SAXONIS SLEW THE BRITIS WITH TRESSOUN.

This ilk Hungest that ordand had befoir,   25,405
That ilk Saxone with him baith les and moir,
Richt quietlie, quhairof nane had beleif,
Ane lang dager suld turss into his sleif :
Syne suddantlie, quhen he ane taikin maid,
That euerie man withoutin ony baid,   25,410
But ony stop or studie in that steid,
Suld stik his marrow in the tyme to deid.
And so thai did quhen he ane taikin schew,
Richt suddantlie the Britis all tha slew ;
Or euer tha wist, fra thame chapit nane   25,415
Of all the Britis in the tyme bot ane,
Heldoll to name, richt stoutlie in that stryfe,
Quhilk fra ane Saxone ruidlie raif his knyfe,
And sindrie Saxonis thairwithall he slew,
Syne manfullie him awin self did reskew.   25,420

How Wortigerne[1] was tane and led to thair Tentis.

Quhen this wes done the multitude all fled ;
The king wes tane and to thair tentis hed,
And festnit fast with fetteris, fit and hand ;
Syne all his armie that lay on the land,
Into Kent schire richt sone he hes thame brocht. 25,425
The Britis all seing sic tressoun wrocht,
Thair king that tyme so tressonable wes tane,
And all the lordis slane siclike ilkane,
Throw fals tressoun with greit crudelitie,
Traistand thairof for to revengit be, 25,430
With all thair power pertlie on ane plane,
Convenit hes to gif him feild agane,
Contrair Hungest and his auctoritie ;
In that intent all erar for to die,
Or than to be revengit, gif tha mocht, 25,435
Of that tressoun that this Hungest had wrocht.
Syne quhen tha saw thair power wes so small,
Without ane king and captane als with all,
Or governour than other les or moir,
Thair lordis all war slane ilkane befoir 25,440
With fals tressone, as ȝe aboue ma reid,
Traisting thairfoir tha suld cum hulie speid,
Skaillit thair ost ; syne tuke ane vther reid,
And euerie man ȝeid hame to his awin steid.

How Wortigernus gaif ouir all the Strenthis in Britane to Hungest, and past with all the Britis [in] Walis, and remanit thair all his Tyme.

This Wortigerne the quhilk in presoun la, 25,445
Sic dreid of deid had boith nicht and da, Col. 2.

---

[1] In MS. *Hungest.*

Throw greit monisioun that tha to him maid,
The strenthis all into Britane but baid,
With gold and riches ilkane as it standis,
Deliuerit hes in this Hungestus handis.   25,450
Quhen that wes done, Hungest gaif him command,
With all the Britis that war in that land,
Pas to the Wales and thair to remane,
And in tha boundis neuir to cum agane ;
With wyffe and barne thair to remane and duell, 25,455
Richt solitar all tyme amang thame sell.
With public voce proclamit syne in plane,
Attour command quha did langar remane
Efter the da affixit wes and sett,
All his guidis to tyne of proper dett :   25,460
Him self also be in Hungestus will,
To quhat torment he pleis to put him till.

How Wortigerne for Dreid of Hungest staw in the Walis, and of ane new Armie that come out of Saxone.

This Wortigerne, full of defence and cair
With all the Britis that tyme les and mair,
Of this Hungest he stude so mekill aw,   25,465
Richt quietlie on to the Walis he staw,
Without wapone or armour for to weir,
But bow or brand, buklar, scheild or speir,
And durst nocht turs, or be so pert to preve,
With thame moir geir nor he wald gif thame   25,470
      leve.
This Wortigerne syne, as my author sais,
Remanit thair in trobill all his dais.
Quhen this wes done as ȝe haif hard me sa,
Thair come fra Saxone efter on ane da,
To this Hungest quhair he wes in Britane,   25,475
With wyffe and barne richt mony nobill man,

With men of craft and lauboraris of the land,
In so greit number as I wnderstand,
That Wortigerne with all his power haill,
To his power wes of litill availl.   25,480
Syne efterwart in Lundoun on ane da,
This ilk Hungest, as my author did sa,
Ressauit hes into plane parliament
Sceptour and croun, with all thair haill consent,
In stait royall amang thame for to ring,   25,485
Ouir all Britane of Saxonis to be king.
Syne changit hes the name I wnderstand,
And efter him gart call it Hungest land ;
And all his pepill als gif I rycht ken,
Efter him self gart call thame Hungest men :   25,490
And now Ingland and Inglismen with all,
Be corruptioun of langage now we call.

How Hungest gart sla all the Britis that remanit in Britane efter the Passage of Wortigerne in the Walis, and of the grit Distructioun he maid of Halie Kirk.

Quhen this wes done, withoutin ony baid,
Ouir all Britane greit inquisitioun maid,
Quhair ony wes fund of the Britis blude,   25,495
That this edick or ȝit command ganestude,
Without discretioun quhair euir tha war fund,   Lib.8, f.126b.
Baith ȝoung and ald in ony garth or grund,   Col. 1.
That had no strenth nor power for to fle,
Richt doggitlie he maid thame all to de.   25,500
I can nocht weill heir expreme to ȝow plane,
In this mater suppois I wald remane
Ane ȝeir and moir continewalie to wirk,
The grit injure tha did till halie kirk.
The tempillis all, that war of lyme and stone,   25,505
Distroyit hes and kest thame doun ilkone ;
The kirkmen als, that dalie thairin sang,
Sum tha gart heid and vther sum tha gart hang,

And sum tha pat into vyle seruitude ;
With sic distructioun of the nobill blude,   25,510
In till all part of Britane far and neir,
That horribill wes into that tyme till heir.
War all the marteris put into memoritie
Tha maid that tyme, as I fynd in my storie,
Tha wald exceid of number, be my dome,   25,515
The marteris far that maid war into Rome.
My wit this tyme is vnsufficient
For to expreme sua mony innocent
That tholit deid thair for the faith of Christ,
Be tha bouchouris quhilk war vnbaptist.   25,520
In kirk and queir syne of the pagane wyss,
Quhair Christ wes offerit into sacrifyis
With preist and prelat eueri da befoir,
Thair idollis thair tha set vp les[1] and moir,
With all thair micht thairfoir to magnifie   25,525
Mahoun thair maister with fals mamoutrie.

How Ambros Aurelius come fra Armorica with ane Armie in the Walis, and wan Wor-tigerne, the King of Britis.

In this same time Ambros Aurelius,
That bruther wes to king Constantius,
And sone also to Constans of greit fame,
With his bruther that Vter hecht to name,   25,530
In bark and barge, and mony gay gala,
Come furth that tyme out of Armorica,
With ane greit armie furneist to the se,
Of Wortigernus to revengit be ;
Quhilk saikleslie his eldest bruther slew,   25,535
Constantius, as I befoir heir schew,
With ane fals trane that he wrocht by tressone,
Syne wranguslie he held fra him his croun ;

---

[1] In MS. *vp and les.*

Into the Walis sone efter tuke the land.
This Wortigerne that reddie wes at hand,   25,540
In rayit battell bydand with the Britis,
That samin·tyme, as that my author writis,
Quhen that the feild wes reddie for to june,
And all the trumpettis blawand vp in tune ;
The Britis all that tyme for the maist part,   25,545
This Wortigerne so haittit with thair hart,
Into the feild tha left him thair alone,
And to Ambros tha come that tyme ilk one.

How Wortigerne fled to ane Strenth, quhair he wes seigit and brint with Wyfe and Barnis to Deith.

This Wortigerne thairof wes soir adred ;
Out of the feild richt sone away he fled   25,550
On to ane castell of his awin neirby.
This Ambross than him followit hastelye,
And laid ane seig about the hous richt sone ;   Col. 2.
Thair lang tha la and litill thing wes done.
That hous it stude vpone ane strenth so strang, 25,555
Quhen tha had lyne at the seig so lang,
Ambrosius he gave command in hy,
On fra ane wod that wes neir hand by,
That eurie man richt mony tre suld bring,
About the hous syne nar the wallis fling.   25,560
And so tha did into grit quantitie,
About that hous tha laid richt mony tre,
Quhill tha excedit all the wall on hicht,
Syne set thame sone into ane bleis full bricht ;
Quhilk brint the hous that tyme in poulder   25,565
    small,
And Wortigerne with wyffe and barnis all.
Thus endit he that so greit tressoun wrocht,
Quhairby he put all braid Britane to nocht.

Aurelius quhilk did till him concerne,
Efter the deid of this ilk Wortigerne,   25,570
Of all Britane the croun to bruke the richt,
To him thair come richt mony worthie wicht,
Baith ӡoung and ald that war of Britis blude,
Dalie tha come into greit multitude ;
Exhortand him agane for to reskew   25,575
His heretage that laitlie of the new,
And his pepill that wes so far opprest
Be the fals tressoun of this ilk Hungest ;
So wranguslie alway that he did wirk
Agane the law and faith of halie kirk ;   25,580
Quhairof thai said tha wald revengit be,
Or on ane da all into battell de.

HOW AURELIUS MAID PEAX AGANE WITH THE KING OF SCOTTIS AND PECHTIS, AND GAT THAIR SUPPLE AGANE THE SAXONIS OR HE MICHT PREVAILL.

Aurelius considderit weill and knew
Be thair talking that tyme he wes ouir few ;
Thairfoir he thocht he micht with better will,   25,585
At his plesour his purpois to fulfill.
And or he wald in that mater proceid,
Into gude hoip for to cum better speid,
To Congallus ane messinger he send,
Beseikand him of help for to defend   25,590
The faith of Christ, as he wes Cristin knycht,
Of halie kirk for to debait the richt,
And for the faith he aucht to Jesu Christ,
Agane tha bribouris that war vnbaptist,
And fra Hungest that tratour so vntrew,   25,595
That he wald help his kinrik to persew.
This Congallus thairof he wes content,
And all the laif that tyme that war present,

Promittand him richt hartlie with gude will,
At tyme and place that he sall cum him till,   25,600
Efter his power with help and supple,
In all the haist that he mycht reddie be.
The messinger thairof he wes content :
To king of Pechtis passit incontinent,
Quhilk callit wes Lothus that tyme to name ;   25,605
In Albione wes none of grittar fame,
Stalwart and strang, and of ane large stature,
Baith ȝoung and fair, and rycht plesand of nature ;
Quhilk wes richt blyth that tyme quhen he did
    heir
All the desyr of this ilk messinger ;   25,610
And grantit him rycht glaidlie with his hart,
In that purpois all tyme to tak his part,
Efter his power hartlie with gude will ;
Syne set ane da quhen he suld cum him till.   Lib. 8, f. 127.
                                               Col. 1.

How the Messinger passit to Aurelius and schew his Ansuer.

This messinger quhen he hard him sa so,   25,615
Thankit the king and tuke his leif to go ;
Syne passit hame withoutin ony moir,
And schew all thing that he had hard befoir,
Ilk word be word to this Aurelius ;
How he wes treittit with this Congallus,   25,620
With euerie Scot siclike and euerie Pecht,
And how thir kingis baith hes to him hecht
At tyme and place to meit him with gud will,
Quhair plesis him for to assigne thame till.

How the Britis come furth of sindrie Partis to Aurelius.

The Britis all that tyme, baith les and moir,   25,625
In sindrie landis quhair thai duelt befoir,

Ay euerilk man quhair that him lykit best,
For to vmschew the danger of Hungest,
Into that tyme, my storie tellis thus,
Tha come ilkone to this Aurelius.   25,630
Quhilk wes content rycht weill of all tha thingis,
And of the ansuer also of tha kingis ;
Syne sped him sone, in all the haist he mycht,
Agane Hungest for to reskew his richt,
On fit and hors and mony nobill man   25,635
Of Armorick and also of Britane,
With birny, brasar, bow and feddrit flane,
All in ane will for to reskew agane
Kynrik and croun with law and libertie,
And of Hungest for to revengit be,   25,640
The ennimie of Christ and halie kirk ;
Without tarie neuir for to tyre nor irk
Quhill he war slane, and all his men ilkone,
Or exull maid far out of Albione.

How the King of Pechtis and the King of Scottis Bruther Conranus met Aurelius with ane greit Powar.

Syne efter that, vpoun the saxtane da,   25,645
The king of Pechtis hes met him in the wa,
With greit power that tyme of ane and vther,
And Conranus the king of Scottis bruther,
With mony Scot that worthie war and wicht,
With bow and brand, brasar and birny bricht.   25,650
Quha had bene thair that tyme for to haif sene
The grit kyndnes and thanking thame betuene,
The curtosie that this Aurelius
Schew to thir tua with thanking meruelous,
And brasit thame richt oft into his arme,   25,655
With plesand vult and tender wordis warme.
With sic talking tha drew the da to end,
Syne on the morne with all power did wend

Towart the place quhair that Hungestus la,
With all his Saxonis on the secund da ;   25,660
Syne in ane place neirby the revar syde,
Forgane Hungest thir princes of grit pryde,
With mony roy wes royall of renoun,
Vpoune ane plane plantit thair palȝeoins doun.
Syne in the field, as that tyme wes the gyiss,   25,665
Met in the middis with mony interpryiss,
On fit and hors ilk man chesit ane maik,
To just and turnay for his ladeis saik.
With mony raiss tha did the feild renew ;
Raiss efter raiss ilk vther did persew.   25,670

Col. 2.

How the Tua Wyngis wan baith thair Feildis.

Syne at the last, with mony fedrit flane,
The bowmen bald hes bikkerit on the plane ;
Richt scharpe schutting on ilk syde mycht be sene,
Quhen mony grume la gaippand on the grene.
Behind thair bak, the bowmen for to beild,   26,675
The grit power syne enterit in the feild.
The king of Pechtis as my author did sa,
With all his Pechtis the vangard led that da,
On the richt hand of this Aurelius ;
Siclike also the nobill Conranus,   25,680
With mony Scot, that stalwart war and stuir,
On his left hand on to the feild he fuir.
Thir grumes gay quhilk war nothing agast,
War reddie all syne at ane buglis blast ;
Into the feild tha enterit with grit force,   25,685
In birny bricht and mony bardit hors ;
Thair scheildis raiff[1] and all thair speiris brak,
That countering wes lyke ane thunder crak.
Than mony grume la grufling on the grund,
And mony wycht man with mony werkand   25,690
   wound ;

---

[1] In MS. *raiss.*

Richt mony freik war fellit in the feild,
And mony knicht la cald wnder his scheild.
Aurelius thairto he tuke gude waucht,
Betuix the Scottis and the Pechtis that faucht,
With all the Britis that war thair that da,   25,695
And thame he brocht out of Armorica,
Of worthie men that waponis weill culd weild,
So cruell counter maid into the feild,
And buir thame self so stalwart in that stound,
That mony freik were fellit to the ground.   25,700
Baith Scot and Pecht in the tua wingis faucht,
So rude routtis amang the Saxonis raucht,
That force it wes that tyme to thame to fle,
Or in the feild all fechtand for to de.
The middill ward quhen that the wingis fled,   25,705
Quhair Hungest faucht, tha war so soir adred,
Tha tuke the flicht, and wald no langar byde,
Efter thame fast but tarie in that tyde.
Hungest him self, with mony wyle and trane,
Requyrit thame oft for to returne agane ;   25,710
For na treittie that he culd mak that tyde,
Nor ʒit for bost tha wald no langar byde.
And quhen he saw that that mycht nocht amend,
He kest fra him, that he suld nocht be kend,
His coit armour quhairin that he wes cled,   25,715
Syne on ane hors fast efter thame he fled.

How Hungest tynt the Feild and fled, and
how Aurelius ouirtuke him and slew him
manfullie with his awin Handis.

Aurelius persauit that richt weill,
Of his fleing that tyme quhilk had ane feill,
And efter him he drawe with all his force,
Syne with ane speir he dang him of his hors ;   25,720
Out throw the bodie straik him deid to the grund,
Syne left the speir still stickand in the wound.

Occa his sone, quhilk fled into the tyde
On to ane mont wes neirhand by besyde,
Vpoun ane bay out of the feild him bair,   25,725 Lib.8,f.127b.
With mony wound that warkand war full sair.   Col. 1.
Aurelius syne, vpoun the tother day,
To Lundoun toun he tuke the narrest way.
The soulddouris thairin that did remane,
Quhen tha hard tell Hungest thair king wes   25,730
   slane,
And Occa fled with woundis werkand soir,
To saif thame self into that tyme thairfoir,
Aurelius tha met without the toun,
Syne on thair kneis at his feit fell doun,
Beseikand him, for his greit victorie   25,735
And nobilnes, of thame to haif mercie,
Syne tha war all in that tyme at his will,
As plesit him quhat pane to put thame till.
Sayand thai knew that thair iniquitie
Seruit richt weill withoutin reuth to die;   25,740
Beseikand him as he wes gratious prince,
For to remit the injure and offence
That tha had done, and freith [thame] for to go
To thair awin land quhair tha befoir come fro,
Naikit and bair, baith with barne and wyffe,   25,745
But gold or gude that tyme, and saue thair lyfe;
And thai suld sweir befoir thame all in plane,
In Albione neuir for to cum agane.

How Aurelius tholit the puir Pepill to byde
    in Britane.

Aurelius so gratious wes and gude,
So full of meiknes and of mansuetude,   25,750
Hes sufferit thame of his benignitie,
With[out] crabing or ȝit crudelitie,
But ony harme in thair bodie or hurt,
To pas agane withoutin stop or sturt,

With wyffe and barne hame to Saxonia.   25,755
And so tha did syne efter on ane da
Baith gude and euill that abill war for battell,
But hors [or] harnes, withoutin corne or cattell;
The puir pepill with all houshald and geir,
Without prattik or policie in weir,   25,760
Leit thame remane thair still, I wnderstand,
As tha war wont to laubour in that land ;
And all that wald turne to the fayth of Christ,
And trew in Jesu that tyme, and be baptist.

How Aurelius distroyit all the Idollis.

Quhen this wes done as I haif said ȝow heir,   25,765
Ouir all Britane he hes gart spy and speir
Quhair tempillis war biggit of mamoutrie,
Quhairin thir Saxonis did oft sacrifie ;
And suddantlie hes distroyit thame all,
Syne brint the idollis in poulder small.   25,770
The preistis all thairin maid sacrifice,
With all torment men culd with wit devyiss,
Richt riallie that tyme without petie,
He puneist thame for thair iniquitie.
The kirk of Christ syne gart agane restoir   25,775
To all possessionis that it had befoir,
And dot thame with far moir dignitie,
Na euir tha had and more auctoritie ;
And ilk kirk man in his awin kirk set doun,
That fled befoir in mony far regioun.   25,780
The kirk of Crist wes neuir at sic honour,
Sen God wes borne, into Britane befoir.

Col. 2.   ### How Aurelius gaif the Scottis and the Pechtis all the Landis betuix Humber and Tueid.

This beand [so] than into Lundoun toun,
With erle and duke and mony bald barroun,

The king of Pechtis and nobill Conranus, 25,785
And speciallie be this Aurelius,
Wes tretit so be thair auctoritie,
Quhilk schew to thame so greit humanitie,
With greit reward and honour ouir the lave,
As did pertene to sic princes to haif. 25,790
The landis all tha did befoir posseid,
Fra Humber flude on to the water of Tueid,
Tha gaif to thame, with strenthis les and moir,
In heretage evin as tha had befoir.
Perpetuall peax betuix thir kingis thre, 25,795
Confermit hes with greit affinitie.
Aurelius tua sisteris fair and gude,
That tyme he had of plesand pulchritude,
Porterit but peir, full of formositie,
Vnmaculat in clene virginitie. 25,800
Anna, the quhilk wes eldest of the laif,
In matrimonie to king of Pechtis gaif ;
Quhilk efterwart buir to him sonis tua,
And ane dochter wes callit Cymeda,
As I sall schaw, and God will gif me grace, 25,805
Sone efterwart at ganand tyme and place.
The secund sister callit wes Ada,
To Conranus in mariage alsua,
That plesand wes full of spesiositie,
With gold and riches in grit quantitie, 25,810
Gaif to Conrane, with grit honour and gloir,
In matrimonie as I haif said befoir.
Confirmand syne with thir kingis ilkone,
Perpetuall peax ay into Albione ;
And euirmoir with afald will and hart, 25,815
Ilkone in neid for to tak vtheris part ;
Euir to inforce with all thair fortitude,
And speciallie aganis the Saxonis blude.
The king of Pechtis, and Conranus also,
Syne tuke thair leif and baith hamewart did go. 25,820

How Ada, Conranus Wyfe, departit.

This ȝoung Ada, of quhome I spak befoir,
Conranus wyffe, ane ȝeir efter or moir,
Of hir first child befoir his tyme rycht lang,
The cruell dart of awfull deith so strang,
Hir and hir child, with mekill pane and wo, 25,825
Out of this warld he gydit for to go :
And so faillit that grit affinitie
Of Scot and Brit, throw lois of that ladie.

How Claudowus, the King of France, was baptiȝit vnder Remegeus, and tuke the Faith of Christ.

In that same tyme it hapnit vpoun chance,
Claudoweus the quhilk wes king of France, 25,830
And the fyft king als of the Frenche blude ;
He wes the first, gif I richt wnderstude,
Off Frenschemen that tuke the fayth of Christ ;
In that same tyme this king he wes baptist
Be ane bischop callit Remegius, 25,835
Quhilk now in hevin ane sanct is glorius,
Fyve hundreth ȝeir efter the Virgin buir
The sone of God, quhilk hes all thing on cuir.
Thre halie bischopis in tha samin dais
In Scotland rang, as my author sais ; 25,840
Ane callit Colman of greit auctoritie,
Modan and Meden war halie men all thre,
Quhilk in thair tyme wald nocht tyre nor irk
To fortifie the faith of halie kirk ;
That had grit grace into this warld thairfoir, 25,845
Tha ring in hevin now in eternal gloir.
Gude Congallus, of quhome befoir I tald,
Into that time wes febill, waik and ald,
And viseit wes with sad seiknes and soir,
Into this tyme that he micht leve no moir. 25,850

Lib.8, f.128, Col. 1.

Syne of his ring efter the tuentie ȝeir,
He tuke his leif and baid na langar heir;
In Ecolumkill syne graithit wes into graif,
With all honour that sic ane prince suld haif.
Ane better king I trow nor he wes one,   25,855
In all his tyme wes nocht in Albione;
Manlie in weir, and plesand into peice,
And with all leid weill louit wes but leis;
All thing ȝeid richt that wes wnder his cuir,
Equale he wes ay baith to riche and puir.   25,860
Me neidis nocht at this tyme him to love,
Richt weill I wait his awin deidis will prove
His nobilnes, quha lykis for to luke.
Heir endis baith his deidis and the aucht buke.

How Congallus departit, and of the Crown- Lib. 9.
yng of Conranus his Bruther Germane,
and of his nobill Deidis.

Efter the deith of worthie Congallus,   25,865
His bruther germane, callit Conranus,
Crownit he wes of Scotland to be king,
Becaus his sonis that tyme wes ouir ȝing.
The eldest sone he hecht Eugenius,
The secund als wes callit Conuallus,   25,870
The ȝoungest bruther also of the thre,
To name Kynnatill callit than wes he:
As I sall schaw efter, be Godis grace,
Of thir brethir quhen I haif tyme and place.
This Conranus, of quhome befoir I spak,   25,875
Greit travell dalie did vpoun him tak
To keip his kinrik into rest and peice,
That da no nycht wald nocht sojorne nor ceis
For no travell, sa lang as he micht lest,
Quhill he put all into gude peice and rest.   25,880

OFF ANE MERVELOUS MONSTOURE SENE AT THE HUNTIS.

Quhen this wes done as ȝe haif hard me tell,
Tak tent and heir of ane wounder befell.
This king being in hunting on ane da,
With mony nobill in Atholia,
Ane hart wes sene thair of greit quantitie,　　25,885
Baith grit and fatt, with hornis lang and hie.
Quhen he wes bertnit to gif the houndis blude,
Out of his wame ane meruelus multitude
Of foule serpentis into that tyme thair threw,
Baith grit and lang of mony diverss hew.　　25,890
Quhairof that tyme the pepill wondrit all,
Col. 2.　Sayand it wes of thingis to befall
Ane grit taikin, other of ill or gude ;
So said tha all, gif tha richt wnderstude.
Als of this hart the hornis mervelus,　　25,895
For byt or stang of beistis venemous,
Wer medicyne in ony tyme or tyde,
And quhair tha come mycht na sick beist abyde.
This king he wes the first that maid that act,
Befoir the air ane dittay for to tak　　25,900
In euirilk schyre, as my author did sa ;
Quhilk lawis ȝit ar keipit at this da.
In rialtie[1] I lat him heir remane,
And to the Britis turne I will agane.

HOW AMBROSUIS AURELIUS FELL IN GREIT SEIKNES, AND HOW OCCA AND HIS BRUTHER PASSINGIUS COME WITH ANE GREIT ARMIE OUT OF SAXONE IN BRITANE.

Aurelius, of quhome befoir I spak,　　25,905
As that my author did me mentioun mak,
Vexit he wes with grit infirmitie,
Be constillatioun of the planetis hie.

---

[1] In MS. *riallie.*

Ilk da be da his seiknes grew so soir,
That he micht nother gang nor ryde no moir; 25,910
And all his bodie, or my author leis,
He grew als bair and lene as ony treis,
That euerie man that tyme for the most effect,
Than of his deith tha held him rycht suspect.
Syne suddantlie this grit seiknes wes schawin 25,915
Onto Occa be freindis of his awin,
Into Saxone quhair that he did remane ;
Quhairof that tyme he wes joyfull and fane.
With his brother callit Passingius,
Quhilk sonnis war befoir to Hungestus, 25,920
Aurelius with his awin handis slew,
Nocht lang gane syne as I did to ȝow schew,
With the haill power that tha purches ma
Of all the princes in Germania,
Aurelius trowand for to fynd deid, 25,925
Or ony king was crownit in his steid,
Richt suddantlie, as my author did sa,
Into Britane tha come all on ane da.

How that the Britis passit all to Counsall.

Thairof the Britis abasit war ilkone,
And suddantlie to counsall all ar gone, 25,930
For to devyss richt haistelie and sone,
In that matter quhat best is to be done.
Thair king with seiknes vexit than wes so,
That he micht nother rycht weill ryde nor go ;
Vter his bruther in the Walis la 25,935
Richt seik that tyme, as my author did sa ;
Amang thame self thair wes grit discord,
Quhome that tha suld mak governour and lord ;
Tha had na grace that tyme for to agrie,
Bot stude richt lang at sic diuersitie. 25,940

Aurelius that richt weill wnderstude
That thair diuisioun wald do litill gude,
Thairfoir to gar thair myndis cord in one, ·

The haill mater vpoun him self hes tone.
Thocht he wes waik, and waponis mycht nocht   25,945
   weild,
Betuix tua hors gart turs him to the feild
On ane litter, that buir him hie on-loft,
Within ane bed quhair that he la full soft.

How Aurelius straik Feild with Occa or Ansuer come agane.

To king of Pechtis ane herald sone he send,
And king of Scottis, the quhilk that maid   25,950
   thame kend
Ilk word by word as I haif said ȝow heir,
Beseikand thame that wes his freindis deir,
Of thair supple richt sone incontinent.
Quhairof thai baith that tyme [1] war [weill] content,
Promitting baith that thai sould mak supple,   25,955
In als grit haist as tha micht reddie be.
Or that ansuer come to Aurelius,
Occa that tyme and als Passingius,
Thir tua brether, sa grit distructioun maid
Into Britane ouir mony boundis braid,   25,960
That force it wes than for to gif thame feild
With euerie wicht that waponis than mycht weild.
Aurelius besyde ane mont tha met
In plane battell quhair that the feild wes set;
Quhair mony freik wes fellit thair throw force,   25,965
And mony berne borne bakwart fra his hors,

---

[1] In MS. *tyme.*

And mony man in the tyme euill woundit.
The Britis all that tyme wer neir confoundit;
And had nocht bene this ilk Aurelius,
Throw his curage, my author sais thus,   25,970
Quhen that he saw thame drawand all abak,
Quhilk causit thame sic confort for to tak,
And in the feild syne maid ane new onset,
And with thair brandis on the Saxonis bet.
Thair wyngis all that warkit of befoir,   25,975
Into that tyme tha fele thame nothing soir,
Na in thame na febilnes culd feill,
But als ferce and waldin than as ane eill;
And in that stour richt stalwartlie tha-stude,
Spilland richt mekle of the Saxone blude,   25,980
And wrocht thame wo with mony woundis wyde.
The Saxonis than vpoun the tother syde,
Turnit thair bak ilkone and tuke the flicht.
Aurelius, for it wes neir the nicht,
Forbad to follow forder of that plane,   25,985
In gude ordour gart thame thair still remane,
Quhill on the morne that it[1] wes fair da licht.
Syne equalie that tyme to euerie wicht,
Efter his grie and facultie that tyde,
The haill spulȝe amang thame gart provyde.   25,990
Syne maid ane moustour efter on ane plane,
Numberit his men and fand so mony slane,
He thocht he wald no moir battell persew,
Of Scot and Pecht quhill that he gart reskew.
And for that caus, for tua monethis and ane,   25,995
Trewis that tyme with the Saxonis hes tane;
Skaillit his oist, syne passit is anone
Onto ane place wes callit Gouentone.
Into that place quhair that he did remane,
This ilk herald come hame to him agane,   26,000

---

[1] In MS. *is.*

N 2

Fra Conranus and king of Pechtis also,
Schort quhile befoir he maid to thame till go,
Within les space sayand na monethis thre,
That tha wald send him grit help and supple.

How Occa send his Bruther for new Power into Saxone, and of his agane cuming with thame, and as ane Monk poysonit Aurelius be Tressoun.

Occa that tyme, quhen he knew that it wes so, 26,005
Passingius his bruther hes gart go
For new supple out of Germania.
With new power than fra Saxonia
He come agane within ane litill space,
On to his bruther in that samin place.   26,010
In that same tyme, as my author did sa,
Be the persuasioun of this ilk Occa,
Ane mensworne monk, full of ingratitude,
Sayand he wes ane of the Britis blude,
Ane fals Saxone and fenȝeit als we[s] he,   26,015
And rejectit fra religiositie,
On to this king in to Gwyntonia
He come that tyme, in seiknes quhair he la ;
Sayand he wes ane potingar richt fyne,
And had grit prattik of all medicyne,   26,020
Quhilk tuke on hand that tyme, for litill thing,
Of that seiknes that he suld haill the king.
The king him self, rycht so did all the laif,
To this fals monk richt grit credence tha gaif ;
Trowand that he sua sicker wes and suir,   26,025
Tha pat the king alhaill into his cuir.
That samin nicht he poysonit him or da,
Syne thiftuouslie he staw fra him awa ;
On to Occa syne passit hes richt sone,
And schew to him all thing how he had done. 26,030

How Occa, efter Aurelius was poysonit be Tressoun, enterit in Britane with grit Crudelitie that all the Britis fled in other Partis.

Quhen Occa knew Aurelius wes deid,
But successour that tyme into his steid;
Except Vter nane vther than had he,
Quhilk viseit wes with grit infirmitie,
That tuichit him weill scharplie and rycht soir, 26,035
Into the Walis as I said of befoir.
And or thair power suld removit be,
Of Scot or Pecht or tha get moir supple,
This ilk Occa, with mekill bost and schoir,
Moir cruellie nor euir he did befoir,   26,040
Richt grit distructioun, and with amaritude,
Ouir all Britane maid of the Britis blude;
Without discretioun other of ȝoung or ald,
Tha bludie boucheouris busteous wes and bald.
The Britis all tha fled fra hand to hand,   26,045
Sum in the Walis, and sum into Pechtland;
All febill folk that tyme that mycht nocht fle,
Without reuth tha maid thame all to die.

How the Scottis and the Pechtis cumand to Aurelius, heirand of his Deith, passit Hame agane.

That samin tyme, into ane ordour gude,   Lib.9, f.129.
Of Scot and Pecht ane rich[t] greit multitude, 26,050   Col. 1.
Quhilk cumand war to this Aurelius
In his supple, my author sais thus.
Syne quhen tha hard Aurelius wes deid,
And nane vther succeidand in his steid

To gyde the laif, bot fleand to and fra,   26,055
And tha knew nocht thair freind than be thair fa;
And for that caus tha turnit all agane,
In gude ordour syne passit hame ilk ane.
Off Ambross ring into the auchtane ȝeir,
All this hapnit as I haif said ȝow heir.   26,060
The Britis all fra he wes put in grave,
Baith ȝoung and ald, lordis and all the lave,
Onto the Walis passit in ane ling,
And crownit hes this Vter to be king.
Quhen he wes crownit with the haill consent,   26,065
With all the lordis syne incontinent,
Proclamit syne hes with ane opin cry,
That euirilk man richt sone and suddantly
Suld reddie be, alss gudlie as he micht,
Agane Occa for to defend thair richt.   26,070
And so tha did, within the tuentie da
Semblit richt sone, as my author did sa,
With mony wicht that waponis weill culd weild,
Ane grit power weill furneist for the feild.
Vter him self as knawin wes that tyde,   26,075
So seik he wes micht nother gang nor ryde,
And for that caus committit all the cuir
Of that battell, and [all] the auenture,
Vnto ane man hecht Natolay to name,
Of sempill blude without honour or fame.   26,080
And for that caus, as that my author writis,
Displesit wes the nobillis of the Britis,
That sic ane man of law birth and valour,
Sould thame prevaill into so grit honour,
And with thair king haldin so deir and leif;   26,085
Quhilk wes the caus efter of thair mischeif.

How Gothlous, Lord of Cornewall, left the Feild, for Invy he had at Natholoy thair Captane.

Quhen the battell wes reddie for to june,
And trumpettis all blawand in sindrie tune,
The lord of Cornewall, callit Gothlous,
In all his tyme ane freik wes richt famous,   26,090
With all his folk he left the feild that da,
And wald not fecht, as my author did sa.
On him [he] had so grit rancour and noy,
For the preferring of this Nathaloy,
Quhilk wes unworthie intill all degre,   26,095
To Gothlous ane fallow for to be.
The Britis all persaueand he wes gane,
And tha in feild wer left but help allane,
And vmbeset with Saxonis on euerie syde,
Tha tuke the flicht and wald no langer byde :   26,100
In gude ordour, at greit laser and lenth,
Tha fled richt fast togidder till ane strenth.
This ilk Occa quhen that he saw thame fle,
Trestand that tyme it sould for tressone be,
Seand befoir Gothlous fled so sone,   26,105
Or ony thing into the feild wes done ;
Than for ane trane trowand that it wes wrocht,
And for that caus farder he follouit nocht,   Col. 2.
Or dreid tha suld begyle him with ane slycht.
For that same quhy into the feild all nycht,   26,110
Remanit still in ordour and array,
Quhill on the morne that tha micht ken the day.
Syne on the morne quhen that the da wes cleir,
And he saw none into his sicht appeir,
He knew full weill than that the Britis fled ;   26,115
Fra that tyme furth the weill les he thame dred.

How Occa, efter the Feild was wyn, send
   ane Herald to Vther, commandand all
   his Britis to pas in the Walis at ane
   Da vnder the Pane of Deith, and so he
   did.

To Vter syne ane herald sone he send,
Command[and] him richt haistelie to wend
With all his Britis that tyme to the Walis
Within ane da, thairof gif that he falis,   26,120
That ane[1] wer fund thair other les and moir,
Into the boundis his fader had befoir,
Ʒoung or ald without restrictioun,
Tha suld all de for thair transgressioun.
Vter that tyme thairof he lykit ill,   27,125
Ʒit neuirtheles he thocht he wald fulfill
All his desyr, for his plesour sum part
Into that tyme, quhill he saw efterwart
Of his purpois he micht cum better speid :
Into that tyme it stude him in sic neid.   26,130
And to the herald said agane in feir,
Thir samin wordis as I sall schaw ʒow heir.
" Gude freind," he said, " sa to my cousing deir,
" I am content now of his cuming heir,
" And lykis weill that he haif to remane,   26,135
" Quhair plesis him, in hie land or in plane,
" Boundis richt braid for him and all his men,
" Off that conditioun so that he will ken,
" That we ressaue him alway for oure freind,
" At oure plesour in oure landis to leind ;   26,140
" And nocht be force, na ʒit throw sic maistrie,
" As ʒe this tyme of ws had victorie,
" Bot as oure freind quhome we love with our
        hart,
" Agane all other for to tak oure part.

---

[1] In MS. *nane.*

" And we to him sall obleiss ws siclike,   26,145
" To tak his part quhill we ma stand and stryke ;
" Foure wyiss lordis to cheis on euerie syid,
" And obleis ws at thair decreit to byde,
" Quhat euir it be, without ony repreif."
With this ansuer the herald tuke his leif,   26,150
And to Occa he schew baith les and moir,
The wordis all that I schew ʒow befoir.

How that Vter and Occa met at ane Tryst, and be the Aduiss of Lordis on ilk Syde diuydit Britane betuix Vther and Occa that Tyme.

Off this respons Occa wes weill content :   Lib.9,f.129b.
Without delay richt sone incontinent   Col. 1.
Tha set ane da quhair sic thing suld be done,   26,155
Into ane place quhair that tha met rycht sone.
Foure lordis syne chesit on euerie syde,
That wysast wes for to convoy and gyde
The haill mater, and tak on thame the cuir.
Syne four for four togidder than tha fuir,   26,160
And sone all aucht, with rype knawlege and cleir,
Accordit hes as I sall schaw ʒow heir.
The eistmest part of Britane to the se,
On to the middis with toun and touris hie,
Saxonis sal haue thairin for to remane,   26,165
Without reclame [of] ony Brit agane.
Britis the laif of all Britane to bruke
In peice and rest ; syne sueir on bell and buik,
That euerie on to vther sould be trew
In tyme to cum for ald feid or for new.   26,170
Quhen this wes done as ʒe haif hard me sa,
Ilk man tuke leif and passit hame his wa.

How Vter, King of Britis, haldand his ȝule in Lundoun, tuke fra Gothlous, Lord of Cornewall, his Wyffe, and gat on hir in Adultrie Arthure that wes King.

Lang efter that tha leuit in peice and rest.
Sick ydilnes [as] that ma nocht weill lest,
Bot insolence and vther vices mo ;   26,175
The Britis all wer in that time rycht so.
Efter lang peice to grit riches tha grew,
Syne efterwart to vices all tha drew,
Lyke brutell beistis thair appetit fulfill ;
Oftymis welth garris wisdome to go will.   26,180
This ilk Vter, syne efter mony ȝeir
How hapnit him, tak tent and ȝe sall heir.
At Lundoun toun in the natiuitie
Of Christ Jesu, with grit solempnitie,
In mid winter quhen that the wedder is cuill,   26,185
This ilk Vter that tyme he held his ȝuill,
With mony lord and mony ladie bricht,
That curtas war, and mony nobill knycht.
Amang the laif, my author sais thus,
Thair wes that tyme the nobill Gothleus,   26,190
Of Cornewall lord, befoir as I ȝow tald,
In all his tyme that wes ane berne full bald.
With him that tyme thair wes his lady cleir,
In all Britane of plesance had no peir ;
Of quhome Vter sic plesance tuke that tyme,   26,195
That he for lufe wes lampit in the lyme,
And Luiffis dart thirlit his hart so soir,
Into that tyme he suffer micht no moir.

How Vter send to Gothlous Wyffe.

To hir he send ane seruand of his awin,
Richt quyetlie ane tryst for to haif drawin,   26,200

At his plesour quhair he and scho suld meit ;
The fyre of lufe him handlit with sic heit,
He tuke no rest quhill that sic thing wer done. Col. 2.
Thairof hir lord than warnit wes rycht sone ;
Syne quietlie, as my author did sa, 26,205
That samin nycht he staw with hir awa.
Quhen Vter knew that scho wes passit so,
Foroutin schame richt haistelie but ho,
On fit and horss he followit efter rycht fast,
Quhill he ouirtuke that ladie at the last. 26,210
Hir lord that tyme his lyfe so soir he dred,
Onto ane castell of his awin he fled
To saue him self, he wes into sic dout.
Vter ane seig gart la the hous about ;
Syne at the seig quhair that he la sa lang, 26,215
And wan the hous, thocht it wes neuir so strang,
It biggit wes so stark of lyme and stone.
Out of the hous quhen Gothlous wes tone,
With king Vter accusit wes full soir,
Quhairfoir he fled out of the feild befoir 26,220
Fra Natholoy befoir richt mony ȝeir,
Bot schort quhile syne as I haif said ȝow heir.
And for that caus with grit crudelitie,
And his awin wyffe, this Vter gart him de.

THE COMMENDATIOUN OF ARTHURE.

That samin tyme he tuke his wyfe him fro, 26,225
He gat with hir, my author sais so,
Ane sone wes callit Arthour to his name ;
In all Britane wes none of grittar fame.
Thocht he wes gottin in adulterie,
ȝit efterwart he wan grit victorie, 26,230
As I sall schaw within ane litill space,
Sone efterwart quhen I haif tyme and place.

And of his getting vther sum men sais,
Be meane of Merling in tha samin dais;
The quhilk Vter transformit mervelus   26,235
Into the figour of this Gothlous,
Syne in his liknes with his wyfe he la.
Gif this be suith I can nocht to ʒow sa.
Becaus sic thing is nocht kyndlie to be,
Thairfoir my self will hald it for ane lie.   26,240
This ilk Arthure, fra tyme he grew to eild,
In all Britane wes nocht ane farar cheild,
And all prattik he preissit ay to prewe;
In him Vther had so gude beleif,
That he sould be baith worthie, wyss and   26,245
    wycht;
And so he wes quha reidis of him richt.
Gif it be suith heir as my author sais,
No lauchfull sone Vter had in his dais;
That wes the caus, alss far as I haif feill,
This ʒoung Arthour he louit than so weill.   26,250
For love of him richt far he brak the law,
As I sall tell, and tak tent to my saw.

How Vter, for inordinat Affectioun that he had to this Arthure, gart all the Lordis of Britane sueir in plane Parliament, that efter him tha sould mak this Arthour thair King.

Lib.9, f.130.
Col. 1.
Vpoun ane tyme, the lordis him beforne
In parliament he gart thame all be sworne,
Efter his tyme tha suld mak Arthure king,   26,255
And no vther in Britane for to ring.
The king of Pechtis, hecht Loth, into tha dais,
Had to his wyffe, as that my author sais,
Vteris sister, baith plesand and fair,
Quhilk wes to him narrest and lauchfull air;   26,260

And of Vter he wes richt euill content,
And sindrie syis his seruandis to him sent,
Beseikand him with plesand wordis fair,
That he wald nocht defraud the rychtuous air,
Cristane his wyfe, that wes ane ladie brycht,   26,265
Wittand so weill that scho had all the richt.
For no requeist that he culd send him till,
This ilk Vter wald nocht brek of his will
Nocht worth ane hair, bot at his purpois baid,
And wald nocht heir requeistis that war maid.   26,270
The king of Pechtis that tyme quhen he knew,
That justlie than he micht nocht weill persew,
Als lang as Vter levand war on lyfe,
No kynd of richt pertenand to his wyffe,
All Vteris tyme this ilk schir Loth thairfoir,   26,275
He held him cloiss and spak thairof no moir.

How the Britis grew to Ydolatrie be Cumpany of the Saxonis.

The Britis all, quha had greit cumpany
With the Saxonis, grew to ydolatrie;
Efter thair law levand the faith of Christ,
And left thair barnis alway vnbaptist,   26,280
And leuit all tyme at thair faith and lair.
Sic wes the vse of Britane ouir all quhair,
In greit errour richt lang and mony ʒeir,
Of ʒoung and ald that odious wes till heir.
For clerk or preist, or ʒit religious man,   26,285
Na for na bischop that wes in Britane,
So wnfaithfull that tyme wes all tha folk,
Thair greit errour culd nocht gar thame revoik.
Ane halie bischop, callit Germanus,
And his collige, to name hecht Sevarus,   26,290
Into Britane Vter agane he[s] brocht,
Quhilk for na travell that tyme tyrit nocht.

Preichand ouir all in previe and in plane,
Reformand mony to the faith agane ;
Quhilk clengit thame richt clene of all thair   26,295
    cryme,
And mony miracle kyth into the tyme ;
Quhilk brocht the Britis all, baith les and moir,
To the same faith that tha war at befoir.

How Perdix and Kynricus come to Occa with greit Power.

In this same tyme now that ȝe heir me sa,
Tua grit nobillis out of Germania,   26,300
Perdix the one, and Kynricus hecht the vther,
I can nocht tell gif that he wes his bruther,
Bot weill I wait, with mony nobill man
To this Occa tha come into Britane.
Of thair cuming this Occa wes full fane ;   26,305
In sindrie landis quhair tha sould remane
Maid ilk ane lord of his awin gratitude,
Col. 2. Becaus to him tha war so neir of blude.
Vter thairof he wes nothing content :
Ane herald syne to him incontinent   26,310
He send, and schew how he had gottin wit
So wranguslie that he brak his promit.
Gif mister be, he askit him to preve,
For to ressaue sic strangearis but his leve ;
That wes agane the oblissing he maid,   26,315
Quhilk seillit wes with baith thair seillis braid.
And he did so, he said it wald distroy
Peax and concord, and gender sturt and noy ;
Within schort quhile it sould occasioun be
That naine micht leif into tranquillitie.   26,320

How Occa maid Ansuer to Vteris Herald.

Quhen this wes said, as I haif said ʒow heir,
Befoir Occa ilk word by word perqueir,
He wes displesit richt far at that thing,
And said, "Gude freind, say now wnto thi king,
" That he is far this tyme into the wrang;   26,325
" That sall he wit I trow, and I leif lang.
" Agane the richt so far I heir him rave,
" That blaimes me becauss I did ressaue
" My tender freindis in my awin land;
" As I of him sic dreid and aw suld stand,   26,330
" That I durst nocht, but his plesour and will,
" Ressaue na freind cumis on caice me till;
" As he war king and governit ouir all,
" And [I] to him war sympill bund and thrall.
" And mair attouir, se thow sa to thi king,   26,335
" I faillit neuir to him into nathing;
" Na in my tyme thocht I neuir till do,
" Quhill he on force compellis me thairto.
" Thairfoir," he said, "and I leif half a ʒeir,
" He sall forthink that euir he send the heir,   26.340
" Or causit the sic langage for to sa;
." No moir as now, thairfoir pas hame thi wa."

How Vter was abasit for Feir of Occa.

Befoir Vter quhen this epistill wes red,
Of this ansuer he wes richt soir adred
For aventure that efter micht befall,   26,345
Into that tyme, so wes his lordis all.
Ane vther herald sone send Occa till,
With grit reward to satisfie his will;
At his plesour gif tha mycht purches [1] peice,
In tyme to cum to gar all weiris ceiss.   26,350

---

[1] In MS. *purchest.*

All the reward into grit thank tha tuke,
Bot his desire richt schortlie tha forsuik.
Without ansuer the messinger wes fane,
Saiff of his lyif, for to pas hame agane.

How the Britis, seand the Falsheid of Sax-
onis, maid thame all for Battell.

The Britis all, fra tyme tha hard and knew   26,355
That be no way the Saxonis culd be trew,
For no conditioun, oblissing or band,
No ȝit for otht or halding vp of hand,

Lib.9, f.130b.
Col. 1. Wald sicker be, for signet or ȝit for seill,
For-quhy thair kynd wes neuir ȝit to be leill ;   26,360
Thairfoir that tyme this Vter gart proclame
Ouir all Britane, that nane sould byd at hame,
Bot to convene within ane lytill space,
Of thair best wayis at set da and at place,
To pas with him quhat way that he wald wend,   26,365
Off all thir weiris onis to mak ane end.
Siclike the Saxonis, on the vther syde,
Buskit for battell wald na langar byde.
Tha king of Pechtis that thair diuisioun knew,
Becaus the Britis to him wes so wntrew,   26,370
As to defraude him of his heretage,
Modred his sone, the quhilk wes within age,
And for that causs the Britis him forsuik,
With this Occa richt plane part than he tuke ;
Of quhome Occa wes richt hartlie content,   26,375
Quhen that he knew how this king Lothus ment.

How King Loth send to Conranus for Help
agane Vter

The king of Pechtis, that callit wes Lothus,
Ane herald send onto this Conranus,

The king of Scottis, for his help and supple ;
Sayand, that tyme so grit mister had he   26,380
Agane the Britis sic wrang that had him wrocht,
Contempnand him and his power to nocht,
His barnis als, the quhilk wes lauchfull air
To this Vter the quhilk his sister bair,
King Lothus wyffe, Cristina hecht hir name,   26,385
Quene of the Pechtis of greit honour and fame.
This king Vter no lauchfull sone had he ;
Arthure his sone, into adultrie
Gothleus wyffe to him befoir scho bair,
Off all the Britis he wes maid prince and air,   26,390
To bruik the croun efter king Vteris deid ;
That wes the caus this Loth held him at feid.
Of him that tyme for to revengit be,
Desyrit hes at Conranus supple.

How Conranus denyit to help Loth.

To this desyre Conranus into plane,   26,395
And his lordis sic ansuer maid agane.
Sayand, tha culd be no titill of richt
Agane the Britis to move battell or mycht,
Without tha wald be fals bayth and mensworne,
Brekand the aith that tha had maid beforne   26,400
Onto the Britis, quhilk for no stres or neid
Faillit to thame vther in word or deid.
Ane vther thing tha said tha dred far moir,
Quhilk in thair mynd than movit thame rycht
     soir,
And in thair conscience wes ane stang and   26,405
     brode,
For to tak pairt with ennimeis of God
And halie kirk, in contemptione of Christ,
With tha barbouris the quhilk war vnbaptist,

Agane the Britis, memberis of halie kirk ;
Greit wrang it wer with thame sic thing to   26,410
   wirk,
And tha did so, tha said, it seruit blame.
With that respons the herald passit hame
On to king Loth, and tald him all perqueir,
Ilk word by word as I haif said now heir.

Col. 2.   ȝit neuirtheles thocht he sic ansuer gat,   26,415
With this Occa, foroutin ony lat,
With mony freik that tyme he fuir on toun,
Agane Vter to battell maid him boun.
Thairof Vter he dred this tyme full soir,
And lordis all of Britane les and moir,   26,420
For be no way of no wisdome tha wist
Thair grit power how that tha suld resist.
Makand thair mone vnto this Germanus
The halie bischop, and to Sauerus,
Quhome of to ȝow I schew schort quhile befoir, 26,425
The help of God that tyme for to imploir.

How King Vter and his Lordis, throw the Counsall of ane halie Bischop callit Germanus, passit to the Feild and vincust the Saxonis.

This Germanus bad thame tha sould nocht be rod,
Bot haif gude hoip and put thair help in God
In thair defens, and of his faith also,
And follow him and he suld formest go   26,430
Into the feild, and he sould wndertak
That tha sould nother suffer skaith no lak ;
Traistand in God, and fecht in his defens,
Tha suld prevaill but ony violence.
In that beleif king Vter gart proclame   29,435
Ouir all Britane, wnder the paice of blame,

That euirilk freik war habill for the feild,
And all vther that waponis doucht to weild,
On thair best wayis within ane litill space,
Suld reddie be to meit at da and place.   26,440
On the same da quhen that the tryst wes set,
The Britis all togidder thair tha met
Vter thair king vpoune ane plesand plane.
The halie bischop, callit wes Germane,
And his collige Sauerus that same da,   26,445
With all the kirkmen in Britania,
Convenit wes into that samin place,
Within the grit solempnitie of Pace.
Wes baptist thair that same da of the Britis
Richt mony thousand, as my author writis,   26,450
Levand the law of superstitioun,
Quhilk war befoir of all conditioun,
Vsand the law of fals ydolatrie,
Dalie with Saxonis had sic companie.

How thai schew to Vter that the Saxonis wes so neir, and of the Counsall of Germanus.

To thame that tyme thair come ane spy and   26,455
    tald,
How that Occa with mony berne full bald,
And king of Pechtis in his cumpanie,
With greit power wer cumand neirhand by.
Than king Vter, suppois that he wes rod,
Ʒit neuirtheles he had sic traist in God   25,460
He put his men in till ordour gude ;
All in array syne in the feild tha stude.
This Germanus the vangard tuke to leid,
With stalf in hand, and myter on his heid ;
Weill cled he wes in his pontificall   26,465
Into that tyme, so wes the kirkmen all.

o 2

Euirilk man according to his stait,
In kirk habit withoutin maill or plait,
Ane crucifix of birneist gold so bricht,
Befoir thair face he gart bair he on hicht.   26,470
Syne gaif command to all man les and mair,
Ouir all the oist that tyme wes present thair,
Tha suld tak tent quhen that tha hard him cry ;
Syne euerie man for to reherss in hy
The samin word, and in the samin tone,   26,475
With loud voce se that it sould be done.

How Vter and Occa met in plane Battell, and Vter wan the Feild without ony Straik be ane Miracle of ane halie Bischop Germanus.

Be this wes said the Pechtis war in sycht,
And Saxonis all with mony baner bricht,
In gude array evin reddie for to june ;
The trumpetis blew in mony sindrie tune.   26,480
This halie bischop Germane gaif ane schout,
And all the kirkmen standand him about,
Alluleya ! with ane schout tha sang ;
And sic ane sond with all the rochis rang.
Syne all the laif of Britis that war by,   26,485
Siclike tha sang, all with ane schout and cry,
That throw the sound, the rumord and the reird,
The schawis schuik and trimlit all the erd,
With sic rebous reboundand fra the bruke,
The Saxonis all thairof greit terror tuke ;   26,490
And Pechtis als siclike amang the laif,
Semand to thame the erd opnit and claif,
And all the cragis that wer standand by
Suld fall on thame, thairfoir richt suddantlye
In that effray thair armour kest thame fra,   26,495
And fled richt fast ouir mony bank and bra,

Onto ane flude quhair tha thocht ouir to found,
Quhair mony thousand of thame thair wes dround.
In sic affray thai war than of thair lyfe,
Tha tynt the feild but straik of sword or knyfe. 26,500

HOW THE SAXONIS TYNT THE FEILD AND FLED
WITHOUT STRAIK, AND HOW THE BRITIS FOL-
LOWIT AND MAID GREIT SLAUCHTER, AND
SYNE TUKE ALL THE SPULƷE.

With greit blythnes the Britis than beheld,
And tuke with thame the spulƷe of the feild.
Syne efter that, vpoune the secund da,
Ilk man tuke leif and passit hame his wa :
Seand the Saxonis cum so lidder speid,   26,505
Fra that da furth tha had of thame no dreid.
The Saxonis als, thocht the Britis wer few,
Fra that da furth tha durst thame nocht persew
Efter all that richt lang and mony Ʒeir,
Quhill at the last hapnit as Ʒe sall heir.   26,510
Thir tua bischopis, of quhome befoir I spak,
Sone efter that thair levis bayth did tak,
And saillit furth ouir salt se and ouir sand,   Col. 2.
With greit blythnes hame in thair awin land,
In Gallia, with greit honour and gloir,   26,515
To thair citeis quhair that tha war befoir.
Syne efter that Vter the king of Britis,
And all his lordis, as that my author writis,
Fra tyme tha war diswsit fra the weir,
Sic viuarie and euil laittis did leir   26,520
Of drinking, dansing, hurdome and harlatrie,
Quhat wes the caus I can nocht tell Ʒow quhy
Into the tyme that sic thing suld be done,
That tha changit fra nobill men sa sone
To vyle bodeis without ressone or skill,   26,525
Lyke brutell beistis takand ay thair will.

For no preching of prelat, preist or clerk,
That tha culd schaw, other in word or work,
Tha wald nocht leve thair wickit mynd and will,
For no exempill culd be schawin thame till.   26,530

How Occa was slane in the Feild agane the Britis.

Thair vicius lyfe quhen Occa wnderstude,
He thocht the tyme wes ganand than and gude,
For to redeme the greit honour and gloir
He tynt throw thame into the feild befoir.
Syne on ane da, quhair that the feild wes set,   25,535
In plane battell with baith thair poweris met,
With euerie wicht that micht ane wapin weild,
Quhair that the Saxonis richt sone wan the feild.
Fyftene thousand of Britis thair was slane,
The laif all fled na langar wald remane ;   26,540
Into the feild no langar than durst byde.
King Occa als, vpoune the tother syde,
Throw misgyding wes slane into the feild.
In his defens wes mony Saxone keild,
And so greit skaith into the feild tha gat,   26,545
Richt mony da ane lang quhile efter that,
In plane battell the Britis to persew
Durst nocht agane, quhill that thair strenthis grew.

Efter the Deid of Occa, his Bruther Sone callit Occa was crownit.

Quhen that this king, as ȝe haif hard, wes deid,
His bruther sone tha crownit in his steid,   26,550
Quhilk in his tyme ane freik wes of grit fame,
And Occa als he callit wes to name.
The Saxonis seand how into that feild
Thair king that tyme and mony mo war keild,

Of that mischeif, as my author did wryte,   26,555
To king of Pechtis alhaill tha gaif the wyte,
Into that tyme alledgand than that he
In that battell the Britis suld supple,
Agane the aith he maid to thame beforne ;
Quhairfoir, tha said, he wes fals and mensworne: 26,560
And for that caus this ilk Occa pretendis,
Gif that he ma, of him to haif ane mendis.

How Colgernus come fra Saxone in Britane
to Occa.

Lib.9, f.131b.
Col. 1.

And sone efter ane chiftane cheualrus,
The quhilk to name wes callit Colgernus,
With greit power furth of Saxonia,   26,565
He brocht that tyme out of Germania.
Syne gaif to him than for rewaird and meid,
The landis lyand betuix Tyne and Tueid,
With all fredome of firth, forrest and fell,
Baith Scot and Pecht so that he wald repell   26,570
Be strenth and force, other of blude or fyre,
And he thairof for to be lord and syir.
And so thai did sone efter on ane da,
This Colgernus and als the king Occa,
With ane greit ost, richt large of lenth and   26,575
    breid,
Tha enterit syne betuix Tyne and Tueid :
Baith Scot and Pecht that tha fand in that steid,
Richt suddantlie tha pat thame all to deid.
Than all the laif tha fled richt fast awa,
Sum in Pechtland and sum in Gallowa,   26,580
To thair kingis with greit reuth and petie,
Schawand to thame all thair calamitie.

Quhen this Colgernus had flemit baith Scot and Pecht out of Northumberland, thai passit to thair. Kingis and schew the greit Trubill tha war in.

Thir kingis boith, with all power tha mocht,
Richt suddantlie towart the Saxonis socht,
Without delay other nycht or da,   26,585
Quhill that tha come quhair that the Saxonis la.
Into that tyme, as that my author writis,
With thir tua kingis thair wes rycht mony Britis,
Come thair that da of thair auctoritie,
Agane thair fa thair freindis to supple,   26,590
Quhilk in that oist richt greit wounderis that
    schew
Of thir Saxonis, and tha had all bene trew ;
Sayand tha war of so greit quantitie,
So stark and wicht, full of crudelitie,
And so awfull with visage grym and wan,   26,595
Ane luke of thame wald flie ane vther man.
Throw sic langage ouir all that ost tha spak,
Into the tyme so greit terrour tha tak,
Ilk man that da than, baith of Scot and Pecht,
Present wes thair refusit for to fecht.   26,600
Syne at the last throw curage of thair kingis,
Quhilk schew to thame by mony sindrie thingis,
That tha that tyme wes richt abill to speid,
The Saxonis als wer no men for to dreid,
No ȝit so bald for all thair bost and schoir,   26,605
Quhilk vincust war richt oft syis of befoir,
Be ressonis quhy tha schew thame in that tyde,
Quhilk causit thame all baldlie for to byde,
And all thair dreid changeit into yre,
Birnand in anger het as ony fyre,   26,610
As wod lyonis into the tyme tha fuir.
Thir kingis tuo than tuke on thame grit cuir

To put thair men than into ordour gude,
In till array syne neir the Saxonis ȝude,
All in ane mynd, ane will and ane intent.   26,615
The Saxonis baldlie baid thame on the bent,

How thai faucht quhill the Nycht twynnit thame.

Col. 2.

In plane battell with mony birny bricht,
And faucht all da quhill tuynnit thame the nycht.
On euerie syde richt mony than war keild
Of nobill men la deid into the feild.   26,620
Thir tua kingis that samin nycht lang or da,
Out of the feild tha passit hame thair wa,
With all the laif richt haistelie in hy.
The Saxonis held tha wan the victory,
Vpoun the morne seing thir kingis fled,   26,625
Out of the feild sua suddantlie thame sped.
This beand done, ane litill efter syne,
Baith Scot and Pecht betuix Tueid and Tyne,
Out of tha landis richt fast gart thame fle,
Vsand in thame so grit crudelitie   26,630
In fyre and blude, with mony warkand woundis,
Quhill tha war baneist all out of tha boundis;
And Saxonis sone in thair saittis set doun,
Inhabitand baith castell, tour and toun.
Syne Colgernus, for his reward and hyre,   26,635
Of tha landis tha maid him lord and syre,
And for to haif the gyding of all thing,
Ouir all the laif nixt hand Occa the king.
This ilk Occa richt weill that tyme he knew
In Albione freindis he had waill few,   26,640
In any syde, that wald him ony gude,
Thairfoir he knew quhen thai thocht tyme to
    dude,
That all the princes into Albione,
Suld him assay with thair power ilkone.

And for that causs, dredand it suld be trew,   26,645
Richt mony strenth hes biggit of the new ;
The ald strenthis distroyit war befoir,
Gart big agane at lasar les and moir.

How Occa gaif Vter Feild and wan the Feild, and compellit him and all his Britis to pas to the Walis, and left all the Landis to Occa quhilk Hungest had befoir.

Syne turned hes his anger and his yre
On to the Britis als het as ony fyre,   26,650
Agane the aith that he had maid beforne,
Settand nocht by for to be mensworne.
For trow me weill, tha culd neuir ȝit be trew,
Quhen plesis thame thair partie to persew ;
Haiffand na dreid other of schame or lak,   26,655
Thair is no band that mannis wit can mak
Ma fessin thame in forme or ȝit effect,
Quhen plesis thame tha find ane caus to brek.
And so tha did that samin tyme to the Britis,
In tyme of trewis, as my author writis,   26,660
Sayand that tha with sa grit bost and schoir,
To Scot and Pecht into the feild befoir,
Quhair mony ane of thame wes maid to de,
Incontrar thame tha maid so grit supple ;
And for that caus tha gaif king Vter feild,   26,665
Quhair mony Brit that samin da war keild,
And all the laif war skatterit far in tuyn.
Lib.9, f.132. This [Occa] syne quhen he the feild did wyn,
Col. 1. Vpoun ane da to Lundoun maid him boun,
But ony seig ressauit hes the toun.   26,670
Syne all the Britis thairin that he fand,
And all other withoutin ony ganestand,
Into the Walis compellit for till go,
And this Vter quhilk wes thair king also.

The boundis all in Britane les and moir,   26,675
The quhilk Hungest inhabit of befoir,
This ilk Occa he brukit in tha dais
At his plesour, as that my author sais,
Callit Ingland, into gude peax and rest,
And biggit strenthis quhair him lykit best.   26,680

How that ane Saxone poysonit King Vter.

Vter that tyme, as my author did sa,
Into the Walis seik in the febris la,
Of quhome the nature, het as ony fyre,
Is ay cald watter erast to desyre.
Richt so did he, as my author did meyne,   26,685
Ane fals Saxone trowand ane Brit had bene,
Out of ane woll discendand fra ane spring,
He send that tyme cald water for to bring.
This fals Saxone, that subtill wes and sle,
Into the water rank poysoun pat he ;   26,690
Of the quhilk Vter drank for to cuill his thrist,
At greit lasar alss oft tyme as he list ;
Quhilk efterwart swellit him fit and hand,
With so greit sturt micht nother ly nor stand ;
Fra syde to syde ay turnand to and fro,   26,695
Out of this warld quhill he wes maid till go.
Than of his ring into the auchtene ʒeir,
Thus endit he, as I haif said ʒow heir,
The ʒeir of God fywe hundreth wes and ane,
And tuentie als into that tyme bigane.   26,700

How Congallanus spak Prophecie of the Saxonis, the Pechtis and the Britis, (quha was Abbot of Ecolumkill).

Ane nobill man, hecht Congallanus to name,
Ane faithfull father of honour and fame,

Quhilk abbot wes than of Ecolumkill,
Quhome to sic grace God in his tyme gaif till,
Be inspiratioun of the Halie Spreit   26,705
Of thingis to cum culd gif ane suith decreit,
Evin als perfyte as it war all gone by ;
Perfite he wes into sic prophecye.
He tald richt lang, as that my author writis,
Befoir the tyme, the distructioun of the Britis; 26,710
And of the Pechtis did siclike also,
Als perfitlie as it had bene ago ;
And of Scotland how that it sould succeid
In heratage, as previt weill be deid,
Richt lineallie discendit hes ay doun,   26,715
Sen first Fergus of Scotland tuke the croun.
Als of the Saxonis in the tyme said he,
Lang efterwart tha sould richt afald be
In the honour of God and halie Kirk,
Wounderfull werkis efterwart sould wirk,   26,720
Syne finallie, syne efter to conclude,
Col. 2.   Of thair ending he spak bot litill gude.
Richt mony thingis in his tyme he schew,
Quhilk efterwart war all fund verra trew.
Ane [1] halie virgin wes in that same tyde   26,725
Borne in Scotland, callit wes Sanct Bryde.
Be that scho come to fourtene ʒeiris of age,
In Christis faith scho had so hie curage,
That for his saik the warld scho forsuik,
And in the tyme religious habit tuik ;   26,730
Ressauit wes into that samin quhile,
Be ane bischop duelt into Mona Yle ;
Efter hir deith syne bureit in tha dais,
In till Yrland of ane religious wais,
In Duna abba, as my author did sa,   26,735
In the same graif quhair that Sanct Patrik la.

----

[1] In MS. *In.*

Marling also wes in tha samin dais
Into Britane, as that my author sais,
Ane incobus with subtill sorcerie,
Quhilk be illusioun of the ennimie,   26,740
Quhen that him list to round into his eir,
Culd tell perfitlie baith of peax and weir :
And sindrie thingis be nature mycht be knawin,
Of quhome the secreittis oft syis wes him schawin,
Quhilk the euill angellis knawis by nature,   26,745
That till all man is hie and richt obscuir.
In this mater no langar will I dwell,
Bot turne agane my storie for to tell.

HOW THE BRITIS, AGANIS THE COMMOUN LAW,
EFTER THE DEID OF VTER CROWNIT HIS
SONE ARTHURE ; THE QUHILK WES ANE
BASTARD.

Efter the deith of Vtter king of Britis,
No lauchfull sone, as that my author writis,   26,750
Into that tyme he had to be his air.
Anna his sister, plesand and preclair,
Schir Lothus wyfe quhilk to him sould succeid,
Gif all be suith in storie as we reid,
To him scho buir schir Modred and his brother 26,755
Gawane the gay, als gude as ony vther,
And Cemeda hir one dochter also,
That mother wes to halie Sanct Mungo.[1]
The king of Pechtis schir Loth into tha dais,
On to the Britis, as my author sais,   26,760
Ane greit ambaxat suddantlie he send,
Beseikand thame with hartlie recommend,

---

[1] In MS. *Nungo*.

Him to ressaue vnto thair prince and king,
Sen be his wyfe he had richt to that thing,
Quhill that his barnis war of lauchtfull age,   26,765
Quhilk aucht the croun of verra heretage
Of commoun law and propper det, for-thi
Be consuetude tha micht him nocht deny.

How the Britis gaiff Ansuer to the Herald.

The Britis all thairat rycht lichlie leuch,
With greit heidding and scornyng alss aneuche ; 26,770
Sayand, schir Loth nor nane of his ofspring,
Quhilk Pechtis war, sould be thair lord and king :
Na nane vther, thairto tha war all sworne,

Lib.9,f.132b.
Col. 1.

Without he war ane verra Britane borne.
With this ansuer, with loud lauchter and blame, 26,775
That samin tyme tha send the herald hame ;
Syne wranguslie, agane the commoun law,
With haill consent than baith of ane and aw,
This ȝoung Arthure, borne in adulterie,
Tha crownit king and put the richt air bye.   26,780
That wes the caus, as ȝe ma wnderstand,
Quhy this schir Loth send in Northumberland
To Colgernus, of quhome befoir I spak,
Promitting him his plane part for to tak
Agane the Britis intill euirilk thing,   26,785
And speciallie agane Arthure thair king,
Quhilk wranguslie vsurpit had the croun,
In contrair him and his successioun.
All thir conditionis richt weill Arthure knew,
Be sindrie men thair secreittis to him schew ;   26,790
And weill he wist his power wes ouir small,
In plane battell to fecht agane thame all.

How Arthure and Occa met besyde Lundoun in Feild, and Arthure wan the Feild and chaissit Occa and slew mony of his Men.

Fra Armorik richt mony nobill man,
For that same caus he brocht into Britane.
Ane nobill man that callit wes Hobell   26,795
Thair chiftane wes, as my author did tell.
Syne king Arthure, as my author writis,
With all the power he ·had of the Britis
And Armorik, richt sone he tuke the wa,
For to gif feild onto this king Occa,   26,800
Or the Saxonis beȝond the water of Humber,
And Pechtis als sould cum and eik his number,
Richt haistelie, or tha suld all convene,
Causit Arthure with battell him prevene.
Besyde Lundoun, quhair that the feild wes set   26,805
Within ten myle, thir tua kingis thair met,
In plane battell standand sa lang at stryfe,
Quhill mony Saxone loissit hes the lyffe.
The duchteast that da wes maid to de,
And all the lawe on force than for to fle.   26,810
With so greit grace this king Arthure began,
For the first feild that euir he straik he wan
Greit victorie, quha lykis for to luke,
The Britis all of him sic curage tuke,
Within schort quhile traistand throw [him]   26,815
     to be
Restorit all agane to libertie.
To Lundoun toun syne on the secund day,
With all power he tuke the narrest way ;
Befoir the ȝettis thair he lichtit doun,
With lytill travell syne he wan the toun,   26,820
And enterit in at his plesour and will ;
With his lordis thair he remanit still,

At greit laser als lang tyme as tha lest,
Aduisand thame quhat thing to do war best.

How Occa, efter the Feild wes[1] tynt, passit to Saxon and brocht with him new Power, and, or he come agane, Arthure vincust the Saxonis be North Humber.

Col. 2.   This ilk Occa out of the feild that fled,   26,825
Of ȝoung Arthure he wes so soir adred,
Seand he had so gude fortoun and chance,
'Out of Britane he passit into France.
Syne tuke the se sone efter on one da,
And passit hes on to Saxonia,   26,830
His power thair agane for to renew.
All this counsall quhen that king Arthure knew,
Intill all haist he sped him with greit number,
On to the Saxonis duelland beȝond Humber.
He thocht he wald with battell thame persew,   26,835
Or Occa come hame with his power new.
The king of Pechtis, schir Loth, or he come thair,
With all his power that tyme les and mair,
And Colgernus, nocht far fra Humber flude,
Tha met Arthure with ane greit multitude.   26,840
This gude schir Loth the wangard led that da,
Aganis him men of Armorica,
With thair chiftane, Hoell that hecht to name,
Ane berne full bald withoutin ony blame.
With bernis bald, that waponis weill culd   26,845
    weild,
Agane Colgerne king Arthure tuke the feild.
Quha had bene thair that da for to haif sene
Sa mony berne la bleidand on the grene,

---

[1] In MS. *wan.*

Sa mony steid la stickit in the feild,
And mony knicht full cald wnder his scheild.   26,850
Tha nobill men than of Armorica,
Into that feild tha did so weill that da,
That force it wes the Pechtis for to flie,
Of thame tha had sic superioritie.
The Saxonis saw quhen that the Pechtis fled ;   26,855
Into greit dout so soir tha war adred,
For basitnes tha durst no langar byde,
Bot left the feild and fled richt fast that tyde.
With all the haist tha doucht awa till hy
To Eborac, that tyme wes neirhand by.   26,860

How Arthure seigit Eborack and wan it nocht.

About the toun Arthure ane seige gart sett ;
With diligence tha haif done all thair dett.
For thre moneth that seig lestit still,
And king Arthure that tyme gat nocht his will,
That toun it wes so stalwart, stark and strang.   26,865
Quhen king Arthure had lyne thair so lang,
Ane messinger sone come to him than and schew
How king Occa with greit power of new,
Fra Saxone come with schippis out of number,
And had tane land into the mouth of Humber ;   26,870
And all the Saxonis in Northumberland,
He had with him togidder in ane band :
The king of Pechtis, schir Loth, that wes nocht
    lidder,
With haill power were cumand baith togidder.
Fra thir tydenis war to king Arthure tald,   26,875
Thair at the seige no langer ly he wald ;
Seand his power also ilk da faillis,
Richt sone he passit hame on to the Walis ;
And left his men in strenthis thair to ly,
On to the bordour quhill winter war gone by.   26,880

And syne him self with honour and renoun,
And mony lord, passit to Lundoun toun ;
And in the toun all wynter did remane,
At thair counsall, quhill symmer come agane.
This king Arthure, as my author did sa,   26,885
In Lundoun toun that wynter quhair he la,
He vsit hes sick liberalitie,
Of gold and siluer in sic quantitie,
That ilk man said he rakkit nocht of gold
No moir that tyme than muldis of the mold.   26,890

How Arthure wan the Feild twyss aganis Occa and Colgernus, and syne wan Eborac throw ane Trane of ane Brit within the Toun.

Syne into ver, quhen that the da grew lang,
This king Occa, with all his power strang
He brocht with him out of Saxonia,
He tuke the feild syne efter on ane da.
And Colgernus, quhilk wes at his command,   26,895
With all the Saxonis in Northumberland,
Amang the Britis raisand fyre and blude,
Distroyand all thame that in that tyme ganestude.
This ȝoung Arthure, that wes baith het and hie,
Of thame that tyme for to revengit be,   26,900
Richt mony ane that waponis weill culd weild,
Fra Lundoun toun he tuke with him on feild,
And gaiff thame battell tuyss on ane plane.
In ilk battell wes mony Saxone slane ;
And thocht king Arthure loissit mony man,   26,905
Tha feildis baith with greit honour he wan.
To Eborac sone thairefter maid him boun,
And set ane seig richt sone about the toun.
Within the toun biggit with stone and lyme,
Ane Brit thair wes remanand in the tyme,   26,910

And for ane Saxone haldin than wes he,
Amang thame quhilk had greit auctoritie.
Of euerie port he knew richt weill the gyn ;
Vpoun the nicht he lute king Arthure in,
And tuke the citie sleipand as tha la,   26,915
Greit slauchter maid syne lang or it wes da,
Baith ȝoung and ald that war of Saxonis seid,
Richt blyth thai war quhen that tha saw thame
    bleid.
And had nocht bene Arthure the nobill king
Had in his hart sic pitie of that thing,   26,920
That stanchit thame quhen that he hard thame
    mone,
Richt cruellie tha had bene slane ilkone,
Baith man and wyffe withoutin mair mercie ;
The Britis bald at thame had sic invye.
Syne in the toun remanit hes thair still,   26,925
All symmer ouir, at his plesour and will ;
With mony carmusche oft on euerie hand
Of the Saxonis dwelt in Northumberland,
Quhile to persew and quhile to defend,
Quhill all that symmer passit wes till end.   26,930

HOW ARTHURE AND ALL THE NOBILLIS OF BRITANË
REMANIT IN EBORAC THE NIXT WYNTER.

In wynter syne this nobill king Arthure,
Within that toun that sicker wes and sure,
And all the nobillis that war in Britane,
Remanit thair with mony vther man,
Conducit war to pas into his weir,   26,935
With hors and harnes, and all vther geir.
In Eborac, sen first on ground it stude,
Wes neuir sene so greit ane multitude,
As in that toun remanit euirilk da,
With dansing, singing, feisting, sport and pla,   26,940

P 2

Drinking, dyis, and all sic wrang abusioun.
For multitude oft makis greit confusioun ;
Throw ydilnes, in greit gulositie,
Tha faill richt far without humanitie,
Or ȝit ressone ; als het as ony fyre,   26,945
Lyke brutell beistis takand thair desyre.
This same king Arthure, as my author sais,
In Eborac into tha samin dais,
He wes the first with glutony and guill
That euir begouth to mak sic feist in Ȝule ;   26,950
In Eborac, that wynter quhair he la,
Continuand wnto the threttene da.
Quhilk wes the caus thairfoir that all the Britis
Fell in sic folie, as my author writis,
That tha forȝet thair greit honour and gloir,   26,955
And victorie that tha had win befoir ;
Quhilk maid thame all vnabill for the feild,
To walk and fast, and waponis for to weild.
All that wynter, quhen tha vsit sic glew,
This king Occa his power did renew   26,960
With nobill men out of Saxonia,
Him to supplie brocht in Norththrumbria,
That werthie war thair waponis for to weild.
In symmer syne, quhen Arthure tuke the feild,
The Britis all, war wont so bald to be,   26,965
War sopit so with sensualitie,
With gluttony and lichorus appetyte,
Quhair in that tyme tha put thair haill delyte,
Of weir that tyme tha had no moir desyre,
Nor for to put thair feit into the fyre.   26,970
For that same caus, as my author judgis rycht,
This king Arthure thocht he wes wyss and wycht,
Quhilk in his time sic fortoun had and chance,
Quhairfoir richt mony dois him now aduance,
Agane his fa richt semdill culd prevaill,   26,975
And of his purpois oft wes maid to faill.

How Arthure maid ane Band to Loth, that
   efter Arthuris Tyme Loth and his Airis
   suld succeid to the Kinrik of Britane
   for ay.

And for that caus, quha richt can vnderstand,
With king Lothus king Arthure maid ane band,
Agane Occa than for to tak his part;
Syne all malice and rancour in his hart   26,980
Glaidlie forgif, without ony invye,
Stryfe and injure in tymes passit by.
Of that conditioun I sall to ȝow schaw,
Concord wes maid be cours of commoun law;
That is to say, foroutin ony stryfe,   26,985
That king Arthure for terme of all his lyfe,
Evin as him list, and at his awin lyking,
Sould bruke the croun of Britane and be king.
Efter his deid the croun suld than retour
To schir Modred, quhilk wes of hie honour,   26,990
King Lothus sone and als his lauchtfull air,
The quhilk his wyfe Cristina to him bair,
That sister wes to king Vter also,
And lauchfull air withoutin ony mo.
Schir Gawin als, that wes ȝoung Modredis   26,995   Lib.9, f.133 b.
   bruther,   Col. 1.
Bot he alone that tyme tha had na vther,
With king Arthure he sould remane ay still,
And for to haue, at his plesour and will,
Lordschip and land of Arthour in his fie,
And in the court richt greit auctoritie.   27,000
Decretit wes also amang the lawe,
That Modredus in mariage sould have
The fairrest ladie that wes in Britane,
That dochter wes than of ane nobill man,
Quhilk callit wes Gualanus to his name.   27,005
The fair ladie of all bewtie but blame,

Into Britane that tyme scho buir the bell,
Gif all be trew that I hard of hir tell.
Hir father als, of honour and renoun,
Grittest he wes in Britane nixt the croun.   27,010
The caus it wes, gif I richt wnderstude,
Modred suld wed into the Britis blude,
His barnis borne and fosterit be also,
Into Britane quhill tha culd speik and go ;
And all thair tyme sould haldin be for Britis,   27,015
And no Pechtis, as that my author writis ;
And first Brit langage for to speik and vse,
So that the Britis culd nocht weill refuse,
Quhen that tyme come, Modred to be thair king,
And his barnis to succeid to his ring.   27,020

ARTHURE PROMITTIT ALL THE LANDIS BE NORTH HUMBER AGANE TO THE SCOTTIS AND PECHTIS.

Promittit wes siclike that tyme in plane,
That Scot and Pecht sould haif alhaill agane
The landis all be north the water of Humber,
As tha war wont, but ony clame or cummer,
But ony fraude, as tha war wont als frie,   27,025
Agane the Saxonis for to mak supple.
And mekle mair wes done into that tyme,
No I list heir to put in verss or ryme.

HOW ARTHURE, KING OF BRITIS, AND CONRANUS, KING OF SCOTTIS, WITH THE KING OF PECHTIS, MET TOGIDDER.

This beand done, within ane litill we
Convenit hes thir nobill kingis thre,   27,030
Arthure and Loth with mony vther mo,
And Conranus the king of Scottis also,

At Tyne water with mony worthie wicht,
In basnet, brasar, and in birny bricht ;
With helme and habrik, and all vther geir,   27,035
On hors and fit with mony bow and speir,
Of fals Saxonis for to revengit be,
But faith or law full of iniquitie.
This king Occa, that knew richt weill befoir
All thair prouisioun that tyme les and moir,   27,040
Traistand richt weill he micht na powar be
In plane battell agane tha kingis thre,
For that same caus out of Saxone he brocht,
Witht greit power, in all the haist he mocht,
Ane nobill man of grit honour and fame,   27,045
The quhilk Cheldrik wes callit to his name,
Off all Saxone of knichtheid wes the flour,   Col. 2.
Into his tyme he wan so greit honour.
This king Occa of thir thre kingis knew,
Lang of befoir as secreit men him schew,   27,050
Tha wald be thair with all power tha mocht ;
Thairfoir that tyme I trow he tareit nocht,
Bot in greit haist, with all power he ma,
Prevenit thame at set place and at da ;
Airlie at morne, sone be the da wes lycht,   27,055
Ather of vther cuming ar in sycht.

HOW THE GREIT ARMIE WAS DIUYDIT IN THRIE
   BATTELLIS ; THE KING OF SCOTTIS TUKE THE
   VANGAIRD, THE KING OF PECHTIS THE REIR-
   WARD, AND ARTHURE IN THE MIDWARD.

This king Arthure without tarie that tyde,
In thre battellis thair power did divyde.
To Conranus, quhilk lykit him to haue,
With mony Scot the vangard he him gave ;   27,060
To king Lothus, wpoun the tother syde,
The secund wyng with Pechtis gaif to gyde.

Betuix thame tuo he rayit his awin feild,
With mony Brit that waponis weill culd weild.
Siclike king Occa, on the tother syde,   27,065
In thre battellis his armie did diuyde ;
To Cheldrik, as flour of all the laif,
At his gyding the vangard than he gaif,
Him to obey and be at his bidding,
In feild to fecht aganis the Scottis king.   28,070
To Colgernus the tother wyng also,
Aganis Loth in battell for till go ;
With mony Saxone waponis weill culd weild,
Agane Arthure him self syne tuke the feild.

How Colgernus come furth fra the laif and repreuit Loth, and passit agane but Ansuer.

This Colgernus vpone ane cursour wycht,   27,075
With speir in hand all cled in armor brycht,
Befoir the lawe furth in the feild he raid,
Towart king [Loth] wnder his baner braid,
And with ane voce richt loud on him did cry,
" Fy on the king ! fy on thy falsheid, fy !   27,080
" Withoutin caus that brokin hes thi band,
" And oblissing thow maid with thi awin hand,
" To ws that faillit neuir [ȝit] to the,
" In word nor werk as weill ma previt be ;
" And makand freindschip quhair thow had   27,085
          greit feid,
" Of thy injure without ony remeid,
" The quhilk to the sa oft befoir hes faillit,
" And of thair purpois also had prevalit,
" Had nocht bene we, for ony thing thow docht :
" Now weill I wait thi kyndnes is for nocht."   27,090
And mekle moir dispitfullie he spak :
To him king Loth no ansuer than wald mak.

Schir Colgernus than prickit ouir the plane,
Without ansuer, on to his men agane.

How Arthure and Conranus with Lothus gaif Feild to Occa and Colgernus and wan the Feild, quhair Occa fled and Colgernus was slane.

Lib.9, f.134. Col. 1.

On euerie syde the trumpetis blew on hycht.   27,095
With baneris braid that brodin war full brycht,
And standartis waiffand with the wynd full wyde,
The cruell Scottis wes awfull till abyde.
Of fedderit flanis in the feild that flew,
Heidit with steill als thik as ony dew,   27,100
And ferce as fyre out of the flynt dois found,
Quhair euir tha hit tha maid ane werkand wound.
With speiris lang, and mony schynand scheild,
The men of armes enterit in the feild;
So thrafullie togidder that tha thrang,   27,105
And sic ane raiss that all the rochis rang,
Quhair mony berne wes laid vpoune his bak,
And mony speiris all in spalis brak;
With kene knokis ilk ane on vther quellit,
Quhill mony freik into the feild wes fellit.   27,110
In the vangard quhair that the Scottis faucht,
So mony rout amang the Saxonis raucht,
Schir Cheldrik, thocht he wes neuir so wycht,
Wes slane that da; the laif all tuke the flicht,
And left the feild without ony remeid,   27,115
Quhair mony Saxone thair that da la deid.

How Colgernus straik Loth fra his Hors, and how Colgernus was slane with Tua Pechtis.

Schir Colgernus vpoun ane cursour wycht,
Agane schir Loth he ran ane cours full richt.

Or he wes of him warnit in that tyde,
He hit king Loth vpoun the farrar syde,   27,120
And festnit hes his speir into his scheild,
Doun of his hors syne draif in[to] the feild.
Tua pert Pechtis on hors wer huvand by,
Schir Colgernus richt sone and suddantly
With thair speiris him stickit in that steid,   27,125
Doun of his hors syne to the ground fell deid.
King Loth thair lord, withoutin ony pane,
Boith haill and feir syne horsit hes agane.
Colgernus men, seand that he wes slane,
Into the feild no langar wald remane :   27,130
Of his slauchter so greit disconfort hed,
Out of the feild richt fast away tha fled.
The middill battell into king Occais feild,
Persauit weill the wyngis baith wer keild,
And thai but help wer left vpone the plane,   27,135
Into the feild no langar wald remane :
For ocht Occa culd outher do or sa,
Tha left the feild and fled richt fast awa.
Occa[1] him self onto the se he fled,
Syne in ane schip, quhilk reddie thair he had,   27,140
Richt quyetlie, soir woundit, on ane da
That samin tyme fled in Saxonia.

HOW THE SAXONIS, EFTER THA HAD TYNT THE
    FEILD, COME ALL TO KING ARTHURE BESEIK-
    AND HIM OF GRACE, AND OF HIS ANSUER
    AGANE.

Col. 2.
Sone efter that, within ane lytill space,
The Saxonis all convenit in ane place
To thair counsall efter tha tynt the feild.   27,145
Syne quhen tha knew thair captanis all wer keild,

---

[1] In MS. *Occo.*

And in the feild sa mony als war slane,
Without beleif to gif battell agane ;
For-quhy thair power sempill wes and small,
And thai that tyme but chiftane war withall,   27,150
For that same caus, or than my author leis,
Befoir king Arthure all vpoun thair kneis
Richt piteouslie his grace tha did imploir,
For to remit all faltis of befoir.
Beseikand him of his hienes and grace,   27,155
That he wald grant thame in sum quyet place
For to remane withoutin skaith or lak,
At his plesour gude seruice for to mak.
Quhen king Arthure hard thair desyr and will,
Into that tyme sic ansuer maid thame till :   27,160
Gif that tha list to tak the faith of Christ
Withoutin baid, and for to be baptist ;
Of halie kirk als for to keip command,
Tha sould be fre to duell into his land,
At thair plesour ilk ane baith les and moir,   27,165
With all fredome sic as tha had befoir,
In peax and rest all tyme baith evin and morne ;
Syne bodelie ilkane for to be sworne,
Britis agane neuir mair till persew
In plane battell, for ald feid or for new.   27,170
Quha lykis nocht for to keip that command,
In pane of deith he war fund in that land ;
And no les pane, as my author did sa,
Quha did remane attouir the fyftene da.

HOW THE SAXONIS PASSIT ALL FRA ALBIONE ONTO SAXONE AT THE COMMAND OF ARTHURE.

Sone efter that ane company full large   27,175
Of Saxon men, with mony bark and barge,
Tha tuke the se all efter on ane da,
Syne passit hame on to Saxonia.

The men of gude that duelt about neirhand,
Seand the Saxonis cumand to the land, 27,180
Lyke to pereis baith of hungar and cald,
Tha swoir and said amang thame mony fald,
That efterwart, and tha thair tyme micht se,
Of that injure tha sould revengit be.
Richt mony Saxone, efter tha war gone, 27,185
Remanit still lang into Albione,
Quhilk fenȝeit war takand the fayth of Christ,
With fraudfull mynd tha war ilkane baptist,
With greit corruptione still into thair thocht,
Into that tyme suppois tha said richt nocht. 27,190

HOW THE SAXONIS DUELLAND IN VECTA ILE THAT LEVIT WAR BE ARTHURE SEND IN SAXONE, AND BROCHT ANE GREIT POWER OF MEN IN BRITANE, MAKAND GRIT DISTRUCTIOUN.

This being done as I haif said ȝow heir,
Gude king Arthure, richt lang and mony ȝeir,
Greit diligence he hes done da and nycht,
The Christiane faith with all power and mycht,
And Christis kirk, agane for to restoir 27,195
To the same forme that it wes of befoir.

Lib.9,f.144b.
Col 1.

And hes gart big kirkis that war cassin doun,
Prelattis and preistis of greit deuotioun,
Solempnitlie thairin to sing and sa ;
The commoun pepill on the halie da, 27,200
Diuyne seruice and word of God to heir,
All ceremoneis efter the law to leir.
Baith da and nycht ane lang tyme so he wrocht,
Quhill all Britane vnto the faith wes brocht.
My author sais in the samin quhile, 27,205
The Saxonis duelland into Victa Yle,
Fra Albione that lyis sum thing south,
Evin richt foirnent the water of Tamis mouth,

Out of Saxone ane greit power hes brocht.
So quietlie amang thame it wes wrocht, 27,210
Or Arthure wist, tha wrocht richt mekle noy
Ouir all Kentschyre quhilk tha schupe to distroy.
And quhen that caice to king Arthure wes kend,
To king of Scottis and Pechtis sone hes send
For thair supple, siclike as of beforne, 27,215
Agane thair fais fals war and mensworne,
The faithles doggis gif that he culd dant.
All his desyre tha tua kingis did grant;
Ten thousand men fra euirilk king also,
To king Arthure that time wer maid till go. 27,220
Ane man of gude callit Ewgenius,
The sone and heir of nobill Congallus,
Quhilk king of Scotland wes into his dais,
Conranus bruther, as my author sais,
Vnkill also wes to this ilk Ewgene, 27,225
Quhilk captane wes to all the Scottis men.
Schir Modred, king Lothis sone and air,
Prince of the Pechtis, baith plesand and fair,
Quhome to his father gaif the oist to gyde
Of proude Pechtis that war rycht full of pryde. 27,230

How Eugenius, Prince of Scotland, and Modred, Prince of Pechtland, passit to Lundoun to Arthure.

Thir tua princes, withoutin ony baid,
Towart Lundoun to king Arthure tha raid.
Of thair cuming richt blyth and glaid wes he,
Welcumand thame with all humanitie,
And thankit thame with hartlie mynd and will, 27,235
In his supplie at sic neid come him till.
Towart Themys vpoun ane plesand plane,
Neirby Lundoun, he gart the ost remane,
Quhair tha plantit all thair palӡeonis doun;
And he him self syne passit to the toun, 27,240

And lordis all war with him thair ilkone,
Baith les and moir to counsall syne ar gone.
Efter counsall, thre dais in the toun
Remanit still thair at thair oratioun ;
Syne finallie, efter on the fourt da,   27,245
Solempnitlie he gart baith sing and sa
Diuyne seruice with prelat, preist and clerk.
In his baner syne all of brodin wark,
Porterit perfite the Virgin clene and puir,
Of hir bosum the quhilk that Jesu buir,   27,250
Fra that tyme furth, as that my author sais,
In his baner he buir hir all his dais.
Syne furth of Lundoun tuke the narrest wa,
Onto the camp quhair his grit ost lay,
Commendand him on to the Virgin brycht,   27,255
That Jesu buir, for to manteine thair rycht.

Col. 2.

How it wes schawin to Arthure that the
Saxonis was neirhand, and how he send
Modred and his Gude-father Guallanus
to spy thairof, and of the fals Tressoun
of the Saxonis that Tyme to Modred
and Guallanus.

Ane man to Arthure schew into that quhile,
The Saxonis all within les nor fyve myle,
Evin at thair hand war huvand by ane hicht,
On fit and hors, all cled in armour bricht.   27,260
Schir Modred, ane chiftane cheualrous,
And his gude-father nobill Guallanus,
Thir tua freikis quhilk war of mekle force
Passit befoir than with fyve thousand horss,
In curage cled, that burneist wes full bricht.   27,265
So as tha raid furth vpoun randoun richt,
Fra Saxonis send ambassadouris to meit
To king Arthure, quhome gudlie tha haif greit,

Traistand richt weill but perrell to remane
In that same place quhill that tha come agane; 27,270
And for that caus vpoune the samin feild,
Traistand no ill, tha baid baith man and cheild.
Quhen this ambaxat come king Arthure till,
And schew to him all thair desyre and will,
Quhilk in the tyme ȝit thai obtenit nocht, 27,275
Traistand for tressoun that it sould be wrocht;
Richt weill he wist that thai culd nocht be leill,
Thairfoir les will he had with thame to deill,
To thame no ansuer in the tyme he gawe,
Quhill that he war aduysit with the laif. 27,280
That samin tyme the fals Saxonis wntrew,
Schir Modred, that na disceptioun knew,
Or euer he wist that, with ane cry and schout,
In rayit battell set him round about.
Quhen Modred saw it micht na better be, 27,285
Withoutin schame also he micht nocht fle,
Suppois his power in that tyme wes small
In feild to fecht agane tha Saxonis all,
Ȝit neuirtheles that tyme he tuke to reid
That euerie man revenge suld his awin deid; 27,290
Gif weirdis wald of force sic thing to be,
Throw fals tressone tha suld be maid to de.

HOW MODRED TUKE FEILD AGANIS THE SAXONIS.

Syne in the feild tha enterit with ane crak,
Quhair mony berne war laid vpone thair bak,
And mony ane war maid full braid to bleid, 27,295
Into that stound la steickit wnder steid.
Schir Modred, his power wes so puir,
Into the feild no langar micht induir;
Thair of his men the tua part than wer slane,
The laif all fled no langar mycht remane. 27,300

To the grit oist richt fast tha tuke the flycht,
And styntit neuir quhill that tha come in sycht.
Schir Modred wes brocht away of force,
And Guallanus, but ony hurt on hors ;
Haill and feir, suppois thair men wes slane,   27,305
To king Arthure thir tua come hame agane.
Quhen this wes schawin to gude Arthure the king,
Quhilk gritlie wes aggreuit at sic thing,
The Saxone herald thair remaning maid,

Lib. 9, f.135.
Col. 1.
Ȝit wndeliuerit on his ansuer baid ;   27,310
Then king Arthure with his captanis ilkone
That present war, to counsall all ar gone,
Efter decreit in presens of the lawe,
To that herald sic ansuer than he gawe.

How Arthure gaif Ansuer to the Herald.

" Ȝour greit falsheid oft befoir I kend,   27,315
" That broucht ȝow ay wnto ane wickit end,
" And ay will do, I bid nocht for to heill,
" For in my tyme I fand ȝow neuir leill.
" Ȝe schaw ȝour self wnfaithfull, fraudfull schrewis,
" Now wnder traist, quhen ȝe war takand   27,320
     trewis,
" Out of beleif trowand of ȝow no ill,
" So greit injure as ȝe haif done ws till.
" Quhairfoir," he said, " heir I command in plane,
" Ȝe send to me no message[r] agane,
" In tyme to cum we will thame nocht ressaue. 27,325
" And thow thi self this ansuer now sall haue :
" For the fals tressoun this tyme ȝe haif wrocht,
" And I may leif it salbe full deir bocht ;
" Fra blude and battell I sall neuir blin,
" Quhill thair is ony of ȝour cancarit kin   27,830
" In Albione, that I mak God avow.
" Na vther ansuer sall thow get as now."

This beand said befoir that multitude,
Thair come fourtie of the grittest men of gude,
That wes that tyme in all the Saxone oist,   27,335
To king Arthure, lawlie but ony boist
Excusand thame of all wes done him till ;
Sayand, it wes aganes the nobillis will
All that wes done, as tha sould gar him ken,
Vnhappelie be ill asposit men,   27,340
That knew nocht weill quhat that the nobillis
    ment,
Nor ȝit of thame had counsall nor consent.
Arthure, that dred thair greit falsheid and fraude,
Into the tyme he gaif command and bad
Without ansuer tha sould be keipit still,   27,345
Quhill efterwart that he had wrocht his will.
And so tha did that tyme at his command,
Gart thame remane thair still without ganestand.

How Arthure lang forrow Da tuke the Saxonis all sleipand, quhair tha war all slane for the moist Part, and all the lawe war chasit.

That samin nycht, ane lang quhile forrow da,
This ilk Arthure, quhair that the Saxonis la,   27,350
With all his power movit in schort quhile,
Quhair that tha la within les nor thre myle.
In thre partis the greit oist than diuydit;
The formest ost this ilk schir Modred gydit
In gude ordour, with egir mynd and will,   27,355
Quhill that he come neirby the Saxonis till.
The vtter watche war sone in handis tane ;
The inwart watche war slane and chaist ilk ane ;
Onto the camp all sleipand quhair tha lay,
Ouir all the oist tha maid ane felloun fray,   27,360

With so greit dreid amang thame all ilk deill,
Quhat for till do tha wist nocht ane than weill.
Thairfoir that tyme tha dred ilkone full soir,
For the injure tha did Modred befoir;
Wittand richt weill thair wes na dome bot deid, 27,365
Richt will tha war how tha suld find remeid.
Than, or tha micht be grathit in thair geir,
With breistplait braid, with bow, bukler and speir,
Richt mony thousand war maid for to de;
Without armour als all the lawe to fle   27,370
Heir and thair, with mony cairfull cry.
Than efter thame king Arthure sone gart hy
Horssmen in haist, with speiris scharpe and lang;
Quhair tha ouirtuke thame in the thickest thrang,
Withoutin respite, reuth, or ȝit remeid,   27,375
Richt doggitlie tha dang thame all to deid.

How the Saxonis that fled dround in ane Flude.

The lawe that chaipit fra thair hand that tyde,
Into ane flude that wes neirhand besyde,
Bot fra the feild that wes ane lytill we,
Tha dround ilkone for fercenes ouir to fle.   27,380
Quha had bene thair that da for to haif sene
Sa mony grume la granand on the grene,
Greit petie wes to luke vpoun that plane,
Sa mony thousand in that tyme la slane,
With sic abundance bleidand of thair blude,   27,385
Sa mony als wer dround into the flude;
The cairfull cry wes hiddeous for till heir
Of woundit men and sic that micht nocht steir,
Sum but the leg, and sum wantit the arme,
To ony hart it wald haif done grit harme   27,390

For to behald the reid blude as it ran,
And mad murning of mony woundit man.
The Saxonis all that into strenthis la,
To Arthure come sone efter on ane da,
With all the lawe that levand war on lyve,   27,395
On kneis bair ilkane, baith man and wyfe,
With soir sobbing, richt oft saying allace!
Beseikand him of his excellent grace,
With piteous voce he wald for thame prowyde
Within his boundis to remane and byde,   27,400
And thai suld be gude seruandis ay him till,
At his plesour in all thing as he will :
Sayand richt litill it micht him availl,
Sic puir pepill quhilk to him neuir did faill,
For to perische with hunger or with cald,   27,405
That mycht thame weild evin as him awin self
    wald.
Quhen Arthure hard as tha haif said him till,
Rycht gratiuslie he tuke thame in his will,
Without offence other of ʒoung or ald ;
Thair wes no Brit that tyme durst be so bald,   27,410
For ony feid of Saxone or injure,
For till offend other riche or pure,
Quhill tha war fred and passit euerilk one
Without injure hame into Albione.
The puir pepill that tuke the faith of Christ,   27,415
That fenʒit war suppois tha war baptist,
Tha war levit all at the kingis will,
Into Britane to lawbour and byde still,
And grit tribute and victigall alsua,
Ilk ʒeir by ʒeir to king Arthure till pa ;   27,420
And neuir till vse hors, harnes or geir,
Or ʒit waponis that neidfull war in weir ;
And neuir agane the Britis till persew,
Bot euirmoir sworne to be leill and trew.

Lib.9, f.135 b.
Col. 1.

How Arthure passit to Lu[n]doun, and gaif
greit Rewardis baith to the Scottis and
Pechtis, and how thai tuke thair Leve
at Arthure and passit Hame.

Quhen this wes done king Arthure mad him   27,425
   boun,
And all the nobillis onto Lundoun toun,
Quhair tha remanit quhill the tuentie da,
With dansing, singing, feisting, sport and pla.
To Scot and Pecht rycht grit rewarde he gaif,
Tha wantit nothing that tha list to haif.   27,430
Ewgenius, and gude Modred also,
Tha tuke thair leif and hamewart bayth did go,
With greit blythnes thairby, ȝe ma weill ken,
In thair travell tha loissit richt few men :
Syne haill and feir, without ony ganestand,   27,435
Ilkone of thame come hame in thair awin land.
Fra king Arthure so worthelie anone
Of Saxone blude had changeit Albione,
He maid the Britis alway to leif fre
Ouir all Britane, with land and libertie,   27,440
In peice and rest, richt lang and mony da.
That samin tyme, as my author did sa,
Gude Conranus without stop or ganestand,
In pece and rest he gydit all Scotland.
Equale he wes ay baith to riche and puir,   27,445
Quhill he wes ȝoung and micht travell induir,
Vnder his wand he leit be wrocht na wrang ;
And syne wox ald micht nother ryde nor gang,
On to ane man committit all the cuir,
Quhilk wnder him than all the office buir,   27,450
Ouir all Scotland wes justice in tha dais,
Callit Toncet, as that my author sais.
Suppois he had so greit auctor[it]ie,
ȝit borne he wes bot of ane law degrie,

Infectit far with auerice that syn; 27,455
Quhair euir he knew gold or gude to wyn,
Wald find ane falt suppois thair had bene nane,
And wranguslie distroyit mony ane,
Gat he thair geir he set nocht ellis by;
Quhairat ilk lord dispyit had and invye, 27,460
And luikand ay quhill tha thair tyme micht se,
Of this Toncet for to revengit be.

How Toncetus, haldand ane Air in [F]orestoun, for Couetusnes gart sla Tua saikles Men, quhairfoir his Freindis slew Toncet on ane Day.

This ilk Toncet, of quhome befoir I tald,
It[1] hapnit him in Murraland to hald
In Forest toun that tyme ane justice-air, 27,465
And for na petie riche and puir wald spair,
Quhat euir tha war, to mak thair pak full thin;
Quhair euir he wist that thair wes gude to wyn,
Richt saiklislie sa mony he gart die.
So in the toun thair hapnit for to be 27,470
Thre riche merchandis duelland in the tyme,
Quhilk wer condampnit for ane causles cryme,
But ony falt, haifand no e to treuth,
Syne put to deid but pitie or reuth,
For causs he knew that thair wes gude to wyn. 27,475
Thairfoir thre nobillis of thair awin kin,
This ilk Toncet ane da quhair tha did meit,
Richt cruellie tha slew him on the streit,
Syne of the toun fled to thir hillis hie,

Col. 2.

To saue thame self, it micht na better be; 27,480
Knawand so weill how that the king wes sett,
For no requeist thair wes, no grace to get

---

[1] In MS. *In.*

That levand wes thairof, man or wyffe,
Als lang as he micht leve and bruke the lyfe.
And for that causs, knawand it wald be sua,   27,485
Decreittit hes thair king and prince to sla,
And tak thair chance gif that wald be remeid ;
No vther wa tha micht evaid his feid.

Off the Tressone of the Lord of Athoill, callit Donald.

Ane lord of Athoill, callit wes in tha dais
Donald to name, as that my author sais ;   27,490
With this ilk king weill louit [than] wes he,
And of him had richt greit auctoritie,
Ʒit neuirtheles he keipit ane euill part
To that same king he louit with his hart ;
At him that tyme he had richt grit invy,   27,495
Quhat wes the causs I can nocht tell ʒow quhy.
Into Lochquhaber, ane toun sum tyme of fame,
Quhil Inverlochtie callit wes to name,
Quhair that the king remanit for the tyme,
And this Donald committar of the cryme,   27,500
Withoutin caus, as that my author schew,
He send for thame that this Toncetus slew
Richt quietlie, and bad thame cum him till,
Gif that [thai] thocht thair purpois to fulfill,
Than wes best tyme gif tha list to do ocht,   27,505
And he sould help thame als far as he mocht.
Richt quyetlie syne efter on ane nycht,
Quhen all war cloiss, onwist of ony wicht,
This fals Donald that knew full weill the gin,
In the chalmer quhair that the king la in,   27,510
Into ane bed besyde him quhair he la,
He leit thame in, syne staw him self awa
Richt quietlie, as none knew his intent,
Of all sic thing as he war innocent.

How Conranus askit thame Mercie on his Kneis.

This saikles king in his bed quhair he la,   27,515
Persauit weill richt lang befoir the da
The greit tressoun that tyme wes to him wrocht,
And what till do rycht weill than wist he nocht.
Out of his bed he lap with all his cuir,
On kneis bair syne sat doun on the fluir   27,520
Richt piteouslie befoir thame in that place,
Beseikand thame of thair mercie and grace.
On kneis bair befoir thame that he sat,
Haldand his handis to the hevin with that,
Beseikand thame than for to saif his lyfe,   27,525
Ilk ane of thame out throw him thrang a knyfe,
On wittand syne tha passit all awa :
Thair he la deid syne on the fluir quhill da.
Sic wes his chance, as I haif said ȝow heir,
Then of his ring the fyve and threttie ȝeir.   27,530
With greit dolour syne, bayth of gude and ill,
Tha buir his bodie to Ecolumkill,
Of kinglie wyiss takand thairof grit cuir,
Syne sesit him thair into sepultuir,   Lib.9. f.136.
Than of our Lord fyve hundret ȝeir ago,   27,535   Col. 1.
Threttie and fyve withoutin ony mo.
Ane nobill prince in all his tyme wes he,
Except in eild with sic partialitie
He gydit wes as ȝe ma heir me mene,
Quhilk till ane prince of na way suld pertene,   27,540
Thair counsall vse quhilk war of law degrie.
For-quhy ane man that is in pouertie,
The quhilk pretendis to ane hiear stait,
For to win riches all tyme air and lait,
Swyfter nor ane swallow will by ressone ryn,   27,545
On to him self ma he get gude to wyn.

That wes the caus, as it ma weill be kend,
This nobill king maid sic ane hastie end.

How Ewgenius the Sone of Convallus, efter
the Deid of Conranus, was crownit King
of Scottis, the quhilk Ewgenius was
with Arthure at [1] the Wynnyng of the
Saxonis, as ȝe haif hard befoir.

Quhen he wes deid as I haif said ȝow heir,
The lordis all of Scotland far and neir,   27,550
Convenit hes into that samin quhile,
To croun thair king togethir in Argyle.
But contrapleid other of ald or ȝing,
Ewgenius tha crownit to be king,
The eldest sone of worthie Congallus,   27,555
And als he wes that ilk Ewgenius,
With king Arthure than wan sic laud and gloir
In the last feild, as ȝe haif hard befoir,
Quhair mony Saxone deit on ane da,
Schort quhile befoir as ȝe micht heir me sa.   27,560
Sone efter syne that he wes crownit king,
Perswadit wes with wordis richt benyng,
Of men of gude in mony sindre steid,
For to revenge this gude Conranus deid,
His deir vnkle so tender of his blude,   27,565
In tyme to cum till ken all other gude,
So cruellie without caus or offence,
For to put hand other in king or prince.
Eugenius this counsall did neglect:
Thairfoir the pepill held him all suspect   27,570
That he sould be assistar to that cryme,
Suppois he wes richt saikles in the tyme,

---

[1] In MS. as.

For-quhy the king he louit as his lyfe.
ȝit neuirtheles this ilk Conranus wyfe,
With tua sonnis sone efter on ane da,   27,575
For dreid of him fled in Ybernia.
This fair ladie, quhilk wes of fame vnfyld,
Departit thair syne with hir eldest child.
The ȝoung[er] child, richt plesand and benyng,
Remanit thair in keiping with the king,   27,580
Ane bony barne, withoutin ony blame,
Quhilk callit wes Adamus to his name.
Ewgenius, the first ȝeir of his ring,
So worthelie he had him in all thing,
To riche and puir with greit equalitie,   27,585
Aboue all vther louit than wes he.
Baith gude and ill than stude of him sic aw,
So just he wes without rigour of law ;
Humbill and meik, and curtas till all man,
With love and fauour all thair hartis he wan.   27,590

Col. 2.

And gif it hapnit ony innocent
Be partiall way be hurt in jugment,
Thair caus gif tha micht find [na] refuge,
Committit suld be till ane hiear judge,
For to reforme be his auctoritie   27,595
Sic wrang sentence agane to equitie ;
And gif it hapnit ony to be so puir,
Process of law that micht nocht weill induir,
In falt of riches, gold, substance or mycht,
Without power for to defend thair richt,   27,600
The coist alhaill to be in his expenss,
So that the puir man sould thoill na offens.
No man ane wedow fra hir hous suld caw
Attouir ane myle for to thoill the law.
Richt [mony] that he maid into his tyme,   27,605
That I list nocht heir for to put in ryme ;
Thairfoir of him heir I will hald me still,
And to king Arthure turne agane I will.

How the Britis, efter lang Peax, grew to
Riches, quhair throw tha misknew baith
God and thame self, quhair throw tha
causit Arthour to brek the Band to the
King of Pechtis, as efter followis.

Lang peax and rest causis greit policie,
Quhair throw oft syis thair cumis grit plentie   27,610
Of gold and riches in till abundance,
Of meit and drink, with sporting and plesance,
In sic acces quhilk causis mony men
The warld, thame self, and God for to misken.
This suith example, as my author writis,   27,615
I verifie ma richt weill be the Britis ;
Quhilk throw lang peax to sic riches and mycht
Tha grew that tyme and efter till sic hicht,
With greit abusioun than ouir all Britane,
That tha misknew richt far bayth God and man. 27,620
Quhilk causit thame, withoutin causs, wnwraith
To brek thair band with oblissing and aith
On sacrament in sanctuar wes sworne
To king Lothus, as ʒe haif hard beforne,
Efter the tyme of king Arthuris ring,   27,625
That Modred than of Britis suld be king,
Quhilk efterwart revoikit and forthocht ;
Of all tha said ane word tha keipit nocht.
Arthure him self na laufull sone had he,
For-quhy his wyffe ay in sterilitie,   27,630
All his dais scho wes withoutin cheild,
Alls weill in ʒouthheid as scho wes in eild.
Becaus Arthure had no successioun
For to succeid efter him to his croun,
Into Britane thair king and prince to be,   27,635
The Britis all but oportunitie,

Hes causit Arthure in the tyme declair,
Quhilk efter him of Britis suld be air
Of all Britane, quhilk war ane man of gude.
All in ane voce togidder tha conclude,   27,640
That king Modred sould neuir bruke thair croun,
Nor ȝit nane of vther of his successioun,
Agane the aith and oblissing befoir
That tha had maid the Britis les and moir.

HOW ARTHURE DECLARIT CONSTANTYNE, S[CHI]R CADROCHIS SONE OF CORNEWALL, KING OF BRITANE EFTER HIM.

Lib. 9, f.136b. Col. 1.

Tha gart Arthure richt sone declair that thing,   27,645
Efter his tyme quha sould be lord and king.
At thair desyre that he wald nocht deny,
Ane man of gude that standand wes neirby,
Quhilk Constantyne to name callit wes he,
Schir Cadrochis sone, of greit auctoritie,   27,650
Of Cornewall lord, ane greit nobill tha dais,
This ilk king Arthure, as my author sais,
Hes namit him for to be prince and king,
Efter his tyme ouir all Britane to ring.
Fra that tyme furth ouir all Britane wes he   27,655
Haldin for prince with greit auctoritie.
Ane quhile befoir, as that my author sais,
Schir Loth the king of Pechtis in his dais,
The quhilk Pechtland efter that samin da,
Efter his name callit it Loudonia,   27,660
Departit wes ane quhile befoir nocht lang;
Modred his sone into his steid than rang.

How Modred, King of Pechtis, herand how Arthure and all the Britis had brokin thair Band maid befoir to his Father Lothus, was richt commouit, and or he wald invey Battell, [send] to thame ane Herald.

Quhen Modred knew thair greit perversitie,
Vnfaithfulnes with sic fragilitie,
The band and aith to him that tha had brokin, 27,665
He wist nocht weill how that he sould be wrokin,
Of thair falsheid for to revengit be,
He knew so weill thair instabilitie.
And thocht to him tha had done sic offence,
Ʒit wald he nocht be way of violence   27,670
Into that tyme his purpois till persew,
Perfitliar thair myndis quhill he knew.
With agit men that culd of curtasie,
He send to Arthure for that samin quhy,
Him to requeir with Britis les and moir,   27,675
To keip promit that tha had maid befoir.
The quhilk to do he micht nocht weill deny,
Sen he nor his had nother caus nor quhy
To brek the band that tha had maid beforne,
With mony aith thairto obleist and sworne.   27,680
Befoir thame all that present thair wes plane,
This king Arthure sic ansuer maid agane.

How Arthure gaif Ansuer to the Herald.

" Gude freind," he said, " ʒe be in wrang for-thy,
" That blamis ws withoutin caus or quhy,
" Sayand to ʒow we haif brokin promit ;
" That is nocht trew, as thow sall rycht weill   27,685
    wit.

" And for this causs, oure band and oblissing
" Wes to schir Loth and to na vther king,
" Quhilk all his tyme we keipit richt perfite.
" Thairfoir," he said, " we ar nocht for to wyte, 27,690
" Efter his tyme thow ma weill wnderstand,
" Suppois to ʒow we keip nocht that same band."

Col 2.

This was the ansuer that king Arthure gaif,
With loud lauchter and scornyng of the laif;
Syne but reward, with mekill bost and blame, 27,695
To king Modred the herald passit hame,
And schew to him ilk word, boith les and moir,
At greit lasar, as I haif said befoir.
This king Modred quhen he thair ansuer knew,
And his lordis all, in sic anger grew, 27,700
Into the tyme ilkane baith said and swoir,
Other to die or of that grit injure
Revengit be, micht tha haif tyme and space,
Richt suddantlie with help of Goddis grace.

How Modred askit Help at Ewgenius.

In that mater, or tha wald moir intend, 27,705
To king Eugene ane herald sone tha send,
And schew to him the mater all and how,
Ilk word by word as I haif schawin ʒow ;
In sic effect befoir as tha war spokin,
And how Arthure his aith and band had 27,710
    brokin.
Beseikand him of his help and supple,
Of tha injuris for to revengit be ;
Saying also, Arthure ressauit hed
All flemit men furth of Scotland that fled,
And furneist thame baith into horss and geir, 27,715
And all waponis that neidfull war in weir ;
Quhilk with the Britis on the bordour la,
Greit heirschip maid oft into Gallowa ;

Sayand richt sone, and he his tyme mycht se,
Of Scot and Pecht he wald revengit be   27,720
For the injure wes done to thame beforne,
Richt mony ane ȝeir or ony of thame wes borne.

HOW EWGENIUS GRANTIT HELP TO MODRED.

Ewgenius considderit than richt weill
All that wes trew, and also had ane feill
That Arthour thocht sone efter, and he mycht,   27,725
All Albione, suppois he had nocht richt,
Weild at his will for the injure and wrang,
To his eldaris wes done befoir richt lang.
For that same caus rycht hartlie with gude will,
All his desyre moir glaidlie grantit till ;   27,730
Sayand, he suld within ane litill space,
With all power meit him at da and place.
With this ansuer the herald hame he ȝeid
To the king of Pechtis callit wes Modreid,
And schew to him ilk word, baith les and   27,735
   moir,
Of his ansuer as ȝe haif hard befoir.
Quhairof that tyme rycht weill content wes he ;
Syne gart proclame be his auctoritie,
That euerilk man, als gudlie as he ma,
Sould reddie be within ane certane da,   27,740
For to convene at sett da and at steid,
On thair best wayis, wnder the pane of deid.
And so tha did, keipit the place and da ;
King Ewgene als, as my author did sa,
With greit power of Scottis out of number,   27,745
He met Modred vpoun the water of Humber ;
Vpoun ane plane wes on the water syid,
Tuik purpois thair togidder for to byde.

How Arthure bownit to the Battell aganis Modred with Supple of Ewgenius, and how the Pechtis met Arthure in Feild.

Arthure richt weill that all thair counsall knew,
Richt suddantlie that tha suld him persew ;   27,750
For that same caus, out of Armorica
Ane armie brocht that come with him that da;
And euerie Brit that waponis docht to weild,
On fit and hors he brocht with him on feild.
Full mony berne that wes baith bald and   27,755
 wycht,
In curage cleir that burneist wes full brycht,
On to that feild wnder his baner brocht,
Of glitterand gold that worthelie wes wrocht.
The proud Pechtis on the tother syde,
In rayit battell on the bent did byde,   27,760
Weill cled in curage and cot of armour cleir,
With buglis blast that hiddeous wes till heir,
And staitlie standertis strickit vpon hicht,
Thair face for face stude in thair fais sicht.

How the Bischopis ȝeid betuix thame.

Off Scotland, Pechtland, and Britane also,   27,765
In to that tyme betuix thame thair did go
Richt mony bischop with thair oratioun,
And famous men als of religioun.
And first of all onto thir kingis tuo,
Beseikand thame that tha sould nocht do so,   27,770
Bot to be wyiss and at gude counsall byde,
For greit dangeir that efter micht betyde
On to thame all, gif sua hapnit to be
That da to meit in to that mad mellie.

Ouir all the warld, quhen it war kend and   27,775
   spokin,
Of Albione the power wes so brokin,
That tha micht nocht thame fra thair fa defend ;
" On to the Saxonis syne quhen it is kend,
" Quhilk hes ȝow all at malice and invye,
" Traist weill tha sall, richt sone and suddantlye, 27,780
" Of Albione haif haill auctoritie,
" Or mony thousand on ane da sall de."
Quhen this wes said befoir thame all present,
Baith Scot and Pecht thairof wer weill content ;
So that the Britis wald keip thair aith and   27,785
   band,
Tha maid befoir subscriuit with thair hand,
Forder as than tha sould thame nocht invaid,
And keip to thame conditione that tha maid ;
And wald tha nocht, quhat euir efter fell,
The wyte of all sould licht amang thame sell.   27,790
Quhen this wes said befoir thame all ilkone,
To Arthure syne thir prelatis all ar gone,
And schew to him siclike as of befoir,
With greit effect the danger les and moir ;
The greit perrell of battell and the chance,   27,795
To him tha schew with all the circumstance.
Syne efterwart tha schew to him also
The gudlie ansuer of thir kingis two,
All thair desyr als far as tha culd knaw,
Wes all bot richt according to the law,   27,800
And of all ill als tha war innocent.
Arthure thairof that tyme wes weill content
To keip the band that he had maid but leis,
With Scot and Pecht to leif in rest and peis.

How the Brit Lordis wald nocht let
Arthure cord with Modred, and bostit
the Bischopis that maid Intercessioun.

Into that tyme war standand neir besyde   27,805
Britis full bald, presumpteous, full of pryde,
To Constantyne that war of kin full neir,
The quhilk befoir, as I haif said ȝow heir,
Declarit wes of Britane to be king,
Efter the tyme of this king Arthuris ring ;   27,810
Quhilk haldin war of greit auctoritie,
Baith with the king and the commwnitie ;
Into the tyme maid greit impediment,
And be no way wald grant, or ȝit consent,
To keip the band that tha had maid befoir ;   27,815
For-quhy tha said, with mekle bost and schoir,
Thir kingis tuo alledgit had sic lawes
Aganis thame withoutin ony caus,
Or ressoun quhy, just battell till inveife,
Quhilk in that tyme tha offerit thame to preve. 27,820
All this tha said with greit affectioun
Of Constantyne, and no way be ressoun,
Quhilk efterwart tha mycht forthink full soir
The Britis all, and sall do euir moir.
For no requeist or intercessioun   27,825
Thir bischopis maid oft with greit oratioun,
The Britis bald be no way wald conceid
To the desyr of this king Modreid.
Richt scharpe langage to thir bischopis tha gaif,
Sayand, tha come king Arthure to dissaue ;   27,830
Out of thair sicht tha bad thame by thame sone,
Or tha suld rew that euir sic thing wes done.
Sic manassing tha maid thame with grit boist,
Quhairthrow that tyme thair raiss throw all the
     oist

Sic rude rumour of all war standand by,   27,835
That euerie syde richt sone and suddantlye,
With mony one that waponis weill culd weild,
On fit and horss hes enterit in the feild.

HEIR FOLLOWIS THE BATTELL OF THE BRITIS, BETUIX KING ARTHURE ON THE ONE SYDE AND SCOTTIS AND PECHTIS ON THE OTHER SYDE, STRIKIN AT HUMBER WATER.

The bowmen bald, that war bayth strang and stuir,
Of Scot and Pecht into the feild tha fuir.   27,840
Thair scharp schutting maid sydis for till sow,
Throw all thair geir tha gart thame grane and grow.
The Britis bald into that stour that stude,
For all thair bost tha bled richt mekle blude.
The Scottis bowmen and the Pechtis[1] baith,   27,845
Into the feild tha did richt mekle skaith.
Lang efterwart of thame it had bene spokin,
War nocht that tyme that thair array wes brokin
With men on hors, couerit with targe and scheild,
That skaillit thame richt wyde into the feild,   27,850
In sindrie partis vp and doun the plane,
That tha culd nocht cum till array agane.
Be that the vangard of the Britis syde,
Thair prince that tyme, schir Constantyne, did gyde,
Lib.9, f.137b. With all thair power enterit on the plane,   27,855
Col. 1. Of Ordolus the lord faucht him agane.
Gude schir Gawane that da, with Arthure king,
The secund wing he had at his gyding,
Tytest that tyme he wes of ony vther
Agane Modred, suppois he wes his bruther.   27,860
Ewgenius and schir Modred also,
Into the feild agane Arthure did go

---

[1] In MS. *Scottis.*

With sic ane counter, like ane thunder crak,
Quhill scheildis rawe and mony speiris brak ;
Birny and basnet brist wer all in schunder,　27,865
Heidis war hewin in pecis that war wnder.
Tha rappit on with mony rout full rude,
Quhill breistis brist and bockit out of blude ;
Full mony freik war fellit thair on force,
And mony stout man stickit on his horss ;　27,870
Full mony berne lay bulrand in his blude,
And mony stalwart stickit quhair he stude.
Into that stour that stalwart wes and strang,
With dyntis dour ilkane on vther dang,
Quhill all the water into Humber flude,　27,875
Als reid as roissis [1] ran all ouir with blude,
And all the coist full of deid corsis la.
Continuallie fra morne airlie that da,
Tha faucht ay still quhill nune wes passit by,
And no man wist quha had the victorye ;　27,880
Quhill at the last ane stalwart Scot and stout,
In Brit langage full loud he gaif ane schout
That all the Britis vnderstude richt plane ;
" Allace ! " he said, " oure nobill king is slane !
" Arthure, allace ! for euir now art thow gone !　27,885
" And slane this da oure nobillis ar ilkone.
" Is no remeid to all the laif bot flie,
" Or doutles all ilk man heir man we die."
Full mony Brit quhen that tha hard that cry,
Tha kest fra thame thair harnes haistelie,　27,890
But ony stop or tha wald langar stynt,
Syne fled als fast as fyre dois out of flynt.
The lawe that knew that cry wes for ane trane,
Still in the feild ay fechtand did remane,
Suppois that tyme thair power wes bot small,　27,895
Quhill syne on force tha wer confoundit all,

---

[1] In MS. *roissit.*

And slane ilkone for all thair sen$_3$eorie :
To Scot and Pecht so fell the victorie.
This battell wes richt bludie to thame baith,
Wes none that da that chapit but greit skayth ; 27,900
Of Scot and Pecht that da into the feild,
War tuentie thousand and king Modred keild.
King Arthure als vpoun the tother syde,
And schir Gawane with mony vther gyde,
With threttie thousand best war of the Britis,   27,905
Wer slane that da, as that my author writis.

How Ewgenius held the Feild that Nycht,
    and on the Morne partit the Spul$_3$e
    amang his Men.

Eugenius he held the feild that da,
Syne on the morne quhair all the Britis la,
Richt mony nobill fra the feild that fled,
Within thair tentis lyand in thair bed,   27,910
Thair with thair quene, Gwanora[1] hecht to name,
And hir ladeis vnmaculat of fame,
Eugenius, thair sleipand quhair tha la,
Into thair bed he tuke thame lang or da,
And all the riches in the tyme tha had.   27,915
Col. 2. Syne haistelie on to the feild him sped,
And all the spul$_3$e in the feild he fand,
Richt quietlie, without stop or ganestand,
To euerie man into the tyme he gaif,
Efter his deid as he hes wrocht to haif.   27,920
Arthuris wyffe was callit Gwanora,
That in hir tyme wes fair as dame Flora,
Onto the Pechtis quhilk plesit thame to haif,
This ilk princes Eugenius to thame gaif,

---

[1] In MS. *Gwnanora*.

And ladeis all, suppois tha had bene may,   27,925
With mony vther presoner and pray.
Syne all the laif, quha lykis for to heir,
In Scotland brocht baith pray and presoneir.
Siclike the Pechtis with the quene Gwanoir,
And presoneris that tha had les and moir,   27,930
Tha send to keip into Orestia,
Quhilk callit is now Angus at this da.
Into ane castell callit Doun-bervie,
Quhairof the fundament restis ȝit to se,
Quhilk biggit wes richt weill with lyme and   27,935
    stone,
Tha presoneris war keipit thair ilkone,
Remanand thair ilkone quhill tha war deid.
Thair graifis ȝit apperis in that steid,
By Megill toun, ten myle aboue Dundie,
Thair graifis ȝit remanis for to se :   27,940
Off quene Gwanoir all tyme amang the laif,
Be the scriptour weill knawin is the graif.
This wes the end, as I haif said ȝow heir,
Of king Arthure the thre and tuentie ȝeir
Than of his regnne, and of Eugene also,   27,945
The auchtene ȝeir withoutin ony mo,
And of oure Lord fyve hundreth als but faill
Fourtie and tua, that wes the number haill.
In no storie autentik that I reid,
Ȝit hard I neuir of this Arthuris deid,   27,950
No of his werk, alss far as I can speir,
Moir worthines nor I haif said ȝow heir.
Thocht mony fule affectit to him be,
That rakkis nocht to fenȝie or to le
In his loving, trowing richt weill thairfoir   27,955
To bring his name to sic excellent gloir ;
Thairof begylit weill I wait thai war,
For-quhy thair fablis fenȝeit ar so far,
And ar so lyke impossibill for to be,
That all men wait rycht weill thairfoir tha lie.   27,960

Off Fyn-Mak-coull, and als of Robene Hude,
And of Arthure als schortlie to conclude,
The suithfastnes quha knew of all thir thre,
Off thame richt oft ar maid full mony le.
As for my self, sa ilk man as tha will,   27,965
Off king Arthure quha sais gude or ill,
Moir in effect nor I haif said ȝow heir,
He fenȝies far, that wait I weill but weir.
Off quhome the name is ȝit in memorie,
Richt famous men befoir that wrait this storie, 27,970
Efter thair mynd, siclike as tha me schew,
Ilk word be word out of thair werk I drew,
Quhilk haldin is of greit auctoritie,
Thairfoir trow thame, gif ȝe will nocht trow me.
I wait nocht weill how it come first in vse,   27,975
Withoutin caus to mak of him sic russ;
Considdering all his infelicitie,
Haif e to richt and lat affectioun be,
I hald him for the maist vnhappie king
Off all the Britis that did in Britane ring.   27,980
For-quhy he wes so faithles and wntrew
To king Modred, befoir as I ȝow schew,
And manesworne als, the hand of God thairfore,
As ressone wald, it tuechit him full soir.
Britis bifore quhilk wes of sic renoun,   27,985
Sensyne tha tynt baith thair kinrik and croun;
As plesis God, till all men weill is kend,
Falsheid come neuir till ane better end.

Lib.9, f.138.
Col. 1

HOW THE BRITIS, EFTER THE DEITH OF KING ARTHURE, IN LUNDOUN TOUN CROWNIT CONSTANTYNE THAIR KING.

Efter this tyme that I haif said ȝow heir,
The Britis all convenit far and neir   27,990
To Lundoun [toun] into ane parliament,
And crownit hes with all thair haill consent

This Constantyne, of quhome befoir I tald.
Syne efter that thir bludie bouchouris bald,
In vilipensioun of this king Modred,   27,995
That his airis suld nocht to thame succeid,
His tua sonis wes keipit in the cuir
Of Gallanus, the quhilk his dochter buir,
Tha slew thame baith with greit crudelitie
In hir armes but reuth or ʒit petie :   28,000
And so endit the haill successioun
Of king Modred, the quhilk had richt to the croun.
This saikles slauchter and ingratitude,
The cruell deid, the vengence of thair blude,
Abhominabill other to heir or se,   28,005
Vnpuneist lang God wald nocht suffer it be.
Ouir all the warld the word it wrocht rycht
    plane,
Richt suddanelie how king Arthure wes slane,
With all the nobillis of Britania,
In that same feild wer tane and slane that da,   28,010
And of the pepill slane wer out of number,
In that conflict vpoun the water of Humber.

How the Saxonis, herand the Deith of King Arthure, come agane in Britane with rycht grit Power.

The Saxonis sone thairfoir in bark and barge,
To Albione with greit power and large,
Tha sped thame sone with all the haist tha ma, 28,015
Quhill that tha come into Britania,
Into ane place quhairat tha tuke the land,
With litill stryff, but stop or ʒit ganestand.
The Britis all quhometo that fortoun falis,
Tha maid on force to pas all to the Walis :   28,020
Saxonis sensyne, as ʒe sall wnderstand,
Inhabite hes the boundis of Ingland,

Withoutin pley, at plesour les and moir,
That callit wes Britania of befoir.
I mervell quhy that men sould so commend   28,025
Arthure, the quhilk maid so wnhappie end,
For quhais falt sic infelicitie
Remanis[1] ʒit, and ay like for to be.
Throw his vnhap, his falsheid, and his gilt,
So mekle blude richt secreitlie wes spilt;   28,030
The Britis als than tynt honour and gloir,
Kinrik and croun, and will do euir moir.

How Constantyne, the King of Britis, passit in Yreland, and tuke Religious Habite thair vnknawin.

Col. 2.

This Constantyne quhilk efter him did ring
Into the Walis of Britis to be king,
Ane man he wes of religiositie,   28,035
And quhen he saw the greit calamitie
And seruitude tha Britis war in brocht,
He traistit weill the greit falsheid tha wrocht
In the defrauding of the king Modreid,
Quhilk richteous wes till Vter to succeid;   28,040
Into his mynd thairfoir he dred so soir,
That wes the caus that tha war puneist foir,
Within him self richt havelie he buir,
So wranguslie he tuke on him sic cuir,
In the defrauding of the richteous air.   28,045
Thairfoir his ladie, plesand and preclair,
The quhilk he louit ouir all erthlie thing,
And sonis als quhilk efter him suld ring,
The hand of God departit hes him fro,
And left him self richt destitute in wo.   28,050
Syne quhen he knew the caus quhy and quhairfoir,
Quhat wes the caus he puneist him so soir,

---

[1] In MS. *Remanit.*

Richt quyetlie on to Ybernia,
Into ane bark he passit on ane da;
Kinrik and croun and all the warld forsuik,   28,055
And syne on him religious habit tuke
Amang the monkis thair in ane abba,
To greit knawlege syne grew ilk da be da:
Syne efterwart, preichand with greit desyr
The faith of Christ, wes martyrit in Kyntyre.   28,060
Sic wes his chance, his fortoun and his werd,
Quhilk now ane sanct is haldin in this erd,
And of Kynnoule the patroun als is now,
And Govane als, bot tua myle fra Glasgow.
Of this mater heir will I speik no moir,   28,065
Bot turne agane quhair I come fra befoir.

How Jurmaurik rang in Britane the Tyme of Constantyne.

This Jurmaurik, of Saxonis that wes king,
Into Ingland that samin tyme did ring,
The first degrie fra Hungest wes discendit,
In all his tyme greit pece he ay pretendit.   28,070
With Scot and Pecht, as my author did sa,
He keipit pece onto his ending da.
Ewgenius, quhilk wes of Scottis king,
In pece and rest syne all his tyme did ring;
Syne efterwart, as I sall schaw ʒow heir,   28,075
Than of his ring the aucht and threttie ʒeir,
And of our Lord fyve hundretht and saxtie,
And aucht also, compleit war and gone by,
Departit hes into that samin quhile.
His bodie borne wes syne to Iona Yle,   28,080
With all sic pomp ane prince pertenit till,
And bureit wes into Ecolumkill.

How Convallus, the Bruther Germane of Eugenius, was crownit King efter the Deid of Ewgenius his Brother.

Quhen so departit wes Eugenius,
His bruther germane callit Convallus,
Richt circumspect and wyss into all thing,　　28,085
Wes crownit than of Scotland to be king.
Vnsufficient my mynd is for to dyte,
My hand wald irk, my pen wald tyre to wryte,
Gif that I sould perfitlie put in verss,
His greit vertew my author did rehers.　　28,090
Als far as Phebus with his bemis bricht
All vther sterne excedis into licht,
Siclike this king, baith into word and deid,
In godlines all other did exceid.
The crucifix he held in sic honour,　　28,095
Aboue ilk ʒet of castell, toun and tour,
In purpure, asure, and in gold sa bricht,
In audience he gart be set on hicht ;
Quha gois by on fit, and als on hors,
Suld honour him that deit on the croce.　　28,100
Forbad also in paithment or in streit,
To mak ane cors quhair men ʒeid on thair feit,
That it sould nocht dishonorit be so far,
Vnder thair feit to stramp into the glar.
Ane crucifix of birneist gold so bricht,　　28,105
With rubeis reid and dyamontis weill dicht,
Vpoun ane staff weill cled with siluer cleir,
With poleist perle, and mony gay sapheir,
Quhair euir he raid that corce he gart be borne,
Into his sicht ane lytill him beforne ;　　28,110
And as he on lap, or lichtit of, his horss,
Vpoune his kneis he kissit ay that corss.
Into the kirk quhill that he sat or stude,
Vpoun his heid come nother hat nor hude ;

And richt semdill, bot gif my author leis,   28,115
Into the kirk he wes sene of his kneis.
To kirk men als richt greit honour did he,
And causit thame obeyit for to be
Intill all thing wes ordand thame to haif,
And greit reward richt oft to thame he gaif   28,120
Off buik and chaleis, and of vestiment,
Of gold and siluer, and of vther rent.
Throw the greit vertew in him self he had,
The fame of him ouir all the warld it spred,
In Ingland, Yreland, and Armorica,   28,125
In France, in Flanderis, and Almonia,
That mony one desyrit him till se,
For his gude lyfe tha prasit him so hie.

HOW ANE HALIE MAN, CALLIT COLUMBA, COME
   FURTH OF YRELAND IN SCOTLAND TO SE THE
   HALIE KING.

Ane halie man, Columba hecht to name,
Into Ireland quhen he hard of his fame,   28,130
This halie man of ane religious place
Abbot he wes ane weill lang tyme and space,
With ten brether of greit auctoritie,
In Scotland come Convallus for to se.
With all honour that sic ane man suld haif,   28,135
This Convallus Columba did ressaue,
Quhilk of his cuming wes richt blyth and glaid,
And freindfullie richt oft to him he said,
" Welcum ʒe ar, my deir father, to me,
" With all my hart, and euir moir salbe.   28,140
" And all ʒour brether that ar with ʒow heir,
" To me alway sall tender be and deir."
And in his armes tenderlie hes tone
This halie man and his brether ilkone.

So did the lordis all that stude him by,   28,145
Imbrasit thame that tyme full tenderly.
Ouir all Scotland tha come baith far and neir,
This halie man Columba for to heir,
Ilk da be da into greit multitude
Of riche and puir ouir all, baith ill and gude.   28,150
He thocht him happie into na degrie,
This halie man that come nocht for to se.

How Convallus, the King of Scottis, ordanit ane Plac[e] in Iona Yle to Columba.

Ane fair tempill thair wes in Iona Yle,
That biggit wes befoir ane weill lang quhile
Be secund[1] Fergus as I said lang syne,   28,155
Quhair ordand wes the sepulture diuyne
Of euerie king with greit solempnitie,
Quhilk wes ane place of greit auctoritie.
This plesand place wes presentit thair in plane
To this Columba quhair he suld remane,   28,160
Of his brether, siclike of all the lawe
Wes thair befoir, auctoritie to hawe.
That place sensyne quhair he remanit still,
It callit wes to name Ecolumkill.

How Brudeus, the King of Pechtis, send for Columba to preiche into his Landis Goddis Word.

The king of Pechtis, callit Brudeus,   28,165
The bruther sone that wes of Modredus,
Of quhome befoir schort quhile to ȝow I schew,
Of this Columba quhen he hard and knew,
Richt greit desyr he had him for to se,
And send for him with all humanitie ;   28,170

---

[1] In MS. *Beseikand.*

Beseikand him with hartlie mynd and will,
For his plesour that he wald cum him till,
The word of God in his boundis to schaw,
And to him self, quhairby that he mycht knaw
The faith of Christ and law to vnderstand.   28,175
This halie man wes reddie at command :
Syne with his brether[1] efter on ane day,
To Lowtheane passit the narrest way,
And fand the king into Camelidone,
Quhilk wes richt blyth, sua wes the laue ilkone, 28,180
Of his cuming, alss blyth as tha micht be,   .
So greit desyr tha had him all to se ;
Ressaueand him with reuerence, laud and gloir,
That present wes that tyme baith less and moir.
First with the king in commonyng he ȝeid,   28,185
With lordis syne ilkane as tha thocht neid ;
Syne efterwart thai passit vp and doun,
Preichand the faith in euerie place and toun,
In Wicomage and als Loundonia,
And all the pairtis of ͼSiluria.   28,190

How Sanct Mungo, the halie Bischop, and Sanct Colum met togidder in Glasgow, and syne passit to Calidona and baid thair ane quhile.

The halie bischop callit wes Mungo,   Lib.9, f.139.
Remanand was that tyme into Glasgow.   Col. 1.
The sone he wes of king Eugenius,
And dochter sone also to king Lothus,
The quhilk Tenew wes callit to hir name.   28,195
Quhen scho wes ȝoung and fluresand in fame,
This king Eugene into his tender age,
Magir hir will, he wes of sic curage,

---

[1] In MS. *bruther.*

Deflorit hir, for scho micht not him lat,
This halie man that tyme with hir he gat.   28,200
The halie man callit wes Columba,
With this Mungo convenit on ane da,
Into Glasgow quhair tha remanit still,
At greit laser ane lang tyme at thair will.
Syne to ane place togidder baith ar gone,   28,205
That callit wes the castell of Calidone,
Quhair that the king Convallus for the tyme,
Ane fair tempill gart big with stane and lyme,
Richt neirhand Tay vpoun ane plesand plane,
With vther lugeing quhair men micht remane,   28,210
Within that tempill for to sing and say,
Quhair now standis ane fair tempill this da,
Of ony ȝit that euir I hard of tell,
The quhilk to name is callit now Dunkell.
Thir halie men ane lang quhile did remane   28,215
Into that place richt opinlie and plane,
The faith of Christ instructand euerie da
To Athoill men and of Orestia,
Of Calidone and vther partis by ;
Without mesour did ilk da multiply   28,220
Of Scot and Pecht, ouir all part far and neir,
The word of God of thame that tyme to heir.
Thair tha remanit neirhand by the space
Of half ane ȝeir into that samin place,
In greit glaidnes, quhair none did vther greif, 28,225
Syne tenderlie than haif tha tane thair leif.

How Sanct Mungo and Columba departit; the tane passit to Glasgow, the tother to Iona Yle.

The halie bischop callit wes Mungow,
He passit hame agane onto Glasgow.
Columba als in the samin quhile,
Without sojorne passit to Mona Yle ;   28,230

And in that place bot schort quhile did remane,
Syne on to Yrland passit is agane.
Into Yreland agane quhen he come hame,
Of his cuming the rumor and the fame,
Ouir all the land it ȝeid baith far and neir ;   28,235
Richt mony come of his tydenis to speir.
At him that tyme tha sperit euerie one
How he wes tretit into Albione ?
Quhat wes the vse, thair fassoun and thair law,
And quhat mervell amang thame thair he saw ? 28,240
And he ·agane sic ansuer maid ilk deill,
Sayand, with thame he wes resauit weill,
With king and quene, lordis and all the laif,
With mair honour nor he wes worth to haif.
Sayand also, tha keipit weill the law ;   28,245
As for farleis richt few thairin he saw,
Exceptand ane all vther did exceid
That euir he saw or in his tyme did reid ;
This Convallus, that wes of Scottis king,
At his desyre haiffand all erthlie thing,   28,250   Col. 2.
With greit plesour of sporting and of pla,
In meit and drink richt delicat ilk da,
Quhilk causis men richt far for to misknaw
God and him self, and till abuse the law ;
And ay the moir thairin that he wes vsit,   28,255
The warld euir the farrar he refusit,
And ay the moir to vertew that he grew,
And sic exempill to the laif he schew,
That neuir man micht sa in word and deid
That he did wrang, without thairof tha leid ;   28,260
And all the kirkmen in that land that war,
In godlines he did. exceid richt far.
Rejosit wes thairof baith ald and ȝing,
Herand sic loving of that nobill king ;
For oft of him tha hard speik of befoir,   28,265
How that his name extollit wes with gloir.

Ane man with vertew that is kend and prouuit,
With euirilk man richt gritlie wilbe louit ;
So is all thing that in the self is gude.
And for that caus, heir schortlie to conclude,   28,270
So wes this king, quhair that his deid wes kend,
Into the mouth of all men with commend.

How Convallus causit Columba to bring out of Yreland Adamus the Son of Conranus, that fled fra him befoir with his Mother into Yreland.

Nocht lang gane syne as that I schew ȝow heir,
Conranus sone, befoir richt mony ȝeir,
For king Eugene that tyme wes soir adred,   28,275
With his mother into Yreland that fled,
The quhilk to name wes callit Adamus,
At the command of this king Convallus,
The halie man Columba hame hes brocht
In Albione with all honour he mocht,   28,280
Efter the tyme of this Convallus deid,
In Albione to ring into his steid.
And as he come than sailland ouir the sand,
In Albione quhair that he tuke first land.
The nychbour men that duelt into that steid,   28,285
Tha schew to him that Convallus wes deid ;
Sayand the lordis of that land ilkone,
To Iona Yle on with his corss ar gone,
With ceremonie to put in sepulture.
So[1] Columba tuik on him greit cuir   28,290
And bissines, suppois he wes wnblyth,
To Iona Yle quhill that he come rycht swyth.
The lordis all that tyme baith les and mair,
Richt blyth tha war than of his cuming thair;

---

[1] In MS. *To.*

And still remanit quhill the auchtane da,   28,295
Obsequies thairfoir to sing and sa.
Quhen that wes done, within ane litill quhile,
The lordis all convenit in Argyle,
With haill consent than baith of ald and ȝing,
For to declair quhome that tha wald mak king. 28,300

How Kynnatillus, the Bruther of Convallus, wes Crownit King efter the Deid of Convallus, and of his Tyme.

Efter the deid as I haif said ȝow heir   Lib.9, f.139b
Of Convallus, quhilk wes in the tent ȝeir   Col. 1.
Then of his ring, syne of the ȝeir of God
Fyve hundreth ȝeir, sevintie and aucht als od,
With haill consent thair baith of gude and ill, 28,305
Convallus bruther callit Kynnatill,
Ane plesand man richt lustie and benyng,
Of Scotland than wes crownit to be king.
Of his deidis I can nocht tell ȝow heir,
For-quhy his tyme wes lytill ouir ane ȝeir.   28,310
Schort quhile efter he did his croun resaue,
In the presens of the lordis and the lawe,
This Adamus, of quhome befoir I spak,
Richt freindfullie into his armis did tak,
And bad he suld of gude confort than be,   28,315
Richt weill he wist within schort quhile that he
Thair sould succeid into his faderis steid,
And bruik the croun but contrapley or pleid.
And as he said, richt sone it come to hand ;
The tuentie day efter, I wnderstand,   28,320
He wes crownit and tuke on him the cuir,
Throw sair seiknes, thocht he wes stark and stuir,
He tuke that tyme, quhilk maid him ay on steir
Continuallie tua moneth and ane ȝeir,

Langar to suffer had nother strenth nor mycht, 28,325
He tuke his leif and bad thame all gude nycht.
In Iona Yle tha pat him in his graue,
With all honour siclike as wes the laue.

How Adamus was crownit King be the Handis of the haly Man Columba efter the Deith of King Kynnetillus.

Efter his deid within ane litill quhile,
The lordis all convenit in Argyle ;   28,330
With thame that tyme Columba haif tha brocht,
But his aduiss the lordis wald do nocht.
With haill consent of all wes in that steid,
The diademe he hes set vpoun the heid
Of Adamus, with sword, sceptour and ring,   23,335
And crownit him of Scotland to be king ;
Quhome of that tyme greit prophecie he spak,
Quhairof as now I list no mentioun mak.
Ouir lang it war gif I suld all report,
And weill ʒe wait my tyme is verie schort.   28,340
In that mater now I will mute no moir,
Bot turne agane quhair I come fra befoir.
Quhen this wes done tha tuke thair leif ilkone,
And euerie man ane sindrie gait is gone.
This ilk Columba in the samin quhile,   28,345
To his bruther passit in Iona Yle.
This Adamus, as my author did sa,
With ane armie passit in Gallowa.
Richt mony cheif that tyme in to that land,
Of Britis blude befoir him thair he fand ;   28,350
Sone efterwart, within ane litill we,
Vpoun ane gallous maid thame all to die,
And put that land into gude pece and rest,
With tha theuis wes puneist and opprest.

How Adamus maid Thre Jugis into Scotland.

This beand done he ordanit in that tyde,   28,355
Thre gude judgis the haill realme for to gyde :
Ane in Caitnes and ane in Gallowa,   Col. 2.
The thrid siclike into Locquhabria,
Justice and law quhairfoir to execute
To puir and riche, without ony refute.   28,360
This ilk Columba, clene and innocent,
Gart sit besyde thame into judgment,
To heir and se that tha sould nocht do wrang.
The lawis thus wes led in Scotland lang,
That thift and reif, and slauchter all did ceiss ;   28,365
Greit plentie wes in Scotland lang of peice,
Into all part but ony oppin wrang.
Bot fals Fortoun, that will nocht suffer lang
No stait to stand into stabilitie ;
Efter sic peax and grit tranquillitie,   28,370
Richt sone tha grew into greit insolence,
Quhilk efterwart did Scotland greit offence.

How the Lordis of Scotland discordit at the Huntis, quhair throw thair followit richt grèit Skaith.

Greit men of gude at hunting on ane da,
Of licht motioun, as my author did sa,
Contendit hes, I can nocht tell the caus,   28,375
Quhill that the waikest ȝeid sone to the wawis,
And greit slauchter wes maid into the tyme.
Syne tha that wes committaris of the cryme,
Quhen tha war socht for to thoill law thairfoir,
In Loutheane tha fled baith les and moir   28,380
To Brudeus, quhilk wes of Pechtis king,
Beseikand him with wordis richt benyng,

s 2

Within his landis for to lat thame leind
With his fauour, and be to thame ane freind.
For saikles men tha said that tha had slane,   28,385
Within Scotland tha durst nocht weill remane.

How Adamus send to Brudeus ane Herald.

Quhen Adamus hard tell that tha wer fled,
To Brudeus richt sone efter he sped
Ane messinger, desyring to restoir
Tha flemit men that fled fra him befoir,   28,390
Throw the conditioun that wes maid beforne,
Quhen ilk till vther bodalie wer sworne;
And in that poynt most speciall of the laue,
No flemit men of vtheris till ressaue.
For no requeist that he culd mak thairfoir,   28,395
This Brudeus wald nocht agane restoir,
So greit petie of thame that tyme he had,
Sen tha for girth so far to him hed fled;
Als in the tyme he treittit thame richt weill.
This messinger, quhilk had ane richt grit feill   28,400
For no requeist to be that tyme ontred,
Come hame agane and his erand vnsped,
And schew the king sic ansuer as he gat.
This Adamus wald nocht ȝit leif with that,
Bot sindrie syis he send agane him till,   28,405
Ane lang quhile so la waittand on his will.
Syne quhen he saw he gat nocht his desyre,
He grew in anger hett as ony fyre,
And maid ane vow he suld revengit be
Of that injure richt suddantlie, or die.   28,410

How Adamus, the King of Scottis, send ane grit Armie in Orestia, and tuik away greit Spulȝe.

Syne efterwart gart tak vpoun ane da,
Richt grit spulȝie out of Orestia ;
Wes nothing fre befoir thame that tha fand,
And slew the men that maid stop or ganestand.
The Pechtis als siclike vpone ane da,   28,415
With greit power passit in Gallowa ;
Makand heirschip ouir all baith far and neir,
And greit slauchter that horribill wes till heir.
The Scottis syne that micht nocht suffer weill,
With mony stalwart that war clad in steill,   28,420
In Wicomage richt suddantlie thai send.
The Pechtis quhilk weill [of] thair cuming kend,
Wes reddie bydand in till ordour gude,
And gaif thame battell neirby Carroun flude.
On euerie syde so stalwartlie tha stude,   28,425
Quhill all the brume wes browdrit ouir with blude ;
And mony semelie wnder scheild wes slane,
So pertlie than tha previt on the plane.

Lib.9, f.140.
Col. 1.

How the Pechtis tynt the Feild, and fled efter that thair King wes slane.

The Pechtis proude, thocht tha war bald and wycht,
Out of the feild tha fled and tuke the flicht   29,430
On till ane mos that wes richt neir hand by,
And left the Scottis with the victorie.
Quhairof that tyme tha war bot richt vnfane,
For-quhy thair prince into the feild wes slane,
The eldest sone wes of this Adamus,   24,435
Arthure to name, ane chiftane cheualrus ;
Than of his deid moir drerie wes ilk man,
Na tha war blyth of victorie tha wan.

How the halie Man callit Columba blamit Adamus, the King of Scottis, for injust Battell he mouit aganis the King of Pechtis.

Quhen thir tydenis wer to Columba tald,
Withoutin baid na langar byde he wald,   28,440
Quhill that he come to Adamus the king,
And blamit him richt soirlie for that thing,
Quhy that he sould, without caus or querrell,
Dispone him self into sic dout and perrell ;
And wirk sic wrang, quhair that he had na   21,445
    caus,
At his plesour, without ordour or lawis,
Brekkand the band to Brudeus he maid,
Without causs his landis to invaid ;
And for to wirk sic wrangis and injure
Vpone the pepill innocent and puir,   28,450
Quhilk faillit neuir to him in thair tyme.
Quhairfoir, he said, the grit injure and cryme,
Richt weill he wist, wer it nocht mendit sone,
He suld forthink richt soir that he had done ;
For-quhy, he said, for sic wrang and wnrycht,   28,455
The hand of God on him richt sone suld licht,
That efterwart he suld exempill be
To all this warld for his iniquitie.
Syne tuke his leve, bad him gude nycht in plane,
No langar thair sayand he wald remane ;   28,460
For-quhy he dred sone efter for to se,
The hand of God with sic crudelitie
Wald licht on him sone efterwart, he knew
Sould mak all Scotland euir moir till rew.

How Adamus, for greit Displesoure that he had done Wrang, grat befoir Columba the halie Man.

Quhen this wes said as ȝe haif hard me mene,   28,465
The bitter teiris fra Adamus ene,
Evin lyke ane strand out of ane well tha sprang,
Weipand for wo that he had wrocht sic wrang.
Dreidand thairfoir the hand of God suld lycht
On him richt sone, for sic wrang and vnrycht,   28,470
With sobbing soir Columba did beseik,
Richt piteouslie with wordis myld and meik,
Of his counsall how that he sould amend ;
Sayand no moir agane he sould offend
To God or man, so far as he had mycht,   28,475
And to reforme all wrangis and wnrycht ;
All skaith and dampnage also to restoir,
In tyme bigane committit wes befoir.

How Columba maid Peax betuix the Tua Kingis.

This halie man had greit compassioun,
Quhen that he hard his lamentatioun,   28,480
Takand on him greit bissines and cuir,
And sindrie syis betuix thir kingis fuir.
Ane lang quhile so richt wyislie that he wrocht,
Thir kingis boith in concord till he brocht,
Reformand all the faltis maid befoir ;   28,485
The spulȝie als agane he gart restoir;
The band siclike he gart agane renew,
And ilk syde sworne for to be leill and trew ;
Malice and yre forgiffin wes alhaill,
In tyme to cum nane suld to vther faill.   28,490
Syne tuke his leif within ane litill quhile,
And passit hame agane to Iona Yle,

Vpone his [fit], alss oft bairfeit as schod,
Amang his brether in honour of God,
And his moder the Virgin most bening,   28,495
Dalie thair seruice for to say and sing.
Sone efter that I find into my buik,
Quhen he come hame ane greit seiknes him tuke,
Quhilk him dalie vexit with gute and gravell.
Fra that da furth he docht no moir to travell,   28,500
Bot tuke him rest, as my authour did sa,
Into the closter quhill his latter da.
Heir will I leve him into Iona Yle,
And to the Saxonis turne agane my style.

How the Saxonis, efter the Deid of Jurmau-rik, diuydit Ingland in Sevin Kinrikis.

This Jurmeurik of quhome befoir I tald,   28,505
The king of Saxonis bellicois and bald,
Quhen he departit of this present lyfe,
No barne he had that tyme borne of his wyfe
That lauchfull wes to him for to succeid.
For that same caus, as sais my author Beid,   28,510
And als thairwith for mair auctoritie,
Of mony kingis,[1] for greit securitie,
The Saxonis ring, quhilk wes of pomp and pryde,
In sevin kinrikis that tyme tha gart diuyde,
To sevin kingis of greit power and micht.   28,515
So that the Britis for to reskew thair richt,

Lib.9, f.140b.
Col. 1. In Albione quhat euir efter befall,
Sould haif no strenth aganis thir kingis all.
The northmest king, as ȝe sall wnderstand,
Wes Edelfred, king of Northumberland,   28,520

---

[1] In MS. *king kingis.*

Ane subtill man and of ingyne richt hie,
In all his tyme he wes baith fals and slie.
Baith da and nycht it wes ay in his thocht
For to delait his kinrik and he mocht;
Wes nocht to him moir thankfull in his lyfe,   28,525
Na vther kingis for to fecht and stryfe;
Rejosit wes quhen he hard sic thing spokin,
Traistand richt weill quhen thair power wer brokin,
To vincust thame with litill sturt or dyn,
With sic wayis thair landis for to wyn.   28,530

How Edfridus, King of Norththumberland, causit the King of Pechtis to make Weir with the Scottis.

And for that caus to Brudeus he send,
Desyring him with Scottis to contend,
Fra tha did nocht the haill spulʒie restoir,
That wranguslie tha tuke fra him befoir.
And for that caus he micht, without reprove,   22,535
Ane just battell agane him for to move,
Quhen euir he thocht expedient to be,
Of him he sould haif greit help and supple.
This Brudeus, that knew weill his intent,
Till his desyre wald nocht gif his consent;   28,540
Quhill efterwart he causit wes till dude
Be his lordis, the quhilk wer men of gude,
In quhome that tyme he did richt far confyde,
Corruptit war be this king Edilfryde,
Throw greit reward he gaif thame to thair   28,545
    meid,
With Brudeus his mater for to speid.
To Adamus tha send richt sone in hy,
Gaif ouir the band and did him than defy;
And for that caus he did nocht [thame] restoir
The haill spulʒe wes tane fra thame befoir;   28,550

And secundlie, richt mony Scottis cheif
Within thair boundis had done grit mischeif,
And hereit had tha partis moir and les,
Quhairof agane tha culd get no redres.

How Adamus, the King of Scottis, maid ane Band with the Britis aganis the Pechtis.

Then king Adan, quhen that he kend and   28,555
     knew
Vnkyndlie wes the Pechtis till be trew,
In quhome no man micht traist or ȝit confyde,
And the dissait als of this Edilfryde,
Thairfoir with Britis he hes maid ane band,
Gif Edilfryde and Pechtis in his land   28,560
With battell come to seik thame or persew,
Richt haistelie he suld in thair reskew
Come thair him self, with all power and mycht ;
And tha siclike defend him in his rycht,
Gif efterwart so hapnit for to be,   28,565
That tha suld cum siclyke in his supple.

How Edfridus and Brudeus passit in Weir on the Scottis.

Col. 2.   King Edilfrid that knew [richt] weill that thing,
Convenit hes with Brudeus the king,
Of bernis bald, with mekle brag and bost,
In feir of weir with ane greit royall ost,   28,570
Withoutin stop or ony moir ganestand,
Syne enterit hes into the Britis land,
For that same causs, as wes the commoun fame,
The king of Scottis to draw richt far fra hame.
Be sic wayis and wylis he did wirk,   28,575
Traistand the Scottis for till tyre and irk,

In mos and mure, in montane and in myre,
Throw sic travell trowand that tha suld tyre.
Ʒit neuirtheles the nobill Scottis king,
With mony freik weill furneist in all thing,   28,580
Come thair richt sone the Britis to supple,
On the best wayes that he culd bodin be.
This Edilfrid and Brudeus also,
Postponit hes to battell for till go ;
Ilk da be da that wes thair haill desyr,   28,585
With lang tarie the Scottis for till tyre,
Quhill that the victuall wer consumit haill ;
Quhairthrow on force tha suld be maid to faill,
And euirilk day thair power be maid les,
And thair power suld grow and incres.   28,590

HOW FYNLYNUS, THE KING OF WEST SAXONE, WAS VINCUST WITHT ADAMUS, THE KING OF SCOTTIS.

That samin tyme of West Saxone the king,
Callit Fynlyn, come with ane gay gadering,
In the supple of this king Edilfrid ;
Syne rayit him vpoune ane reuer syde,
In breist plait, braser, and in birny brycht.   28,595
This king Adan of him quhen he gat sycht,
He gaif command na langar for to byde,
Bot gif thame battell suddantlie that tyde,
Or Edilfryde or he wer met togidder.
Thairto the laif wes nothing sweir nor lither :   28,600
Suppois he wes into the grittar number,
Tha counterit him, and countit of na cummer,
With sic ane rusche that all the rochis rang,
Quhill speris brak, and all in spalis sprang
Aboue thair heid, richt heiche into the air ;   28,605
And brandis bricht, that scharpe as rasour shair,
Richt baldlie thair thai baitht in vtheris blude.
Into that stour sa stalwartlie tha stude,

And previt vther pertlie on the plane,
Quhill that Cuta, Fynlynus sone, wes slane,   28,610
His narrest air, of West Saxone the prince.
The laif no langar baid to mak defence;
Out of the feild that tyme on fit and horss
Tha fled richt fast, to thame it wes sic force,
Sa mony thousand of thame thair wes slane;   28,615
Fra tyme tha fled tha durst neuir luke agane.
The Scottis fast that followit on the chace,
Greit slauchter maid in mony sindrie place,
Quhair that tha fled heir and thair ouir aw.
Adanus [1] than ane trumpet hes gart blaw,   28,620
Quhilk causit thame for to returne agane,
Syne pat thame all in ordour on that plane;
In gude array gart thame remane thair still,

Lib. 9, f. 141.
Col. 1.

Quhill that he wist this Edilfridus will,
In tha boundis gif he wald langar byde,   28,625
And gif battell or pas his way that tyde.
And for that caus he gart thame thair remane,
In gude ordour stand still vpoun that plane.
Mellefluat than wes the melodie
Tha maid that tyme, for the greit victorie   28,630
In that feild fechtand that tyme thai wan,
With menstralie and mirth of euerie man.
Than as tha war at sic sporting and pla,
This Edilfrid, as my author did sa,
And Brudeus with power les and moir,   28,635
And Fynlynus the quhilk that fled befoir,
With all thair power knit in ane togidder,
Towart Adanus sped thame richt fast hidder,
With mony berne buskit in armour bricht.
Syne quhen tha come into the Scottis sicht,   28,640
At the first blenk tha did vpone thame luke,
Of thair attyre so greit terrour tha tuke,

---

[1] Sic, *et postea*, in MS.

That tha forȝet all blythnes and all bourd;
Amang thame all wes nocht spokin ane word,
Bot in the tyme tha held thame, all and sum, 28,645
Als still and quyet as tha had bene dum.
This Adanus thairof he thocht greit ill,
Quhen he thame knew so quiet and so still,
Dreidand full soir that all suld nocht go richt;
And for that caus ascendit to ane hicht, 28,650
Into ane place aboue thame all full hie,
Quhair euerie man micht him baith heir and se;
Syne in the presens of thame all wes thair,
He said to thame thir wordis les and mair.

HOW ADANUS, THE KING OF SCOTTIS, MAID HIS ORESOUN TO HIS MEN BEFOIR THE FEILD.

" O ȝe," he said, "that victouris wer richt now, 28,655
" So suddantlie quhat is it causis ȝow
" Disconfort tak so sone heir at ane sicht,
" Withoutin pruif of thair strenthis or micht,
" Quhilk vincust thame that power had far moir,
" In the last feild quhair that ȝe faucht befoir? 28,660
" Quhairof we aucht the moir curage to tak;
" On to ws all it war ane lestand lak
" For euir moir, with greit repreif and schame,
" Heir in this place beand so far fra hame,
" Withoutin straik, of sic ane mad menȝe 28,665
" So schamefullie to turne oure bak and fle.
" Quhairfoir," he said, "sen we haif all the rycht,
" And sic power, ordenance and micht,
" Of men and horss into sic multitude,
" Knawand so weill that oure querrell is gude, 28,670
" Thair is no causs quhairfoir that we suld dreid;
" Sen euerie man may haif this tyme to meid
" Greit victorie, with honour, laud and gloir,
" Sic in this warld wes neuir ȝit wyn befoir."

HEIR FOLLOWIS THE ORDOUR AND THE FASSOUN
OF THE FEILD BETUIX ADANUS AND ED-
FRIDUS.

Be this wes said, richt fraklie in the feild   28,675
Tha enterit all that waponis docht to weild.
King Adanus, as my author did sa,
The vangard led into the feild that da,
With mony Scot of greit power and pryde.

Col. 2. King Brudeus vpoun the tother syde   28,680
The vangard led, that wes baith fals and sle,
With Pechtis proude that haltane war and he.
The tother wyng siclike on to ane Pecht,
Directit wes aganis ane Scot to fecht,
With mony man that waponis weill culd weild, 28,685
Of Scot and Pecht that faucht into that feild.
King Edilfryid in the mid feild he faucht
Agane the Britis, with his standert vpstraucht.
Fra[1] bowmen bald that bikkerit on the plane,
That da thair flew richt mony fedderit flane,   28,690
That perssit hes thair plaven plaittis throw,
And mony grume maid grislie for to grow.
The speiris scharpe persit baith targe and scheild,
And Millane malʒeis skaillit in the feild.
Into that stour that wes baith stif and strang   28,695
With dyntis dour ilkane at vther dang.

HOW BRUDEUS, THE KING OF PECHTIS, WAS
WOUNDIT, AND FLED OUT OF THE FEILD.

So at the last it hapnit for to be,
King Brudeus wes woundit in the thie,
With sic vneis that he doucht nocht to stand,
That with ane hors wes reddie at his hand,   28,700

---

[1] In MS. *The.*

Out of the feild tha haistit him in hy
On to his tent that reddie wes neirby.
The Pechtis all that da had bene wndone,
Had nocht than bene the Britis fled sa sone.
Throw thair mischance it hapnit so to be,   28,705
The Pechtis fled quhen that tha saw thame fle.
King Adanus, that baid behind to fecht,
His ȝoungest sone, the quhilk Dongarus hecht,
Reskewit him throw his manheid and force,
Out of the feild he put him on ane hors,   28,710
Quhill he wes saifflie passit ouir the plane.
In his reskew this Dongarus wes slane,
And Brenyus the lord of Mona Yle,
Into his tyme that wes his richtast style ;
And Theobald vpone the tother syde,   28,715
The bruther germane of this Edilfryid ;
And he him self thair with ane straik full sle,
That samin da thair loissit hes ane ee.
And Cutha als, ane plesand prince and ȝing,
Fynlynus sone, of West Saxone the king,   28,720
Quhairof his father micht be rycht wnfane,
That da befoir into the feild wes slane.
At Deglastoun, quhair mony knichtis wer keild,
Into Britane thair strikin wes this feild.

How Adanus, the King of Scottis, passit in Gallowa and slew Edelfryid, the King of Northumberland.

King Edelfryde, that culd nocht be content   28,725
Of victorie that God had to him sent,
Bot sone efter, into the symmer tyde,
Arrayit hes ane royall ost to ryde
In Gallowa, with buglis blawand loud.
King Brudeus with all his Pechtis proude,   28,730

In gude array, bot stop or ȝit ganestand,
He met with him syne vpone Sulwa sand,

And baith thair power jonit hes togidder.
King Adanus, that tyme that wes nocht lidder,
With all his power sped him in the tyde,   28,735
To meit the Britis on the bordour syde,
Quhair tryist wes set, richt lang befoir the da,
To meit thame thair, as my author did sa.

How Edelfryid vmbeset the Gait.

This Edelfryid, as ȝe sall wnderstand,
He furneist hes the furdis of Annand,   28,740
And all places quhair strenthis war to ly,
So be no way the Scottis micht wyn by
To meit the Britis baid thame at the coist.
King Adanus that tyme and all his oist,
Chesit ane place quhair tha micht byde all nycht, 28,745
And bekynnis brynt with mony baillis brycht,
And strenthis maid about thame quhair tha la,
As tha suld byde into that place quhill da.
Syne wnder silence in that samin nicht,
Quhen all thair balis birnand wer full bricht,   28,750
Be gude gydis tha gat into that land,
Passit ouir Esk richt lauch ouir Sulwa sand,
And Annand baith, on to the tother syde,
And met the Britis · quhilk thair on thame did
        byde ;
And enterit syne into Northumberland,   28,755
And sparit nocht befoir thame that tha fand
That levand wes, other ill or gude,
Distroyand all thing baith with fyre and blude,
With greit heirschip, that hiddeous wes till heir,
In till all part tha maid baith far and neir.   28,760

How King Edilfreyid left the Walis of Annand and sped him sone to Northumberland.

Quhen this wes schawin to the king Edilfryde,
Withoutin tarie ony tyme or tyde,
And Brudeus siclike with him also,
That haistit thame that tyme, but ony ho,
On fit and horss richt fast ouir Sulwa sand,   28,765
Quhill that tha come into Northumberland,
Without tarie vther da or nycht,
Quhill that tha come into the Scottis sicht,
In gude ordour togidder quhair tha la.
Syne efterwart, vpoun the secund da,   28,770
Thir proude princes, with mekle pomp and pryde,
Bownit for battell vpoun euerie syde,
With baneris braid that browdin war full brycht,
And staitlie standartis streikit vpone hicht,
And pensillis proude, of mony diuerss hew,   28,775
Glitterand as gold with mekle game and glew
Of trumpet, talburne, and of clarion cleir,
And schalmis schill that hevinlie wes to heir.
Thir proude princes syne pertlie on that plane,
Preuit thair pith ilkane other forgane.   28,780
The fedderit flanis in the feild that flew
Throw birneis bricht, richt mekle blude tha drew;
The speiris scharpe, that war baith grit and lang,
Throw all thair armour in thair flesche tha thrang,
With mony wound that wes baith deip and 28,785
    wyde,
In breist, in brow, in bak, and als in syde,
Quhill mony bowell brist out on the grene.
Ane scharpar sembla ȝit wes neuir sene.   Col. 2.
Richt mony Saxone deit thair that da,
Throw thair folie, as my author did sa,   28,79

Contemnand Scottis, seand thame sa few,
Without armour the battell did persew.
The Scottis men, that armit wes so weill,
At euerie straik ane Saxone knycht did keill.
With dyntis dour tha draue thame to the deid, 28,795
And ay agane thair enterit in thair steid,
Richt mony knicht into the feild agane,
Prevand thair pithtis pertlie on that plane
But victorie, that wounder wes to se,
Thocht mony Saxone thair wes done to die. 28,800

How Adanus blamit his Captanis.

This Adanus thairto tuik heid a lyte;
Traistand richt weill thairof had all the wyte
His four captanis that he had with him thair,
Accusit hes thair negligence richt sair,
Seand thair fa in poynt thairfoir to tyne, 28,805
And victorie on to thame self inclyne,
That scharpliar wald nocht thair fa persew,
Leithand wes thair awin folkis to reskew.
The Scottis captanes, the quhilk that war nocht
    lidder,
Murdow the tane, Congamis hecht the tother; 28,810
The tother tua als, as my author writis,
The quhilk that tyme wer captanis to the Britis,
The tane of thame was callit Allencryne,
The tother als to name hecht Constantyne;
At his command, als wod wes as ane wyld boir, 28,815
For to reforme the falt wes maid befoir,
Fers as ane lioun enterit in the feild,
Quhair mony Saxone in the tyme wes keild.
On force the laif out of the feild than fled,
No moir reskew into the tyme tha hed. 28,820
Baith Scot and Brit fast follouit on the chace;
Quhome tha ouirgat, but ony girth or grace,

Ȝoung or ald, for petie sauit none
Of Saxone blude that tyme mycht be ouirtone.
Into the chace that da wer slane far mo   28,825
Nor in the feild, my author said me so.
Fynlynus, king quhilk wes of West Saxone,
Deit that da and vtheris mony one.
Ane greit nobill, Cailus hecht to name,
Quhittellus als of greit honour and fame,   28,830
With mony thousand of the Pechtis blude,
Deit that da and Saxonis to conclude.

How Adanus diuydit the Spulȝe of the Feild.

King Adanus quhen he had wyn the feild,
Quhair mony Pecht and Saxone als wer keild,
The spulȝe first he gart thame agane restoir   28,835
Of Gallowa that tha had tane befoir.
The tent part syne on to the kirk he gaiue,
But ony fraude, that left wes of the laue.
The baneris bricht into the feild he wan,
And staitlie standertis of ilk nobill man,   28,840
That tha that da had wyn into the feild,
The cot armour, the targis and the scheild,   Lib. 9, f. 142.
He gart send thame into Ecolumkill;   Col. I.
Perpetuallie thair ay to remane still,
That it sould lest in memorie euir moir,   28,845
Of thair triumph sic victorie and gloir.
Syne all the lawe remanand wes behind,
Rycht equalie, als far as I can fynd,
Be the leist prick of hors, harnes or geir,
Distribute hes amang his men of weir.   28,850

How Sanct Columba, beand in the Ylis,
  schew the Victorie of the Battell in
  Northumberland.

Off this battell in the samin quhile,
Columba, being in to Iona Yle,
The victorie vnto his brether schew,
As efterwart tha fand baith leill and trew.
The tyme, the vse, quhen the battell did june,   28,855
The victorie quhen that the feild wes done,
Off Adanus the honour that he wan,
The deid also of euerie nobill man,
As all wes done he schew thame euery deill,
Quhilk efterwart tha fand als trew as steill.   28,860
Mony than said, as I can richt weill trow,
And ȝit siclike richt mony sais now,
Be intercessioun of this halie man,
King Adanus the victorie thair wan.
Syne efter that, into the secund ȝeir,   28,865
This Columba of quhome I schew ȝow heir,
With murning mad than baith of man and wyfe,
He tuke his leve out of this present lyfe.
In Iona Yle syne graithit wes in his graif,
With all honour that sic ane man suld haif,   28,870
Intill ane place callit Ecolumkill,
Quhair that his bodie restis ȝit thair still.
Thocht mony man that speikis out of tune,
Quhilk dois alledge that he lyis in Dunwn,
Within Ireland, into Sanct Patrikis graif,   28,875
Siclike Sanct Bryde, I hald thairof tha raif.
As tha alledge be mony sindrie vers,
Quhill at this tyme I list nocht now rehers,
For-quhy I gif moir credeit to Sanct Beid,
No ony vther of thame all I reid.   28,880

How Sanct Augustyne, with his Collige Melletus, prechit the Faith of Christ into Ingland.

That samyn tyme, as my author me kend,
Tua halie bischopis in Ingland wer send
Fra paip Gregour, the fayth of Christ to preiche,
The rude pepill till instruct and teiche,
Ay to that tyme levand of gentill ryte,   28,885
Ane Augustyne, the tother hecht Mellyte.
The king of Kent, quha lykis for to luke,
He wes the first the faith of Crist that tuke,
Syne efter him siclike, with greit desyre,
Did all the laif that duelt into that schire,   28,890
With euerie scitie that wes neir besyde.
The pepill all, and princes of greit pryde,
In sindrie partis beleuit all in Christ,
Syne tuke the faith ilkane and wes baptist,
Throw the instructioun of thir halie men,   28,895
Quhilk war the first, quha lykis for to ken,
Into Ingland prechit the faith of Christ,   Col. 2.
Fra idolatrie the pepill for to tyst,
Four hundretht ʒeir and moir I wnderstand,
Efter the faith come first into Scotland.   28,900

How Sanct Bald[reid] departit out of this present Lyfe.

The samin tyme in Scotland, as I reid,
Ane halie man that callit wes Baldreid,
Of Scottis blude ane greit nobill he wes,
And in ane craig that callit is the Bas,
Within the se on Forth on the South hand,   28,905
Tua myle and mair evin furth fra the mane land,

Thair he remanit mony of his dais
Amang the Pechtis, as my author sais,
Instructand thame the law of halie kirk,
And for na travell than wald tyre or irk,   28,910
Quhill finallie he tuke his leif to pas
Out of this' lyfe, departit in the Bas.
Of thre kirkis the pepill for him straif,
Quhen he wes deid, quha suld his bodie haif.
Aldem, Prestoun, and Tynnyghame also,   28,915
With so greit stryfe that tha war like to go
In plane battell withoutin ony byde,
Had nocht than bene the bischop wes besyde,
Quhilk causit thame befoir all be sworne,
In hoip of concord, quhill the tother morne   28,920
For to pas hame, syne on the morne to meit,
And thair to byde ilkane at his decreit.
Syne on the morne togidder quhen tha met,
Tha fand thre bodeis in thre beris set,
Of similitude, cullour and quantitie,   28,925
Of forme, and figour, and equallitie,
That no man culd, for ony takynis derne,
Ane by ane vther in the tyme decerne.
Quhairof tha thankit greit God of his grace,
And ilk paroche tuke ane vp in that place,   28,930
And had it hame with diligence and cuir,
Solempnitlie put it in sepultuir.

OFF THE HALIE MAN CONVALLUS.

Ane halie man of Scotland of greit fame,
That samin tyme, hecht Convallus to name,
Discipill als he wes of Sanct Mungow,[1]   28,935
In Inchchennane, schort gait bewest Glasgw,

---

[1] In MS. *Nungow.*

His bodie lyis, quhair I my self hes bene
In pilgremage, and his relicques hes sene.
Now to my storie turne I will agane,
And all my purpois sall mak to ȝow plane.   28,940
This king Adane of quhome befoir I schew,
Quhen that he hard the maner all and knew
That Columba the halie man wes deid,
So he that tyme he tuke it in his heid,
Throw grit displesour and throw seiknes soir,   28,945
He tuke his leif for he micht leif no moir.
Nane nobillar in all his tyme did rax.
The ȝeir of God sex hundreth syne and sax,
And of his regnne the sevin and tuentie ȝeir,
To Iona Yle tha buir him on his beir,   28,950
With mekle murning baith of gude and ill,
Syne bureit him into Ecolumkill.

HEIR FOLLOWIS THE CROWNYNG OF KYNNETHUS Lib.9,f.142b.
KEIR EFTER THE DEID OF ADANUS THE KING.   Col. I.

Quhen he wes deid, efter ane litill quhile
The lordis all convenit in Argyle,
Kynnethus Keir, ane man baith traist and trew, 28,955
Convallus sone, of quhome befoir I schew,
The halie king thair in that parliament
He crownit wes, with all thair haill consent.
Of him na thing I can tell in this place ;
For-quhy he had so litill tyme and space,   28,960
Quhairthrow he micht to vice and vertu draw,
In word or werk by ony sing to schaw,
Quhairby he micht get lak or ȝit commend,
Till all men ȝit his deidis ar vnkend.
The fourt moneth syne efter of his ring,   28,965
Throw sair seiknes, and throw na vther thing,
He tuke his leif and passit to the laue ;
In Iona Yle syne graithit wes in his graue.

Heir followis the Crownyng of Eugenius efter the Deid of Kynnethus Keir.

Syne efter him Eugenius the ȝing,
With haill consent wes crownit to be king,   28,970
Adanus sone of quhome befoir I spak,
That all his dais levit ay but lak.
Siclike his sone did efter him succeid,
This nobill king, quha lykis of him to reid,
Eugenius, the fourt king of that name,   28,975
Ane nobill prince of grit fredome and fame,
And keipit all commandis les and moir,
Wes teichit him be Columba befoir.
Gratious he wes and full of gratitude,
Acceptabill ay to euerie man of gude: 28,980
Theif nor revar gat of him no girth,
Quhair tha war fund in ony feild or firth.
In pece and rest all his tyme he rang,
But outwart weir or ony inwart wrang.
Heir will I rest of him ane litill quhile,   28,985
And to the Saxonis turne agane my style.

How the King of Marche wan Edilfred.

This Edilfred king of Northumberland,
The king of Merche that tyme, I wnderstand,
And his pepill, quhilk that his nychtboures war,
With weir and wrang oppressit hes rycht far.   28,990
And for no quhy it wes, gif I richt ken,
Becaus that tyme that thai war Cristin men,
With Augustyne befoir had bene baptist,
And Edelfred wes ennimie to Christ;
For that same caus, and for na vther quhy,   28,995
Injurit thame for malice and invy.
Tua Saxone kingis of the Orient
Of Ingland, than baith of ane haill intent,

Ane Ethalbrech, ane freik wes of grit fame,
Redwald the tother callit wes to name,   29,000
For to revenge the harmes and injure
That Edilfrid wrocht on the pepill puir,
In the contemptione of the faith of Christ,
He baneist had richt mony wes baptist;   Col. 2.
For that same caus into Northumberland,   29,005
Thir tua kingis togidder in ane band,
With all thair power sped thame in that tyde,
With mort battell agane king Edelfryde,
And vincust him thair fechtand on the plane,
Quhair he him self and mony ma wer slane.   29,010
Thir tua kingis, efter that he wes deid,
Hes crownit thair, to ring into his steid,
Ane Edwynus wes of the Saxone blude,
Ane greit nobill and als ane man of gude.
This Edilfryde sevin sonis had that tyme,   29,015
And ane dochter that clene wes of all cryme,
Baith ȝoung and fair, and fluresand in fame,
Quhilk callit wes than Ebba to hir name.
Thir sevin sonis this Edwyn so tha dred,
Into Scotland to king Eugene tha fled ;   29,020
Suppois thair father had done mekle skayth
To king Eugene and to his father baith,
Ȝit neuirtheles that tyme, for puir pitie,
Ressauit thame with all humanitie ;
With laud and gloir siclike of all the laif,   29,025
As did pertene kingis sonis [for] to haif.
Thair on sister that taikin wes in hand,
In prisoun syne wes festnit fast with band.
Quhat wes the quhy I can nocht schaw to ȝow,
As scho chaipit, or ȝit the maner how,   29,030
Bot gif it wes onlie be Goddis grace,
Deliuerit wes out of that panefull place.
Syne on ane bot, on Humber water la,
But falloschip so saillit furth hir wa

To Forthis mouth, that tyme quhair that scho   29,035
   fand
Ane lytill craig that la richt neir the land,
Within the se, quhairof scho wes richt fane.
Syne all hir tyme thair scho did remane,
In fasting, prayer and in oresoun,
With mony wemen of relegioun,   29,040
In that same place, as my author did sa,
Quhilk callit is Sanct Abbis heid this da.
The sevin brether, of quhome befoir I tald,
The first Eufred, the secund hecht Oswald;
As for the laue, I like nocht to reherss   29,045
Of thair names heirfoir to put in verss;
Bot as my authour did me mentione mak,
Thir sevin brethir, of quhome befoir I spak,
Into Scotland that tyme tha war baptist,
And weill instructit in the faith of Christ,   29,050
Be halie men of greit perfectioun,
And mony vther of religioun.
Sone efter that Ewgenius the king,
The fyftene ʒeir the quhilk wes of his ring,
He tuke his leif than bayth at gude and ill,   29,055
And grauit wes than in Ecolumkill.

OFF THE TUA HALIE MEN IN THA DAYIS, SANCT BONEFACE AND SANCT MOLOC.

Tua halie men that samin tyme thair wes,
Ane hecht Moloc, the tother hecht Boneface.
Thair sanctitude it war ouir lang to schaw
To me this tyme, gif I suld tell it aw,   29,060
Lib.9, f.143.
Col. 1. Ouir langsum war, sen that my tyme is schort,
Thairfoir as now I will no moir report.
Bot finallie tha maid thair latter end,
Baith into Ross, as it is richt weill kend;

In Rosmarkie syne bureit baith in graue ; 29,065
Quha lykis moir go thai and luke the laue.
Euge[n]ius, of quhome befoir I tald,
Thre sonis had baith bellicois and bald:
Ferquhard to name than hecht the eldest bruther,
Fyacrius als callit wes the tother, 29,070
And Donald the ȝoungest of the thre.
In Mona Yle that tyme within the se,
Thir thrie remanit at the studie than,
With the bischop that callit wes Conan,
Vertew and science dalie for to leir, 29,075
In thair ȝouthheid befoir richt mony ȝeir.
Feacrius, that wes the secund bruther,
Most abill wes that tyme of ony vther,
And kest him ay to vertew and doctryne,
Fra vices fled, to vertew did inclyne. 29,080
In him that tyme wes nocht for to accuiss,
Syne at the last the warld he did refuiss :
Sone efter syne, be auenture and chance,
Richt quietlie he passit into France
Fra kyn and kith, levand all wes his awin, 29,085
In vyle habite thair for to be vnknawin.
Sone efter syne into ane quiet place,
Predestinat to him be Goddis grace,
Ane armit lyfe he levit mony da,
Heir efterwart as I sall to ȝow sa. 29,090
His eldest bruther, Ferquhard hecht to name,
Gottin of ane man and borne baith of ane wame,[1]
Quhairof thair nature differt than richt far,
In all this warld wist I neuir nane war
Na wes Ferquhard, fra tyme he wes maid king, 29,095
Befoir, sensyne, or in his tyme did ring.
For schame this tyme I dar nocht to ȝow tell,
The greit mischeif into his tyme that fell,

---

[1] In MS. *woman.*

Of murthure, slauchter, reif and commoun thift,
That nane micht thryve, nor ʒit haif e to thrift. 29,100
With greit discord amang the lordis als,
Held nane vp heid bot he that culd be fals :
With sic oppressioun baith of ald and ʒing,
And all the falt wes in this vicius king.
For ma vices thair rang into his cors,   29,105
Nor thair wes hairis on his grittest hors ;
And speciallie ane vice did in him ring,
Quhilk rang neuir ʒit into na Scottis king,
Fuill arrosie, as that my author writis,
That he leirit fra kirkmen of the Britis,   29,110
Than be the Saxonis wes amang thame brocht,
And tha for succour that tyme to him socht.
Of quhome that tyme it wes the commoun fame,
The quhilk richt oft wes laid vpone his name,
That baptiʒing regeneratioun,   29,115
The sacrament als of confessioun,
He said richt oft, quhair he wald tell his taill,
Tha war bot fenʒeit and of litill vaill.
The prelattis than, and all the men of gude,
Displesit war quhen tha that wnderstude,   29,120
Sic commoning that tyme of thair king,
That wes infectit with sa foull ane thing.
Thairfoir richt sone, with consent of thame all,
Ane counsall set and hidder did him call ;
And he agane that did thair counsall heir,   29,125
Wes contumax, and sic wald nocht compeir,
Wittand sa weill that he wes in the wrang.

Col. :   Syne in ane strenth, that stalwart wes and strang,
He held him cloiss fra he thair myndis kend,
Wald nocht compeir for na summondis tha send; 20,130
Within that strenth he held him thair stand still.
The lordis all with ane consent and will,
Richt sone ane seig about the hous tha set,
With all ingyne that gudlie wes to get ;

With litill lawbour syne the hous tha wan,   29,135
And in thair travell than tynt nocht ane man.
Syne tuke the king and put in presoun strang,
Fetrit richt fast, quhair he wes keipit lang
Closit in cuir, quhair he wes keipit weill,
With sicker men that wer als trew as steill.   29,140

How the Lordis of Scotland send in France for Feacrius to mak him King.

The lordis syne in parliament togidder,
Decretit hes for Feachar his bruther
To send richt sone, and no tarie to mak,
Quhome of befoir schort quhile to ȝow I spak,
Far furth in France into ane heremetage,   29,145
Quhair he remanit sen he wes ane page,
In prayer, pennance and penuritie,
In fasting, walking and necessitie,
In Goddis seruice richt contemplatiue,
Remanit thair the terme of all his lywe.   29,150
Sone efter syne, throw fortoun and throw chance,
This messinger is cumin into France :
Feacrius, that of his cuming knew,
Quhilk secreitlie the Halie Spirit him schew,
Throw intercessioun that he hes maid than,   29,155
Transformit wes into ane lipper man,
Abhominable to ony man to se,
With plowkie visage, bowdin brow and bre.
This messinger quhen he hes fund him so,
Desyrit him no forder for to go,   29,160
Bot tuke his leve and left him thair allane ;
In Scotland syne passit is hame agane,
And schew to thame the maner all and how,
Ilk word by word as I haif said to ȝow.
The samin tyme that done wes all this thing,   29,165
Into presoun this curst vnhappie king,

Throw greit dispair as Sathan to him schew,
Richt suddanelie him awin self thair he slew,
The threttene ʒeir quhilk wes than of his ring.
Thus[1] endit he that ill wnfaithfull king.   29,170

HOW DONEWALDUS WAS CROWNIT KING OF SCOTTIS EFTER THE DEPARTING OF FERQUHA[RD].

Donewaldus, syne efter he wes deid,
His bruther syne wes crownit in his steid,
Quhilk did reforme all faltis les and moir,
That his bruther king Ferquhard maid befoir.
The puir pepill he keipit vnopprest,   29,175
And held his kinrik in gude peax and rest.
The secund ʒeir syne efter of his ring,
Ane hecht Penda, that wes of Marchis king,
And Gadwallane that king wes of the Britis,
Baith in ane band, as that my author writis,   29,180
Edwynus, king wes of Northumberland,
That samin tyme as ʒe sall wnderstand,
Vincust in feild, for all his greit renoun,
Depryving him baith of his lyfe and croun.

Lib.9, f.143b.
Col. 1.

HOW DONEWALDUS, THE KING OF SCOTTIS, SEND TO GADWALLANE, THE KING OF BRITIS, AND CAUSIT TO RESTOIR ELFRIDUS SONE TO HIS HERETAGE.

Fra that this cace to Donewaldus wes kend,   29,185
Ane herald sone to Gadwallane he send,
Richt famous wes, that tyme as to his freind;
Beseikand him richt curtaslie and heind,

---

[1] In MS. *This.*

Eufred, the sone of Edelfred befoir,
On to his croun he wald agane restoir,   29,190
Quhilk wranguslie fra Edelfrid wes tane
Be this Edwyn that laitlie now is gane:
The landis all now of Northumberland,
He wald resing into Elfridus hand,
At the requeist of Donewald the king.   29,195
This Gadwallan content wes of that thing.
That samin tyme, as my author did sa,
Thir kingis hes diuydit into tua
Northumberland, baith firth, forrest and fell;
Quhat wes the caus I can nocht to ӡow tell.   29,200
To this Eufride the northmest part tha gaif,
To ane Osrik syne gaif tha all the laif.
Thir tua kingis, but stop or ӡit ganestand,
With peax and rest rang in Northumberland;
And, for the mair securitie of peice,   28,205
All weir and wrang and scisma to gar ceis,
Osricus dochter, fair and ӡoung of age,
This Eufridus hes tane in mariage.

HOW OSRIK LEFT THE FAITH OF CHRIST.

This ilk Osrik, quhilk wes ane vicious man,
Richt sone efter ane wickit lyfe began.   29,210
The Cristiane faith, suppois he wes baptist,
Renuncit hes, and left the faith of Christ.
This Eufred all quhilk leirit at his loir,
Forӡetand quyt all doctryne of befoir,
Into Scotland quhen that he wes[1] richt ӡing,   29,215
With Conanus and gude Eugenius king,
The faith of Christ he hes forӡet full quyte,
And turnit hes to ydolrie full tyte;

---

[1] In MS. *that hes.*

Wirkand the warkis of iniquitie,
Throw greit affectioun of affinitie   29,220
To this Osrik, and to his wyfe he had.
Wes neuir none war in no storie I red
Na wes thir tua, quhill that thair tyme mycht lest,
Kirk and kirkmen so far that tyme opprest;
And all vther that cristnit wes that tyme,   28,225
Accusand thame of Cristin faith as cryme,
Sum puneist soir, and sum tha pat to deid,
And vther sum tha flemit but remeid.
Lang thus tha wrocht, but stop or ȝit ganestand,
Ouir all the partis of Northumberland.   29,230

How Gadwallane and Penda send to thir Tua Kingis to caus thame to reforme thair Falt.

Then Gadwallane, that king wes of the Britis,
And king Penda richt soir blamis and witis
Thair negligence richt far into sic thingis,
Promouit had sic tua vncristin kingis,
Col. 2.   Frutles but faith, cursit and Cristis fo,   29,235
Depredaris alss of halie kirk also.
This Gadwallane richt oftsyis to thame send,
Beseikand thame to leif sic falt and mend,
And halie kirk to the awin stait restoir,
Keipand the faith that tha had tane befoir.   29,240
Thir tua kingis, richt cursit and misknawin,
Fra tyme this charge on to thame bayth wes schawin,
For wickitness so wranguslie tha wrocht,
The messingeris that thame the bodwart brocht,
Sum tha gart hing, and vther sum tha gart heid; 29,245
Sum to the kirk that fled to get remeid,
Baith kirk and queir tha set all into fyre,
Within the girth syne brint thame bane and lyre.

And all the kirkis in Northumberland,
And preistis als thair in that tyme tha fand,   29,250
Tha brint thame ilkane in to poulder small,
And syne the laif of kirkmen ane and all ;
And all the laif tha maid richt far to fle,
That cristnit wes, or than like dogis die.

How all the Kingis in Albione mouit Weir aganis thir Tua evill Kingis.

Quhairof the kingis into Albione,   29,255
Commouit wes at that tyme richt far ilkone ;
Of that injure for to revengit be,
Committit hes the haill auctoritie
To Gadwallane, that king wes of the Britis ;
And all thair power, as my author writis,   29,260
Thir tua kingis with battell did persew,
And vincust thame and mony Saxone slew.
Syne put thame baith into ane presoun strang,
Ay efter that quhair that tha la full lang ;
Syne throw dispair, dreidand for gritar pane,   29,265
In that presoun ilkone hes vther slane.
Wes none of all moir speciall in the tyme,
To be revengit of that cursit cryme,
No gude Oswald, that tyme tytest of other
Into the feild agane Eufrid his bruther.   29,270
Faithfull he wes thairby ȝe micht weill ken,
And captane wes to all the Scottis men,
And of thame had the haill auctoritie
Come thair that da the Britis to supple,
Be Donewald the quhilk war hidder send.   29,275
This ilk Oswald that da gat sic commend,
With haill consent, but stop or ȝit ganestand,
Tha maid him king of all Northumberland,
For to succeid vnto king Edelfryde,
His father wes befoir in to sum tyde.   29,280

How Oswaldus, King of Northumberland, send in Scotland for Clerkis to preiche the Faith.

This gude Oswald, quhen he wes crownit king,
In Scotland send desyring sic ane thing
At Donewald, that he wald to him send
Devoit doctouris the faith of Crist best kend,
Quhilk wer expert into the halie writ,   29,285
In theoligie and canoun law perfyte,
His rude pepill to instruct and teiche,
All neidfull thingis planelie for to preche.
At the requeist of gude Oswald the king,
This Donewald, quhome plesit sic thing,   29,290

Lib.9, f.144.
Col. 1.

With haill consent than of his lordis all,
Ane famous clerk ane did Cormanus[1] call ;
In halie scripture richt expert wes he,
Ane doctour als he wes in theoligie ;
To king Oswald he send into that tyme,   29,295
To clenge his kinrik out of all sic cryme.
Quhair he remanit still compleit ane ȝeir,
In teching, preching and devoit prayer,
In greit laubour ilk da ouir all that land,
Quhair litill frutt or fauour ȝit he fand ;   29,300
For all his preching come bot hulie speid,
And mekill mager gat als to his meid.
The pepill quhilk wes of ingyne so rude,
Of his preching full litill wnderstude :
He schew to thame thingis that wer so hie,   29,305
The inwart secreittis of the Trinitie,
Incomparable quhilk wes of excellence
To thair wisdome and rude intelligence.
The pepill all thairfoir, baith riche and puir,
Quhat euir he said tha tuke bot litill cuir.   29,310

---

[1] In MS. *Colmanus.*

And quhen he saw that he culd cum na speid
Of his purpois, nother in word nor deid,
He tuke his leif, but stop or ȝit ganestand
Come hame his wa agane into Scotland.
Befoir the king and prelattis all togidder,   29,315
He schew to thame how first quhen he come hidder,
Richt fruttles folk but ony faith he fand
In all the partis of Northumberland;
And how he went amang thame and he woik
Ilk da be da moir travell [that] he tuke   29,320
To teiche and preiche, and halie scriptour reid,
Syne of his purpois he culd cum no speid.
Moir eith it war, he said, I bid nocht le,
To bring the Bas and May out of the se,
Na caus tha pepill of nature sa nyce,   29,325
To trow in Christ and for to leif thair vice.
The prelattis all that tyme that war present,
All in ane voce tha said with ane assent,
No moir agane, as tha culd wnderstand,
To send to preche into Northumberland,   29,330
Amang the pepill of ingyne so rude,
So weill tha wist it wald turne to na gude.

How Adanus repreuit Cormanus of his Preching.

Ane halie bischop full of grauitie,
Amang thame all of most auctoritie,
Ane frutfull father, full of faith and fame,   29,335
The quhilk Adanus callit wes to name,
For suith, he said, it war ane greit pitie,
That gude Oswald withoutin help sould be
Left destitute into so greit ane thing,
That halie prince so lawlie and benyng.   29,340
To this Cormanus than agane said he:
" I dreid me, sone, thi greit subtillitie,

U 2

" Thy eloquence and preching wnplane,
" Hes bene the caus thi laubour wes in vane.
" Ane ȝoung stomack, suppois that it be rude,   29,345
" It wald be fed with ȝoung and tender fude,
" And speciallie with sueit milk that war warme ;
" Of groiss meittis it ma tak skayth and harme,
" Vsit befoir it wes nocht wont to be ;
" For quhen it is of most securitie,   29,350
" Richt suddanelie it will, with litill schoir,
" Evome agane all that it tuik befoir.
" That wes the thing," he said, "sueit sone, I dred,

Col. 2.   " Tha haif done so thir folkis that thow fed ;
" Thy subtill sentence of ingyne so hie   29,355
" Transcendit far thair small capacitie ;
" That wes the cause I trow, quha list to luke,
" To thi talking so litill tent tha tuke.
" Thairfoir," he said, " quha wald thair hartis wyn,
" At plesand mater first tha man begin ;   29,360
" And plesandlie of hevinlie thingis schaw,
" The quhilk it war most neidfull for to knaw,
" That giffin war in precept and command,
" In plane termis and eith to wnderstand,
" Quhairof tha micht mater of plesance haif ;   29,365
" Syne efterwart at lasar all the laif,
" That neidfull war, tha micht schaw thame till,
" At all plesour with hartlie mynd and will."

HOW THE KING OF SCOTLAND AND THE KIRK-MEN CAUSIT ADANUS TO PAS TO OSWALD THE KING.

The prelattis all war present thair ilk deill,
Thocht all ilkone that he had said richt weill,   29,370
And wes content to stand at his decreit ;
Beseikand him, sen that he wes maist meit,
That he him self wald tak on hand sic thing,
For the plesour of gude Oswald the king.

Than Adanus, in presens of the lawe,   29,375
Wald nocht ganestand the counsall that he gawe;
He tuik on hand that tyme to fulfill,
To satisfie all thair desyre and will.
Sone efter that, as ȝe sall wnderstand,
He passit syne into Northumberland   29,380
To king Oswald, quhilk him ressauit than,
With all honour that he culd do or can.
The lordis all siclike baith far and neir,
And commoun pepill, come ilk da to heir
This Adanus, his counsall wes so gude,   29,385
And plesand als quhen tha him wnderstude.
Adanus than, as my author did wryte,
In Saxone langage wes nocht richt perfyte,
The quhilk to him wes greit impediment
To schaw to thame quhat wes in his intent.   29,390
The king quhilk leirit, quhen that he wes ȝoung,
The Saxone langage and the Scottis toung,
Sevintene ȝeir fra his father wes slane,
Continiewallie in Scotland did remane.
Of Scottis langage he wes als perfyte   29,395
As of his awin, and culd baith reid and wryte,
And all the langage, to his pepill rude,
Of Adanus, that tha nocht wnderstude,
Ilk word be word he schew to thame agane
In thair langage, richt plesandlie and plane.   29,400
Quhairby that tyme, as I traist weill be trew,
The pepillis hartis haill to him he drew;
And did all thing that he gaif in command,
At his plesour without stop or ganestand.
That samin tyme, as that my author sais,   29,405
This Adanus he baptist in sevin dais,
Of men and wemen into taill wntald,
Then fyftene thousand baith of ȝoung and ald;
With greit blythnes, baith of ald and ȝing,
And speciallie of gude Oswald the king,   29,410

This Adanus that tyme without ganestand,
Wes maid bischop of all Northumberland.

Richt mony men than of religioun
And secular men of greit deuotioun,
To Adanus out of Scotland tha ȝeid,   29,415
Him to supple in his mister and neid,
The faith of Christ amang thame for to plant,
For in that land the kirkmen were rycht skant.
Within schort quhile to sic vertew tha grew,
Be his doctryne and miraclis that he schew,   29,420
Northumberland that samin tyme, we reid,
Into the faith all Ingland did exceid.
Syne fals Fortoun quhilk lattis no thing lest
In ane stait, oft quhen that ane man is best,
Traistand he is in most tranquillitie,   29,425
Throw hir fauour set on the quheill so he,
Or euir he wit scho makis him to fall
Doun fra the licht, garrand him licht so law.
The king of Marchis in the samin tyde,
Callit Penda, of greit power and pryde,   29,430
In all his tyme that wes baith fals and sle,
Had greit invye at the prosperitie
Of gude Oswald, that wes baith lele[1] and trew,
Fenȝeit ane caus, syne efter did persew
This king Oswald with mort battell in feild,   29,435
Vincust his men, him self also hes keild.
For puir invie, this gude Oswald the king
Deit that da, and for na vther thing;
Quhilk efterwart, that micht nocht weill be hid,
Richt mony miracle in tha partis kid;   29,440
Into his tyme wes countit amang kingis,
Quhilk now in hevin amang the sanctis ringis
In joy and blis, with greit blythnes and gloir,
Withoutin end, and sall do euir moir.

---

[1] In MS. *les.*

How Donewaldus, throw Misgyding on the Water of Tay, was drownit in ane Boit.

Sone efter this that ȝe haif hard me say,   29,445
King Donewald vpoun the water of Tay,
Into ane bot, throw rakles misgyding,
The fyftene ȝeir quhilk wes than of his ring,
And of oure Lord fourtie ȝeir and fywe
And sex hundreth, agane the streme did strywe ; 29,450
Quhair he wes dround into the samin quhile.
Syne efter that, syne into Iona Yle,
His bodie borne and bureit into graif,
With all honour put in amang the laif.

How the Heretick callit Mohomeit deit.

Schort quhill befoir his dais war compleit,   29,45'
The scismatik callit wes Mohomeit,
In Arrabie closit his latter dayis,
Gif all be suith heir that my author sayis.
He wes the first this foull faith that began,
Quhairby this da thair levis mony man   29,460
But Christis law, or ȝit but Cristindome,
Quhilk restitat ar fra the kirk of Rome,
As Turkis, Pagane, and Seresane also,
And mony vther in this warld mo.
His lyfe and law quha lykis for to heir,   29,465
Pas tha thame self wnto sum man and speir,
Moir lasar hes nor I haif to remane ;
Now to my purpois turne I will agane.

How Ferquhard, the Sone of Ferquhard foirsaid, wes crownit King of Scottis.

The bruther sone of this king Donewald,   Col. 2.
Ferquhardus sone of quhome befoir I tald,   29,470
Nocht lang gane syne befoir as ȝe haif hard,
This ȝoung man alss he callit wes Ferquhard,

Into Argyle with suord, sceptour and ring,
Of Scottis thair wes crownit to be king.
Or that he come to that auctoritie,   29,475
Richt large he wes and full of libertie ;
Fra that fassoun syne changit hes rycht far,
And callit wes with all man father war,
Gif war micht be, and war, and war agane.
Heir I abhor for to report in plane   29,480
Sa mony faltis and vices as did ring
Vncorrigill into this wnwyiss king.
One halie bischop, callit wes Colman,
And mony vther in the tyme wes than,
For na command nor counsall tha him gaue,   29,485
No for requeist of lordis and the laue,
He wald nocht mend of all that worth ane mytte,
Quhairat his lordis had rycht greit dispyte ;
Ane counsall set how tha suld him corrack,
Decrettit syne in handis him to tak.   29,490
So had tha done richt weill I wait as than,
War nocht the counsall of this ilk Colman,
Into the tyme quhilk said to thame and schew
The hand of God suld schortlie him persew,
Richt suddantlie, and with far scharper pane   29,495
Na thai culd do, he promeist thame rycht plane.
And so it wes be ordenance diuyne,
Within ane moneth at the hunting syne,
Wnder ane buss quhair he sat him alone,
With[1] ane wod wolf wes bettin to the bone,   29,500
Into his syid ane deip wound and ane soir,
Into his tyme quhilk mendit neuir moir.
Thair wes no leich culd mak his panis les ;
Ilk da be da his dolour did incres,
With foull fetor that wes intollerabill,   29,505
And humor als that wes abhominable;

---

[1] In MS. *Within*

Moir horribill als that tyme for till abhor,
No canker, fester, gut, or ȝit grandgor.
Tua ȝeir and moir, I bid nocht for to lane,
He puneist wes still with sic cruell pane ; 29,510
Syne at the last his vices did repent,
Confessand him with ane clene intent.
The halie bischop callit wes Colman,
His confessour quhilk in the tyme wes than,
Confessit him of all his crymis clene ; 29,515
The sacrament of the altar betuene [1]
Ressauit hes with clene and contreit hart :
Syne suddantlie the cruell aufull dart
Of dulefull deid, quhair that he la rycht warme,
Persit his hart in this Colmanis arme. 29,520
Thus endit thair this ilk Ferquhardus king,
The auchtene ȝeir efter that he did ring.
That samin ȝeir, gif I richt wnderstand,
The halie bischop of Northumberland,
Ane Scottis man richt faithfull of gude fame, 29,525
Quhilk callit wes Adanus to his name,
To king Oswald the quhilk befoir wes send,
He tuke his leif out of this warld to wend.
One holie bischop in Scotland wes than,
Quhilk to his name that callit wes Fynane. 29,530
This Fynanus into Adanus steid
Succeidit syne sone efter he wes deid,
And bischop wes maid of Northumberland, Lib.9, f.145.
Col. 1.
Richt mony folk befoir him quhair he fand,
That vicius wes, suppois tha war baptist, 29,535
With litill credence to the faith of Christ.
Thair he on him dalie greit travell tuik,[2]
Out-throw the land vpoun his feit he woik,
With mekle pane in mony sindrie rod,
Instructand thame into the faith of God. 29,540

---

[1] *Bedene ?* | [2] In MS. *for tuik.*

In euerie pairt quhair that he prechit in,
He causit thame to leve thair vice and syn,
And turne to Christ, and keip the commoun law,
Part for his love and vther part for aw
Of bitter pane, he schew to thame preichand,   29,545
Sould be reward quha keipit nocht command.

How the halie Man Fenanus baptizit Penda.

The king of Marchis callit wes Penda,
He baptizit him, as my author did sa,
And syne confirmit with his awin hand,
And all the laif that wes into his land.   29,550
And thus he wrocht wnto his latter end,
Ouir all that land as it wes richt weill kend.
The halie bischop callit wes Colman,
Efter his deid succeidit to him than,
Ane Scottis man befoir as I zow schew,   29,555
Ane greit doctour and full of all vertew,
Bischop wes maid than of Northumberland,
Fra Eborac north on to Sulwa sand ;
His greit vertew all vther did exceid
In operatioun baith of word and deid ;   29,560
His sanctitude I can nocht to zow sa,
Thocht I wald walk all ouir this samin da ;
I can nocht schaw, nor put heir into write,
His perfectioun and halie lyfe perfyte ;
Ouir all the partis into Albione,   29,565
With greit instructione on his fit is gone.
This Pendas[1] sone, of quhome befoir I spak,
Of this Colman the Cristiane fayth did tak ;
And mony vther of the Saxone blude
He baptist hes befoir that war nocht gude.   29,570
Heir will I leve ane litill and remane,
And to my storie turne I will agane.

---

[1] In MS. *Pendeus.*

How Maldowyn, the Sone of Donewald, efter the Deith of Ferquhard, wes crownit King.

Efter the deith of Ferquhard, as I tald,
Ʒoung Maldowyn, the sone of Donewald,
With haill consent into the samin quhile,   29,575
Wes crownit king of Scottis into Argyle.
Ane lustie man he wes withoutin leis,
In all his tyme had greit desyre of peice ;
With Brit and Pecht, and Saxone to also,
He maid gude peax withoutin ony fo.   29,580
In all his tyme richt gude justice thair rang,
Wes nocht ane wicht [that] durst do vther wrang.
So hapnit it into the samin quhile,
The Lennox men and nobillis in Argyle,
With greit contentioun baith of lad and lord,   29,585
For litill caus fell into greit discord.
The Ylis men, wer nychtbouris to Argyle,
Tuike thair plane part into the samin quhile,
And to the Lennox siclike Gallowa
Tuke thair plane part, as my author did sa.   29,590
Richt mekle euill betuix thame had bene done,   Col. 2.
War nocht the king, quhilk maid remeid rycht sone
With greit power, of quhome sic aw tha stude,
That all the fauoraris schortlie to conclude,
Of him that tyme so soir tha war adred,   29,595
To saue thame selffis on to the Ylis tha fled.
The Ylis men quhilk of the king stude aw,
Or he on thame suld execute the law,
For to accuiss als of the samin cryme,
The tratouris all tha tuke into the tyme,   29,600
And send thame bundin ilkane to the king ;
Quhilk efterwart he hes maid for to hing
Vpoun ane gallous but reuth or remeid ;
Thus finallie thair endit all that feid.

Fra that tyme furth wes none so pert to prewe   29,605
Sic prattik moir, or ȝit ane vther grewe
In work or word that wes agane the law,
Of this gude king tha stude sa mekle aw.
That samin tyme, as ȝe sall wnderstand,
The bischop Colman fra Northumberland,   29,610
With mony kirkman in his cumpany,
In Scotland come, and for the samin quhy,
Will ȝe tak tent, as I sall tell ȝow heir,
Ouir all the warld into that samin ȝeir,
The pepill haill, for thair falt and offence,   29,615
War puneist sair with plaig of pestilence,
Deand ilk da be thousandis out of number,
And speciallie into the land of Humber.
For that same caus this ilk Colmanus dred,
And in Scotland than hame agane he fled,   29,620
Within the Ylis syne in ane abba,
With his brether, as my author did sa ;
And in gude concord without sturt or stryfe,
Remanit thair the laue of all his lyfe.

HOW THE SAXONIS AND THE PECHTIS INVAIDIT THE SCOTTIS, AND OF THE MANLIE DEFENCE AGANE OF THE SCOTTIS.

Sone efter this the Pechtis in ane band,   29,625
And Elfridus king of Northumberland,
With all injure into the tyme tha dar,
Invaidit hes the Scottis than rycht far.
The Scottis als siclike to thame agane ;
In thair defence wes mony Saxone slane.   29,630
Ane lang quhile so into sic stryfe tha stude,
On euerie syde quhill spilt wes mekle blude.
The king of Scottis that wes baith wyss and wycht,
That samin tyme wes murdreist on ane nycht

Be his awin wyfe, and to that same effect,   29,635
Because of hurdome scho held him suspect.
This cruell quene wes tane in the same tyme,
And all the laif gaif counsall to that cryme;
Syne in ane fyre, vpoun ane hill full hie,
Tha war all brint that mony man mycht se.   29,640
Thus endit he, as I haif said ȝow heir,
Than of his ring into the tuentie ȝeir,
And of oure Lord sex hundreth and fourscoir,
And four ȝeiris, withoutin ony moir.

HOW EUGENIUS THE FYFT, THE SONE OF DONGARUS, EFTER THE DEID OF KING FERQUHARD, WES CROWNIT KING OF SCOTLAND, AND OF HIS NOBILL DEIDIS.

Ane nobill man callit Eugenius,   29,645
Fyft of that name, the sone of Dongarus,
Quhilk bruther wes to this foirnamit king,   Lib.9,f.145b Col. 1.
Wes crownit than in Scotland for to ring.
Quhilk to Edfrid king of Northumberland,
Ane epistill send subscriuit with his hand   29,650
With ane herald, desyrand at him peice,
Quhilk Edfridus grantit him, but leis,
Of this conditioun so he wald restoir
The spulȝe all that tane wes of befoir,
Be[1] Scottis men furth of Northumberland,   29,655
And Pechtis als, quhilk wes baith of ane band,
And he of thame sould desyr na redres
Of oucht wes tane of Scottis mair or les;
And ellevin moneth gif that he ast to haue
Of peice and rest, and no moir for to craue.   29,660
All this he did, withoutin ony leis,
With fraudfull mynd dissimuland sic peice,
As he that wes full of subtillitie,
Onto the tyme that he micht reddie be

---

[1] In MS. *The.*

With mort battell the Scottis till persew.   29,665
Eugenius, that weill his purpois knew,
Commandit hes with diligence and cuir,
For till abstene fra all wrang and injure,
Fra Edfridus and the Pechtis also,
Quhill tyme of trewis war passit and ago.   29,670
Als gaif command that tyme to euerie man,
For to prowyde alss gudlie as he can,
For hors, harnes, and al sic ganand geir,
That neidfull war into the tyme of weir.
Or the tent monet[h] passit wes compleit,   29,675
This Edfridus quhilk reddie wes and meit
For mort battell, with all thing as him lest,
He causit hes withoutin ony rest,
Full mony Saxone efter on ane da,
Richt mekle gude tak out of Gallowa;   29,680
And sindrie men into the tyme tha slaw,
That maid defence their guidis to reskew.

How Eugenius send to Edfridus,[1] askand
Redres of the Spulȝe that he tuke awa.

Eugenius quhen that he knew that thing,
Ane herald send to Edfridus the king,
Askand agane the spulȝe to restoir,   29,685
Be the conditioun maid wes of befoir.
Siclike the men for to deliuerit be,
The slauchter maid, to his auctoritie,
As ressoun wald, for to be in his will,
On to quhat pane that he wald put thame till.   29,690
Quhen this wes said, the quhilk wes all in vane,
This Edfridus this ansuer maid agane;
" Gude freind," he said, " to the I say full suir,
" This tyme to ȝow we haif done na injure,

---

[1] In MS., et postea, *Egfridus.*

" For-quhy," he said " it is in oure defence,   29,695
" Befoir to ws ȝe did sic violence
" In tyme of peax and wald no mendis mak ;
" Sen lefull is agane to ws to tak
" At our awin hand, sen ȝe will keip no law,
" For band or aith, for seill or ȝit for saw.   29,700
" Thairfoir," he said, " ȝow sall gif traist to me,
" Of ȝow no way sen we can sicker be,
" Within aucht dais, and I be levand man,
" In ȝour boundis with all power I can,
" I sall persew ȝow baith with fyre and blude ; 29,705
" Tak thair thi ansuer schortlie to conclude."

How Eugenius, the King of Scottis, passit in Gallowa with ane Armie aganis the Saxonis and Pechtis.

Col. 2.

Eugenius, quhen he this ansuer knew,
Ilk word be word as the herald him schew,
Held vp his handis to the hevin on hicht,
Beseikand God that all perrell and plicht   29,710
To licht on him and on na vther man,
In quhome that fraude and falsheid first began.
Contraccit syne ane greit power togidder,
Quhairto that tyme wes no man laith no lidder,
Baith ȝoung and ald that waponis docht to   29,715
    weild,
On fit and hors to follow him on feild.
To Gallowa syne tuke the gait full rycht,
With staitlie standertis streikit vpone hycht.
King Edfridus, or he came thair befoir,
And king of Pechtis with mekle bost and schoir, 29,720
By the se coist with all thair power lay,
Segeand ane castell callit wes Dunskey.
This Edfridus that tyme quhen he did heir
The king of Scottis cumand wes so neir,

He left the seig and passit to the feild,   29,725
With mony man that waponis weill culd weild,
The quhilk in battell oft befoir had vse,
And met the Scottis on the water of Luse,

HEIR FOLLOWIS THE ORDOUR AND MANER OF THE GREIT BATTELL BETUIX EUGENIUS AND THE SAXONIS.

With mony baner brodin wes full bricht,
Lyke ony lanterne kest ane aureat lycht,   29,730
And staitlie standertis streikit in the air,
Agane the face of Phebus flamand fair.
The Scottis als vpoun the tother syde,
Decernit wes in battell for till byde,
Of thair injuris to revengit be,   29,735
And neuir ane fit out of that feild to fle,
Suppois thair lyvis sould all be forlorne ;
Thairto ilkane war bayth oblist and sworne.
With baneris braid that brodin wer all new,
With gold and siluer, and with asur blew,   29,740
Palit with purpure, plesand and perfite,
Quhair on to luke it wes ane grit delyte.
The trumpettis blew with sic ane mirre sound,
Quhill that thair beir gart all the bankis rebound.
The bowmen bald syne enterit in the feild ;   29,745
Thair scharp schutting hes schorne mony scheild,
Doand grit skayth in the breist of the oist,
Quhair throw richt mony in the tyme wes lost.

HOW THE PECHTIS FLED OR THE FEILD ENTERIT.

The Pechtis all, or euir the feild did june,
In rayit battell till ane montane sone,   29,750
Quhat wes the caus I can nocht to ȝow sa,
In rayit feild tha fled rycht fast awa.

Quhen Saxonis saw the Pechtis war all fled,
Doutles that tyme tha wer rycht soir adred;
Quhairfoir abak tha ȝeid ane litill we,   29,755
With greit apperance that tha suld all fle.
This Edfridus thairof wes nocht content:
Amang his men, to gif thame hardiment,
With bair visage he passit to and fro,   Lib.9, f.146.
Quhair perrell wes he sparit nocht till go;   29,760   Col. 1.
Syne at the last, throw auenture and caice,
With ane arrow wes woundit in the face,
With [sic] power that persit hes his heid,
Syne af his hors amang thame fell doun deid.

How Eugenius vincust the Saxonis in Feild.

The Scottis than all with ane cry and schout,   29,765
That in that tyme war baith stalwart and stout,
Vpoun the Saxonis dourlie that tha dang,
With sic ane reird quhill all the rochis rang.
Langar to byde the Saxonis had no micht;
Out of the feild tha fled and tuke the flicht.   29,770
The Scottis fast syne follouit on the chace,
And vp and doun in mony sindrie place,
In euerie pairt quhair that tha war ouirtane,
Of Saxone blude thair chapit neuir ane.
Richt mony than, to swome that had na vse,   29,775
Wes drownit that da in the water of Luse.
Tuentie thousand, as my author did sa,
Of Saxone blude deit thair that da,
That stalwart [war] sum tyme to mak ganestand.
And Edfridus, king of Northumberland,   29,780
For his falsheid, as it wes richt weill kend,
Amang the laif he maid ane febill end.
Sex thousand Scottis in the samin tyde,
Deit that da vpoune the tother syde.

Eugenius, with greit honour and gloir, 29,785
Of that grit feild the spulȝe les and moir,
To euerie man efter his facultie,
Richt equallie distribut than hes he,
To euerie man efter his regard,
And gaif amang thame mony riche reward. 29,790
Syne passit hame, with greit triumph and glore,
To the same place that he come fra befoir.

How King Brudeus, efter the Saxonis had
    tynt the Feild, passit and destroyit all
    Northumberland.

King[1] Brudeus of Pechtis quhen he knew,
In that battell that laitlie wes of new,
Sa mony Saxone slane wes in the feild, 29,795
Of Edfridus the king also wes keild,
And of the Scottis sa mony wer slane,
That eselie tha micht nocht weill agane
To thair strenthis within schort quhile restoir,
With sic power as tha had befoir. 29,800
Thairfoir richt sone, but stop or ȝit ganestand,
He enterit hes into Northumberland,
With all the power that he douch[t] to be,
Crabit and kene, full of crudelitie;
Quhilk vsit [hes] that tyme into his yre 29,805
Richt greit distructione baith of blude and fyre.
Tha sauit nane befoir thame that tha fand,
Ouir all the pairtis of Northumberland.
With greit oppressioun in that tyme tha wrocht,
Northumberland had all bene put to nocht 29,810
Richt haistelie, I wat rycht weill as than,
Had nocht bene Cuthbert that same halie man,

---

[1] In MS. *Kingis.*

Throw his requeist and wayis that he fand,
Quhilk bischop wes than of Northumberland,
Throw his prayer he mesit hes his yre, 29,815
And stanchit hes baith battell, blude and fyre.

How that the Pechtis discordit amang thame selffis.

Sone efterwart, as my author did sa,
Amang thame self, for pairting of the pra,
Richt suddanelie tha fell into greit stryfe,
Quhair throw that mony loissit hes the lyfe, 29,820
And mony berne als for to bleid full braid,
Amang thame self richt mekle slauchter maid,
That force it wes, gif I rycht wnderstand,
Pas hame agane and leve Northumberland.
Schort quhile efter that done wes all this thing, 29,825
Eugenius, the fourt ʒeir of his ring,
With greit murning, as that my author sais,
Of euerie man, closit his latter dais.
His bodie syne with all honour tha buir
To Iona Yle and put in sepulture. 29,830

How Eugenius the Saxt, and Sone of Ferquhard, efter the Deid of this ilk Eugenius, wes crownit King of Scottis, and of his nobill Deidis.

This beand done befoir as ʒe haue hard,
Eugenius the sone wes of Ferquhard,
The saxt king also wes of that name,
With Adanus ane father of greit fame,
That bischop wes that tyme of Mona Yle 29,835
Wnder his cuir he wes into that quhile,
With haill consent of all man to sic thing,
He crownit wes of Scottis to be king.

Deuoit he wes, as that my author sais;
Greit honour als he did in all his dais   29,840
To kirk and kirkmen quhill his tyme mycht lest ;
The puir pepill he keipit wnopprest,
In peax and rest quhair euir tha lest to go,
With euerie lord weill louit wes also.
The halie bischop callit Adanan,   29,845
Of Mona Ile the quhilk wes bischop than,
And bischop Cuthbert of Northumberland,
Thir tua togidder baith into ane band,
Causit this king gude peax and rest to mak
With all Saxone, and trewis for to tak.   29,850
Bot for na thing that tha culd sa or do,
With Brudeus he wald neuir grant thairto
Trewis to tak, for-quhy tha wer so fals
To Scottis ay and to the Saxonis als ;
As previt weill schort quhile befoir in deid,   29,855
Left thame in feild quhen that tha had most neid.
Ʒit neuirtheles thir holie bischopis than,
With deuoit mynd and all the cuir tha can,
Greit diligence tha haif maid nycht and da,
For gude concord betuix thir kingis tua.   29,860
So at the last reveillit wes thame till,
As plesit God that tyme he wald fulfill,
Thir kingis tuo ilk other sould invaid,
Ʒit for thair saik sic intercessioun maid,
It grantit wes be gratius God so hie,   29,865
Betuix thame tua na mort battell suld be.
And so it wes with mekle sturt and stryfe,
Lib.9, f.146b. For all the tyme of this Eugenius lyffe,
Col. 1.   With mekill sturt and euerie da on steir ;
Quhill of his ring syne efter the tent Ʒeir   29,870
He tuke his leve and passit to the laif ;
In Iona Yle syne closit wes in his graif.

How Ambrigillus, the Sone of the Fyft Eugenius, efter the Deid of this Eugenius, was crownit King.

Efter his deith with haill consent and will
Of euerilk man, ane callit Ambrigill,
Quhilk wes the sone of fyft Eugene the king,   29,875
Wes crownit than in Scotland for to ring.
Befoir this tyme with ilk man wes weill lude,
So gentill wes, so gratius and so gude,
So leill, so large with liberalitie ;
Syne quhen he come to sic auctoritie,   29,880
Ane war king syne, as that my author sais,
In Albione wes nocht into his dais.
His vicis all I list nocht now to number,
For-quhy to me it war ouir mekle cummer.
Of sic rehers thairfoir heir will I rest,   29,885
Sen gude it is ay for to say the best.
The king of Pechtis, callit wes Garnard,
Off Ambrigillus quhen he knew and hard
With his liegis all how he wes ill lude,
And speciallie with grittest men of gude,   29,890
Traistand his tyme wes than most oportune,
For to revenge injuris that war done
To him befoir, without stop or ganestand,
With ane greit oist he enterit in his land ;
And greit distructione in the tyme he maid,   29,895
Birnand thair boundis that war lang and braid.
The Scottis lordis, quhen tha hard and knew
So greit distructioun maid wes of the new,
Convenit thame with thair king Ambrigill,
And causit him, richt sair agane his will,   29,900
Than for to pas with all power and micht,
Agane his fa for to defend his richt.
Syne vpoun Tay, besyde ane lytill toun,
Remainit thair and set thair palʒeonis doun.

That samin nycht this ilk king Ambrigill,   29,905
With tua feiris that he had chosin him till,
Onto the closit quyetlie ȝeid he
Richt secreitlie to his necessitie.
Be auenture as he wes sittand thair,
Ane small arrow, that scharpe as rasour schair,   29,910
It maid his hart that tyme to brek and brist;
Bot quha it wes thair wes ȝit nane that wist.
The secund ȝeir of this ilk kingis ring,
So endit he that doucht bot litill thing:
To Iona Yle than had wes to the lawe,   29,915
With all honour wes graithit thair in graue.

How Eugenius the Sevint, and Bruther of this Ambrigill, efter his Deid wes crownit King.

Eugenius, of that name the sewint king,
With haill consent [than] baith of ald and ȝing,
Of Ambrigill the bruther als wes he,
Wes chosin than thair[1] king and prince to be,   29,920
With haill consent of ȝoung and ald than bayth,
Into that tyme that tha sould tak na skaith,
Perfitlie than so that he micht provyde
The haill armie for to convoy and gyde.

Col. 2.   This king Eugene richt weill he kend and knew, 29,925
For to gif feild that time he wes ouir few.
For that same caus ane schort trewis tuik he,
Quhill efterwart gif so hapnit to be
Peax and rest betuix thame for to mak;
Of this titell betuix thame trewis tha tak.   29,930
This beand done, as ȝe haif hard me sa,
Ilk man tuke leve and passit hame his wa.
Tak tent to me and ȝe sall heir me tell
Of sick freindschip betuix thame efter fell.

---

[1] In MS. *his.*

How Ewgenius waddit Garnardus[1] Dochter.

Sone efterwart, as my author did sa,   29,935
Garnardus dochter callit Spontana,
Of pulchritude richt plesand and decoir,
For to conferme the trewis tane befoir,
And for that caus moir kyndnes thame betuene,
Eugenius hes[2] tane to be his quene.   29,940
Syne sone efter into the secund ȝeir,
It hapnit syne as I sall say ȝow heir.
Into Atholl condampnit wes ane man,
And put to deid, quhilk wes of ane grit clan;
Tua sonis had wes of ane cursit kynd,   29,945
Thair fatheris deid thai buir ay in thair mynd,
Into thair hart ascending ay so hie,
Off that injure for to revengit be.
Syne secreitlie, sone efter on ane nycht,
Tha slew this quene wnwist of ony wicht,   29,950
Into hir bed, saikles of all sick thing,
Trowand that tyme that scho had bene the king.
Sua of thair pra thai war richt far begylit,
Slayand this quene consauit greit with child,
To fyle thair handis with so greit ane cryme,   29,955
Syne of thair purpois come no speid that tyme.
This cruell caice quhen it wes herd and knawin,
To all the lordis of the realme syne schawin,
The wyit and caus of all that cruell thing
The pepill put alhaill vpoun the king,   29,960
Richt sone gart set ane counsall in the tyme,
For till accuiss him of that samin cryme,
As he the wyit of all that thing had bene,
With euerie man so louit wes the quene.
Syne as God[3] wald, thir folk tha[t] so offendit   29,965
That same tyme wer ilkane apprehendit,

---

[1] In MS. *Gernardus.*
[2] In MS. *had.*
[3] In MS. *gold.*

Befoir ane juge syne broch[t] into the tyme,
Convictit wes thair of that cruell cryme,
Syne on ane gallous hangit war full he,
And doggis meit all efter maid to be.   29,970
The pepill all richt blyth wes of thair king,
That he wes fund so saikles of that thing ;
And had nocht bene the bischop of Annane,
Quhilk causit him to pretermit as than,
He had persewit scharplie in the tyme   29,975
The lordis all that put to him sic cryme.
Thairof that tyme he clengit wes richt clene,
For so God wald ane innocent had bene.
Eugenius syne efter all his dais
In peax and rest, as that my author sais,   29,980
With Pecht and Saxone all his tyme wes he :
Ane man he wes of greit vrbanitie.
Of his faderis preceidand him befoir,
Of ill and gude thair deidis les and moir,
He gart collect togidder in ane storie,   29,985
That tha suld be in euir lasting memorie.
Thair nobilnes and all thair duchtie deidis,
That euerie [man] that heiris thame or reidis,

Wisdome ma leir, and suith exempill tak
Honour to win and to wmschew greit lak.   29,990
Of Romanis, Saxonis, Pechtis and of Britis,
Collectit hes siclike, my author writis,
In Albione thair deidis les and moir,
Onto that da preceidand him befoir.
In Iona Yle syne in Ecolumkill,   29,995
Put thame to keip at all plesour and will ;
That euerie man quha lykis for to reid,
Micht efterwart knaw his foirfaderis deid.

OFF [ANE] HALIE SCOTTIS ARMEIT CALLIT DONE-WALD.

That samin tyme, as my authour me tald,
Ane Scottis man wes callit Donewald,   30,000
Amang the Pechtis in Orestia,
In wildernes he duelt richt mony da.
In grit pennance ane scharpe lyfe thair he hed,
With breid of beir and cald water wes fed ;
Quhairof that tyme rycht weill content wes he, 30,005
Onis of the da for to refreshit be.
Nyne dochteris als into that tyme he hed,
Of siclyke fude the samin tyme wes fed,
Quhilk virginis wer withoutin ony blame,
The eldest hecht Mazota to her name,   30,010
The secund sister callit Fyncana ;
Quhat hecht the laif I cannot to zow sa,
For-quhy my author schew thame nocht to me ;
Thair namis now thairfoir I will lat be.
Of thir virginis, bot gif my author leid,   30,015
In legend of [the] virginis that I reid,
I fand neuir zit in no autentik write,
Of nane vther moir holie and perfyte.
Efter the deid thair of thair father[1] syne,
Be ordenance of the greit God devyne,   30,020
Tha war promouit till ane vther place
At will and plesour of the kingis grace.
Ane greit village hecht Othilenia,
Quhilk Abirnethie callit is this da,
The kirk of Pechtis metropolitane,   30,025
Into the toun foundit and feft wes than ;
Translatit syne into the Scottis dais
To Sanct Androis, as that my author sais.
The king[2] of Pechtis, quhilk Garnard hecht to name,
Thir nyne sisteris quhilk wer of so greit fame, 30,030

---

[1] In MS. *fatheris.* | [2] In MS. *king king.*

At thair requeist ane proper mansioun
He biggit thame into that samin toun,
With kirk and queir, to sing and for to sa
Thair obseruance and ouris of the da.
Thair tha remanit lang and mony ʒeir,   30,035
In fasting, walking, and devoit prayer,
With perseuerance to thair latter da.
Syne erdit [1] all, as my author did say,
Wnder ane aik that wes baith grit and hie,
Quhilk standis ʒit as sum sais to se.   30,040
Eugenius, of quhome befoir ʒe hard,
That weddit hed the dochter of Garnard,
Tha keipit ay richt gude affinitie,
In peice and rest with lufe and cheritie,
In gude concord withoutin ony feid ;   30,045
Schort quhile befoir thir halie virginis deid,
This king Eugene with all humanitie,
Come to thair place thair obseruance to se,
For the greit fame of halines tha had,
Quhilk in the tyme ouir Albione it spred.   30,050

Col. 2. This king Garnard, quhilk hapnit to be thair,
And all his lordis with him baith les and mair,
Ressauit him richt blythlie and benyng,
With all honour pertenyng to ane king,
With greit triumph, with mekle pla and sport.   30,055
Bot sic vane gloir, the quhilk lestis richt schort,
It endit sone with cair and greit murnyng.
Within schort quhile this ilk Eugenius king,
That samin tyme assaillit wes so sair
With greit seiknes, that he micht leve na mair,   30,060
Quhilk of his ring wes than the sevint ʒeir.
With mony lord his bodie on ane beir,
In Iona Yle quhair that tha buir him till,
He bureit wes into Ecolumkill.

---

[1] In MS. *endit.*

How Murdo, the Bruther Sone of this Eugenius, efter his Deid, was crownit King of Scottis.

His bruther son, efter that he wes deid,   30,065
Callit Murdo, succeidit in his steid.
Ane man he wes of religiositie,
For all his tyme with greit tranquillitie
With his nichtbouris in peice and rest he rang,
But outwart weir or ony inwart wrang.   30,070
The kirk of Christ he gart agane restoir
Till all fredome sic as it had befoir.
The kirkis [all], the quhilk war fallin doun
In weir befoir, and brocht to confusioune,
Than tuyss alss weill he biggit hes agane,   30,075
With neidfull thingis for preistis to remane,
Thair obseruance thairfoir to say and sing,
That neidfull ar that tha sould want nothing.
Into Quhiterne alss in the samin tyme,
Ane fair tempill biggit of stane and lyme,   30,080
Quhilk in greit weir distroyit wes befoir;
Syne feft he hes, thair to remane euir moir,
Religious men thairfoir to sing and sa,
Quhilk religioun remanis thair this da.
Syne efterwart quhen endit wes this thing,   30,085
The saxtenit ȝeir that tyme of his ring,
He tuke his leif than baith at gude and ill,
And grauit wes into Ecolumkill.

How Ethfyn, the Sone of Eugenius the Sevint, efter the Deid of Murdo, wes crownit King.

Ane nobill man that callit wes Ethfyn,
With haill consent of all baith mair and myn,   30,090
Of sevint king Ewgene sone also wes he,
And crownit king of Scotland for to be.

In all his tyme he louit weill ay peice,
All weir and wrang he causit for to ceis ;
Thift and reif, and all sic oppin cryme,　　30,095
Durst nocht be vsit intill all his tyme.
In Albione wes nocht ane better king,
Quhill he micht steir or had ȝoutheid to ring.
Syne efterwart he grew into sic eild,
As he wes wont he micht nocht walk on feild ; 30,100
Sic travell than he micht nocht weill induir,
To foure lordis thairfoir he gaif the cuir,
With haill consent of all the lordis than,
The lord of Athole callit wes Colan,
The secund, Donald lord wes of Argyle,　　30,105
Conraith of Mar quhilk lord wes in that quhile,
The fourt, Murdo lord wes of Gallowa ;

On thir four committit wes alwa
. To reull and steir all Scotland at thair will,
With equale justice baith to gude and ill.　　30,110

HOW ANE MAN IN THE YLIS, CALLIT DONALD,
REBELLIT AGANIS THE KING THAT TYME.

Sone efter this, as my author me tald,
Ane of the Ylis callit wes Donald,
Ane plesand persoun and of large stature,
Ȝit neuirtheles he wes rycht euill of nature ;
In all his tyme he lukit neuir to ressone,　　30,115
Bot thift and reif, murthure and opin tressone ;
In Gallowa he wes committit than,
With grit oppressioun of richt mony man.
Ane lang quhile so at his awin will he wrocht,
And mony man he to confusioun brocht.　　30,120
This lord Murdo, that regent wes that tyme,
Maid na remeid agane that cruell cryme,
At his awin plesour thoillit him rebell,
Quhat wes the caus I can nocht to ȝow tell ;

Bot sum man said, quha lykis for to reid,   30,125
Himself wes causs of all sic wickit deid,
Quhairof he thocht richt litill schame or syn.
That samin tyme the agit king Ethfyn
Departit hes, quhilk wes ane nobill king,
The threttie ȝeir and no les of his ring ;   30,130
To Iona Yle the lordis syne him buir,
Amang the laue put him in sepulture.

HOW EWGENIUS, THE SONE OF KING MURDO, WES CROWNIT EFTER THE DEID OF THE KING ETHFYN.

Eugenius, the sone of king Murdo,
The auchtane king wes of that name also,
At ane counsall togidder in Argyle,   30,135
Wes crownit king into that samin quhile.
Sone efter syne that he wes crownit king,
Richt diligent he wes in that same thing ;
Nycht nor da na sojorne wald he mak,
This ilk Donald quhill that he hes gart tak,   30,140
And all the laif that caus wes of that cryme ;
Syne on ane gallous in the samin tyme,
He maid thame all without remeid to de.
Sone efter syne of his auctoritie,
This lord Murdo, of quhome I spak befoir,   30,145
Accusit hes of all thing les and moir
That Donald did, giffand him wyte of aw,
For he on him wald nocht exerce the law ;
Quhairfoir he said he had moir wyte no he,
And for that caus condampnit wes to de.   30,150
The tother thre of regentis gart accuiss
Sone efter that, becaus tha wald not vss
Justice and law be thair auctoritie,
As wes decreitit for that tyme to be ;

And speciallie for caus that [thai] no wald   30,155
Resist the wrang than of this ilk Donald,
The quhilk that tyme tha war oblist to do.
And tha agane sic ansuer maid thairto,
Sayand no wyit thairof to thame redundis,
For-quhy sic wrang wes nocht done in thair   30,160
    boundis,
And tha aucht bot ansuer for to mak,
Of no moir cuir nor tha did wndertak.
Be sic ressoun that tyme tha fand remeid,
Quhairby tha war deliuerit fra deid;
Ʒit neuirtheles for thair grit negligence,   30,165
Wald nocht resist agane so greit ane offence,
Or that tha culd be clengit of that cryme,
Richt mekle gold tha gaif into the tyme
Onto the king, or that thai culd be fred

Col. 2. Out of that feid and of thair purpois sped.   30,170
This beand done withoutin ony ganestand,
Thair wes no lord that tyme in all his land,
That for his lyfe ane vther durst injure,
Or be so pert for to oppres the puir.
Quhairfoir that tyme rycht weill louit wes he   30,175
With auld and ʒoung of hie and law degre,
And as thair father in that tyme had bene;
Wes none so maid that durst euill of him mene.

HOW THE KING EUGENIUS SONE EFTERWART
    CHANGIT FRA ANE NOBILL PRINCE TO ANE
    TIRRANE.

Sone after syne, as my author did wryte,
I can nocht tell thairof quhat had the wyte,   30,180
He changit syne into ane vther man,
And left the way in quhome he first began.
With fornicatioun far he wes infeccit,
With auerice so blindit and so blekkit,

He countit nocht quhair riches wes to wyn,   30,185
At richt or wrang be[1] conscience to begyn.
Set at the last befoir his lordis all,
Ane innocent for to condamne gart call,
For his riches to put him self to deid.
Quhairfoir thair raiss greit murmour in that   30,190
   steid,
With sic ane schout, and sic ane schouder and
   schow,
That euirilk one that tyme ȝeid other throw :
All this that tyme wes done bot for ane trane,
With sic ane slicht quhill that the king wes slane.
Amang thair handis deid thair he fell doun,   30,195
The thrid ȝeir efter that he tuike the croun.
His ill counsall in handis all were tane,
And on ane gallous maid to de ilkane ;
His bodie als into the samin quhile,
Wes borne and bureit in to Iona Yle.   30,200

How FERGUS THE THRID, THE SONE OF ETH-
    FYNS, EFTER EUGENIUS, WAS CROWNIT KING
    OF SCOTTIS.

Ethfyns sone with haill auctoritie,
Fergus the thrid than of that name wes he,
Efter the tyme that king Eugene wes deid,
He crownit wes syne efter in his steid ;
And fit be fit vpone king Eugen[i]us tred   30,205
He follouit syne, of him gif I richt red.
In all his tyme wes neuir nane ȝit war,
To fornicatioun affectit wes so far,
Puttand his plesour into euerie huir,
That of his wyfe he tuke richt litill cuir.   30,210
His quene thairof richt grit displesour tuik,
And mony nicht at his bed syde scho woik,

---

[1] In MS. he.

Beseikand him that he wald nocht sa do ;
And he agane tuik litill tent thairto,
Bot ay the mair fulfillit his delyte,   30,215
Takand him plesour and full appetyte.
This quene seand thairof he wald nocht mend,
Throw greit rancour did in hir hart ascend,
Into the nicht the thrid ʒeir of his ring,
With hir handis scho murdreist this ilk king :   30,220
And so that tyme scho plaid him lill for law ;
Gif scho did weill God wait or nocht ʒe knaw.
Vpone the morne the kingis corss wes deid,
Tha brocht it furth into ane opin steid,
Into the presens of the pepill aw,   30,225

Lib.9, f.148.
Col. 1.
Quhair tha war wont to execute the law ;
And of his seruandis mony tuke that tyme,
Accusand thame richt planelie of that cryme,
Quhill tha war neir condampnit to [the] deid,
Without delay but respit or remeid,   30,230
As that tyme tha culd mak than no defence.
The quene richt weill that knew thair innocence,
Into hir hart scho had richt greit petie
For hir awin deid to se thame saikles de.
Befoir thame all scho did hir than confess,   30,235
And euirilk thing scho schew thame moir and les,
How that scho did, and als the caus quhairfoir,
Ilk word be word scho schew thame les and moir.
Befoir thame all scho tuik on hir that tyme,
Tha men wer all rycht saikles of that cryme :   30,240
Quhen scho had said, ane lytill knyfe scho drew,
Thairwith hir self rycht suddantlie scho slew,
To put hir self out of that pley and pleid ;
Amang thame all syne to the ground fell deid.
The kingis cors into the samin quhile,   30,245
Tha buir and bureit in to Iona Yle.

How Solwatheus, the Sone of Eugenius, efter the Deid of this Fergus, wes crownit King of Scottis.

Ane nobill man callit Solwatheus,
The sone also wes of Eugenius,
Off that ilk name that wes the auchtane king,
Wes crownit than in Scotland for to ring. 30,250
Ane man of gude in all his tyme wes he,
Fra that he come to sic auctoritie.
The wynter syne wes efter that thre ʒeir,
Into the snaw at hunting of the deir,
The fervent frost so bitter wes and bald, 30,255
Into the tyme with sic acces of cald,
Wnder the wand allone quhair that he woik,
The podagra in baith his feit he tuke :
Quhair throw he wes vnabill all his dais,
To ryde or gang, as that my author sais. 30,260

How Makdonald rebellit aganis the King.

In this same tyme that I haif to ʒow tald,
Ane of the Ylis callit Makdonald,
Into ane Yle that callit wes than Tyre,[1]
Quhairof that tyme he wes bayth lord and syre ;
Ane man also of greit auctoritie, 30,265
Of all the Ylis in his tyme wes he ;
Richt circumspect he wes intill all thing.
And quhen he hard and knew weill that the king
With seiknes vexit in the tyme wes so,
So soir that he micht nother ryde nor go, 30,270
The strenthis all into the Ylis ilkone,
Be strenth and falsheid in the tyme hes tone.

---

[1] In MS. *Kyntyre.*

So[1] grit desyre he had of staitlie stylis,
Callit him self the king of all the Ylis :
The Ylis als, withoutin pleid or pley,   30,275
On force that tyme he gart thame all obey.
Quhairof that tyme he culd nocht be content ;
Sone efter syne he come in continent,
First into Lorne, syne efter in Kintyre,
With greit distructione bayth with blude and   30,280
    fyre.
Solwatheus, als fast as he that wist,
Sone hes he send his power to resist
The lord of Athole, callit wes Duchquhain,
And of Argyle the lord callit Cullain.
Syne into Lorne within ane litill space,   30,285

Col. 2.   Off this Banis tha maid ane haistie chace
Out of the feild, quhair mony men wer slane
Off his that da la deid vpoun the plane.
Banis Makdonald, quhen he tint the feild,
He and his men that levand war wnkeild,   30,290
Richt speidelie tha sped thame in the tyde,
On till ane strenth that wes neirhand besyde,
Betuix ane watter and ane hingand hewche,
Wes closit in with mony craig and clewche ;
Except ane entrie closit round about,   30,295
Bot at that place mycht nane wyn in na out.
This ilk Banis into that strenth he la,
His contra part than keipit that entra :
Without thair leve micht nane pas out na[2] in,
The entrie wes so strang and euill to wyn.   30,300

How Banis send to the Lordis for Peax.

Quhen Banis saw it mich[t] na better be,
That force it wes of hunger for to de,

---

[1] In MS. *To.* | [2] In MS. *outwa.*

Or for to cum into thair grace and will,
Richt suddantlie than hes he send thame till.
Sayand, tha sould rycht sone and suddantlie,   30,305
All kynd of armour in that place cast by,
And waponis als, with bow, sword and knyfe,
Into that tyme sa tha wald saue thair lyfe,
Syne lat thame fre in the Ylis hame go.
Of that conditioun and tha wald do so,   30,310
Richt suddantlie tha sould all cum thame till,
And at thair plesour put thame in thair will.
Thir tua lordis that knew full weill that cace,
How tha war lokkit in so strang ane place,
With mony craig wes closit round about,   30,315
And but thair leif weill mycht tha nocht wyn out,
And force the caue that tyme[1] [thairin] to be
Into that same place of hunger for to de,
Or than to cum and put thame in thair will,
On to quhat pane tha pleis to put thame till ;   30,320
To thair desyre tha wald not grant ane word,
Without ilkane come with ane naikit sword
Vpoun his kne, withoutin pley or pleid,
And in thair willis offerit vp his heid,
As plesit thame other to saue or sla.   30,325
And tha agane the quhilk wald nocht do sa,
Bot gaif thame battell haistilie agane,
And faucht that da quhill tha war ilkane slane.
Sone efter syne quhen that the feild wes done,
Thir tua lordis passit hes richt sone   30,330
Onto the Ylis with thair power plane,
And put thame all in peax and rest agane.
In the same tyme that I haif to ʒow tald,
ʒoung Gillecam, the sone wes of Donald,
Eugenius of that name the aucht[ane] king,   30,335
Schort quhile befoir, as ʒe haif hard, gart hing,

---

[1] In MS. *tyne.*

To be revengit of his faderis deid,
In Gallowa richt mony toun and steid,
Weill biggit war, hes brint all in ane fyre,
Bayth hall, chalmer, baghous, barne and byre.   30,340
Thir tua lordis, of quhome I schew befoir,
This Gillequham and his men les and moir,
Sone efter that, withoutin ony hurt,
Tha tuke thame all with litill pane and sturt,
Syne maid thame all vpone ane gallous de :   30,345
To his reward sic end that tyme maid he.

Lib.9,f.148b.
Col. 1. In this same tyme, as that my author writis,
Betuix the Pechtis, Saxonis and the Britis
Dalie in weir and mekle stryfe tha stude,
With heirschip, fyre, and spilling of thair blude.   30,350
That wes the caus, my author sais but leis,
So[l]watheus had so greit rest and peice,
In all his tyme but ony weir or wrang,
For tuentie ȝeir the tyme wes that he rang.
And quhen tha ȝeiris war completit and no mo,   30,355
He tuke his leif out of this lyfe till go ;
The ȝeir of God aucht hundreth and four scoir,
And sewin ȝeiris compleit war, and no moir,
He grauit wes into Ecolumkill,
In that same place ȝit quhair he lyis still.   30,360
In that same tyme, as that my author sais,
Four halie men in Scotland war tha dais,
The quhilk exceidit into sanctitude,
And borne tha war all foure of Scottis blude.
Ane halie bischop hecht Makcarius,   30,365
Ane vther archidene callit Deueintius ;
And tua abbottis wer of religioun than,
Conganus ane, the tother hecht Dunstan ;
In halines all vther did exceid
In word and werk, in thocht and als in deid,   30,370
In thair legend as ȝe ma reid and luke.
Loving to God heir endis the nynt buke.

How Achayus, the Sone of Ethfyns, efter
the Deith of So[l]watheus, was crownit
King of Scotland, and of his nobill
Deidis.

Ane nobill man wes callit Acha[y]us,
Ethfyns sone, my storie tellis thus,
Into Scotland wes crownit for to be   30,375
Thair king and prince with haill auctoritie.
In Scotland than betuix lord and lord,
And lang befoir, thair wes rycht grit discord :
This nobill king sic inwart battell dred,
Richt fane concord amang [thame] wald haif   30,380
  hed.
With Pecht and Saxone first he hes maid peice,
All outwart weir to sober and gar ceiss ;
Syne misit hes all rancour and discord
Amang thame self, betuix lord and lord :
Throw greit rewardis he gaif to thame than,   30,385
With love and fauour all thair hartis wan.
This samin tyme now that ȝe heir me sa,
Ane multitude out of Ybernia
Off theif and riuer, with malice and yre,
And hereit all the landis of Kyntyre ;   30,390
Baith brint and slew ; syne all thing that tha fand,
Tha tursit hame with thame in thair awin land.
To king Achay fra that this thing wes kend,
Ane herald sone in to Yrland he send,
With sair complaint makand to thame amang,   30,395
Withoutin caus quhy that tha wrocht sic wrang
To him the quhilk that neuir faillit to thame,
Quhairfoir he said that tha war soir to blame.
To euery man he said that it wes best,
Withoutin stryfe to leve at pece and rest,   30,400
No for to be in to discord and weir,
In dreid, in danger, and in dalie feir

Ay of thair lyfe, baith be land and se ;
Gif that tha lyke in peax and rest to be,
Brek nocht the band that tha had maid befoir ; 30,405
For it wes done he countit nocht ane hoir,
Thairof nothing he suld displesit be,
Sua it come nocht of thair auctoritie ;
Bot prayit thame with hartlie mynd and will,

Col. 2. In tyme to cum to mak remeid thair till, 30,410
And new trewis betuix thame for to tak,
And peax and rest into thair tyme to mak.
The lordis all sic ansuer maid thairtill,
Sayand, that thing wes done aganis thair will ;
Ȝit neuirtheles tha wald nocht than, but leis, 30,415
Into that tyme ane word commoun of peice,
Quhill that tha war revengit of that cryme ;
Syne efterwart, quhen that tha saw thair tyme,
Tha sould do so that tha sould be content.
With this ansuer the herald hame is went. 30,420
In this same tyme now that ȝe heir me sa,
Into ane yle, that callit is Yla,
Out of Yrland thair come ane naving large,
Of schip and bote, with mony bark and barge.
Syne in that yle, as my author did sa, 30,425
Tha left na gude that tha mycht turs awa,
Baith far and neir that tha fand in that Ile ;
To schip than went within ane litill quhile,
For to pas hame with presoner and pray.
Syne as God[1] wald sone efter hapnit sway, 30,430
Ane grit tempest, as my author did tell,
Doun fra the hevin of ill wedder tha[ir] fell.
Throw wynd and waw tha[2] wer so will begone,
Baith schip and bote were dround that tyme ilkone,
With all the gude out of the yle tha brocht. 30,435
It wes weill set, for tha the tressone wrocht

---

[1] In MS. gold. | [2] In MS. thair.

Into the tyme quhen tha war treitand trewis.
I pray to God that all sic vther schrewis,
Of sic purpois cum neuir better speid
No thai did than, I pray to God so beid.   30,440

HOW ACHAYUS WALD SEND NO MOIR IN IRELAND.

Achayus, quhen he hard it wes so,
Diuysit hes that nane agane sall go
Into Yreland to treit agane for trewis,
In tyme to cum, becaus tha war sic schrewis:
Full [weill] he wist richt sone efter, but leis,   30,445
Tha suld be fane to send to him for peice.
And so tha did within ane litill space ;
To Enverlochty, quhair the king on cace
Into that tyme thair hapnit for to be,
Ane nobill man of greit auctoritie,   30,450
Out of Yrland to him that tyme wes send,
With greit requeist and hartlie recommend ;
Beseikand him all malice and invy,
Wrang and injure, and all melancoly,
For to remit quhilk tha had done befoir,   30,455
Sen gratius God had puneist thame so soir.
His halie hand so soir on thame did smyte,
" For-quhy," he said, " we war all in the wyte ;
" Sen it was sua, now we forthink full soir.
" In tyme to cum we sall do so no moir,   30,460
" Now of ȝour grace, and ȝe will ws forgeif,
" Gif plesis ȝow now for this anis to preif ;
" In tyme to cum and we do so agane,
" We obleis ws now wnder the heast pane
" To puneist be, and of the scharpest wyiss,   39,465
" Than mannis wit can in this erth devyiss."
This nobill king quhen he hard him sa so,
So will of wand, and weipand for greit wo,

So greit petie he had of him that tyme,
Forgevin hes the greit injure and cryme,   30,470
And all offence that tha had done befoir,
And grantit peax withoutin ony moir.
Quhairof the herald in the tyme wes fane,
Syne tuke his leif and passit hame agane.
Fra that tyme furth, as that my author sais,   30,475
Tha keipit peax richt lang and mony dais.

How Chairlis the Mane, King of France and Empriour of Almane, send ane Herald to King Achay than in Inuernes.

That samyn tyme it hapnit vpone chance,
Chairlis the Mane, the quhilk wes king of France,
And emprioure als wes of Almane,
Into his tyme had sic auctoritie,   30,480
To king Achay ane herald he hes send,
Of friendlie wyis with hartlie recommend,
In Inuernes, ane citie of the se,
Quhair he that tyme thair hapnit for to be.
This oratour he come and fand him thair,   30,485
And all his lordis that tyme les and mair ;
Befoir the king and his lordis ilkone,
Thir wordis all he recknit hes anone.

How the Herald maid his Oresoun to the King Achay as followis :

" Chairlis the king and michtie empreoure,
" Into his tyme that wyn hes sic honour   30,490
" On Christis faith ay into this day,
" Gretis the weill, O nobill king Achay !
" The thing in erth that maist desyris he,
" With the and thyne for to confiderit be.

" Ouir all the warld is hard ȝour nobill fame, 30,495
" Ȝoùr wisdome, honour, and ȝour nobill name,
" So magnifeit with sic excellent gloir ;
" So mony fa as ȝe haif had befoir,
" Quhilk had sic power, strenth, riches and mycht,
" Ȝit to this da ȝe haif keipit ȝour richt, 30,500
" And maid ȝour self all tyme to leif frie,
" With land and law, honour and libertie.
" In Albione the Saxone blude that ringis,
" And cursit than contrar all Cristin [1] kingis,
" To ȝow and ws, and Pechtis to also, 30,505
" Hes bene and sall be ay ane mortall fo.
" Charlis the Mane, with diligence and cuir,
" The fayth of Christ ay quhill he ma induir,
" For to defend fra ony opin wrang,
" The Sariȝenis invaidit hes so lang, 30,510
" In Affrick, Egypt, and in Arraby,
" And laitlie now als into Lombardie,
" Richt mony toun quhilk wallit war with stone,
" With greit power be way of deid hes tone,
" And spilt also hes mekill Cristin blude ; 30,515
" Richt mony nobill in vyle seruitude,
" Tha had with thame at thair bandoun to be,
" Sumtyme befoir had greit auctoritie ;
" Charlis the king, of quhome befoir I tald,
" In mony battell with his bernis bald, 30,520
" His blude hes bled the faith for to defend,
" And brocht his purpois narrest to ane end ;
" War nocht, he said, the wickit Saxone blude,
" In Albione with thair ingratitude,
" That waitis him quhen that he is fra hame 30,525
" In his weiris, with all the bost and blame
" That tha can do, baith be land and se, Col. 2.
" Tha failȝe nocht that tyme quhair euir tha be.

---

[1] In MS. *Cristint.*

" Quhairfoir," he said, "O nobill prince and king !
" His most desyre is ouir all vther thing,   30,530
" Agane the Saxonis, that ar fals and sle,
" With the and thyne for to confidderit be.
" Sua thow wald grant richt glaidlie with thi
    h[art],
" And euerilkone ay to tak otheris part,
" In tyme of neid, agane the Saxone blude,   30,535
" This is his mynd now schortlie to conclude.
" The quhilk to the is proffeit and honour,
" To be confidderit with the warldis flour,
" And cheiffest chiftane in this erd that ringis,
" At his command ma haif sa mony kingis ;   30,540
" ʒit neuirtheles this tyme ouir all the laive,
" Hes chosin the as narrest freind to haif,
" Quhome of thow ma haif grit help and supple
" Agane thi fais into necessitie.
" Quhairfoir methink [1] it war bot litill wrang,   30,545
" Agane tha folk hes bene thi fa sua lang,
" For to colleg with sic ane emprioure,
" Quhairthrow thow ma haif proffeit and honour."
Siclike as this, and mekle mair perqueir,
He said to him no I will tell ʒow heir.   30,550

HOW KING ACHAY SET ANE DA TO GIFF ANSWER
    TO THE HERALD.

Quhen this wes said with all the circumstance,
This nobill king of his deliuerance,
He set ane da with consent of the laue,
Of his desyre ane answer for to haue.
With all the plesance in the tyme he micht,   30,555
Hunt on the da, and syne vpoun the nycht,

---

[1] In MS. *mething.*

In dansing, singing, and in sport and pla,
He held him still quhill on the auchtane da,
That tyme wes set the lordis sould convene.
The da wes fair, the wedder richt and ameyne; 30,560
This oratour with feiris ane or mo,
That da in hunting he hes maid till go,
Into that tyme that he suld nocht be neir,
Of thair counsall other to se or heir.
The lordis all that cuming than wer hidder, 30,565
At thair counsall quhairat tha sat togidder,
To this herald to gif deliuerance,
Befoir thame all in oppin audience,
The lord of Mar, that callit wes Cullan,
The king commandit be his name as than 30,570
In that mater his counsall for to schaw.
Ane man he wes expert into the law,
And als that tyme of greit auctoritie;
Befoir thame all thir wordis than said he.

How the Lord of Mar, callit Cullan, gaif his Counsall to the King.

" Excellent prince and worthie nobill king, 30,575
" I wnderstand nocht richt weill of this thing.
" Suppois the Scottis haif richt greit desyre
" To be allyit with the hie impyre,
" And gude Chairlis the michtie king of France,
" In all Europe most singular of substance, 30,580
" And most of honour also in this tyde,
" Of ony other in this world so wyde,
" So mony princes hes at his command,
" With so greit power baith be se and land, Lib.10, f.149b.
" To the and thyne it ma greit honour be, 30,585 Col. 1.
" Ouir all Europ with sic ane prince as he,
" To be collegit baith into ane band,
" Sic power hes in mony sindrie land.

" Ouir all the warld the fame of ws wald spring,
" War we confiderat with that nobill king,   30,590
" And with princes into the realme of France,
" Of honour, riches, and of daliance,
" In all Ewrope this da hes no compeir,
" In ony part or kinrik that I heir.
" Thoucht this opinioun, as I can weill trow,   30,595
" Be most allowit of ȝow all as now,
" Ȝit, neuirtheles, apperis weill to me
" The contrarie of all this thing to be ;
" And for this caus, and ȝe will wnderstand,
" With France this tyme now and we mak   30,600
    a band,
" Than force it is to haif the Saxonis feid,
" For euir moir with mort battell and pleid ;
" With dalie stryfe, and tynsall of our gude,
" With thift and reif, and spilling of grit blude.
" Is nocht in erth ane mair vnsicker lyve,   30,605
" Na with my nychtbour ilk da for to stryve,
" For quhois feid it is richt euill to fle ;
" Sen it is so, it semis weill to me,
" Giff ony man lykis to do the best,
" With his nichtbour be ay at pece and rest ;   30,610
" Quha dois nocht standis ay in grit dreid,
" And spurnis oft quhen he trowis to speid.
" And secundlie, I say also for me,
" With France this tyme and we allyit be,
" Quhome to no tyme ma other cum or go,   30,615
" No tha till ws, bot evin out-throw our fo ;
" The quhilk I wait ȝe haif all a grit feill,
" Without greit skaith can nocht be done weill.
" Quhairfoir I traist, other in peice or weir,
" Tha[i]r feid to ws ma do bot litill deir,   30,620
" Or thair fauour in oure necessitie,
" So far fra ws ma mak bot small supple.
" And mair attouir ane thing is that I dreid,
" Perauenture quhen that we haif maist neid,

" Gif hapnis so oure power parit be,   30,625
" So far fra ws ma mak bot small supple,
" And all oure power brocht to sic ane end,
" Without strenth oure self for to defend,
" Quhen standis ws in sic necessitie,
" That tha till ws sall mak bot small supple.   30,630
" For suith," he said, " I wait nocht weill but fenȝie,
" And tha do so quhome to we sall complenȝe,
" Or quha ma gar ane mendis to ws mak,
" Quhen we haif tane grit skayth with thame and
    lak.
" And for this caus, gif I rycht wnderstand,   30,635
" I hald far better that we mak ane band
" With Pecht and Britis, and the Saxonis to,
" Siclike befoir as we war wont till do,
" And our fatheris richt mony da befoir ;
" In this mater, schir, I can sa na moir."   30,640

How the Counsall refusit Cullanus Speiking, and how the Lord of Ylis maid Answer.

Quhen he had said all that he wald sa than,
Amang thame all that tyme wes nocht ane man,
Bot of his talking he wes so aggrevit,
Wes neuir ane word of all he said apprevit.
Tha thocht his ressone wes nocht worth ane fle, 30,645   Col. 2.
Nor had no strenth for till admittit be.
The lord of Ylis, callit Albiane,
Into that tyme quhilk wes ane nobill man,
And als thairwith had grit auctoritie,
Befoir thame all on this same wyss said he.   30,650
" It is weill kend on to ȝow all ilkone,
" Foure kynd of pepill is into Albione,
" The quhilk hes bene [richt] mony ȝeir ago,
" As Scot and Pecht, Saxone and Brit also,

" Quhilk neuir ȝit amang thame self culd ceiss, 30,655
" But weir or wrang, to leve in rest and peice.
" Amang oure self and we culd leve in rest,
" As he hes said, I think that it war best,
" That euerilk ane suld kyndnes keip till vther,
" With loue and lautie as he wer his bruther, 30,660
" We neidit nocht to seik help or supple
" At Frenche men so far beȝond the se.
" Bot weill I wait, quhilk that oure fatheris knew,
" The Saxone blude wes neuir leill no trew,
" For aith or band, or ȝit for oblissing, 30,665
" For conscience, kyndnes, or for cheresing,
" Se tha thair tyme thair awin vantage to tak,
" Or to thair nichtbour ma do skayth or lak ;
" Quhill that tha knaw the perrell all be past,
" Thair is no band that dow to hald thame 30,670
    fast,
" No neuir wes, als far as I can reid,
" Bot gif it war on verra force and neid.
" As preuit weill in all thair tyme bigone,
" And of thair cuming into Albione,
" Quhen that the Britis brocht thame thair 30,675
    intill,
" Ressaueand thame at [1] thair plesour and will,
" And grit rewardis in the tyme thame gawe,
" With all plesour tha lykit for till hawe,
" Agane thair fa thame to help and defend,
" Quhill all the weiris brocht war till ane end, 30,680
" The Saxonis swoir for to be leill and trew ;
" Within schort quhile the contrair than tha schew.
" Sone efter syne, quhen tha thair tyme mycht se,
" Turnit thair kyndnes in crudelitie,
" Denudand thame bayth of kinrik and croun, 30,685
" Lordschip and law, honour and renoun,

---

[1] In **MS.** *as.*

" And put thame all in sic necessitie,

" Now at this tyme as ȝour awin self ma se.

" As to oureself, I neid nocht for to schaw

" Falset sa oft, as weill ȝour self ȝe knaw,   30,690

" And to the Pechtis and the Britis als.

" Force is to thame on nature to be fals,

" Amang thame self the quhilk can nocht be trew,

" For land and lordschip ilkane other slew,

" With poysoun, tressoun, and subtillitie ;   30,695

" Is none so wyis ma sicker of thame be.

" Thocht tha be festnit fast with grit effect,

" Se tha thair tyme tha find ane caus to brek,

" Of thair injure sayand to tak ane mendis,

" And als so lang as thair power extendis,   30,700

" To do thair nychtbour other lak or skayth,

" Be slycht or force or ony tyme with bayth,

" For no trettie tha will no trewth tak,

" Als lang as tha ma do other skayth or lak.

" Sen it wes neuir nor neuir ȝit wilbe,   30,705

" No tyme with thame leue in tranquillitie,

" Bot waittand ws other with skayth or lak,

" Neid is till ws with sum natioun to mak   Lib. 10, f. 150. Col. 1.

" Band and colleg, that ma mak ws supple,

" Quhen standis ws in sic necessitie.   30,710

" Quhair can we find moir gudlie till avance,

" No with Chairlis the michtie king of France,

" Quhilk riches hes and power infinite,

" And mony prince of policie perfyte,

" Scheild and defence quhilk is of halie kirk ?   30,715

" I can nocht wit moir wyislie for to wirk,

" Na mak oure freind of all Ewrop the flour,

" Quhairthrow we may haif proffeit and honour,

" Agane oure [fais] as oft greit neid haif we,

" Freindschip and fauour, greit help and supple ; 30,720

" As for my self, I hald this best till do,

" Lat ilk man say quhat plesis him thairto."

Quhen this wes said befoir thame all wes thair,
Bayth king and lord ilkane than les and mair,
Of all he said with hartlie mynd and will,   30,725
To euerie word consentit hes thairtill:
Syne to conclude decretit hes that thing,
To mak ane band with gude Charlis the king.
The oratour befoir thame syne gart call;
The nobill king, in presens of thame all,   30,730
Of his awin wit, be counsall of the lawe,
As ȝe sall heir, sic ansuer to him gaue.

How King Achay and his Counsall gaif Ansuer to the Herald.

" Forsuith," he said, "ȝe ma weill wit that I,
" And all thir lordis that standis heir me by,
" Thinkis we haif grit fortoun, grace and chance, 30,735
" With gude Charlis the nobill king of France,
" For to be bund as brethir in ane band.
" And mair attouir, I do ȝow wnderstand,
" In all Scotland is nother wyfe nor maid,
" But scho thairof is wounder blyth and glaid   30,740
" To grant to ȝow now all thing that ȝe crave,
" Quhairthrow tha traist grit honour for to haue ;
" And ȝe of ws siclike on the same mak,
" Sall proffeit haue withoutin schame or lak,
" Syne efterwart, to oure posteritie,   30,745
" Freindschip but feid for euir moir to be."

How the Herald tuke his Leve and passit to the King of Pechtis.

This oratour thairof wes weill content ;
Syne tuke his leif and on his way is went
To king Hungus, quhilk wes ane nobill man,
King of the Pechtis in the tyme wes than ;   30,750

Siclyke of him desyrand for to be
In that colleg of thair fraternitie,
Quhairthrow he micht haif grit honour and gloir,
And to his kinrik proffeit euirmoir.

How Hungus, the King of Pechtis, gaif Ansuer to the Herald.

This king Hungus than ansuer maid him till,   30,755
Richt oft thankand the kyndnes and gude will
Of king Charlis, desyrit him to be
Of that colleg and thair fraternitie.
And syne agane to him so said this king,
Without lang vysment in so grit ane thing,   30,760
Quhair sic perrell apperit for to be ;
Thairfoir he said, that neidfull wes that he
War weill adwysit and his lordis all,   Col. 2.
For grit perrell that efter micht befall.
Als far, he said, as he culd wnderstand,   30,765
Agane the Saxonis for to mak ane band,
For nichtbour weir he thocht rycht perrellous,
So dreidfull als and ilk so dangerous,
With sic apperance of greit skayth and ill,
That he culd nocht weill gif consent thairtill.   30,770

How the Herald tuke his Leif fra Hungus, King of Pechtis, and passit agane to King Achay.

The oratour, quhen he that ansuer knew,
In that mater no moir wald him persew,
Becaus he was so schort into that thing,
Bot tuik his leif ; syne to Achayus king
Come hame agane richt suddantlie and sone,   30,775
And schew to him ilk word how he had done.

How King Achay deliuerit the Herald, and send his Bruther Germane, callit Gillelmus alias Gilmoure, with Foure thousand Men in France.

This king Achay heirand that it wes so,
He furneist hes with him in France till go
His bruther germane of honour and fame,
Quhilk callit wes Gillelmus to his name;   30,780
Ane vther storie I haif red befoir,
That he to name wes callit Gilmoir;
And foure thousand of nobill men in weir,
With hors and harnes, and all vther geir,
To gude Chairlis quhen lykis him to ga,   30,785
To fortifie him agane Christis fa.
Foure greit doctouris he hes with him syne,
Johnne and Cleme[n]t, Rabone and Alkwyne,
In cannoun law, in theologie and art,
And all science richt plesand and expert.   30,790
Thir four feiris, quhilk war of Scottis blude,
In Athenis lang at the studie stude,
In Scotland syne had grit auctoritie;
Thairfoir that tyme tha war send ouir the se,
With king Chairlis for to devyss this band.   30,795
Sone efter syne, as ȝe sall wnderstand,
Be grace of God sic wes thair hap and chance,
Befoir the wynd tha saillit sone in France.

How Chairlis the Mane, King of France, wes rejosit of Gulielmus, King Achayus Bruther, and his Cumpany, and maid the Band betuix thame as followis.

Off thair cuming gude king Charlis the Mane
Rejosit wes, richt wounder blytht and fane.   30,800
This Gulielmus with grit honour and gloir,
And all the laif wes with him les and moir,

Ilkane that tyme efter his facultie,
Ressauit wes with all humanitie.
In greit blythnes, with mekle sport and pla,   30,805
He held thame still quhill on the auchtane da ;
And syne tha maid the tennour of thair band,
With seillis braid subscriuit with thair hand,
Betuix thir kingis gudlie till advance,
The nobillis als of Scotland and of France,   30,810
For euirmoir with diligence and cuir,
But ony fraud in that forme till induir.
This wes the tennour that tyme of thair band :   Lib.10, f.150b.
Col. 1.
Gif ony Saxone come into Scotland,
In feir of weir for to do ony wrang,   30,815
The king of France suld, with ane army strang,
Cum him awin self, gif mister war to be,
Into Scotland for thair help and supple.
Siclike also gif hapnit vpoun chance,
In ony tyme the Saxonis come in France,   30,820
The land of France with battell till persew,
The king of Scottis siclike in thair reskew,
With his power sould cum on thair expens,
Richt suddanelie in France for thair defence.
Decretit wes, gif so hapnit to be,   30,825
Gif ony Scot maid help or ʒit supple,
Or Frenchemen to the Inglis blude,
In tyme of weir quhen it in neid thame stude,
That he sould be declarit for sic thingis,
Tratoure and rebell than to bayth thir kingis.   30,830
All fugatouris als far fra the law that fled,
Siclyke for rebell to thame bayth be hed.
Syne finallie this wes the hynmest act,
That none of thame suld peax or trewis tak
With the Saxonis without vtheris consent,   30,835
Schort or lang, bot gif tha war content,
And tha siclike concludit war thartill,
Of baith thair myndis it sould proceid and will,

As neidfull war withoutin ony enorme.
In Latyng letteris and in dowbill forme   30,840
Tha wrait it, syne subscriuit with thair hand ;
The tane part thairof send into Scotland,
The tothir part at thair plesour and will,
Tha gart remane with thair awin self thair still.
Quhilk band and leig, withoutin ony cryme,   30,845
Wnmaculat remanis to this tyme.

How Guillielmus, alias Gilmour, with his
      Cumpany and Tua of the Foure Doc-
      touris remanit with King Charlis in
      France, and the vther Tua Doctouris
      come Hame in Scotland, and of the
      victorious Deidis of Guilliame and the
      Tua Doctouris callit Johne and Cle-
      me[n]t in France.

Quhen this wes done as I haif said ʒow syne,
Thir tua clerkis, Rabone and Alkwyn,
Come hame in Scotland agane with gude chance.
The tother tua remanit still in France,   30,850
With gude Chairlis the nobill king and prence.
This foirsaid Johnne, and als this ilk Clemens,
Into Pareis that vniuersitie
Wes foundit than of thair auctoritie,
Thay war the first that euir tuke ony cuir   30,855
To reid or teiche, other to riche or puir ;
Science or vertu in that place to plant,
Quhairof befoir it had grit falt and want :
The quhilk sensyne increscis to this hour,
Of all studie is apersie and flour.   30,860
This Guillielmus siclike, and all the laue
Of men of weir he did thair with him haue,
For all thair tyme remanit ay thair still,
With king Chairlis at his plesour and will.

And quhair he went, with him in all his weir   30,865
Tha wer formest, and oftest did maist deir
On to thair fa, into all kynd of thing,
And best louit with gude Charlis the king.
To Guillielmus now will I turne my styll,
And tarie heir to tell of him ane quhile,   30,870
Nixt Chairlis ouir all the realme of France,
Wes haldin most of honour till advance,
As previt weill ay be his nobill deid,
In his storie quha lykis for to reid.
Now at this tyme it come into memorie,   30,875
Bot laitlie now I reid in till ane storie,
In Lumbardy how fair Florence that toun
Distroyit wes, and put till confusioun,
Be the Gottis perforce that held it than.
This Guilielmus syne worthilie it wan ;   30,880
To the awin stait syne did agane restoir,
With mair fredome na euir it had befoir.
The citineris that scatterit wer full wyde
Ouir Italie far vp and doun that tyde,
He brocht thame [syne] agane into the toun,   30,885
Gart euirilk man in his awin sait sit doun,
With land and law, and with all libertie,
Siclike befoir as tha war wont to be.
The wall befoir, the quhilk wes cassin doun,
Gart big agane evin round about the toun,   30,890
With mony toure and turat les and moir,
Far strenthear nor euir it wes befoir.
And mekle land and townis neir hand by
He subjugat wnto thair senȝeory,
And eikit hes thair honour and thair gloir   30,895
To far mair fame nor euir tha had befoir.
Syne ordand hes in the rememberance
Of gude Chairlis, the nobill king of France,
Quhair broucht [war] all agane to libertie,
In thair armes to weir the reid lillie,   30,900

Quhilk hes bene ay the king of Frances flour,
And this armes proceidand to this hour.
And mair attouir he ordand hes ilk ȝeir,
In audience quhair all ma se and heir,
Solempnitlie to set ane reid lyoun,   30,905
Syne on his heid to put ane goldin croun,
As he to thame wer prince alway and king,
Eternallie in takyn [1] of that thing,
That he that buir the lyoun in his armes,
Fra all injures, dampnage, skayth and harmes,   30,910
Redemit thame agane to libertie,
Alss fre befoir as tha war wont to be.
Quhilk ceremonie, as suith men to me sais,
In Florence ȝit ar keipit in thir dais.

How Guilielmus wan grait Heretage and foundit and feft mo fair Abbayis, and did mekill Almous Deid in his Dais.

This [2] Guilielmus, quhilk wes ane nobill man, 30,915
Into the weiris greit heretage he wan,
In all his tyme had nother barne nor wyfe,
For-quhy he wes exercit all his lyfe
Into the weir with gude Chairlis the king,
Impediment wes till him in sic thing.   30,920
And for that caus, as my author did sa,
Foundit and feft richt mony riche abba ;
Into his tyme did mony almous deid,
Becaus he had no barnis to succeid,
Gottin of him self his heretage to bruke.   30,925
My author sais, quha lykis for to luke,
Fyftene abbais that war of lyme and stane,
He foundit hes with riche infeftment ilkane.
Syne thair fundatioun ordand for to be
Writtin in Irische, quhilk schawis ȝit to se   30,930

---

[1] In MS. *talking.* | [2] In MS. *The.*

To nane of thame ane abbot suld succeid,
Bot he the quhilk the fundatioun culd reid.

Lib. 10, f.151.
Col. 1.

In that beleif sic ordenance maid he,
That Scottis men sould abbotis of thame be,
And no vther, as my author did sa; 30,935
Quhilk keipit is ʒit to this samin da.
Heir will I leif of him ane litill quhile,
And to Achayus turne agane my style.

How Hungus, Kyng 'of Pechtis, send ane Herald to Achayus for Help and Supple.

Neir by this tyme, my author sais thus,
The king of Pechtis callit [wes] Hungus, 30,940
Ane herald sone to Achayus send he
Beseikand him of his help and[1] supple.
The king of Ingland callit Ethalstone,
In his boundis bot laitlie now bygone,
With reif and spulʒe, with grit slauchter and 30,945
  fyre,
Richt grit distructioun, formalice and ire,
He maid thairin ane lang tyme quhair he la,
Syne with grit spulʒe pas[sit] hame his wa;
Quhair that he thocht nocht lang for to remane,
Rycht weill he wist he wald cum sone agane, 30,950
With mair power, and with far grittar schoir,
In his boundis nor euir he did befoir.
Beseikand [him] thairfoir of his supple,
For the affectioun and affinitie
Betuix thame ay all tyme in to thair lywe. 30,955
This Hungus sister wes Achayus wywe,
Quhilk Fergussana callit wes to name,
Scho buir to him of grit honour and fame
Gude Alpinus richt plesand and benyng,
Quhilk efterwart of Scotland that wes kyng. 30,960

---

[1] In MS. and and.

How King Achayus send Ten thousand Men
to help Hungus, King of Pechtis.

Into this tyme Achayus hes gart waill
Ten thousand men, and tald thame weill be taill;
Syne till ane captane did thame all commend,
Quhome [1] with till Hungus rycht sone syne he send.
Thairof king Hungus blyth and glaid wes he,   30,965
Ressauit thame with all humanitie;
Syne mony berne that worthie wer and wycht,
Buskit for battell all in armour bricht,
He semblit syne togidder on ane grene:
Ane fairrar sicht richt semdill hes bene sene.   30,970
Syne in the tyme, without stop or ganestand,
Passit with thame all in Northumberland;
Ouir all tha boundis that wer lang and braid,
Bayth da and nycht grit heirschip thair tha maid.
This king Hungus so gentill wes and gude,   30,975
Wald raiss na fyre, nor ʒit wald spill na blude;
Curtas he wes without crudelitie,
Than of the puir he had so greit petie.
ʒit neuirtheles, as my author did sa,
Richt grit spulʒe gart turs with him awa   30,980
For his redres into that tyme for-thy,
For that same caus and for na vther quhy.
Quhen this wes done as I haif said ʒow heir,
In Loutheane syne come hame [baith] haill and feir.

How King Ethilstone, was gritlie displesit
of the Heirschip done in Northumber-
land, come with ane greit Army in
Loutheane.

Col. 2. Quhen this wes schawin to king Ethalstone,   30,985
Out of his mynd as he war maid begone,

---

[1] In MS. *Quhone.*

As rampand lyoun, bald as ony boir,
He swoir and said, with mekle bost and schoir,
Of king Hungus he suld revengit be,
Or on ane da richt mony one sould de.　　30,990
With mony knicht syne cled in armour cleir,
And buglis blawand with ane busteous beir,
He tuke na rest without stop or ganestand,
Quhill that he come into Northumberland.
Or he come thair king Hungus wes awa;　　30,995
Into that place thairfoir schort quhile he la.
With all his power sped him on richt fast,
In Lowdeane quhill he come at the last.
Then king Hungus, as my author did sa,
Besyde ane burne with all his ost he la,　　31,000
Vpoun ane plane quhair he wes plantit doun,
Tua myle and les that tyme fra Haddingtoun,
Into that place tuke purpois thair to byde,
The haill spulȝe amang thame to devyde,
Richt equallie, without ony demand,　　31,005
Tha brocht with thame out of Northumberland.
King Ethalstone that weill thair counsall knew
As of his awin, his spyis to him schew,
He sped him on in all the haist he ma,
Syne on the morne come in thair sicht be da,　　31,010
In rayit battell reddie for to june,
And mony trumpet blawand in to tune,
And baneris braid that borne war rycht he :
Thair multitude wes marvelus to se.
This Ethalstone syne with ane opin cry,　　31,015
Proclamit hes that none be so hardy
To saue or tak other man or cheild,
Of Scot or Pecht that wer fund in that feild,
For ony ransoun, reuth, or ȝit remeid;
Withoutin petie put thame all to deid.　　31,020
Quhairof the Pechtis so grit terrour tuke,
For verra dreid tha trymlit all and schuke ;

Into the feld that tyme quhair that tha stude,
Quha had bene thair and sene thair multitude.
Into the tyme king Hungus gaif command,   31,025
That euerilk man sould laubour with his hand,
To mak ane strenth about thame quhair tha la;
And so tha did als haistie as tha ma.
This Ethalstone with all his multitude,
In rayit feild befoir thame quhair he stude,   31,030
With mony semblie schrowdit vnder scheild,
That reddie war to enter in the feild.
And or he wald the grit battell assay,
First in the feild for to mak thame ane fray,
Men vpoun hors neirhand thame he gart ryde,   31,035
To preve and se gif tha durst langar byde.
The Pechtis than richt pertlie on that plane,
Siclike on hors hes riddin thame forgane;
And mony counter in the tyme tha maid,
Quhill speiris brak, and scheildis that war braid   31,040
War maid to fall into the feild on force,
And mony berne borne bakwart fra his hors
On to the grund rycht lauch than quhair he la.
With sic ryding tha draif to end that da,
Withoutin feild thair preikand on the plane,   31,045
Quhill that the nicht departit thame agane.
Amang thame all wes nother Scot nor Pecht,
Bot he decreittit on the morne to fecht,
And tak the chance that God wald send thame till,
Quhat euir it war, and put thame in his will,   31,050
As plesis him vther to leve or de,
Out of that feild ane fit or tha wald fle.
And euerie man hes left [of] vousting vant,
Into that tyme beseiking mony sanct,
With humbill mynd richt lawlie on thair kne,   31,055
Implorand thame for thair help and supple
Agane thair fa wald reif fra thame thair richt,
Quhilk had sic strenth, sic multitude and mycht;

Lib.10,f.151b.
Col. 1.

Into that tyme it stude thame in sic neid,
Without thair help tha wald cum hulie speid.   31,060

How King Hungus prayit to Sanct Andro, and how Sanct Andro apperit, and of his Cors in the Air.

Than king Hungus prayit and maid ane vow
To the apostill halie Sanct Androw,
With greit kyndnes quhilk suld nocht be to crawe,
Of his kinrik the tent part he suld haue,
Richt peceablie in frie regalitie,   31,065
For euir moir with all auctoritie,
And all fredome is neidfull to be hed,
Of his purpois that tyme and he war sped.
For verrie [dreid] syne piteouslie did weip,
Quhill at the last he fell richt sound on sleip.   31,070
Syne in his sleip thair did till him appeir
Sanct Andro than, and bad him mak gude cheir,
And haue no dreid, for all thing suld go rycht,
Quhilk grantit wes be the grit God Almycht;
Vpoun the morne quhilk sould nocht be to   31,075
  crawe,
Honour and gloir, and victorie to haue.
Sanct Androis corce apperit in the air
That samin tyme, quhilk sene wes ouir alquhair,
Aboue the Pechtis quhair that [thai] did ly,
As bureall brycht, als cleir into the sky;   31,080
Out of that place wald nother move nor wend,
Quhill that the battell brocht wes to an end.
The watchis standand on thair feit that woik,
Grit wonder had vpone that cors to luke,
Amang thame self with greit talking betuene,   31,085
Imaginand than quhat that corss suld mene.

How King Hungus schew his Visioun, and
how he sould win Victorie be the
Apperance of the Croce in the Air, off
the quhilk he tuke greit Confort.

Quhen that the king syne walknit quhair he la,
He schew to thame, as ȝe haif hard me sa,
How in his sleip Sanct Androw did appeir,
And said to him, as I haif said ȝow heir,   31,090
How on the morne he sould haif victorie
The quhilk his cors that tyme did signifie,
Into the air than that he saw so cleir.
Then war tha blyth all and maid a mirrie cheir,
And put away all dreddour and all dreid,   31,095
In gude beleif of thair purpois to speid :
Amang thame self richt blythlie than tha sang,
With sic ane noyis quhill all the skyis rang.
The Inglis men that standand on the streit,

Col. 2. Quhilk all that nicht had walkit on thair feit,   31,100
Quhen that tha hard thame mak so mirrie cheir,
And saw the croce aboue thair heid appeir,
Of tha takynnis grit terrour tha tuke,
Lyke ony leif tha trimlit and tha schuik ;
With quaikand hart dreidand that tyme far   31,105
    moir,
No Pecht or Scot vpoun the nycht befoir.
Than king Hungus proclamit with ane cry,
That euerie man, be he micht ken the sky,
Sould reddie be, weill graithit in his geir,
That neidfull war vpoun his cors to weir,   31,110
With bow and brand, with braid buklar and
    scheild,
Agane thair fa syne for to gif thame feild.

HOW HUNGUS ·THE KING ORDOURIT HIS MEN
AND SET SUDDANTLIE ON THE SAXONIS.

And so tha did syne intill ordour gude,
And syne set on the Saxonis quhair tha stude,
Richt suddantlie with ane greit schout and cry, 31,115
Quhill all thair noyis rang vp to the sky;
All with ane voce tha cryit in that tyde,
" This da Sanct Andro be oure gratius gyde !"
Syne straik togidder with so rude ane reird,
Quhill rochis rang and trumlit all the eird, 31,120
Thair scheildis raif and all thair speris brak,
Full mony berne wes laid vpone his bak,
And mony knicht wes maid full law to kneill,
Into the tyme wist nother of wo nor weill.
The Saxone blude that da wer haill confoundit, 31,125
Mony war slane and all the laif ill woundit.
The laif that fled tha gat bot litill girth
Quhair tha war fund, other in fell or firth ;
Of all tha Saxonis, my author did sa,
Scantlie fywe hundretht chaipit wes awa, 31,130
Bot all the laue other that tyme wer tane,
Or in the feild fechtand wer slane ilkane.
King Ethilstone full cald wnder his scheild,
Amang the laue la deid into the feild :
Deit that da, as eith is to presume, 31,135
The samin deith as he him self gave dume.
Out of the feild syne haif tha tane his cors ;
Syne to ane kirk wes careit on ane hors,
Wes neirhand by, and syne put in to grave,
With mair honour nor he wes wont to hawe. 31,140
That samin place, as my author did sa,
Quhair he wes slane is callit to this da,
Efter his name quha lykis for to heir,
Ethilstane-furd, gif that ʒe list to speir
In Haddingtoun, and ʒe sall find anew 31,145
Can tell ʒow weill gif that this thing be trew.

How King Hungus partit the Spulȝe equalie of the Feild amang his Men and maid his Pilgramage to Sanct Andro.

Quhen this wes done, the spulȝe of the feild,
Richt equallie to euerie man and cheild
Diuydit hes into greit quantitie,
To puir and riche efter his facultie.   31,150
Syne king Hungus and all the men of gude,
Siclike the lawe als of that multitude,
Onto Sanct Andro be the leist ane page,

Lib.10, f.152.
Col. 1.
Tha passit all ilkone in pilgremage.
This gude Hungus richt laulie on his kneis   31,155
Befoir the altar passit vp the grees,
And syne kissit the relict of Sanct Androw,
Completit thair baith pilgremage and vow.
Siclyike the laue, ilk man in his degre,
Richt lawlie thair inclynand on his kne,   31,160
Kissand the relict of Sanct Androw sweit,
His pilgremage and offerand to compleit.

How the Scottis tuke thair Leif fra Hungus, syne passit Hame till Achayus.

Quhen this wes done, than all the Scottis gard
Tha tuke thair leve with mony riche reward
Hungus thame gaif, with mekill vther thing,   31,165
Syne passit hame till Achayus thair king;
And schew to him the maner all and how
Of the battell, as I haif schawin ȝow,
Ilk word be word quhilk I neid nocht reherss,
No mak to tarie for to put in verss.   31,170
To king Hungus, sen it is in memorie,
Now will I turne and tell ȝow of his storie.

How King Hungus gart big Sanct Androw of new, and dotit it with riche Rent and mony Relict and Ornament, and grit Privilege gaif thairto, and of his Ring and King Achayus departing.

Nixt is to wit, without fabill or faill,
Sanct Androis kirk wes of rycht littill vaill
Befoir this tyme, as my author ma schew,   31,175
Quhill king Hungus gart big it of the new,
Richt plesandlie of poleist stane and lyme,
Baith kirk and queir all new into the tyme.
Syne dotit it with mony riche rent,
Adornit weill with euerilk ornament,   31,180
With buik and chalice, and with all the laue,
In sic ane place that neidfull war till haue ;
Prelat and preistis ay quhill domisday,
Thair obseruance thairin to sing and say.
Ane cors of gold that wes bayth lang and   31,185
    braid,
For the relict of Sanct Andro he maid,
Adornit wes with mony pretious stone,
With diamontis ding, and margretis mony one.
To represent the tuelf apostolis
Of Jesu Christ, richt sone syne efter this,   31,190
Tuelf images into that kirk he maid
Of fyne siluer, quhilk war baith hie and braid.
The image als quhilk wes of Sanct Androw,
Wes gilt with gold for to compleit his vow.
Quhen this wes done, syne amang all the laue,   31,195
Onto the kirk greit priuiledge he gaif,
To all kirkmen quhilk wes ane greit refuge,
Sould nocht be callit with ane secular juge,
For to thoill law in caussis criminall,
Or ony actione efter micht befall.   31,200

This priuiledge lestit bot few dais :
The fourt king efter, as my author sais,
Quhilk Feredeththus callit wes to name,
Into his tyme thocht nother syn nor schame,
All priuiledge and proffeit les and moir,   31,205
Quhilk to the kirk king Hungus gaif befoir,
Baith priuiledge, possessioun, and all mycht,
To reif fra thame without ressoun or rycht.
Col. 2.   Quhilk wes the caus, as mony said sensyne,
Be the prouisioun of greit God diuyne,   31,210
Pechtis befoir quhilk wer of sic renoun,
Schort quhile efter tynt bayth kinrik and croun ;
As ȝe sall heir, quha lykis for to luke,
Sone efter now into this same buke.
This king Achay, as that my author sais,   31,215
And king Hungus syne efter, all thair dais,
Rang with gude rest in thair auctoritie,
In peax and rest and grit tranquillitie.
Syne gude Achay, as ȝe ma efter heir,
Into his ring the tua and threttie ȝeir,   31,220
And of oure Lord aucht hundreth and nyntene,
So greit and nobill in his tyme had bene,
Of Hungus ring the sixt ȝeir also,
With mekle menyng, murnyng and greit wo,
Of euery leid, baith barne, man and wyfe,   31,225
He tuke his leif out of this present lyfe.
In Iona Yle, with mekle pomp and pryde,
Ingrauit wes into the samin tyde.

HOW THAIR RANG IN SCOTLAND FOUR HALIE
    DOCTOURIS IN THA DAIS, AND CALLIT AS
    FOLLOWIS.

Into Scotland thair rang into tha dais
Foure halie doctouris, as my author sais ;   31,230

Geruatius as ȝe sall wnderstand,
Bischop and prechour into Murra land ;
Glacianus als of grit auctoritie,
Ane archibischop and grit prechour wes he ;
And tua brether wer of grit faith and fame,   31,235
Moden and Meden callit wer to name.
Thair halie werkis culd nocht weill be hid,
So mony miracle in thair tyme tha kyd ;
Syne efterwart, as halie kirk ws grantis,
Ar numberit now in hevin amang the sanctis.   31,240

HOW ANE NOBILL MAN CALLIT CONGALLUS WAS
CROWNIT KING OF SCOTLAND EFTER THE
DEITH OF KING ACHAY, AND OF HIS DECEIS.

Ane nobill man wes callit Congallus,
And sone he wes also to Dongallus,
Ethfynus bruther, and the patruell
To king Achay alss far as I haif feill,
Schort quhile efter king Achayus deid,   32,245
Of Scotland king wes crownit in his steid.
Quhilk with king Hungus, as my author sais,
Familiar wes and tender all his dais.
Sic lowe and lawtie as wes thame betuene,
Betuix tua kingis hes bene semdill sene :   31,250
Wes nane of thame, other ane or vther,
That wald do oucht but counsall of the tother.
And Hungus syne in to his latter dais
So febill wes, as that my author sais,
Befoir Congallus of Scotland that wes king,   31,255
Baith croun and kinrik than he did resing
To Drostolog, quhilk wes his sone and air,
Out of this lyfe syne tuke his leif to fair.
This Congallus efter that he wes gone,
For him ilk da sic murning maid and mone,   31,260
With sic displesour detestand all playis,
Quhilk wes the caus of schorting of his dais,

Lib.10, f.152b.
Col. 1.

Sone efter syne of his ring the fyft ȝeir,
He tuke his leif and baid na langer heir;
Ingrauit wes syne in Ecolumkill, 31,265
With all honour belonging wes thairtill.

How ane Man of Gude callit Dongallus wes crownit King efter Congallus, and of the ȝoung Scottis Lordis that rebellit aganis him.

Ane man of gude wes callit Dongallus,
Quhilk wes the sone of king Solwatheus,
Schort quhile befoir as ȝe ma reid and se,
Wes crownit king with haill auctoritie, 31,270
Into Argyle efter Congallus deid;
Syne peceablie he rang into his steid.
Ane nobill king in all his tyme wes he,
Richt just also in his auctoritie,
And equall als without ony injure 31,275
In his office baith to riche and puir.
That samin tyme, as my author recordis,
Into Scotland thair wes richt mony lordis,
Ȝoung and wantoun, and full of reuery,
At his justice had rycht full greit invy, 31,280
And durst nocht tak thair plesour ay at neid,
Of his justice tha stude sic aw and dreid.
For that same caus, or tha thair will suld want,
Tha fand ane way this Dongallus to dant.

How the ȝoung Scottis Lordis perswadit ȝoung Alpynus, Sone to Achayus, fra Dongallus to tak the Croun.

Ane plesand child of greit honour and fame, 31,285
Achayus sone, Alpynus hecht to name,
Persuadit him fra Dongallus the king
To tak the croun and occupie his ring,

Justice and law siclike and all the laue,
His heretage the quhilk he aucht to haue; 31,290
At thair power with hartlie mynd and will,
At his plesour tha sould mak help thairtill.
This Alpynus tuke litill tent thairto,
Bot did ilk da sic as he had till do;
His mynd wes set rycht far agane that thing, 31,295
So louit he Dongallus the gude king;
This king to him keipit so gude ane part,
And for that caus he louit him with his hart.
So on ane da it hapnit for to be,
Thir same lordis quhair thair wes none bot he, 31,300
All him allane intill ane quyet place,
With drawin swordis and with austrun face,
Tha boistit him scharplie bayth sad and suir,
Without richt sone he tuke on him sic cuir
As tha commandit, and auctoritie, 31,305
Of thair handis than doutles he suld die.
This ȝoung Alpyn that tyme for aw and dreid,
As force it wes it stude him in sic neid,
At thair command consentit than thairtill,
Suppois it wer richt far aganis his will; 31,310
Syne tuke the feild with mony cankerit knaif,
Quhilk lykit weill ane lous warld to haif,
And mony rebald in ane mekle rout,
With greit vneis of all the land about. Col. 2.
Syne efter that, within ane lytill quhile, 31,315
With this Alpyn tha passit to Argyle,
Quhair tha that tyme thocht to croun him king;
Bot ȝoung Alpyne that lykit nocht that thing,
Vpoun the nycht, as my author did sa,
Richt secreitlie he staw fra thame awa, 31,320
Quhen that tha wist richt litill of sic thing,
Syne come agane to Dongallus the king,
And schew till him the maner all and how,
Ilk word by word as I haif said to ȝow;

A A 2

How all that wes done sair aganis his will,   31,325
That force it wes him to consent thairtill,
Or than till de, thair wes na vther dome,
That it wes so richt weill he mycht presume.
This Dongallus of him he wes rycht blyth,
And in his armes hint him sone and suyth;   31,330
Syne freindfullie that tyme he said him till,
" Welcum to me with hartlie mynd and will!
" All is ȝour awin amang our handis heir;
" Quhen plesis ȝow to tak the reull and steir,
" I salbe reddie all tyme at command,   31,335
" For till resing all richt into ȝour hand;
" As ressoun wald that ȝe ȝour rycht suld haif
" Withoutin pley, quhen plesis ȝow to craif."
This ȝoung Alpin, with hartlie mynd and will,
Requyrit him for to continew still,   31,340
As he wes wont, withoutin ony stryfe,
Into that cuir for terme of all his lyfe;
And he also sould seruice mak him to,
Sick as the sone sould to the father do,
And in all thing alss blythlie him obey,   31,345
At his plesour withoutin ony pley.
The pepill all tha war richt blyth and glaid,
Quhen that tha hard how ilk till vther said;
Of that concord and [of] thair meitting than,
Rycht blyth and glaid wes mony wyfe and man. 31,350
Quhen this wes done, syne on the secund da,
Thir rebellaris, as my author did sa,
Ane message send to Dongallus the king,
Beseikand him than of his grace bening,
All ire and rancour, malice and invy,   31,355
For to remit, postpone, and lat pas by;
And thame[1] agane of his humanitie
Resaue agane, quhilk traist and trew suld be.

---

[1] In MS. *than*

Off thair desyre nothing the king wald heir ;
Bot said agane within les nor ane ʒeir,   31,360
And plesit God thairto, ane vow maid he
Of that injure for to revengit be.
And so he wes far sonner nor tha trowit,
Or euir tha wist, as euerie man allowit,
As tha had seruit in the samin tyme,   31,365
War tane ilkone and puneist for that cryme.
Fra that tyme furth, withoutin ony leis,
In all his tyme he leuit ay in peice.
Heir will I paus and leve ane litill quhile,
And to the Pechtis turne agane my style.   31,370

HOW THE KING OF PECHTIS CALLIT DROSTOLOG
    WAS SLANE BE HIS BRUTHER, QUHILK [1]
    VSURPIT THE CROUN AND MAREIT HIS BRU-   Lib.10,f.153.
    THERIS WYFFE THAT WES QUENE, QUHOME   Col. 1.
    SCHO SLEW ON ANE NYCHT.

The king of Pechtis hecht Drostolog to name,
His on bruther la with him in ane wame,
So greit desyre he had to be ane king,
He slew his bruther syne occupeit his ring.
And for that caus he held with him ane gard,   31,375
And gaif to thame richt mony riche reward
Of land and riches, gold, siluer and fie,
To tak his part gif neid hapnit to be.
Brenna the quene richt plesand and benyng,
Oswynus dochter, of West Saxone king,   31,380
That tyme, to stanche hir malice and hir stryfe,
In matrimonie he tuke his brutheris wyfe,
Quhilk quietlie at him had ay grit feid.
Syne efterwart, for to revenge the deid

---

[1] In MS. *and.*

Of Drostolog hir husband wes befoir,   31,385
With greit malice incressand moir and moir,
Richt subtillie with grit sorcerie and slycht,
Into his bed scho slew him on ane nycht.
Thair faillit all the successioun and seid
Of king Hungus, gif it be suith I reid.   31,390

How Dongallus send Message to the Pechtis.

This ȝoung Alpyne, quhilk wes his nepos neir,
His sister sone befoir as ȝe micht heir,
Acha[y]us sone of Scottis that wes king,
Quhome to the richt of all the Pechtis ring
Be commoun law, efter thir tua war deid,   31,395
Redoundit haill withoutin pley or pleid.
And for that caus, Dongallus the gude king
Considderit weill he had richt to sic thing,
Tua wyiss lordis that all thair richtis kend,
With greit triumph onto the Pechtis send,   31,400
Beseikand thame rycht hartlie and benyng,
For to ressaue than[1] as thair prince and king
This Alpynus, the quhilk had be his mother
The richt thairt[o] that tyme had and na vther.
Quhairfoir thai aucht richt blyth and glaid to   31,405
    be,
And for to lowe the gratious God sa hie,
That baith thair kinrikis vnite had in ane,
That of befoir into the tyme bigane,
Rycht saikleslie, but ony caus or gilt,
With abundance sa mekle blude had spilt.   31,410
" And sen Fortoun hes schawin ws hir face,
" And gratious God, of his excellent grace,
" Had ordand ws wnder ane king to be,
" Of baith oure blude and oure genelogie,

---

[1] In MS. *thame.*

" The quhilk that hes so greit ressone thairtill, 31,415
" Quhairfoir we aucht richt hartlie with gude will
" For to love‧God that is in hevin so he,
" Provydis so for oure posteritie,
" For euir mair to leif in peice and rest ;
" As plesis him so suld we think it best." 31,420

HOW THE PECHTIS CHESIT THAME ANE KING.

The proude Pechtis that knew weill sic thing,
Amang thame selfis chesit thame ane king,
Quhilk Feredethus callit wes to name,
Or Alpynus[1] his croun come for to claime.
Quhairthrow tha mycht, gif he sic thing suld 31,425
craif,
Him to resist moir strenth and power haif;
For-quhy richt ill it lykit thame sic thing,
That ony Scot sould be thair prince and king. Col. 2.

HOW THE MESSINGER SCHEW HIS CREDENS TO THE PECHTIS IN CAMELIDONE.

The messinger on to Camelidone
Is passit syne, quhair he fand thame ilkone 31,430
With Feredeth, quhome to his credens schew,
Befoir thame all quhair that thair wes anew,
Ilk word be word to thame baith les and moir,
With all the tennour that ʒe hard befoir.
Quhen this wes said, with mony mow and knak, 31,435
Amang thame self greit dirisioun tha mak,
With rude rumour and with so loude ane noyis,
As it had bene of bairnis[2] and of boyis,
That neuir ane, throw the murmour tha mak,
Mycht heir ane word than that ane vther spak. 31,440

---

[1] In MS. *Alpunus.* | [2] In MS. *bairdis.*

Quhen[1] of thair breist ouir blawin wes that blast,
And ceissit syne with scilence at the last,
This Feredethus with ane voce so cleir,
Sic ansuer gaif as I sall schaw ȝow heir.
" With lang adwysing we haif considderit haill, 31,445
" Nixt the successioun of king Hungus faill,
" And Alpynus be narrest of his blude;
" Ȝit neuirtheles we haif ane consuetude,
" Incontrar quhairfoir that ȝe [haif] no aw
" To clame oure croun be ony richt or law.   31,450
" For-quhy we find ane act into oure buik,
" Wes maid lang syne, that na stranger sall bruik
" Oure croun or kinrik to be king ws till,
" Without it be with our consent and will.
" As for my self, siclike dois all the lawe,   31,455
" We lyke him nocht as for our king to haue.
" Als we haif power, gif that neid so be,
" For to translait be oure auctoritie
" Alhaill the rycht fra ane hous to ane vther,
" Full weill ȝe wist ȝour self or ȝe come hither. 31,460
" Sen all the richt we haif translatit now,
" Fra Hungus hous, as ȝe haif hard heir how,
" Onto ane vther with haill auctoritie;
" Quhairfoir," he said, "ȝe ma weill wit that ȝe
" Hes litill richt, suppois ȝe haif grit will,   31,465
" To ask oure croun or ȝit haif clame thair till,
" Thocht he be narrest of king Hungus blude.
" Tak thair ȝour ansuer, schortlie to conclude."

HOW THE MESSINGER COME TO DONGALLUS AND
        SCHEW HIS ANSUER, AND HOW HE HES SEND
        AGANE TO THE PECHTIS.

Befoir thame all quhair that thair wes anew,
This messinger come hame agane and schew   31,470

---

[1] In MS. *Quhill.*

Ilk word be word sic ansuer that he gat.
This Dongallus, that wald nocht leve for that,
Thair myndis better quhill he knew and kend,
To thame agane the samin herald send,
To get knawledge of all thair mynd moir cleir, 31,475
For he wald nocht put so greit thing in weir.
In that purpois gif tha remanit still,
Commanding him that he sould say thame till,
Within ane moneth and les, gif he micht,
With all power he sould persew thair richt. 31,480
This Feredeth, that knew full weill sic thing,
That sic message come fra the Scottis king,
He hes send men to meit thame be the way, Lib.10, f.153b.
Col. 1.
Commanding thame sone be the secund day
Out of thair land to pas but ony pleid, 31,485
Richt suddanelie wnder the pane of deid.
This messinger that durst nocht disobey ;
Richt weill he wist, and he maid ony pley,
Thair cruelnes it wald cost him his lyfe,
And for that caus he maid thame na mair 31,490
  stryfe,
Bot said he sould all thair command fulfill.
Quhen that wes said, syne efter said thame till,
" Heir in the name of Dongallus oure king,
" Alpyn oure prince, and lordis of our ring,
" And all the laif als of oure men of gude, 31,495
" Heir we defy ȝow baith of fyre and blude,
" And plane battell within the tuentie da."
Syne tuik his leif and passit hame his wa,
And tald the king the mater all and how,
Ilk word be word as I haif said to ȝow. 31,500
Quhen this ansuer befoir thame all wes schawin,
All in ane voce, or tha war sa ouirthrawin,
Tha maid ane vow for no perrell to spair
Baith land and lyfe in that querrell to wair ;
For weill tha wist it wes baith just and gude. 31,505
Richt so that tyme said all the multitude ;

In all Scotland wes nother gude nor ill,
Gaif nocht consent and gude counsall thairtill.
This Dongallus, of quhome befoir I spak,
On him that tyme greit travell he did tak   31,510
Ouir all Scotland, and maist of his awin coist,
For to furneis ane grit armie and oist,
To fortifie Alpinus in his richt,
Greit diligence he hes done da and nycht.
That samin tyme vpoun the water of Spey,   31,515
Throw misgyding, or than the man wes fey,
Quhilk of the tua I can nocht tell ȝow heir,
Into ane boit [he] drownit than but weir,
The saxtenit ȝeir the quhilk wes of his ring.
Quhen he wes deid that wes so gude ane king,   31,520
This Alpinus, sone efter that schort quhile,
Gart bair his bodie on to Iona Ile ;
With grit honour of kirkmen and grit cuir,
Solemnitlie put it in sepultuir.
Quhen this wes done, syne out of Iona Ile,   31,525
The lordis all convenit in Argyle,
This Alpinus that wes baith fair and ȝing,
With hail consent wes crownit to be king.
Syne to complèit that tha had tane on hand,
This Alpinus he gaif richt strait command   31,530
That euerie man within the fourtie da,
Suld furneis him als gudlie as he ma,
And syne convene withoutin ony lat,
At tyme and place quhair that the tryst wes
     set.
And so tha did neirby Arrestia,   31,535
Convenit all at [ane] set place and da,
Without oppressioun that tyme of the puir,
And fit for fit to Forfar all tha fuir.
Into that tyme tha stanchit fra all yre,
Nother spilt blude, nor ȝit wald rais no fyre,   31,540
Quhill that tha come at grit laser and lenth
To Forfar toun, that tyme quhilk wes ane strenth ;

Vpoun ane plane plantit thair palȝeonis doun,
Syne set ane seig evin round about the toun.

How Alpinus, King of Scottis, and Feredeth,[1] King of Pechtis, met in Battell at Restennot, as followis.

This[2] Feredeth, of Pechtis that wes king,   31,545
Wes neirhand by and knew full weill that thing,   Col. 2.
With greit power, as my author did sa,
Then in thair sicht come on the secund da.
Than Alpynus quhen he saw it wes so,
He left the seig and to the field did go,   31,550
With baneris braid, and buglis blawand loude,
With staitlie standartis, and with pensallis proude.
At Restennoth thir freikis met in feild,
And knokit on quhill mony ane war keild,
And birny brist, and mony burdoun brak,   31,555
And mony bald man laid vpoun his bak,
And mony freik wes fellit thair throw force,
And mony knicht wes keillit throw the cors.
Into that stour so stalwart wes that stryfe,
That mony leid hes loissit thair his lyfe,   31,560
War neirhand lost, and als had tynt that ward,
War nocht ane new fresche armit gard,
With Fenedech of Athoill that wes lord,
And four hundreth weill knyt in ane concord
Off nobill men, renewit that feild agane,   31,565
And met the Pechtis richt pertlie on the plane
With sic curaige that mony Pecht war keild,
Trowand befoir that tha had wyn the feild.
Amang the Scottis, quhair tha war maist thrang,
Or euir he wist wes closit thame amang,   31,570

---

[1] In MS. *Federeth.*   [2] In MS. *The.*

Of mony nobill of the Pechtis blude,
For his defence into that stour that stude,
And faucht quhill tha war so werie begone,
In his defence that tha war slane ilkone,
And he him self, quha lykis for to luke.　　31,575
Quhairof the Pechtis no disconfort tuke,
Bot manfullie with all thair strenth and mycht
Tha faucht stane still quhill twynnit thame
　　the nycht;
Syne drew abak quhen na better mycht be,
On baith the sydis becaus tha mycht nocht se,　31,580
And to thair tentis raikit on full richt.
The Pechtis than sone efter that same nycht,
Quhen that tha knew how that thair king wes lost,
With him also the maist part of thair oist,
Thair haill cariage and tentis quhair tha la,　31,585
And all the laif tha left richt lang or da;
For grit dreddour out of that place tha ȝeid,
Sum heir, sum thair, tha sped thame waill gude
　　speid.
Till Alpinus quhen [1] this wes schawin sone,
Or dreid sic thing for tressoun suld be done,　31,590
Men vpoun hors he hes gart haist in hy
To hillis hie, about thame for to spy,
With diligence baith for to spy and speir,
In ony part gif thai saw thame appeir.
And so thai did, syne that same day at none,　31,595
Tha come agane and schew how tha had done
All the command that he had gevin thame till,
And how tha raid fra euerie hill to hill,
Bot tha culd nocht se, other far or neir,
No levand leid into thair sicht appeir.　　31,600
Then Alpynus, and all his cumpany,
Rejosit wes of that greit victory;

---

[1] In MS. *than.*

And all the spulȝe that tyme that tha wan,
Richt equallie he hes distribut than
To euerilk man, withoutin fraud or faill,   31,605
Efter his deidis as he wes of availl.
Syne hes decretit or tha partit thair,
In tyme to cum that tha wald fecht na mair
With haill power, without mair be ado,
Bot tak the tyme ay as tha micht win to.   31,610
Syne scaillit hes and passit hame ilk man,
And tuke with thame the haill spulȝe tha wan.
This Alpynus, or he fuir of that feild,
King Feredeth in that battell wes keild,
With all honour that sic ane prince sould haue, 31,615
Into Forfair gart put him in his graue.
Syne efterwart, ouir all Arestia
Greit heirschip maid, and spulȝe euirilk da,
Of corne and cattell, and all other geir,
Of gold, siluer, and claithis for to weir.   31,620
Ilk da in Athoill hame with thame syne brocht,
Quhill all that land wes waistit haill to [1] nocht,
And the induellaris flemit all and fled,
For no reskew in all that tyme tha had.
Bridus, the sone of Feredeth the king   31,625
That eldest wes, succeidit to his ring ;
Ane freik he wes for litill thing wald feir,
And luifit nocht for till heir tell of weir ;
For no counsall nother of man or cheild,
Wald neuir consent to cum into ane feild.   31,630
Syne how it wes, I can nocht tell ȝow plane,
Amang thame self sone efter he wes slane ;
And for quhat causs, quhy or ȝit quhairfoir,
Or how it wes, I can tell ȝow no moir.
Bot gif it wes, as I can richt weill ges,   31,635
Becaus he wes of sic unworthines,

Lib.10, f.154.
Col. 1.

---

[1] In MS. *nocht.*

That all his lieges thocht of him grit lak.
Gif it wes so, it wes the far les rak.
His secund bruther callit Kennethus,
Quhilk wes the sone of this ilk Feredethus,   31,640
Wes crownit syne efter his brutheris deid,
For to be king of Pechtis in his steid;
Ane kyndlie cowart, as it wes weill kend,
Sone efter that that maid ane far war end:
And how it wes tak tent and I sall sa.   31,645
Vpoun ane tyme into Arestia,
Quhair he wes causit, soir aganis his will,
With all his power for to pas thairtill,
Quhair king Alpynus, with ane mekle oist,
Lay in that tyme endlang the Eist se coist;   31,650
Fra this Kennethus come into thair sicht,
And syne beheld sa mony basnet bricht,
In rayit battell on ane feild that stude,
Vnmensurable he thocht that multitude.
Quhairof that tyme so greit terrour he tuik,   31,655
And wes so frayit alss at the first luik,
He kest fra him baith cot armour and scheild,
Or euir tha wist syne fled out of the feild,
All him allane, withoutin ony feir:
And how it hapnit efter ȝe sall heir.   31,660

HOW KENETHUS FLED OUT OF THE FEILD FOR
    FLEITNES, AND WES SLANE BE THE SCHIPHIRD
    CARLE, AND HOW BRIDUS WES CROWNIT
    EFTER HIM KING OF PECHTIS.

Ane schiphird carle keipand a flok of fe,
Ane grit burdoun vpoun his bak buir he,
Quhilk of this king na knawledge than he had,
Bot weill he wist out of the feild he fled;
And in the tyme rycht neir he did him go,   31,665
Reprevand him quhy that he suld do so,

Out of the feild than fra the king to fle.
He said agane, " Quhat makis that to the ? "
And suddantlie thai[1] fell into ane pley. Col. 2.
This schiphird carle he gaif him sic ane swey   31,670
With that greit burdoun on his bak he buir,
This carle that wes baith stalwart, stark and stuir,
Doun of his hors he drawe him to the erd,
And slew him thair : sic wes his hap and werd.
The Pechtis syne quhen tha knew he wes fled,   31,675
No other chiftane in the tyme tha hed
To be thair gydar other in or out,
That da to fecht tha thocht it ouir grit dout;
Thairfoir bakwartis in gude ordour ar gone,
And left the feild, syne passit hame ilkone.   31,680
Efter the deid syne of this Kynnethus,
Ane nobill man that callit wes Bredus,
Amang thame all of most auctoritie,
Wes crownit than of Pechtis king to be.
To Alpynus quhilk send ane messinger,   31,685
Richt reuerentlie that tyme did him requeir,
At his plesour, withoutin bost or schoir,
For to reforme all faltis maid befoir,
To euerie part withoutin skaith or lak,
Syne peax and rest and gude concord to mak,   31,690
Siclyke befoir as it wes wont to be,
In peax and rest and perfect vnitie.
This Alpynus sic ansuer maid him till,
And all his lordis siclike in ane will,
Sayand, of thame that tha suld neuir haif peice, 31,695
No ȝit fra battell thocht tha neuir to ceis,
Without respect tha wald richt sone resigne
His croun to him, and knaw him as thair king,
Syne him obey, and for thair prince to knaw,
As ressoun wald be courss of commoun law.   31,700

---

[1] In MS. *thair.*

That messinger syne passit hame agane,
Befoir thame all syne schew his ansuer plane
To king Bredus withoutin ony moir,
Ilk word be word as ȝe haif hard befoir.
Quhairof that tyme he wes nothing content,   31,705
Quhen that he hard the ansuer that he sent,
And in his mynd remordit oft and knew,
Richt suddanelie that he suld him persew.
For that same caus, as ȝe sall wnderstand,
To Edwenus, that king wes of Ingland,   31,710
Of gold and siluer ane grit quantitie,
Into the tyme with ane herald send he ;
Beseikand him richt humblie with his hart,
Aganis the Scottis for to tak his part,
And he siclike agane all vther wicht,   31,715
Sould tak his part at all power and micht.
This Edwenus, that rycht weill wald heir haue,
Into the tyme the money did ressaue,
Promitting als that he sould send him to
Richt grit power when he had oucht till do.   31,720
The messinger syne passit hame agane,
And schew to him how he promittit plane,
So friendfullie, and with so gude ane will,
Richt greit supple that he sould send him till ;
Withoutin thairof haif he [than] no dreid,   31,725
Quhen euir it war thairof that he had neid.
Of this ansuer richt blyth and glaid wes he,
So wes the laif als blyth as tha mycht be ;
In him that tyme tha had so grit beleif,
With mort battell quhen plesit thame to preif   31,730
The cruell Scottis that war baith big and bald,
As thair awin will to weild thame as tha wald.
ȝit neuirtheles thair wes richt mony Pecht
Lib.10, f.154b. Gaiff lytill traist or credence to his hecht,
Col. 1.   Trowand he buir into his mynd full soir,   31,735
The cruell slauchter that wes maid befoir

Be thair fatheris, quhen tha slew Ethilstone
Without mercie and vtheris mony one ;
Sayand he wald revenge that, and he mycht
Se he his tyme, other be strenth or slicht.　31,740
In this same tyme now that ȝe heir me sa,
In all the pairtis of Arestia,
Fra Grampione evin onto Tayis flude,
Wes neuir one left of all the Pechtis blude
Without ane strenth, or he that did obey　31,745
To Alpynus withoutin ony pley.
This king Bredus quhen he did wnderstand,
How Alpynus had conqueist so his land,
Ane herald sone to Edwenus he send
Richt freindfullie with hartlie recommend,　31,750
Beseikand him with hartlie mynd and will,
Of his supple sone for to send him till,
In all the haist that he micht gudlie speid,
For-quhy, he said, it stude him in sic neid ;
And gif it war that no better micht be,　31,755
Send he the men and he sould pay thair fe.
Edwenus than sick ansuer maid thairto,
Sayand, him self sa mekle had ado,
That he that tyme mycht help him [in] na thing,
And Lues als of France the nobill king,　31,760
Quhilk wes his freind quhome he mycht nocht deny,
Requeistit him richt oft and tenderly,
Scottis no way as than for to invaid,
The quhilk conditioun to him he had maid.
" Bid him postpone vnto ane vther ȝeir,　31,765
" And sa my self befoir him sall appeir,
" Quhen euir he will, at set place and at da,
" With all the power in the tyme I ma."
Than king Bredus that tyme and all the laue,
Quhen that tha hard sic ansuer as he gaue,　31,770
Wareit the wycht in quhome that wisdome grew,
To trow in him or traist he culd be trew.

Difficill is, tha said that tyme ilk ane,
Bring throw the flesch that bred is in the bane ;
Quhometo that mater gaif sic propertie,   31,775
Withoutin faith to be baith fals and sle.
This king Bredus, without ony deley,
Proclamit hes vpoun the tuentie day,
That euerie wicht that wapin docht to weild,
Suld furneist be to follow him on feild,   31,780
In Calidone quhair da and place [1] wes set.
That samin tyme togidder all tha met,
On to the castell syne of Calidone,
Syne fit for fit togidder all ar gone,
And passit thair all ouir the water of Tay,   31,785
And syne neirby quhair that the Scottis lay
Vpoune ane plane besyde ane hill richt hie,
Quhair standis now the gude toun of Dundie,
Quhill that tha come ilkane in otheris sicht.
This king Bredus, throw counsall that same
    nycht,   31,790
Vpoun ane plane quhair tha war plantit doun,
Baith wyffe and barne, lad, lymmer and loun,
With sic armour into that tyme tha had,
And all the laif with lynnyng clayth syne cled,
The quhilk on far to ony wald appeir   31,795
As it had bene gude harnes new and cleir ;
Syne euerie man into his hand gart beir
Ane greit burdoun, as it had bene ane speir ;
The carriage hors syne gaif ilkane thame till.
Syne in ane schaw beʒond ane litill hill,   31,800
Rycht quietlie gart hyde thame thair all nycht,
Quhilk on the morne neuir ane suld cum in sicht,
Syne tak gude tent quhen tha maid thame a signe,
Col.2.   Than suddantlie to speid thame at that spring,

---

[1] In MS. *places.*

Quhair that tha la ilkane out of that slak,   31,805
In gude ordour behind the Scottis bak.
Ane hundreth horssmen but rangat or noy,
Tha send with thame that mater to convoy;
And so tha did as I sall efter schaw.
Syne on the morne quhen that the Scottis saw 31,810
The Pechtis bydand in so gude array,
This Alpynus without ony delay,
He put his men all into ordour gude,
With rayit feild syne narrar thame he ȝude,
With mony baner flammand war full fair,   31,815
And mony standert streikit in the air,
And mony pensall panetit wer full proude,
And mony bugill blawand than full loude.

THE JOYNYNG OFF THE BALD BATTELL BETUIX ALPYNUS AND BREDUS.

In birneis bricht, with mony speir and scheild,
Thir forcie freikis enterit in the feild,   31,820
So stalwertlie togidder syne tha straik,
With sic ane schow quhill all the schawis schak.
Thair speris grit, that war baith scharp and lang,
In spaillis all aboue thair heid tha sprang.
The strenth of Pechtis in the vangard stude,   31,825
Quhair spilt that da war mekle Scottis blude,
And had that da bene haill put to the war,
Had nocht Alpynus, in the tyme bene nar
With grit power, that tyme did thame reskew;
Quhair throw the battell did agane renew,   31,830
And with sic force begouth agane to fecht,
For all thair power that tyme euirilk Pecht
Had in that feild bene other tane or slane,
War nocht the tressoun of the subtill trane,
The quhilk tha wrocht on the nycht befoir.   31,835
Thir bernis all, with mekle bost and schoir,

B B 2

Out of ane glen in ane buschment tha brak
In rayit feild behind the Scottis bak ;
Thair lynnyng claithis agane the sone so brycht,
As cleir harnes it semit in thair sicht ;   31,840
Thair burdonis big, that[1] stalwart war and strang,
Tha schew to thame as tha war speiris lang ;
It semit als into thair sicht betuene,
That euirilk meir ane bairdit hors had bene ;
Quhairof that tyme tha war so soir adred,   31,845
Turnit thair bak out of the feild and fled
Heir and thair to mony sindrie place.
The Pechtis syne than follouit on the chace ;
Into the chace thair wes als mony keild,
And mony that da not fechtand in the feild ;   31,850
Quhome tha ouirtuke that tyme thair chapit nane.
The king Alpyne into the chace wes tane,
And baith his handis bund behind his bak ;
Wes [nane] to him that tyme reskew to mak.
Syne quhen tha come [wer] onto the nixt steid, 31,855
Set him doun thair and syne straik of his heid.
That steid and place, quha reidis rycht sensyne,
With ald eldaris is callit at Pas-Alpyne ;
Alpinus heid[2] in that langage to sa,
Pitelpe now is callit at this da.   31,860
As I haif said, so hapnit all this thing
In the fourt ʒeir of this Alpynus ring,
Aucht hundretht ʒeir threttie and four also,
The ʒeir of God wes that tyme and ago.
The Pechtis syne, efter Alpynus deid,   31,865
Vpoun ane speir tha haif gart beir his heid,
Befoir thame thair onto Camelidone.

Lib.10, f.155.
Col. 1.
Decreittit wes syne with thame all ilkone,
Vpoun ane staik, richt heich vpoun the wall,
Tha festnit it quhair that it micht nocht fall,   31,870

---

[1] In MS. *than*. | [2] In MS. *deid*.

In tyme to cum ane taikin for to be
Of thair triumphe and grit nobillitie.
The Scottis all into that samin quhile,
Convenit hes togidder in Argyle,
For to decreit into that samin thing,   31,875
Quhome tha wald cheis to be thair prince and king.
Elpynus sone, quhilk wes of lauchtfull eild,
Kenneth to name so callit wes that cheild,
In all his tyme richt worthie and conding,
Of Scottis than wes crownit to be king.   31,880
His [1] fatheris cors syne in Ecolumkill,
With all honour that micht pertene thairtill,
On gudlie wyiss he hes gart put in grave,
Siclike befoir as done wes with the laue.
That samin tyme into Camelidone,   31,885
Quhair the Pechtis hes convenit ilkone
That nobillis war, that tyme bayth ald and ȝing,
At the command and requeist of thair king,
Throw greit presumptione in thair mynd tha tuke,
Tha tuichit all ilkane the Evangell buik ;   31,890
Decretit als that tyme in ane intent,
And sadlie swoir be euerie sacrament,
Neuir for to rest fra battell, fyre and blude,
In all thair tyme, ay quhill tha wnderstude
Of Scottis blude wes nother man nor wyfe,   31,895
ȝoung nor ald, left levand vpoun lyfe.
Syne gaif command wnder the pane of deid,
And no les pane no tynsell of his heid,
In tyme to cum quhat euir he wes that spak
Of peax agane, or trewis for to tak.   31,900
ȝit neuirtheles thair wes amang thame than,
Wes wyiss aneuch richt mony agit man,
Quhilk disassentit richt far to that thing ;
And for that caus, with lordis that war ȝing,

---

[1] In MS. *In.*

Tha war rebawkit in the tyme and blamit,   31,905
And far ouirschot amang the laue and schamit.
Quhen all this thing discouerit wes and schawin
Ilk word by word, and to the Scottis knawin,
Quhair of that tyme tha terrour nathing tuke,
Bot swoir ilkane, mycht tha thair lyvis bruik,   31,910
That tha sould find far scharpar na tha brocht;
Of all thair vowis tha rakit bot rycht nocht.
Into thair hart it kendlit sic ane heit,
With so greit ire and malice in thair spreit,
Tha thocht ilkone far levar haif bene deid,   31,915
Or tha war nocht revengit of that feid.
That samin tyme, with greit power and mycht,
This king Bredus buskit in armour brycht
Richt mony man that waponis weill culd weild,
Agane the Scottis furneist to the feild: 31,920
Syne passit furth, with mekle bost and schoir,
For to compleit thair vowis maid befoir.
Amang thame selfis rycht suddantlie thair fell,
Quhat wes the caus I can nocht to ʒow tell,
Richt greit discord betuix tua men of gude,   31,925
Of greit power and of richt nobill blude;
Quhairthrow tha drew to sic parteis that da,
That all the oist deuydit wes in tua.
For euirilk freind that tyme tuke part with other,
Sum with the tone, and sum als with the tother.   31,930
Quhill at the last tha tuke the feild on breid,
With brandis bricht gart mony bernis bleid.
On euerie syde thair wes richt mony slane,
Col. 2.   Or tha culd weill be put in tune agane:
And or the oist culd stablit be at rest,   31,935
The nicht wes cuming and all the da wes past.
This king Bredus greit travell on him tuke,
All the lang nycht fra end to end he woik;
Vpoun his feit gangand fra lord to lord,
To mak agane amang thame gude concord.   ·   31,940

Bot all for nocht; that tyme it wald nocht be,
On euerie syde so het tha war and hie;
In vane that nycht he lauborit still quhill da,
Syne left it war and passit hame thair wa.

OFF THE DEID OF BREDUS, AND OF DRASKEN HIS BRUTHER THAT SUCCEID IN HIS STEID.

Bredus thair king sone efter that for-thi, 31,945
For greit displesour and melancoly,
That he wes warnit that tyme of his will,
His purpois als he micht nocht weill fulfill,
Within thre moneth efter that and les,
Departit hes into that grit distres. 31,950
His bruther germane efter he wes deid,
Callit Drasken, succeidit in his steid;
Quhilk labourit hes, richt lang and mony da,
With diligence and all the cuir he ma,
And tuik on him greit travell and grit pane, 31,955
Quhill he brocht thame in gude concord agane.

HOW TUA SCOTTIS MEN QUIETLIE TUKE AWAY ALPYNUS HEID AND BROCHT IT TO HIS SONE KING KENNYTH, QUHILK CLOSIT WAS WITH THE BODIE IN IONA YLE.

That samin tyme thair wes tua Scottis men,
And quhat tha war I culd neuir wit nor ken,
Bot weill I wat that tha wer richt expart,
So he that tyme ascendit in thair hart. 31,960
Alpynus heid, so nobill wes and gude,
With lak and schame vpoun ane staik that stude
Aboue the portis of Camelidone;
Thir tua togidder to the toun ar gone

Then fit for fit, but fallowschip in feir,   21,965
The Pechtis langage tha culd weill perqueir,
And fenȝeit thame than merchandis for to be,
With merchandice wer new cumit ouir the se,
And merchandice tha brocht with thame to
    sell ;
This taill is trew now that ȝe heir me tell.   31,970
Syne in the toun thair tha remanit still,
Ane weill lang quhile at thair plesour and will,
And merchandice tha maid into the toun,
As plesit thame in all part vp and doun.
Syne on ane tyme quhen tha thocht it wes   31,975
    best,
Vpoun the nycht quhen all men wes at rest,
Vpoun ane ledder passit vp the wall,
And quietlie awa the heid tha stall ;
The samin gait quhair tha ȝeid vp come doun,
Syne priuatlie tha passit of the toun.   31,980
Into ane cace wes ordand for sic thing,
Tha put the heid, syne passit to the king,
In Caraccone that tyme quhair that he la,
Broch[t] him the heid, syne on the secund da
Wes efter that within ane litill quhile,   31,985
With greit triumph borne to Iona Yle ;
Syne closit wes into that samin steid,
Lib.10, f.155b.
Col. 1.
Besyid himself befoir that aucht that heid.
This nobill king syne gevin hes thir tua
Richt grit reward that brocht this heid awa,   31,990
In heretage efter thame to succeid,
For to remember of thair nobill deid ;
So that thair fame sould lest in memorie,
Into ane taikin of thair laud and glorie.
Quhen this wes done as I haif tald this tyde,   31,995
The strenthis all war in the bordour syde,
This Kennethus [he] hes gart furneis weill
With men and meit, and stiff waponis of steill,

With gun and ganȝe, and with all the laue ;
Thair wantit nocht that neidfull war to haue.   32,000
Into that tyme richt strait command gaif he,
That euerie man all tyme sould reddie be
With hors and harnes, and all vther geir
That neidfull ar for ony man of weir ;
And to compeir befoir him ane and all,   32,005
At da and place quhat tyme that he wald call,
Quhen he thocht tyme his richtis to reskew.
Of his lordis that tyme thair wes richt few,
That wald thair mynd apply vnto his will,
For no requeist that he culd mak thame till,   32,010
The greit mischief remanit in memoir,
That tha had tane into the feild befoir,
Quhair Alpynus thair nobill king wes slane.
Quhairfoir tha said tha wald no moir agane
To battell went as tha wer wont befoir,   32,015
The Pechtis strenth that tyme tha dred so soir,
And thocht aneuch thair awin for to defend,
And fordermair on na way wald tha wend.
Thre ȝeir and moir withoutin rest and peice,
On nother syde tha schupe thame for to ceis ;   32,020
Bot euerilk da, with pray and prisoneir,
Grit heirschip maid ouir all bayth far and neir.
This Kennethus syne efter quhen he knew,
That he no way his purpois micht persew
Withoutin slicht and greit subtillitie,   32,025
Ane nyce ingyne devysit syne hes he.
And how it wes, quha lykis for to speir,
Tak tent this time and I sall tell ȝow heir.

How Kennethus callit his Lordis to ane
   Counsall and maid his Oresoun to thame,
   fra quhilk tha disassentit, and off his
   subtill Ingyne diuysit thairanent.

This Kennethus his lordis hes gart call
To ane counsall, quhair tha convenit all;   32,030
Desyrand thame at thair power and micht,
To tak his part and fortifie his richt,
Agane the Pechtis held fra him sa lang
His heretage, tha wist richt weill, with wrang.
Quhairof he said that he micht haif remeid,   32,035
And for to be revengit of the deid
Of his father, and vtheris mony ane,
Efter the tyme in handis tha[t] war tane,
Richt cruellie, but mercie or remeid,
Without petie tha war put all to deid.   32,040
Wald tha consent ane mendis for to haif,
That dett, he said, suld nocht be lang to craif;
Quhilk to thame all wer grit honour and gloir,
Perpetuallie induring euermoir.
Quhen he had said, sat doun and held him still, 32,045
Rycht few thair wes that wald consent thairtill.
Tha thocht aneuche for to defend thair awin
Into sic thrang, and keip thame vnouirthrawin.
Richt weill tha wist that thair wes nocht to wyn,
Tha saw appeir sa grit perrell thairin,   32,050
Be ane exempill quhilk sat thame richt soir,
Nocht lang gane syne into the feild befoir,
Quhairof tha said tha micht grit wisdome leir
In tyme to cum, other in peice or weir,
At sufficence to hald and than cry ho: 32,055
Quhen men ar weill best is to hald thame so,
And nocht ouir far in ony thing exceid,
Quhen that thair is no indigence and neid.

Col. 2.

Than Kennethus, quhen he knew thair intent,
That be no way tha wald to him consent, 32,060
Be ane ingyne, befoir as I ȝow schew,
Richt [1] sone he schuip thair wittis till persew.
Vpone the morne gart call thame to the dyne,
And to remane still to the supper syne.
Befoir the king at none into the hall, 32,065
Quhair that he sat into his stait royall,
With mony ding lord sittand at his deische,
And mekill weltht of mony costlie meiss;
Thair wes no wyn quhairof that tha had want,
No ȝit na coursis that tyme to thame stant. 32,070
Efter the dyne tha bownit all to pla,
With mirrines tha drawe to end that da,
Quhill to the supper tha war set all syne;
Tha maid gude cheir and drank the riche wyne,
And of grit danteis in the tyme tha had, 32,075
Tha maid gude cheir and syne went to bed,
In mony chalmer ilkane by and by,
Dewysit wes quhair that tha all sould ly.
That samin nycht, this ilk Kennethus king
Diuysit hes ane wounder subtill thing; 32,080
Of fischis skynnis, that in the self hes licht,
The quhilk will schyne about the mirk and nycht,
With all greit licht as it wer ane lantern,
Withoutin low, als bricht as ony sterne,
Gart cloikis mak, and sindrie thairin cled; 32,085
Syne quyetlie before ilk lordis bed,
Vpoun the fluir that nycht he gart thame stand,
And euirilkane that tyme had in his hand
Ane roittin tre, the quhilk siclike caist lycht,
As dois ane sterne into ane frostie nycht: 32,090
And ane grit horne, that borit wes all throw,
Quhair[in] tha spak richt hideuslie and how.

---

[1] In MS. *richtis.*

Syne efter drink, quhen tha war sound on sleip,
Quhair to that tyme tha tuke ilkane gude keip,
And in the horne tha blew sa grit ane blast,   32,095
Out of thair sleip tha walknit at the last.
Syne lukit how and saw so greit ane licht,
Tha trowit weill it wes na erthlie wicht ;
Like ony sterne it semit than as cleir,
With vncouth voce that awfull wes to heir ;   32,100
Syne as tha la sic tent to thame to tak,
Out throw the horne ilkone that tyme tha spak
Richt vncouthlie, and with sic awfull sound,
Quhill that thair beir gart all the bed rebound :
And said to thame than with ane voce mair   32,105
   cleir,
Ilk word by word as I sall schaw ȝow heir.

" I am ane seruand send doun fra the hicht
" Of God, in quhome is all power and micht,
" The michtfull maker of the sone and mone ;
" At his devyiss all thing in erth is done.   32,110
" Thair is no stait ma stop or ȝit ganestand
" To dissobey or brek his hie command ;
" Quhat euir he be wirkis nocht at his will,
" Tak tent," he said, " quhat follouis sone thairtill.
" The Pechtis proude, with thair subtillitie,   32,115
" Wald him begyle, and mak him blind to be ;
" The hie sentence quhilk his awin mouth hes
      spokin,
" Tha think on force agane it salbe brokin.
" As he hes said, traist weill it man be sua,
" Magir thair will thocht tha war neuer so thra ;   32,120
" That is to sa, thair kinrik and thair croun,
" To Kennethus and his successioun,
" He gevin hes of his hie prouidence,
" Aganis him tha mak vnjust defence,
" And wranguslie tha hald fra him his richt   32,125
" Is grantit him be gratius God of micht,

" Quhilk schaipis now to wirk on thame his will.
" For that same caus he hes send me ȝow till,
" Commanding ȝow, aboue all vther thing,
" For till obey to Kennethus ȝour king,   32,130
" And failȝe nocht to fulfill his desyre ;
" For gratius God will so exerce his yre
" Agane the Pechtis that the pley began,
" Of all thair blude sall nother wyfe nor man,
" Ȝoung or ald, be left in Albione,   32,135
" Traist ȝow richt weill, or all the weir begone.
" Dreid nocht," he said, " thair power and thair
       pryde."
Quhen this wes said, richt suddantlie that tyde
Turnit his cloik that it mycht cast na lycht ;
His staf also he hid than out of sicht   32,140
Wnder his lap, and leit it nocht be sene,
Out of his sicht as he had vaneist bene.
Syne quyetlie withoutin ony dyn,
Opnit the dur, for he knew weill the gyn,
Behind his bak syne closit it agane,   32,145
But ony tent of making of that trane.
In sindrie partis quhair tha la that nycht,
To euirilk one wes schawin sic ane sycht
Be sindrie men that culd thair craft perqueir,
To do and sa as I haif tald ȝow heir.   32,150
The lordis all, ilkane baith gude and ill
That saw that sicht, grit credence gaif thairtill ;
Trowand that tyme ane angell it had bene,
Quhilk of befoir sic semdill had tha sene.
Syne on the morne tha schew all to the   32,155
   king,
Ilk word be word, the maner of that thing,
With grit credence traistand that all wes trew ;
And he agane siclike the same thing schew
That he had sene, and ilk word that tha spak,
Perfytliar and of ane planar mak.   32,160

" And syne," he said, " my counsall is that we,
" To keip this clois and quyet for to be,
" And schaw nothing of all we said befoir,
" Quhairthrow we may tak ony hie vane gloir,
" And crab nocht God to ws sic grace hes send, 32,165
" Bot wirk his will onto the latter end ; .
" And lichtlie nocht his hie excellent grace,
" For to postpone onto ane langar space,

Col. 2.   " Or dreid he think ws negligent and sueir,
" And so for him we will nocht thryfe this   32,170
    ʒeir.
" We can nocht faill sen we haif his supple ;
" My counsall is thairfoir richt sone that we
" To put his will, sen it is all bot richt,
" To executioun als far as we micht."
Quhairfoir that tyme tha war rycht weill content, 32,175
But contrapleid thairto gaif thair consent.
At his plesour within ane litill space,
Tha set a day quhair tha suld meit his grace,
Syne euirilk lord that thair wes be his name,
Thankit the king, tuke leve and passit hame.   32,180
This Kenethus, that no langar wald ly,
Proclamit hes syne with ane opin cry,
That euirilk man als gudlie as he ma,
Suld reddie be agane the tuentie da,
With hors and harnes the best that he mycht get, 32,185
Syne to convene quhair da and place was set.
The lordis all with all power and micht,
Greit diligence tha haif done da and nycht,
To fortifie and furneis to the feild
Baith ʒoung and ald that waponis docht to   32,190
    weild.
The samin tyme quhair at the tryst wes set,
At da and place togidder all tha met
This nobill king and all his men of gude,
In greit number and of sic multitude

Of bernis bald, buskit in armour bricht,   32,195
Wes none that da that euir saw sic sicht.

How Keneth, King of Scottis, and Druske-nus,[1] King of Pechtis, faucht in Feild, and how the Scottis wan the Feild.

Quhen tha had maid thair mustur on a mure,
To Vicomage togidder all tha fuir ;
With fyre and blude tha waistit all that land,
Wes nane that tyme mycht stop thame or gane- 32,200
    stand,
Quhill Druskenus with all power and mycht,
Come thair him self sone efter on ane nycht,
And euirilk Pecht that docht to ryde or go ;
Of Inglismen ane greit armie also.
Syne on the nycht passit the Scottis by,   32,205
Betuix the camp quhair that tha saw thame ly,
And thair awin land, as tha that tyme wald sa,
Quick with thair lyfe suld neuir ane wyn awa.
Syne on the morne be that the da wes lycht,
The Pechtis pertlie apperit in thair sycht   32,210
With mekle malice, mager and invye,
And set on thame syne with ane schout and cry,
Without ordour of takin or command,
So stoneist war tha mycht no langer stand,
And macchit hes als airlie as tha mocht ;   32,215
Thair haistie fair it furderit thame rycht nocht.
The Inglismen richt sone and suddanelie,
In rayit battell that[2] wer standand by,
Sick fray tha tuke, and wes so far adred,
Out of the feild onto ane montane fled,   32,220
For to behald onto the latter end.
Sone efter thame Druskenus hes gart send

---

[1] In MS. *Drustrenus.* | [2] In MS. *that tha.*

Ane man on [1] hors with mony jolie Pecht,
To turne agane onto the feild and fecht,
Of gold and siluer in grit quantitie,   32,225
And leve thame nocht in that necessitie.
For all thair hechtis and thair fair promit,
Tha said agane tha wald nocht fecht a fit :
To men of weir tha said it did pertene,
Erar to fle quhair perrell ma be sene,   32,230
And keip thame self onto ane better hour,
Na byde and fecht and tyne sa grit honour.
Far better war fra siek perrell to blyn,
Quhair weill tha wist wes na wirschip to wyn.
The Pechtis than that faucht into the feild,   32,235
Throw grit curage thocht thair wes mony keild,
Quhen that tha saw the Inglismen wer fled,
On thair richt hand no help that tyme tha hed ;
The Inglismen had left that towne full bair
Of Inglismen [2] that sould haif fouchtin thair ;   32,240
In rayit feild awa tha wald haue fled.
The Scottis than richt spedelie thame sped,
With so greit force and gaif thame sic a fray,
Incontinent tha gart thame brek array ;
Out of the feild syne gart thame fle on force,   32,245
Sum vpone fit and vther sum on hors.
This Druskenus be aventure that da,
Out of the feild he wes had saif awa ;
Vpone ane hors that reddie wes neirby,
On to ane strenth he wes had out of cry.   32,250
This Kenethus hes gevin command that nane
Of Pechtis blude be other saue or tane,
For ony ressoun, reuth or ȝit remeid ;
Bot for to think on gude Alpynus deid,
And mony vther efter tha war tane,   32,255
So cruellie but mercie all war slane.

---

[1] In MS. or. | [2] *The Scottismen.*

The Scottis than so bremit war and bald,
That da tha sauit nother ȝoung or ald,
Riche or puir, other ill or gude,
Als bald as boris to spill the Pechtis blude ;　32,260
Ay followand on quhill that tha come to Forth,
Behind thair bak richt neir wes in the North,
Quhair tha that tyme no farder docht to fle.
The Scottis than, with grit crudelitie,
Into that place ma Pechtis haif tha keild,　32,265
Neirby or ma no fechtand in the feild.
The Inglismen that standand ȝit war by,
Quhen tha saw that tha haistit thame in hy
Fast hame agane, richt warlie with gude will.
Quhen tha war passit hyne behind ane hill,　32,270
Far out of sicht seand that tha wer fled,
Kenethus than into that tyme he dred,
That tha did so he trowit for ane trane,
In rayit battell syne to releue agane,
Without ordour his men quhen that tha saw ;　32,275
And for that caus ane trumpet he gart blaw,
At quhais sound and bidding tha war bane,
Returnit all in gude ordour agane,
Richt to his hand that tyme bayth man and
　　cheild,
And all that nycht tha woik into the field ;　32,280
Quhill on the morne that tha wist weill but lane,
The Inglismen war all gane hame agane.　　　　　Col. 2.
The spulȝe all that he fand in the feild,
Rycht equallie to euerie man and cheild,
Efter his stait and his nobillitie,　32,285
Diuydit hes in siclike quantitie
To euerilk man that tyme bayth les and moir :
Syne passit hame with grit triumph and gloir.

How the Pechtis send ane Herald to King Kenneth, and of his Ansuer agane.

Sone efter this that I haif said ȝow heir,
To Kenethus thair come ane messingeir   32,290
Fra Pechtis send, richt lawlie than but leis,
Beseikand him agane for to mak peice,
With quhat conditioun he lykit to craue
Wes ressonabill thairwith bot ask and haue.
And he agane maid ansuer to that thing;   32,295
Without he war ressauit to be king,
And to his croun he aucht of heretage,
" Traist weill," he said, "for ony vther wage,
" Or ȝit reward, beleif ȝe w[e]ill but leis,
" At weir agane neuir moir to purches peis."   32,300
The messinger said, weill he wist thair will,
For na gardon that tha wald grant thairtill.
Commandit him he suld sa to thame than,
Amang thame all quhill levand wes ane man,
Or ȝit ane lad on lyve amang the lawe,   32,305
Thair croun and kinrik he suld ay [to] crawe.
He tuik his leve than bayth at les and moir,
And left it war na euir it wes befoir.
Out of tha place tha gart him speid him sone,
And passit hame and his erand vndone.   32,310
For that same caus the Scottis all thair dais
Moir cruell war, as that my author sais;
Into thair hart the hiear ay ascendit,
Of that ansuer thinkand tha war offendit;
Quhairof tha thocht ane mendis sone to haif,   32,315
The quhilk rycht lang suld nocht be for to craif.

How Kenethus subdewit the Pechtis in sindrie Pairtis, with cruell Slauchter on baith the Sydis.

Kenethus syne sone efter on ane da
Subdewit hes alhaill Orestia ;
And Othelyne, baith castell, toun and toure,
Ressauit him with reuerence and honour,   32,320
As king and prince, and swoir tha suld be trew,
For ony malice other ald or new ;
And all the strenthis war into tha landis,
Resignit hes alhaill into his handis ;
To hald of him withoutin pley or pleid,   32,325
At his plesoure and to forʒet all feid.
Syne efterwart with grit power and large,
He passit syne richt sone to Vicomage,
Quhair mony ane that tyme come in his will,
And all the laue als cumand wer him till ;   32,330
Ane da wes set of meitting and concord.
That samin tyme, gif that I rycht record,   Lib.10, f.157.
Col. 1.
Ane messinger thair come to him and schew
In Othelyn and Orest of the new,
The Scottis all war slane thairin ilk man,   32,335
Be the deceptioun of the Pechtis than :
Les no mair was neuir ane left on lyve
Without ane strenth, other man or wyve ;
Sick plesour had to spill the Scottis blude.
This Kenethus quhen he that wnderstude,   32,340
Withoutin tarie other nicht or da,
He come richt sone into Orestia,
Quhair that he sparit nother wyfe no man ;
For thair falsheid tha gat na fauour than.
Till all vther to be ane document,   32,345
For to be fals and fenʒeit of intent,
And brek the fayth that tha had maid beforne,
The quhilk to keip ilkane of thame wer suorne.

How Druskenus, King of Pechtis, come with
ane Army to Scone, and send his Ser-
uand for Speich to Kenethus quha la
neirby with his Cumpany.

This Druskenus, of Pechtis that wes king,
Rycht weill that tyme considerit all that thing; 32,350
So did his lordis all that time ilkone,
That force it wes their kinrik to forgone,
Or all thair rychtis in that tyme resigne
To Kenethus, and hald him as thair king.
Considderand that tyme that as it standis,   32,355
Or manfullie debait it with thair handis,
Sen ane of thame wes neidfull for to be,
Tha chesit all far erar for to die
Without ransoun or tha gaif ouir thair richt,
For boist or schoir to ony erthlie wicht.   32,360
And for that caus bayth ȝoung and ald ilk
    cheild,
That worthie wes ane wapone for to weild,
Ilkone that tyme, and tha had bene far ma,
Furneist for feild to set agane his fa :
Betaucht thame syne into dame Fortonis will,   32,365
Quhat chance that tyme that scho wald send
    thame till.
Syne furth tha fuir quhill that tha come rycht
    sone
Onto ane place the quhilk is callit Scone,
In Gowrie land, quhair now this samin da
Of Sanct Michaell thair standis ane abba.   32,370
This Kenethus, that weill his cuming knew,
Wes neir hand by with nobill men anew,
Bayth big and bald for to debait his rycht ;
Syne ilk of other cuming are in sicht.
The king of Pechtis that weill the perrell kend, 32,375
To Kenethus ane seruand sone he send,

Beseikand him, gif that it wes his will,
Out fra his oist that he wald cum him till;
And he siclike for his plesour agane
Suld meit him thair in middis of the plane,   32,380
For sic thingis he had with him till do,
Gif plesit him he prayit him thairto.

How King Kenethus and Druskenus met
togidder for Intercommoning.

Kenethus then thocht he his mynd wald heir,
And tuke with him sic fallowschip in feir
As plesit him, quhair that the place wes set,   32,385   Col. 2.
With lyke number with this Druskene he met.
This Druskenus than of ane gude maneir,
He said to him as I sall schaw ȝow heir.
" Keneth, king and victor invincibill,
" To the and thyne it wer mair honourable,   32,390
" And proffeit als, ws to thi freind now haue,
" With quhat conditioun as ȝe list to crave,
" Baith in ane band as we wer wont to be,
" At all plesure in perfite vnitie,
" No for to be ilk da into sic stryfe,   32,395
" Quhairthrow rycht mony loissit hes the lyfe,
" And bayth oure power brokin is so far,
" Rycht eith it is to put ws to the war.
" The Saxoun blude that neuir ȝit wes trew,
" Oure commoun fa, to thame it is grit glew :   32,400
" The thing in erth that tha wald erast se,
" Is oure mischeif and infelicitie ;
" For weill I wait, and we so perseueir
" As we haif done, within les nor ane ȝeir,
" That bayth oure riches and oure power haill, 32,405
" Sall sone be brocht on to ane litill vaill ;
" Magir oure will we salbe maid till gone,
" Quha chaipis best, far out of Albione,

" Or to the Saxonis be maid bund and thrall,
" But libertie, and lois oure landis all ;   32,410
" And euirmair wnder thair bondage be,
" With greit mischeif and sic miseritie.
" Cheis ȝow," he said, "now or we tua disseuer,
" Quhilk of thir tua this tyme that ȝe had lever ;
" For to haue ws ȝour fallow and gude freind,   32,415
" In love and lautie euir moir to leind,
" No haue the Saxonis as ȝour mortall fo,
" Quhilk ma nocht suffer ȝow for to do so,
" But euirmoir ȝour maister tha wilbe,
" And tak fra ȝow all ȝour auctoritie,   32,420
" Or than to fleme ȝow far out of this land ;
" This will be trew ȝe ma weill wnderstand.
" As for redres of king Alpinus deid,
" Richt equalie can no man mak remeid ;
" For all the gold and [all] the siluer bricht, 32,425
" And all the riches and all vther micht,
" Into Pechtland and als all vther thing,
" Ma nocht redres the deid of sic ane king.
' Siclyke agane war it possibill to haue,
" Of Feredeth at ȝow redres to craue.   32,430
" And sen we knaw be just equallitie,
" Wnpossibill is that sic thing weill ma be,
" And for that caus we spak thairof no moir
" Into the tyme that it set ws richt soir,
" Na preissis nocht thairof for to mak pleid, 32,435
" Sen none bot God ma mak mendis for deid.
" Gif all sic thing as I haif said so be
" Of litill vaill or ȝit plesour to the,
" For to redres or satisfie thi will,
" Richt fre but fraud heir we sall gif the till 32,440
" Alhaill oure landis liand in the North,
" Fra Grampione onto the water of Forth,
" As Othelyn and all Orestia,
" In heretage euirmoir quhill domisda,

" Quhairthrow thow ma haif mair honour and   32,445
    gloir
" Na euir had king in Albione befoir."
Quhen he had said at his plesour and will,   Lib.10, f.157b.
Sic ansuer than Kenethus maid him till.   Col. 1.

THE ANSUER OF KENETHUS AGANE TO DRUSKE-NUS, IN MANER FOLLOWING.

" Sen gratius [God] that hes all thing in erd,
" At his weil[d]ing to weill or ʒit wan werd,   32,450
" And hes no reule nor mesure be this will,
" Of hes greit grace now grantit hes ws till
" ʒour croun and kinrik into heretage,
" Quhilk suld be mine be law of rycht lynage
" Of Hungus blude, and narrest air suld be   32,455
" For to succeid to his auctoritie ;
" And ʒe," he said, "hes done me sic offence,
" The gift of God of his hie prudence,
" Rycht gratiuslie now hes me grantit till,
" Wald reif fra me in magir of my will.   32,460
" Without battell as it is rycht weill knawin,
" Of ʒow this tyme I can nocht get my awin ;
" And sen I haif ane just querrell and caus,
" As is allegit into mony lawes,
" The man that ma nocht get his awin by   32,465
    rycht,
" Than lefull is be way of deith or mycht,
" Gif he hes power for to tak his awin,
" Gude conscience wald that no man wer ouir-
    thrawin.
" Quhairfoir," he said, " rycht weill ʒe wait I haue
" Ane just querrell at ʒow my croun to craue ; 32,470
" And sen it is injustlie ʒe deny,
" Quhairfoir this tyme ane just querrell haif I
" For to move battell to cum to my awin :
" And dout ʒe nocht, or I be sa ouirthrawin,

" Rycht mony thousand on ane day sall de.   32,475
" Traist weill," he said, " that this rycht trew salbe,
" Without rycht sone in presence of thame all,
" Thy croun, thy sceptour, and thy rob royall,
" Rycht frelie ouir agane fra the resigne,
" And tha resaue me as thair prince and king,   32,480
" And all the strenthis that ar in ȝour landis,
" To put thame all rycht frelie in my handis.
" Quhill this be done traist weill to haif no peice;
" Na ȝit," he said, "we schaip neuir for to ceis
" In all our tyme fra battell, fyre and blude,   32,485
" Quhill that ane boy be levand of ȝour blude."
Quhen this wes said tha tuke thair leif to pas,
And left the mater wa[r] no euir it was;
And partit hes rycht schortlie on the plane,
And euerilk man ȝeid to his camp agane.   32,490

HOW KENETHUS DECRETIT BATTELL TO THE PECHTIS OR HE DEPARTIT, AND CALLIT HIS COUNSALL THAIRTO, AND MAID HIS ORESOUN TO THAME.

Kenethus than ascendit to ane hycht,
Befoir thame all rycht planelie in thair sycht,
Proclamit hes than with ane voce so cleir,
And said to thame as I sall schaw ȝow heir.
" Decretit is be me and euerilk lord,   32,495
" This samin da, but peice or ȝit concord,
" For to decyde our querrell and all rycht
" Rycht manfullie with our power and micht.
" But ony stop now heir into this steid,
" Sall endit be the lang stryfe and the feid.   32,500
" Sen it is so, think on the schame and lak,
" And skayth befoir that tha gart ws tak,
" Quhen gude Alpyn ȝour king wes tane in hand,
" And mony nobill as ȝe wnderstand,

" So cruellie tha put thame all to deid ;   32,505
" Syne for dispyte Alpynus my fatheris heid   Col. 2.
" With ane braid ax for grit scorne of tha straik,
" Syne set it vp full lang vpon ane staik,
" Aboue the wallis of Camelidone ;
" That this be suith ȝe wat rycht weill ilkone. 32,510
" Quhairfoir," he said, " quhill this revengit be,
" On sic ane way that euerie man ma se
" That we agane hes quyte thame all thair meid,
" We will ay be bot lakit with ilk leid.
" Syne efter that, richt sone as ȝe w[e]ill knaw, 32,515
" Ane counsall quhair that tha convenit aw,
" And swoir ilkane, and thair godis forsuik,
" Tha laid thair handis on the Euangell buik,
" Within schort quhile that nother man nor wiffe
" Of Scottis blude tha suld leve vpoun lyfe. 32,520
" Ȝit traist ȝe weill, and tha mycht cum thair to,
" That samin thing suld nocht be lang to do.
" And now," he said, " ȝe se weill how it standis,
" The victorie is haill into oure handis.
" Quha previs weill, greit honour, laud and 32,525
    gloir,
" And greit reward sall efter haif thairfoir ;
" Quha dois nocht, he sall haif lak and schame,
" For euir moir greit sclander and defame,
" And als of me he sall haue but remeid,
" Stryfe and greit sturt perpetuallie, and feid." 32,530

How Kenethus diuydit his Armie in Thre
    Battellis, and wan the Feild.

Quhen this wes said, with his auctoritie
Diuydit hes his greit armie in thre ;
Ane nobill man to name wes callit Bar,
Quhilk into weir that wes bayth wyss and war,

Into that tyme he [1] wes nocht for to leir   32,535
Off policie and prattik into weir,
As chesin man that tyme of all the laue,
In his gyding the vangard than he gaue.
To ane Dowgall vpoun the tother syde,
The secund wyng he gaif him for to gyde,   32,540
As he that wes abillest of ony vther.
The mid battell to Donald syne his bruther,
To reule and steir, quhilk rayit wes at richt.
And syne him self with mony worthie knycht,
That waillit war and waponis weill culd weild,   32,545
Behind the laue he come into the feild
Richt neirhand by, gif mister so suld be,
That he to thame mycht mak help and supple.
In euerilk battell that war big and bald,
Ane thousand bowmen in the tyme weill tald   32,550
He hes gart place befoir thame quhair tha stand,
With big bowis weill bend into thair hand.
Syne efter thame the speris grit and lang,
That stalwart war to stryke in ony thrang;
Syne last of all the stif axis of steill,   32,555
That wer full big, and als wald byte full weill.
The trumpettis all than tha blew with sic a blast,
Quhill that the Pechtis gritlie wes agast,
And schupe to fle or euir the feild began.
This Druskenus amang [thame] fast he ran,   32,560
With bissie cuir neirhand out of his wit,
Exhortand thame, with mony fair promit,
Of better confort in that tyme to be,

Lib. 10, f.158.
Col. 1. And nocht sa sone withoutin straik to fle.
Ane flicht of flanis of grit lenth and breid,   32,565
Quhilk flew als ferce as fyre dois of the gleid,
Amang the Pechtis lichtit in the feild,
And persit hes richt mony targe and scheild.

---

[1] In MS. *hes.*

Ane vther syne sone followit on the taill,
Als thik as snaw and scharpe as ony haill.　　32,570
Thair stuff of steill that da maid lytill steid,
Tha dyntis dour sa mony dang to deid;
Thair speiris syne that war bayth grit and squair,
In splenderis sprang aboue thame in the air;
Thair scheildis rawe, and all thair speiris brak　32,575
At that counter, as ony thunder crak.
Thair meitting than sic rude rumour and reird,
Wes neuir hard befoir into this erd.
Into that stour so stalwartlie tha stude,
Quhill all the bankis war browdrit ouir with　32,580
　　blude;
Als thik as dew discendis in the daill,
Pechtis that da wer maid to fall and faill.
Thair wyffis than that standand war neirby,
With mony schout and mony ca[i]rfull cry,
Ryvand thair hair, restlis without remeid,　　32,585
Befoir thair ene to se thair husbandis deid,
And sonnis als of thair bosumis tha bair,
With deidlie woundis bleidand war full sair.
Thair wes no Pecht gat outher girth or grace,
So cruell wes the Scottis in that caice.　　32,590
The Pechtis than in the vangard that faucht,
Heir and thair be hundrethis sevin or aucht,
Out of the feild tha fled richt fast and far.
The Scot.'s captane, quhilk wes callit Bar,
In gude array he followit on the chace,　　32,595
Quhome he ouir tuik gart nother girth na grace.
Ransoun that da of thame tha wald tak nane,
Bot slew ay doun quhair euir tha war ouirtane.
This Kenethus quhen he saw tha war fled,
Ane greit battell with him that tyme he hed,　32,600
Of mony wicht man waponis weill culd weild,
Onfouchtin that da [ȝit] in ony feild,
That he ordanit, gif sic mister suld be,
In tyme of neid to mak help and supple.

This battell that tyme [than] behind the   32,605
    Pechtis,
Into the feild quhair that his bruther fechtis,
He enterit thame, baith on fit and hors,
Behind thair bak with mekle strenth and force,
With sic ane schout quhill all the schawis schuik;
Quhairof the Pechtis all grit terrour tuik,   32,610
And kest fra thame bayth cot armour and scheild,
And harnes als, syne fled out of the feild
To sindrie pairtis, in mony sindrie rout,
To sindrie strenthis that war neir about.
The watter of Tay that tyme behind thair bak, 32,615
Hes stoppit thame thair passage ouir to mak;
[And] for that caus, richt soir aganis thair will,
On force behuifit on that syde byde still.
Kenethus than, knawand that it wes so,
In gude array maid efter thame till go   32,620
The freschest men onfowllit wer in feild,
Waldin and wicht that waponis weill culd weild;
Syne efter thame to follow on the chace,
Se that tha gawe thame nother girth no grace,
Bot stalwartlie in sic extremis stryve,   32,625
Quhill one of thame be levand vpone lyfe.
Into the feild him self thair did remane
With greit power quhill that tha come agane,
Becauss it wes that tyme so neir the nycht.

Col. 2. The laue with that wes passit out of sycht,   32,630
In gude array to follow on the chace,
Quhill at the last tha come into ane place,
And fand Druskenus on the water syde,
Quhair he on force behuvit for to byde;
And mony barroun with him that he hed,   32,635
Out of the feild[1] that samin da that fled,
And mony knychtis that suld keip his cors,
Weill bodin war than bayth on fit and hors.

---

[1] In MS. *fled.*

How the Scottis followit on the Chace,
   quhill at the last Druskenus was slane,
   and thairefter distribut all the Pechtis
   Landis to the Scottis, and changit thame
   fra the ald Name efter the Name of
   euerie nobill Scottisman at that Tyme.

And thair tha straik ane new battell agane,
Quhill at the last this Druskenus wes slane,   32,640
And all the laif that war with him in feild,
That tyme thair chapit nother man nor cheild.
As sum man sais, in sevin placis or aucht,
That da the Pechtis and the Scottis faucht,
And neuir ane feild that da the Pechtis wan,   32,645
Bot tynt thame all and slane wer euerie man,
Bot gif it wes richt few amang thame aw,
Out of the feild richt quyetlie that staw.
Syne on the morne tha came ilkone agane
To Kenethus, and schew how tha had slane   32,650
Drusken thair king, and als with thame tha
   brocht
His cot armour that worthelie wes wrocht;
With baner braid that browdin wes richt weill,
And all his armour of richt nobill steill ;
The quhilk efter within ane litill quhile,   32,655
The king gart offer into Iona Yle,
Into the tempill of Ecolumkill,
Into ane takin to remane thair still,
Of the triumph and victorie tha wan.
Syne equallie baith to lad and man,   32,660
As he wes worthie in the tyme to haif,
Ane quantitie of that spulȝe he gaif;
And braissit hes ilk captane in his arme
Richt tenderlie with wordis that war warme,
And maid ane hecht, hald it gif that he mocht,   32,665
That tyme thair travell sould nocht be for nocht.

Quhen this wes done he said syne to thame aw,
" My freindis deir, rycht weill ȝe ken and knaw
" Oure interpryiss wnendit is and done ;
" Quhairfoir," he said, "my counsall is rycht   32,670
    sone,
" With diligence dalie to do oure det,
" Sen weill we wait na ganestanding to get :
" And for expensis also to spair nocht,
" Quhill that oure purpois to [ane] end be brocht.
" Greit danger is oucht langar to defar,   32,675
" Sone efter this, or dreid that it be war.
" The proude Pechtis that ar so fals and sle,
" Se tha thair tyme quhen tha ma maister be ;
" Quhen that thair strenthis growin ar agane,
" And thinkis on how thair fatheris wes slane ; 32,680
" Traist weill," he said, " and tha ma se ws sua,
" Thair is no gold that oure ransoun will pa.

Lib. 10, f. 158b.
Col. 1.
" Thairfoir," he said, "wald ȝe now leif but stryfe,
" My counsall is leve neuir ane on lyfe :
" Than ar ȝe sicker, quhen thai ar all deid,   32,685
" Baith of the father and of the sonnis feid."
Quhen this wes said, that tyme bayth gude and ill
Hes suorne ilkone his counsall to fulfill.
Sone efter syne. without ony ganestand,
Ouir all the partis of the Pechtis land,   32,690
In euirilk steid than bayth of ill and gude,
With sic distructioun of the Pechtis blude,
Except tua thousand, my author did sa,
That tyme in Ingland that wer fled awa,
Wes not ane Pecht left into Albione,   32,695
Levand on lyfe out of Camelidone.
Quhen this wes done than all the weir did ceis ;
This Kenethus, to mak gude rest and peice,
Distributt hes to euery man and lord,
Rycht equallie without ony discord,   32,700
The Pechtis landis as he wes of vaill.
All Othelyn he gaif ane to his daill,

Quhilk wes ane freik of greit honour and fame,
Fyffe Duffe that tyme wes callit to his name;
Quhilk efter him, as my author did sa,   32,705
This Othelyn is callit Fyfe this da.
Orestia siclike amang the laue,
To tua brether for thair rewardis gaif;
Ane Angustius, quhilk wes ane man expert,
And efter him he namit hes his part,   32,710
The quhilk to name gart callit Angustia,
That samin name ȝit callit is this da.
The secund hecht Merninus to his name,
Ane freik he wes rycht famous of gude fame,
Siclike his part, as my author did sa,   32,715
Efter his name wes callit Merina.
The nobill chiftane that wes callit Bar,
The best weirman amang thame all be far
He wes that tyme, as my author did sa;
Thairfoir the landis by the Merchis that la   32,720
He gaif to him, and thairof maid him lord.
Also that tyme, as I hard mak record,
Ane fair castell standand on the se skar,
Is callit now the castell of Dumbar
Efter his name, than to reward gat he,   32,725
With mony landis neir la by the se.
Rycht lang efter his successioun,
Ay lineallie fra him discendand doun,
Of greit honour come mony erle and lord,
Rycht nobill war quha wald the rycht record,   32,730
Lang efter him discendand doun rycht far,
The quhilk surname is callit ȝit Dumbar.
To euery man siclike ane part he gaif,
Into the tyme as he wes worth to haif.
Syne changit hes the name of euirilk toun,   32,735
Of euirilk land and euirilk regioun;
And principallie the maist part of thame all,
Efter ane water to the name gart call,

Till[1] all the daillis liand in the South,
Fra the West se rycht on to Tueidis mouth,   32,740
As Cliddisdaill efter the water of Clyde,
And Nethisdall, quhilk is bayth lang and wyde,
Now efter Nyth, and Tevedaill also
Fra Teveot, quhilk throw the land dois go.
Siclike the laue, quha lykis for to speir,   32,745
That I lyke nocht now at this tyme tell heir.
All this wes done, as I richt wnderstand,
To change the name of euerie toun and land,

Col. 2. To put the Pechtis haill out of memorie,
Thair land, thair leid, thair deidis and thair   32,750
  storie.
And so it wes, within ane little we,
Wes neuir ane of thair genelogie,
Ʒoung or auld, as that my author sais,
In Albione wes left within few dais.

How the King of Scottis seigit sone efter the Toun of Camelidone.

Quhen this wes done, within few dais anone,   32,755
He laid ane seige vnto Camelidone.
The quene [of Pechtis] into that toun than la,
And mony ladie with hir thair that da,
Of quhome the lordis slane wer les and moir,
As ʒe haif hard into the feild befoir.   32,760
Into that toun wes mony wyfe and cheild,
And all the men levand efter the feild;
With mony clerk and preist than of renoun,
And mony wemen of religioun,
And mony burges that war clad in steill,   32,765
The toun that tyme that furneist had full weill,

---

[1] In MS. *Quhilk.*

And forcit had the fowseis and the wall,
At euerie part, and eik the portis all ;
With wyne at welth, and victuall at grit fouth.
The nobill toun that stude on Carroun mouth,   32,770
Of policie and plesour in tha dais
Had no compeir, as that my author says,
In Albione of riches and renoun,
Into that tyme exceptand Lundoun toun.

> How King Keneth come to Camelidone and
> send to the Toun ane Messinger, and
> of thair Ansuer agane, and thairefter
> maid thairto ane grit Assault ; and
> off Trewis takin be the Toun, and
> syne of thair fals Tressoun ; and how
> the King maid his Vow and wan the
> Toun of Camelidone rycht valiantlie,
> and put all the Pechtis to Deid being
> thair into ; and how the Quene of
> Pechtis staw away and fled in Ing-
> land out of the Toun on the Nycht ;
> and distroyit and kest doun the Wallis
> of Camelidone for euir and maid End
> of it.

This Kenethus quhen he come to that place   32,775
Quhair this toun stude, within ane little space,
Vpoun ane plane that[1] la rycht neir Carroun,
His tentis all thair hes he stentit doun,
Quhair tha micht be refreschit with the flude.
And quhen all thing wes put in ordour gude,   32,780
Ane messinger on to the toun he send,
To spy and speir quhat purpois tha pretend.
Giff that tha wald rander the toun him till,
And cum ilkone and put thame in his will ;

---

[1] In MS. *he.*

Gif tha wald nocht he vowit tha sould haif   32,785
Siclike reward as he gaif all the laif.
All in ane voce, with ane consent and will,
Into that tyme sic ansuer maid thairtill :
" Traist weill," tha said, " quhill we haif strenth
      or [micht]
" Vpoun oure bodie to weir armour bricht,   32,790
" Or ouir the wallis for to cast ane stone,
" Amang ws all quhill levand is sic one,
" Or ʒit hes strenth to beir in hand ane stoure,

Lib. 10, f. 159.
Col. 1.
" Traist weill," tha said, " it beis neuir gevin ouir,
" For ony chance that efter may befall.   32,795
" Far better is we think within this wall
" In oure defence with grit honor to de,
" No in his power levand for to be,
" Sa mony saikles of our blude hes slane ;
" Quhairfoir in him we dar neuir traist agane,   32,800
" No neuir sall in so cruell ane king ;
" As plesis God lat him gyde all that thing."
Quhen this ansuer wes to Kenethus schawin,
And all thair willis he had hard and knawin,
With bowis big, quhairof thair wes no falt,   32,805
All vther thing belanging to ane salt,
Into the tyme that he mycht gudlie get,
Onto the toun richt sone ane seig he set ;
And mony flane lute fle attouir the wall.
And tha within leit stanis fast doun fall ;   32,810
With mony slung, quhairwith tha war full sle,
Like fyre fra flynt tha gart the stonis fle.
And tha without vpoun the tother syde,
Into the tyme leit mony ganʒe glyde,
With felloun force attouir the wall that flew,   32,815
As it wes said, richt mony ane tha slew.
And thus tha wrocht thir weir men that war
      wycht,
Quhill da wes gone and cuming wes the nycht ;

Syne on the morne, and mony dais mo,
Continuellie ane lang quhile hes wrocht so,   32,820
Quhill tha without fillit the fowseis all,
At thair plesour mycht cum on to the wall,
And sowis maid the wall to wndermynd,
And instrumentis of mony diuerss kynd.
Than tha within quhen that tha saw and knew, 32,825
So scharplie than the Scottis thame persew,
Tha tuik trewis, as my author did sa,
To be aduisit on to the thrid da,
Into the tyme gif that tha wald or nocht
Gif ouir the toun or gritter skayth wer wrocht. 32,830
This Kenethus than glaidlie with gude will,
All thair desyr glaidlie hes grantit till;
Syne gaif command on to the Scottis all,
For till abstene fra seiging of the wall.
At his command, as ressoun war and richt,   32,835
Tha left the seig and tuke thame rest that nycht.
The citineris that war within the toun,
Subtill and slie and full of fals tressoun,
Rycht quietlie that nycht tha tuke gude keip,
Quhill that the Scottis war rycht sound on   32,840
   sleip,
Into that tyme belevand of na ill.
And quhen tha saw tha wer sua clois and still,
Furth at ane port wes on the water syde,
Rycht quyetlie tha ischit in the tyde
Ane greit power buskit in armour brycht;   32,845
Syne secreitlie, wnder scilénce of nycht,
Onto the camp quhair that the Scottis la,
Tha passit all rycht lang befoir the da.
The wachmen, or euir tha wist, ilkone
War other slane or ellis in handis tone;   32,850
Syne with ane schout tha set on and ane cry,
Amang the tentis quhair the laif did ly.

D D 2

Or euir tha culd arrayit be at rycht,
So mirk it wes withoutin ony licht,
Richt mony Scot, as my author did sa,   32,855
Wes slane that nycht in thair camp quhair tha la.
And as the da begouth for to schaw licht,
That euerie on of vther mycht get sicht,
The Pechtis than with all the speid tha hed,
Onto the toun rycht haistelie thame sped ;   32,860
And or tha mycht ressauit be agane
Within the toun, rycht mony ane wes slane
Col. 2. Befoir the port and put to confusioun;
And in the tyme also had tynt the toun,
War nocht the men stude on the turetis hie,   32,865
Maid sic defence with scharp schuting and sle,
With mony ganȝe that wes grit and lang,
And stonis greit doun of the wall tha slang.
At sick defence tha stude vpoun the wall,
Quhill closit war thair portis ane and all.   32,870
Kenethus than gart number all the men
War slane that nicht, the compt of thame to ken,
Syne tald and fand he had sax hundreth slane,
Befoir his ene la deid vpone that plane ;
And for that caus maid ane solemnit vow,   32,875
And euir he war to traist in or to trow,
Neuir for to leif the seig of that toun,
Quhill it war wyn, distroyit, and put doun ;
And all within that tyme, bayth man and wyffe,
Quhill ane of thame wer levand vpoun lyffe.   32,880
The fals tressoun to him that tha had wrocht,
To thame, he said, it suld be rycht deir bocht.
Sex hundreth men syne efter on ane nycht,
Waillit thairfoir, that war bayth bald and
    wycht,
Into ane schaw that wes the toun besyde,   32,885
Rycht quietly thir men he hes gart hyde,

With ledderis reddy that war grit and lang,
Attouir the wallis for to clym and gang;
And all that nycht thair still he gart thame byde.
Syne on the morne, vpoun the tother syde,   32,890
Gart set ane seig of mony worthie wycht,
Quhilk sailƷeit thame rycht scharplie all that nycht.
Syne on the morne ane lytill befoir da,
Thir sax hundreth into the wod that la
Wes neir the toun, rycht quietlie tha staw   32,895
With lang ledderis rycht sone attouir the waw;
For tha within that tyme had no beleif,
That ony man than suld presume to preif,
Be ony craft, ingyne, or subtill art,
To seige the toun or salƷe in that part: 32,900
And for that caus the far les cuir tha tuik
To keip that part stude on sa stark ane nuik.
Sum men that tyme tha[t] passit ouir the waw,
Rycht quyetlie on to ane port tha staw,
Wes closit fast, and no man neir hand by;   32,905
The lawe thairout wes reddie within cry,
And tha that tyme that knew rycht weill the gyn,
Opnit the port and lute the laue cum in.
The citineris that faucht vpoun the wall,
Richt suddantlie discendit ane and all,   32,910
At sindrie partis quhair tha passit doun,
For to defend the streittis of the toun,
And gatherit all togidder on the gait,
In that beleif thairfoir to mak debait.
Bot all for nocht, thair power wes so small;   32,915
With litill force tha war confoundit all,
Syne in the toun war skaillit sone full wyde.
Bayth king and lord commandit in the tyde,
To keip the vow that he had made befoir,
But reuth or mercie other to les or moir   32,920
Of Pechtis blude, quhair euir tha war ouir tane,
Within that toun to sla thame all ilkane.

The Scottis, quhilk remordit of the trane
Tha maid befoir quhair thair fatheris wer slane,
Within thair hart it kendlit sick desyre,　　　　32,925
Wod as ane wolf, and het as ony fyre,
Ouir all the streittis of the toun tha ran,
Preist or clerk, or ȝit religious man,

And mony wedow that war wo begone,
With thair brandis tha britynnit thame ilkone.　32,930
The ȝoung ladeis that plesand war and fair,
Wringand thair handis and ryvand doun thair
　　hair,
To heir and se grit pitie wes and harme,
Thair naikit babeis beirand in thair arme;
With brandis bricht that bait thame to the　32,935
　　bane,
In pecis small tha hewit thame ilkane.
Religious men and prelatis of renoun,
Bayth preist and clerk that war within that toun,
Monk or freir, or ony of the laue,
Gat no moir girth nor did the leist ane knave.　32,940
Into the streit tha la stickit like swyne,
Heir and thair be hundretis aucht or nyne:
Als copius thair blude ran in the streit,
As ony burne efter ane schour of weit.
Ane rycht lang quhile in sic wodnes tha fuir,　32,945
And tuik on thame grit bissines and cuir,
Quhill all the Pechtis in Camelidone
War put to deid that samin da ilkone:
War neuir ane left thair levand in that steid,
To greit ane teir for all the laiffis deid.　32,950
The quene of Pechtis schort quhile befoir that da
The seige begouth, scho passit furth her wa
Out of the toun rycht quyetlie ane nycht,
For dreid of her that men sould get ane sycht,
To ane castell biggit with stane and lyme,　32,955
The Madyn Castell callit wes that tyme,

Vpoun ane craig stude in Loudonia,
Quhilk Edinburth is callit at this da.
And quhen scho hard the maner all and how
Camelidone, as I haif said to ȝow,   32,960
Wes wyn be force, and all war put to deid,
For to be fre out of the Scottis feid,
Tha left the hous richt quyetlie ilkone,
In Ingland syne togidder all ar gone.
Quhen this wes done as I haif said ȝow now,   32,965
Kenethus than, for to compleit his vow,
The wallis ilk one of Camelidone
On to the erd gart cast thame doun ilkone,
Out of that place or he wald farder pas.
The biggingis all he hes gart burne in ass,   32,970
The tempillis als, quhilk war of poleist stone,
In pulver small gart birne thame euerie one ;
Leit nocht remane pertening to that toun,
Vnbrint in ass or ellis cassin doun.
This royall toun sa mony ȝeiris befoir,   32,975
Quhilk had sick riches, honour and grit gloir,
Fra the begynnyng lang and mony ȝeir,
Distroyit wes as I haif said ȝow heir,
And tynt the name, the honor and the tryne,
Quhilk neuir wes biggit ȝit agane sensyne.   32,980
Ane ellevin hundreth ȝeir, als fiftie and one,
Fra the Pechtis come first in Albione,
And of our Lord quhilk wes aucht hundreth ȝeir,
Threttie and nyne, as I haif raknit heir,
Distroyit wes this nobill foirsaid toun,   32,985
And Pechtis tynt bayth thair kinrik and croun :
With sick distructioun of the nobill blude,
Of riche and puir, and als of ill and gude,
Syne efterwart, as I fynd in my storie,
Tha war forȝet full quyte out of memorie,   32,990
With euerie man that tyme als clair and clene,
Into this warld as tha had neuir bene.

How the Bischopis Stalf tuke Neidfyre
and brint all in his Hand; of greit
Battellis that apperit in the Air; of
Lawis and Statutis, Peax and Policie;
and of Kenethus departing out of this
Lyfe.

Col. 2.   In Albioun, befoir that samyn ʒeir
That all wes done as [I] haif said ʒow heir,
Vpone ʒule da into Camelidone,   32,995
Quhair king Druskene with his lordis ilkone
Into the tempill present at the mes,
Solempnitlie quhen it sacreit than wes
With ane bischop in his pontificall,
That tyme his stalf, in presens of thame all,   33,000
It tuik neidfyre richt thair into his hand,
Singand the mes that tyme quhair he did stand,
And wald nocht stanche at that tyme for thame all,
Quhill it wes brint all into poulder small.
Siclyke wes sene, as my author did sa,   33,005
Ouir all Pechtland about none of the da,
Quhen that the sone wes schynand fair and brycht,
Into the air richt mony armit knycht,
Strykand ane feild as did to thame appeir,
With greit noyis that hiddeous wes till heir,   33,010
Quhair mony ane tha thocht to deid war dicht;
Syne suddanelie all vaneist out of sicht.
Quhat this takynnit I will nocht tell ʒow heir,
Gif ʒe wald wit, pas on ʒour self and speir:
In sic mater I lyke nocht to remane,   33,015
Bot to my storie turne I will agane.
All beand wyn as I haif said ʒow heir,
Still efter that, richt lang and mony ʒeir,
This Kenethus, of quhome befoir I spak,
With plesour, peax and policie gart mak,   33,020

And was the first, that dar I hardlie sa,
In Albione that had monarchia
Of tua kinrikis, as my author did sa,
Quhilk ȝit siclike ar keipit in this da.
That samin tyme, quha lykis for to luke, 33,025
Gude lawis maid, syne wrait thame in ane [buik],
Quhilk vsit ar ȝit in thir samin dais.
Sone efter syne, as that my author sais,
The bischopis sait be his auctoritie,
Fra Abirnethie translatit hes he, 33,030
The quhilk befoir that wes ane royall toun
With weir that tyme distroyit and put doun,
To Sanct Androis that standis on the se,
Metropolus of all Scotland to be.
And biggit hes the kirk that tyme far moir, 33,035
And far farar nor euir it wes befoir.
Rycht riche fundatioun bayth of kirk and land,
And vestimentis of mony sindrie stand,
With chalice[s] of gold and siluer bricht,
Bayth kirk and queir arrayit hes at rycht, 33,040
With tapestrie of mony sindrie hew ;
Bayth butt and ben wer all reformit new.
Ane better king, the suith of him quha sais,
In all Europ wes nocht into his dais ;
In peax and weir, and in vrbanitie, 33,045
In godlines and in humanitie,
In fame, in wisdome, and in fortitude,
In manheid, gentres, and in gratitude,
In lautie als and in liberalitie,
In gentres, meiknes, and humanitie, 33,050
All other king he did exceid alss far,
As bricht Phebus the bemis of the star.
The tuentie ȝeir syne efter of his ring,
Departit hes this gude Kenethus king,
With mad murning of euerie man and wyfe, 33,055
Baith riche and puir, that levand wer on lyfe.

Ouir all Scotland for him tha maid grit mone,
To Iona Yle syne till his graif hes [1] gone.

How Donaldus, King Kenethus Bruther, efter his Deceis wes crownit King of Scottis, and of his vitius Lyfe.

Ane litill quhile efter his departing,
Donald his bruther crownit than wes king;⁣   33,060
Of kin and blude suppois tha war so nar,
Of conditioun tha differit than richt far.
This ilk Donald, in all his tyme wes he
Infectit far with foull faminitie,
Sleipand in sleuth, as ony sow als sueir,   33,065
His plesour wes of hurdome ay to heir;
Vnsaturabill als of gulositie,
In meit and drink, and sleip also wes he
Inmensurabill and out of temperance.
I can nocht tell ȝow all the circumstance   33,070
Of his vices; thocht I sould walk a ȝeir,
Ouir litill war for to rehers thame heir.
Quhairof displesit wes the men of gude,
And erast tha [wes] of the eldest blude,
Dreidand full soir the vices of thair king.   33,075
Als[o] with him ane counsall had so ȝing,
Quhilk had no knawledge mair no had ane kow,
Bot eit and drink, and fill the bellie fow,
Sould efterwart, quhen it wes war to mend,
Bring all thair werkis to ane wickit end.   33,080
And so it wes within les no four ȝeir ;
And how it hapnit tak tent and ȝe sall heir.

---

[1] In MS. *his.*

How the Rest of the Pechtis that war fled in Ingland desyrit Help of Osbret, King of Ingland, to reskew thair Landis agane; quha come with ane greit Armie and Power of Britis and Saxonis aganis the Scottis, and the Scottis siclyke aganis thame with greit Power.

As ȝe haif hard, the Pechtis les and moir
Distroyit war with Kenethus befoir,
Except waill few that fled war in Ingland,   33,085
Into this tyme amang thame wer duelland,
Quhen that tha knew and hard tell of that thing,
So far misgydit wes the Scottis king,
And mony lord als weill that tyme as he
Infectit wes with his infirmitie,   33,090
And of thair king tha stude so litill aw,
The land also without justice or law,
Tha thocht that tyme wes than rycht oportune
For to compleit the thing tha wald haif done.
Till Osbretus, of Ingland king tha dais,   33,095
Tha passit all with ane consent and sais,
Gif it war plesure to his majestie,
To thame that tyme to [mak] help and supple,
Thair kinrik haill agane for to reskew,
Scottis fra thame reft laitlie of the new,   33,100
And had thair king and all thair lordis slane.
Wald he, tha said, of his gude grace agane,
Expell the Scottis out of ilk regioun,
And in thair saittis set thame all fre doun,
Ilk ȝeir of thame, quhilk sould nocht be to   33,105
    crave,
Ane greit tribut in heretage sould haue;
And tha sould hald him for thair lord and king,
At his command obey him in all thing.

This ilk Osbret thairof wes weill content,
And suddantlie thairto gaif his consent ;   33,110
With Illa than of West Saxone wes king,
And Britis als for that same caus and thing,

At thair counsall he wrocht that tyme alhaill,
And causit [thame] thairof to tak thair daill.
Syne efterwart, with grit power and micht   33,115
Of Brit and Saxone into armour bricht,
Ane large ost quhilk wes of lenth and breid,
Rycht sone that tyme tha passit all ouir Tueid,
Within the land that samin tyme that la,
Quhilk callit is now Tiuidaill this da.   33,120
This Osbret syne ane seruand send in hy
To king Donald, and bad him suddanely
For to remoif out of the Pechtis landis,
And all the strenthis also in his handis
For to resigne in his handis agane ;   33,125
And wald he nocht, he leit him wit in plane,
That he sould sone, and all that multitude,
Invaid his landis bayth with fyre and blude.
Quhairof this Donald than sic terrour tuke,
That he durst nother scantlie speik nor luke ;   33,130
And in the tyme for nothing did provyde,
Seikand ane hoill quhair that he mycht him hyde ;
Quhill that the lordis causit him on force
To tak the feild than bayth on fit and hors,
With all the power in the tyme tha hed,   33,135
Or doutles than this ilk Donald had fled.
That samyn tyme thair semblit in his sycht,
Bernis full bald all into armour brycht,
With grit power that come furth of the North,
And passit syne all ouir the water of Forth,   33,140
Withoutin tarie other nycht or da,
Quhill that tha come quhair that Osbretus la
Vpoun ane plane wes neirby Jedburth toun.
Tha lichtit thair and set thair carrage doun,

And la thair still to rest thame thair that   33,145
    nycht ;
Syne on the morne be that the da wes lycht,
The Scottis all, that waponis docht to weild,
Arrayit thame and gaif this Osbret feild.

How the Scottis gaif Osbret Feild, quha
    fled and tynt the Feild; and how the
    Scottis partit the Spulȝe and wan the
    Schippis; and of Surfat Drinking and
    volupteous Leving; and how Osbret slew
    the Scottis in thair Tentis cruellie,
    and tuke King Donald naikit with
    mony Lordis and led thame awa, and
    weildit at Will all Landis till Forth;
    and of the wofull Lyfe of the Scottis,
    and how tha send ane Oratour to King
    Osbret for Peax, and of King Osbretis
    Ansuer agane.

The Scottis than, the quhilk war nocht to leir
Of all prattik and policie in weir ;   33,150
Expert tha war thair bayth of les and moir,
With Kenethus tha had sic vse befoir ;
At the first counter in the feild tha maid,
Burdonis all brak, and mony scheildis braid
With swordis scharpe war schorne all in   33,155
    schunder,
And mony breist maid bludie that wes wnder ;
And mony knycht wes killit throw the corss,
La deid that da walterand wnder his horss,
And mony grume la gruiflingis on the grund,
But ony bute, with mony bludie wound.   33,160
The Scottis war so crwell in that tyde,
This Osbretus doucht na langar to byde ;

With all the speid in[to] the tyme he hed,
Onto ane hill out of the feild he fled.
Syne all his men sone efter at the last,   33,165
Out of the feild tha followit him rycht fast,
Vp and doun in mony sindrie place.
The Scottis than fast followit on the chace,
And in the chace thair wes alss mony slane,
As in the feild quhair tha faucht on the plane.   33,170
Syne on the morne, to euerie man and cheild,
Distribute hes the spulȝe of the feild;
Thair passage maid syne all to Tuedis mouth,
Quhair mony schip war cumand fra the South,
And in ane hevin arryvit be the se,   33,175
With wyne and victuall in greit quantitie;
With gold and riches, and all vther geir
That neidfull war to haif in tyme of weir.
The Scottis men with lytill prattik than,
Or euir tha wist, tha schippis all tha wan.   33,180
That samyn tyme gart lois thame all ilkone,
Bayth wyne and victuallis out of thame hes tone,
And all the gold and all the siluer bricht;
Ane equall part syne gaif to euerie wicht.
Syne euery da tha drank of that same wyne,   33,185
With sic exces als drunkin as ane swyne;
Ilk da by da in sic gulositie,
That horribill wes other to heir or se;
In dansing, drinking, putting all thair cuir,
In cumpany with mony commoun huir,   33,190
Ilk nycht with thame amang thair palȝeonis la,
But dreid or schame quhill on the morne wes da;
And specially this ilk Donald the king
Of all the lave wes foullest of sic thing;
As brutell beistis takand appetyte,   33,195
In venerie putting thair haill delyte,
Withoutin schame or dreid of God betuene.
Within schort quhile sone efter so wes sene,

This king Osbret, quhilk hard of all this thing,
Of the misgyding of Donald the king   33,200
And his ʒoung lordis that tyme quhair tha la,
With new power sone efter on ane da,
In all the haist that he mycht hidder wend,
To ony Scot or that sic thingis war kend ;
Quhilk in the tyme tuke lytill tent thairtill,   33,205
Lyke brutell beistis takand ay thair will,
Out of beleif of ony battell moir,
Tha war so proud of victorie befoir ;
Vpoun ane nycht quhen tha war all rycht fow
Of michtie wyne, and sleiping lyke ane sow,   33,210
And gone to bed and falling sound on sleip ;
The watchmen that ordand war to keip
The ost that nycht, that it sould tak na skayth,
Tha war so drunkin and so sleipry bayth,
To walk that tyme no power had no mycht,   33,215
Bot tuke thair bed and sleipit all that nycht ;
Amang thame all wes nother watche nor spy.
This king Osbret, rycht lang befoir the sky
Vpone the morne or he culd ken the da,
Amang the palʒeonis sleipand quhair tha la,   33,220
He enterit in rycht stoutlie in that steid,
And all the tentis stude aboue thair heid,
Cuttit the cordis into pecis small,
And leit the tentis doun vpoun thame fall.
With brandis bricht quhilk war of mettell fyne,   33,225
Quhair that tha la drunkin as ony swyne,
Out of thair bed had no power to steir,
Tha bar[t]nit thame lyke ony bludie deir.
Quha had bene thair that tyme for [till] haue sene
Sa mony berne la granand on the grene,   33,230
Bulrand in blude, makand ane hiddeous beir,
Ouir all the oist that petie wes till heir.
The bludie bouchouris quhilk that war so bald,
That tyme tha sparit nother ʒoung no ald ;

Col. 2.

Quhill tha had power for to stryke or stand,   33,235
Tha bar[t]nit thame with mony awfull brand,
Into thair bed than naikit quhair tha la.
Of this mischance quhat suld I to ȝow sa?
I trow of Troy quhen takin wes the toun,
And all the Trojanis put to confusioun,   33,240
So foull slauchter with sic crudelitie,
So horribill als without humanitie,
Wes nocht committit, I dar suithlie sa,
In Troy that tyme as wes ȝonder that da.
Nakit and bair, without ony clais,   33,245
Out of thair [bed] tha slew thame as tha rais.
Sum heid, sum hals, had hakkit all in sunder,
Sum breist, sum bellie, and bowellis brak out
    [vnder];
Sum gat ane bat that breissit all thair bonis,
Quhill all thair bowellis bri[s]t out atonis;   33,250
Sum with ane culmische clevin to the belt,
Quhill livar and lungis, modereid and melt,
Boldin and brist, and bruschit on the grene;
Sum out-throw the spald and sum out-throw the
    splene;
And sum the arme had fra the schulder sched,   33,255
And vther sum la bludie all forbled,
And sum on groufe la granand on the grene;
So sorrowful sycht befoir wes neuir sene.
For tuentie thousand, or the da wes licht,
Without defence tha murdreist that same nycht. 33,260
The king Donald thair sleipand quhair he la,
In handis tane, syne nakit led awa;
And mony ȝoung lord in that samin tyme,
Out of thair bed tane sleipand lyke ane swyne.
Rycht few or nane chaipit thair than that da,   33,265
Bot he throw speid that passit saif awa.
This beand done as ȝe haif hard this tyde,
This king Osbret the spulȝe gart diuyde

Rycht equallie to euerie man wes thair,
Efter his stait to all man les and mair. 33,270
Syne passit fordwart to Loudonia,
Siclike the Britis on to Gallowa,
But ony stop that tyme or ӡit ganestand,
At thair plesour possessit all that land.
Tha boucheouris bald sa brodin wer of blude, 33,275
Ӡoung or ald, schortlie to conclude,
Preist or clerk gat nother girth nor grace;
Quhome tha ouirtuik in ony toun or place,
Seik nor sair that tyme gat no remeid,
Like doggis all tha dang thame to the deid. 33,280
This king Osbret than weildit at his will
All on to Forth, wes[1] no ganestand thairtill,
At his plesour at grit lasar and lenth,
Baith toun and tour, with ilk castell and stren[th].
Siclyke the Britis, on the samin syde, 33,285
Hes conqueist all on to the water of Clyde,
But ony stop that tyme or ӡit ganestand,
And tane the strenthis all in thair awin hand.
The Scottis than that levand war on lyfe,
Tha[t] chaipit had out of that stour and stryfe, 33,290
Efter lang murning and rycht havie mane,
Bayth man and wyfe hes maid sa lang ilkane,
Into all partis ouir all bayth far and neir,
That I list nocht now for to tell ӡow heir.
For and I wald, thairof I wait rycht weill, 33,295
Suppois that thi hart wer hard as ony steill,
That it wald brek and all [in] pecis clewe,
For to heir tell thair murning and mischewe.
Sen that the pane the plesour dois exceid,
Now at this tyme other to heir or reid, 33,300
Of sic talking no moir now I will tell;
Tak tent and heir quhat efter syne befell.

Lib.10, f.161.
Col. 1.

---

[1] In MS. *hes.*

Quhen that tha hard how Osbret in the North,
With all his power thocht to pas ouir Forth,
In that intent syne efterwart in Fyffe, 33,305
For to distroy bayth man, barne and wyfe,
In Loutheane siclike as he had done ;
The Scottis than heirand thairof rycht sone,
Than euery man that mycht ane burdoun bair,
And euerilk lad also bayth les and mair, 33,310
And euerilk one ane wapin docht to weild,
On fit and hors tha come all to the feild,
In that intent all on ane da to die,
Out of that dreid or to deliuerit be.
Than king Osbret, quhen he hard it wes so, 33,315
Deliuerit hes no farder for till go,
Of thair gaddering sic aw he stude and dreid ;
Far mair that tyme I trow than he had neid ;
Traistand thair power wes of so greit vaill.
Syne quhen he knew the veritie alhaill, 33,320
It wes nocht so, as ane tratour him tald,
Than in his breist he grew moir hie and bald.
Ten thousand men in schipping to the North,
He furneist hes attouir the water of Forth ;
Throw auenture that tyme in wynd and wall, 33,325
On the South coist thair war tha pereist all ;
Fywe thousand men war suckin be the sand,
With grit vneis the lawe come to the land,
Bursin and boldin ilkane lyke ane taid,
Throw grit travell in wynd and wall tha maid. 33,330
Of wickitnes and grit crudelitie
God quit thame than of his auctoritie,
Withoutin straik other of swerd or knyfe,
That da sa mony loisit hes the lyfe.
Quhen Osbret knew how all the maner wes, 33,335
To Striuiling brig tuke purpois for to pas,
Agane the streme no moir than wald he stryve,
To Striuiling brig syne passit hes belyve.

In that same place, as that my author wrytis,
Convenit hes togidder with the Brytis,   33,340
And euerilk one syne schew till vther sone,
Into thair travell how that tha had done,
And syne tuke purpois to pas to the North,
With mort battell attouir the water of Forth.
Syne as tha war neir reddy for to wend,   **33,345**
That samin tyme ane oratour wes send
Fra the Scottis, with credence for to trow,
Quhilk said to him as I sall sa to ȝow.
" O king Osbret, ar thow nocht ȝit content
" Of sic honour as God hes to the sent,   33,350
" As plesis him, and nothing throw thi mycht,
" No ȝit thi strenth, thi power or thi richt?
" Bot most of all for our misgouerance,
" Quhilk plesit him to send to ws sic chance,
" As wes decretit be him self in hevin;   33,355
" For we no way culd hald the ballance evin.
" Thairfoir greit God to our damnage and skayth,
" To puneis ws and for to preve ȝow bayth,
" Nocht for ȝour gude, bot erar for grit ill,
" Sic victorie this tyme hes send ȝow till.   33,360
" Befoir," he said, " sum tyme we war als hie
" Vpoun the quheill siclike as now ar ȝe,
" And hiear als ascending to sic hicht;
" Becaus that we considderit nocht the rycht,
" Quhen we war grittest of auctoritie,   33,365
" Misknawand God that set ws up so hie,
" Or euir we wist, he maid ws law to lycht
" To grit mischeif rycht far doun fra the hycht. Col. 2.
" Quhen men ar weill that tyme is to be war,
" And lippin nocht in fals Fortoun ouir far;   33,370
" Be sic exempill as my self hes sene,
" Quha dois nocht, it [1] sall him turne to tene.

---

[1] In MS. *it it.*

" Thairfoir," he said, "considder how it standis,
" Sen God hes put sic honour in ȝour handis,
" And victorie at[1] his plesour and will,   33,375
" Nocht for na thank that ȝe haif done hym till,
" Or worthie ar of him to haif sic thing,
" Bot principalie for to puneische our king,
" And his lieges siclike all for his saik.
" Traist weill," he said, "sen God can do the   33,380
        maik
" Onto ȝour self and he find caus thairto,
" As weill I traist sone efter he sall do
" And [ȝe] proceid to put ȝour self in perrell,
" Incontrar ws in quhome ȝe haif no querrell ;
" Quhairthrow ȝe ma sone crab his majestie,   33,385
" For to proceid with sic crudelitie.
" For mercie is aboue his work and mycht,
" And but mercie thair can no erthlie wycht
" Posses the gloir that he is ordand till.
" Thairfoir," he said, " than sen it is Godis   33,390
        will,
" In sic distres ay mercie for to haif,
" This tyme at ȝow na vther thing we crave,
" Bot grant ws peax with the skayth we haif tane,
" Thairfoir redres at ȝow we sall ask nane,
" In tyme to cum and ȝe will lat ws be,   33,395
" As we war wont with oure awin libertie.
" Or traist ȝe weill we sall our strenthis preve,
" Quhairin this tyme we haif ane grit beleve,
" The hand of God ws puneist hes so soir,
" Is satisfeit and will nocht smyte no moir.   33,400
" And sen he hes now gottin his desyre,
" Thairfoir we traist his malice and his yre
" Is stanchit now of his mercie and grace,
" And he agane sall turne till ws his face.
" Also," he said, " no honour is to the,   33,405
" So puir pepill in sic miseritie

---

[1] In MS. *as.*

" For to oppres, considderand how it standis,
" Sen that thow hes oure king into thi handis,
" And lordis als sould mak remeid thairtill ;
" Quhairfoir," he said, " now gif it be thi will, 33,410
" Of this desyre thi ansuer I wald haif,
" Nocht ellis now at this tyme I will crawe."
When this wes said befoir thame all in plane,
This wes the ansuer that he gat agane :
Efter thair counsall lang into sic thing,   33,415
Decretit wes be Osbretus thair king,
With manlie vult and with ane voce so cleir :
" Gude freind," he said, " we haif considderit heir
" To grant ʒow peax, bot no way for ʒour rycht ;
" Thocht we this tyme of oure power and   33,420
    mycht,
" At oure plesour agane ʒow ma proceid,
" Without ganestand of ʒow or ony dreid,
" ʒit neuirtheles, gif lykis ʒow but leis,
" Of this conditoun we will grant ʒow peice.
" Sua that ʒe will gif ouir alhaill the landis,   33,425
" That we and Britis hes now into our handis,
" Withoutin clame beʒond the water of Forth,
" And ʒe in peice to bruik the laue benorth ;
" The Britis merchis for to be at Clyde,
" And Alcluth[1] als vpoun the tother syde,   33,430
" To gif to thame of thair auctoritie,
" Fra that tyme furth Dunbritane callit to be ;
" And so proceidand fra the West se bank,
" On to the Eist with richt gude will and thank.
" The water of Forth also we will that be   33,435
" Fra this da furth callit the Scottis se ;
" And tuentie thousand of gude money alsua,
" ʒeirlie to ws of tribut for to pa ;
" And to obserue thir thingis I alledge
" Sixtie ʒoung lordis to be laid in pledge ;   33,440

Lib.10, f.161b.
Col. 1.

---

[1] In MS. *Alchof.*

" And that no Scot sall cum into oure land,
" Without oure leif, licence and command ;
" And gif he do, now kennand how it standis,
" Baith lyfe and gude sall bayth be in our handis ;
" And pleis ʒe nocht as I haif said ʒow heir,   33,445
" Cum nocht agane ma tydenis for to speir."

How the Oratour schew his Ansuer, and of Angus Lord callit Culenus.

The oratour with his deliuerance
Is passit hame, and all the circumstance
Ilk word by word he schew to thame agane,
The haill report in wordis that war plane.   33,450
Quhairof that tyme tha war rycht euill content,
And mony said, or tha gaif thair consent
To lois thair land and tyne thair libertie,
All on ane da far erar tha sould de.
And vther sum, that louit peax and rest,   33,455
Tha said agane that counsall wes nocht best ;
That force it wes for to consent thame till,
And at this tyme to brek far of thair will,
Or than dispone bayth honour, lyfe and landis,
In greit perrell into thair[1] fais handis.   33,460
Ane weill lang quhile into sic stryfe tha stude,
Quhill at the last ane nobill man of gude,
Of Angus lord, Culenus hecht to name,
Fra Bar wes send that tyme of greit fame ;
Of quhome befoir I schew ʒow in his tyme,   33,465
As ʒe ma fynd in meter and in ryme,
His nyne sonnis, that worthie war and wycht,
With king Donald war all slane on ane nycht ;
Him self that tyme wes ancient and ald.
This Culenus, of quhome befoir I tald,   33,470
With his counsall he send him to the laue,
Befoir thame all this counsall he thame gaue.

---

[1] In MS. oure.

How Culenus, Lord of Angus, gaif Counsall
to the Scottis to tak Peax.

" Sen to ӡow all it knawin is full richt,
" Sum tyme the Romanis of sic strenth and micht,
" Of sick power, sic puissance and sic pryde,   33,475
" Quhilk lordis war of all this warld wyde,
" In Gallowa befoir Galdus oure king,
" Tha thocht na schame, ӡe ken full weill that
    thing,
" Quhen it stude thame in sic necessitie,
" Rycht laulie thair befoir him on thair kne,   33,480
" With piteous voce than peax at him tha crave,
" With quhat conditioun plesit him to have.
" Sen tha," he said, " thocht nother lak no schame
" To ask sic peax, to ws is lytill blame
" Now at this tyme to ask at thame sic thing, 33,485
" Sen that we ar withoutin prince or king.
" Considder als this tyme how it standis,
" Bayth king and lordis ar all into thair handis ;
" Also this tyme oure power is so small,
" That scantlie now thair is amang ws all   33,490
" Fyve thousand men that waponis dow to weild,
" Or ӡit hes strenth to stryke in ony feild ;
" Bot boy and barne, as ӡe ӡour self ma se,
" And agit men in richt small quantitie,
" But hors and harnes, and all vther geir   33,495
" That neidfull is vpoun thair cors to weir ;   Col. 2.
" Quhilk hes no strenth intill ane stour to stand,
" Na dow to weild ane wapin with thair hand.
" Full eith it is sic catiues to ouircum,
" In sic distres will baith grow deif and dum. 33,500
" Knew I," he said, " that we had strenth or mycht,
" Or ӡit power for to debait oure rycht,
" Or I this tyme thair myndis suld fulfill,
" I suld be formest that da with gude will,

Quhair that we mycht debait ws with oure   33,505
    handis.

Bot now," he said, " ȝe se weill how it standis;
Our power is this tyme brokin so far,
" Thairfoir," he said, "or dreid that we do war,
" My counsall is, gif thame this tyme thair will;
" Peraduenture we may cum efter till   33,510
" So gude ane tyme, thocht it be now vnknawin,
" With litill maistrie to redeme oure awin.
" Moir manlie is for to vmschew ane perrell,
" Thocht thow haif neuir so gude ane querrell,
" No for to fecht quhen all the warld ma se   33,515
" Thow hes no power partie for to be.
" Full hardines, quhilk neuir had ȝit gude chance,
" Cumis alway of ill considderance ;
" And fals presumptioun, cumis of thame bayth,
" Oft in this warld hes done rycht mekle   33,520
    skayth.
" Thairfoir," he said, "considder ȝour awin mycht
" And thair strenthis, suppois ȝe haif the rycht,
" Is no compair with thame for to mak stryfe,
" Without to thame ȝe wald offer ȝour lyfe.
" Grit harme it war and so hapnit to be ;   33,525
" Aduise ȝow now, for I haif said for me."

How the Scottis consentit to Peax, and of King Donaldis Deliuerance.

To this counsall consentit euerie man ;
No contradictioun wes amang thame than.
Ane legat syne send to Osbretus king,
For to convoy and compromit all thing.   33,530
With tha conditionis peax tha maid, and band
With letteris braid subscriuit with thair hand ;
Syne pledgis tuik, and king Donald hame send,
And all the laue quhair plesit thame to wend.

How King Osbret diuydit the Conqueist Land betuix Saxonis and Britis.

Quhen this was done as I haif said this tyde,   33,535
This Osbretus gart equallie diuyde
The conqueist land betuix Saxonis and Britis,
For to compleit the first promit and writis.
The landis all, quhilk war baith lang and wyde,
Fra Cumbria onto the water of Clyde,   33,540
And the West se to Striuiling so inwart,
The Britis gat tha landis to thair part.
Syne all the laif without stop or ganestand,
Fra Forth so South onto Northumberland,
And fra Striuiling straucht on to the Eist se,   33,545
This king Osbret wnto his part gart he,
And of Stirling the strait castell of stane,
Wes cassin doun bot schort quhile bigane
In to the weiris, as my author me schew ;
And he agane gart big it of the new.   33,550

How King Osbret straik the Stirling Money and gart big the Brig of Stirling, and of ane Stane Cross set thair vpone, and how the Pechtis staw out of Ingland in Denmark, and of King Donaldis vicius Lyffe and End.

Lib.10, f.162. Col. I.

And in that castell that tyme causit he
The Striuiling money for to strickin be,
Quhilk efter Striuiling beris ʒit that name,
As knawin is be commoun voce and fame.
That tyme on Forth thair wes ane brig of tre,   33,555
But pend or piller, vpone trestis hie,
Quhair he that tyme ane mekle better brig,
With pend and pillar of stane and lyme gart big,

Attouir the watter in that tyme wes set,
Of thre kingis quhairat the merchis met,   33,560
Of Scotland, Ingland, and of Britis als.
For mair effect that this thing wes nocht fals,
Into the place quhairat the merchis met,
Vpone the brig ane croce of stane tha set ;
In Latin syne, quha lykis to rehers,   33,565
Vpone the croce wer gravin thir same vers :
Anglos[1] *a Scotis separat*[2] *crux ista*[3] *remotis ;*
Arma hic stant Bruti ; stant Scoti hac sub cruce
   tuti.[4]
Quhilk is to sa in our langage perqueir,
Of Scot and Brit standis the armis heir,   33,570
And Ingland als, vpone this corce of stane,
Quhair metis now thair merchis all ilkane.
The puir Pechtis quhen that tha kend and knew,
Thir thre kingis so cordit of the new
With so grit peax, syne delt hes all thair   33,575
   lands
Amang thame thre, than seand how it standis
The Inglismen, thair freindis war befoir,
Ouirschot thame than with mekle bost and schoir,
Forʒet freindschip and held thame ay at feid,
And euerilk day imaginand thair deid ;   33,580
And for that caus, the maist part of thame aw
Rycht quietlie than out of Ingland staw,
And passit syne in Denmark ane and all,
For thair begouth thair first originall,
And in that land amang thame did remane.   33,585
To king Donald now will I turne agane.
Efter the tyme sone of his cuming hame,
Quhen passit wes the murmour, and the schame

---

[1] In MS. *Angalos.*
[2] In MS. *seperat.*
[3] In MS. *est a.*
[4] In MS. *tali.*

Of his mischance forȝet wes and laid doun ;
For wonder lestis bot nyne nycht into toun ;   33,590
But schame or dreid, as my author did sa,
Grew war and war the langar euerie da,
With ma faltis na euir he had befoir,
Incressand euir the langar ay the moir.
And in that tyme so mekill wrang wes wrocht,   33,595
That all the kinrik put doun wes to nocht,
With grit discord and spilling of grit blude,
And erast ay amang the men of gude.
Quhairof the nobillis war displesit far ;
Or dreid efter rycht sone it suld be war,   33,600
This king Donald in handis tha haif tane,
Syne with consent of all the lordis ilkane,
Tha haif gart put hym in ane presoun strang,
Quhair he that tyme remanit nocht rycht lang ;
Him awin self, and my author be trew,   33,605
That samin tyme in the presoun he slew.
The saxt ȝeir quhilk wes than of his ring,
So endit he this ilk Donaldus king.

HOW CONSTANTYNE, THE SONE OF KING KENETHUS,
EFTER THE DEITH OF DONALD WES CROWNIT
KING IN SCONE, AND OF HIS WISDOME AND
STATUTIS AGANIS VICE.

Efter the deith than of this ilk Donald,
This Kenethus of quhome befoir I tald,   33,610
Quhilk in his tyme sic honour wan and fame,
Ane sone he had hecht Constantyne to name,
That samin tyme into ane place hecht Scone,   Col. 2.
Wes crownit king vpone the marbell stone,
The quhilk his father of befoir schort quhile,   33,615
On to that place had brocht out of Argyle.
Syne on ane know, that wes bayth round and hie,
In that same place ȝit standis still to se,

That stane wes set vpone ane deis conding,
And in that place thair crownit wes the king,   33,620
Into the taikin of victorie and gloir,
That he had wyn into that place befoir.
This Constantyne, quhilk wes wyiss and expert,
Rycht hevelie he buir into his hart
The grit ouirthraw and thirling of his ring,   33,625
With sic subjectioun of Osbretus king,
And of the Britis so abhominabill,
To him all tyme wes so implorabill.
And for that caus, with all power and mycht,
His purpois wes for to redeme his rycht,   33,630
Askand counsall be haill auctoritie
Of his lordis, with thair help and supple.
And tha agane sic ansuer gaif him till,
Sayand, tha wald rycht hartlie with gude will,
In ony thing quhen tyme wes oportune,   33,635
Quhen lefullie that sic thing mycht be done.
Bot than, tha said, thair strenthis wer so small,
With sic discord amang his lordis all,
And so ill reule wes than ouir all his ring;
Onto the tyme reformit war sic thing   33,640
With wyiss counsall, at grit laser and lenth,
And recreat agane als war thair strenth,
Sic thing, tha said, than mycht nocht weill be done.
This Constantyne, syne efter that rycht sone,
Ane generall counsall haistelie gart call   33,645
Into ane place quhair tha convenit all.
With thair consent and counsall he gart mak,
Wes necessar, rycht mony gudlie act,
Rycht proffittabill for the commoun weill.
The first it wes, alss far as I haif feill,   33,650
That no kirkman suld haif auctoritie,
No ȝit tak cuir in temporalitie ;
Bot vse his office as ane man of kirk,
No seruiall werkis with his handis wirk ;

Als on his corss na armour for till beir,   33,655
No ʒit waponis that mycht do ony deir ;
And euerie kirkman also of his rent,
Efter his stait suld hald him weill content.
Quhat euir he wes that keipit nocht command,
Sould puneist be and pay ane opin pand.   33,660
Siclyke that tyme forbiddin wes exces
Of meit and drink, till all man moir and les,
Without he war within ʒouthheid ane cheild ;
Riche or puir that wes of lauchfull eild,
Commandit war gude temperance to keip   33,665
In meit and drink, with sobernes in sleip,
Anis ilk da for to refreschit be,
But gredines or ʒit gulositie :
Pluralitie of meit and drink siclike,
Forbiddin wes bayth for puir and ryke ;   33,670
All fedder beddis forbiddin wes also,
But bed or bowster to lig on the stro,
With litill happing, nocht to ly ouir warme,
That neidfull war to keip thair corpis fra harme ;
Wnder the pane of lyfe and als of land,   33,675
Quhat euir he war that maid ony ganestand.
Syne efter that, within ane litill quhile,
Tha left thair vices that war vane and vyle,
And vsit hes tha lawis war maid new,
And to greit vertew and perfectioun grew.   33,680
Quhair tha war wont affaminat to be,   Lib.10, f.162b.
And gredie gluttonis with gulositie,   Col. 1.
All tyme but wisdome, full of negligence,
Sleuthfull and sueir, withoutin diligence ;
Now ar tha maid als bissie as ane be,   33,685
Walkryfe and war, with greit agelitie ;
Detestand all the vices les and moir,
In quhome tha had sa grit plesour befoir ;
And so perfitlie in that stait tha stude,
That wonder wes in ony man of gude   33,690

To find ane falt quhair on that men mycht plenƷe,
Without of him rycht falslie he did feinƷie.
Bot lang sic lyfe may nocht lest for invy :
Harkin and heir how hapnit syne for-thi.

How ane Lord callit Ewenus, with [1] certane
Lordis of his Factioun, rebellit aganis
King Constantyne and his Statutis, quha
was tane and hangit and the Lordis of
his Partie put in Presoun.

Ane Ʒoung greit nobill in the samin quhile,   33,695
Ewenus hecht, wes lord of ane grit yle ;
Of meit and drink rycht delicat wes fed,
Bayth warme and soft, and costlie wes his bed ;
He said, the man ane fuill wes to profes,
Withoutin neid wald tak him self sic stres,   33,700
Or sla him self withoutin ony caus ;
Full lychtlie than he lett of all tha lawis.
The lordis all that duelt into the Ylis,
He tretit thame with mony subtill wylis,
In Ross, in Catnes, and in Lochquhabria,   33,705
In Murraland, and mony vtheris ma,
That is nocht neidfull at this tyme to tell,
He causit thame agane the king rebell,
And disobey his lawis and commandis ;
And schupe also on him for to la handis,   33,710
Decretit wes rycht haistelie and sone,
And quyetlie quhen tyme wes oportune.
Sone efter that quhen all this thing wes schawin
To Constantyne, be freindis of his awin,
Quhairfoir rycht sone, or that the word sould   33,715
     spreid,
With greit power rycht suddantlie him speid

---

[1] In MS. *with ane.*

On to Ewone, into Lochquhabria,
Quhair that Ewenus in the castell la,
And all the lordis that wer of his band,
In company than reddy at command.   33,720
This kingis cuming wes to thame vnknawin,
So secreit wes, be no man it wes schawin.
Quhill on the nycht, unwittand quhair tha la,
He set ane seig about the houss or da,
With litill force the houss that tyme he wan,   33,725
And tuke thame furth that wes thairin ilk man.
Syne this Ewenus for his mekle wrang,
Vpone ane gallous maid him thair to hang;
And all the laif that war thair of his gard,
He put ilkone into ane sindrie ward,   33,730
Quhill he war weill aduysit in sic thing,
Of thair punitioun and thair pane conding.
For this rebell he fand rycht sone remeid;
Grit stabilnes syne maid in euirilk steid,
And put his kinrik in gude peax and rest.   33,735
Tranquillitie, the quhilk no tyme will lest,
Wes changit sone to trubill and grit wo,
Within schort quhile that thame wes all ago.

How the Pechtis that fled out of Ingland purchest Supple fra Gadanus, King of Denmark, quha send his Tua Brether Hungar and Hubba in Scotland with ane greit Armie.

In Denmark than thair wes ane rycht riche king,   Col. 2.
Of land, lordschip, gold, siluer and all thing;   33,740
Ane man he wes of grit honour and fame,
Gadanus als wes callit to his name.
That samin tyme the Pechtis les and moir,
Out of Ingland that fled had of befoir
Into Denmark, tha passit to the king,   33,745
Beseikand him of his gude grace bening,

That he wald mak thame sum help and supple
Agane the Scottis war but humanitie,
Had reft fra thame thair kinrik and thair croun,
And put thame self all to confusioun,   33,750
Withoutin mercie in greit miseritie,
Sen tha war all of ane genelogie,
Cumd of ane blude richt mony da ago.
This Gadanus, quhen he hard him sa so,
His tua brether of grit auctoritie,   33,755
Hungar and Hubba, into thair supple
He furneist hes thame with ane navin large,
Of carvell, craik, with mony bark and barge,
And threttie thousand in thair cumpany ;
Than tuik thair leif and passit to the se.   33,760
Lord Eolus maid thame no stop no stryfe,
Bot with grit fauour brocht thame sone in Fyfe ;
Quhair that tha set thair schippis to ane sand,
Syne with thair boittis passit all to land,
Quhair tha la still als lang tyme as tha list,   33,765
With grit injure, for none mycht thame resist.
With thame that tyme so greit power tha had,
That all the folk for feirdnes fra thame fled.
That pagane pepill that war wnbaptist,
Rycht grit injure did to the kirk of Christ ;   33,770
Of preist and clerk, and men of religioun,
Rycht mony than tha put to confusioun.

HOW THE KIRKMEN FLED INTO THE YLE OF MAY,
AND THAIR [WER] MARTERIT BUT REMEID BE
THE DANIS, AND HOW KING CONSTANTYNE
COME TO FYFFE, AND OF THE STRYFE THAT
FELL AMANG THE SCOTTIS.

Into that tyme tha tuke of thame sic fray,
Tha fled all fast into the Yle of May,

Within the se, in ane religious place ;   33,775
Trowand that tyme thair to get girth and grace,
Greit confluence into that place did fle.
Thir cankerit cut-throttis of crudelitie,
Tha followit thame within ane litill space
Onto the yle, syne in that samin place,   33,780
For Christis saik tha sufferit all the deid,
And marteris maid withoutin ony remeid.
Of quhome the names remanis in memorie,
Rycht mony ȝit as I find in my storie :
Sanct Audreane of maist auctoritie,   33,785
Of Sanct Androis the bischop than wes he,
And Monanus the archidene of the same,
And Glodanus als meik as ony lam,
Stobrandus als and Gayws wes his feir,
And mony mo I can nocht tell ȝow heir.   33,790
All Scottis men tha war into tha· dais,
Gif it be suith heir that my author sais ;
Thairfoir me think rycht far tha do bot varie,
That sais tha Sanctis come furth of Hungarie ;
Quhair euir tha come tha wer rycht halie men, 33,795
Efter thair deid be thair miracles we ken.
In this mater I will no moir remane,
Bot to my storie turne I will agane.   Lib. 10, f.163
This Constantyne efter that he hard tell,   Col. 1
How that thir freikis furius and fell,   33,800
Infernall feindis, fais of halie kirk,
Within this warld so wranguslie did wirk,
Rycht stoutlie than, but ony stop or stryfe,
With mony freik he fuir that tyme in Fyffe ;
And fand the Danis syne vpoun ane da,   33,805
Into ane place togidder quhair tha la,
On euerilk syde vpone the water of Levin ;
Quhen sic ane schour discendit fra the hevin,
Quhilk causit hes the water for to grow
So greit that tyme, with furdis deip and how,   33,810

That nane that tyme mycht wyn ouir to ane
    vther,
Hungar to Hubba, nor Hubba to his bruther.
This Constantyne, with grit power of pryde,
His men arrayit on this samin syde
Quhair Hubba la, and gaif him feild in hy,   33,815
Quhair mony berne vpoun his bak did ly ;
And mony burdoun brokin wes betuene,
And mony grume la granand on the grene.
The doggit Danis, suppois that tha war dour,
The kene Scottis hes maid thame law to lour,   33,820
And quit thame weill, for all thair bost and
    · schoir,
Of grit injure tha did in Fyfe befoir.
Thocht tha war bald tha mycht no langer byde ;
Rycht mony than fled to the watter syde
For to pas ouir, syne all into that flume   33,825
Tha drownit ilkone becaus tha culd nocht swym.
This ilk Hubba that culd that craft perqueir,
With leg and armes bayth to row and steir,
Saiflie he swame ouir to the tother syde,
Quhair Hungar than his bruther did abyde ;   33,830
Quhilk of his cuming that tyme wes rycht fane.
To Constantyne now will I turne agane,
The quhilk that tyme wes blyth as ony be,
And all the laif so prydefull war and hie
Of victorie that tha had wyn that da,   33,835
Trowand no moir, as my author did sa,
Of thame agane to get battell or feild.
In that beleif bayth lad, man and cheild,
Tha tuik na cuir to ordour to array,
Bot sang and drank and dansit all the day.   33,840
Siclyke that nicht, quhill on the tother morne,
With mony blast of bugill and of horne,
And all that da with grit glaidnes and glew,
Dansit and sang, and mony trumpet blew ;

Traistand that tyme quhen that the flude war   33,845
  fawin,
Withoutin straik that all sould be thair awin.
Tha socht the fische rycht far befoir the net,
Quhilk causit [thame] the les gardone to get.
About Hubba and his bruther Hungar,
Amang thame self discordit than rycht far,   33,850
As tha had baith that tyme bene in thair handis ;
Sum bad bynd and hald him fast in bandis ;
And vther sum bad baith [him] hang and draw,
Rycht haistelie for ony mannis aw ;
And vther sum that tyme amang the lave,   33,855
Wes nocht content and vther counsall gaive ;
Sayand forsuith, that ane victour suld be
Curtas and clement, but crudelitie ;
That man ӡoldin that ma nocht stryke agane,
It semis nocht that sic ane suld be slane.   33,860
And thus tha strave about [ane] wnbocht gait ;
Bot other wayis it hapnit than, God wait.

How King Constantyne passit ouir the Water of Levyn aganis Hungar and Hubba, and maid for Battell.

In the thrid da quhen fallin wes the flude,
This Constantyne, with all his multitude,
In gude array did ouir the water ryde.   33,865
This ilk Hungar vpone the tother syde
Diuydit hes his feildis into thre.   Col. 2.
To this Hubba the vangard than gaif he :
Ane Inglisman that callit wes Branus,
Quhilk flemit wes, my author sais thus,   33,870
The tother wyng vpone the farrar syde,
To this Branus he gaif that tyme to gyde :
And all the Pechtis that war levand than,
He had with him into that wyng ilk man.

This Constantyne siclike he did divyde   33,875
In thre battellis his armie in that tyde :
His bruther germane, quhilk that Ethus hecht,
In the vangard diuysit him to fecht :
The lord of Athole, callit wes Duncane,
The secund wyng with mony nobill man   33,880
He gaif to him, thair governour to be,
And for to gyde with his auctoritie.
Ten thousand men, as my author did sa,
In euerilk wyng thair wes that samin da ;
With mony wycht men that waponis weill culd 33,885
    weild,
Him self that da faucht in the midmest feild.

HOW THE SCOTTIS WAR ARRAYIT, AND HOW THE DANIS STUDE IN THAIR SICHT.

Quhen tha war all arrayit sone at rycht,
On euerie syde standand in vtheris sycht,
The Danis all thair cot armour than weir
Of lynnyng clayth that tyme aboue thair geir,   33,890
New and clene, als quhit as ony milk,
War sowit all and brodin with reid silk :
Agane the sone castand ane plesand lycht,
Quhair that tha stude in to the Scottis sycht.

HOW CONSTANTYNE CONFORTIT HIS MEN, AND HUNGAR ALSO ON THE VTHER SYDE.

This Constantyne, with greit humanitie,   33,895
On to his men into that tyme said he ;
" I thank ʒow all that heir, les and moir,
" Previt so weill into the feild befoir ;
" Standand with me into so strang ane stour,
" And conquest hes sic loving and honour.   33,900

" Quhairfoir," he said, "I ȝow beseik ilkane,
" Tyne nocht the honour ȝe haif wyn bigane,
" With so greit laubour and so greit distres,
" In falt of curage now and manlines.
" Beleve ȝe weill this tyme as it standis,   33,905
" The victorie is gevin in oure handis:
" Sen it is sua I neid nocht sa na moir,
" Bot euerilk man think on his fame and gloir."
This Hungar als vpoun the tother syde,
With mony standartis waiffand than full wyde,   33,910
And mony baner brodin war full bricht,
And mony bugill blawand loude on hycht,
His men instructit in the samin tyde,
With pensit langage full of hycht and pryde.
" Dreid nocht," he said, " to me it is weill   33,915
     knawin,
" All Albione rycht sone salbe our awin,
" With gold and siluer, and all vther gude ;
" Quhairfoir," he said, " heir schortlie to conclude,
" That euerilk man amang ws the leist knave,
" Sall haif sic part as he is worth to haue ;   33,920
" And he this tyme that is nocht worth his part,
" Traist weill," he said, " rycht glaidlie with my
     hart,
" And I haif hap of him maister till be,
" Withoutin dume of my handis sall de."

How the Scottis and Danis faucht, and the
     Scottis fled and tynt the Feild, and Lib.10,f.163b.
     King Constantyne tane, and efter slane   Col. 1.
     be the Danis.

The Danis all befoir thair feildis stude,   33,925
With cors-bowis of ballane that war gude,

Rycht mony ganȝe ouir the grene leit glyde.
The Scottis bowmen on the tother syde,
Rycht big and bald, with mony nobill bow,
And stringis stark quhilk war of rycht teuch   33,930
  tow,
The fedderit flanis heidit with hard steill,
Within thair fleschis rycht far tha gart thame feill.
Syne all the laue that waponis docht to weild,
With so greit force tha enterit in the feild,
Quhill all the scheildis into pecis claue,   33,935
And birneis brist, and ribbis vnder raue,
And mony bowell brist out on the grene;
Ane scharpar sembla ȝit wes thair neuer sene.
Into that stour that stalwart wes and strang,
But victorie that tyme tha faucht rycht lang;   33,940
Quhill at the last it hapnit so betyde,
The wyngis bayth vpone the Scottis syde,
Langar to byde had na power no mycht;
Out of the feild thairfoir tha tuke the flycht.
The Danis than, it hapnit so on cace,   33,945
Ane fitt schupe nocht to follow on the chace;
Bot bayth the wyngis euerilk man and cheild,
Come in behynd the bak of the mid feild,
Quhair Constantyne that da amang thame faucht,
And mony rout vpone the Scottis raucht.   33,950
And quhen tha saw thame self with so grit schoir,
So vmbeset behind and als befoir,
Tha tuke the flycht, for tha mycht fecht na mair,
And fled als fast as fra the hund dois hair.
Into that chace thair slane wes mony ane,   33,955
And Constantyne in handis also tane;
And to ane coif wes had into that tyde,
Into ane craig that stude be the se syde,
And for dispyte into that samin steid,
With ane wod-ax thair tha straik of his heid.   33,960

The Blak Cove than wes callit, I hard sa,
The Feindis Coif is callit now this da.
This was the deid of Constantyne the king,
The threttene ȝeir quhilk than wes of his ring.
Ten thousand men that waponis weill culd   33,965
    weild,
Deit that da of Scottis in the feild;
Far ma siclike vpone the tother syde,
La deid that da with mony woundis wyde.

HOW ETHUS WES CROWNIT KING EFTER THE
    DEITH OF KING CONSTANTYNE IN SCONE,
    AND OF HIS SWYFTNES, AND HOW THE DANIS
    WAN FYFFE AND SINDRIE VTHER LANDIS,
    AND SLEW OSBRET AND ELLA AND SINDRIE
    VTHER NOBILLIS OF INGLAND FOR THE FAITH.

The Scottis lordis than suddantlie and sone,
With this Ethus tha passit all to Scone;   33,970
And with consent of all wes thair ilkane,
Tha crownit him vpone the marbell stane.
This ilk Ethus, bot gif my author lie,
Als swift of fit as ony hors wes he;
For speid wald tak ane hart agane the bra,   33,975
Als swyft he wes as ony hair or ra.
Of him ane quhile now will I heir remane,
And to the Danis turne I will agane.
Quhen tha had tane all Fyfe than at thair will,
But ony stop or ȝit ganestand thairtill,   33,980
To Loutheane tha passit syne rycht sone,
And as in Fyfe siclike thair haif tha done; ·
Tha left na leid thair levand vpone lyfe   Col. 2.
Than, ȝoung or ald, other man or wyfe,
Clerk or preist, amang thame that tha fand;   33,985
Syne passit southwart to Northumberland,

Osbret and Ella baith in battellis slew,
Of quhome befoir bot schort quhile heir I schew;
And king Edward of Suffok that wes king,
And Northfolk als he had at his gyding ;   33,990
Ane faythfull man and richt famous wes he,
And for the faith refusit nocht to de ;
Rycht constantlie, as ane gude Cristin man,
For Christis saike ane martyre wes maid than.

How Elarud that succeidit King of Suffok slew baith Hungar and Hubba, and of Ethus King, and his vicius Lyfe and Ending.

Syne Elarud of Suffok that wes king,   33,995
That efter him succedit to his ring,
Agane Hungar he straik rycht mony feild,
Quhair he and Hubba bayth that tyme wer keild.
Lang efter that this gude king Elarud,
In dalie battell with the Danis stude,   34,000
As efterwart I think, with Godis grace,
To schaw to ʒow quhen I haif tyme and space.
Thairfoir I will tell no moir of this thing,
Bot turne agane vnto Ethus the king,
Quhilk fra his father wes degenerit far.   34,005
In Albione that tyme wes nocht ane war
Of sleuth, and sueirnes, and gulositie,
Without curage or animositie ;
In harlatrie he had rycht grit delyte,
And in huredome with beistlie appetyte,   34,010
That he ouirsaw the honour of his ring,
The commoun weill neglectit in all thing.
For no persuasioun the lordis culd mak,
No cuir or travell he wald on him tak ;

Bot eit[1] and drank, and fillit his bellie fow,   34,015
All nycht with huiris syne sleip[it] lyke ane sow.
The lordis seand him sa obstinat,
Amang thame self ane quiet counsall set,
Decretit syne for finall conclusioun,
Him to depryve bayth of kinrik and croun ;   34,020
For weill tha wist [that] he wald neuir mend.
Syne suddantlie, or that sic thing wes kend,
Tha tuke himself and put in presoun strang ;
Syne all his gard on ane gallous gart hang,
And set ane da to cheis ane vther king.   34,025
This ilk Ethus quhen that he knew that thing,
On the thrid da, for verrie tene and wo,
His hart than brak and bristit into tuo ;
Quhilk of his ring that wes the secund ȝeir,
He maid sick end as I haif [tald] ȝow heir.   34,030

How Gregorius was crownit King in Scone efter Ethus, quho maid mony vertuous Act for the Commoun Weill and Kirk-men.

Gregorius, quhilk wes ane man of gude,
Ane greit nobill and of the royall blude,
The sone he wes of Dongallus the king,
Befoir Alpyne into his tyme did ring,
With haill consent of euerie lord ilkane,   34,035
Wes crownit king vpone the marbell stane.
Baith ȝoung and ald in him had gude beleif,
So wyiss he wes in nothing for to preif.
In cumpany plesand and amiabill,   Lib.10, f.164.
In word and werk honest and honorabill,   34,040   Col. 1.
Laulie and meik and of consall rycht gude ;
Justice, temperance, prudence and fortitude,

---

[1] In MS. *eik.*

Thir hie virtuus callit are cardinall,
Fixt rycht fast in him wer foundit all.
Wnsufficient I am for till discryve   34,045
His nobilnes and eik his halie lyve,
His wit, his wisdome, and his hie prudence,
His travell, laubour, and his diligence,
And so greit cuir as he vpone him tuke.
In wynd and weit richt mony nycht he woik,   34,050
For cald and hungar that tyme sparit nocht,
Quhill he all Scotland to gude rest hes brocht;
As efterwart, quha lykis for to knaw,
Tak tent to me as I sall to ȝow schaw.
Quhen he in Scone resauit had the croun,   34,055
With all his lordis fuir on to Forfar toun;
Quhair he that toun in ane consall gart mak,
For commoun weill and justice, mony act.
And in the first, that kirkmen suld nocht be
No way subjectit to secularitie;   34,060
That no secular suld haif power to caw
Ane preist or clerk befoir him to thole law,
Or ony actioun to the kirk belangit;
And he did so the kirk rycht far war wrangit.
Also the prelattis suld nocht stoppit be   34,065
To vse thair law and thair auctoritie ;
Quhat euir it war, no way that tha sould want it,
As priuiledge to thame befoir wes grantit.
The secund wes, that euerilk king suld sueir
At his crowning, quhill he mycht armour weir, 34,070
The priuiledge of kirk he sould defend,
And kirkmen als vnto his lyvis end.
And mony mo that I haif nocht perqueir,
He maid that tyme that I can nocht tell heir.

How King Gregoure with his Power passit in Fyffe, and thairefter in Loutheane and other Partis, and plantit and ple- neist as he passit.

Quhen this wes done, without ganestand or   34,075
  stryfe,
With all his power passit on to Fyffe,
Quhair that the Pechtis war remanand than,
Bayth les and mair that war levand ilk man.
The quhilk the Danis had possessit thoir,
As I schew heir bot schort quhile of befoir.   34,080
Quhilk of his cuming wes so soir adred,
Ilkane ouir Forth rycht far awa tha fled.
This Gregour than, without ony ganestand,
Rycht peceablie gart pleneis all that land,
Ouir all the partis that war in the north ;   34,085
Syne with his power passit hes ouir Forth
In Loutheane quhair he had done siclyke,
Wes nane sa stout agane him thair did stryke ;
And all the strent[h]is that war in that land,
Part on force and part without ganestand,   34,090
He tuke that tyme at his plesour and will.
Syne forder mair his purpois to fulfill,
He fuir ay furth quhill that he come to Tueid.
The Danis all of him tha had sic dreid,
By Tuedis mouth with ane grit armie la,   34,095
Of Dayne and Pecht rycht mony that same da,
Tha thocht that tyme to gif this Gregour feild.
Sone efterwart, quhen tha saw and beheild
His multitude and ordenance sa gude,
And als rycht weill tha knew and wnderstude   34,100
The Inglismen siclike as he also,
Saw tha thair tyme, siclike suld be thair fo,

Col. 2.   And for that caus as than tha wald nocht fecht.
The men of gude that tyme bayth Deyne and
    Pecht,
On to the castell of Beruik is gone,   34,105
And to the toun into the tyme ilkone,
Thair to remane quhair tha war out of dreid;
Syne all the laue that nycht passit ouir Tueid.

How King Gregoure seigit Beruik and wan it, and slew the Danis and Pechtis that war thairin, and tha that war without fled to Northumberland.

This king Gregoure, herand how tha had done,
Vnto Berwick he sped him than rycht sone ;   34,110
Syne laid ane seig withoutin ony ho,
About the castell and the toun also.
The Inglismen thairof wes blyth and glaid ;
Amang thame self ilkane to other said,
Rycht quietlie that tyme that it wes spokin,   34,115
Of tha fals Danis tha sould be rycht weill wrokin;
Tha maid ane vow without ony demandis,   .
Tha suld put thame all in the Scottis handis.
The Inglismen that tyme that war thairin,
Of euerilk port tha knew full weill the gyn ;   34,120
And on the nycht tha opnit thame ilkone,
Quhair that the Scottis mony ar in gone,
And in thair beddis sleipand quhair tha la,
Baith toun and castell tuik rycht lang or da.
Syne on the morne, quhen that the da wes   34,125
    lycht,
This king Gregoure, as ressone wald and rycht,
Thir Inglismen he gaif thame at thair will,
Gif plesit thame into that place byde still,
Or quhair tha plesit with riches and gude,
With haill consent of all that multitude.   34,130

The Danis than and Pechtis les and moir,
Siclike reward as thair awin self befoir
Gaif Constantene, quhen tha straik of his heid,
Tha gat that tyme without ony remeid.
The laif of thame war liand beʒond Tueid,   34,135
Quhen tha hard that tha tuke sic terrour and dreid,
As ony spark out of ane fyrie brand,
Tha fled als fast all to Northumberland
To Heirduntius that tyme quhair that he la,
The grittist Dayne amang thame all that da.   34,140
This Heirduntus to him quhen this wes tald,
Lyke ony lyoun he wes als brym and bald;
And mony aith into the tyme he swoir,
And his dais doucht langar to induir,
Within schort quhile, for that lak he had tone,   34,145
That neuir Scot intill all Albione,
Than gude or ill, other man or wyfe,
ʒoung or ald, be left levand on lyfe;
And all the laif thair hartis wer so hie,
That samin tyme tha swoir siclike as he.   34,150

How King Gregoure passit to Northumber-
    land and faucht with Heirduntus, quha
    tynt the Feild and fled, quhair mony
    Danis war slane.

This king Gregoure with power les and moir,
Quhen he had done as I haif said befoir,
He passit furth onto Northumberland,
Traistand thairin for to get no demand,
Quhilk waistit wes all with the Danis weir,   34,155
Withoutin men or ony vther geir;
Quharthrow he had ane grit presumptioun,   Lib.10, f.164b.
That land alhaill to subdew to his croun.   Col. 1.
Withoutin stop that tyme or ony cummer,
He passit furth neir to the water of Humber,   34,160

Quhair this Heirduntus at the samin da,
With ane greit armie neirhand by he la.
Sone efter syne, with haill power and mycht,
Ilkane of vther cuming is in sicht,
With mony wycht men waponis weill culd weild, 34,165
In gude ordour evin reddie for the feild.
With sic desyre of battell and of blude,
Of Scottis than wer all that multitude,
In to thair mynd remanit ȝit full soir,
Thair faderis deidis schort quhile of befoir,   34,170
Thair wes no neid that tyme thame to exhort;
Deliuerit wes all in thair mynd richt schort,
Thair fatheris deid than suld revengit be,
Or in that battell all that da to die.
Syne with ane cry tha enterit and ane schout, 34,175
Quhill all the erth trimlit neirby about;
So dourlie than ilkane at other dang,
Quhill all the rochis with thair reirding rang;
Thair speiris scharp that war bayth grit and lang,
Aboue thair heid in spaillis all tha sprang;   34,180
The scheildis crakit and in schunder clawe,
Breistplait and birny all in pecis rawe;
Helmes war hewin and hakkit all in sunder,
Bayth heid and hals siclike that tyme wer vnder;
Quhill breistis brist and bokkit out of blude, 34,185
Into that stour so stalwartlie tha stude.
The Danis thocht grit lak and schame to fle,
The quhilk befoir that vowit had so hie.
The Scottis faucht with diligence and cuir,
To be revengit of the greit injure   34,190
Wes done to thame bot schor[t] quhile of befoir,
Quhilk in thair mynd remanit than full soir.
And for that caus the moir stoutlie tha stude,
The langar ay with moir desir of blude;
And in sic wodnes than tha wox so wycht,   34,195
Langer to byde the Danis had no mycht,

Bot fled rycht fast to mony sindrie place.
The Scottis followit so fast on the chace,
Efter the Danis quhair tha gat no beild,
And slew far ma nor wes slane in the feild.   34,200
This Heirduntus, with grit laubour and pane,
Vpone the morne gatherit his men agane,
Of quhome and mo the maist part than wer keild
The nycht befoir into the samin feild.
And quhen he saw his power wes so small,   34,205
For greit perrell efter that mycht befall,
To Rasenus tuke purpois for to pas,
With ane armie far south in Ingland wes.
This Rasenus he wes most principall,
Tha[t] tyme in Ingland of the Danis all.   34,210
And as he wes syne passand furth the way,
He met ane man vpone the secund day,
Quhilk him that tyme rycht hastie tydenis schew
Of this Rasenus, laitlie of the new,
And Alarud of Suffolk that wes king,   34,215
Quhome of befoir I schew to ȝow sum thing,
With all thair power met vpoun ane plane,
In that same feild this Rasenus wes slane.
And all the laif that tyme put to the war,
Out of that feld than chaissit wes rycht far,   34,220
Vp and doun to mony sindrie place,
And rycht greit slauch[t]er maid wes in the chace.
Rasenus heid, for scorne and greit despyte,
Buir on ane speir to Lundoun toun syne tyte:
Syne on ane port tha set it vp rycht hie,   34,225
Quhair that it standis on[1] ȝit still to se.
Quhen thir tydenis wer to Heirduntus tald,   Col. 2.
Suppois he wes baith bellicois and bald,
Wes so affrayit of that hastie fray,
Ane word that tyme he wist nocht quhat to   34,230
     say.

---

[1] In MS. *stone.*

Vpone ane feild ane litill fra ane toun,
He plantit thair than all his palȝeonis doun ;
And thair he baid and doun his tentis set,
Quhill efterwart new tydenis for to get.

How King Gregoure partit the Spulȝe and
    ressauit the Strenthis, and passit bak
    to Berwick agane.

This ilk Gregoure, of quhome I spak befoir,   34,235
Distribut hes to all man les and moir,
Thair all the spulȝe in the feild tha wan,
Rycht equalie to euerie lad and man ;
That euerilk man rycht glaidlie with his hart,
Into that tyme wes plesit of his part.   34,240
This beand done, withoutin moir demand,
The strenthis all war in Northumberland,
Ressauit hes at his plesour and will,
And all the laif he leit remanè thair still,
For small tribute ȝeirlie to him to pa.   34,245
Syne all the laif, quhen that he had done sua,
And maid gude reule in all part vp and doun,
Bakwart agane he come to Berwick toun,
Gaif all men leif for to pas hame thair wa.
Syne in that toun all wynter ouir he la,   34,250
And mony lord into his cumpany,
Quhill all wynter wes passit and gone by.

How Gregoure gatherit agane ane greit
    Power to pas vpone the Britis, and of
    ane Herald send be thame, and how the
    Scottis gat thair Land agane.

In symmer syne he gatherit sone agane
Ane grit power and passit to the lane,

Agane to conqueis, as my author wrytis,   34,255
The landis all war haldin be the Britis.
Of lenth and breid tha samin landis tha[t] la
Fra Stirling brigg evin south to Sulwa,
The Scottis landis lang and mony ȝeir,
War all befoir as ȝe ȝour self mycht heir.   34,260
Quhen that the Britis wnderstude and knew
So scharplie than he schupe thame to persew,
And of his loving als hard tell, and gloir
And victorie that he had wyn befoir;
Als in the tyme perfitlie weill tha wist,   34,265
Tha had no strenth his power to resist,
The Danis had thame so ouirset befoir,
And for that causs his help than till imploir,
And als that tyme to satisfie his will,
Rycht hastelie ane herald send him till;   34,270
With commendatione humlie fra thair hart,
Beseikand him that he wald tak thair part
Agane the Danis had thame sa ouirthrawin,
And all the landis that sould be his awin
At his plesour, and als all vther thing,   34,275
Into his handis glaidlie sould resing,
That samin tyme but ony stop or stryfe :
Than all the Britis euerie man and wyfe,
That duelland war that tyme into that land,
Tha suld remove but stop or ȝit ganestand.   34,280
Quhairof this Gregoure wes rycht weill content,
And sone thairtill that tyme gaif his consent ;
So did the laif without ony demand ;
Off that conditioun bund wes thair that band.   Lib. 10, f. 165.
Quhairof that tyme ilk partie wes rycht fane,   34,285   Col. 1.
The Scottis als gat all thair land agane.
In Albione than wes gude peax and rest,
Bot rycht schort quhile tha leit it rax or lest.

How Constantyne, King of Britis, efter his
    Fader deit, come in Scotland with ane
    Armie in Annand, and how King Gre-
    goure met him at Lochmaben.

The king of Britis, with Gregour maid this band,
Departit efter sone I wnderstand,   34,290
And Constantyne, efter he wes deid,
His sone wes crownit in his fatheris steid.
This Constantyne vnconstant in all thing,
Quhen that he knew how Alarud the king
Than vincust had the Danis euerilkone,   34,295
So lang befoir had vexit Albione,
Thair he forthocht in his mynd rycht soir,
That tha gaif ouir the landis of befoir
To this Gregoure, as ȝe haif hard me sa ;
And for that caus sone efter on ane da,   34,300
With all his power, but stop or ganestand,
He enterit sone into Vallis of Annand,
And suddanelie he raisit fyre and blude.
This king Gregoure quhen he hard how it stude,
Da na nycht that tyme he tareit nocht ;   34,305
With waill greit power southwert ay he socht.
This Constantyne that samin tyme send he
To Alarude for his help and supple,
The quhilk that tyme he did him sone deny,
As it wes said, for that same caus and quhy   34,310
He louit Gregour rycht weill with his hart,
Agane the Danis tuke so stout ane part.
This Constantyne, his ansuer quhen h eknew,
That he had done begouth rycht soir to rew ;
Of king Gregour that tyme wes so adred   34,315
With all the spulȝe hame agane he sped,
Quhen he hard tell king Gregour wes cumand.
This [1] ilk Gregour in Valis of Annand,

---

[1] In MS. *The.*

Quhair he proponit for to pas his wa,
Besyde Lochmaben met him that same da.　　34,320

How King Gregoure gaif King Constantyne Feild, and slew him with mony Britis, and how Harbert his Bruther wes crownit King of Britis efter him, and of ane Herald send to King Gregoure be Harbertus than King of Britis.

And suddantlie this Gregour gaif him feild,
And knappit on quhill mony ane wes keild.
Rycht mony Brit wes laid vpone thair bak,
And mony burdoun on thair banis brak;
Full mony one rycht cald wnder his scheild,　　34,325
That samin da la deid into the feild.
The Britis bald, for all thair pomp and pryde,
Into that battell mycht no langar byde.
This Constantyne thair king, that maid the trane,
That samin da into the feild wes slane,
And the tane half and far mair of his oist,
Into that feild siclike that da wes lost.
The laue rycht sone wes syne put to the war,
Out of the feild syne chaissit wes rycht far.
The Scottis syne quhilk followit on the chace,　　34,335
Quhair tha ouirtuik thame into ony place,
Without fauour thair, as thair mortall fa,
Scharpe swordis than thair ransone tha gart pa.
Quhen that the Britis knew thame self so war
Of power brokin, and of strenth rycht far,　　34,340
Thair king and lordis slane war in the feild,
Of all the laue the most part all war keild;
Also tha knew that tyme in Albione,
Freindis rycht few as than tha had or none;
And for that caus this Constantinus bruther,　　34,345
Harbert to name, wysast of ony vther,

Col. 2.

That samin tyme, as that my author writis,
With haill consent wes crownit king of Britis.
To king Gregoure ane herald sone send he,
Beseikand him of his hie majestie,   34,350
With what conditioun he plesit to mak,
Trewis that tyme betuix thame for to tak.
Sayand also, that he forthocht full soir
Of the grit wrang wes done to him befoir,
And said the wyit wes all into his bruther,   34,355
He wist rycht weill, that tyme and in na vther.
He had the wyit and gottin als the war,
And for his falt wes puneist than rycht far.
Thairfoir, he said, sen Constantyne is deid,
And all his malice passit wes and feid,   34,360
Beseikand him of his gude grace so hie,
For peice and rest, and lat all weiris be.

How King Gregoure gaif Ansuer to the Britis Herald.

King Gregoure sic ansuer maid agane:
" Forsuith," he said, " we haif considderit plane
" ʒour greit falsheid and infidelitie,   34,365
" ʒour variance and instabilitie ;
" As it hes previt rycht weill of beforne,
" ʒe se[t] nocht by how oft ʒe be mensworne ;
" ʒe haif no fayth, than how suld ʒe be leill
" For band or aith, for oblissing or seill,   34,370
" On buke and bauchill so oft is mensworne ?
" Quhairfoir," he said, "ʒour lautie [1] is forlorne ;
" Of me," he said, "no peax now sall ʒe have,
" Thocht ʒe that ilk list neuir so weill to crave,
" Without," he said, " ʒe resing in my hand   34,375
" All Vmbria and also Westmureland,
" To occupie at my plesour and will,
" And all the strenthis siclike thair intill,

---

[1] In MS. *lautis.*

" Or than," he said, "I will nocht with ȝow deill.
" And als, quhairwith to caus ȝow to be leill,   34,380
" Sextie ȝoung lordis for pledgis I will haue,
" Nocht ellis now I list at ȝow to craue.
" And gif ȝe think that sic thing can nocht be,
" In tyme to cum send nocht agane to me ;
" For and ȝe do, dreid les ȝe sall bair blame."   34,385
With this ansuer the herald passit hame ;
Befoir thame all schew his deliuerance,
Ilk word be word with all the circumstance.
Quhairof the Britis abasit wes rycht far,
Ȝit neuirtheles for dreid efter of war,   34,390
So weill tha wist, and Scottis wer thair fa,
In Albione no vther freind haif tha ;
And als thairwith, thair power wes so small,
Or dreid on force tha war maid bondis all,
And brocht rycht sone on to ane lawar stait,   34,395
Thairfoir that tyme tha wald mak na debait.
All his desyre than haif tha grantit till,
Quhat euir it wes rycht hartlie with gude will.

OFF THE BAND MAID BETUIX KING GREGOURE Lib.10.f.165b.
AND HARBART, KING OF BRITIS, AND OF ANE   Col. 1.
MESSINGER SEND FRA ALARUDE, KING OF
SUFFOK, TO KING GREGOUR, AND OF HIS
ANSUER ; AND HOW THE IRELAND MEN COME
IN GALLOWA, AND OFF KING GREGORIS PASS-
ING IN IRELAND, AND OF HIS VASSALAGE
AND VICTORIE WYN THAIR.

In that conditioun bund wes in that band
Westmaria and also Cumberland ;   34,400
Baith toun and touris with thair pledgis ȝing,
Deliuerit war to gude Gregour the king.
Syne the Britis that duelt into that land,
Gart thame remoif without ony demand,

Baith ȝoung and ald into that tyme ilkone,   34,405
Syne all togidder to the Walis ar gone.
The Scottis syne in thair saittis sat doun,
With pece and rest that tyme in euirilk toun.
This king Gregour, syne efter on ane da,
To Carraccone he tuke the reddy wa,   34,410
Quhair he remanit for ane weill lang space.
The samin tyme that he wes in that place,
Fra Alarud thair come ane messinger,
Quhilk said to him as I sall sa ȝow heir :
" O king and conquerour, of hie majestie !   34,415
" King Alarud rycht gudlie gretis the.
" Lattand the wit, O thow Gregour ! " he said,
" Of thi weilfair he is rycht blyth and glaid ;
" And bad me sa, als far as he hes feill,
" Of Constantyne the deid thow hes quit weill. 34,420
" Rycht grittiuslie also he thankis the
" Of supportatioun, help and grit supple,
" Thow hes maid him agane his mortall fo,
" Heirdunt that Dayne, and mony vther mo,
" Victoriuslie he[s] wyn thame all in feild,   34,425
" And mony thousand of thair men hes keild :
" Thair wes no travell that mycht gar the tyre.
" Quhairfoir," he said, " this is his most desyre,
" With the to mak ane colleg and ane band,
" In vnitie and concord for to stand   34,430
" Into all tyme, with glaid myndis and hart,
" And euerilkone for to tak vtheris part
" Aganis the Danis ar oure commoun fo.
" Gif plesis the," he said, " for to do so,
" Northumberland and als Westmaria,   34,435
" In peax and rest, and also Cumbria,
" In heretage for euir to be thi awin,
" But ony clame of ony vnouirthrawin."
This king Gregour, the quhilk wald nocht deny,
To his desyre consentit suddantly,   34,440

Syne maid that band with letters selit braid.
With thir conditionis than that band wes maid :
In heretage than that this ilk Gregoir
Suld bruik that land, as said is of befoir ;
And gif the Daynis cum into Ingland,   34,445
This ilk Gregour withoutin moir demand,
With all the power he mycht gudlie be,
This Alarud suld cum for to supple.
And Alarud suld do siclike agane ;
With all his power for to cum rycht plane   34,450
In[to] Scotland, quhen mister wer to be,
Agane the Danis for to mak supple.
The last conditioun, quhilk wes thrid in ordour,
Gif thift or reif wes maid vpon the bordour,
Suld be na caus thair bandis for to brek,   34,455
Bot tak the theuis and hang thame be the nek.
This king Gregour, of quhome befoir I spak,
In purpois wes for to seig Eborack :
So had he done than, schortlie to conclude,   Col. 2.
War nocht this herald come fra Alarud,   34,460
So freindfullie that maid with him this band.
For that same caus, as ȝe ma wnderstand,
In that mater he wald proceid no moir,
Bot left the purpois he wes in befoir.
This beand done, as I haif said but leis,   34,465
All Albione wes in gude rest and peice ;
Bot[h] Scot and Brit, and Inglismen also,
Quhair that tha list at thair plesour till go ;
Ilkone to vther for to cum and gang.
With king Gregour this lest[it] nocht rycht   34,470
    lang.
Syne efter that, as my author did sa,
Out of Ireland thair come in Gallowa
Ane grit navin that tyme attouir the flude,
And cruelly than baith with fyre and blude,
Rycht grit distructione maid ouir all that land ;   34,475
And for quhat caus I can nocht wnderstand,

Bot gif it wes, as I can weill beleve,
The hand of God and for thair awin mischeif,
And to extoll this ilk Gregour betuene.
Sone efter syne as it wes rycht weill sene,   34,480
The maner how syne efter of this thing,
Quhen it wes schawin to gude Gregour the king,
Rycht suddantlie, withoutin ony baid,
In Galloway with grit power tha raid,
Of bernis bald that stalwart wer as steill.   34,485
The Ireland men that knew thair cuming weill,
Into that land na langar wald remane,
But with grit spulȝe passit hame agane.
Quhen that tha saw it micht na better be,
With all his power passit to the se,   34,490
With barge and bark, and mony gay galay,
To Yrland syne he tuik the narrest way.
Syne at ane hevin, the narrest that tha fand,
At his plesour thair passit to the land ;
Syne suddanelie with grit anger and yre,   34,495
Ouir all tha partis bayth with blude and fyre,
Throw crabitnes with grit crudelitie,
Greit slauchter maid that petie wes to se.
The Irland lordis quhen tha knew sic thing,
Tha dred rycht soir becaus Duncane[1] thair king   34,500
So ȝoung he was, and tender age that tyde,
That he douch[t] nother for to gang nor ryde.
And mairattouir, rycht weill that tyme tha wist
That tha docht nocht this Gregour to resist,
Victour had bene in mony feild befoir   34,505
Agane far grittar, and had wyn sic gloir.
And for that causs, of all thing mair [or] les,
Tha thocht agane to him to mak redres
Of all injure wes done befoir him till,
And put the doaris ilkane in his will.   34,510
In that counsall wes mony lordis ȝing,
That be no way wald consent to that thing ;

---

[1] In MS. *Fergus*.

Into that tyme alledgand mony lawis,
For-quhy thair self of all that thing wes caus,
And wes begun be thair counsall and will,   34,515
And for that causs wald nocht consent thairtill.
And so that cuntrie in that tyme wes gydit;
The lordis all in tua parteis diuydit,
And euerilk part ane chiftane of thair awin,
Hes maid that tyme in sindrie partis drawin.   34,520
Ane hecht Corneill,[1] of greit honour and fame,   Lib. 10, f. 174.[2]
Brenus the tother callit wes to name,   Col. 1.
Thir tua that tyme betuix thame trewis hes tane,
Syne baith to feild aganis Gregoure ar gane.
Ane greit montane into that tyme thair stude,   34,525
Callit Futes, rycht neirhand Banus flude ;
Betuix the mont and this ilk flude also,
The passage wes richt narrow for till go ;
And vther passage neir that place wes nane,
For mont and mos, and myris mony ane.   34,530
The Irland men foirnent that passage lay
In tua greit oistis, for to keip that way,
That weill tha wist the Scottis be no gyn
That tha culd mak, that passage docht to wyn.
Betuix the montane and the water cost,   34,535
So narrow wes, ane rayit feild or oist
Rycht perrelous than wes to leid and gyde,
Seand thair fais on the tother syde.
In that beleif the Ireland men thair la,
Traistand king Gregour sould pas sone awa ;   34,540
In falt of victuall micht nocht tarie lang,
And for that caus the soner hame wald gang.
It wes nocht sua, thairof tha had no feill,
For fiftie dais tha war furneist rycht weill

---

[1] In MS. *Cornall.*   [2] This, and the next seven folios, misnumbered.

In meit and drink, and in all vther thing,   34,545
As wes commandit by Gregour thair king.
Thair vse wes than in oisting, quhilk wes gude,
To suffeis thame with litill sleip and fude,
Quhen mister wer, and in greit neid tha wald,
With litill meit and drink the water cald ;   34,550
Of soft sleiping tha tuik rycht litill cuir,
And doucht rycht weill grit travell to induir.
Thair still at laser so tha la ane quhile,
Quhill at the last this Gregour fand ane wyle,
With greit prattik thair passage for to wyn,   34,555
Withoutin straik to enter and pas in.
Tua thousand men, that waldin war andwycht,
Rycht quietlie that montane on the nycht
He gart ascend wnto the tother syde,
And all that nycht amang bussis thame hyde.   34,560
Syne on the morne, ane lytill efter day,
Ane garneist battell gart the strenth assay
In gude ordour, at grit laser and lenth.
The Ireland men that keipand wes the strenth,
Vnder the fute of that grit mont tha stude   34,565
In gude ordour ane rycht grit multitude.
The Scottis than vpoun the hicht abone,
Tha schew thame all and come in sycht rycht sone.
Rycht mony craig and mony stone withall,
Aboue thair heid gart tummill and doun fall;   34,570
With so greit force discendand fra the hicht,
Exceidand than all mannis strenth and micht,
That strangest wes to stand wnder thair straik,
Thocht he had bene als stark as ony aik.
Amang thair palȝeonis with sic force tha fell,   34,575
That wonder wes to ony toung to tell.
Ane thousand [than], without ony reskew,
Of Brenus men into that tyme tha slew ;
And all the laif tha war so soir adred,
Out of that feild withoutin straik tha fled,   34,580

And left thair tentis in the tyme alone
Standand thair still, and passit hame ilkone.
The Scottis follouit on the chace rycht fast ;
This Corneill than rycht soir he wes agast,
Quhen that he saw thame follow on the chace ; 34,585
He left his tentis standand in that place,
With all the power in the tyme he had,
In gude ordour richt fast awa he fled.
The Scottis men that follouit on the chace,
Vp and doun in mony sindrie place, 34,590
Rycht mony tuik and few of thame wes slane,
And syne to Gregour brocht thame [hes] agane.
Quhen this wes done the nobill king Gregoure
Distribut hes the spulȝe, les and moir,
To euerie man as he wes worth to haif ; 34,595
Wes none exceptit be the leist ane knaif.
The captane Brenus in that samin steid,
Into his palȝeone than wes fundin deid ;
Baith heid and hals wes hakkit all in schunder,
With crag and coist, and all the bonis wnder, 34,600
War brissit and brokin in pecis small ilkone,
All throw the straik than of ane mekle stone.
His men wes tane desyrit thame to haue
His deid bodie to burie into graue :
The quhilk the king hes grantit with gude will, 34,605
And he him self hes maid grit help thairtill.
This being done, king Gregour gaif command,
Bayth far and neir ouir all part of that land,
Bad tak and spulȝe haistelie with speid,
Quhairof that tyme tha had mister and neid ; 34,610
Fra fyre and blude he bad tha suld abstene ;
Wemen and barnis and agit men betuene,
To preist or clerk no violence to mak ;
All other men commandit for to tak,
Withoutin hurt other of lyth or lym, 34,615
That fensabill war and bring thame all to him.

And so tha did within ane litill space ;
Bot he agane so meik wes of his grace,
Quhome euir tha brocht, bot ony harme or ill,
He leit thame pas at plesour quhair tha will.　34,620

How the Men of Gude in Ireland come to King Gregour, and how he wan Tua Townis thair and was mercifull to Kirkmen and Commonis.

The men of gude that duelt into that land,
Quhen that sic thing wes done thame wnderstand,
How Gregour wes so manesuetude and meik,
So courtas, laulie, and so gentill eik,
Into that tyme richt mony come him till,　34,625
Bayth gude and bad,[1] and pat all in his will.
Rycht curtaslie he did thame all ressaue,
And mony giftis in the tyme thame gaif;
Quhairthrow the strenthis that war in that land,
Richt mony war resignit in his hand ;　34,630
Mony of force and mony of frie will,
Bot ony tretie maid that tyme thame till.
Dongard and Pont, tua strang townis war than,
Seigit thame bayth and in the tyme thame wan.
Quhen tha war wyn and put into his will,　34,635
He wald thoill no man for to do thame ill,
In ony thing pertening skaith or lak;
Out of the toun no spulʒe wald let tak,
Exceptand mony, harnes, and sick geir,
For to diuyde amang his men of weir.　34,640
Wes none so pert, in pane than of his lyfe,
That durst defoull wedow, virgin or wyfe ;
Preist nor clerk thair durst no man displeis ;
Siclyke as thir tha leit thame leif in eis.

---

[1] In MS. laud.

How King Gregoure thocht to seig Deby-
leyn and was stayit, and how Corneill
gatherit aganis him ane greit Armie off
Ireland Men.

Quhen this wes done he purposit for to pas   34,645
To Debyleyn within schort space, that was
The fairest citie and the grittest toun
In all Ireland, and most wes of renoun,
Of gold, and riches, and of all honour;
So is it ʒit wnto this samin hour.   34,650
Onto this toun ane seig he thocht to lay;
And as he wes so passand by the way,
Ane spy that time thair come to him and schew
Of captane Corneill, laitlie of the new
Lieutennand maid wes than of all Ireland,   34,655
And with greit power cumand at his hand,
And mony bald men with greit bost and schoir,   Lib.10, f.174b.
In so greit number saw tha neuir befoir.   Col. 1.
Quhen this wes tald to gude Gregoure the king,
As he richt weill considder culd sic thing,   34,660
Thair he tuke purpois all nycht to remane,
And planetit palʒeonis on ane plesand plane;
And all that nycht with mony watche and spy,
Still at thair rest quhill on the morne did ly.
Syne on the morne, be that the da wes licht,   34,665
The Irland men apperit all in sicht,
Diuydit war into thre battellis bald,
In ilk battell ten thousand men weill tald.
Siclike the Scottis on the vther syde,
In thre pairtis thair power did diuyde;   34,670
With mony standart streikit in the air,
And mony baner browdin wer full fair,
And mony pynsall of pictour rycht so proude,
And mony bugill blawand than full loude.

OFF THE BATTELL BETUIX KING GREGOUR AND CORNEILL, QUHA FLED AND TYNT THE FEILD, AND HOW THA ASKIT PEAX.

Be this the bowmen in the feild befoir,   34,675
With scharpe schutting maid mony sydis soir ;
The speris syne, tha[t] war baith greit and lang,
Tha enterit all into the grittest thrang.
So thralie thair togidder that tha thrist,
That scheildis raif and mony birny brist ;   34,680
Helme and habrik schorne war all in schunder,
And mony berne maid bludie that war wnder ;
And mony schulder out-throw the scheild wes
    schorne,
And mony bald man of his blonk wes borne.
This Corneill [1] syne it hapnit vpone cace,   34,685
For to luke vp with ane discouerit face,
Into the feild for to behald and spy ;
Or euir he wist, rycht sone and suddantly
Ane fedderit flane that in the feild did fle,
Smyt him so soir ane lytill by the ee,   34,690
In to the face, with sic ane werkand wound,
That force it wes out of the feild to found
On ane grit hors neirby reddie he hed.
Quhen that his men knew weill that he wes fled,
So grevit wes thairof and so agast,   34,695
Out of the feild tha follouit all rycht fast.
The Scottis than that knew full weill that cace,
Efter thame than tha maid a rycht lang chace,
Heir and thair in mony sindrie sort,
Of Debalyn quhill tha come to the port ;   34,700
With dyntis dour dingand thame euir doun,
Quhill tha war all ressauit in the toun.

---

[1] In MS. *Cornall.*

Of Ireland men sa mony than wes slane,
Without beleif in tyme to cum agane
To haif power, or ȝit for to pretend,   34,705
To gif thame feild or ȝit mak ony defend.
This king Gregour syne on the secund day,
To Debalyn he tuik the narrest way,
And syne laid ane seige round about the toun,
Quhair mony lord and mony bald barroun,   34,710
And mony ladie semelie wes be sycht,
And mony wyfe and mony vther wycht,
And mony berne into the toun wes bred,
And mony freik out of the feild wes fled,
Within that toun, quhilk wallit wes with stone, 34,715
In to that tyme remanand wer ilkone.
This samin seig syne, as my author sais,
Indurit efter bot waill few dais,
So mony pepill wes within the toun,
Sic multitude in sic confusioun,   34,720
Quhair thair vittall grew bayth scars and skant,
Of meit and drink amang thame wes grit want;
In falt of fude sic stres thair haif tha tane,
Tha war in poynt to perische than ilkane.
And quhen tha saw it stude thame in sic neid, 34,725
To counsall all rycht suddanelie tha ȝeid,
For to aduise quhat best wes to be done ;
And sum thair wes that counsall gaif richt sone,   Col. 2.
Agane Gregour with battell to contend,
And tak sic chance as God wald to thame   34,730
    send,
And nocht to cum that tyme into his will.
And wysar men that thocht that counsall ill,
Tha said agane, tha wist full weill but dreid,
And tha did sua tha wald cum lidder speid ;
To put that citie and that royall toun   34,735
In jeopardie of sic distructioun,
As God forbid, and so hapnit to fall,
But ony dout than war tha lossit all.

" And be this toun now suir [is maid] but
    skaith,
" Throw quhome ouir honour and ouir profit   34,740
    bayth
" Will grow agane rycht sone als and restoir
" To als grit stait as euir it had befoir.
" Heirfoir," he said, " my counsall is bot leis,
" To preif with him gif that we can mak peice,
" And quhat conditioun lykis him to haif ;   34,745
" Be he curtas, he will nocht ouir far craif."

HOW ANE MESSAGE WES SEND TO KING GRE-
    GOURE, AND OF HIS ANSUER AGANE, AND HOW
    THE KIRKMEN MET KING GREGOURE WITH
    PROCESSIOUN AND RANDERIT HIM THE TOUN
    OF DEBALEYN, AND OF HIS DIUOT OFFERING,
    AND HOW HE PUNEIST THE DEFOULLARIS OF
    WEMEN.

Efter this counsall wes euerie man content.
This ilk Cormak in message syne tha sent,
The counsall gaif, ane man of grit renoun,
Archibischop als wes of that samin toun.   34,750
This Cormacus rycht humill and benyng,
Quhen that he come befoir Gregoure the king,
Rycht laulie than befoir him on his kne,
Thir samin wordis in the tyme said he :
" O royall king, and hie excellent prince !   34,755
" Sen we forthink the falt and grit offence,
" Offendand the that done wes of befoir,
" Throw quhome," he said " we puneist ar rycht
    soir ;
" And thow far moir als gottin hes thi will,
" Na euir thow trowit in ony tyme cum till ;   34,760
" Sen gratius God, the gevar of all gloir,
" Hes grantit the of ws to be victoir.

" Thairfoir," he said, " it semis weill to the,
" Of vincust pepill for to haif pitie,
" Without defence lyand amang thi feit,   34,765
" In quhome," he said, " is nother pryde nor heit.
" Also oure king the quhilk is within age,
" Quhometo tha aucht be law of rycht lynage,
" Sen ʒe ar baith of ane genelogie,
" His governour and protectour till be.   34,770
" And als," he said, " this nobill royall toun,
" No honour is to put to confusioun,
" The quhilk thow aucht [for] to defend of rycht.
" Thairfoir," he said, " sen thow art curtas knycht,
" And als in the sic lautie is but leis,   34,775
' We the beseik of thi kyndnes and peace,
' And tak ws all this tyme in [to] thi will,
" With quhat conditioun thow will put ws till."
Quhen this wes said befoir thame all in plane,
This wes the answer that he maid agane :   34,780
" Forsuith," he said, " as I ma rycht weill prove,
" I haif just caus this battell for to move,
" For ʒe ʒour self begouth in me sic thing.
" As for ʒour toun, and ʒoung Duncane ʒour king,
" In that mater gif I haif oucht ado,   34,785
" No answer now that I will mak ʒow to,
" Quhill tha be baith first put in to my will,
" Syne I wilbe aduysit thair intill,
" And thairefter ʒe sall haif answer than ;
" And will ʒe nocht, the best way that ʒe can   34,790
" Defend ʒour self als gudlie as ʒe ma."   Lib.10. f.175.
Col. 1.
With this answer he passit hame his wa ;
Syne in the toun befoir the nobillis aw,
This Cormacus that same answer did schaw.
Suppois thairof tha war nocht weill content,   34,795
Ʒit neuirtheles, with all thair haill consent,
Tha opynit than the portis of the toun,
Syne passsit furth all in processioun.
        VOL. II.   H H

Baith preist and clerk thairin wes les and moir,
In that processioun formest come befoir ;   34,800
Syne Cormacus come bairand in his hand
Ane crucifix of birnand gold schynand,
In quhome the image of ouir Saluiour
Affixt wes with perfite portratour;
Syne all the nobillis come efter on breid,   34,805
Ilkone that tyme in thair awin ordour ȝeid.
This Gregour syne he met thame be the way ;
That samin tyme, as my author did say,
Commandit hes his men all for to stand
In gude ordour thair round about his hand.   34,810
Syne he him self discendit from his hors,
And on his kneis kissit hes that cors
Rycht reuerentlie, syne rais vpoun his feit,
Into the toun syne steppit furth the streit,
Amang the lawe in that processioun,   34,815
Quhill that he wes ressauit in the toun ;
And passit all syne baith on fit and hors,
Quhill that tha come onto the mercat croce.
Syne mony bald men into armour brycht,
In all that tyme that wes bayth wyss and   34,820
     wycht,
This king Gregour into that place gart byde,
For aventure that efter micht betyde.
Syne passit is withoutin ony tarie,
Onto the tempill of the Virgin Marie ;
Diuotlie thair his offerand he maid,   34,825
Syne raikit on withoutin ony baid,
Till all the kirkis [that] war in the toun,
Of secular preistis and religioun,
Rycht reuerentlie thair kneilland on thair kne,
With grit deuotioun his offerand than maid   34,830
     he.
Quhen this was done, with his lordis ilkone,
On to ane castell ar togidder gone,

Rycht strenthe wes into the toun that tyme,
That biggit wes of poleist stane and lyme ;[1]
And thair intill tha tuke thair rest all nycht.   34,835
Ane grit armie than into basnetis brycht,
In sindrie partis vp and doun that streit,
All the nycht ouir stude walkand on thair feit,
With mony wache that nycht vpoun the wall,
For aventure that efter micht befall.   34,840
That samin nycht mony wemen or da
Defoullit war, as my author did sa,
Agane thair will be thame that woik that nycht :
Syne on the morne, quhen it wes fair da lycht,
Rycht soir complaynt thair wes maid to the   34,845
    king,
Quhilk wes commouit rycht far at that thing.
Grit diligence thairfoir he hes gart mak
To seik and find, in handis syne gart tak
All thame that tyme wer doaris of that deid ;
The widdie syne he gaif thame to thair meid.   34,850
Quhilk causit him the moir fauour to haif
Of Ireland men, lordis and all the laif.

HOW KING GREGOURE WAS MAID TUTOUR TO
    DUNCANE, KING OF IRELAND, AND ALL HIS
    STRENTHIS GEVIN IN HIS HAND WITH PLEDGIS,
    AND COME HAME IN SCOTLAND, AND OF HIS
    NOBILNES AND DEID.

In that samin tyme in that toun quhair he la,
The lordis all convenit on ane da,
Of Irland men than be the leist ane lord,   34,855
With king Gregour to mak peice and [con]cord.

---

[1] In MS. *tyme.*

Efter lang auisment into mony thing,
Accordit wes betuix thame and the king
That ȝoung Duncane suld be thair king and prince,
Thame self also without fraude or offence,   34,860
Into thair keiping and thair cuir suld haif,
Quhair no disceptioun docht him to dissaue.
And king Gregour suld to him tutour be,
And judges mak of his auctoritie,
As plesit him all tyme, bayth ane and aw,   34,865
Ouir all Ireland to execute the law.
Syne all the strenthis that war in that land,
To be resignit ilkane in his hand.
No Brit nor Saxone that come be the se,
Within that land for to ressauit be ;   34,870
Without his leif se tha resauit nane.
Syne sextie pledgis of thame he hes tane,
Into ane takin tha suld all trew be ;
Syne with his armie passit to the se,
With all his lordis that tyme les and moir,   34,875
Come hame agane with grit honour and gloir.
This worthie, nobill, hie, excellent prince,
In all his tyme did neuir none offence ;
No violence be him wes neuir wrocht,
Without rycht far on him that it war socht.   34,880
Syne all his tyme quhilk efter wes rycht lang,
In peax and rest, withoutin ony wrang,
With law and justice and greit equitie,
And luif also, his kinrik gydit he.
Of halie kirk protectour and defence   34,885
Fra opin wrang and frome all violence.
All febill folk at him gat ay refuge,
To riche and puir he wes ane equale judge,
At all power without partialitie,
So just he wes in his auctoritie.   34,890
Wes neuir one moir equale led his lawis,
And les detractit with ilk mannis sawis,

Col. 2.

Or les invyit in his tyme nor he,
Quhilk had sic honour and auctoritie,
In all Europe had nother maik no peir. 34,895
Syne of his ring the tua and tuentie ʒeir,
And of oure Lord aucht hundreth wes compleit,
Nyntie and thre to mak the number meit,
With grit murning of euerie man and wyfe,
Departit hes out of this present lyfe. 34,900
In Iona Yle syne in Ecolumkill,
With all honour that mycht be done him till,
In gudlie wyiss tha put him in his grave,
With moir triumph nor ony of the lawe.
My pen wald tyre and als my self wald irk , 34,905
My rude ingyne wald bayth grow doll and dirk,
And occupie the maist part of my lyfe,
Gif I suld heir his worthines discryfe.
My wit also insufficient is thairto,
And I myself sa mekle hes till do, 34,910
That I ma nocht weill tarie in sic thing ;
Bot weill I wait, ane better prince or king
Wes neuir nane of all the nobillis nyne,
Nor lang befoir nor ʒit hes bene sensyne.
The Ireland men and Britis to also, 34,915
And Danis strangar no the tother tuo,
Thir thre nationis he maid thame till obey ;
The fourt als grit durst neuir mak him pley,
That is to say the wickit Saxonis blude,
In all his tyme of him sic aw tha stude. 34,920
And he had bene into Homerus tyme,
Quhilk maid in Grew sa mony vers and ryme,
And he him self also ane Greik had bene,
Rycht weill I wait, and nothing for to wene,
His name had spred ouir all the warld alss 34,925
    wyde
As Cesaris did for all his pomp and pryde.
Sen I am nocht expert for to discryve
His nobill deidis and his famous lyfe,

Lib.10, f.175b.
Col. 1.

Quhairfoir ilk man tak ȝe gude tent that reidis,
Quhen ȝe haif hard and considderit his deidis,   34,930
Than mak ȝe ruiss as ȝe think maist avale,
For I will turne agane now to my taill.

How King Donald was crownit efter the Deceis of King Gregoure, and of his ,worthie Deidis and gude Justice, and his Departing.

Donald the fyft, the[1] sone of Constantyne,
Of quhome befoir I schew ȝow schort quhile syne,
Efter Gregour, with consent of ilkone,   34,935
In Scone wes crownit on the marbell stone.
In law and justice and [in] equitie,
No les no Gregour in his tyme wes he.
Ane man he wes that keipit ay gude peice,
Stoppit all wrang and gart all weiris ceis.   34,940
In peax and rest and greit tranquillitie,
Fra his begynnyng to his end[2] rang he ;
And mony gude werk in his tyme he wrocht,
Honorand God in all thing that he mocht.
To kirkmen als he did grit reuerence,   34,945
Wes nane durst faill or do to thame grevance.
The name of God in sic honour held he,
Quhat euir he wes, of hie or law degrie,
The name of God blasphemit ony tyme,
And he war notit with sic falt or cryme,   34,950
With ane hett yrne wes brint vpone the mouth ;
Fra that tyme furth sic aythis wes not couth.
War thair sic lawis vsit in thir dais,
Rycht weill I wait, in ernist and in plais,
Men wald be lownar in thair langage far,   34,955
And meikar als than now on dais tha ar.

---

[1] In MS. *the fyft.* | [2] In MS. *ending.*

I pray to God, remeidar of all thing,
Gif I mycht se in my tyme sic ane king.
Bot weill I wait thir wordis ar in vane,
Thairfoir I will turne to my taill agane　　34,960
Now at this tyme, and lat sic talking be,
Sen weill I wait it will nocht mend for me.
That samin tyme in my storie I fand,
How that ane man come fra Northumberland,
And schew the king of ane that hecht Gormond, 34,965
Ane[1] fellar freik wes nane that mycht be fond,
Ane Dane he wes new cuming ouir the sand,
Arryuit had into Northumberland,
With greit power into that land he la,
To quhat purpois he culd nocht to him sa,　　34,970
Bot in that land he left him liand still,
Without offence to ony man or ill.
This king Donald quhen he saw him sa so,
In gudlie haist he graithit him till go,
Withoutin stop that tyme or ȝit ganestand,　34,975
With greit power into Northumberland.
And as he wes syne passand be the way,
He met ane man, the quhilk to him did say
That this Gormond, but ony stop or cummer,
Than fourtie myle beȝond the water of Humber, 34,980
Far south that tyme wes passit in Ingland.
This ilk Donald quhen he did wnderstand
His purpois wes, quhen it wes rycht to ken,
That tyme to pas agane the Inglismen,
Fyve thousand men that walit war rycht wycht, 34,985
In breist[plait], braser, and in birny bricht,
To Alarud, of Ingland king, he send,
Agane Gormond him to help and defend,
As the conditoun maid wes of befoir,
With Alarud and nobill king Gregoir.　　34,990

---

[1] In MS. *In.*

This Alarud syne efter that few dayis,
With this Gormond, as that my author sayis,

With mort battell tha met vpoun ane plane,
Quhair mony thousand on ilk syde wes slane
Into that feild of mony nobill man,   34,995
Thocht Alarude the victorie thair wan.
And thocht the Danis fled and left the place,
That he durst nocht follow vpoun the chace,
For-quhy his power parit wes to nocht,
The victorie to him wes so deir boucht;   35,000
Rycht soir he dred be this Gormondus menis,
Into Ingland that he sould bring ma Denis;
Perfitlie als he knew thairwith and wist,
And he did so, he micht him nocht resist,
And for that caus with him he hes maid peice, 35,005
Of this conditioun as I sall heir reherss.
That this Gormond sall tak the faith of Christ,
And all his men ilkone, and be baptist,
Of halie kirk for to fulfill command,
And vse sic law in Ingland as tha fand.   35,010
And Alarude the kinrik sould diuyde,
Tak him the tane, leve him the tother syde,
In heretage for euirmoir to bruke;
Of this conditioun trewis than tha tuke.
Than this Gormond and all his men ilkone   35,015
Wes baptist syne, and him self Ethalstone
Callit to name into the tyme wes he,
And left the name [syne] of gentilitie.
Quhen this wes done tha weiris than did ceis;
For all his tyme he levit in gude peice.   35,020
That samin tyme, as my author did sa,
Betuix Rosmen and men than of Murra,
For litill caus thair fell ane greit discord.
Within schort quhile, gif that I richt record,
Dalie in feild without armour or geir,   35,025
Tua thousand men war slane into that weir.

This king Donald of that quhen he hard tell,
With mony freik he fuir attouir the fell,
Weill bodin war all into armour bricht,
Withoutin tarie other da or nycht,   35,030
In ony tyme than other mair or les,
Quhill he come to the toun of Inuernes.
Off euirilk syde that tyme the pairteis all,
Befoir him self in jugement than gart call ;
And sone tha fand the foundaris of that wrang, 35,035
And thame also manteinit it so lang ;
Syne sentence gaif, as seruit weill to be,
For that same falt ilkane of thame till de.
And so tha did ; syne on the secund da,
Quhen this wes done the king passit his wa,   35,040
Into quhat place that tyme plesit him best,
And left that land into gude peice and rest.
So wes it ay for terme of all his lyfe ;
In all Scotland wes nother man no wyfe
That maid ane falt, fra tyme that it war kend, 35,045
Bayth puneist war and compellit to mend.
In all his tyme so equallie he rang,
Wes neuir one durst do ane vther wrang ;
His fais als of him had ay greit dreid ;
Helplike he wes to euerie man in neid,   35,050
Full of largnes and liberalitie.
Syne all his tyme in greit tranquillitie,
In peax and rest, as I haif said ȝow heir,
Quhill of [his] ring quhilk wes the ellevint ȝeir,
Departit hes and passit to the lave,   35,055
In Iona Yle quhair he wes put in grave ;
Of him that tyme grit travell that [thai] tuik.
Loving to God heir endis the tent buik.

How Constantyne was crownit King of Scot-
land efter this King Donald, and how
Edward, King of Ingland, send to him
ane Herald, and of his Ansuer agane,
and how King Edward was constranit to
tak Peax.

Ane nobill man wes callit Constantyne,
Thrid of that name efter this Donald syne,   35,060
The sone he wes of Ethus Alapes,
He crownit wes into that tyme but les,
Quhilk louit peax above all vther thing.
That samin tyme Edward of Ingland king,
Efter his father Alarud wes deid,   35,065
Wes crownit king succeidand in his steid.
This ilk Edward ane herald sone hes send
To Constantyne with hartlie recommend,
Quhilk in that tyme hes done him wnderstand,
All Cumbria and als Northumberland,   35,070
Without agane that he did thame restoir,
The quhilk king Gregour reft fra thame befoir,
He schew to him than, schortlie to conclude,
He suld persew him bayth with fyre and blude.
This Constantyne sic ansuer maid him till,   35,075
" He salbe met, cum on quhen euir he will."
And bad him [sa] that he sould schortlie schaw
Of him he stude full litill dreid or aw;
Prayand to God that all the perrell lycht
Quhilk of thame tua, withoutin titill of rycht,   35,080
That presit first sic battell till persew.
The messinger ʒeid hame agane and schew
Ilk word by word as I haif said ʒow heir.
Continiewalie the space syne of ane ʒeir,
On euerilk syde with presoner and pra,   35,085
But mort battell, dalie wer doand sua.

The Inglismen fra that that weir began,
Ilk da be da tha tynt mair na tha wan,
And of thair purpois come rycht hulie speid,
And of the Danis war in to sic dreid, 35,090
Seand thair power convales and stoir
Ilk da be da the langar ay the moir,
And for thir causis than tha war rycht fane
With Constantyne for to mak peax agane.
'Syne to the Danis turnit hes thair ire, 35,095
And mony theif into the tyme did hyre
To steill and reif out of the Danis land,
To fynd ane caus, as ȝe ma wnderstand,
To caus the peax betuix thame to be brokin,
With so greit wrang vpone thame to be 35,100
    wrokin.
And so thai did richt oft quhill tha war tane,
And syne on ane gallous hangit than ilkane.
The Inglismen thairof thocht greit dispyte,
In Lundoun toun syne on ane tyme rycht tyte,
Rycht mony Dene that in the toun wes than 35,105
In merschandrice, tha slew thame euerie man.
Cithircus than of Danis that wes lord,
Of this greit wrang quhen he hard than record,
Syne on the morne or it wes houris ten,
Gart sla als mony of the Inglismen, 35,110
Brent[1] thair bigging and brocht awa thair gude.
Syne at the last with all thair multitude,
On euery syde quhar at the da wes set,
Vpone ane feild the parteis bayth thair met.
And had nocht bene the mediatioun 35,115
Of mony bischop, with intercessioun,
Rycht mony thousand that da had bene slane,
Quhilk causit thame for to concord agane,

---

[1] In MS. *Brocht.*

Syne handis schuke, and all thing wes gone by
Remittit wes without melancoly.   35,120
This king Edward that tyme he had na air,
Bot ane dochter rycht plesand and preclair,
Ane virgin clene and vnfyllit of fame,
Quhilk Beatrix wes callit to hir name,
To Cithircus [1] in mariage he gaif   35,125
Till be his wyfe ; gif hapnit him to haif
Ane sone of hir, promittit wes that he
Of all Ingland the king and prince suld be.
Of that conditioun bund wes vp that band,
As traistit wes for euir moir sould stand   35,130
In greit fauour, for sic affinitie
As ressone wald betuix thame tua suld be.
This king Edward, in storie I haif fund,
Ane bruther had that callit wes Edmund ;
This Cithircus [2] rycht subtill[ie] he wrocht,   35,135
For to destroy this Edmond and he mocht.

Col. 2.

And so he did sone efter, wait ʒe how,
His bruder Edward he gart fermlie trow,
That he schupe him with poysoun to distroy,
Quhilk causit him to tak thairof greit noy,   35,140
And for that caus in Flanderis he him send,
Into ane schip that mycht nocht weill defend,
Suppois the se wes neuir so soft and sound :
In that passage this ilk Edmund wes dround.
This king Edward that sonis than had none,   35,145
Bot ane bastard wes callit Ethalstone ;
And quhen he knew how that his eme wes deid,
So soir he dred for thair falsheid and feid,
Rycht quietlie he passit on ane da
Out of Ingland into Armorica ;   35,150
And thair he did ane weill lang quhile remane,
Quhill efterwart that he come hame agane.

---

[1] In MS. *Cithircum*.   [2] In MS. *Cirthircum*.

How Cithircus[1] thocht to haif slane King
 Edward, and how this Cithircus[1] Wyfe
 reveillit the Tressoun to hir Father,
 quha poysonit the said Cithircus for
 that Caus.

This Cithircus,[1] quhen that he knew anone
Edmound wes deid and Ethalstane wes gone,
He traistit weill, and Edward had bene deid,   35,155
Of all Ingland withoutin ony pleid
For to be king, and weild it at his will;
Decretit syne, and he micht cum thairtill,
This king Edward that he suld put to deid,
So secreitlie that he sould haif no feid.   35,160
Cithircus wyfe, fra scho this counsall kend,
Rycht quietlie to hir father scho send
Ane secreit seruand schew him all the cace,
Ilk word be word at lang lasar and space.
Than king Edward quhen he his consall knew,   35,165
How that it wes as this seruand him schew,
For verry tene commouit with greit ire,
And fulle of fume as hot as ony fyre,
With atrie visage and with glowrand ene,
Out of his mynd almaist that he had bene.   35,170
And so it wes, as semit weill but lane,
That samin tyme him awin self he had slane
For verra tene, had nocht bene tha by stude,
Quhilk stoppit him and wald nocht lat him dude.
Syne efterwart, for that same caus and quhy,   35,175
Hes awin dochter he hes gart preualy
This Cithircus[2] with poysoun put to deid;
And so scho did and so endit his feid.
The Saxonis feid wes neuir leill na trew,
As ʒe ma knaw be this woman that slew   35,180

---

[1] In MS. *Cithercus.* | [2] In MS. *Cithircum.*

Hir awin husband, that hir sic credence gaif;
Beleif ӡe weill siclike of all the laif.

How Cithircus[1] Tua Sonis pat his Wyffe to Deid, and how tha maid Battell aganis King Edward and slew him in Feild.

This Cithircus[2] tua sonis had that tyde,
Ane Aweles, ane vther Godefryde.
Thir tua brethir efter thair fatheris deid,   35,185
Rycht equalie tha rang into his steid,
In governyng and haill auctoritie,
With haill consent so ordand wes to be,
Bayth of thame self and all thair multitude.
Quhen that wes done than, schortlie to con-   35,190
    clude,
Greit diligence ilk da with greit desyre,
Thair fatheris deith to speir and to inquyre.
Quhill at the last richt cleirlie it wes schawin,
That samin tyme, be seruandis of his awin,
Lib.11, f.176b. How that his wyfe, but ony caus or feid,   35,195
Col. 1. With hir awin handis had poysonit him to deid.
Quhairof tha thocht ane mendis for to haif,
And so tha did, quhilk wes nocht lang to craif.
Tua rostit eggis, het as ony fyre,
Wnder hir oxtaris in hir tender lyre,   35,200
Tha band thame thair, quhilk brint hir to the
    deid.
Thus endit scho that first begouth that pleid.
Syne efter this the tua brether so bald,
And king Edward, of quhome befoir I tald,
With baith thair poweris met vpone ane plane,   35,205
Quhair mony one on euerie syde wes slane,

---

[1] In MS. *Cithercus.* | [2] In MS. *Cirthircus.*

Of nobill men that waponis weill culd weild.
The Inglismen, suppois tha wan the feild,
It wes deir bocht, that dar I hardlie sa,
Edward thair king wes slane thair that same   35,210
    da.
And thocht the Daynis fled out of the feild,
Fra tyme tha knew that king Edward wes keild,
Prouydit hes ane new power agane,
To gif thame feild becaus thair king wes slane;
Traistand thairfoir, withoutin ony dreid,   35,215
Of thair purpois for to cum better speid.

HOW AWELES PASSIT IN SCOTLAND TO KING CON-
    STANTYNE AND PURCHEST TEN THOUSAND
    MEN OF SCOTTIS FOR HIS SUPPLE AGANIS
    INGLAND PURPOSING TO SUBDEW IT, AND OF
    ETHALSTANE, BASTARD SONE TO EDWARD,
    KING OF INGLAND, AND HIS DEIDIS.

This Aweles quhilk wes the eldest bruther,
Into that tyme decretit hes the tother,
The quhilk to name wes callit Godefryde,
The Danis all in Ingland for to gyde.   35,220
This beand done him awin self passit syne
Vnto Scotland wnto king Constantyne.
With fair hechtis and mony greit reward,
Corruptit hes bayth king, lord and laird;
Quhilk causit thame but caus to brek the band 35,225
Wes maid befoir to kingis of Ingland.
Ten thousand men that worthie war and wycht,
Of nobill blude, all into armour brycht,
With Aweles in Ingland than tha send,
Quhilk efterwart that maid ane febill end.   35,230
Malcome, the sone of gude Donald the king,
Thir men that tyme had into governing.

Quhen Aweles come hame syne to his bruther,
With sic power as he culd than considder,
Of nobill men and in sic multitude,   35,235
And of sic strenth, as tha all wnderstude
No maistrie war but straik of sword or knyfe,
To subdew Ingland, man, barne and wyfe.
Syne with thair power put all into one,
Far furth in Ingland fordward ay ar gone;   35,240
With fyre and blude that wonder wes to se,
Full mony one ilk da tha maid till de.
Preist or clerk that tyme tha sparit nane;
Full mony one tha maid rycht will of wane.
Ane richt lang quhile so that thair will tha   35,245
    wrocht,
That all Ingland had haill bene put to nocht,
For euirmoir also maid for to rew,
War nocht the sonar that tha gat reskew.
This king Edward, of quhome befoir I tald,
Ane bastard had bayth bellicois and bald,   35,250
Of quhome befoir schort quhile to ȝow I schew,
Wes crownit king bot laitlie of the new,
For lauchtfull childer that tyme had he none.
This king to name wes callit Ethalstone,
With mony man that waponis weill culd weild, 35,255
Onto ane place wes callit Brommynfeild,
Vpone ane mure tha met vther forgane,
And swapit on quhill mony ane wes slane

Col. 2. On euerie syde with grit rancour and tene.
The Inglismen that micht nocht weill sustene   35,260
That multitude, the quhilk sic strenthis hed,
Out of the feild in gude ordour tha fled,
Onto ane strenth that wes neirhand besyde.
Bayth Scot and Dane richt suddantlie that tyde
Brak thair array, and all to spulȝe ȝeid,   35,265
Of Inglismen tha had so litill dreid

Traistand agane that tha durst nocht persew
Battell no moir, for oucht efter of new
It mycht befall, and speciallie that tyde.
Tha war begyld for all thair heicht and pryde.　35,270
This Ethalstane quhen he beheld and saw
Baith vp and doun as tha war scatterit aw,
Without ordour into the feild so wyde,
In gude array returnit in the tyde,
With all his power in the feild agane,　35,275
Quhair mony Scot and mony Dayne wes slane,
Without ordour war scatterit in the feild,
Richt cruellie but mercie than war keild.
The Scottis war of sic nobillitie,
Greit schame tha thocht for so few folk to fle,　35,280
Without ordour so lang faucht on that plane,
For the most part quhill tha war ilkone slane.
Malcome, thair captane as ȝe hard befoir,
Into the feild than woundit wes so soir,
Out of the feild with greit danger he fled　35,285
That samin tyme ; syne efterwart wes hed,
Betuix tua hors vpone [ane] litter borne,
Onto Scotland vpone the tother morne ;
So soir woundit he wes into the tyde,
That he doucht nother for to gang nor ryde.　35,290
Sone efter syne this ilk king Ethelstone,
With all his power haistelie is gone
Ouir all the partis of Northumberland,
Withoutin stop, quhair ony thair he fand,
Subdewit hes, with litill sturt or pane,　35,295
Bayth land and liegis to his fayth agane ;
With Cumbria siclike and Westmurland,
Reskewit hes withoutin ony ganestand.

How King Constantyne was grittumelie commouit of the Tynsall of his Lordis, and resignit ouir his Croun in Malcolmus Hand, and ȝeid and did Pennance amang the Kirkmen in Sanct Androis thair all his Dayis.

Quhen Constantyne quhilk wes of Scottis king,
Quhen that he knew perfitlie all that thing,　　　35,300
How of Scotland the nobillis war distroyit,
Ilk da by da he studeit moir and noyit;
Wittand so weill him self had all the wyte,
That causit him moir furious to flyte
With his awin self, quhen that he wnderstude　　35,305
Distroyit wes so mekle nobill blude,
Throw auerice and throw na vther thing.
The fourtie ȝeir quhilk than wes of his ring,
Kinrik and croun, but stop or ȝit ganestand,
Resignit hes in this Malcolmus hand.　　　　　35,310
In Sanct Androis syne efter did remane,
Into the kirk than metropolitane,
Amang the kirkmen rycht contemplatyve,
In greit pennance, the terme of all his lyfe.
Syne finallie, as that my author sais,　　　　35,315
In peice and rest closit his latter dais.
In Iona Yle syne graithit wes into grave,
With greit honour siclike as wes the lave;
Into his graue quhair he dois ȝit remane.
Now to my purpois turne I will agane.　　　　35,320

Lib.11, f.177.
Col. 1.

How Malcolme ressauit the Croun of Scotland, and of his Deidis.

This ilk Malcolme, of quhome ȝe hard befoir,
With haill consent of all man les and moir,

Fra Constantyne ressauit hes the croun.
Ane man all tyme he wes of gude fassoun,
And euerilk da hes done grit diligence, 35,325
Aganis his fais for to mak defence,
And wes content in peax to bruke his awin,
And full layth he wes also to be ouirthrawin.
And for that caus with Ethelstone, but leis,
His purpois wes than for to tak peice, 35,330
Dewysit syne to Ethalstone to send.
And as tha war than reddie for to wend,
Ane faithfull man thair cum to him and schew,
How Ethelstone and Aweles of the new
Accordit war, and maid ane sicker band, 35,335
That Aweles alhaill Northumberland
Suld haif that tyme rycht frelie with his hart,
Aganis the Scottis for to tak his part.
Also he said, rycht sone he wnderstude,
Tha suld persew him bayth with fyre and 35,340
   blude.
Quhairof this king that tyme wes nocht content,
Ȝit neuirtheles rycht sone incontinent,
Quhen that he hard how thir kingis did mene,
His lordis all togidder did convene,
For till aduiss quhat best wes till be done. 35,345
Amang thame syne decretit hes rycht sone,
Or tha suld loiss thair libertie and landis,
For till debait it baldlie with thair handis,
Or tha war maid to be bondis and thrall.
Suppois that tyme thair power wes rycht small, 35,350
As fortoun wald, sic aventure to tak,
Or tha wald thoill so grit ane schame and lak,
Sen battell wes bot aventure and weir;
And how it hapnit efter ȝe sall heir.

How Ethelstane and Aweles, with bayth
thair greit Poweris, purposit in Scot-
land agane King Malcolme, and of the
Discord that fell amang thame, quhair-
throw mony ane was slane ; and how
Aweles fled.

This Ethelstane, of quhome befoir I tald,   35,355
And Aweles thir bernis that war bald,
With thair poweris of greit multitude,
Convenit hes togidder neir ane flude,
Bayth in ane will as ʒe sall wnderstand,
In ferme purpois to cum into Scotland.   35,360
Syne suddantlie, the quhilk culd nocht be smord,
Than as God wald, ane grit stryfe and discord
Betuix thame tua into the tyme thair fell ;
Quhat wes the caus I can nocht to ʒow tell.
Quhilk causit thame in tua pairteis to draw,   35,365
In battell syne, with mony bitter blaw,
That freindschip endit with grit sturt and stryfe,
Quhair mony thousand loissit hes the lyfe.
The Danis all that da war put to nocht,
And Ethilstone the victorie deir bocht,   35,370
Sa mony nobill in the feild wes slane.
This Aweles no langar mycht remane ;
Out of the feild with waill few folk is gone,
Syne in ane boit fled to the Yle of Mone.
Rycht litill fauour in that place he fand,   35,375
Quhairfoir he sped him rycht sone in Ireland.

How King Malcolme causit the Kirkmen to
pra and thank God.

Quhen king Malcolme that vnderstude, and knew
So greit mischeif wes fallin of the new,

Betuix the Danis and this Ethilstone,
Ouir all Scotland the kirkmen all ilkone, 35,380
Baith preist and prelat in the tyme to pra,
Thankand greit [God] to thame that had done sua.
Considderand als how all the mater stude,
Deliuerit thame without battell or blude
Out of the handis of thair mortall fa, 35,385
Quhome to tha dred sum tyme to haif bene pra.

How Peax wes maid betuix Malcolme, King
    of Scottis, and Ethalstane, King of Ing-
    land.

Sone efter syne as I haif said ȝow heir,
Fra Ethilstone thair come ane messingeir
To king Malcolme and euerie Scottis lord,
Beseikand thame of gude peice and concord, 35,390
Siclike in fayth as tha war wont to stand,
With all conditioun and with euerilk band.
Quhairof this Malcolme wes rycht weill content,
And all his lordis intill ane assent,
Renewit peax with lettres seillit braid, 35,395
With this conditioun peax this time wes maid:
Northumberland with Ingland suld remane,
And Cumbria and Westmurland agane
To king Malcolme tha suld agane restoir,
Alss fre in peax as euir tha war befoir, 35,400
And fra that furth the princes land sould be
Of Scotland ay in heretage and fe;
Quhairfoir he suld to kingis of Ingland
Obedience mak without ony demand,
Without [it] war in his awin defence, 35,405
Siclyke also of Scotland and his prence.
To euerie man, as nature hes maid kend,
Of thre thingis is lefull to defend;

That is to say his kinrik and his croun,
And him awin self out of subjectioun. 35,410
Off this conditioun maid wes than this peice;
Fra that tyme furth the weiris all did ceis.

OFF ANE NOBILL MAN INDULPHUS, AND HOW KING MALCOLME WAS MURDREIST AND SLANE.

Ane nobill man of grit honour and fame,
Indulphus than wes callit to his name,
Richt mekill gude into his tyme that did, 35,415
The sone he wes of Constantyne the thrid;
Of Cumbria and eik of Westmurland
He wes maid lord, and prince of all Scotland.
Fra that tyme furth this gude Malcome the king
In peax and rest did all his dais ring, 35,420
And equallie exercit hes his cuir,
Without complaynt other of riche or puir.
In Murra land it hapnit efter syne,
Into ane toun that callit wes Vlryne,
Becaus he wes of justice so extreme, 35,425
Freindis of quhome befoir that he did fleme,
Vpoun ane nycht tha murdreist him or da,
Richt quietlie in his bed quhair he la.
Thir deid-doaris, sone efter to regard,
War tane ilkone and hangit till reward. 35,430
The saxtene ʒeir of this Malcolmus ring
So endit he that wes of Scotland king,
Becaus he wes so equale in his cuir.
Rycht semdill is that sic men ma be suir
Fra fals fortoun, and all the caus is quhy, 35,435
Sic fals tratouris at just men hes invy.
Syne efter that within ane lytill quhile,
Ingravit wes syne into Iona Yle.

Lib.11, f.177b.
Col. 1.

This Indulphus of quhome befoir I spak,
As that my author did me mentioun mak,   35,440
With haill consent that tyme of ald and ȝing,
Was crownit than of Scotland to be king.
Ane man he wes without crudelitie,
Equale in justice but partialitie ;
With diligence exerceand ay his cuir,   35,445
And greit compassioun had also of the puir ;
With wisdome ay he gydit euirilk thing.
Syne efterwart, the fyft ȝeir of his ring,
This Aweles of quhome befoir I schew,
Fra Norroway send till him of the new,   35,450
Beseikand him of his help and supple,
Of the injuris to revengit be
In Brymmynfeild wes done than of befoir.
For-quhy, he said, he trowit neuir moir
Suld be forȝet, as he culd wnderstand,   35,455
Quhill ony Scot war levand in Scotland.
King Ethilstone into the tyme wes deid,
His sone Edmond than rang into his steid,
And Malcolme als departit wes and gone ;
Quhairfoir, he said, betuix thir tua alone   35,460
The band wes maid, quhilk no langer suld lest
No[w] tha war deid, quhairfoir he held it best
That [he] that tyme suld tak on him greit cuir,
For to revenge sic harmes and injure.

And plesit him, he said, sic thing till do, 35,465
Traist weill he suld mak him grit help thairto;
Sayand, this Edmond wes nocht worth ane fle,
Without wisdome ane king or prince till be;
Infectit als with euery vice and cryme,
And he culd neuir get sa gude ane tyme. 35,470
This king Indulfe sic ansuer maid thairtill,
That force it wes the band for to fulfill,
The quhilk wes maid with tha kingis beforne,
Without he war bayth fals and als mensworne;
Quhilk, and he did, it war bayth syn and 35,475
schame.
With this ansuer the herald passit hame
To Aweles into the tyme and schew.
This Aweles, quhen he his ansuer knew,
Rycht sone efter, without stop or ganestand,
Ane greit armie brocht in Northumberland 35,480
Fra Norrowa, with mony berne ful bald,
With thair captane quhilk callit wes Rannald.
Ane lord thair wes than in Northumberland,
Hecht Elgaryn as ʒe sall vnderstand,
Ascryvand him to be of Danis blude, 35,485
And for that caus, now schortlie to conclude,
This Aweles he hes resauit than
At greit plesour with his armie ilkman:
Promittand him rycht glaidlie with his hart,
Agane Edmond ay for to tak his part; 35,490
Syne all the strenthis that war in that land,
Resignit thame ilkone in till his hand.
This king Edmond thairof quhen he hard tell,
How Algaryn agane him did rebell,
And Aweles had gottin but ganestand 35,495
The strenthis all war in Northumberland,
To Indulphus ane herald sone send he,
Requyrand him of his help and supple
Agane the Danis war thair commoun fo
His traist it wes Indulfus suld do so, 35,500

To keip the band that wes maid lang befoir.
This Indulfus withoutin ony moir,
Ten thousand men that tyme be taill weill tald,
In armour bricht, bayth bellicois and bald,
And gold and siluer with thame for to spend, 35,505
Into Ingland till king Edmond he send.
Of quhois come this nobill king Edmound,
As bird on breir wes blyth and letabund,
Or ony be that biggis into hyve,
Withoutin let than sped him on belyve 35,510
With greit power onto Northumberland.
This Aweles als on the tother hand,
With mony wy that worthie war and wycht,
Appeirit thair richt sone into his sycht ;
Syne in that tyme ane herald sone he send 35,515
To king Edmond with hartlie recommend,
The quhilk herald than did him wnderstand,
Wald he lat him hald still Northumberland,
With all fredome as it wes wont till haif,
Siclike befoir as Ethelstane him gaif, 35,520
Betuix Scotland and Ingland for till be
Ane mid persone haifand auctoritie,
To stanche all stryfe and gar all weiris ceiss,
For euirmoir tha mycht leif in peice.
And mairattouir he did him wnderstand, 35,525
Gif that thair come in Scotland or Ingland
Ony stranger to move battell or weir,
Into that tyme he offerit him to sweir,
Quhat euir tha war, rycht glaidlie with his hart
Agane all sic he sould ay tak thair part. 35,530
This king Edmond so weill his falsheid knew,
Traistand thairfoir that he culd nocht be trew,
Maid ansuer sone that he wald nocht do so.
With that responce the herald hyne did go
To Aweles, and schew him les and moir 35,535
All his responss as ʒe haif hard befoir.

Than Aweles withoutin ony baid,
Amang his men gude ordour [than] hes maid.
This Elgaryn, ás ȝe sall wnderstand,
Aucht thousand men had of Northumberland   35,540
At his bidding into the feild that da.
Then king Edmond, with all the haist he ma,
With mony targe and mony glitterand scheild,
In gude ordour aganis him hes tane feild.
The men that tyme all of Northumberland,   35,545
Seand thair king agane thame thair cumand,
Quhome of that tyme tha war so soir adred,
Out of the feild in gude ordour tha fled.
Quhairof the Danis sic disconfort tuke,
That mony ane thair armour of thame schuke,   35,550
Out of the feild syne efter follouit fast.
This Aweles thairof na thing agast,
And all his nobillis standand him about,
Into the feild tha enterit with ane schout,
And faucht ane quhile als lang as it mycht be,   35,555
Quhill force it wes efter the lawe to fle.
Rycht few war keillit in the fechting place,
Bot mony ane wer slane into the chace ;
And neuir man wes of the Danis blude
Wes tane that da, other ill or gude ;   35,560
And also lang as tha had ony lycht,
Greit slauchter maid quhill twynnit thame the nycht.
Thus fortoun wald it hapnit vpone cace,
This Elgaryn wes tane into the chace,
Bayth fit and hand fast festnit syne and bund,   35,565
And presentit wes befoir this ilk Edmond.
Quhilk efterwart, as justice wald and ressoun,
For his defalt, his falsheid, and his tressone,
In Eborak, efter that he wes schrevin,

Lib.11, f.178.
Col. 1.
With foure wyld hors in foure partis wes[1] revin. 35,570

---

[1] In MS. *war*.

The men of gude als in Northumberland,
Rycht mony than war hangit all fra hand ;
Siclike reward as tha seruit to haif,
Into that tyme it wes nocht for to craif.
This king Edmond the morne efter the feild, 35,575
Rycht equalie to euerie man and cheild
The haill spulȝe amang thame gart diuyde,
Bayth ill and gude that present wes that tyde ;
And speciallie that tyme, attouir the lawe,
To Scottis men rycht greit rewardis gawe, 35,580
And thankit thame rycht hartlie with gude will,
In his supple that tyme that come him till.
Tha tuke thair leve quhen done wes all this thing,
And passit hame to gude Indulfe the king.

How Agone and Elrik come in Albione out of Norroway.

Efter this tyme the space of neir four ȝeir, 35,585
As hapnit syne tak tent and ȝe sall heir.
Of Norrowa ane grit nobill of one,
The quhilk to name that callit wes Agone,
And of Denmark siclike thair wes ane vther,
Callit Elrik, in armes wes his bruther. 35,590
With greit power thir tua hes tane the se,
In Albione for to revengit be
Of thair freindis that slane wes of befoir.
Syne into Forth, with mekill bost and schoir,
Be aduenture the wedder did thame dryve, 35,595
Vp in the firth quhair tha thocht till arryve,
In sindrie partis quhair tha schupe to land ;
And ay tha gat so greit stop and ganestand,
Throw men of weir that come to the cost syde,
In Forth that tyme tha wald na langar byde. 35,600
Syne with thair schippis efter on ane da,
Tha enterit all into the mouth of Ta.

So mony folk into that place tha fand,
That in no pairt tha lute thame thair tak land.
Syne saillit furth into the north rycht far,   35,605
By Murra, Buchquhane, the Mernis als and Mar,
And fand na place quhair tha durst tak the
    land,
So mekill stop tha had ay and ganestand.
Quhairfoir that tyme tha haif wrocht with ane
    wyle,
How tha mycht best the Scottis to begyle,   35,610
And drew thair saillis to the top rycht hie,
And tuke thair courss rycht eist throw the
    mane se,
In that beleif tha passit war awa.
Syne efterwart tha come on the fourt da
Into Boyne, ane land by Buchquhane cost,   35,615
And thair at lasar landit all thair oist.
Airlie at morne [syne] sone, or ony wist,
Tha landit thair at grit lasar and list.
The nychtbour men that duelt neirhand about,
Tha gatherit furth that tyme in mony route ;   35,620
Becaus thair power so litill wes and small,
Tha wald nocht be resistit for thame all,
Bot in that land thair tha remainit still,
With greit heirschip at thair plesour and will.
Quhill Indulfe sone efter on ane da,   35,625
Come thair him self, as my author did sa,
With bernis bald that waponis weill culd weild,
On fit and hors that tyme and gaif thame feild.
Vpone ane mure besyde ane mont tha met,
With brandis brycht ilkane on vther bet ;   35,630
Bald as ane bair tha bernis all did byde,
Without sunʒe that tyme in ony syde.
Into that stour ane lang quhile so tha stude,
Quhill mony berne had bled rycht mekill blude,
And mony grume la granand on the ground,   35,635
And mony ane buir deidlie werkand wound.

So at the last the lord than of Dumbar,
And one hecht Gryme, quhilk cuming hed rycht
　far
Fra Loutheane supple thair for to mak,
Come in that tyme behind the Danis bak,　35,640
In rayit battell reddie for till june.
The Danis than persauit that richt sone,
In sindrie partis skaillit heir and thair,
In greit danger the langar ay the mair,
Sum in mos and vther sum in myre,　35,645
In grit trubill quhilk causit thame to tyre,
Into the tyme quhill tha war all ouirtane,
Syne cruellie thair war tha slane ilkane.
This nobill king so hapnit him to ryde,
With ane armie in by ane montane syde,　38,650
Ouir all the feild mo Danis for to spy ;
So in ane glen than liand wes thairby
Ane wyng of Danis, as my author did sa,
Quhilk in the feild had nocht fouchten that da,
And suddanelie again tha gaif thame feild.　35,655
The Danis all ilkone that tyme wer keild,
And gude Indulfe than with ane fedderit flane,
Throw aventure in that same feild wes slane.
As I haif said so hapnit all this thing
Into the nynt ʒeir of Indulfus ring,　35,660
And of oure Lord that tyme nyne hundreth ʒeir,
Saxtie and aucht, no moir to rekkin heir.
Of gude Indulfe the bodie syne tha buir
To Iona Yle with bissines and cuir,
With all honour that sic ane prince suld haif,　35,665
In sepultuir syne put besyde the lawe.
Syne efter that that all this thing wes done,
The lordis all convenit into Scone.

Col. 2.

HOW DUFFOIS, SONE OF KING MALCOLME, WAS CROWNIT KING EFTER INDULFUS, AND OF HIS DUCHTIE DEIDIS AND JUSTICE DONE IN THE YLIS.

Ane lustie man rycht plesand and benyng,
Duffois to name, sone wes of Malcolme king,   35,670
Quhome of ȝe hard bot schort quhile of befoir,
With haill consent that tyme of les and moir,
In rob royall, with sword, sceptour and ring,
That samin tyme wes crownit to be king.
The eldest sone than of gude Indulfus,   35,675
The quhilk to name wes callit Culenus,
Declarit wes of Cumbria to be
The lord and prince, with haill auctoritie,
And to Duffois the successour and prince,
Be haill consent without fraude or offence.   35,680
This beand done as ȝe haif hard me say,
He tuke his leif syne passit on his wa
To Cumbria, fra that place mony mylis.
The king also than passit in the Ylis,
For mekill sturt that tyme that wes on steir   35,685
Ouir all the Ylis than bayth far and neir.
The laborus men into the Ylis that war,
With ydill men oppressit war richt far ;
Ilk da by da that tyme tha war ouirthrawin
Be gentill men that had nocht of thair awin.   35,690
In all thair tyme tha had no will to wirk,
Bot plukkit ay fra puir men and the kirk,
Tha comptit nocht, gat tha the gold to spend,
How it wes wyn or quhat suld be the end.
The king thairfoir into the samin quhile,   35,695
The lord and thane that wes of euery yle,
Befoir him self that tyme he gart compeir
In audience that tha mycht ilkane heir.

He said, and swoir be his rycht hand and croun,
Hard he oucht mair of sic oppressioun, 35,700 Lib.11, f.178b.
Tha suld haif all mair, magir to thair meid, Col. 1.
Na tha befoir war doaris of the deid.
Rycht weill he wist that sic thing culd nocht be,
Bot gif it war of thair auctoritie;
And that tha war manteinit weill thairin, 35,705
Quhilk war to thame so neir of blude and kin,
Relaxand thame withoutin law so large;
Do as tha list it sould ly on thair charge.
Rycht mony lord thair wes into that land,
Obeyit weill his edick and command; 35,710
With diligence and bissie cuir tha woik,
And mony trucour in the tyme tha tuik,
Part be force, and vther part throw slycht,
Syne on ane gallous hangit thame on hycht;
And all the laif that culd nocht be ouirtane, 35,715
Tha baneist thame in Ireland than ilkane.
And mony vther wes of nobill blude,
Throw greit requeist of sindrie men of gude,
Tha fand borowis [1] fra that furtht to be leill,
In all thair tyme no moir to reif or steill. 35,720
And so tha did in mony sindrie landis,
Wynnand thair leving dalie with thair handis;
The best craft and of the grittest blude,
To sober men maid seruice for thair fude.
Becaus tha war so euill teichit in thair ȝouth, 35,725
Haiffand weilfair and wantones at fouth,
But disciplyne with sic vndantonit rage,
Quhilk causit thame haif powertie in age;
That force it wes in sic necessitie,
To reif or steill, or than of hungar de, 35,730
Or with thair handis dalie for to wirk,
Sic force it wes mycht nother tyre no irk.

---

[1] In MS. *baronis.*

Quhairat thair freindis had richt greit invy,
Amang thame self complenit and said, fy
Vpoun thair king ! wes nother wyss no gude,   35,735
Maid sic distructioun of the nobill blude,
Quhilk thoillit thame sic vyle seruice to mak
To carlis blude with so grit schame and lak,
In vilipentioun of the nobill blude.
Quhairfoir tha said all, schortlie to conclude,   35,740
He ganit nocht to be ane king or prince,
So extreme wes alway in the defence
Of carle and kirkmen war bot of law birth,
That nobill blude at him gat no moir girth
Nor the leist knaif for taking of ane cow ;   35,745
Sic law tha said wes nothing to allow.
Quhat wes the end, quha lykis for to speir,
Tak tent to me and I sall tell ȝow heir.

How King Duffois was vexit with soir Seiknes, and in that Tyme of greit Oppressioun maid be Men of Gude.

Sone efter this it hapnit for to be,
This king Duffus with greit infirmitie   35,750
Soir vexit wes, with bitter panis strang,
That he doucht nother for to ryde nor gang ;
But appetyte other of meit or drink,
And all the nycht he sleipit nocht ane wynk.
Richt oft he fell into ane glowand heit,   35,755
With sic abundance of exceidand sweit,
His cumlie cors, befoir wes corpolent,
Laithlie and lene wes maid, and macilent.
Grislie and grym lyke ony gaist he grew,
With paill visage discolorat wes of hew ;   35,760
Of medicine he wes out of beleif ;
For no prattik that men culd on him prewe

Tha culd nocht les him of his pane ane myte,
In medicine thocht tha war rycht perfite.
Disparit wes than of his lyfe ilkone,   35,765
Micht no man help that tyme bot God alone.   Col. 2.
In this tyme now that ʒe heir me tell,
In Murra land richt mony did rebell,
And speciallie the grittest men of gude,
Quhen that tha hard how with the king it   35,770
   stude.
Richt mony one wes reft of his possessioun,
And mony puir man spulʒeit with oppressioun,
And mony wyfe and wedow oft wes wrangit,
And mony theif, that seruit to be hangit,
Of meit and drink richt delicat wes fed,   35,775
Quhen leill men oft wnsowpit ʒeid to bed.
Richt closlie ʒit tha keipit all this thing,
ʒit unreveillit to Duffus the king,
Or it sould lat him for to convales,
And caus his cair the moir for to incres.   35,780
And for that caus tha keipit it als cloiss,
As men wald keip balme riche in ane boiss.
Sone efter this, I can nocht tell ʒow how,
Gif that my author thairof be till trow,
Thair raiss ane word amang thame suddantlie,   35,785
Sayand the king that tyme suld witchit be
Be ane auld wyfe duelland in Forres toun,
Rycht quyetlie amang thame lang did woun.
Syne at the last it brak out with sic feir,
Quhill that it come vnto the kingis eir.   35,790
All seik men hes ane vse and consuetude,
To seik all thing tha trow ma do thame gude,
And euerie man of counsall to inquyir,
Of noveltie tha haif so greit desyre.
That samin tyme so did Duffois the king: 35,795
He ceissit nocht fra tyme he knew sic thing,
To Forres toun quhill he send to exploir,
Gif all wes suith wes said to him befoir.

How King Duffois was witchit be Aduise of his Lordis with ane Witche Carling that duelt in Forres.

In Forres toun ane fair castell of one
Thair stude that tyme, quhilk wes rycht strang 35,800
   of stone,
The kingis castell lang wes of the auld ;
Ane nobill man, wes callit Donewald,
Had it in cuir and keipar of that hous,
Ane traist seruand wes to this king Duffus.
This kingis men that secreitlie him schew,   35,805
Knawand so weill that he wes verra trew,
Desyrand als his counsall and supple,
Off this ald wyfe to wit the veritie.
This ald carling ane prenteis had that tyme,
Knew weill the craft, and also of that cryme   35,810
Wes particeps quhen thair wes oucht till do,
Perfit scho wes and helpit weill thairto;
In the castell thair wes ane fair ȝoung man,
Hir peramouris quhilk in the tyme wes than.
This Donewald he knew thair kyndnes weill,   35,815
And traistit als scho wald to him reveill
All kynd of thing that in hir mynd than la ;
Quhairfoir richt sone syne efter on ane da,
He causit him at hir to speir all thing,
Rycht tenderlie, of gude Duffois the king   35,820
Quhat wes the caus of his infirmitie,
His complexioun, also his qualitie ?
Or gif it wes that men mycht mak remeid,
Quhat traistit scho than, quhidder lyfe or deid ?
As wemen will, thair toung gois so wyde,   35,825
Fra thair luifaris nothing in erth can hyde.

Lib.11, f.179.
Col. 1. And so did scho the samyn tyme I trow,
Ilk word be word tald him the maner how,
Throw sorcerie and throw na vther thing,
Distroyit wes so gude Duffus the king,   35,830

And how it wes all wrocht vpoun the nycht.
This ilk ȝoung man quhen he considderit rycht
How all thing stude, thairof nothing he spak,
Dreidand thairof scho sould suspitioun tak,
And turnit hes thair talking fra the king,   35,835
To sport and pla and mony sindrie thing.
Syne tuke his leif and bad hir than gude nycht,
And to the castell raikit on full richt,
And tald to thame that tyme how he had sped.
That samin nicht, quhen all wes gone to bed,   35,840
The kingis seruandis furth with him he tuik
On to the hous of this ald wyfe to luik,
Gif tha culd spy that nycht gif oucht wes done.
So at the last ane hes persauit sone,
Out throw ane boir quhair he mycht rycht   35,845
    weill se,
This ald carling vpone ane speit of tre,
Of walx ane image rostand at the fyre.
That ald trattas for turning wald nocht tyre,
And as scho turnit ay about scho sang,
Als on the image scho leit drop amang,   35,850
Out of ane pig, ane wounder fat licoir
Continuallie ; than ordand wes thairfoir,
Quhen tha persauit how it wes, ilkone
Rycht quyetlie on to the dur ar gone,
And with ane dunt the dur sone vp tha dang.   35,855
Syne on the flure ben to the fyre did gang,
And tuik this carling and hir prenteis bayth
Reid-hand that tyme, thocht tha wer neuir so
    wrayth,
Evin as tha sat with euerie instrument,
Syne to the castell all with thame tha went.   35,860
This Donewald he did at thame inquyre,
Of the image tha roistit at the fyre,
On to quhat thing that it suld signifie.
The ald carling than ansuerit suddantlie

K K 2

Till him agane in to the samin thing,   35,865
Sayand, it wes the image of the king:
" Quhat wes the caus, tell me syne, I desyr,
" Thow rostit it so," he said, " at the fyre,
" Turnand sa oft vpoun ȝone speit of tre ?"
" Forsuith," scho said, " that sall I, and nocht lie. 35,870
" To causs the walx to melt and [to] consume,
" Quhairthrow his bodie wox bayth lene and tume;
" Ȝond liquour als I ȝet vpone it syne,
" Fat as the oyle and cleir as ony wyne,
" It causit him continuallie to sweit   35,875
" In sic abundance, with exces of heit,
" That force it wes to him to walk as lang,
" Withoutin sleip, thir versis quhen I sang ;
" And ay the langar of his bodie faill,
" Quhill that this image wer consumit haill ;   35,880
" Quhen that wes done, without ony remeid,
" Than force it wes to him to suffer deid."
" Quha causit the," he said, " to do sic thing ?"
" Greit men," scho said, " that louit nocht the
       king."
" Quhat war tha men, fane wald I wnder-   35,885
       stand ?"
Scho said agane, " The nobillis of this land,
" Is none of thame for till except this tyme,
" Throw thair counsall committit wes this cryme,
" Quhilk causit me be gift and greit reward,
" Wes gevin me be mony lord and lard,   35,890
" For to commit this to the kingis grace,
" Quhairthrow tha mycht haif facultie and space
" Quhill that he wes in sic extremitie,
" And so soir vexit with infirmitie,
" To vse thair willis quhilk wes neuir gude.   35,895
" This wes the caus now, schortlie to conclude."

HOW THE IMAGE OF WALX WAS BROKIN, AND IT AND THE WITCHE CARLINGE CASSIN AND BRINT IN THE FYRE, AND THE KING CONVALESCIT AND JUSTIFEIT THE CAUSARIS AND COUNSALLOURIS OF THAT CRYME.

This beand said withoutin ony dout,
Commouit war ilkane that stude about,
And brak the image into pecis small,
Syne in the fyre flang and the wyfe with all; 35,900
And held hir thair quhill scho wes brint in ass,
Out of that place or tha wald farder pass.
That samin hour that this same thing wes done,
The king he alterit suddanelie and sone,
And left his sueit that tyme, and tuke gud rest, 35,905
Sleipand rycht sound quhill all the nycht wes
   past,
And on the morne, quhill it wes neir fuir-dais,
Rycht soft and sound, as that my author sais,
And walknit syne, and vp with that he rais;
With greit blythnes gart put on all his clais, 35,910
And fand himself that tyme alss haill ane man,
As euir he wes quhen his seiknes began.
And in his persoun also weill disposit
To eit and drink, alss blyth and als rejosit,
And in him self that tyme als crous and kant, 35,915
Except he wes baith febill, lene and fant.
Syne da be da to moir curage he drew,
Quhill all his strenthis did agane renew,
Quhairby he micht, as he wes wont till do,
Bayth ryde and gang quhair plesit him thairto, 35,920
In ony part quhair that him list to found;
And of all seiknes wes maid haill and sound,
Without murmour in ony part to mene,
As he had neuir into sic seiknes bene.

With greit power syne efter on ane da,   35,925
This king Duffus passit into Murra.
Quhome of the nobillis war so soir adred,
Far furth in Buchquhane in the tyme tha fled;
In Catnes syne tha passit moir and les,
In woddis wyld and mony wildernes.   35,930
This king Duffus sone efter thame is gone,
With greit travell quhill tha war tane ilkone;
Syne brocht agane war ilkane mair and les,
Into the toun and castell of Forres,
Quhair that this king than with his lordis all,   35,935
Exercit justice in his tribunall.
Thair war tha maid, be his auctoritie,
Vpoun ane gallous euerie one till de.
That samin tyme wes sindrie men of gude,
Rycht fair and ʒoung, of Donewaldus blude,   35,940
Throw ill counsall of lordis in that land,
Rebellaris war all of that samin band.
This Donewald oft previt in that place,
With fair trettie for till obtene thame grace,
Bot all for nocht, that tyme it wald nocht be,   35,945
Without mercie tha war all hangit hie.
Quhairof that tyme consauit hes greit yre
Into his mynd hettar than ony fyre,
With appetite for to revengit be,
And euer he mocht, with greit crudelitie.   35,950
Dreidand to be suspectit of that cryme,
With plesand vult dissimulat that tyme,
At all power ay for to pleis the king,
As he had rakkit rycht litill sic thing.
This Donewald that tyme he had ane wyffe,   35,955
Lib.11, f.179.
Col. 1. Quhilk tenderlie he louit as his lyfe,
Persauit weill hes be his said maneir,
His countenance, his sad and havie cheir,
That he wes warnit of his will that far,
The langar ay apperand to be war,   35,960

Dreidand at him displesit wes the king,
Rycht oft at him scho askit of sic thing.
This Donewald, as kyndlie is to be,
Onto his wyfe, so tender luif had he,
As leill luiffaris to vther sould be kynd,   35,965
He schew to hir the secreit of his mynd,
How that he wes commouit at the king ;
Content scho wes richt hartlie of that thing;
And he culd nocht his purpois weill cum till,
That causit him to want part of his will.   35,970
This wickit wyfe quhen scho hard him so tell,
Into hir mynd baith furius and fell,
Persauit weill his haitrent at the king ;
Content scho wes richt hartlie of that thing,
For-quhy hir self wes of the same intent.   35,975
For hir freindis the king that tyme had schent
For thair tressone, befoir as I haif tald,
This wickit wyffe, that bitter wes and bald,
Consauit hes with greit crudelitie
Ane wickit wyle for to revengit be.   35,980
And to hir husband in the tyme scho said,
" Blyn of ȝour baill, se ȝe be blyth and glaid,
" And slaik also of all ȝour syte and sorrow :
" All salbe weill, I find ȝow God to borrow,
" To my counsall, and heir I tak on me,   35,985
" Of all injure thow sall revengit be.
" Considder now thow hes at thi command,
" Of all this castell ilk syre and seruand,
" Rycht bisselie for to obey the till,
" To satisfie all thi desyre and will,   35,990
" At thi plesour intill all gudlie haist.
" Hes thow nocht Duffus for to be thi gaist,
" Without beleif of tressoun in thi cuir,
" Quhilk hes the wrocht sic malice and injure ?
" Hes thow nocht seruandis also at thi will,   35,995
" All thi command at plesour to fulfill ?

" How can thow find," scho said, "ane better tyme
" To be revengit of this cruell cryme ?
" Hes thow nocht now this Duffus in thi cuir,
" Hes done ws baith so greit harme and injure ? 36,000
" Dreid nocht," scho said, "suppois he be ane king,
" Tak litill tent or terrour of sic thing,
" Sen mony ane with litill red full sone,
" Siclike befoir to sic tirranis had done.
" Thairfoir," scho said, "as all the cace now standis, 36,005
" And he vmschew at this tyme fra thi handis,
" In all thi lyfe, thocht thow wald neuir so fane,
" Thow sall nocht get so gude ane tyme agane."
This Donewald quhen he hard hir sa so,
Oft in his mynd revoluand to and fro,   36,010
Syne at the last deliuerit hes rycht sone,
To tak his tyme sen it wes oportune,
Throw hir counsall quhilk causit hes sic ire
Into his breist, hettar no ony fyre.
Keipand full cloiss all thing within his spreit,   36,015
Ʒit neuirtheles with dulce wordis and sweit,
Rycht jocundlie wald commoun with the king,
That he suld nocht suspect him of sic thing.
The king him louit also ouir the laif,
And in the tyme moir credence to him gaif   36,020
No ony vther, so courtes wes and heynd,
And held him ay for his maist afald freind.
Is none that better mai dissaue ane vther,
No he in quhome he traistis as his brother,
And of his lautie is nothing suspect,   36,025
Als of his mynd knawis the haill effect :
That is the man, traist weill, ouir all the laif,
Tha[t] eithast ma his creditour dissaue.
That samin tyme so wes this Donewald,
Most credence had befoir as I haif tald,   36,030
Quhilk in his mynd deliuerit hes sic thing,
Rycht cruellie than for to sla the king.

Col. 2.

Foure of his freindis that he kend wes trew,
Of all that thing his mynd to thame he schew,
And gaif thame gold, with grit riches and land, 36,035
For to mak help and tak sic thing on hand.
Gold is so glittis, as ȝe knaw and ken,
Quhilk of befoir hes causit mony men
To tak on hand, and rycht pertlie persew,
The thing efter that maid thame for to rew. 36,040
So did thir seruandis in the samin tyme,
Consentit hes to sic ane cruell cryme,
The gold and land that tyme tha thocht so sweit;
Syne set ane terme thair purpois to compleit.

How King Duffus vsit Twyss on the Day to pra in his Oratour, and of Donwaldis Deceptioun and Tressone aganis King Duffus.

That samin nycht quhen sowpit had the king; 36,045
Baith evin and morne he vsit ay sic thing,
For to postpone all kynd of warldlie cuir,
And on his kneis in his oratour,
Diuotlie thair ane lang quhile for to pra;
That samin nycht this gude king hes done sua, 36,050
Quhair thair wes nane bot Donewald and he
Into that tyme and othir tua or thre,
Quhilk with the king all tyme wes best belude,
Of sindrie thingis talkand togidder stude.
This Donewald thair in his talking schew 36,055
How to the king that he had bene so trew,
And euir sould be other for weill or wo;
" It wes his part," he said, " for till do so,
" For-quhy he wes aboue all erthlie thing,
" So far addettit to that nobill king; 36,060
" Wes neuir none of hie or law degre,
" With sic ane prince so weill louit as he,

" Gettand of him so mony riche reward ;
" Wes neuir one of all the kingis gard,
" Rewardit wes so weill amang thame all,   36,065
" Suppois," he said, "that my seruice be small."
Far mair nor this he said with greit effect,
That efterwart na man sould him suspect,
Gif hapnit so as he had tane on hand,
Traistand sic wordis sould be his warrand.   36,070
Syne efterwart, quhen that the king had done
His deuotioun, than vp he rais rycht sone,
This Donewald on to him he did call,
So kyndlie thair in presens of thame all,
With haill affectioun hartlie with his spreit,   36,075
He treittit him with plesand wordis sweit,
And schew to him into that samin thrall,
Far moir kyndnes nor ony of thame all.

Lib.11, f.180.
Col. 1.

This Donewald than for ane subtill trane,
Hes thankit him moir hartlie than agane   36,080
No I can tell, or put this tyme in verss.
Ouir langsum war tha wordis to reherss,
The plesand langage and the countenance,
The fair flesching, with all the circumstance,
With so gude ordour into euerie thing,   36,085
This Donewald that he [1] schew to the king,
Quhairthrow of him he sould no ill suspect.
That samin nycht syne followit in effect,

How King Duffus was murdreist in his Bed be the Tratour Donewald and his fals Gaird.

Quhen that this king wes laid into his bed,
With all the seruantis in the tyme he hed,   36,090

---

[1] In MS. the.

That ordand war his chalmer for to keip,
Quhen tha war cloiss and all rycht sound on sleip,
This Donewald, quhilk had the place in cuir,
Knew weill the gyn of euerilk chalmer duir,
And opnit hes, with ane rycht subtill slycht,   36,095
The chalmer dur quhair the king la all nycht,
With his seruandis that stalwart war and suir,
Rycht quyetlie syne enterit on the fluir,
Syne raikit ben onto the kingis bed,
With drawin knyffis ilkane in hand tha hed;   36,100
Out-throw the corss thair sleipand quhair he lyis,
Ilkone of thame tha straik him tuyss or thryiss,
Quhill all the bed abundit so with blude,
Syne in the fluir quhair that the tratouris stude,
That blude royall quhilk ran amang thair feit,   36,105
Lyke ony loch maid all the fluir als weit.
O curst Cayin! O subtill Sathanis seid!
O ganȝelon! how durst thow do that deid?
O fals Judas! quhat wes it that movit the,
Into thi mynd so cruell for to be?   36,110
O mad monstour! marrit out of thi mynd,
Onto thi king that wes to the so kynd!
Quhair wes thi wisdome, quhair wes thi prudence,
To faill so far and do so greit offence
Attouir mesour, with sic crudelitie,   36,115
To thi awin prince quhilk faillit neuir to the?

HOW DONEWALD AND HIS FALLOWIS THAT NYCHT
     BURYIT THE KINGIS BODIE, AND HOW HE
     SLEW THE KINGIS CHALMER BOY, AND OF
     HIS GREIT DISSIMULATION, OFF QUHOME THE
     LORDIS TUK SUSPITIOUN.

This beand done as I haif said ȝow heir,
This Donewald and his fallouis in feir,

At ane postrum quhairof rycht few tuke cuir,
The kingis cors rycht quyetlie tha buir. 36,120
Vpoun ane hors that ordand wes thairfoir,
Furth of that place ane myle that tyme and moir,
Tha had his bodie till ane water syde.
Vnder ane bra quhair tha thocht it to hyde,
Tha maid ane graif that wes bayth deip and 36,125
    lang,
Syne suddantlie the deid corpis in tha flang;
And syne kest on the muldis on the clay,
The grene erd syne, and dycht the laif away,
Nane mycht persaue than other les or moir,
That ony erd wes brokin thair befoir. 36,130
Quhen this wes done he passit hame full rycht,
Amang the men that walkit all the nycht,
Vpone his feit that nycht to end he stude,
Of this ilk king speikand so mekle gude,
Col. 2. And schew him thair so freindfull to the king, 36,135
As he had bene rycht saikles of that thing.
All that he did on to the same effect,
Of that ilk deid no man sould him suspect.
Syne on the morne, sone be the da wes lycht,
The child that la besyde the king all nycht, 36,140
Quhen he walknit sone efter it wes da,
Syne luikit vp and saw the king awa,
And fand his bed so bludie all begone,
God wait or nocht gif he wes will of wone!
With ane loud schout, and with ane cairfull 36,145
    cry,
He walknit all the laif that la neirby,
Quhilk come rycht sone to wit quhat he wald.
Rycht piteouslie quhen he that cace had tald,
Tha weipit all with sic ane duilfull cheir,
And mony schout that all the place did heir. 36,150
The watchis all that walkand wer without,
Quhen that tha hard sa mony cry and schout,

Tha war affrayit of the suddane cry,
Syne in tha come rycht sone and suddanly.
This Donewald quhilk wes amang thame than, 36,155
Amang thame all he wes the formest man
Come to the dur quhair that he hard that dyn,
Syne suddantlie amang thame enterit in.
And quhen he saw the caus of all thair cair,
For verrie wo as he wald ryve his hair, 36,160
Dissimulat syne for to fall in swoun,
As he wer deid thair to the erth fell doun.
Sone efter syne quhen that he did retorn
Out of his swoun, he stude lang in ane horn;
Syne at the last ane lang knyfe out he drew, 36,165
Quhairwith rycht sone the chalmer child he slew,
And said, "Tratour! wa worth the for thi trane!
" It hes bene thow this nobill king hes slane."
Syne vp and doun, als lycht as leif of lynd,
He ran to se gif he his cors culd fynd, 36,170
Fra place to place quhair that it suld be hid,
With mony schout ay squeilland like a kid.
Than at the last, to mak my purpois schort,
He fand him self the postrum and bak port,
He knew rycht weill thair be his blude that 36,175
la,
Out at that port tha tursit him awa.
Syne come agane into the tyme full tyte,
And laid the pais thairof and all the wyit
On thame that nycht in keiping had the keyis,
Rycht lang with thame makand grit pleid and 36,180
pleyis.
The nobillis all thairof tha war so will,
Wittand no wane quhat suld be done thair till;
The king wes slane in his bed quhair he la,
His bodie stollin out of the place or da,
The quhilk tha reput for als grit ane blame 36,185
As his slauchter, and also far mair schame.

The lordis all that tyme for the most fect,
Amang thame self held Donewald suspect,
Becaus they saw him mak sic diligence,
Attouir mesour doand so greit offence ;   36,190
Quhairof tha tuik suspitioun in the tyme,
It wes him self wes maist caus of that cryme,
And for to schaw that he wes innocent,
That causit him to be so diligent.
Ʒit neuirtheles for dreid efter of war,   36,195
Becaus that tyme tha war fra hame so far,
Amang his freindis in ane vncouth land,
Without ane king to tak sic thing on hand,
Lib.11, f.180b. Tha thocht tha wald dissimull in that cace,
Col. 1. Quhill efterwart that tha saw tyme and place.   36,200
And so tha did into that tyme ilkone,
Skaillit the oist and hamewart all is gone.

OFF GREIT MARVELLIS AND TAKYNNIS SENE IN
THE AIR AT THAT TYME IN SCOTLAND.

This beand done as I haif said ʒow heir,
Ouir all Scotland, the space of half ane ʒeir,
Vpone the da the sone it gaif no licht,   36,205
No ʒit the mone, nor sternis on the nycht.
And all the lift [1] baith dirk and nubelus,
Perturbit wes with cloudis mervelus,
And mony blast als blawand in the air,
With felloun fyre als fleand ouir all quhair.   36,210
Quhilk causit all man that tyme to presume,
Rycht neirhand wes the dreidfull da of dome ;
That wounder wes so awfull to sustene,
Siclike befoir wes neuir hard nor sene.

---

[1] In MS. *haill.*

HOW CULENUS, THE PRINCE OF CUMBRIA, WAS
BROCHT TO SCONE TO BE CROWNIT, AND HOW
HE REQUYRIT THE KIRKMEN OF THE TAKYNIS
IN THE SKY, AND OF THAIR ANSUER, AND
HOW CULENUS MAID HIS VOW.

Indulfus sone the prince of Cumbria,   36,215
Culenus hecht, befoir as ȝe hard sa,
With haill consent of the lordis ilkone,
Wes brocht that tyme fra Cumbria to Scone,
Into that place, siclyik as did the laue,
His croun and sceptour thair for to ressaue.   36,220
This Culenus befoir the kirkmen all,
Into that tyme wer present greit and small,
Inquyrit hes the caus quhairfoir or quhy
Sic perturbatioun wes into the sky,
Ouir all the air with sic obscuritie,   36,225
That horribill wes till ony man to se?
And tha agane sic ansuer maid that tyme;
Quhill puneist war the greit offence and cryme,
And cruell deid of gude Duffus the king,
Quhilk wes so just and gratius in all thing,   36,230
That all Scotland, bayth be land and se,
With that same plaig suld euirmoir puneist be.
Without also it war remeidit sone,
Tha wist rycht weill that gratius God abone,
Ane sarar plaig sould sone amang thame send,   36,235
With greit furor quhilk sould thame all offend.
This Culenus befoir thame maid ane vow,
Into the tyme and he war for to trow,
The croun of gold sould neuir cum on his heid,
Quhill that he had revengit Duffus deid.   36,240
With all the power syne efter [that] he ma,
Provydit hes to pas in to Murra.
In Murra land quhen thir tydenis war tald,
With so greit dreid this tratour Donewald

Fra wyfe and barnis passit on the nycht,   36,245
Out of Forres unwist of ony wicht.
Of euerie man he had so greit suspitioun,
Rycht weill he wist without ony remissioun,
And he war tane in ony toun or steid,
Thair wes no gold mycht saue him fra the deid. 36,250
Quhen this was kend that Donewald did fle,
Than euerie man wist weill that it wes he,
That fals tratour, committit had the tressoun,
Fyllit him self as it wes mekill ressone.
This Culenus, of quhome I spak befoir,   36,255
And all his lordis that tyme les and moir,

Col. 2. To Murra land and syne to Forres toun,
He come that nycht with mony bald barroun.
Syne in the castell enterit hes belyve,
Quhair he gart tak this Donewaldus wyve,   36,260
And thre dochteris war in that hous of stone;
Syne all the laif that war thairin ilkone,
Baith ȝoung and ald, but ony remeid,
Rycht cruellie gart put thame all to deid;
To caus all man for to detaist sic thing,   36,265
As to put handis in ane crownit king.
The castell also wes of stane and lyme,
Law to the ground gart cast it doun that tyme,
For to revenge the cruell deid and pane,
Of gude Duffus saikles thairin wes slane.   36,270
Exeminit hes syne of this Donewald
The wickit wyfe, quhilk euerie word has tald
Fra end to end and all the process how,
Schort quhile befoir as I schew heir to ȝow.
And how scho wes the caus of all that thing,   36,275
That gart hir husband that tyme sla the king,
Ilk word be word scho schew than les and moir,
How that it wes, the caus quhy and quhairfoir;
And quhair he wes als erdit in the tyme,
Befoir thame all confessit hes hir cryme.   36,280

Quhen this was said, the pepill that stude by,
At hir tha had sic malice and invy,
With greit fervour accressand to sic feid,
Doutles that tyme tha had dung hir to deid,
Quhen tha hard hir confess hir cruell cryme,   36,285
And tha had nocht bene stoppit in the tyme
Be Culenus, diuysit hir to de
Ane scharpar deid with moir crudelitie.
That nycht he ordand ilk man to tak rest;
Syne on the morne to boun thame all thair best, 36,290
With reuerence all that doucht to mak,
Gude Duffois cors out of that place to tak.
Syne on the morne as tha culd ken the da,
And reddie war ilk man to pas thair wa,
To Culenus thair come ane man and schew   36,295
How Donewaldus laitlie of the new,
Throw aduenture [and] tempest of the se,
Into ane schip quhair he hapnit to be,
Within foure myle wes brokin on ane sand;
Quhair he him self come levand to the land   36,300
Wes tane and bund be nychtbour men besyde,
The quhilk to him war bringand in the tyde:
Quhairof that tyme als blyth and glaid wes he,
As possibill wes to ony man to be.
Be this was said, within ane lytill quhile,   36,305
Ane messinger that had run mony myle,
Come furth of Ross to Culenus and tald
How the foure beirnis, that busteous war and bald,
That slew Duffus that tyme wer tane in Ross,
Syne harlit war ilkone efter ane hors,   36,310
Bringand to him but ony stop or stryfe;
He wist rycht weill tha wald be thair belyve.
As he hes said, so hes it hapnit sone,
Tha war brocht thair ilkane lang or none.
And Donewald rycht lang or tha come thair,   36,315
[Wes] brocht that tyme on harland be the hair;

To the tolbuith this Donewald wes hed,
His wyfe and dochteris also with him led,
With the foure feiris ·followand at his bak,
Into the tyme with mekle schame and lak.   36,320

Lib.11, f.181. Col. 1. Quhair that tha war condampnit of that cryme,
Syne with four hors war revin ilkane that tyme;
Thair bowellis syne war brint all in ane fyre,
In powlder small, the banis with the lyir.
To euerilk part ane pece that tyme wes send,   36,325
To all the warld to mak it knawin and kend,
Quhat perrell is to put handis in ane king,
In tyme to cum for to vmschew sic thing.
This Donewald quhilk fortoun hes nocht spaird,
As he seruit siclike he gat reward.   36,330
I pray to God the blissit Trinitie,
That all siclike get sic reward as he!

How Culenus with greit Honour tuke vp the Corps of King Duffus, quhair efter ane Kirk wes biggit callit Kilflos and now Kinlos, syne had to Iona Yle.

Quhen this was done as I haif maid record,
This Culenus with mony knycht and lord,
And mony prelat that war present thair,   36,335
With all the pepill also les and mair,
In processioun with mony bell and buik,
Of gude Duffus the corps agane vp tuik.
That samin tyme quhilk was als fresche and fair,
Without corruptioun into hyde or hair,   36,340
Vnmaculat, and als haill of the skyn,
As the first hour quhen it wes new laid in.
The sone also, befoir that kest no lycht,
Into that tyme it schane moir cleir and brycht
Ane hundreth fald no euir it did befoir,   36,345
And flouris spreidand that tyme les and moir,

Of diuerss hew, with mony cullour cleir,
Quhilk wes agane the sessoun of the ȝeir;
In Februar, quhen few flouris will spring,
In that same tyme so hapnit all this thing.　　36,350
Quhair he wes erdit in that samin place,
Ane brig wes biggit efter ane lang space;
Ane kirk also, quhilk callit wes Kilflos,
Quhair standis now the abba of Kinloss.
Kilflos in Erische is als mekle to sa,　　36,355
As the Flour Kirk in oure langage this da.
In lynnyng clayth, als quhit as ony milk,
Tha wand his cors and syne into reid silk,
Wnder ane carpet of ane cullour cleir,
To Iona Yle syne borne wes on ane beir;　　36,360
Intumulat thair wes amang the lawe,
With all honour that sic ane prince sould haif.
Nyne hundreth ȝeir and sevintie to record,
And tua also than efter that oure Lord
Wes borne in Bethlehem of the Virgin cleir,　　36,365
And of his[1] ring quhilk than wes the fourt ȝeir,
This ilk Duffus into his latter dais
Departit so, as that my author sais.

> How Culenus was crownit King in Scone, and
> thairefter grew in Negligence of his
> Auctoritie, and of the Lordis Supplica-
> tioun to him, and how he gaif Ansuer
> agane and continewit in Vyce and Syn,
> and of his Slauchter and Ending.

As ȝe haif hard quhen all this thing wes done,
The lordis passit than [all] on till Scone,　　36,370
Quhair tha convenit in the tyme ilkone.
Syne crownit hes vpone the marbell stone,

---

[1] In MS. the.

In rob royall, with diademe conding,
This Culenus of Scotland to be king.
Ane nobill prince trowand that he sould be,   36,375
Becaus he vsit sic extremitie
For Duffus deid into this Donewald,
Beleuit war than baith with ȝoung and ald.
Of that beleif tha war begylit far:
Sone efter syne he wox ay war and war,   36,380
Sleipand in sleuth, with so greit negligence,
Without punitioun of ony offence;
Of murthure, slauchter and of [all] sic cryme,
Wes nane accusit intill all his tyme.
Than euerilk man had libertie and will,   36,385
As plesit him other to gude or ill;
Was no man than restrenȝit be the lawis,
Quhilk gart the waikest oft ga to the wawis.
And mony ane out of his awin hous chaist,
And mony sted wnpleneist lyand waist,   36,390
And mony barne als for to beg thair breid,
And mony wedow maid full will of reid.
Quhairof the lordis thocht rycht mekill ill,
Seand the realme in sic ane poynt to spill.
Befoir him all convenit on ane da,   36,395
Syne ane of thame that ordand wes till sa
Thair myndis all, as tha gaif in decreit,
To him that tyme with sober wordis sweit:
" Excellent prince, gif it plesit thi grace,
" Thy lordis all heir present in this place,   36,400
" Hartlie beseikis thi gratius excellence,
" That thow wald tak moir cuir and diligence
" In execution of justice and law,
" And caus thi liegis for to stand moir aw,
" Quhilk dalie now vsis but discretioun   36,405
" Thift and reif, murthure and oppressioun ;
" And all," he said, " is in the falt of the,
" So negligent in thi auctoritie ;

" Throw ill counsall abusit is so far,
" Ilk da by da the langar ay the war ;   36,410
" Beseikand the rycht humelie heir this tyde,
" For sum remeid thairof thow wald provyde."
Quhen he had said and schawin him thair will,
This was the ansuer that he maid thairtill :
" Forsuith," he said, " wald ȝe considder weill,   36,415
" And tak gude tent as I haif done ilk deill,
" Ȝe wald nocht sa thairof I war to wyit,
" Suppois with me ȝe be now set to flyte.
" For-quhy," he said, " it war folie to me,
" In law or justice ouir extreme to be ;   36,420
" Ȝe knaw ȝour self," he said, " better nor I,
" How gude Duffus bot laitlie now gane by,
" Becaus he wes in his auctoritie,
" So rigorous with sic extremitie,
" That gart him de rycht lang befoir his day ;   36,425
" And gude Indulf," he said, " siclike alsway,
" And mony mo than I will rekkin heir.
" Beleif ȝe weill, my tender freindis deir,
" And I tuke nocht exempill be sic thing,
" I war not wyiss, na worthie to be king.   36,430
" I knaw myself best quhat I haif till do,
" And neidis nocht of thair counsall thairto.
" Ȝe ma weill sa at all tyme as ȝe lest,
" Bot I will do as my self plesis best."
Quhen that thir lordis hard him [to] sa so,   36,435
Tha tuik thair leif and ilkane hame did go :
No langar thair that tyme tha wald remane,
And to the court come nocht that ȝeir agane.
This Culenus, as he wes wont befoir,
Moir vicious wes the langar ay the moir ;   36,440
Rycht lubricus with sic lust and delyte,
As brutell best takis his appetyte,
Without ressoun other or temperance,
That schame it war to schaw the circumstance.

For and I do this tyme ȝe wald abhor;   36,445
With sic langage, richt weill I wait, thairfoir
My will is nocht thairwith ȝow till offend;
Tak tent and heir how that sic thing tuk end.
This Culenus, of quhome befoir I schew,
So glittous was than into chalmer glew,   36,450
With sic exces takand sua large ane fill,
The seiknes hecht the gentill mannis ill,
Throw sic burding, it causit him tak bed,
That euerie man wes of his lyfe adred.
Rycht lang he la in that infirmitie,   36,455
Quhill he grew lene and laithlie for to se.
Ilk man abhorrit on him for to luke,
His skowdrit skyn wes blak as ony ruke;
His visage lene and haw as ony leid,
His ene rycht how and suckin in his heid;   36,460
And all his bodie fra the top to ta,
Without blude it was baith blak and bla;
That sic ane monstour, sen that God wes borne,
Was neuir sene into this warld beforne.
The lordis all fra tyme tha knew and kend,   36,465
Of his maneris he maid him nocht to mend,
To sic faltis affectit wes so far,
So that he wes the langar ay the war;
Quhairfoir ane counsall haif tha set full sone,
Togidder [hes] convenit syne in Scone,   36,470
To that effect he sould depryvit be
Baith of his croun and his auctoritie;
Tha thocht greit lak and schame of sic ane thing,
So vyle ane monstour to haif to thair king.
This Culenus that weill thair counsall knew,   36,475
As secreit seruandis of his awin him schew;
And quhen he hard that tha pretendit so,
Vneselie thocht [that] he mycht ryde or go,
Dissimuland greit curage in his spreit,
Than vp he rais rycht fraklie on his feit,   36,480

As he had bene that tyme als haill and feir
As euir he was, than with dissimulat cheir,
With few freindis syne on the secund da,
To Scone that tyme he tuke the reddie wa;
To that effect, as my author did mene,   36,485
The lordis counsall gif he mycht prevene,
To meis thair mynd and satisfie thair will,
In all purpois that tha wald put him till.
That samin tyme thair in ane quyet glen,
Quhen that he wes rydand by Methwen,   36,490
The thane thairof, with mekle bost and schoir,
For the revenge of his dochteris befoir,
Quhilk causit wes be his auctoritie
With mony mo defoullit for to be;
And for that caus, as my author me schew,   36,495
This Culenus rycht cruellie he slew.
Into the fyft ʒeir of Culenus ring,
So endit he this ilk vnhappie king.
Thairof the lordis war content ilkone,
That for his falt so passit wes and gone;   36,500
ʒit neuirtheles into the tyme tha war
Of the fassoun displesit all richt far,
So cruellie as he wes maid to de,
Without justice or ʒit auctoritie.
Syne efter that within ane lytill quhile   36,505
Tha buir his bodie onto Iòna Yle;
Ingrauit was syne with honour and gloir,
As tha war wont to sic kingis befoir.

How KENETHUS WAS CROWNIT KING OF SCOTTIS
    EFTER CULENUS DEPARTING, AND OF HIS
    GUDE LYFE AND MANERIS, AND ʒEILL OF
    JUSTICE.

Ane nobill man wes callit Kenethus,
That bruther germane wes to gude Duffus,   36,510

And to king Malcome eldest sone and air,
Wes nane that tyme moir plesand and preclair,
That tyme in Scone vpone the marbell stone,
With haill consent of lordis all ilkone,
And all the laif quhilk blyth war of that   36,515
    thing,
He wes crownit of Scotland to be king.
This Kenethus fra tyme he wnderstude
Sic vicis rang amang the men of gude,
With ill exempill alsua to the lawe,
Quhilk wes the caus quhairfoir that mony   36,520
    knave,
And mony lad and mony idill loun,
Put all the kinrik to confusioun.
Quhilk wes the caus of vicis les and moir,
The ill exempill of the king befoir;
So hes the vse bene ay of ald and ȝing,   36,525
For to conforme thair fassoun to the king,
Quhat euir it be than, other ill or gude,
Traistand of him for to haif gratitude,
And rakkis nocht quhometo he do offence,
Quhat euir it be, and he ma pleis the prince.   36,530
In happie tyme he thinkis he wes borne,
Can pleis his prince other at evin or morne.
This Kenethus than rycht weill wnderstude,
That king or prince and euerie man of gude,
Or ȝit prelat that hes auctoritie,   36,535
Suld honorabill and of gude lyfe ay be.
With sick exempill all tyme to the lawe,
Quhairof tha micht richt gude occasioun haif,
Be sic exempill for to ken and knaw,
Vicis to leif and to all vertu draw.   36,540
It hes bene said, as mony men weill knaw,
The ȝoung cok leiris as the ald cok craw,
This Kenethus siclike that tyme did he.
Gentres, meiknes and liberalitie,

Law and justice, withoutin ony wrang,.   36,545
And all vertew into his persone rang,
Of morall maneir maistres and mother,
With sic exempill that tyme till all uther,
So equall was in his auctoritie,
Of Albione he wes the apersie.   36,550
His houshald men and seruandis als ilkane,
So gude exempill at the king hes tane ;
And mony vther of the nobill blude,
Quhilk naturallie inclynit war to gude,
Within schort quhile tha war of his professioun, 36,555
So full of wisdome, gentres, and discretioun,
With fredome, faith, and greit stabilitie,
Greit plesour wes into that tyme to se.
Ʒit mony one that no way culd be trew,
For no exempill that Kenethus schew,   36,560
Or no monitioun he culd mak thame till,
Wald nocht forbeir thair wickitnes and will,
Quhairof so lang tha had sic consuetude,
And neir of kin war to the greit men of gude,
For that same caus, for nothing that mycht be, 36,565
Tha wald nocht leve thair greit iniquitie.
Kenethus than, that knew full weill the caus,
Decreittit hes to execute the lawis
Into Lanerk, quhair that tyme ordand he,
Of the lordis all conventioun to be.   36,570
Baith theif and revar also les and moir,
Arreistit war that tyme to cum thoir ;
And borrowis als of euerilk man wes tane,
Tha suld compeir thair to thoill law ilkane.
To men of gude tha war of kin richt neir,   36,575
The quhilk that tyme wald nocht lat thame
   compeir,
Tha knew so weill for fauour no for feid,
And tha come thair, ilkane wald want thair
   heid ;

And for that caus tha gart thame fle ilkone,
In sindrie pairtis quhill that air wes gone.　　36,580
In Lanark syne quhair that the place wes set,
This nobill king and all his lordis met,

Lib.11,[1] f.166.
Col. 1.

And neuir ane comperit in the tyme,
That arreistit was to thoill law for his cryme,
Than les or moir, other ill or gude.　　36,585
This Kenethus than rycht weill vnderstude
Quhat was the caus, as quietlie was schawin
To him that tyme be freindis of his awin.
Quhairfoir he thocht it nocht expedient
Into the tyme to schaw all his intent,　　36,590
Or lat thame wit that he sic thing knew,
Dissimuland and fair langage than schew,
Into that cace sen no better mycht be,
Quhill efterwart that he his tyme mycht se,
Skaillit the court syne efter the third da,　　36,595
Ilk lord tuke leve and passit hame his wa;
Kenethus than, with few feiris alone,
In pilgremage to Sanct Ninianis is gone.
Thir freindis ay war to him traist and trew,
To quhome that tyme his secreittis all he　　36,600
　　schew,
And at that counsall askit in the cace,
And hes devysit baith the da and place
For to remeid so greit enormitie,
Quhen that he had maist oportunitie.
Quhilk secreitlie into thair mynd tha buir,　　36,605
And to na leid thair counsall wald discuir,
Continewalie the space all of ane ʒeir,
Quhill efterwart hapnit as ʒe sall heir.

---

[1] Numbered erroneously *Lib*. 10, until fol. 182.

How King Kenethus causit convene ane
Counsall in Scone, and how he causit
the Lordis to bring thair Freindis and
Faltouris to the Commoun Weill to
thoill the Law.

In Scone ane tyme ane counsall he gart call,
For to convene thair with his lordis all,   36,610
For sindrie thingis that he had till do,
Quhen tha cum thair as he sall schaw thame to,
The quhilk pertenit to the commoun weill.
The lordis all gaif him sic traist ilk deill,
Quhilk causit thame for to compeir anone,   36,615
Befoir the king that tyme in Scone ilkone.
The nycht befoir the lordis did compeir,
Ane multitude cled all in armour cleir,
Of beirnis bald that worthie war and wycht,
Rycht quyetlie the king gart hyd all nycht,   36,620
Into ane place quhair tha mycht ly unkend,
Quhill on the morne that he did for thame
    send,
Rycht haistelie than for to cum him till,
Quhateuir it was his purpois to fulfill.
Syne on the morne quhen that tha did com-   36,625
    peir,
Befoir the king the lordis all in feir,
Quhair that he sat vpone the marbell stone,
Befoir thame all wes present thair ilkone,
Proclamit than thair with ane voce full cleir,
The lordis all on to him sould draw neir,   36,630
To heir quhat thing that he wald to thame sa,
And all the lawe to pas rycht far awa.
Into ane cirkill neir the king tha stude,
The lordis all quhilk were men of gude,
Into ane place quhair that tha mycht als neir,   36,635
Quhat he wald sa into the tyme to heir,

Or euir tha wist, of armit men ane rout
In gude ordour hes circulit thame about,
Quhairof the lordis hes tane sic affray,
Wist nane of thame that tyme quhat he sould   36,640
  say ;
Quhairfoir as than, but ony dyn or noy,
Rycht closlie than tha held thame all full quoy.
The quhilk Kenethus hes persauit weill,
Be thair fassoun, gif tha had ony feill
And countenance into the tyme tha hed,   36,645
It semit to him tha war rycht soir adred.
And for that caus tha suld presume na ill,
Rycht soberlie thus hes he said thame till :

Col. 2.   " My deir freindis, no farlie is to me,
  " Of this aspect befoir ʒour face ʒe se.   36,650
  " Thocht ʒe haif dreid, and in sum part stand aw,
  " For weill I wait neuir ane of ʒow ʒit saw
  " Sic executioun of the law beforne,
  " In ony tyme sen ʒour fatheris wer borne,
  " Na ʒit befoir in no storie ʒe reid ;   36,655
  " No farlie is thairfoir suppois ʒe dreid.
  " Bot and ʒe knew perfitlie all my thocht,
  " Rycht weill I wait that ʒe wald dreid rycht nocht.
  " For-quhy," he said, " my mynd, na ʒit my will,
  " Is nocht this tyme to do ʒow skaith or ill.   36,660
  " Greit God forbid such schame suld me befall !
  " Sa tratourlie for to betrais ʒow all,
  " At my command sen ʒe ar cuming heir,
  " The quhilk to me so neidfull ar and deir,
  " Till all Scotland and commoun weill also.   36,665
  " How ma we leve and ʒour supple forgo ?
  " Dreid nocht," he said, " for no aduersitie ;
  " All this is done als weill for ʒow as me,
  " And for Scotland, and for the commoun weill.
  " As I presume thairof ʒe haif ane feill,   36,670
  " Without correctioun, justice or ʒit law,
  " Rycht few thair is will dreid or ʒit stand aw.

" Also thair is in this kinrik ȝe ken,
" Rycht mony ill this tyme asposit men,
" Dalie committand mony cruell cryme,   36,675
" The quhilk begouth into Culenus tyme,
" As ȝe ma se ȝit dalie still induir,
" With greit oppressioun bayth of riche and puir.
" The husband men full lytill now ar ment,
" Quhome be we ar vphaldin and sustent,   36,680
" Tha haif the laubour and the bissines,
" And we the rest, the eiss of ydilnes.
" Tha haif the pane and the penuritie,
" And we the plesour and the greit plentie.
" Tha suffer pane, and we get all the pelf ;   36,685
" It is for ws and nocht for thair awin self,
" Tha mak greit laubour dalie with sic cuir,
" To mak ws riche, and syne we mak thame puir.
" We haif the honour, dignitie and gloir,
" And all the proffeit that tha laubour foir ;   36,690
" And tha till ws subject ar maid and thrall,
" Their laubour greit and eik thair wynnyng small.
" Sen it is so, it semis weill to me
" We ar vnworthie thair maisteris to be,
" It that tha wyn at our plesour to spend,   36,695
" And syne dow nocht our vphalderis defend.
" Thir revand rukis, memberis of Mahoun,
" Puttand this kinrik to confusioun,
" With ws this da is haldin of moir pryss,
" Moir necessar, moir manlie, and moir wyiss,   36,700
" No gud leill men quhilk ar haldin lawborius,
" The haill vphaldar of ws and oure hous.
" Without tha laubour we can haif na rest,
" Quhilk dalie now ar puneist and opprest,
" Agane my will, ȝe wait ȝour self, full soir.   36,705
" Into Lanark bot schort quhile of befoir,
" Quhair that I thocht to execute the law,
" That tyme of me ȝe stude bot litill aw,

" Ȝe wait ȝour self, and neidis nocht to speir,

" Quhair ȝe wald nocht lat na faltour compeir,   36,710

" In greit contemptioun of me than with scorne,

" And syne ȝe bad gar put thame to the horne.

" The quhilk I haif dissimulat quhill now,

" Quhairof the skaith redoundis all till ȝow

" Moir no to me, with all the lak and schame,   36,715

" Wytles thairof thocht I beir all the blame.

" Ȝit neuirtheles traist nocht this tyme of me,

" That I thairfoir crabit or cruell be,

" With sic desyre ane vengence for to tak,

" The quhilk to me war ouir greit skayth and   36,720
     lak,

" And greit distructioun to the realme for euir;

" Or I did so, doutles I had far levar

" Frelie resing the croun heir in this steid,

" Syne all my dais go and beg my breid.

" My will it is into this tyme for-thi,   36,725

" That euery man mak help als weill as I,

" Sen that the skayth pertenis to ws all,

" The quhilk this tyme that ȝe sould nocht gane-
     call.

" This is the caus, gif ȝe wald at me speir,

" That I haif brocht thir bernis with me heir ;   36,730

" For that same caus and for na vther thing,

" Gif me credence as I am leill trew king,

" Quhill this be endit that I now begin,

" With thir same men I think nocht for to twyn ;

" And ȝe all so sall remane with me still,   36,735

" Quhill that ȝour freindis all this thing fulfill.

" Quhairfoir," he said, "now schaw ȝow siclike men,

" That all the warld ma haif gude caus to ken

" That ȝe ar saikles, innocent and clene,

" Of all the trubill in this tyme hes bene."   36,740

Quhen this was said as ȝe haif hard me tell,

The lordis all on kneis doun tha fell,

That present war at that tyme les and moir,
Rycht reuerentlie the nobill king befoir;
And said to him, " O hie excellent prince !   36,745
" Quhair we haif faillit or hes maid offence,
" Agane thi grace in oucht suld the offend,
" We ar content at thi plesour to mend ;
" Beseikand the all rancour at this tyde,
" And all malice out of thi mynd lat slyde,   36,750
" And tak ws now into thi gratius will,
" And heir with the we sall remane ay still,
" Wnder thi traist quhill tha tratouris be tane,
" Syne bund and brocht to thi presens ilkane.
" As plesis the quhen tha ar brocht the till,   36,755
" As plesis the ʒow ma wirk all thi will.
" It salbe knawin bayth with ald and ʒing,
" That we ar all rycht saikles of that thing."
Quhairof Kenethus held him weill content,
And skaillit hes that tyme the parliament.   36,760
At Awmond mouth vpoun the water of Ta,
Thair stude ane toun that callit wes Birtha,
Into the tyme was weill wallit with stone ;
Onto this toun the nobill king is gone,
With all his lordis thairfoir to remane.   36,765
This nobill toun stude on ane plesand plane,
With wall and water strenthit wes about,
Withoutin leif mycht nane wyn in na out.
This nobill king, as ressoun wald and rycht,
With the men of armes gart walk the toun all 36,770
    nycht,
And all the da richt so vpoun the gait,
Closand the portis quhen that it wes lait ;
So be no way, be ony wyle or gyn,
Withoutin leif mycht no man wyn thairin.
The lordis all within the toun that leindis,   36,775
Rycht tenderlie than wrait all to thair freindis,

Beseikand thame thair purpois for to speid,
And think on thame that la into sic dreid,
To pleis the king and for the commoun weill.
Thair freindis all quhilk had thairof ane feill,   36,780
Without the king war plesit in the tyme,
Tha wald be all accusit of that cryme,
And for that caus alss bissie as ane bie,
Into all pairtis bayth be land and se,

Tha haif ay socht quhill tha faltouris war found, 36,785
And syne to Bartha brocht thame ilk ane bund.
Within schort quhile, the quhilk wes than greit
   wounder,
Of sic faltouris thair haif tha brocht fyve hunder,
The quhilk war condampnit ilkane for to de,
And syne on ane gallous hangit war full hie :   36,790
That euirilk man mycht exempill tak,
For to be just and no oppressioun mak,
And to keip lautie and all tyme be leill ;
He knew his dome gif he wald reif or steill.
This nobill king than gaif rycht greit reward,   36,795
Into the tyme to euerie lord and lard ;
Thair freindis als that tyme forzet he nocht,
Into the tyme that tha forfaltouris inbrocht.
Sum he gaif gold and vther sum he gaif land,
And syne ilkone he hes tane be the hand,   36,800
And gaif thame leve for to pas hame ilkone ;
Tha bad gude nycht and hame thair wa is gone.
Quhen this wes done, than bayth be land and se,
Ouir all Scotland wes greit tranquillitie,
With abundance of all plesour with peice ;   36,805
In all Scotland thair wes no lord, but leis,
Into that tyme that durst his nychtbour noy,
Or zit do wrang to ony lad or boy.
Bot semdill is that ony man can se,
Without trubill in greit tranquillitie,   36,810

That ony stait into this erd ma stand,
At lang plesour other be se or land.
This Kenethus quhen he wes all his best,
At gude plesour into greit peax and rest,
Than fals Fortoun, withoutin caus or quhy,   36,815
Put him rycht sone into greit jeopardy.
Ʒit as God[1] wald he chaipit of the weir,
And how it wes tak tent and ʒe sall heir.

How ane greit Power of Daynis come out of Denmark into Scotland, and maid greit Slauchter and Heirschip.

Out of Denmark ane navin be the se,
In Albione for to revengit be   36,820
Of thair freindis war slane thairin befoir,
Ane greit power, with mekill bost and schoir,
Off mony berne that wes full big and bald,
Quhilk threttie thousand war with taill weill tald,
Makand thair vow quhen tha set schip to sand, 36,825
In Albione quhair that tha first tuik land,
Tha sould nocht leif wnbrint and cassin doun
Citie nor strenth, castell or wallit toun ;
Na suld nocht spair the barne no ʒit the mother,
Nor leve ane levand for to greit for vther.   36,830
Ane strenthie toun, biggit of stane and lyme,
Quhilk callit wes Seluria in the tyme,
In till Angus standand vpone the se,
Wallit richt weill with stane and lyme richt he,
Ane prettie toun, as my author did sa,   36,835
Quhilk callit is Montros now at this da.
Into that place as ʒe sall wnderstand,
Neirby that toun the Danis first tuke land ;

---

[1] In MS. *gold.*

And plantit hes thair palȝeonis on a plane,
Quhair tha tuke purpois all nycht to remane.   36,840
The nychtbour men that duelt about neirby,
Fra hand to hand tha fled rycht haistely
On to that toun rycht fast with all thair gude,
So strenthie wes than as tha wnderstude.
Syne on the morne, sone efter the sone rais,   36,845
The Danis all in gude ordour than gais
Onto the toun, and laid ane seig thairtill.
Rycht mony dart and ganȝe with gude will,
And braid arrow tha schot attouir the wall;
And thai within greit craigis leit doun fall,   36,850
Rycht manfullie, with greit power and mycht,
Maid sic defence quhill cuming was the nycht;
Keipand the toun for thre dais or four,
Quhill force it was than for to gif it ouir,
And cum that tyme into the Danis will,   36,855
The quhilk war sworne for to do thame no ill,
Bot lat thame pas quhair tha list vp and doun
At thair fredome, for to gif ouir the toun.
Thir folk but fayth rycht sone tha war mensworne,
Brekand the ayth that tha had maid beforne.   36,860
Bayth ȝoung and ald that war into the toun,
Slew thame ilkone and kest the wallis doun;
Syne all the lave that wes within the wall,
That samin tyme brint into poulder small,
Quhilk semit syne within ane litill space,   36,865
As neuir toun had bene into that place.
With sic furor out throw the land tha fuir,
Bayth gude and ill of quhome tha mycht haif cuir,
Ȝoung or ald, other lad or las,
Tha slew ilk man and brint the townis in ass,   '36,870
With fyre and blude ay ilkone da be day,
Quhill that tha come onto the water of Tay,
At Amond mouth, besyde Bartha that toun,
Vpoun ane plane tha set thair palȝeonis doun.

Oure nobill king into Striuiling that da, 36,875
With his lordis thair at thair counsall la,
To quhat effect I can nocht tell ȝow now ;
Bot quhen he hard, as I haif said to ȝow,
How that the Danis waistit had his land,
That samin tyme without stop or ganestand, 36,880
Proclamit hes in all the haist tha ma,
All man be reddie at ane certane da,
With all prouisioun gudlie tha ma get,
For to convene quhair that the tryist wes set.
Sone efter that ane rycht greit multitude, 36,885
At Ernis mouth with mony men of gude,
Bayth [1] fit and hors, come furneist to the feild,
Of beirnis bald that waponis weill culd weild.
Ane suithfast man, that wes bayth leill and trew,
Come to the king that samin tyme and schew 36,890
The Danis all with greit power that da,
Seigand the toun about Bartha tha la.

HOW KING KENETHUS FAUCHT WITH THE DANIS AT LONCARDIE, AND OF HIS EXHORTATIOUN MAID TO THE SCOTTIS.

This nobill king no langar than wald ly,
To Bartha toun he sped him haistely.
Into ane place vpone ane strenthie ground, 36,895
Neir Loncardy ane litill aboue Amond,
Vpone ane plane besyde the water of Ta,
Into thair tentis all that nycht thair tha la.
Vpoun the morne quhen that the sone schynit
 brycht,
Apeirit hes ilkane in otheris sicht, 36,900
Thir birnis bald, that waponis weill culd weild,
On euerie syde reddie for to gif feild.

---

[1] In MS. *Out.*

Gude Malcum Duff, the prince of Cumbria,
The vangard led into the feild that da ;
Duncane, the lord of Athoill in that tyde,   36,905
The tother wyng led on the farrar syde.
The nobill king with mony men of gude,
Betuix thame tua in the mid feild he stude ;
Commandand thame than with ane voce so cleir,
In audience quhair tha mycht ilkane heir,   36,910
That da in battell baldlie for to byde,
For ony chance that efter micht betyde,
And in the feild erar with honour die,

Col. 2. With lak and schame for to vmschew and fle,
Syne efterwart tane with thair fais all   36,915
Hangit and drawin or than maid bond or thrall.
" Tak tent in tyme or ʒe be put in thrist,
" Sone efter syne or ʒe sa, had I wist
" So suld haue bene, I had far levar bene deid,
" Thairfoir bewar quhill ʒe ma mak remeid.   36,920
" Quhat euir he be now, other gude or ill,
" Ane Danis heid this tyme bringis me till,
" Doutles of me he sall haif greit reward
" Of fynest gold, the quhilk sall nocht be spaird."
Throw that same langage that Kenethus spak,   36,925
Greit curage than the Scottis all did tak,
With gude beleif into the tyme for-thy,
Of greit rewaird and als of victory.
The Danis all, quhilk stude vpone ane hycht
In gude ordour with mony basnet brycht,   36,930
Traistand the Scottis vpwith to the hill,
Suld tyre ilkone than or tha come thame till.
The Scottis than arrayit on the plane,
At thame leit fle rycht mony fedderit flane,
And mony ganʒe in the tyme leit glyde,   36,935
Quhill that tha maid richt mony sowand syde,
Aganis quhome tha mycht nocht weill defend.
The Danis than, quhen that tha knew and kend

Without danger tha mycht nocht thair remane,
In gude ordour discendit to the plane.　　　36,940

How tha enterit in the Feild.

Than with ane schout, and with ane felloun cry,
Tha enterit all rycht sone and suddantly,
With sic ane schow quhill all the schawis schuik;
Thair busteous beir reboundit fra the bruik.
So dourlie thair togidder that tha dang,　　　36,945
With sic ane reird quhill all the rochis rang,
Thair speiris brak and scheildis raif in schunder,
And mony stout man stickit that wes wnder;
Richt mony freik wes fellit than throw force,
And mony knycht was keillit throw the cors,　　　36,950
Without confort la cald wnder his scheild,
And mony berne wist nother of bute no beild;
And mony stout man stickit war that tyde,
Bleidand full soir with mony woundis wyde.
Tha Scottis all rycht bisselie tha go　　　36,955
Tha Daynis heidis for to cut thame fro;
With sic dispyte wes neuir one tha spard,
Traistand thairfoir to get thankis and reward;
Rycht mony hundreth hingand by the hair
Of Danis heidis into thair handis bair.　　　36,960
The quhilk ane Deyn into the tyme did spy,
With ane loud voce he gaif ane schout and cry;
" Other," he said, " debait ȝow with ȝour handis,
" Now at sic tyme into sic neid it standis,
" Or none of ws, traist weill, efter this da,　　　36,965
" Fra Albione sall levand pas awa."
The Danis all quhen that tha hard that cry,
Tha grew in ire with sic melancoly,
Into tha tyme quhen tha the perrell knew,
Quhill all thair strenthis did agane renew;　　　36,970

Quhair throw tha wox alss waldin and als wycht,
Into thair mycht ascendand to sic hycht.
And quhen tha knew thair strenthis did restoir,
Moir furius nor euir tha war befoir,
Witht all thair power pertlie on the plane   36,975
Renewit hes the battell than agane,
With all the force into the tyme tha hed.

Lib.11, f.167b. The Scottis men than in the vangard fled,
Col. 1. The quhilk na langar in the feild micht byde:
The wyng also vpone the tother syde,   36,980
So lytill strenth into the tyme tha hed,
Out of the feild fast efter thame tha fled.
Than gude Kenethus in the middill feild,
With mony wicht man waponis weill culd weild,
Stone still tha faucht and thairof rakkit nocht,   36,985
For all thair fleing wes no tyme in flocht.

HOW ANE HUSBANDMAN CALLIT HAY WITH HIS
SONIS TWAY FAUCHT CRWELLIE WITH ȜOKKIS
IN THAIR HANDIS, AND KEIPIT THE PASSAGE
QUHAIR THE SCOTTIS FLED, AND MEKILL
DANIS BLUDE THAT DA HE SCHED, AND
RENEWIT THE BATTELL AND WAN THE
FEILD.

Ane husband man quhilk wes callit Hay,
Busteous and big thocht he wes nothing gay,
Tua sonis had that war bayth stout and sture;
Of husband lawbour doand was thair cure,   36,990
At pleuch and harrow neirby that samin hour;
Seand the king into sa strang ane stour,
And so thik fald war fleand than him fra,
For him that tyme his hart it wes richt wa.
With that he hint the ȝok into his hand   36,995
Out of ane pleuch, and syne he gaif command

To his tua sonis that tyme to do siclyik.
Betuix ane fousie and ane stalwart dyke
The passage wes quhair all the Scottis fled ;
Than with the ȝok into his hand he hed,   37,000
This busteous berne that stalwart wes and stout,
Keipit that strenth that no man mycht get out.
The Danis als that follouit on the chace,
He slew richt mony in the samin place,
And sparit that tyme nother freind nor fa,   37,005
Out of that passage preissit for to ga.
With his sonis keipit the passage lang,
And neuir ane out by thame wald lat gang ;
That all mycht heir, syne with ane schout and cry,
With ane loud voce he cryit mony fy !   37,010
" Cheis ȝow," he said, " sen force it is sic thing,
" With new power hes cumit to oure king,
" Now cowartlie heir with thame to be slane,
" No manfullie now for to turne agane,
" And victorie for till haif of ȝour fo."   37,015
The Scottis aw quhen tha hard him sa so,
And Danis als, trowand that it war trew,
That cumand wes sic power of the new,
The Danis all rycht joyfull war and fane,
That maid the chace, to turne abak agane.   37,020
And tha that fled maid syne on thame ane chace,
Quhill that tha come to the fechting place,
And thair agane the battell did renew.
Hay with his ȝok full mony Dayne he slew ;
That forsie freik wes nother waik no lene,   37,025
At ilkane straik that da he slew ane Deyne.

How the Battell renewit, and of the Scottis
Curage, and how the Daynis fled and
tynt Curage, and how Kenethus wan the
Feild be the greit Help of that happie
Hay and his Sonis Tway.

This nobill king with mony man of gude,
Fechtand stone still ȝit in the feild tha stude,
Suppois it wes that tyme with mekill pane.
Quhen that he saw the feild renew agane,   37,030
So fair langage than to his men he spak,
Quhilk causit thame new curage for to tak,
That tha agane grew als ferie and wycht
As euir tha war, with far moir strenth and mycht,
And with greit force tha did the feild renew.   37,035
The Danis than trowand that all wes trew,
Sic new power was cuming thame forgane,
Into the feild no langar wald remane,
And sone tha fled rycht fast out of that place.
The Scottis follouit fastar on the chace,   37,040
Without mercie that tyme thair chapit nane
Tha[t] Danis war quhair euir tha war ouirtane.
So greit slauchter wes neuir sene befoir,
Was maid that da of Danis les and moir.
Quhair that tha fled in mony moss and myre,   37,045
The Scottis wes fulfillit with sic yre,
And had sic thrist than of the Danis blude,
That neuir ane than, other ill or gude,
Gat girth that da quhair euir he wes ouir tane.
Fra morne airlie quhill all the da wes gane,   37,050
This foirsaid Hay and sonis with thair ȝokkis,
Vpone the Danis laid sa mony knokis,
With so greit force the wecht of thame leit feill,
That none of thame mycht efterwart do weill.

Col. 2.

That samin nycht rycht lang or it wes da, 37,055
The Danis passit quhair [thair] schippis la,
Vpone ankeris was rydand on the se,
Neirby the place is callit now Dundie,
Quhilk war nocht than into comparesoun,
Scantlie the fourt part that tha brocht of toun. 37,060
Syne passit all on [to] the se that nycht,
And or the morne war saillit out of sycht;
And quhair awa that tyme I can nocht tell,
Bot weill I wait, as ȝe ma judge ȝour sell,
Thair wes greit blythnes at thair cuming hame, 37,065
Quhen euerie man wes missit be his name.
No moir of this now will I put in ryme,
Becaus it is so greit tarie of tyme;
Thairof as now I think to hald me still,
And to my purpois turne agane I will. 37,070
This Kenethus baid in the feild all nycht,
Syne on the morne quhen that the da wes lycht,
The Danis palȝeonis with rycht mony tent,
Quhilk furneist war rycht riche and fertilent,
With gold and siluer and all vther geir, 37,075
And riche cleithing that ordand wes to weir,
With haill consent that tyme of all the lave,
Most pretious part on to this Hay he gave,
Of riche clething, gold and siluer bricht,
And his tua sonis that war bayth bald and 37,080
    wycht.
Syne all the laif wes spulȝe of the feild,
To euerie man that wapin docht to weild,
Efter his deid as he wes worth to haue,
Rycht equallie he delt amang the laue.

How King Kenethus passit to the Toun of
Bartha, and thair maid this Hay Knycht
and gaif him the Landis of Erroll; and
of the Discord and Stryfe that fell
betuix the Lord of Angus, callit Cruth-
lyntus, and Lord of the Mernis, callit
alsua, and how Kenethus puneist and
pacifeit that Feid, and how Malcum Dufe
was put doun be Kenethus.

Quhen this wes done, passit to Bartha toun   37,085
This nobill king with mony bald barroun.
With haill consent that tyme of euery wicht,
This foirsaid Hay thair hes he maid ane knycht,
For his support he maid him in sic perrell;
Syne gaif to him the landis all of Erroll,   37,090
Into the cars of Gowrie quhair tha la;
The quhilk his airis brukis ʒit this da.
Erll of that ilk is callit at this hour,
Quhilk is ane hous of greit fame and honour.
I pra to God that lang tyme so it be,   37,095
In sic honour all that genelogie.
This beand done, as ʒe haif hard me sa,
Gude Kenethus richt lang and mony da,
In peax and rest and greit honour he rang,
Quhill efter syne, I can nocht tell how lang,   37,100
Gif [it] be trew the storie tellis ws,
Ane lord of Angus, callit Cruthlynthus,
Ane dochter had wes callit Fenella,
Quhilk had ane sone Cruthlynthus hecht alsua,
Lord of the Mernis in the tyme wes he.   37,105
So hapnit him with his grandsire to be
In to the castell than of Dalbogy;
Quhat wes the caus I can nocht tell ʒow quhy,
Betuix his seruandis and men of the place,
Rycht greit discord fell of ane suddane cace,   37,110

Lib. 11, f. 168. Col. 1.

Quhair in the tyme he had tua seruandis slane,
Quhairof he wes nothing content nor fane.
This Cruthlynthus that na langar mycht fenȝe,
To his grandsire he passit for to plenȝe ;
Quhilk ansuer maid to him with grit dispyte,   37,115
Sayand, him self thairof had all the wyte,
Quhairof that tyme he sould na mendis haue ;
And callit him bayth harlot, loun and knaue ;
War nocht he wes his dochteris sone so neir,
He maid ane vow he sould haif bocht it deir.   37,120
Rycht fureous thus did he with him flyte,
Syne to the ȝet gart put him for dispyte ;
That [he] was fane, as my author did sa,
Out of that place to chaip levand awa.
This Cruthlynthus he tuke full hie in hart   37,125
The greit repulss that he gat in that part ;
Wnto his mother callit Fenella,
To Fettercarne he passit on ane da,
And schew to hir the maner all and how,
Ilk word by word as I [haif] schawin ȝow,   37,130
How all wes done and in the samin sort,
And how hir father did him sic dischort.
This Fenella, throw the report he schew,
Rycht hie and het intill hir mynd scho grew,
Quhilk in hir breist the hiear ay ascendis,   37,135
Perswadand him rycht sone to tak ane mendis.
Sayand, scho suld rycht hartlie with gude will,
At all power mak greit supple thair till,
Commandand him for to mak no delay.
And so he did sone efter on ane day,   37,140
With all the power that tyme that he mycht,
Come to Dalbogy quietlie ane nycht,
And suddantlie the castell syne hes tone.
Bayth ill and gude that war thairin ilkone,
He slew thame all than be the leist ane knaif ;   37,145
His grandsire gat no moir girth nor the laif.

The castell syne gart cast doun to the ground,
And all the riches in that place wes fund,
Gold and siluer, and all other geir,
Distribut hes amang his men of weir.   37,150
Quhen this wes done syne fordwart furth he fundis,
Makand greit heirschip in Cruthlynthus boundis;

Syne in the Mernis hes all with him tane
Richt mony berne that mycht nocht thoill this blane.
Into Angus, quhilk wes of Cruthlynthus clan,   37,155
He gart convene togidder mony man,
Quhilk in the Mernis maid ane haistie raid,
And in the tyme greit spulȝe also maid.
The Mernis men was gatherit than foirgane,
Of aduenture[1] syne met vpone ane plane,   37,160
And straik ane feild the spulȝe to reskew,
On euerie syde richt mony ane tha slew.
Fra that da furth, as my author did sa,
With countering and carmusche euerie da,
Tha previt vther oft syis on the plane,   37,165
On euerie syde quhair mony ane wes slane.
Had tha stand lang at sic abusioun,
The pairteis baith had gane to confusioun,
But ony dout, or endit war that pleid,
Had nocht Kenethus maid soner remeid.   37,170
Quhilk suddanelie ane herald send thame till,
And chargit thame at his command and will,
Tha suld compeir befoir him all rycht sone,
The fyiftene da for to thoill law in Scone,
Vnder the pane of lyfe, land and gude,   37,175
Quhat euir he wes that this command ganestude.
This Cruthlynthus the law so soir adred,
With all his men rycht far awa he fled;
Befoir the king that da wald nocht compeir:
How hapnit syne sone efter ȝe sall heir.   37,180

---

[1] In M.S. *Adventurne.*

This Kenethus on thame ilk da be da
Followit richt fast, syne in Lochquhabria
This Cruthlynthus and all the laif war tane,
And brocht agane to Dunsenen ilkane,
This kingis castell wes into the tyme,   37,185
Quhair tha war all accusit of that cryme.
The men of gude that had auctoritie,
With Cruthlynthus condampnit war to de,
For-quhy tha war the caus of all that thing.
Syne at command of Kenethus the king,   37,190
The commoun pepill quhilk war till excuiss,
Thair maisteris charge that durst nocht weill refuiss,
Quhen he considderit that tyme how it was,
For that same caus vnpuneist leit thame pas.
This beand done as I haif said ȝow than,   37,195
Richt tenderlie wes louit with all man
In all that tyme Kenethus the gude king,
So circumspect and just wes in all thing.
Louit he wes with euerilk man on lywe,
Als tenderlie as other barne or wywe: 37,200
So just he wes in his auctoritie,
To euerie man with sic equalitie,
And sic perfectioun, schortlie to conclude,
That men of him ma sa nathing bot gude.
Quhill efterwart the tua and tuentie ȝeir   37,205
Wes of his ring, as I sall schaw ȝow heir,
His bruther sone as ȝe sall wnderstand,
Gude Malcum Dufe, the prince of Cumberland,
King Duffus sone in storeis as we reid,
Quhilk efter him wes narrest to succeid.   37,210
This Kenethus than, as my author demit,
For to be trew richt weill also it semit,
On to his sone affectit so wes he,
Efter his tyme to haif auctoritie,
And bruke the croun withoutin ony pleid,   37,215
This Malcum Dufe with poysoun put to deid.

Into the tyme thocht it was nocht weill knawin,
The suith fastnes thairof rycht sone was schawin.
This Malcum Duffe that tyme in Cumberland,
Tuke sic seiknes that nane culd wnderstand   37,220
Quhat mycht him help, or mak him ony remeid,
It handlit him so hetlie to the deid.
Into the breist so stoppit was and bun,
And all his bodie swellit lyke ane tun,
Quhill that his cors all [to] brist and clawe,   37,225
And fra the bane the lyre bowdin and raue,
Throw strang poysoun, as euerie man wist weill,
Bot be quhat man wes none that had ane feill.
The men of gude that tyme for the most fect,
Of that ilk deid tha held the king suspect,   37,230
For the same caus befoir that I ȝow tald ;
Bot thair wes nane amang thame, ȝoung or ald,
Quhat euir he thocht, that durst reveill sic thing,
Sic aw that tyme tha stude than of thair king ;
That mony als of men of gude that tyme,   37,235
Into thair mynd him clengit of that cryme,
For mony vertewis into him tha saw,
So just he wes to execute the law,
Without rigour, full of benignitie,
So equale ay in his auctoritie,   37,240
Bayth word and werk wes ay to gude effect ;
And for that caus tha held him nocht suspect.
Ane vther caus how that tha knew sic thing,
Quhen that his deid was schawin to the king,
So greit displesour in the tyme he tuik,   37,245
But meit or sleip rycht lang fastit and woik.
So mony teir come tringland fra his ene ;
Sa oft wald sob and sich full soir betuene,
Into his mynd so dolorus and dirk ;
So greit suffrage also in halie kirk,   37,250
Ouir all Scotland he hes gart sing and sa,
In euirilk kirk onto the auchtane da,

For gude Malcome the prince of Cumberland.
Quhairby that tyme tha mycht weill wnderstand,
And knaw perfitlie als in thair intent,　　　　　37,255
Of Malcolmis deid the king wes innocent ;
And for that tyme than all the nobill blude
Left suspitioun and traistit nocht bot gude.

How ane Messinger was send out of Ingland to King Kenethus, and of his Ansuer agane quha sould be Prince of Cumberland.

That samin tyme, sone efter all this thing,
Fra gude Edward that wes of Ingland king,　　　37,260
Wes marterit efter with his awin step mother,
Becaus hir sone, quhilk wes king Edwardis bruther,
Efter his deid was narrest to succeid,
Thair come that tyme, in storie as we reid,
Ane messinger to Kenethus the king,　　　　　37,265
Beseikand him rycht hartlie of that thing,
That he wald cheis the prince of Cumberland,
As mediatour betuix thame for to stand,
For peax and rest and greit tranquillitie ;
And to thame bayth rycht leill and trew till　　37,270
　be,
Without tressone als traist as ony steill,
To baith the kinrikis for the commoun weill.
This Kenethus sic ansuer maid agane,
" Forsuith," he said, "thairof I am rycht fane,
" And als content his plesour to fulfill　　　　37,275
" In all poyntis that ȝe haif put me till ;
" Now wait I weill, that ay befoir I weynd
" This nobill king hes euir bene my freind ;
" And for his saik, als haistie as I ma,
　Of ȝour ansuer I sall gar set ane da."　　　　37,280

Col. 2.

In Scone that tyme, as my author did mene,
The da wes set quhair tha suld all convene,
Baith king and lordis in the tyme ilkone ;
Syne gude Kenethus on the marbell stone,
As president thair sittand in his chair ;   37,285
Of eloquence he wes nocht for to lair,
Quhilk in the tyme, as ӡe ma richt weill trow,
He said to thame as I sall sa to ӡow.
" My lordis all, ӡe knaw richt weill ilkone,
" So lang befoir richt mony ӡeir agone,   37,290
" How gude Fergus, the foundar of this ring,
" Sic lawis maid in chesing of thair king ;
" That is to say, efter ane kingis deid,
" Gif that his sone suld succeid in his steid,
" Without perfectioun that tyme war ane child, 37,295
" The narrest man quhilk war of lauchtfull eild
" Onto the hous, sould that tyme crownit be,
" For all his tyme bruik that auctoritie,
" Syne efterwart to succeid in his steid,
" The lauchfull air efter that king wes deid.   37,300
" Thus euir mair the king sould be ane man,
" And for sick caus the lawis first began ;
" Bot weill I wait, quha that rycht wnderstude,
" That wes the caus of far moir ill na gude ;
" And causit oft richt greit aduersitie,   37,305
" And mekle trubill in the realme to be.
" Witnes," he said, " first of king Feretar,
" And Ferlegus quhilk wes king Fergus air,
" The richteous prince and of the royall blude ;
" Throw sic lawis, now schortlie to conclude,   31,310
" Tha war the first that sic trubill began,
" And Ferlegus that wes ane nobill man,
" Wes maid exull and baneist for to be,
" In vther land with greit miseritie,
" The quhilk to Scotland wes lak and offence,   37,315
" So schamefullie suld be thair king and prince,

" Wes bond and thrall so lang to carllis blude,

" Makand thaine seruice for his lyvis fude.

" Witnes also," he said, "of Nothatus,

" And ȝoung Rewthar, causit be Dowalus ;   37,320

" And of Novans Ferquhard the quhilk wes lord,

" Betuix thame tua that kendlit sic discord.

" For that same caus, now schortlie to conclusioun,

" Quhilk brocht Scotland to vter confusioun,

" And Pechtland als siclyke, for to conclude,   37,325

" Betuix thame baith of all the nobill blude

" Wes nocht ane left, as it wes rycht weill kend,

" To gyde the laif and fra thair fo defend.

" Quhairthrow the Scottis and the Pechtis all,

" Onto the Britis was maid bond and thrall,   37,330

" Or all to fle without ony remeid,

" In vther landis for to beg thair breid.

" Than threttene ȝeir without auctoritie,

" So lang tha war in sic miseritie,

" Lang efter that siclike with Romacus,   37,335

" And Ethalmac, the storie tellis thus,

" And Angustiane bruther sonis all thrie,

" Throw thair discord for sick auctoritie,

" Scotland, that tyme quhilk wes into greit rest,

" With Romanis soir wes puneist and opprest;   37,340

" Syne finallie out of Scotland to fle,

" And fourtie ȝeir maid exull for to be.   Lib.11, f.169.
Col. 1.

" Now ma ȝe ken, heir schortlie to conclude,

" Thairof the ill exceidis far the gude."

Also he said, "Now for the samin quhy,   37,345

" Bot laitlie now in tymis [1] ar gane by,

" How mony men war of the royall blude

" Feinȝeit rycht far as tha had bene rycht gude,

---

[1] In MS. *tyme*.

" Withoutin vice, of greit vertu to be,
" Haiffand respect to sic authoritie ;　　37,350
" Sone efter syne, God wait and nocht rycht
　　lang,
" Fra tyme tha gat the thing quhairfoir tha sang,
" Tha changit sone into ane vther man,
" Levand the way in quhome tha first began ;
" Vsand ill lyfe and sic vice and abusioun,　　37,355
" Quhilk brocht this kinrik richt oft to confusioun.
" And for that caus my counsall is thairfoir,
" To abrogat, and vse that law no moir,
" And vse conforme wnto the commoun law
" In vther landis vsit is ouir aw.　　37,360
" The kingis sone, thoucht he be neuir so ȝing,
" Efter his fader in his sted to ring,
" Quhat euer tha be, madin or man chyld,
" Withoutin ee to wisdome or to eild,
" As God plesis to send into the tyde,　　37,365
" Is none as he so weill that can prowyde ;
" I hald it best in sic ane doutsam cace,
" To put oure traist ay into Godis grace.
" Becaus," he said, " of all ȝour cuming heir,
" Now in this place that I gart ȝow compeir,　　37,370
" Mest speciall is, as ȝe sall wnderstand,
" To cheis the lord and prince of Cumberland,
" Quhilk ordand is betuix king and king,
" For to keip peax and gar reforme all thing
" That is done wrang be Scotland and Ingland,　　37,375
" Ony to vther, be vertu of the band,
" The quhilk wes maid be ouir progenitoir,
" Ȝe knaw ȝour self, in all tymes befoir ;
" The quhilk also is lauchtfull to succeid
" To this kinrik, quhen tyme beis or neid.　　37,380
" In this mater, but ony circumstance,
" Rycht sone I wald heir ȝour deliuerance."

Tua nobillis than, war grittest men of gude
Of all Scotland and of the royall blude,
Ane Constantyne, the sone of Culenus   37,385
That last wes king, the tother hecht Gremus,
The bruther sone of gude Duffus the king ;
Thir tua that tyme that knew full weill all
        thing
Imaginat into the kingis mynd,
The circumstance, the ordour and the kynd,   37,390
How all wes said, and als to quhat effect ;
Suppois thame selffis thair till had ane aspect
On to the croun be thair awin writtin law,
Ʒit neuirtheles that tyme tha stude sic aw
Of Kenethus that wes thair prince and king,   37,395
To contray him or crab in ony thing ;
And thocht that tyme tha wald sa na thairtill,
Rycht weill tha wist that he wald haif his will,
And of his purpois alway cum gude speid.
And syne tha haif, bot magir to thair meid,   37,400
For that same caus consentit baith thairtill,
And put it all into the kingis will,
And war the first that tyme of all the laif,
Onto the king that sic ane ansuer gaif,
As plesit him that tyme, at his command,   37,405
Quhome that he wald mak prince of Cumberland,
And abrogat tha lawis les and moir,
Wes maid in chesing of the kingis befoir,
And keip the law wes maid into the tyme :
Sic ansuer gaif bayth Constantyne and Gryme.   37,410
Quhen tha had said, than all the multitude,   Col. 2.
All in ane voce than, schortlie to conclude,
" Malcolme," tha said, " without ony demand,
" Kenethus sone, mak prince of Cumberland."
And so he wes, with haill auctoritie,   37,415
Of Cumberland promovit prince to be ;

N N 2

And tuke his leif than bayth at gude and ill,
And with the herald than wes send thairtill,
Quhilk in the tyme that come for the same
   thing,
Fra gude Edward that wes of Ingland king.   37,420
This beand done but ony violence,
Kenethus knew weill be experience,
And be the law quhome to tha gaif consent,
Quhilk than wes maid without impediment,
For euirmoir that his posteritie   37,425
Suld ay succeid to his auctoritie.
And for to haue thair fauour in sic thing,
Waill tenderlie he treittit ald and ȝing;
To euerie lord and als to mony lard,
Into his tyme gaif mony greit reward;   37,430
With diligence exercit ay his cuir,
At all power to pleis baith riche and puir.
Rycht equallie he held him till all man,
With puir and riche weill louit wes he than,
And with all leid that leuand wes on lyve,   37,435
Moir tenderlie than other barne or wyve;
That thair wes no man, schortlie to conclude,
That said or thocht of him all tyme bot gude.

OFF THE VISIOUN THAT APPERIT TO KENETHUS
THE KING ON THE NYCHT IN HIS SLEIP,
AND OF HIS CONFESSIOUN, PENNANCE, ALMOUS
DEID, AND DEVOTIOUN, AND OFF THE WICKIT
WYFFE FENELLA.

So hapnit [it] syne efter on ane nycht,
In his sleip be ane visioun and sycht   37,440
Him thocht that tyme he hard ane voce apeir,
Quhilk said to him with ane loud voce and cleir;

" O Kenethus! tak tent heir to my sawis.

" Thow[1] trowis God thi cruell cryme misknawis,

" That thow committit with sic violence,   37,445

" Quhen thow gart poysoun Malcum Dufe the prince

" Of Cumbria, quhilk air wes to Scotland.

" For caus," he said, " thow tuke sic thing on hand,

" Throw sic desire that thi prosperitie

" Suld bruke the croun with haill auctoritie.   37,450

" Quhairfoir," he said, " the God omnipotent

" Decreittit hes be his rycht judgment,

" Rycht sone on the sic ane vengence sould tak,

" Till all thi realme salbe greit skayth and lak;

" And to thi airis rycht lang efter the,   37,455

" Rycht greit trubill without tranquillitie."

Quhen this wes said the voce vaneist awa.

This Kenethus, in his bed quhair he la,

Sichit full soir with mony langsum thocht,

Fra that tyme furth that nycht he sleipit   37,460
  nocht ;

So greit terrour in his mynd he tuke,

That all that nycht he wolterit and he woik,

And thocht full lang quhill that he saw the lycht.

Than vp he rais and raikit in full rycht

To his chapell with humbill intercessioun,   37,465

In ferme purpois to mak his haill confessioun

Of all the synnis he had done beforne,

On to that tyme sen the hour he wes borne.

Ane halie bischop into Scotland wes than,

The quhilk to name wes callit Mouean ;   37,470

Cunning he was all caissis for to knaw,

And richt expert into the canoun law,

For ony dout that men mycht at him speir ;

In theologie also he wes perqueir,

Lib.11, f.169 b.
Col. 1.

---

[1] In MS. *Throw*.

And in all vertew, schortlie to conclude,   37,475
He did exceid siclyke in sanctitude.
This Kenethus for this ilk Mouian
He send that tyme, quhilk sone come till him than;
To quhome that tyme he hes maid his confessioun,
Ilk word be word in ordour, but degressioun;   37,480
And all his mynd and secreit to him schew,
Nothing obscure, als planelie as he knew,
And speciallie of Malcolme Duffus deid;
Askand at him quhat mycht be best remeid.
This nobill man agane he said him till;   37,485
" Sic ordinance is ay in Godis will,
" Nothing in erth vnpuneist to lat pas;
" Decretit hes for all vice and trespas,
" Ane cruell pane correspondand thairtill,
" For euirilk falt quhilk force is to fulfill.   37,490
" Quhilk pane," he said, " suppois it cruell be,
" He puttis all into oure libertie,
" And reddie ay thairof to gif remissioun,
" Thairof perfitlie and we haif contritioun,
" With perfite purpois to forbair and mend,   37,495
" And neuir agane his majestie offend.
" And we do so into all tyme and place,
" Traist weill of him to haif mercie and grace.
" Mercie him causit ane mortall man to be,
" Syne thole grit pane and naturalie to de.   37,500
" The propheit sais, that we Sanct Dauid call,
" His mercie is aboue his werkis all;
" The quhilk to him is ay sic propertie,
" Without mercie God can nocht rycht weill be.
" Haif in ȝour mynd gude consolatioun;   37,505
" Tak nocht this tyme sic desperatioun;
" Traist weill sic thing cumis no way perforce,
" Sen gratius God quhilk is misericors,
" Is reddear to gif mercie and grace,
" No for to puneis for the grittest cace   37,510

" Quhilk is committit be ane mortall man."
Than throw the counsall of this Mouian
He tuke confort and put awa all cair.
With greit deuotioun ilk da mair and mair,
In orisoun baith for to heir and reid,   37,515
Diuoit he wes with mony almous deid ;
To kirk and kirkmen dalie with grit cuir,
Rycht helplike was, and also to the puir.
In pilgramage passit to mony place,
Beseikand sanctis to obtene him grace   37,520
At gratius God, in his hie majestie,
Sen tha with him war better hard nor he.
In pilgramage syne to Palladius,
Into the Mernis, my author sais thus,
In Fordwy quhair that his banis lyis,   37,525
As he befoir wes wont to do oft syis,
With greit diuotioun to that halie Santt,
Beseikand God thairof his grace to grant
Fre indulgens of all thing les and moir,
Aganis him committit wes befoir.   37,530
This beand done as I haif said ʒow heir,
Than passit hes with mony gudlie feir
By Fettercarne into ane place to hunt,
With men of gude befoir as he wes wont,
And houndis als that war baith gude and fyne ; 37,535
Tak tent and heir how efter hapnit syne.   Col. 2.
This Fenella, of quhome befoir I tald,
That wickit wyfe baith bellicois and bald
Causit hir sone hir awin father to sla,
Schort quhile befoir ʒe micht heir me say sa,   37,540
The qubilk Cruthlynthus callit wes to name ;
Quhairfoir efter he thoillit lak and schame,
For that same deid than wes he maid to de,
As ressoun wald for his iniquitie.
His deid rycht hie scho buir into hir mynd,   37,545
So is the nature of all wemen kynd ;

Without knawledge, full of crudelitie,
Desyrand ay revengit for to be,
Suppois the falt be baith litill and lycht,
So full tha ar of malice and of hycht.   37,550
So wes this wyfe than for the samin caus,
The quhilk wes done be just decreit and lawis;
ʒit neuirtheles that scho considderit nocht.
Bayth da and nycht that wes ay in hir thocht,
This nobill king how scho mycht put to deid,   37,555
Withoutin caus scho had at him sic feid.
Syne in hir breist consauit hes ane trane ;
Tak tent and heir, and I sall schaw ʒow plane
In forme and effect, and all the fassoun how
My authour sais as I sall sa to ʒow.   37,560

HOW FENELLA BIGGIT ANE NEW WORK IN FET-
TERCARNE, AND HOW KING KENETHUS COME
TO VIESIE IT, AND THAIR SUDDANTLIE SLANE.

In Fettercarne, quhilk wes hir duelling place,
Scho had gart big befoir ane lytill space
Ane prettie tour, bot of small quantitie,
Rycht curious and plesand for to se,
Proper perfite, quhilk wes of poleist stone,   37,565
In Albione sic semdill wes or none.
Rycht clene thickit was than all this tour,
Weill gilt with gold, quhairon rycht mony flour
Depanetit war with mony bird on breir,
And mony rachis rynnand at the deir.   37,570
The craft richt far the mater did excell
Of all this tour, the treuth gif I suld tell,
So curiouslie as it wes cled within.
And at the tapetis first I will begin,
Of fynest silk of mony diuerss hew,   37,575
Burneist with gold, purpure and asur blew,

Depanetit all with greit plesance and joy,
The ald storie of Thebes and of Troy.
The sylar alss wes of the sypar tre,
Porterit perfite that plesand wes to se ;   37,580
Richt curious carvit with mony ane knot,
Wnmaculat, withoutin ony filth or spot ;
As ony lanterne castand ane hevynlie lycht
Of purpur, asur, and of siluer bricht.
Greit corce bowis, that war bayth strang and   37,585
    stout,
Within the wall wes rayit round about,
Fast to the knok war buklit vp in bend,
With ganȝeis scharpe reddie fra thame to send.
Off bras ane pillar in the fluir thair stude,
Vpone the heid of plesand pulchritude   37,590
Ane copper image of small quantitie,
Quhilk proper wes and plesand for to se.
This lytill image buir into the hand,   Lib.11, f.170.
Of gold ane apill as the sone schynand,   Col. 1.
Quhilk plantit wes with mony pretius stone,   37,595
As jesp, jasink, and margaretis mony one ;
With turcas, topas, and with amerandis brycht,
With rubeis reid, and diamontis wes dicht ;
With amates that courtlie war and cleir,
And mony mo than I will reckin heir.   37,600
This work quhilk wes als subtill wrocht as reche,
With sic diuyss gif ony man wald tuiche
The goldin apill that the image buir,
The bent bowis that war bayth strang and stuir,
Ilkone of thame richt haistelie but ho,   37,605
Out of the nok ane ganȝe wald lat go,
Schot at him, without ony ganestand,
Tuichit the apill in the image hand.
This fals Fenalla knew rycht weill perfite,
This nobill king greit plesance and delyte,   37,610

And greit desyre had alway for to se
Sic coistlie werk of curiositie;
Thinkand agane and he come thair till hunt,
Neirby that place befoir as he wes wont,
He wald desyre sone for to cum and se   37,615
Sic plesand werk of greit speciositie.
This samin tyme than hes it hapnit so,
This nobill king on fra the hunting go
To Fettercarne, to visie that new werk,
And left the laif still huntand in the park.   37,620
With few seruandis he come thair forrow none,
Quhair that he wes ressauit than rycht sone
With Fenella and hir seruandis ilkane,
Rycht reuerentlie within that hous of stane,
With all seruice into the tyme thairto,   37,625
To his princeheid war plesand for to do.
At ganand tyme scho causit him to dyne;
With coistlie spycis and mony mychtie wyne,
Of diuerss cullouris into cowpis cleir,
Weill ma ȝe wit scho maid him rycht gude   37,630
    cheir;
Bot syne allace! scho gart him pa weill ford.
This gude Keneth, the nobill prince and lord,
So courtas wes, so lawlie and benyng,
Into the tyme held hir suspect nothing,
Efter the dennar quietlie is gone,   37,635
Bot he and scho rycht secreitlie alone,
Within the tour that plesand werk to se,
Wes so perfite with sic speciositie.
Of euerilk thing he speirit hes the quhy;
And scho agane rycht sone and suddantly,   37,640
As wemen hes ane haistie ansuer sone,
Schew him quhairfoir that euerie thing wes done.
The image als vpoun the pillar heid,
Quhilk buir the apill of the gold so reid,

Wes his image into the tyme scho schew,   37,645
To signifie that scho wes traist and trew,
And louit him at all power and mycht,
Thairfoir his image present in hir sicht,
Scho thoucht so plesand to behald and se.
The apill als of sic speciositie,   37,650
Quhilk pleneist wes with mony pretious stone,
Scho ordand hes for his hienes alone,
Into the self quhilk wes so riche ane thing,
That it micht be ane reward for ane king.
Beseikand him of his excellent grace,   37,655
He wald ressaue the apill in that place,
At his plesour out of the image hand.
This nobill king, the quhilk wald nocht ganestand,
The goldin apill in his hand he tuik :
With that the pillar and the image schuik,   37,660   Col. 2.
And all the hous begouth also to rok,
And all the stringis slippit out of nok
Of ilk corss bow, the quhilk befoir wes bend,
Syne throw his cors ilkane ane ganʒe send ;
That suddantlie without help or remeid,   37,665
Doun on the fluir this nobill king fell deid.

HOW FENALLA FLED AWAY EFTER THE KING WAS
     SLANE, AND HOW HIS SERUANDIS WAITTIT
     LANG ON HIS OUT CUMING, AND AT LANG
     TAREING COME TO THE DUR QUHAIR HE WAS,
     AND THAIR FAND HIM SLANE, AND OF HIS
     BUREALL.

This wickit wyfe seand that it was so,
Out at ane postrum of the tour did go ;
Syne in ane forrest that wes neir besyde,
Amang the rammell quhair scho did hir hyde ;   37,670
Syne on ane hors that ordand wes thairto,
Nane bot ane seruand in that tyme and scho,

Fre .fra all perrell passit ouir the fell,
And quhair awa I can nocht rycht weill tell.
The kingis seruandis bydand on his grace,   37,675
Quhill neir hand evin tha farleit on that cace,
Quhat wes the caus he baid so lang thairin;
Syne at the dur, wes closit witht ane gyn,
Softlie did knok, trowand that he suld heir,
Bot thair wes nane wald ansuer mak, or speir 37,680
Than quha wes that that callit at the duir,
So oft but ansuer knokit with sic cuir.
Quhill at the last, thocht it wes stark and strang,
All with ane dunt the dur sone vp tha dang;
The nobill king with bludie woundis reid,   37,685
Vpoun the fluir thair tha fand liand deid.
Ʒe ma weill wit that tha war rycht wnfane
To se the king befoir thair face ly slane,
Quhilk treittit thame sa tenderlie and weill.
Suppois ane hart had bene all of hard steill, 37,690
Or also stark as ony marbell stone,
It wald haif brist to heir thair piteous mone.
Rycht weill ilkone into the tyme tha knew,
It wes Fenella that thair maister slew,
For to revenge Cruthlynt hir sonis deid; 37,695
Quhair scho wes fled, into what place or steid,
With diligence ilk da richt lang wes soucht
Fra place to place, bot ʒit tha fand hir nocht.
The commoun voce wes than for the most fect,
This Constantyne, the quhilk tha held suspect, 37,700
Quhome of befoir schort quhile to ʒow I schew,
Greit malice had at Kenethus ʒe knew,
For his sone Malcum, as ʒe wnderstande,
Declarit wes the prince of Cumberland,
To bruke the croun efter to that effect,   37,705
Quhome to himself than had so greit respect,
To him wes said into the tyme [scho] fled,
Syne efterwart onto Ireland wes led,

Quhair all hir dayis thair scho did remane ;
I hard nocht tell that scho come hame agane. 37,710
The lordis all syne efter with greit cuir,
The kingis corps to Iona Yle tha buir,
Off the same vse as wont wes of befoir, Lib.11. f.170b.
Col. 1.
Intumula[t] with greit honour and gloir,
Than of his ring the fyve and threttie ȝeir, 37,715
And of oure Lord quha lykis for to heir,
Ane thousand compleitlie war ago,
Into that tyme withoutin ony mo.

How Constantyne was crownit efter King Kenethus be certane Lordis that war his Freindis aganis Malcolme, King Kenethis Sone.

This Constantyne of quhome befoir I schew,
Als suddantlie than as he hard and knew 37,720
This nobill king Kenethus so wes deid,
He raid about fra euerie steid to steid
To his freindis, requyrand thame sic thing,
Into that tyme to cheis him prince and king,
Quhilk had the rycht as tha knew weill ilkone 37,725
Be the auld law wes maid richt lang agone ;
Thocht tha consentit to Kenethus law
Quhilk in the tyme wes moir for dreid and aw,
No of the kinrik for the commoun weill.
Thairfoir he said, alss far as he had feill, 37,730
Sick law as that sould nocht obeyit be,
The quhilk wes maid be sic auctoritie.
His freindis than quhilk that tyme war nocht few,
Be sick ressone into that tyme he schew,
So neir of kin also tha war him till, 37,735
Consentit all and gaif him thair gud will.
Syne into Scone with thair consent ilkone,
Tha crownit him vpoun the marbell stone ;

The tuelt day efter gude Kenethus deid,
The goldin croun wes set vpoun his heid.　　37,740

HOW MALCOLME THE ʒOUNG PRINCE COME TO LOUTHEANE WITH ANE GREIT POWER TO RESIST CONSTANTYNE, AND SYNE SKAILLIT HIS OIST FOR FEIR.

Had nocht Kenethus wes his bastard bruther,
That louit him than best of ony vther,
With greit power at Striuiling brig he la,
This Constantyne thair warnit of the way,
Quhilk at that brig wald nocht lat him ouir　　37,745
　　gang,
With ʒoung Malcolme it wald haif bene all wrang.
This Kenethus, quhilk at the brig did byde,
And maid him tarie so lang in the tyde,
Quhill all his victuall waistit wes and gone,
That force it wes for to pas hame ilkone.　　37,750
This Constantins, thocht he wes layth thairtill,
Skaillit his ost that tyme agane his will.
In sic diuisioun lang and mony da
This kinrik wes diuydit into tua;
This Constantyne had all into the north;　　37,755
And ʒoung Malcolme besouth the water of Forth
Into the tyme tha tuke his part ilkone;
And in the north richt mony wes anone
That louit him rycht afald with thair hart,
Thocht tha so planelie durst nocht tak his part. 37,760
Lang thus tha war in sic diuersitie,
That[1] da be da with grit crudelitie,
Ather did vther cruellie invaid,
Quhair rycht greit slauchter and heirschip wes maid,

---

[1] In MS. *Thay.*

That Scotland haill wes to confusioun brocht ;   37,765
The commoun weill was waistit all to nocht ;   Col. 2.
The puir pepill war haillelie distroyit ;
Wedowis and wyffis wrangit war and noyit ;
And mony virgin that wes of honest fame,
Deflorit wes, and loissit hir gude name.   37,770
The kirk and kirkmen wer distroyit haill ;
The best of thame durst skantlie tell his taill
To the leist loun that wes in all the land,
Bot gif he held his heid into his hand,
And call him schir, bekkand with bayth his   37,775
   kneis.
This is rycht suith, or than my author leis.

HOW ӡOUNG MALCOLME, PRINCE OF CUMBIRLAND,
   COME IN SUPPLE OF EDWARD, KING OF ING-
   LAND, AND HOW HE AND THE DANIS AGREIT.

This samin tyme as ӡe sall wnderstand,
This gude Edward, that king wes of Ingland,
Ilk da be da, the langar ay the moir,
Than with the Danis vexit wes richt soir,   37,780
That force it wes than schort quhile efter syne,
All on ane da other to wyn or tyne.
This ӡoung Malcolme, of quhome I spak befoir,
With rycht greit power that same da come thoir
In the supple of gude Edward the king,   37,785
Quha wes richt blyth and joyfull of that thing.
Quhairof the Danis richt greit terrour tuke,
To fecht that da, as sum man said, forsuik ;
And wes content for to agre and cord,
At the requeist of mony gude kirk lord.   37,790
And so thai war with bayth thair haill consent ;
So that the Danis suld hald thame content
In peax and rest to bruke alhaill the landis,
Possessit war that tyme into thair handis.

Moir to desyr tha sould nocht ask nor crawe ; 37,795
Ane sowme of gold alss in the tyme to haif,
And neuir on ane vther to invaid.
Of this conditioun peax that tyme wes maid.

How ȝoung Malcolmis Bruther, callit Ke-
nethus, met Constantyne at Crawmound,
quhair the tane slew the tother Hand
for Hand.

This samin tyme now that ȝe heir me sa,
That Malcolme wes out of the land awa 37,800
Into Ingland with power les and moir.
This Constantyne, of quhome I spak befoir,
Trowand his tyme was than maist oportune,
Quhairfoir that tyme with greit power rycht sone,
Tuentie thousand he brocht out of the north, 37,805
Quhome with he passit ouir the water of Forth,
For to subdew tha landis all him till.
Kenethus than with egir mynd and will,
Malcolmus bruther befoir as I tald,
With mony berne that wes bayth big and bald, 31,810
Than at the mouth he met him of Amond,
Quhair standis now the gude toun of Crawmond.
Thir bernis bald ilkone on vther bet,
Quhill all thair waponis in thair blude wes wet ;
And dourlie than ilkane on vther drawe, 37,815
Quhill all thair helmis into pecis rawe.
Of wynd that tyme thair blew ane suddane blast
Out of the eist, quhilk draue the sand rycht fast
Into the ene of Constantins men,
Lib.11, f.171.
Col. 1. And blindit thame that tha mycht scantlie ken 37,820
Quha wes thair freind or quha than wes thair fa,
That force it was thame bakwart for till ga,
Out of the feild than fled with all thair force.
That Constantyne come fordwart on ane horss,

And with Kenethus in the feild he met; 37,825
So scharplie than ilkane [on] other set,
And ran at vther with so rude ane reird,
Baith horss and men war drevin to the erd.
Syne start on fut and pullit out tua brandis,
And manfullie debaittit with thair handis, 37,830
Ay prevand other pertlie on that plane,
And sonʒeit nocht quhill that tha war baith slane.
In the thrid ʒeir of Constanti[n]us ring
Thus endit he wes bot intrusit king.

OFF GRYME AND HIS CROWNYNG OF MALCOLME, AND HIS PERSEWING EFTER CONSTANTINE WAS DEID; BETUIX THIR TUA FELL DEIDLIE FEID.

Than Gremus syne, of quhome befoir I schew, 37,835
Quhen he hard tell the veritie and knew
That Constantyne his consent wes so deid,
Kenethus als slane in the samin steid,
Malcolme the prince rycht so wes in Ingland,
Traistand to haif na stop nor ganestand; 37,840
To all the lordis that tyme les and moir,
This Constantyne that fauorit of befoir,
Rewardit thame richt freindlie with his hart,
And treittit thame quhill that tha tuke his part.
As I haif said quhen that all thing wes done, 37,845
That samin tyme tha passit all to Scone,
And set him doun vpone the marbell stone,
And crownit him with thair consent ilkone.
This Malcum Keneth quhen he hard and knew
How all that thing wes hapnit of the new, 37,850
And how Grymus also wes crownit king,
Rycht far he wes commouit at that thing,
And thocht he wald him scharplie thame persew.
His freindis than, quhilk wnderstude and knew

That all his werke wald be of litill vaill,   37,855
And of his purpois he wald nocht prevaill,
Tha saw this Gryme into sic fauour stand
With mony lord that wes into that land,
With [giftis] fra him that turnit [hes] thair mynd,
And chereis thame to him for to be kynd,   37,860
Quhairthrow he mycht haif thair help and supple,
Or than, tha said, sic thing wald neuer be.
Throw thair counsall, quhilk wes rycht trew he kend,
Rycht secreitlie ouir all Scotland he send
Treittand the lordis for to tak his part,   37,865
Promittand thame rycht kyndlie with his hart
With all power to quyt thame weill thair meid,
Sua that tha wald supple him in his neid.
Rycht mony wes thairof that tyme content,
Baith da and nycht syne wes rycht diligent,   37,870
For to perswaid rycht glaidlie with thair hart
The laue siclike for to tak Malcolmis part.
Rycht mony than so wickit was of will,
The seruandis all that Malcum send thame till,
Tha tuke and send to Grymus in the tyde,   37,875
Quhilk he in persone gart remane and byde.
This Malcolme syne, quhen he knew it wes so,
With mony grome he graithit him till go
At all power with possibilitie,
Of that injure for to revengit be.   37,880
Rycht mony wicht man that waponis weill culd weild,
The fyftene da he furneist to the feild;
On fit and hors furth with thame he fuir

Col. 2.   To Loutheane ouir mony mos and muir.
Ane spy thair come and schew to him that 37,885
    tyme,
How that this king, the quhilk wes callit Gryme,
With all the nobillis that war in the north,
Evin fra the Ylis to the watter of Forth,
Wes cumand than, as he rycht wnderstude,
With so greit power and sic multitude,   37,890

That all his power into thair respect,
Na vaill [wes] and bot of litill fect.
Quhen this wes schawin in the ost that tyme,
With so greit power cumand wes this Gryme,
Rycht grit rumour ouir all the oist thair rais, 37,895
With [sic ane] terrour that tyme of thair fais,
And speciallie than of the merchand men,
The quhilk that tyme, that wes full eith to ken,
That wes nocht wont to vsit be in weir,
And in the tyme but waponis war and geir, 37,900
This ȝoung Malcolme perswadit hes[1] in plane,
To skaill his oist and for to turne agane.
For caus that he wald nocht consent thairtill,
So schameles wes thocht nother lak no ill
To greit als fast and wringand bayth thair 37,905
 handis,
As ony barnis that war dung with wandis.
Rycht mony than wes of the men of gude
Was present thair, knew weill and wnderstude
Into battell with sic men to proceid,
Of thair purpois to cum bot litill speid. 37,910
And for that caus tha haif decreittit than,
The commonis all for to pas hame ilk man ;
Quhairof that tyme tha war content and fane.
The men of gude with Malcum suld remane,
And husband men to Stirling than ilkone 37,915
Suld pas and keip that stalwart brig of stone,
The furdis als, with ferrie and all the laif,
That Grymus ost na passage ouir mycht haif.
Ane halie man, Fothadus hecht to name,
Ane faithfull father and of greit fame, 37,920
Of Sanct Androis wes bischop in the tyme,
This halie man that passit to this Gryme
Into processioun with his clergie all,
Himself also in his pontificall,

---

[1] In MS. *wes*.

And schew to him as lay in his intent,   37,925
Be naturall ressone and be argument,
Perswaidand him that tyme with euerie lord,
For to mak freindschip, peax and gude concord,
With Malcum Keneth prince of Cumberland;
And in sic stryfe no langar for to stand,   37,930
For greit danger that efter mycht befall
To him, he said, and to his liegis all.
To quhome this Gryme sic ansuer hes maid than,
Declarand him, quhill he war levand man,
" Thoucht all," he said, " sould gang to confu-   37,935
   sioun,
" This richt this tyme that I haif to the croun,
" For ill or gude, for weill or ȝit for wo,
" Into my tyme I think neuir till forgo.
" Thocht Malcum Keneth be so diligent,
" I think rycht weill that he ma be content   37,940
" Of Cumbirland, as weill myself I knaw
" Suld be his awin now of the commoun law.
" Hald him content thairof gif that he will,
" And will he nocht, heir I promit him till,
" He salbe suir of my malice and feid,   37,945
" Doutles but dreid quhill ony of ws be deid."
This Fothadus quhen he hard him sa so,
To Malcum Keneth dressit him till go,
Lib.11, f.171b.
Col. 1. Requyrand Grymus thairfoir to remane
Quhill that he come with his ansuer agane.   37,950
To Malcum syne he passit hes fra Gryme,
And mony ressoun schew him in the tyme,
Quhat danger was into sic dalie weir,
Greit harme and skaith and of thair lyfe ane feir,
Thift and slauchter and all sic mischeif,   37,955
And fostering of mony commoun theif;
Beseikand him of gude concord and peice,
To caus sic weir and wrangis for to ceis.
This prince Malcome sic ansuer maid him till,
Sayand, he wald richt hartlie with gude will   37,960

To skaill his ost, and Gryme wald gif consent,
Of mediatouris quhome of tha war content,
Quhilk sould be sworne to tak sic thing on hand,
At thair deliuerance syne to byde and stand,
Vnreuocabill, withoutin fraude or gyle,   37,965
At thair plesour sic peax for to compyle.
With this ansuer he passit syne agane,
And, as he said, he schew him all in plane.
Rycht weill content [thairof] than wes this Gryme,
So wes the laue was with him in the tyme,   97,970
Syne skaillit hes, and passit hame ilkane,
Oft thankand him that sic travell hes tane.
This Fothadus, that litill rest than tuke,
Greit travell maid and mony nicht he woik,
And in the tyme wes nocht leithand nor lidder, 37,975
Quhill that he brocht the lordis all togidder
That chosin wes to tak sic thing on hand,
And gart thame sweir at thair decreit to stand,
Without fraude how euir tha wald haif done.
In this conventioun quhilk wes maid richt sone, 37,980
Deliuerit wes syne ryplie in that thing
That this Gremus for his tyme sould be king,
Becaus he wes possessit with the croun ;
Thinkand it wes greit vilipensioun,
To put him doun fra his auctoritie.   37,985
Syne efter that, dreidand that he sould be
At sic derisioun haldin and sic scorne,
That he had better for to haif bene vnborne,
Or efterwart for to be levand on lyve,
And for that caus tha wald him nocht depryve. 37,990
Syne efter him Malcolme and his offspring,
To bruke the croun of Scotland and be king,
In heretage for than and euirmoir,
And keip the law Kenethus maid befoir.
And prince Malcolme, but stop or ȝit ganestand, 37,995
Fra Forth all south wnto Northumberland,

Fra Cumbria siclyke evin wnto Clyde,
Fra the west se on to the eist se syde,
For all his tyme in his gyding sould haue
In peax and rest ; and Gryme suld haif the   38,000
    lawe
Of all the landis that la in the north,
Ylis, and all evin to the watter of Forth.
Quhairof wes content baith Malcolme and Gryme,
And gude peax maid betuix thame in the tyme.

How Grymus rang ane quhile in Peax and Rest, and syne fell in Vice and vicius Leving.

Syne efter this that ȝe haif hard me sa,   38,005
This ilk Grymus richt lang and mony da
In peax and rest and greit tranquillitie,
He rang ane quhile without adversitie.
Syne efterwart into sic vices fell,
That I for schame this tyme dar skantlie tell ;   38,010
Off auerice and lichorie also,
And gluttony with mony vther mo ;
Richt full of slewth, and as ane sow als sweir,
Quhilk wald offend ȝour eiris for to heir.
Thairfoir as now sic thing I will lat pas,   38,015
And tell ȝow furth the mater how it wes.
Quhairof the lordis was richt ill content,
Settand ane counsall with thair haill consent ;
Syne chosin hes the wysast in the tyme,
With thair counsall and send [on] to this Gryme ; 38,020
Quhilk said to him with greit humanitie,
Beseikand him of his auctoritie
Justice to keip, and execute the law,
And gar his liegis haif moir dreid and aw ;
The quhilk had wrocht so greit wrang and injure, 38,025
In falt of justice bayth to riche and puir ;

Col. 2.

So mekill wrang ilk da be da wes wrocht,
All was, tha said, becaus he puneist nocht.
This ilk Gremus, quhat euir wes in his thocht,
At thair wordis he movit him richt nocht;   38,030
Bot said agane that he sould do gude will,
In all he micht thair plesour to fulfill.
Oft said he so with wordis richt benyng,
Bot in his thocht he had ane vther thing,
Thinkand thairof he sould revengit be   38,035
Of thair wordis so helie wes and he.
With fair wordis syne hes he maid thame fane,
Requeistand thame all nycht for to remane,
Quhill on the morne to byde with him, and dyne,
Quhair tha suld drink the michtie nobill wyne, 38,040
With Marche aill and also doubill beir,
And for thair saik he suld mak better cheir.
Ane vther dennar wes into his thoucht ;
To thame that banquet had bene ouir deir coft.
So had bene said lang or the morne at none, 38,045
War nocht tha war thairof warnit rycht sone
Be thair freindis, quhilk gart thame fle that nycht
Rycht lang or da out of the kingis sycht,
Onto Bartha quhair the laue did remane,
Bydand his ansuer quhill tha come agane.   38,050
Syne quhen tha come and schew to thame sic thing,
Tha war commouit rycht far at the king,
And maid ane band agane him to rebell.
This ilk Gremus, thairof quhen he hard tell,
Bayth said and swoir he suld revengit be   38,055
Of thame ilkone, or [1] doutles he sould de.
With greit power syne efter on ane day,
To Lowtheane he tuke the narrest way ;
Into his passage mony tour and toun
Law to the grund gart cast thame ilkane doun ; 38,060

---

[1] In MS. *out*.

And all the tounis in his gait that wes,
With corne and hay, he brint tháme all in ass,
And mony saikles in the tyme he slew;
Fre fra his hand thair chaipit than rycht few.
Preist or clerk, nor ȝit religious men,   38,065
Gat no moir girth no vther guiss or hen.
The prince Malcome that samin tyme, we reid,
In Ingland wes than with the king Eldreid,
Edwardis bruther wes marterit of the new
Be his noverk, as I befoir ȝow schew,   38,070
For that same caus weill knawin wes that thing,
Eldred hir sone sould efter him be king.
And so it wes be hir tressoun and meanis,
This ilk Eldred that same tyme with the Deanis
Opressit wes, throw thair greit violence,   38,075
And for that caus gude Malcum the ȝoung prince
Of Cumberland, in his help and supple,
Wes thair that tyme my author tellis me.

Lib. 11, f. 172.
Col. 1.

How ane Messinger schew to ȝoung Malcum how Gryme maid grit Trubill and Distructioun in his Landis, and of his cuming in Loutheane, and tuke the Feild aganis Gryme.

Till him thair come ane messinger that tyme,
And schew to him how that his cousing Gryme 38,080
Ilk da be da withoutin rest he raid,
And sick distructioun in his landis maid,
Was none that tyme that mycht sustene his feid;
Without richt sone he come to mak remeid,
For ony way that efter can be wrocht,   38,085
Scotland for ay distroyit war to nocht.
This gude Malcum the prince of Cumberland,
Into the tyme without stop or ganestand,

He maid na tarie in the gait as than,
Quhill that he come rycht sone in Loutheane.   38,090
Of his cuming tha war rycht blyth and glaid,
Baith puir and riche all in the tyme and said,
" Welcum be ȝow, our scheild and oure defence,
" Oure governour, our rychtteous king and prince !
" Quhair hes ȝow bene fra ws awa sa lang ?   38,095
" Welcum be ȝow sould weir ws fra all wrang !"
The prince Malcum weill vnderstude and knew
Tha lordis all to him war leill and trew,
As he mycht knaw rycht weill be experiment,
And at this Grymus als at sic haitrent,   38,100
Traistand thairfoir tha sould him nocht begyle ;
Quhairfoir efter within ane lytill quhile,
With mony nobill that war traist and trew,
He tuke the feild this Grymus to persew.
This ilk Grymus quhairof quhen he hard tell   38,105
How his lordis agane him did rebell,
And in the tyme had tane Malcolmis part,
Wod as ane lyoun and furious in hart,
With euerie wicht that mycht ane wapin weild,
That he mycht furneis, passit to the feild,   38,110

OFF THE FEILD BETUIX PRINCE MALCOLME AND
    GRYMUS, AND HOW PRINCE MALCOLME WAN
    THE FEILD, AND GRYMUS TANE AND THAIR-
    EFTER SONE DECEISSIT AND BUREIT WITH THE
    LAIF IN IONA YLE, AND HOW MALCOLME
    COME TO SCONE TO BE CROWNIT.

Withoutin tarie other da or nycht,
Quhill ather of vther cuming ar in sycht.
That samin da in battell tha contendit
That Christ Jesu onto the hevin ascendit :
This ilk Malcolme than thocht he wald retrak   38,115
Quhill on the morne, and hald the feild abak,

And keip that da solempnit in all thing.
So wald nocht Gryme that tyme that wes the king.
Than forrow none, richt airlie of the da,
He gaif thame feild in thair camp quhair tha   38,120
  la,
With all his power baith on fitt and hors.
This prince Malcolme with litell sturt or force,
Or ȝit grit skaith, that da the feild he wan,
Quhair this Gremus than loissit mony man.
Into the feild him self fechtand wes tane,   38,125
Of bayth his ene the sycht he hes forgane,
Throw ane greit hurt he gat into the heid,
The thrid day efter quhilk that wes his deid.
Than of his ring the nynt ȝeir wes also,
To Iona Yle tha maid his bodie go ;   38,130
In sepulture laid in besyde the laue,
With sic honour as he seruit to haue.
The fiftene da efter this wes done,
The lordis all convenit into Scone,
And speciallie the caus wes of that thing,   38,135
To croun this Malcolme for to be thair king.
And or he wald the croun that tyme ressaue,
With haill consent of lordis and the laue,
Bayth ill and gude wer obleist all and sworne
Col. 2. To keip the law his father maid beforne,   38,140
Into the crownyng alway of thair king,
The narrest air, thocht he be neuer so ȝing,
Man or woman quhateuir he be,
Suld ay succeid to thair auctoritie.

How Malcolme, King Kenethus Sone, wes crownit King in Scone, and of his worthie Deidis.

Quhen this was done befoir thame all ilkone,   38,145
Tha set him doun vpoun the marbell stone

In rob royall wes all of scarlat reid ;
Ane croun of gold syne set vpoun his heid ;
Ane schynand sword syne put into his hand,
In the tother the goldin sceptour wand ;   38,150
Prayand to God, makar of hevin and erd,
Send him gude fortoun, chance, and happie werd.
This gude Malcolme quhen he wes crownit king,
Richt diligent he was into all thing,
And speciallie sa far as he had feill   38,155
The quhilk pertenit to the commoun weill.
And maist of all to put away discord,
Quhilk was that tyme betuix lord and lord,
For sindrie causis than baith les and moir,
And greit slauchter amang thame wes befoir   38,160
Maid in the feild quhen this Grymus wes slane.
This gude Malcolme reformit all agane,
And als gude freindschip, as my author sais,
As euir thair wes in ony mannis dais,
Ouir all Scotland within schort quhile maid he, 38,165
Bayth peax and rest and greit tranquillitie.
So equallie he execute the law,
That euerie man him louit and stude aw
Him to displeis in ony kynd of thing,
So laulie wes, so courtas and benyng ;   38,170
So leill and trew, so stedfast and so stabill ;
To all his pepill als so profittabill ;
That he wes louit that tyme in all part,
Als tenderlie with ilk man as his hart.
Heir will I leif my self and hald me still   38,175
Of gude Malcolme, and tell ȝow now I will
Of the Danis, sen it is in memorie,
And of Ingland comixit to my storie,
That I can nocht the veritie ȝow schaw,
Without of thame the haill proces ȝe knaw.   38,180
How that it wes, and ȝe wald knaw rycht cleir,
Tak tent to me and I sall schaw ȝow heir.

OFF ANE WICKIT KING OF DENMARK, AND HOW
HE WAS EXCLUDIT FRA HIS CROUN, AND COME
IN SCOTLAND AND GAT SUPPLE, AND SYNE
COME TO HIS AWIN AUCTORITIE, AND THAIR-
EFTER CONTENDIT AGANIS INGLAND.

Ane king in Denmark wes into tha dais,
Was callit Swein, as my author sais.
Ane man he wes full of iniquitie,   38,185
And distroyar wes of religiositie,
And counfoundar wes of the fayth of Christ,
And baneist all amang thame wes baptist
Out of his realme without ony remissioun ;
And for that caus to superstitioun   38,190
Richt mony turnit that tyme for his schoir,
And left the faith that tha had tane befoir.
For sic faltis sone efterwart he fell
In sic trubill war cairsum for to tell,
Quhairof as now I will sa no moir heir;[1]   38,195
Bot ane in mynd sen that I haif perqueir.
Thryis with his fa in mort battell wes tane,
With ransoun ay redemit was agane ;
Syne finallie brocht to confusioun,
Quhill that he was excluidit fra his croun.   38,200
With Olawes contemnit als wes he,
With Norrowa seikand at him supple,
And with Edward of Ingland king also ;
In Scotland syne he dressit him till go,
Into the faith quhair that he wes instructit,   38,205
Syne efterwart sa weill with him it lukkit,
Throw help of Scottis that he than implorit,
Onto his croun he wes agane restorit

Lib.11,f.172b.
Col. 1.

---

[1] In MS. *heil.*

In sic honour as he wes wont to be,
With peax and rest in his auctoritie.   38,210
Quhilk rais efter so hie vpoun the quheill,
Quhen that he wes at all his grittest weill,
Decreittit hes ane mendis for to tak
Of Ingland quhilk wald no supple him mak;
And of Eldred quhilk wes thair king also,   38,215
For greit injure bot laitlie than ago,
With so greit tressoun and with subtill meanis,
That he had done in Ingland to the Deanis.

How ane greit Multitude of Danis come in Albione and landit in Ingland, and was Victoure of King Eldred.

Off Denmark, Suadrik, and of Norroway,
And of Goteland, as my author did say,   38,220
Ane mervelus exceidand multitude
He gart convene; syne schortlie to conclude,
With hors, harnes, and all vther geir,
And all waponis that neidfull war in weir,
He tuke the se, syne efterwart is gone   38,225
With all his power into Albione;
In Ingland syne arryuit at ane sand,
With all his power thair passit to the land.
Quhairof his purpois he come richt gude speid,
And victour wes of this king than Eldreid,   38,230
Quhilk flemit him into Northumberland.
Quhen he come thair ane greit power he fand
Of mony Scot, that worthie war and wicht,
For battell buskit all in armour bricht,
To him thair cumand for to mak supple,   38,235
Quhomeof he wox so haltand and so hie,
And of thair cuming wes so glaid and fane,
With greit curage returnit hes agane.

How King Eldreid struke Battell agane with the Danis and tynt the Feild, syne fled in Northumberland.

In Owsoun water, neirby Eborak,
This ilk Eldred his ludging thair did tak,   38,240
And plantit hes his palʒeonis on ane plane;
To Sueno syne gaif battell thair agane,
And tynt the feild siclike as of befoir.
Syne in ane schip wes reddie at the schoir,
In Owsone water neir the land did ly,   38,245
Passit richt sone syne into Normandy.
The nobill duke quhilk did him weill ressaue,
With all honour that sic ane prince sould haif,
The duke, the quhilk Richardus hecht to name,
Treittit him weill thocht he wes far fra hame,   38,250
Quhair he remanit lang and mony ʒeir,
Quhome of as now I will sa no moir heir,
Quhill efterwart, bot lat him evin alane.
Now to this Sueno turne I will agane.

How the Danis subdewit Ingland, and of thair greit Obedience and Courtasie gevin to thame.

Col. 2. This ilk Sueno, quhen he perfitlie knew   38,255
Eldred was fled, and in Ingland wes few
Agane his power durst mak ony pley,
Traistand that blude sould neuir weill obey,
Als lang on lyfe levand as thair wes one
Of Inglis blude left into Albione;   38,260
Thairfoir he hes decreittit for conclusioun,
The Inglis blude to put all to confusioun,
Be slicht or richt, or ʒit be way of deid;
He rakkit nocht quhat way he mycht proceid.

The Inglis lordis that his counsall knew,   38,265
Levand on lyve the quhilk war verra few,
Befoir him all, or than my author leis,
Richt humlie than tha sat doun on thair kneis
Law at his [feit] for pitie in that place,
With mony teir greittand on him for grace.   38,270
Beseikand him than of his excellence,
As he that wes thair protectour and prince,
And had of thame the haill auctoritie,
To vse mercie and noch[t] crudelitie;
And gif thame leif to leve into Ingland,   38,275
Ay in all cace to be at his command,
But heretage, but castell, toun or tour,
But libertie, but riches or honour,
And saue thame selffs, thair barnis and thair
    wyvis,
In seruitude ay for to leid thair lyvis.   38,280
At thair requeist, thocht he wes proude and
    hie,
He slaikit hes of his crudelitie,
And grantit thame but libertie thair lyvis,
In seruitude with barnis and with wyvis;
And gif fra thame all armour and sic geir,   38,285
And all waponis that ordand war for weir,
All gold and siluer that tha had in pois.
Than force it wes, tha had no vther chois,
Without office in Ingland or honour,
But land or lordschip, castell, toun or tour,   38,290
With thair awin handis for to wyn thair meit,
In dailie laubour with greit travell and sweit.
In ilkane hous he gart thame hald ane Dene,
To heir and se gif that tha wald complene,
Or gif tha maid agane him to rebell;   38,295
Giff it war so that he micht ken and tell,
That tha suld haif nother place nor tyme,
Wnwist of him for to commit sic cryme.

So ilkman had ane Dene into his hous,
That none durst be so hardie and so crous   38,300
To speik of him all tyme, I wnderstand,
Without he had his heid into his hand,
Bekkand to him and calland him schir lord ;
Did he nocht sua he wald rycht sone discord.
Thairfoir ilkane callit him the lord and Dayne,   38,305
With sic ane vse that tha culd nocht refrayne,
That ʒit sensyne quhair tha se ane Dane man,
For greit dispyte tha call him ane Lurdan,
The quhilk suld be mair proper ane lord Dene.
Thus war tha maid with so grit caus to plene,   38,310
But king or prince, or lord of thair awin blude,
Subdewit war in sic vile seruitude.
The Inglis men, sum tyme of greit renoun,
Than loissit hes thair kinrik and thair croun,
Thair land, thair law, and als thair libertie ;   38,315
Of quhome Sweno had haill auctoritie,
And callit wes of Ingland king also,
Ouir all Ewrop quhair that the word do go.
That samin tyme, as ʒe sall wnderstand,
He send to Malcolme king wes of Scotland,   38,320

Lib.11, f.173. Col. 1.

With him that tyme desyrand to confidder,
Baith in ane band than to be bund togidder,
Ather to vther with gude will and hart,
Agane all vther for to tak thair part.
Quhairtill Malcolme and siclike all his lordis,   38,325
Wald nocht consent, as my author recordis,
And gaif to him ane ansuer negatiue ;
With that ansuer he passit hame belyue.
Quhen Sueno hard sic ansuer as he gat,
Richt far that tyme displesit wes thairat ;   38,330
To Olawes syne send in Norrowa,
And in Denmark to Enetus alsua,
Commandand thame richt suddanelie, but baid,
At thair power the Scottis to invaid,

And so tha did with caruell,[1] bark and barge,   38,335
Of mony schip ane greit naving full large,
Fra Denmark brocht, and out of Norrowa,
In Speyis mouth syne landit on ane da
With all thair power into Murraland,
Quhair that tha gat na stop nor ȝit ganestand. 38,340
The cuntremen, quhilk for thair danger dred,
Richt far awa into the tyme tha fled,
With wyffe and barnis, and with thair gude also,
That ganand wes that tyme with thame till go.
Tha mad monstouris without humanitie,   38,345
Quhilk usit hes so greit crudelitie,
With greit furor bayth with fyre and blude,
In ȝoung and ald, in ill and als in gude,
That kirk or kirkmen[2] gat of thame no girth,
Moir nor the fox that rynnis in the firth.   38,350
Ane strang castell biggit of stane and lyme,
The quhilk Narmyn wes callit in the tyme,
That Danbu[r]g now is callit to the name,
So wes it callit that tyme efter thame,
With all thair power rycht laug thair tha la, 38,355
Seigand that hous; quhill efter on ane da,
Ane schew to thame king Malcolme wes rycht neir,
With mony knycht all into armour cleir.
Quhairof the Danis wes richt weill content,
Desyrand feild, battell and tournament,   38,360
Tha left the seig and come fordwart on feit,
In gude ordour the Scottis for to meit.
The Scottis than that cuming war full clois,
Vpone ane feild that wes richt neir Kinloss,
That samin nycht thair in thair tentis la, 38,365
With greit desir, quhill on the morne wes da,
With greit curage than bayth of man and cheild,
And sic desyre of battell and of feild,

---

[1] In MS. *cruell.* | [2] In MS. *kirkmen or kirk.*

That all the nycht ane wynk tha sleipit nocht
For greit desyre that wes into thair thocht.   38,370
This king Malcolme the nycht befoir he send
To the Danis withoutin recommend,
Speirand the caus at thame quhairfoir or quhy,
To him thair freind, quhilk oft did fortify
Sueno thair king quhen that he wes rycht puir, 38,375
To wirk on him sic malice and injure.
The messinger the Danis tuke full tyte,
And hangit him that tyme for greit despyte.
That wes the caus, as I haif said befoir,
All nycht the Scottis maid sic bost and schoir,   38,380
So cruell war that tyme to wndertak,
For to revenge that greit injure and lak.
Syne on the morne quhen that the da wes lycht,
Seand the Danis all into thair sicht,
In sick ordour as tha war les and moir,   38,385
With sick power as tha saw neuir befoir,
Of thair attyre so greit terrour tha tuke,
To fecht that da the Scottis all forsuik ;
Trowand that tyme to cum bot hulie speid,
Becaus the Danis did rycht far exceid   38,390
That tyme the Scottis into multitude.
And for that caus, than schortlie to conclude,

Col. 2.   The king Malcum that all the fassoun knew,
So gude ressoun to thame that tyme he schew,
And sic persuasioun that tyme maid thame till, 38,395
Quhilk changit hes thair myndis than and will ;
And causit thame of greit curage to be,
With sic desire and animositie,
Evin as ane lyoun lowsit out of band,
Without ordour or ȝit ony command,   38,400
Vpone the Danis ran into ane race.
The Danis than that knew full weill that cace,
Thairof that tyme rycht litill aw tha stude,
Baid all togidder intill ordour gude.

HOW THE SCOTTIS AND DANIS ENTERIT IN THE
FEILD, AND HOW THE SCOTTIS TYNT, AND
HOW THE DANIS PASSIT TO THE SEIG OF
NORMYN AND WAN IT.

So cruell counter in the tyme tha maid,   38,405
Quhill basnetis bricht and mony scheildis braid
Raue all in raggis, throw greit strenth and force,
And mony knicht wes killit throw the cors;
And mony breist rycht bludie maid and bla,
And mony heid hackit the bodie fra.   38,410
Into that stour ane lang quhile so tha stude,
The Danis war than of sic multitude,
Ane new power out of ane buss thair brak,
In gude ordour behind the Scottis bak,
And than the feild agane tha did renew,   38,415
At that counter richt mony Scot tha slew.
The cruell Scottis pertlie on that plane,
Ane rycht lang quhile debaittit hes agane,
Quhill king Malcolme into the heid wes hurt,
Quhilk in the tyme did him sic noy and sturt, 38,420
Agane his will, throw strang hand and force,
Out of the feild tha careit him on hors.
His helme of steill wes dung so in his heid,
That rycht mony suspectit him of deid,
Into the tyme that standand war about,   38,425
With sic danger or tha micht draw it out.
Out of the feild quhen that tha saw him ryde,
The Scottis than na langar thair wald byde;
Of his ganging so greitlie wes agast,
Out of the feild tha follouit all richt fast,   39,430
And thocht that da tha tynt the victorie,
That tyme the Danis follouit nocht, for-thi
Into that feild loissit sa mony men;
Also that tyme it wes richt ill to ken,

To thame quhilk wes into ane vncouth land, 38,435
How sone the Scottis mycht haif help at hand.
And for that caus the spulʒe of the feild
Tha tuke to thame, syne euerie man and cheild,
With all thair power passit hes rycht plane
Vnto Nermyn to seige that house agane. 38,440
The souldeouris quhen that tha hard and knew
Of all the feild the fortoun, as men schew,
Gaif ouir the hous that tyme to saif thair lyvis,
And all thair gude, thair barnis and thair wyvis,
The quhilk the Danis war obleist thairtill. 38,445
Syne quhen tha gat the hous into thair will,
In raipis rude richt heich attouir the wall,
Without petie tha hangit thame thair all.
Tha faithles folkis for that same darg and deid,
Wes quit rycht weill sone efter to thair meid. 38,450
Tua strang houssis biggit of stone and lyme,
Lib 11, f.173b.
Col. 1. Elgin and Forres, quhilk keipit wes that tyme
With greit defence out of the Danis handis,
Syne quhen tha knew how all the mater standis
Into Nermyn, as tha had hard befoir, 38,455
Gaif ouir the houssis without bost or schoir,
Syne fled ilkone to gude Malcum the king,
Quhilk causit thame quhill grene levis did spring
Still to remane, as ʒe sall efter heir,
Quhill the begynnyng of the secund ʒeir. 38,460
The Danis than, as my author did sa,
Ouir all the partis of Morauia,
At thair plesour hes passit vp and doun,
And euirilk strenth with castell, tour and toun,
Withoutin sturt or ony stop hes tone, 38,465
And stuffit thame into the tyme ilkone.
Syne efter that, as my author did sa,
Send in Denmark and als in Norrowa,
For wyfe and barnis, this is trew I tell,
Perpetuallie thair to remane and dwell. 38,470

How King Malcolme and the Danis feildit
agane, quhair mony nobill Scot war
slane; and how the Scottis fled, and
of King Malcolmis Prayar, and how he
renewit the Feild agane and Faucht.

Off thair tydenis quhen king Malcolme did heir,
In the begynnyng of the secund ȝeir,
Or dreid tha sould get moir help and supple,
With all the power that he doucht to be,
Syne at Murthtloch thir tua oistis thair met, 38,475
Ane toun in Mar quhair that the feild wes set.
Quhen ather of vther cuming ar in sicht,
With baneris braid and mony basnet bricht,
With buglis blast and mony schalmis schill,
On euerie syde with egir mynd and will, 38,480
So dourlie than ilkone at other drave,
Quhill schawis schuke and all the craigis clawe.
So doggitlie ilkone at vther dang,
Quhill all the rochis round about thame rang,
And mony one buir woundis that war wyde, 38,485
Sum in the breist, sum in bayth bak and syde,
Sum in the halss, and sum into the heid,
That mony thousand in the feildis la deid.
Thre nobill chiftanis in the samin da,
Kenethus ane, that lord wes of Yla, 38,490
The secund Gryme, the quhilk wes nothing war,
Lord of Stratherne, and Patrik of Dumbar,
Lord of that ilk and best of all the thre,
The haill vangaird with thir tua gydit he.
In the first feild this Patrik of Dumbar, 38,495
Gryme and Keneth, quhilk preissit ouir far,
Into the feild fechtand agane thair fo,
Seand sic chance and fortoun with thame go,
As tha suld haif, without ony ganestand,
The victorie all haill into thair hand; 38,500

Or euir tha wist tha war circulit about
With thair fais, that tha micht nocht wyn out;
And manfullie tha faucht ane rycht lang space,
Quhill tha war slane all thre into that place.
The haill vangard quhen that tha saw thame 38,505
 de,
For feirdnes all out of the feild did fle ;
The Danis efter maid ane suddane chace,
With greit slauchter into the samin place.
This king Malcolme that in the tyme beheild,
And saw sa fast tha fled out of the feild, 38,510
Fast efter thame he prickit ouir the plane,
With greit tretie to gar thame turne agane,
And left his men still fechtand in the feild.

Col.2. Ane passage wes that tyme quhair he micht heild,
Richt narrow wes quhair that tha fled all out, 38,515
This king Malcolme that stalwart wes and stout,
In the passage with drawin sword in hand,
Still thair he stude, and maid thame sic demand,
Neuir ane of thame he wald lat furth by,
Exhortand thame with mony schout and cry 38,520
To tak curage, and for to turne agane.
Of Sanct Moloc ane chapell on that plane
Neirby him stude, biggit of stane and lyme ;
Quhome to this Malcolme luikit in this tyme,
And held his handis to the hevin on hicht, 38,525
Beseikand God of his greit grace and micht,
And Marie myld, the virgin clene and puir,
Of hir bosum quhilk Jesu Christ that buir,
And Sanct Moloc his mediator to be,
To caus his men no forder for to fle, 38,530
Bot turne agane with hartlie mynd and will,
And in the tyme sic curage send thame till,
Agane thair fais for to mak defence,
To halie kirk wirkar of sic violence ;
" And heir I vow, as I am leill trew knycht, 38,535
" To Sanct Moloc, will thow defend my richt,

" And keip my honour this tyme haill and sound,
" Into thi honour ane bishop I sall found,
" And big ane kirk of greit auctoritie,
" And thow thi self thairof patrone sall be."   38,540
Be this wes said he gaif ane cry and schout,
" O, ȝe," he said, "my knychtis bald and stout,
" Turne ȝow agane for to debait ȝour lyvis,
" Ȝour land, ȝour law, ȝour barnis, and ȝour wyvis;
" And ȝe do so, traist weill as it standis,   38,545
" The victorie this da is in oure handis."
This beand said, ane rycht greit multitude,
Befoir his face into that passage stude,
Of stalwart men that war bayth stark and stout,
By him that tyme he wald nocht let pas out.   38,550
And mony mo war standand on the plane,
With greit curage he hes gart turne agane,
And maid the Danis for to be agast,
Quhilk efter thame that followand war so fast ;
And suddanelie tha did the feild renew,   38,555
At that counter[1] richt mony Dene tha slew.

How King Malcolme vincust the Danis, and
slew Enetus thair Chiftane, and partit
the Spulȝe of the Feild at his Plesour.

Than Enetus thair capitane and thair lord,
Vpone ane hors, gif that I richt record,
With bair visage luikand him about,
Of victorie as he than had na dout,   38,560
This king Malcolme that wes bayth stout and stuir,
With ane bricht brand into his hand he buir,
Richt to the schulderis doun he claif his heid,
Doun of his hors syne to the grund fell deid.

---

[1] In MS. *tha colister.*

Quhairof the Danis war so basit all,　38,565
Deid of his hors quhen that tha saw him fall ;
The Scottis als so pertlie turnit agane,
And faucht so fast quhill mony Dene war slane ;
Ʒit still tha baid at thair defence rycht lang,
Quhill that the stour so stalwart wox and　38,570
　　strang,
Sa mony Deyne that da wer maid to de,
That force it wes to all the laif to fle.
Olawos alss out of the feild he fled,
And few feiris with him that tyme he hed ;
Syne with his gydis efterwart is gone　38,575

Lib.11, f.182.
Col. 1.

In Murraland with all the laif ilkone,
Quhilk scantlie war the thrid part of his ost.
The laue that da into the feild war lost,
Enetus als thair [1] chiftane wes and gyde ;
The laif that fled buir werkand woundis wyde.　38,580
This king Malcolme gart spy ouir all the plane,
And tuke the Scottis in the feild war slane,
To Crissin bereis in the tyme thame buir,
And put thame all ilkone in sepultuir.
Quhen that wes done, the spulʒe of the feild　38,585
Diuydit hes to euerie man and cheild,
Baith gude and ill efter his facultie,
Richt equallie diuidit than hes he.
Postponit syne ontill ane other da,
That tyme his passage in Morauia ;　38,590
And passit hes with mony bald barroun,
In Angus syne richt onto Forfar toun ;
And all the wynter thair he did remane
With mony lord, quhill symmer come agane.

---

[1] In MS. *than.*

How Sweno, King of Ingland and Denmark,
causit Camus, his Cousing, cum in Scot-
land with ane greit Armie and Naving
of Schippis, and how King Malcolme come
to Barrie with his Armie, and of his
Exhortatioun maid to thame.

This ilk Sueno, of quhome befoir I schew, 38,595
King of Ingland and Denmark, quhen he knew
Of his armie in Scotland how had sped,
Doutles that tyme he wes rycht soir adred,
Or dreid he tynt his honour and his name.
This king Malcolme wes haldin of greit fame, 38,600
For greit honour in the feild he wan ;
So wes the Scottis in that tyme ilk man.
And to reskew the honour and the gloir,
That he had tynt into the feild befoir,
Ane greit navin of mony loun full large, 38,605
Of craik and coluin, of mony bark and barge,
Furth of Denmark he furneist for till go.
That samin tyme fra Tymes mouth also,
Ane[1] other navin that moir large wes,
To Scotland baith he maid that tyme to pas, 38,610
For to revenge the greit lak and the schame
That he had tane, and to reskew his fame.
Camus his cousing, for most traist that tyde,
This greit armie he gaif that tyme to gyde.
Neirby Bamburch, quhair that the tryst wes 38,615
  set,
Thir tua navingis togidder thair tha met ;
Syne set thair coursis lustie in the north,
Quhill that tha come onto the mouth of Forth,
And saillit vp syne by Sanct Abbis heid.
Ane hevyning place tha fand syne in that steid, 38,620

---

[1] In MS. *that.*

Quhair that tha purposit to pas to land ;
And thair tha gat sua greit stop and ganestand,
Of mony freik befoir thame thair than wes,
Compellit thame agane bakwart to pas.
Tha saillit syne all vp into Inchekeith,   38,625
Set saill and raid on ankeris befoir Leyth ;
And sindrie tymis quhair tha thocht to land,
Tha war stoppit than vpoun euerie hand.[1]
Out of that place tha saillit on the nycht
To the Reid Heid, or that the da wes lycht,   38,630
Into Angus without ony ganestand,
Neirby Arbroth passit all to land.
Syne ouir all Angus passit vp and doun,
Bayth kirk and tempill, village and ilk toun,
Ouir all the land that tyme quhair tha did   38,635
    pas,
Tha spulʒeit fast, syne brint the toun in ass.
Baith preist and clerk, and men of religioun,
And ʒoung and ald, without ony discretioun,

Col. 2.
Moir none ane dog that tyme tha sparit nane,
In ony steid quhair euir tha war ouirtane.   38,640
To Brichin than, quhilk wes ane nobill toun,
Of honour, riches, and of greit renoun,
Tha passit syne with greit furor and yre,
Spulʒeit the toun, syne brint it all in fyre ;
Except ane stepill quhilk that maid defence,   38,645
Baith kirk and queir with so greit violence,
And all the toun, tha brint in poulder small,
Syne to the ground tha kest doun euerilk wall :
Except that stepill lute na thing remane
Of all that toun, the quhilk sensyne agane   38,650
Wes neuir befoir of sic honour and gloir,
Na sic fairnes as that it wes befoir.

---

[1] In MS. *heid.*

That samin tyme ane come to thame and tald,
With king Malcolme and mony berne full bald
Passit was Tay into that samin quhile,   38,655
And cumand wes that tyme within ten myle,
With far ma folk, and grittar bost and schoir,
No euir he had in ony tyme befoir.
This ilk Camus, traistand weill that wes trew,
Doun to the se neirhand his schippis drew;   38,660
Thair by ane toun that calli❧ is Panbryde,
He tuke his ludging into the samin tyde.
This king Malcolme that wes bayth wyss and
    wycht,
Rycht suddanelie he come that samin nycht,
On to ane toun into the samin tyde,   38,665
Callit Barrie, bot tua myle fra Panbryde,
And thair he maid his ludging all that nycht.
Quhill on the morne that it wes fair da lycht,
And all the air wes clengit fair and cleir,
And birdis singand with ane mirrie cheir,   38,670
This king Malcolme, gif I be for till trow,
Thir wordis said that I sall sa to ȝow:
" O ȝe," he said, " my tender freindis deir,
" Now in this place ar present with me heir,
" I ȝow beseik, think on the laud and gloir   38,675
" Ȝe wan with me in the last feild befoir.
" Traist weill," he said, " tha ar no better men,
" Be gude ressoun as ȝe ma rycht weill ken,
" So wranguslie into all thing tha wirk,
" The ennimeis of God and halie kirk;   38,680
" Also to ws withoutin ony caus,
" But clame of richt or just titill of lawis,
" Waistand oure land of greit crudelitie.
" Thairfoir," he said, " traist weill this tyme that
    we
" Hes als greit richt and power in this place,   38,685
" Help and supple siclike of Goddis grace,

" In all thing neidfull this tyme les and moir,
" As that we had into the feild befoir.
" My freindis deir, now traist ȝe weill for-thi,
" To ws is promittit the victory   38,690
" Be gratius God, that knawis richt and wrang."
Quhen this wes said his lordis all amang,
Of that counsall so greit curage tha tuke,
And said ilkone, quhill he his lyfe micht bruke,
He suld be fund rycht fraklie ay thairtill,   38,695
At all power richt hartlie with gude will.

HOW THE BATTELL JUNIT,
AND EUERIE SOUND SO TUNIT,
AND HOW GUDE MALCUM WAN THE FEILD,
AND CAMUS STRICKIN DOUN AND KEILD,
AND THE REST OF DANIS AT THE CHACE,
SLANE SICLIKE BUT ONY GRACE,
AND THA THAT WES LEFT VNSLANE,
MAID TO THAIR SCHIPPIS WITH ALL THAIR MANE.

Lib.11, f.182 b. Quhen this was said, the baneris browdin brycht
   Col. 1.   On euerie syde was raisit vpone hicht,
Into the air full hie aboue thair heid,
The rampand lyoun of ane cullour reid   38,700
Into ane feild of birneist gold so bricht,
That all the land illumnat with greit licht ;
And mony standert of rycht staitlie hew,
Agane the schyning of the sone that schew.
The buglis blew with sic ane busteous beir,   38,705
And hornis hie, that hiddeous wes to heir ;
The schalmis schouttit with so schill ane sound,
Quhill all the bruik tha gart agane rebound.
The Danis als vpoun the tother syde,
With greit power rycht pensit full of pryde ;   37,710
Quhometo this Camus said with voce full hie,
" Other this da heir man we do or de.

" Thair is no help bot all in ȝour awin handis,
" So far fra hame heir into vncouth landis,
" Without refuge or supple in this place,   38,715
" Amang the Scottis but mercie or grace."
Be this wes said, fra bowmen bald and wicht,
Of fedderit flanis flew ane felloun flicht
Amang the Danis with sic dyntis dour,
That mony ane tha maid full law to lour.   38,720
Ay flycht for flicht, als thik as ony snaw,
And scharpe as haill, lang in the feild tha flaw ;
Throw all thair geir that glitterand wes ar gane,
Quhair euir tha hit tha bait thame to the bane.
Sone efter syne the speiris greit and lang,   38,725
Into the feild tha enterit with sic thrang,
That mony brak, and all in flenderis flew,
Vpone thair birneis that war bricht of hew.
With brandis bricht ilkane on vther drave,
Quhill breist plait brist and ribbis wnder rave.   37,730
Thair mulane melȝeis mendit nocht ane myte,
Thair brandis brycht so bitterlie did byte.
Thir grumis gay in nothir syde agast,
Into the feild so lang tha faucht and fast,
Quhill all the reuer quhairby than tha stude,   38,735
Callit Lochy, it ran all of reid blude.
The Danis than for all thair pomp and pryde,
Tha had no strenth langar thair to byde ;
Thair power than wes parit all to nocht
And fochin had als lang thair as tha mocht ;   38,740
Of thame sa mony thair wes maid to de,
That force it wes to leif the feild and fle.
This ilk Camus out of the feild he fled,
The nobillis all with him that tyme he hed,
Onto ane montane neirby into sicht ;   38,745
Bot gude Malcolme he rest him than the hycht,
Within tua myle thair wes he stricken doun,
Into ane place that callit is Camustoun,

And all the laue that wes with him ilkane.
In that same place thair standis thair ane stane, 38,750
Quhilk baris witnes to that samin deid ;
Thairon is written, quha lykis to reid,
This Camus name, quhilk wnder it dois ly,
That callit wes syne Camus-stane for-thi,
And langer efter than with the pepill all,   38,755
Quhill Camstoun now for moir schortnes tha call.
At Abirnyth into that samin quhile,
Ane toun fra Brichin standis bot four myle,
Quhair that the Danis siclike war ouirtane,
And slane also into the tyme ilkane,   38,760
Bayth ȝoung and ald, but mercie or grace,
Siclike ane stane thair standis in that place ;
Quhairon all man that lykis for to reid,
May, and tha will, thair names and thair deid.
Syne fordward furth, withoutin ony reskew,   38,765

Col. 2.

Into that chace richt mony Dane tha slew,
Into sum tyme that war bayth bald and wycht,
And ceissit neuir quhill twynnit thame the nycht.
That samin nycht the few Danis that fled,
With Scottis gydis in the tyme tha hed,   38,770
Quhometo tha gaif greit reward and fe,
Rycht secreitlie thame gydit to the se,
Into the place quhair that thair schippis la,
Syne passit in and tuke the se or da.
Vpoun the morne quhen that the day was licht, 38,775
And fair Phebus, with mony bemis bricht,
Rycht blythlie blenkit ouir ilk buss and breir,
This king Malcolme with mony chevilleir,
Into the feild he tuke the narrest way,
And all the corsis deid thairin that la,   38,780
Of Scottis men, out of the feild hes tane,
And bureit thame in kirkis all ilkane.
The Danis als, within ane litill space,
Gart burne thame all in[to] the samin place

Quhair tha war slane, ilk ane bayth man and   38,785
   cheild ;
Syne all the spulze that wes in the feild,
Richt equallie amang thame gart diuyde.
Ane fair ʒoung man wes callit Keyth that tyde,
The quhilk Camus with his awin handis slew,
And mony mo, and my author be trew,   38,790
So worthely he buir him in that da,
That king Malcolme, as my author did sa,
With gold and land rewardit him full rycht ;
Him self also than hes he maid ane knycht.
Fra him sensyne ane surname is discendit,   38,795
Quhilk in thair tyme thair prince neuir offendit,
In sicker stait ay in all tyme tha stude,
Quhilk now in Scotland ar greit men of gude,
The Erle Merschell of heretage and fe ;
I pray to God that rycht lang so he be.   38,800

How the Rest of the Danis supponit to saill to Murraland and war drevin be Force of contrarie Wyndis in Catnes, and how tha war slane thair.

Syne the nixt morne the Danis that war fled,
Onto the se with all thair raipis red
Wand saill to top, and saillit syne fra hand
To Olawaus quhilk wes in Murraland.
Neptunus than the goddis of the se,   38,805
And Eolus quhilk blew his horne so hie,
That samin tyme within four dais or fyve,
In Catnes all tha maid thame till arryve
Vpoun ane cost quhilk wes to thame vncouth,
Without ane havin or ʒit ane reuer mouth.   38,810
And had nocht bene sa mony buss and beuch,
Quhairby thair towis that war lang and teuch

Tha festnit fast, that grew neir hand the cost,
But ony lat tha had bene ilk ane lost.
For storme that tyme into the se that wes,   38,815
Out of that place ane lang tyme mycht nocht pas,
Quhill that thair victuall wer consumit haill,
And tha for falt wer like all for to faill.
Fyve hundreth men with bow, buklar and brand,
Furth haif tha send to fetche fra the west land 38,820
Nolt or scheip quhair that tha mycht be sene,
Or ony thing thair lyvis to sustene.
The cuntrie men that duelt that tyme neirby,
At thair cuming gaif mony schout and cry.
The lord of Catnes callit Mernacus,   38,825
With greit power, my storie tellis thus,
Lib.11,f.183, Richt suddantlie that tyme he come thame till,
Col.1. And stoppit thame thair purpois to fulfill.
Hago that tyme thair chiftane chevalrus,
Most principall the quhilk wes next Camus,   38,830
Quhen that he saw the Scottis cumand sua,
Rycht fast he fled and gart thame leif the pra.
On to ane hill ascendit vp ilkane,
Quhair that thair stude ane mekle carne of stane;
And thair tha stude rycht lang at thair defence, 38,835
Castand greit stonis with sic violence,
That mony Scot tha hurt that tyme and slew.
This Mernacus seand tha war so few,
His men that tyme rycht soir that he hes blamit,
And cryand, fy! sayand tha war all schamit,   38,840
To lat sa few mak sic defence so lang,
And thoill of thame so greit injure and wrang.
At his wordis, als het as ony fyre,
The Scottis grew in sic anger and yre,
All vp the hill ascendit with ane schout,   38,845
And circulit hes the Danis round about,
Than peltit on thair powis ane lang space,
Quhill tha war slane ilkone in that same place.

Syne all the laue vpone the se that la,
To thame thair come into that samin da   38,850
Ane man, and schew how all the laue had sped ;
Quhairof that tyme tha war so soir adred,
Without tarie or ony moir demand
Tha passit all syne into Murraland
To Olawus into the tyme, and schew   38,855
Sic aventure wes hapnit of the new,
And of thair fortoun also in the feild,
Sa mony men thairin as tha had keild,
Vpone ane sand liggand be the se cost,
And gude Camus thair chiftane thair wes lost.   38,860

How thair come ane new Power of Danis agane in Scotland, send be Sueno than King of Ingland.

Quhen this Olawus knew sic thing and kend,
Ilk word be word to Sueno sone he send
Into Ingland, and schew to him than how,
Baith les and moir as I haif schawin zow.
This ilk Sueno, baith furius and fell,   38,865
Quhen he thir tydenis in the tyme hard tell,
Out of his wit neir wod as he wald go,
Into his mynd revolwand to and fro
To be revengit thairof and he mocht.
Syne at the last he slaikit hes his thocht,   38,870
And in Denmark hes send agane full sone
On to Canutus and schew how all wes done,
His bruther germane in the tyme that wes,
Commandand him rycht sone that he suld pas
With all his power that tyme to the se,   38,875
Into Scotland for to revengit be
Of his deir cousing, hecht Camus, thair wes slane,
And mony thousand come neuir hame agane.

This ilk Canutus quhilk keipit his command,
Fra Norrowa, Denmark, and als Gotland,   38,880
In bark and barg, and mony ballingar,
Tha tuke the se with anker, saill and air.
Baith da and nycht befoir the wynd is gone,
Quhill that tha come in Scotland syne ilkone,
Into Buchane quhill that tha all tuke land   38,885
By the se cost vpoun ane richt far sand.
Syne round about ouir all the land tha ȝeid,
With fyre and blude tha landis all on breid;
Bayth tour and toun tha landis tha come to,
Tha waistit all as tha war wont to do.   38,890

HOW KING MALCOLME AND THE NEW POWER OF DANIS MET AGANE, AND GREIT SLAUCHTER ON EUERIE SYDE, AND HOW THE DANIS FLED AND SEND FOR PEAX.

Col. 2.   And king Malcolme quhen he thair cuming
               knew,
           Into the tyme as suith men to him schew,
           He maid no tarie nother nycht nor da,
           Quhill that he come quhair that the Danis la.
           Becaus he thocht, as semit to be trew,   38,895
           Greit perrell wes with haill power [to] persew
           Into the feild with mort battell agane,
           Sua mony men befoir of his wes slane.
           And for that caus ane lang quhile thair he la,
           With greit scrymmyng and carmusche euerie da, 38,900
           Quhill that his men war gatherit all him till.
           Syne on ane da, all in ane mynd and will,
           Richt furebund, than bayth on fit and hors
           Tha tuke the feild thir freikis with grit force,
           With all thair power pertlie on the plane,   38,905
           And suappit on quhill mony ane wes slane.

Tha bernis big sa baldlie all tha baid,
On euerilk syde so greit slauchter wes maid,
That pitie wes other to heir or se
On euerilk syde sa mony nobill de.   38,910
Quha had bene thair that tyme tha mycht haif sene
Thair blude like burnis rynnand on the grene,
That all the strandis neirby quhair tha stude,
Lyke ony burne abundit all with blude.
The Kent men, that war baith stiff and cald,   38,915
La deid als thik as euir la scheip in fald.
Syne at the last the stour it wox so strang,
This Canutus, quhilk fouchin had so lang,
And of his folk levand war than so few,
Seand his fa sa pertlie him persew,   38,920
With the small power in the tyme he hed,
Turnit his bak out of the feild and fled.
The Scottis than, quhilk war neirby confoundit,
Mony war slane and mony rycht ill woundit,
And fouchin had so lang into that place,   38,925.
Forder on fit micht noch[t] follow on the chace ;
And in the tyme had bled so mekle blude,
Into that place thairfoir stane still tha stude.
The Danis all that fled out of the feild,
So werie war that waponis mycht nocht weild ; 38,930
Als in the tyme tha war so farlie few,
Dreidand the Scottis suld thame sone persew,
On to ane forrest that wes neir besyde
Tha bownit thame all nycht thairin to byde.
And thair tha la with greit dolour and dreid,   38,935
With bludie woundis opnit out on breid,
Quhill on the morne that tha mycht ken the da ;
And quhen tha saw tha mycht not wyn awa,
Bot gif it war debaittit with thair handis,
Seand that tyme in sic danger it standis,   38,940
This Canutus foroutin ony leis,
Send to the king beseikand him for peice,

With quhat conditioun plesit him to haue ;
Except his lyfe and honour for to saue,
He countit nocht for gold or other geir,   38,945
To mak an end of all that stryfe and weir.
Quhairof king Malcolme wes rycht weill content,
So wes the laue with all thair haill consent,
For till be quyte of all thair wrak and wrang,
And greit injure hes wrocht on thame so lang,   38,950
In tyme to cum for spilling of moir blude ;
Als in the tyme rycht weill he wnderstude,
So mony men war loissit in that weir,
And greit riches of gold and vther geir,
In tyme to cum tha mycht nocht weill defend   38,955
For falt of men and money for to spend,
And for that caus rycht weill content wes he
For to mak peax and lat all weiris be.

HOW PEAX WAS MAID BETUIX THE SCOTTIS AND
                        THE DANIS.

Off this fassoun as ȝe sall heir but leis,
Betuix thame tua that tyme thair wes maid   38,960
     peice ;
That all the Danis into Murra land,
And Buchane als, withoutin ony ganestand,
Sall pass thair wa and leve that land als fre,
Befoir that tyme as it wes wont to be,
And neuir agane the Scottis to invaid.   38,965
Siclike to thame the Scottis also maid
Ane obleissing, the quhilk be than richt trew,
With mort battell tha sould neuir thame persew ;
In tyme to cum thair gude freindis to be,
Aganis thame make no help nor supple   38,970
With no natioun, to do thame lak or skayth :
Of this conditioun content than war tha bayth.

The secund was, that all the place and plane,
Into the feild quhair all the Danis war slane,
That king Malcolme of his auctoritie,   38,975
Suld caus that place all dedicat to be,
And big ane kirk, and feft preistis to pray
For all thair soullis ay quhill Dumisday:
For-quhy the Danis all, baith les and moir,
Had tane the faith bot laitlie of befoir: 38,980
Off this conditioun than tha haif maid pece.
The Danis all syne tuke thair leve but leis,
And ilkane vther hes tane be the hand;
Syne with the laue that wes in Murraland,
Vpoune ane da tha fuir all to the fame,   38,985
Befoir the wynd in Denmark syne past hame.
This wes the end of gude Malcolmus weir;
Fra that tyme furth tha did him no moir deir.

HOW KING MALCOLME FOUNDIT ANE KIRK
    QUHAIR THE DANIS THAT WAR SLANE WAR
    BUREIT; AND HOW HE CAUSIT THE KIRKMEN
    AND CLERGIE CONVENE ANE COUNSALL FOR
    REFORMATIOUN OF ALL FALTIS, AND GUDE
    ORDOUR TO BE TANE THAIRIN.

Syne in the feild ane kirk he hes gart found,
And dedicat it into ane compas round,   38,990
About the kirk into ane cirkill braid;
Olawus syne to thame patroun he maid
Of that same kirk quhair bureit war tha men,
Quhilk at this da is callit now Crowden:
That is to say in this langage perqueir,   38,995
The Danis slauchter, quha lykis to heir.
This beand done, withoutin ony moir,
The kirkis all distroyit war befoir
Be the Danis, he hes gart big ilkane
Farar befar of lyme and poleist stane;   39,000

And euerie village, tour and toun also,
He hes gart big, and mony vther mo.
Syne to the clergie he gaif than command,
With all the prelattis that war in the land,
Into Bartha, of quhome befoir I spak,   39,005
Ane generall counsall in the tyme to mak ;
To clenge the kirk of all vices and cryme,
And to reforme all faltis in the tyme,
For to fulfill the lawis les and moir,
Be halie faderis that war maid befoir ;   39,010
And caus the kirkmen of sick lyfe to be,
Be gude exempill and auctoritie,
Siclike be ressoun as tha aucht to haue,
That tha ma be exempill to the laue ;
Quhilk suld haif knawledge of ill and gude to   39,015
    ken,
And teich the lawis to wnletterit men,
With gude exempill baith in word and werk,
Quhilk is the office of all preist and clerk.

How King Malcolme convenit ane Counsall in Scone, and rewardit his Liegis honestlie ; and how the Lordis grantit thair Wardis, Releiffis, and Mariagis to vphald and honour the King.

Quhen this was done and brocht all till effect,
This gude Malcolme that tyme wald nocht   39,020
    neglect
His liegis all that tyme bayth les and moir,
Sa oft with him had bene in feild befoir,
And sufferit had greit travell, skayth and pane,
And tha also that had their freindis slane,
For thair reward he hes diuysit sone   39,025
Ane generall counsall for to hald in Scone,

For to diuyss with his auctoritie,
How euerie man rewardit than suld be.
And so he thoch[t] his pepill all to pleis,
So lang befoir had bene at grit vneis. 39,030
Syne into Scone, quhair that the tryist wes set,
With all his lordis in conventioun met,
Quhair that he gaif to euerie lord and laird,
As did effeir to haif for his reward ;
And all vther efter his nobill deid, 39,035
His landis all that war of lenth and breid,
Except small rent his houshald to sustene,
To euerie man, as my author did mene,
Gaiff in reward, the quhilk wes nocht to crave,
To euerie man as he wes worth to haue. 39,040
And euerilk man ane barroun than he maid,
To quhome he gaif thairof his landis braid,
Without exceptione bayth to ane and aw,
With sic power to execute the law,
Be court and plane as vsit in thir dais ; 39,045
And all siclike, as that my author sais,
Of priuiledge as barronis vsis now,
Wes maid that tyme as I haif said to ȝow.
Considderit than wes with the lordis all
The kingis rent ouir sober wes and small, 39,050
Vnsufficient ane king for to sustene
In sick honour befoir [that] tha haif bene;
And for that caus, sen he wes thair cheif,
Tha maid till him all wardis and releif
Of euerie land, as I haif said to ȝow, 39,055
And mariage as tha ar vsit now.
With wit, wisdome, thus, and liberalitie,
He maid ilkman rich[t] weill content [to] be.

OFF THE LAW, ORDINANCE, AND ORDOUR OF OFFICIARIS, THAIR REWARD AND FE.

That samin tyme, as that my author sais,
He maid the law quhilk keipit is thir dais   39,060
Of ordinance in houshald with the king,
Ilk officiar and als all vther thing,
Thair name, thair office and auctoritie;
And for thair seruice thair reward and fe,
Of euerilk office, baith in hall and bour,   39,065
Quhilk keipit is vnchangit to this hour,
In forme and effect siclike as tha war than,
In nothing changit sen tha first began.

HOW KING MALCOLME FOUNDIT ANE KIRK IN WIRSCHIP OF SANCT MOLOC, AND DOITTIT TO IT MONY LANDIS, AND THAIREFTER LEVIT LANG IN PEICE AND REST.

Quhen all sic thing wes with sic wisdome wrocht,
The vow he maid that tyme forʒet he nocht   39,070
To Sanct Moloc in sic necessitie,

Lib.11, f.184. Befoir at Murthlocht maid him sic supple,
Col. 1.   Aganis the Danis laitlie as I schew.
This gude Malcome thair foundit of the new
Ane plesand kirk of poleist stane and lyme,   39,075
Ane bischopis sait maid eft[er] in the tyme.
And all the land betuix Die and Spey,
He gaif thairtill withoutin ony pley,
With mony kirk and mony barony,
In that same land that lyis neirhand by.   39,080
This ilk bischop, as that my author sais,
Than Murthlesens was callit in tha dais;
Sone efter syne, siclike as he did mene,
He callit wes bischop of Abirdene.

The first bischop that euir wes of that seit,   39,085
Wes Beanus, als my storie dois treit ;
Ane halie man, as now my author grantis,
And numberit now in hevin amang the sanctis.
In halie kirk we sing of him and sa,
Ilk ʒeir by ʒeir vpone his offerand da.   39,090
All beand done as I haif said ʒow heir,
This gude Malcome rycht lang and mony ʒeir,
At peax and rest with greit prosperitie,
With his liegis in greit tranquillitie,
His kinrik ay foroutin ony cryme,   39,095
Fra that tyme furth he gydit all his tyme,
And als befoir, as it wes rycht weill kend,
Fra the begynnyng to the latter end.
Thocht sum man said, quhilk semis weill to be
Of lytill fecc or ʒit auctoritie,   39,100
As I can nocht trow sic [ane] thing wes trew,
In to his eild to sic auerice he drew,
With sic horror that I can nocht rehers,
No ʒit with plesour put this tyme in vers.
For-quhy I traist, as semis weill to me,   39,105
For puir invy that it sould fenʒeit be,
Becaus he wes of justice so extreme ;
Be all ressone I can na vther deme,
So gude ane king as he wes in his dais,
So godlie als, as that my author sais,   39,110
So just, so leill, so full of libertie,
Wes neuir ʒit nor neuir ʒit salbe,
To all this warld as it is rycht weill kend,
So just ane man without ane blissit end.
Semdill is sene, quhair euir men ryde or saill,   39,115
Ane lamb to haif ane fraudfull fox[is] taill,
Quhilk salbe sene als sone, sa Christ me saue,
As vertuous men ane wickit end to haue.
Vnsemand is to wryt in ony storie,
Quhilk sould remane ay efter in memorie,   39,120

For no relatioun other ald or new,
Without it be apperand to be trew,
Or dreid men sa it be for greit invie.
Of gude Malcome siclike this tyme trow I,
For caus sumtyme he wairnit thame thair will,   39,125
Thairfoir of him that gart thame speik sic ill;
As weill ma be, he that that storie drew
Louit him nocht, as I traist weill wes trew,
For sum displesour he had done befoir
To him or his, other les or moir;   39,130
Quhilk causit[1] him so far than for to fenȝe,
Suppois he had bot litill caus to plenȝe.
And how it wes, as my author said me,
Heir sall I tell, judge ȝe the veritie,
Bot I myself can nocht traist it be trew.   39,135
Into his age to sic auerice he drew,
That he forthocht in the tyme full soir
All the reward that he had giffin befoir,
Becaus he wes in his substance so[2] thyn,
Fenȝeand ane caus quhair riches wes to wyn,   39,140
And rakkit nocht, suppois it wes nocht trew,
With colorit law rycht mony saikles slew,
And mony als put to perpetuall pane,
His land and riches to recouer agane.
Quhairfoir the lordis, my author did tell,   39,145
Conventioun maid and thocht for to rebell
Agane Malcome, that wes thair prince and king,
So vertuous wes in mony sindrie thing.

Col. 2.

How gude King Malcolme was slane, and how tha that slew him endit, and of his Buriall in Iona Yle.

That samin tyme in Glames on ane nycht,
This ilk Malcolme lang or the da wes lycht,   39,150
Freindis of thame be justice he had slane
Into his chalmer enterit with ane trane
Be his seruandis, as that my author schew,
And in his bed this king Malcolme tha slew,
Syne staw away quhen that the deid wes done. 39,155
On fit and hors syne war tha socht full sone,
Quhilk wes in wynter in ane kne deip snaw,
Quhairfoir the way wes wnreddie to knaw.
Thir murderaris than for thair deid that dred,
With so greit haist into the tyme tha fled,   39,160
And tha that tyme war nocht rycht weill be-
      knawin,
The snaw also leit nocht the gait be schawin,
Or euir tha wist on Forres loch tha ran,
Wnder the ische syne drownit thair ilkman.
Lang efter syne quhen that the ise wes fawin, 39,165
Thir deid bodeis out of the loch wer drawin,
And on ane gallous hangit syne rycht he,
Ane weill lang tyme that mony man mycht se ;
Syne of the gallous efter war tane doun
And quarterit war, and send to euerie toun   39,170
Of sum ane leg, and other sum ane arme,
To represent the greit tressone and harme,
Tha[t] tha had done with sic crudelitie,
And till all vther exempill to be,
In tyme to cum to wirk sic violence,   39,175
As to put handis in ony king or prince.
The ʒeir of God ane thousand and fourtie,
And of his ring als threttie wes gone by,
With greit murnyng than bayth of riche and puir,
In Iona Yle wes put in sepulture.   39,180

As for his deid I traist weill it wes trew,
Be sick tressoun as that the storie schew,
And for sick also rycht weill trow I,
He wes so just and for na vther quhy,
Sum of thair clan that of thair deid thocht   39,185
    schame,
To clenge the laif of sic tressoun and blame,
Rycht subtillie hes fenʒeit sic ane caus,
Sayand it wes for breking of the lawis.
As mister is sum sonʒe to be hed,
Quhen that ane barne befyllit hes the bed,   39,190
With so greit schame dar nother speik or luke.
Loving to God heir endis the elevint buik.

How Duncane, Oy to gude King Malcolme,
    was crownit King efter him, and of his
    Deidis ; and how Banquho was send to
    MakDouald with MakCobey, and of thair
    Deidis.

Efter the deith of gude Malcolme the king,
Duncane[1] his oy succeidit to his ring,
His dochteris sone, be my author to trow,   39,195
Quhilk weddit wes with the Abthan of Dow,
That all the Ylis had also in cuir.
This ilk ladie Duncane to him scho buir,
Quhilk crownit wes vpoun the marbell stone,
With haill consent of euerie lord ilkone.   39,200
The secund dochter of gude Malcolme the king,
The Thane of Glames weddit with ane ring,
That Makcobey, quhilk wes bayth strang and
    stuir,
This ilk ladie to that same lord scho buir ;
Of quhome efter within ane litill space,   39,205
I[2] sall schaw ʒow quhen I haif tyme and place.

---

[1] In MS. Donald. | [2] In MS. And.

This king Duncane so arch ane man wes he,
Meticulus without strenuetie,
So mercifull into justice and law,
That his liegis stude of him lytill aw.　　39,210
To reif or steill tha sparit nocht that tyme,
Wes no punitioun for sic deid or cryme;
That euerie man, at his plesour and will,
Did as him list than vther gude or ill.
Ane man of gude, my author tellis so,　　39,215
The quhilk to name wes callit than Banquho,
Off blude royall ane nobill man wes he,
So hapnit him in Lochquhaber to be,
Gatherand the kingis fermis and his maill,
That samin tyme withoutin ony faill,　　39,220
To him tha did richt greit injure and wrang,
Reft him his geir and put him self in thrang;
Scant with his lyfe he chaipit than awa.
Quhen he come hame, as my author did sa,
Befoir the king and all the lordis schew　　39,225
Ilk word by word as hapnit on the new.
The king, thairof the quhilk wes nocht content,
Richt suddantlie ane herald to thame sent,
Commandand thame to cum, bayth ane and aw,
Befoir the king thair for to thoill the law;　　39,230
The quhilk herald, as that my author schew,
Rycht cruellie that samin tyme tha slew.
To be revengit of that lak and schame,
Ane nobill man, callit Malcolme to name,
The king hes send with haill auctoritie,　　39,235
Of that injuris for to revengit be.
Of thir tratouris of quhome befoir I tald,
Ane bellomye wes callit Makdouald,
With greit power into the samin quhile,
Of Lorne, Lochquhaber, and also of Argyle,　　39,240
And of the Ylis in the samin tyme,
Quhilk counsallouris befoir wes of that cryme,

And gaif this Malcolme battell on ane plane,
Quhair that the maist part of his men war slane;
Him self also wes tane into the steid,   39,245
Syne efterwart put cruellie to deid.
Quhen all the cace syne of this cruell cryme,
To king Duncane wes schawin in the tyme,
So full of dreid and dred [he] wes that da,
Scant[lie] he wist ane word than quhat to sa.   39,250
And suddantlie ane counsall he gart call,
Exponand syne the caus befoir thame all,
And of thair counsall hes diuysit sone,
Into that cace quhat best is to be done ;
And euerie man, ay as he vnderstude,   39,255
Gaif his counsall apperand to be gude.
This Makcobey, of quhome befoir I tald,
Ane berne he wes richt bellicois and bald,
Befoir the king that tyme he tuke on hand,
Plesit his grace for to resing that land   39,260
To him that tyme, with haill auctoritie,
And to Banquho his collig for to be,
Of quhilk Banquho I schew ȝow of befoir,
He maid ane vow withoutin ony moir,

Col. 2.   This Makdouald, for all his freindis feid,   39,265
To bring to him sone other quick or deid.
Thairof the king wes rycht hartlie content,
And suddanelie thir samin tua he sent
With greit power, syne efter on ane da,
Quhill that tha come into Lochquhabria.   39,270
The men of gude that wes with Makdouald,
Of his cuming fra tyme that tha hard tald,
For feir of him so soir that tyme tha dred,
Richt far awa in sindrie partis fled,
For the most part that men of gude war all,   39,275
And left Makdouald with ane power small.
Syne efterwart, the quhilk to him wes force,
With Makcobene, bayth on fit and hors,

He faucht in feild vpone ane plesand plane,
For the maist part quhair all his men war   39,280
   slane ;
Him self also, with few feiris that tyde,
Fled to ane castell that wes neir besyde.
This Makcobene fast followit with gude will,
And suddantlie he laid ane seig thairtill.
This Makdouald rycht weill that tyme he knew, 39,285
And Makcobene lang seiging wald persew,
Magree his will that he wald win that hous,
Thairfoir to him without ony rebous,
Richt suddantlie ane seruand he hes send
To Makcobene, the quhilk hes maid him kend,   39,290
This Makdouald, and he wald saue his lyfe,
His barnis alss, his seruandis and his wyfe,
Into the tyme without stop or ganestand
He suld resing the hous into his hand.
For Makcobene thairto wald nocht consent,   39,295
This Makdouald, rycht cruell of intent,
Agane his will or dreid he suld be tone,
Baith wyfe and barnis in the tyme ilkone,
Rycht cruellie with his awin handis slew,
And syne him self, as my author me schew,   39,300
He slew also into the samin tyme :
So endit he committit had sic cryme.
This Makcobene at greit lasar and lenth,
Syne tuke the hous that wes of so grit strenth,
This Makdouald quhair he fand lyand deid,   39,305
Quhomeof that he hes gart stryke [of] the heid ;
The bodie syne he hes gart hyng rycht he
Vpoune ane gallous that all man mycht se.
The heid to Bertha till the king he send,
And all the laif, quhair tha war knawin and   39,310
   kend,
He puneist hes ilkone as tha maid caus ;
So just he wes to execute the lawis.

Quhen this wes done tha weiris all did ceis,
And all Scotland wes in gude rest and peice;
Quhill efterwart, as I sall to ȝow tell,   39,315
Sic aventur as in Ingland befell.
Schort quhile befoir, as I schew to ȝow than,
This king Sueno, the quhilk that Ingland wan,
Thre sonis had rycht plesand and preclair;
His eldest sone quhilk wes his lauchtfull air,   39,320
Heraldus hecht, as ȝe sall vnderstand,
Efter his deid he maid king of Ingland.
The secund sone, that callit wes Sueno,
Siclike of Norrawa maid him king also.
Qnwtus the thrid and last of his ofspring,   39,325
That ȝoungest wes, of Denmark he maid king.

Lib.12, f.185.
Col. 1.
Than king Eldreid, of quhome befoir spak I,
The quhilk Sueno baneist in Normondy,
Quhair he remanit ay still in that steid
Onto the tyme that this Sueno wes deid;   39,330
Syne in the thrid ȝeir of Heraldus ring,
Quhilk efter him of Ingland that wes king,
Come hame agane with pover of the new,
And in the feild this ilk Herald he slew,
And conqueist hes his kinrik and his ring.   39,335
Kneutus that tyme of Denmark that wes king,
Quhen that he knew how his bruther wes slane,
Withoutin rest no langar wald remane,
With greit power he come into Ingland.
Sone efter syne, as ȝe sall wnderstand,   39,340
This ilk Eldreid in plane battell he slew,
And occupyit all Ingland of the new.
Eldredus sone neirby that samyn tyde,
Quhilk callit wes Edmound of Irnesyid,
That samin tyme with greit power and mycht   39,345
Agane Canutus to reskew his richt,
And to reveng his fatheris deid also,
He tuik the feild aganis him for till go.

With bernis bald that waponis weill culd weild,
On euerie syde tha stude in rayit feild,   39,350
Reddie to fecht thir freikis that war fell.
This ilk Edmound, as my author did tell,
Vnto his strenth so greit credence he gaif,
Of Canutus desyrand for to haif
Singular battell betuix thame hand for hand,   39,355
And all the laif still in array to stand,
And tha to fecht in middis of the feild,
Betuix thair oistis thair with speir and scheild,
And nocht to spill so mekill blude, for-thi
Quhilk of thame tua that wan the victory,   39,360
Without demand to bruke Ingland for euir :
Cheis him, he said, quhilk of thame he had
    lever,
Hand for hand with him in battell go,
Or ost for ost gif he wald nocht do so.
This Canutus thairof wes weill content ;   39,365
Syne suddanelie of ilk syde with consent,
Thir beirnis bald that waponis weill culd weild,
Betuix thair men in middis of the feild,
Ane lang quhile faucht quhill tha wox irk and
    tyrit ;
Syne at the last this ilk Kneutus desyrit   39,370
This ilk Edmound to ho and hald his hand,
To heir his talk ane litle quhile and stand.
This ilk Edmound agane said, "With gude will."
This wes the talk quhilk that he said him till :
" Gif plesis the this kinrik to diuyde   39,375
" Betuix ws tua rycht equalie this tyde,
" Quhairthrow all wrang and sic weiris ma ceis,
" Syne euirmoir to leif in rest and peice,
" And leif sic battell and sic tornament."
This ilk Edmound thairof wes weill content ;   39,380
Syne suddantlie befoir thair men ilkone,
Ather hes other intill armes tone,

And maid freindschip without impediment ;
The laif thairof war all hartlie content.
Betuix thame tuo the kinrik to diuyde,   39,385
The southmest part la narrest France that tyde,
This ilk Canutus gat than to his daill,
The tother part this Edmound gat alhaill.
Emma, the wyfe of Eldred last gone by,
The dukis dochter wes of Normondy,   39,390
His latter wyfe, to him tua sonnis buir,
In Ingland than the quhilk scho had in cuir,
Alarud and ȝoung Edward also,
Seand sic peax betuix thir kingis tuo,
Scho tuke hir leif that samin tyme for-thy,   39,395
With baith hir sonis passit in Normondy :

And thair scho did with hir father remane,
Come neuir in Ingland ȝit sensyne agane.

How Sueno, King of Norrowa, purposit in Ingland to visie his Bruther Canutus, and thairefter come in Scotland ; and how King Duncane met him with greit Power at Culrois.

Canutus bruther, callit wes Sueno,
Of Norroway king, my author sais so,   39,400
And eldar als, befoir as I ȝow schew,
In that same tyme quhen he perfetlie knew
How Canutus, than ȝoungar wes no he,
Into Ingland had sic auctoritie,
For to be equall with him in impyre,   39,405
This ilk Sueno that tyme had greit desyre.
Quhairfoir he set ane naving to the se,
With all the power that he doucht to be,
With plane purpois to pas into Scotland ;
Trowand that tyme, but stop or ȝit ganestand,   39,410

For to subdew at his plesour and will
Scotland alhaill, and ilkman thairintill.
Syne on the [se] with mony bark and barge,
And saillit on ane lang tyme and ane large,
Quhill that tha enterit in the water of Forth.   39,415
Syne on the syde that narrest wes the north,
Tha saw most ganand for to tak the land;
And so tha did withoutin ony ganestand
In that same place, gif that I rycht suppois,
Quhair standis now the abba of Culrois.   39,420
Fra thair cuming wes to king Duncane tald,
Without respect no langar tarie wald,
He come and met thame with ane greit armie
Of all the power that he doucht to be.

How King Duncane maid Battell with Sueno, King of Norroway.

And Makcobey the vangard had to gyde ;   39,425
Banquho the wyng vpoun the tother syde.
Duncane him self into the middill ward,
With mony lord wes gydar of that gaird.
In that same place of quhome befoir I schew,
Rycht mony standart wes of staitlie hew,   39,430
And mony baner that war brodin bricht,
Aboue thair heid war haldin vpon hicht:
And mony pynsall payntit wer full proude,
And mony bugill that war blawand loude,
And mony trumpet into sindrie tune,   39,435
Sum into bas, and sum in alt abone.
With felloun force thir freikis syne tuke feild,
And knokit on quhill [mony] knycht wes keild ;[1]

---

[1] In MS. *knychtheid than kneild.*

R R 2

And mony berne, with bludie woundis reid,
On euery syde that samin da la deid. 39,440
Still that tha faucht quhill cuming wes the nycht;
The Scottis than, becaus tha wantit licht,
Tha drew abak all intill ordour gude ;
Siclike the Danis than in ordour stude,
Neirby the feild as my author recordis. 39,445
This king Duncane, throw counsall of his lordis,
That samin nycht skaillit his oist on da,
And syne him self to Bartha tuke the wa.
This Makcobey, quhilk wes for to commend,
For new power on the north he send, 39,450
And mony vther in that tyme betuene ;

Syne set ane da quhen tha sould all convene,
And he and Banquho in the samin tyde,
Quhill that tha come, baith in Bartha suld byde.
The Danis quhilk[1] stude on thair feit all nycht, 39,455
Bydand for battell quhill the da wes licht,
Syne on the morne, quhen that the da wox cleir,
And tha saw no man in thair sicht appeir,
Tha traistit all the Scottis than had fled,
And for that caus the moir curage tha hed ; 39,460
Trowand so weill without stop or ganestand,
At thair plesour for to weild all Scotland.
And for that caus that I haif to ȝow schawin,
As all Scotland that tyme had bene thair awin,
This ilk Sueno gart in his oist proclame, 39,465
In tyme to cum no man suld start on plane
The puir pepill quhilk in his grace that stude,
With na injure nother of fyre nor blude.
To Bartha syne he tuke the narrest way,
To seig the toun quhair that king Duncane lay. 39,470
Syne to the toun rycht mony salt gart set,
With all ingyne than that tha doucht to get,

---

[1] In MS. *quhill.*

Continuallie quhill aucht dais to end.
Than king Duncane, as this Banquho him kend,
To Makcobey he send into the tyde,   39,475
Commandand him still with his ost till byde
At Tulenum, thair to remane ay still,
Onto the tyme that he send word him till.

How King Duncane send ane Messinger to Sueno, and how Sueno send ane agane to King Duncane, and of his Ansuer.

To Sueno syne ane messinger he send,
Quhilk schew to him as Banquho had him kend, 39,480
That is to say, he wald gif ouir the toun,
Sua that he wald richt frelie, but ransone,
Mak his till pas and all the laif thairin,
With wyfe and barne and guidis mair and myn ;
Sua that he wald gif pledgis to do sa,   39,485
Syne grant ane herald of his awin till go
To king Duncane, for to conclude this thing.
Content thairof wes this Sueno the king.
This ilk herald, quhen he come in the toun,
Befoir king Duncane on his kne sat doun,   39,490
And hailsit him than of ane humbill wyiss.
The king agane hes causit him till ryiss,
With feinȝeit fair he gart him trow and weyne,
That he no langar mycht that seig sustene.
Syne quietlie togidder tha did roun   39,495
The fassoun how he wald gif ouir the toun ;
And for his kyndnes also wald him send
Bayth wyne and aill, sayand rycht weill he kend
That Swenois victuall growand wes rycht scant ;
He had aneuch, thairof he sould nocht want   39,500
Of wyne and aill, and als victuall at will,
Quhairof aneuche that he sould send him till,
So he wald be courtas to him agane.
This messinger no langar wald remane,

Bot passit hame and tald the maner how　　39,505
To king Sueno, as I haif tald to ʒow ;
Quhairof king Sueno wes rycht weill content,
So wes the laif quhilk wer so indigent
Off meit and drink, quhilk wes thair lyvis fude,
And all sic thing that tyme micht do thame 39,510
　　gude.

How King Duncane send the Wyne and Aill browin with mukil Wort to King Sueno, quhairwith thai war all drokin ; and how Makcobey come to thair Camp and slew thame sleipand.

Col. 2.

Ane[1] herb in Scotland growis heir at hame,
Quhilk callit is the mukilwort to name,
Is of sic kynd, quha lykis to tak keip,
Quha previs it so sadlie garris thame sleip,
Quhilk puttis thame in perrell of the deid,　　39,515
Without richt [sune] that tha get sum remeid ;
And als thairwith this herb is of sic kynd,
It makis men as tha war by thair mynd.
This ilk Banquho, the quhilk the aill gart brew,
Of thir herbis, quhairof he had anew,　　39,520
In sindrie partis growand quhair he gat,
Amang the aill gart tume[2] thame in the fat ;
Ac leit it stand at greit laser and lenth,
Quhill that the aill tuke all the jus and strenth
Out of that herb, and wes of that same kynd, 39,525
To gar men sleip or than go by thair mynd.
Of tha herbis also richt mony one,
He hes gart bra into ane mortar stone,
And throw ane claith drew all the jus out syne,
And in the tunnis gart put amang the wyne ; 39,530

---

[1] In MS. *In.*　　　　　　　[2] In MS. *tune.*

Quhairof the wyne tuke all the nature haill
Of that same herb, siclike as did the aill.
This wyne and aill syne haif tha maid till go
Abundantlie vnto this king Sweno ;
New baikin breid, and beif that wes rycht salt,   39,535
Quhairof the Danis had that tyme greit falt,
And all sic thing micht gif thame appetyte,
Thairof to drink and for to tak delyte.
This king Sweno quhairof he wes richt glaid,
And courtaslie to tha seruandis he said ;   39,540
" Of my behalf," he said, "gude freindis, thank
    ȝour king,
" The quhilk to me so glaidlie send sic thing,
" Abundantlie of so gude meit and drink,
" The quhilk I traist that he sall nocht forthink
" Within schort quhile, and I be for to trow :"   39,545
Quhilk wes richt trew suppois he wist nocht how.
That samin da quhair tha sat at the dyne,
Tha eit and drank bayth of the aill and wyne,
Richt mirrely ay wauchtand round about ;
At euirilk draucht tha playit ay cop out.   39,550
Sueno him self, with all his strenthis strawe,
In his drinking for till exceid the lawe ;
So did tha all, quhill tha war als bout fow,
And also slepie, as wes ony sow.
The fair wordis tha gat with sic effect,   39,555
It causit thame to hald no man suspect ;
Traistand that tyme all sould haue bene thair awin,
So greit kyndnes to thame that tyme wes schawin,
So[1] thankfullie and hartlie with gude will.
Greit folie wes to gif sic traist thairtill,   39,560
And of thame selffis to tak sic litill keip,
That lang or midnycht fell rycht sound on sleip :

---

[1] In MS. *To.*

Throw greit exces tha tuke of aill and wyne,
That all that nycht tha sleipit still like swyne.
This king Duncane all that caus weill knew,   39,565
To Makcobey he send richt sone and schew
Alhaill the fassoun that tyme les and moir,
Ilk word be word as ȝe haif hard befoir;
Commandand him in all the haist he ma,
To Bertha toun to speid him lang or da,   39,570
With all his oist se that it sould be done,
And tak the tyme sen it wes oportune.
This Makcobey, in all the haist he mycht,
Come to the toun lang or it wes midnycht;

Syne throw the toun all passit in array,   39,575
On to the place quhair that thir Danis lay
All sound on sleip, drunkin as ony swyne,
So greit exces tha tuke of aill and wyne.
The tentis all quhair that the Danis la,
Richt sone tha smytit the cordis all in tua,   39,580
And leit the tentis fall abone thair heid,
Syne in thair beddis dang thame all to deid.
Or tha walknit, as my author did sa,
Rycht mony thousand war slane quhair tha la;
And tha that walknit that tyme out of sleip,   39,585
Tha war als blait and basit as ane scheip;
And vther sum war of ane vther kynd,
Richt mad and mangit, wod out of thair mynd.
Without defence sua war tha all ilkone,
Quhill all war slane, rycht few or none wer   39,590
  tone,
Exceptand ten that nycht that tuke na sleip,
The quhilk war maid that nycht the king to keip,
And for that caus drank nother wyne no aill,
Into thair cuir in dreid that tha suld faill.
Thir few feiris, first quhen tha hard the fray,   39,595
Tha passit all to Sueno quhair he lay,

To walkin him that tyme quhair he did ly,
Quhilk for thame all, nother for schout nor cry,
He walkin wald, or ʒit ane word wald heir,
Or for na stryking fit or hand wald steir;   39,600
Bot sleipand la, ay snorand lyke ane sow,
Of aill and wyne wes fillit than sa fow.
Than vp tha tuke him sleipand in that steid,
. Sum be the feit and sum als be the heid,
And buir him sleipand evin on as he la,   39,605
On till ane boit wes neirhand by on Ta;
To Tayis mouth, quhair all thair schippis raid,
Tha rowit syne richt bisselie but baid.
Syne on the morne passit to Norrowa,
All in ane schip wes left levand that da,   39,610
Of the greit oist king Sueno with him brocht,
Fra Norrowa sa far wes put to nocht.
The schipmen als come to the camp alhaill,
To get thair part of that gude wyne and aill,
Quhairof tha had greit falt that tyme befoir;   39,615
Quhilk efterwart tha mycht forthink euirmoir,
The Scottis countit thair lawing so deir:
That samyn nycht that I haif said ʒow heir,
Exceptand ten thair king awa that hed,
For thair lawing held all the laif in wed.   39,620
The schipmen als of thame wer left so few,
And in that tyme the wynd so heich it blew,
Tha war so scant, as my author did sa,
Tha passit all into ane schip awa,
And king Sueno also with other ten.   33,625
Thir schippis all, without victuall or men,
Tha left on Tay rydand neirby the cost,
Within schort quhile quhair tha war ilkane lost.
On the third da, as my author me schew,
So stiff ane storm into the se thair blew,   39,630
Withoutin gyde quhair that tha war alane,
Furth befoir Tay tha drownit thair ilkane ;

Within tua myle and les to the se bank,
Into ane place togidder all tha sank.
Syne with the passage inwart of the flude,   39,635
And outwart als, in that place quhair tha stude,
As that the flude come rynnand by the land,
Amang tha schippis warpit in the sand,
The quhilk remanit ay still in that place,
Ay moir and moir onto so lang ane space,   39,640
With sic abundance on euerilk hand,
Quhill that it grew in ane greit bed of sand.
Quhair efterwart schippis and bottis baith,
Sailland thairby gat mekle harme and skayth;
Quhair perrell is ȝit forto saill or to row,   39,645

Col. 2. And for that caus it callit wes Dround-low.
Lang efter that in Norrowa I trow,
The new maid knychtis maid ane solempnit vow,
For to revenge, with all power tha ma,
Thair freindis deith that slane wes at Bartha.   39,650

How Canutus, King of Ingland, come in Scotland with ane Navin and Power for to assist Sueno his Bruther, and war repulsit and put abak to thair Schippis; and mony Dane thair was slane be Makcobey and Banquho.

In this same tyme, as ȝe sall wnderstand,
This Canutus that king wes of Ingland,
Ane greit naving of mony bark and barge,
In Scotland send with greit power and large,
For to supple this Sueno wes his bruther;   39,655
Bot all to lait thair cuming syne wes hether.
Neirby Kingorne, vpone ane large sand,
With boittis thair tha passit all to land.
Than king Duncane quhilk that thair cuming knew,
Be sindrie men the veritie him schew,   39,660

This Makcobey and Banquho he gart pas
With greit power quhair that thir Danis was,
And gaif thame feild quhair tha war neir all slane ;
The laif long efter mycht nocht weill remane,
Bot to thair schippis fled syne at the last.   39,665
The Scottis men that followit efter fast,
Betuix thair schippis and the fechting place
Richt mony Dane tha slew into that chace.
The laif that fled, syne efter quhen tha knew
How all thing stude, as other men thame schew,   39,670
That all thair cuming wes bot into vane,
Sueno wes fled, and all his men war slane,
And tha siclike that samin tyme had lost
Into the feild the tua pairt of thair oist,
Quhairof rycht mony wer greit men of gude,   39,675
And for that caus syne, schortlie to conclude,
With Makcobey than trewis haif tha tane,
Quhill all thair men suld erdit be ilkane
Into an yle callit Emonia,
Sanct' Colmis hecht now callit is this da.   39,680
Quhair that thair banis restis ʒit to se
In sindrie partis in so greit quantitie,
Ouir all the yle quhilk makis ʒit sic cummer,
Weill ma the wit ʒe men were out of number
Tha banis aucht, quha that can weill considder,   39,685
Into ane place war tha put all togidder ;
As I myself quhilk hes bene thair and sene.
Ane corce of stone thair standis on ane grene,
Middis the feild quhair that tha la ilkone,
Besyde the croce thair lyis ane greit stone ;   39,690
Wnder the stone, in middis of the plane,
Thair chiftane lyis quhilk in the feild wes slane.
To Makcobey, for his leif and gude will,
Rycht mekle gold that tyme tha gaif him till ;

---

¹ In MS. *Sanctonis.*

At his requeist als in that samin quhile   39,695
With ane bischop gart dedicat the yle;
Syne sworne war all and oblist be thair hand,
Neuir agane for till invaid Scotland;
Syne tuke thair leif and fuir attouir the fame,
With les honour nor quhen tha come fra hame. 39,700

Lib.12,f.186b. This beand done, this king Duncane rycht lang
Col. 1. In peax and rest in greit plesour he rang,
Quhill lang efter that sic ane cace befell,
And how it was tak tent and I sall tell.
In Forres toun, quhair that this king Duncane   39,705
Hapnit to be with mony nobill man;
Quhair Makcobey and Banquho one ane da
Passit at morne richt airlie for to pla,
Than hand for hand intill ane forrest grene
Thrie wemen met, that wyslie war besene   39,710
In thair cleithing quhilk wes of elritche hew,
And quhat tha war wes nane of thame that knew.
The first of thame that Makcobey come to,
" The Thane of Glames, gude morne to him,"
     said scho.
The secund said withoutin ony scorne,   39,715
" The Thane of Caldar, Schir, God ȝow gude morne!"
The hyndmest, with plesand voce benyng,
" God saue ȝow, Schir, of Scotland salbe king!"
Than Banquho said, "abyde ane litill we;
" Ȝe gif him all, quhat ordane ȝe for me?"   39,720
Than all tha thre maid ansuer to that thing,
Said, "Makcobey of Scotland salbe king.
" Syne sone efter, be aduenture and stryfe,
" With lak and schame sall loiss bayth croun and
     lyfe;
" And neuir ane of his successioun   39,725
" Fra that da furth of Scotland bruke the croun.
" And thow Banquho, tak gude tent to this thing,
" Thow thi awin self sall neuir be prince no king,

" Bot of thi seid sall lineallie discend,
" Sall bruke the croun onto the warldis end."   39,730
Quhen this wes said tha baid all thre gude nycht,
Syne suddantlie tha vaneist out of sycht ;
And quhair awa, quhither to hevin or hell,
Or quhat tha war, wes no man ʒit can tell.
This ilk Banquho, of quhome to ʒow I mute,   39,735
Forbear wes to Lord Stewart of Bute,
Frome quhome sensyne discendit hes rycht doun
James the fyft that weiris now the croun :
I pray to God for to conserue his grace.
Now harkin and heir how hapnit syne the cace : 39,740
Vpone the morne ane schew into that steid
To Makcobey that his fader wes deid,
The Thane of Glames befoir as I ʒow schew,
That weill he wist the first sister said trew ;
For-quhy he wes his eldest son and air,   39,745
Be that he knew that hir sentence wes clair.
In Inuernes, syne efter that schort tyme,
The Thane of Calder for tressoun and cryme
Forfaltit wes, and syne put to the deid ;
His heretage with euerie toun and steid,   39,750
Into that tyme withoutin [ony] pley,
The king gaif all vnto this Makcobey.
That samin tyme this Banquho to him schew,
The secund sister said to him rycht trew,
And bad traist weill the thrid suld nocht lie,   39,755
Thocht he culd nocht tell quhen sic thing suld be.
It hapnit so syne efter at the last,
The thrid fortoun approchand wes rycht fast.
The kingis sone that eldest wes and air,
Callit Malcolme, ane plesand prince and fair,   39,760
This king Duncane as ʒe sall wnderstand,
This ilk Malcome maid prince of Cummerland,
In that beleif, in storie as I reid,
Immediatlie he sould to him succeid.

This Makcobey thairat had greit invy   39,765
That he did so, as ȝe ma wit weill quhy,
For he traistit efter the kingis deid,
Immediatlie to succeid in his steid ;
And thocht king Duncane did him greit offence,
Of Cumberland that wald nocht mak him prince, 39,770
Efter the law that maid wes of beforne,
Rycht mony ȝeiris or thair fatheris wer borne.
Quhairfoir he thocht he did him greit vnrycht,
Quhilk in his hart ascendit to sic hicht,
And far hiear than ony man can trow ;   39,775
For this same caus that I haif schawin ȝow,
Bayth nycht and da it wes ay in his thocht,
Thairof to be revengit and he mocht.
Than to his wyfe he schew the fassoun how
Thir sisteris said, as I haif schawin ȝow,   39,780
And of [the] werd as tha that tyme him gaif :
Quhairof his wyfe did in her mynd consaif
That he wes wrangit rycht far with the king;
Syne him awin self scho blamit of that thing.

How Makcobey's Wyfe be subtill Trane perswadit Makcobey to sla King Duncane.

" Thow neidis nocht," scho said, "vther presume, 39,785
" Bot it man be as God hes gevin dume,
" In to the self quhilk is so just and trew."
Be sindrie ressones that scho till him schew,
" Traist weill," scho said, " that sentence is so leill,
" Withoutin place fra it for to apeill,   39,790
" That it ma nocht retreittit be agane,
" Quhilk in the self so equall is and plane."
Quhen this wes said, than scho begouth to flyt
With him that tyme, and said he had the wyit,
So cowartlie that durst nocht tak on hand,   39,795
For to fulfill as God had gevin command.

" Thairfoir," scho said, "revenge ȝow of ȝon king ;
" Sen gratius God decreittit hes sic thing,
" Quhy suld thow dreid or stand of [him] sic aw,
" So blunt, so blait, berand himself so law,   39,800
" That war nocht thow and thi auctoritie,
" With all his liegis he wald lichleit be ?
" And now to the sen he is so wnkynd,
" Thairfoir," scho said, "I hald the by thi mynd,
" To dreid the man the quhilk for the is deid, 39,805
" And throw thi power oft of his purpois speid.
" Now tarie nocht thairfoir ; speid hand, haif done,
" And to thi purpois se thow speid the sone ;
" And haif na dreid, for thow hes all the rycht
" Grantit to the be gratius God of mycht."   39,810
This wickit wyfe hir purpois thus hes sped,
Sic appetite to be ane quene scho hed ;
As wemen will, the thing that tha desire,
Into thair mynd burnis hettar nor fyre,
Bayth da and nycht withoutin ony eis,   39,815
Quhill that tha get the same thing that tha pleis.
Ressoun in thame hes na auctoritie,
For appetyte and sensualitie ;
Foull appetyte hes ay thair will to gyde,
For most plesour thair purpois to provyde,   39,820
And causis thame oft till go by the rycht.
This Makcobey, quhilk wes bayth wyss and wycht,
Strang in ane stour, and trew as ony steill,
Defendar als with of the commoun weill,
So just ane juge so equale and so trew,   39,825
As be his deidis richt weill befoir ay schew,   Lib. 12, f.187.
Syne throw his wyfe consentit to sic thing,   Col. 1.
For till distroy his cousing and his king ;
So foull ane blek for to put in his gloir,
Quhilk haldin wes of sic honour befoir.   39,830
To his friendis his counsall than he schew,
Quhome in he traistit to him wald be trew,

And spèciallie to his cousing Banquho,
And mony vther in the tyme also.
The quhilk promittit glaidlie with thair hart,　　　39,835
In that purpois that tha suld tak his part,
And in his querrell stoutlie for to stand,
So that him self wald tak the deid on hand :
Syne efterwart, quhen that the deid wer done,
At his command tha suld be reddie sone　　　39,840
To wirk his will in all thing as he wald.
This Makcobey, that wes ane berne full bald,
Into the tyme quhen he thair myndis knew,
Traistand to him tha suld be leill and trew,
And for that caus wald no langer deley,　　　39,845
At Ernis mouth syne efter on ane day,
Quhen that he saw his tyme wes oportune,
Befoir the king apperit hes richt sone.
First he begouth in sporting with him thair,
And syne of him for to complene richt sair,　　　39,850
Defraudit haid him sua of Cumberland,
Sa oft for him in mony stour had stand ;
Without he wald that tyme revoik rycht sone
All thing thairof befoir that he had done,
Traist weill thairof and mony of the lawe,　　　39,855
In tyme to cum sic seruice for to haue.
And so tha fell ay fra the les to the moir,
Quhill tha crabit on euerie syde so soir,
Accusand vther bayth of word and deid,
Quhill at the last evin to the werst it ȝeid.　　　39,860
On euerie syde to pairteis than tha drew ;
This king Duncane that had with him sa few,
Amangis thair handis suddantlie wes slane ;
This Makcobey, the quhilk that maid that trane,
Prouydit wes rycht weill into all thing,　　　39,865
Or he come thair for slauchter of the king,
Than of his ring, quhilk wes the sevint ȝeir,
And of oure Lord, quha lykis for to heir,

Ane thousand fourtie and sex ȝeir also,
The number haill that tyme wes and no mo.   39,870

HOW MACKOBEY WAS CROWNIT IN SCONE, AND OF HIS DEIDIS THAIREFTER DONE.

Sone efter syne quhen all thir deidis war done,
This Makcobeus passit into Scone
With all the power that he doucht to be,
Wes crownit thair with haill auctoritie.
Than weill he wist the thrid sentence wes trew, 39,875
The last sister, as ȝe haif hard, him schew.
This ilk Duncane tua sonis had on lywe,
With Oswardis dochter quhilk that wes his wywe,
The lord sumtyme quhilk wes of Northumberland ;
Malcome the eldest prince wes of Cumberland,   39,880
And Donald Bay quhilk callit wes the vther,
To this Malcolme quhilk wes the secund bruther.
Fra tyme tha knew how thair father wes slane,
In Cumberland ane lang tyme did remane,
Of Makcobey tha stude sic dreid and aw,   39,885
Quhill efterwart as I sall to ȝow schaw.
This Makcobey fra he wes crownit king,
Rycht circumspect he wes in till all thing,
And greit rewardis to the lordis gaif
His freindis war, siclike to all the laif,   39,890
On fra his fayth no way that tha suld faill,
And conqueist hes thair hartis than alhaill.

Col. 2.

Rycht equallie he execute the law,
Bot in sum part that tyme he stude sic aw
For to persew, or ȝit mak diligence,   39,895
Rycht mony one had done richt greit offence,
Weill lang befoir in to king Duncanis tyme,
Wald nocht forbeir thair vices and sic cryme.
To apprehend thame doutsum wes and cummer,
And als tha war of sic power and number,   39,900

Thairfoir he dred and held his hand abak,
So planelie than to puneis and corrak.
Sone efter syne he fand ane subtill wyle,
But ony gilt how he suld them begyle;
And so he did within les nor ane ȝeir,   39,905
And how it wes tak tent and ȝe sall heir.
Inducit hes thair nychtbouris in the tyme,
For to accuse thame of tressoun and cryme;
And of thame than with thair hand to preve
That all wes suith, and ask thairof na leve,   39,910
In plane barras befoir the kingis grace,
Quhair plesit thame to set the da and place.
The tother part thairof wes weill content,
Knawand thairof that tha war innocent
Of that tressone, so litill wnderstude,   39,915
Giffand sic traist that thair querrell wes gude.
And for that causs the da and place wes set,
Befoir the king in Bartha quhair tha met,
All on ane da convenit les and moir.
The king, the quhilk prouydit wes thairfoir   39,920
With armit men, at his command wes boun,
Gart tak thame all that same da in the toun,
Quhometo he aucht no surance for to geve,
For-quhy tha come without his traist or leve,
Of aduenture and of thair awin fre will,   39,925
But ony man compelland thame thairtill.
Quhen that tha war in handis tane also,
Richt mony one wer innocent leit go,
And all the laif of hie and law degre,
Vpoun ane gallous hes gart hing full hie,   39,930
To Scotland dalie that tyme maid grit cummer,
Neirby tua thousand or ma into number.
This beand done than, schortlie to conclude,
Ouir all Scotland sic aw of him tha stude,
Into na part, as my author did tell,   39,935
Wes nane so bald agane him durst rebell;

Except Makgallus into Galloway,
In that same tyme, as my author did say,
Fechtand in feild that tyme wes tane in handis,
Syne to the king wes brocht fast bund in bandis: 39,940
And for his falt he gart him loiss the heid.
All Galloway, syne efter he wes deid,
In peax and rest levit efter richt lang.
This Makcobey, that wes bayth stout and strang,
Greit diligence he hes done nycht and da, · 39,945
To mak gude peax with all power he ma,
And viseit hes the ylis in the north,
And all Scotland syne to the water of Forth,
Besouth also onto the bordour syde.
He sparit nocht for no travell to ryde, 39,950
Or for no trubill that tyme he mycht tak,
Amang his liegis peax and rest to mak.
Baith speir and scheild to all kirkmen wes he,
And merchandis alss that saillit on the se ;
To husband men that lauborit on the grund, 39,955
Ane better king in no tyme mycht be fund,
No moir convenient for the commoun weill,
And his begynnyng had bene of gude ȝeill,
Into his tyme quhilk maid so mony lawis,
Efter decreit of sindrie doctouris sawis. 39,960
And quhat tha war quha lykis for to speir,
I ma nocht tarie for to tell ȝow heir,
So langsum war, and my tyme is bot schort,
Quhairin I fynd litill plesance or sport,
Bot tedious for to heir of sic talk. 39,965
Now to my purpois thairfoir will I walk.

Lib.12, f.187b.
Col. 1.

How Makcobey changit his Conditionis, fra
his first Begynnyng to Wickitnes till
his Ending.

This Makcobey the quhilk so weill began,
He changit sone intill ane vther man :

s s 2

All his clemence in greit crudelitie
He changit syne, without humanitie.   39,970
This ilk Banquho of quhome I spak befoir,
Into his mynd suspectit hes full soir,
Traistand all thing of him suld be fund trew,
Be prophecie the sisteris of him schew,
As ȝe haif hard bot schort quhile ago.   39,975
This Makcobey, dreidand it sould be so,
Of this Banquho that his posteritie
Suld bruke the croun, and his distroyit be ;
And for that caus decreittit in his mynd,
This ilk Banquho, so leill, so trew, so kynd   29,980
To him alway, bayth into word and deid,
Suppleand him rycht oft quhen he had neid,
With fals tressone for to distroy rycht sone ;
And finallie syne efter so wes done.

How Makcobey betrasit Banquho and gart slay him.

Vpoun ane nycht with him self in the hall,   39,985
This ilk Banquho to the supper gart call,
With his ane sone wes callit Eleank,
With fair wordis, greit cheresing and thank,
So greit fauour and in so gude effect,
That he of tressone suld him nocht suspect.   39,990
Efter supper he tuik his leif to go,
With Eleank for to pas hame also ;
And on his passage hamewart as he ȝeid,
He hed ordand for to be done to deid,
Ane cumpany thair he befoir him fand,   39,995
Weill boidin war with bow, buklar and brand,
Quhilk suddantlie this gude Banquho tha slew.
This Eleank, as my author me schew,
Into the mirk throw aventure and cace,
Withoutin skayth chaipit out of that place.   40,000

This Makcobey so soir efter he dred,
Into the Walis rycht far fra hame he fled ;
Of quhome efter, quhen tyme cumis and place,
I sall schaw ӡow as God will gif me grace.
This beand done in sic forme and effect,   40,005
This Makcobey wes haldin richt suspect
With all the lordis that war in Scotland,
Quhen tha his tressone so did vndirstand,
That euirilk man fra that tyme furth him dred,
And he siclike suspitioun of thame hed,   40,010
That neuir ane durst traist intill ane vther;
Semdill or nocht thairfoir tha met togidder.
Than Makcobey quhilk had so greit suspitioun
Of all his lordis, than changit his conditioun :
Quhair he wes wont rycht curtes for to be   40,015   Col. 2.
To all his liegis with liberalitie,
Now is he alterit in ane vther kynd,
Rycht fals and sle, and subtill in his mynd.
To fenӡe faltis thocht nothir schame no syn,
Quhair gold or gude or riches wes to wyn ;   40,020
Or of thame quhome that he held suspect,
With litill pley quhome he plesit to blek.
Richt mony so, the quhilk war men of gude,
Hes put to deid be sic ingratitude ;
Syne held ane gaird, his awin cors for to keip   40,025
Fra all perrell, baith walkand and on sleip,
And grit strenthis he held ay in his cuir,
Traistand be thame till sicker be and suir.

HOW MAKCOBEY BIGGIT THE CASTELL OF DUN-SENEN, AND HOW MAKDUFF FLED IN ING-LAND TO MALCOLME CANMOIR.

That samin tyme he foundit hes of one,
Into Gowrie ane strang castell of stone,   40,030
Vpoun the hicht thair of ane montane he,
Dunsenen hecht, remanis ӡit to se.

With greit laubour ilk da that werk wes wrocht,
Sic travell wes or that the stufe wes brocht
Vp to the hicht, quhilk wes bayth strait and   40,035
   strang ;
The coist wes greit and als the laubour lang.
And euirilk lord ane sessone of the ȝeir,
Into that place dalie hes gart compeir,
Auctoritie and cuir thairof to tak,
And for his tyme the haill expenssis mak.   40,040
With circulatioun sa about tha ȝeid,
For les expenssis and for grittar speid,
Fra euerie part bringand rycht far the stuff.
The thane of Fyffe, that callit wes Makduff,
Into his tyme that micht nocht present be,   40,045
Of that laubour to tak auctoritie,
For so greit mater that he had to speid,
Into the tyme it stude him in sic neid,
Onto the werk men gaif rycht strait command,
And hecht rewardis for to tak on hand,   40,050
Ilk da be da with cuir and diligence,
To speid the werk far moir in his absence,
Na tha wald do quhen him self wer present.
" That salbe done," said all with ane consent.
That samin tyme this Makcobey come he,   40,055
His awin werk to visie and to se,
And fand Makdufe than fra the werk absent,
Quhairof that tyme he wes nothing content.
Befoir thame all, behind Makduffis bak,.
Rycht suspect langage that tyme of him spak,   40,060
Waill crabitlie and into greit effect ;
Fra that tyme furth he held him ay suspect,
And neuir on him with patience moir mycht luke.
This ilk Makdufe the quhilk suspitione tuke
Of Makcobey, that he wald him na gude,   40,085
Be vther men far better wnderstude,
The quhilk to him the veritie that schew,
Of Makcobey tha wnderstude and knew,

Saw he his tyme, than doutles but remeid
The thane of Fyffe Makdufe wald want the   40,070
  heid,
This Makcobey so soir that tyme he dred,
To prince Malcolme into Ingland he fled.   Lib.12, f.188.
Col. 1.
Off this Malcolme I schew ʒow of befoir,
Quhilk in his tyme that callit wes Canmoir,
Eldredus sone as ye sall wnderstand,   40,075
Callit wes Edward than king of England.
This wes Eldred that Canutus slew,
Bot schort quhile syne befoir as I ʒow schew,
Befoir this tyme now that I say ʒow heir,
I wait nocht weill how lang and mony ʒeir,   40,080
Quhill efterwart as ʒe sall wnderstand,
The Danis all wer put [out] of Ingland,
And all thair power put wes than to nocht,
This ilk Edward fra Normondy wes brocht,
And crownit king quhilk in his tyme that rang, 40,085
And als befoir I can nocht tell how lang;
Bot efterwart the fassoun of that cace,
I sall schaw ʒow quhen tyme cumis and place.
This Malcome Canmoir, ʒe sall wnderstand,
With this king Edward than wes in Ingland,   40,090
The quhilk with him in great honour we[s] hed,
Fra Makcobey fra Cumberland he fled.
Makcobey be suspitioun he knew
Makduffe wes fled, also to him tha schew
Ilk word be word how that Makdufe had done; 40,095
This Makcobey thairfoir he sped him sone
In Fyffe that tyme, to this Makduffis place,
Thocht it wes stark ʒit to the kingis grace;
His wyfe that tyme, but bargane or rebous,
Rycht reuerentlie to him gaif ouir the hous;   40,100
Traistand that tyme he suld do thame no ill,
Scho put the hous and all into his will.

How Makcobey slew the Wyffe and Barnis
    of Makduffe and forfaltit him selff
    and tuke all fra him, and how Mak-
    duffe menit him to Malcolme Canmoir,
    and of his Ansuer maid agane as fol-
    lowis heir.

This cruell serpent, wod and venemous,
Quhen this lady had geven ouir the hous,
Hir self and barnis but ony remeid,   40,105
And all the laue, pat till ane cruell deid.
Syne all the riches wes the hous within,
Gart turss away that tyme be the leist pyn:
Syne ouir all Scotland siclike vp and doun,
Proclamit him ane rebell to the croun.   40,110
This ilk Makdufe, of quhome I schew befoir,
All this he schew to gude Malcome Canmoir,
Ilk word by word, and in nothing wald lane,
How Makcobey bayth wyfe and barnis had slane,
To him sum tyme so tender war and deir,   40,115
So lamentabill that pitie wes to heir;
And schew also his greit crudelitie
To his lordis, without humanitie,
And of the vices that into him rang,
With sic exces continuallie so lang;   40,120
How with his liegis he wes so ill lude,
And speciallie with all the men of gude
So haittit him for his tirranye,
" And all," he said, " is in defalt of the;
" The quhilk will nocht cum and persew thi   40,125
        awin,
" Lattand thi liegis dalie be ouirthrawin
" With 3one tirrane, full of ingratitude,
" Makand distructione of the nobill blude,

That horribill is other to heir or se.
Greit wonder als to euerie man of the, 40,130
" That ma sa weill, haifand power and mycht,
" Will nocht persew thi heretage and rycht,
" So wranguslie haldin fra the so lang,
" And mak thi liegis for to leif but wrang.
" Thocht this to the war no plesour no steid, 40,135
" Ʒit neuirtheles thow suld revenge the deid
" Of king Duncane, quhilk wes thi father deir,
" Ʒit vnrevengit hes bene mony ʒeir,
" Ʒone¹ tirrane slew with greit crudelitie.
" Gif strenth, or wit, or manheid be in the, 40,140
" And als thow hes thi time so oportune,
" With litill sturt sic thing ma weill be done ;
" Bot gif thow be so febill of estait,
" But hardines, without wisdome so blait,
" Meticulos, and dar nocht se blude drawin, 40,145
" Richt eith this tyme thow ma cum to thi awin.
" For weill I wait the nobillis with thair hart,
" Of all Scotland this da will tak thi part,
" And stand no aw for the to bleid thair blude,
" So that tha wist that thi willis war gude." 40,150
All this he said that I haif said ʒow heir,
And mekill moir na I haif now perqueir,
To this Malcolme in greit effect he said,
Till his purpois gif he culd him perswaid.
This ilk Malcolme for his dissait that dred, 40,155
For Makcobey befoir richt oft so hed
Gart him persew with mony subtill trane,
Quhairthrow he micht this Malcome to haif slane,
And for that caus this Malcome dred hes ill,
And lather wes to lippin him intill. 40,160
And or he wald schaw him his counsall haill,
Ʒit first he thocht his lautie to assaill ;

¹ In MS. ʒaite.

As he had bene wnfenȝeit and rycht plane,
This same ansuer he maid to him agane.
" Forsuith," he said, " full soir forthinkis me   40,165
" Of ȝour great noy and it micht mended be,
" The quhilk for me I wait will nocht be done,
" For-quhy I knaw I am inoportune.
" I ken my self, quha equallie can wey,
" Hes far ma faltis nor euir had Makcobey,   40,170
" And war inclynit into mony thing,
" And les convenient for to be ane king;
" So lecherus aboue mesour am I,
" And thocht I wald I ma nocht weill deny,
" The quhilk in me can neuir be correctit,   40,175
" To that plesour so far I am subjectit.
" Rycht weill I wait, had I auctoritie,
" As he hes now, with als greit libertie,
" In all Scotland thocht tha be neir so ryfe,
" Virgin or wedow, madin or mannis wyfe,   40,180
" Bot I wald preiss hir onis for to preif
" Quhat euir scho war, and ask bot litill leif,
" And thus with me ȝe wald sone fall in stryfe,
" Sum for his dochter and sum for his wyffe,
" And call me war nor euir wes Makcobey;   40,185
" Than suddantlie thair wald ryiss sic ane pley,
" That ȝe suld be fanar me to forgaue
" Ane hundret fald, nor ȝe ar me till haue.
" Thocht to me now ȝe haif so greit desyre,
" Agane me than ȝe wald richt sone conspyre,   40,190

Lib.12, f.188b.
Col. 1.

" And put me doun with far moir lak and schame,
" Na now with honour ȝe can bring me hame.
" Ane vther falt I haif that is far war,
" To tratlaris I am infectit far,
" And reddie is to gif to thame credence,   40,195
" The quhilk that is ane perelus pestilence;
" And speciallie into ane prince or king,
" For to gif credence to sic vane tratling,

" As I myself louit hes ay weill to do,
" For-quhy nature compellis me thairto.   40,200
" For no wisdome I can forbeir or leif,
" The gift of nature is so ill to reif:
" Rycht hard it is, other for boist or blame,
" Bring fra the flesche that is bred in the bane.
" Rycht eith it is ane tratlar gar me [1] trow   40,205
" The plane contrair I wald haif sworne rycht now ;
" The thing that I gif most credens now to,
" Incontinent the contrair I will do ;
" My mynd als lycht is euirmoir on flocht,
" As woddercok or ony womanis thocht.   40,210
" Sen all thair faltis vglie and horribill,
" The quhilk in me I knaw incorrigill,
" Wittand so weill, but fictioun or fabill,
" Quhilk to ȝow all wald be intollerable,
" Quhairfoir at me ȝe wald haif greit dispyte,   40,215
" And euirilk da ȝe wald me blame and wyte,
" And luif me war, I bid nocht for to fenȝe,
" No Makcobey, and haif moir caus to plenȝe ;
" Quhilk wald nocht faill," he said, " that I
    forsend,
" To bring me sone to ane vnhappie end.   40,220
" Thairfoir," he said, " ane mekill fule war I,
" Gif that I suld, haiffand sic caus and quhy,
" Wilfullie to tak on hand sic thing,
" Quhilk wald nocht faill to haif ane ill ending."
Quhen he had schawin his mynd to him in   40,225
    plane,
This ilk Makdufe he replicat agane :
" Gif it be so," he said, " that thow hes schawin,
" Grit mervell is so lang it is vnknawin ;
" For I haif sperit alss far as I can,
" And findis nocht that thow art sic ane man.   45,230

---

[1] In MS. *the.*

" Now in ȝouthheid quhen thow suld erast be
" Infectit farrest to faminitie,
" To lust and plesance alway gif consent,
" Quhen as ȝit thow art ane innocent ;
" Thairefter in eild quhen passit is the rage,   40,235
" Sic wit in the sall suampit be and suage,
" And euirilk da be menischit les and les,
" And thow sall grow to vertew and incres,
" And euirilk da wyn greit merit and meid,
" Thank and reward thairof haif thow no   40,240
   dreid.
" Quhairfoir," he said, " I can nocht vnderstand,
" Thow suld forsaik to tak sic thing on hand."
Quhen he had said, and schaw [to] him his will,
This ilk Malcolme sic ansuer maid thairtill :
" I haif hard sa that greit terrour and dreid   40,245
" Causis ane man [to] mak vertu of neid ;
" For quhair ane man standis grit dreid or aw,
" Hydis his vice, and wilbe laith to schaw,
" Suppois natuir constranȝe him thairto,
" Ȝit aw and dreid will caus him for till do,   40,250
" So scharpe ane wand is terrour, aw and dreid,
" The plane contrar quhen it standis in neid.
" Rycht mony men that we hald now full leill,
" Ȝit ar inclynit baith to reif and steill,
" Quhilk wald nocht spair war nocht justice   40,255
   and law,
" And dreid of deid, quhomeof tha stand sic aw.
" And mony virgin that ar of gude fame,
" War nocht for dreid of thair freindis and blame,
Col. 2.   " Richt weill I wait wald tak thair wantoun
   will,
" Sen neid throw kynd constranis thame thair-   40,260
   till,
" By dalie prattik as we ma weill se,
" Sone efter syne quhen tha haif libertie,

" Of thair awin plesour for thame self provydit,
" Did schaw or nocht how mony ane ar gydit.
" Myself," he said, " now in that same stait   40,265
 standis,
" So far fra hame heir into vncouth landis,
" Without prouisioun in ane strange place,
" Quhilk dois bot stand in the kingis grace,
" That causis me waill oft on force to fenʒe,
" And with greit pane my appetyte constrenʒe ;   40,270
" Bot and I war, as thow wald now haif me,
" Haiffand sic fredome and auctoritie,
" Without presume ony suld mak me pley,
" I wald be war nor euir wes Makcobey.
" Thairfoir," he said, " for ony rycht or querrell, 40,275
" I purpois nocht to put my self in perrell ;
" And neidis nocht, haifand all that I pleis :
" He levis weill that levis into eis.
" Thairfoir," he said, " persuaid me nocht thairto,
" My self wait best quhat that I haif till do."   40,280
Quhen Makdufe hard sic ressone as he schew,
Traistand richt weill that tha had all bene trew,
And saw his mynd so far agane him set,
Wald na mair go [to] fische befoir the net,
So weill he wist his travell wes in vane,   40,285
Bot on this wyss to him he said agane :
" Cowart knycht, sen reuth no ʒit pitie
" Of thi liegis nothing commuuis the,
" No ʒit," he said, " thi fatheris cruell deid,
" On to thi realme quhilk will mak no remeid,   40,290
" The gratius God heir I beseik abone,
" Other," he said, " to change thi mynd rycht sone,
" Out of this warld or suddantlie the tak."
Quhen this wes said he turnit syne his bak,
And in the tyme, for verrie wo and tene,   40,295
The bitter teiris brist fra baith his ene

And said, " Allace ! that I wes borne of wyfe,
" Or ȝit so lang sould leifand be on lyfe,
" Of my kyndlie natioun for to heir and se,
" With ȝone tirrane so far oppressit be ;   40,300
" Now of my self I tak bot litill cuir,
" Sen weill I wait that I wes borne so puir,
" Witles and waik, and richt febill also,
" Out of this warld als puir syne mon [I] go.
" O gratius God ! thow sould se to thi awin ;   40,305
" Sen fra thy sicht nothing ma be vnschawin,
" And euerie thing opin befoir thi ee,
" Quhy thoillis thow thi pepill puneist be
" With greit oppressioun and sa oppin wrang,
" And ȝone tirrane to rax and ring so lang ? "   40,310
This ilk Malcolme than said, quhen he had sene
The bitter teiris rynnand fra his ene,
Attouir his cheikis that war paill and wan,
Onto his feit like ony rane doun ran,
" Gude freind Makdufe, be of ane comfort gude, 40,315
" Thow hes no caus to murne sa in thi mude ;
" All that I said wes bot to preif thi thocht,
" To ken and knaw gif thow wes leill or nocht.
" It that I said I fenȝeit to the than ;
" Traist weill of me, I am ane vther man,   40,320
Lib.12, f.189.
Col. 1.
" And sall promit the bayth with mynd and
        hart,
" In that purpois at plesoure tak thi part."
God wait or nocht gif this Makdufe wes glaid,
Quhen that he hard so freindlie as he said,
Turnit agane and tuke him be the hand,   40,325
Betuix thame tua than bund wes vp the band ;
Richt sadlie sworne, as my author me schew,
Ilkone till vther suld be leill and trew.
This ilk Makdufe syne in the samin tyde,
Come and remanit at the bordour syde,   40,330

And secreitlie to all his freindis send,
Quhilk all thair counsall hes maid to thame kend.
Quhairof rycht many blyth wes at thair hart,
And hes promittit for to tak thair part;
Syne to him senid bayth letter and seill,   40,335
And oblissing that tha sould all be leill.
This gude Makdufe, that wes bayth leill and trew,
To Malcolme come and all the seillis schew,
And all the ansuer ilk word that tha send.
This ilk Malcolme fra he thair ansuer kend,   40,340
Traistand richt weill that tha suld all be leill,
For moir effect had thair letter and seill
To king Edward, the quhilk he leit him se,
Askand at him his counsall and supple.
This gude Edward that wald him nocht deny,   40,345
Hes promeist him that samin tyme for-thy
Ten thousand men that waillit war and wycht,
Ouir all Ingland buskit in armour brycht,
That in ane stour durst baldlie stryke and stand,
His cousing Suard, erle of Northumberland,   40,350
Thair gyde suld be and chiftane in the tyde.
Syne gart proclame for all thing to provyde,
Baith hors and harnes, with sic ganand geir,
And all waponis that neidfull war in weir.
Quhen this wes schawin onto this Makcobey,   40,355
Ouir all Scotland thair rais greit stryfe and pley,
Sum for the tane and als sum for the tother:
With this Malcolme rycht mony did confidder,
With Makcobey had bene rycht soir opprest.
Than euerie man, quhair that he louit best,   40,360
Tuik part that tyme, as my author did sa,
Quhairthrow the realme diuydit wes in tua,
That force it wes, thocht men wer neuir so lidder,
For to tak part other with ane or vther.
This Makcobey with all his power haill,   40,365
Oft previt hes his partie to assaill

With bernis bold that waponis weill culd weild;
His contrapairt no way wald gif him feild,
Quhill Malcolme come with his auctoritie
Out of Ingland, with greit help and supple: 40,370
And so he did sone efter on ane da.
This Makcobey, quhilk at Dunsenane la,
With all his power wer into greit dreid,
Seand the tyme approcheand of sic neid,
Sum gaif counsall with Malcolme for to mak 40,375
Peax, and he mycht, and trewis for to tak,
With quhat conditioun plesit him to haif;
And vther sum that tyme amang the laif,
Gaif counsall on to the Ylis to fle,
Quhill efterwart that he his tyme mycht se. 40,380
This Makcobey illudit wes so daft,
Sic credence gaif to witchis and thair craft,
Quhilk gart him trow that he sould neuer de,
Quhill Birnane wod, quhairin grew mony tre,
Onto Dounsenane suddantlie wer brocht; 40,385
His fals beleif that tyme wes all for nocht.
This ilk Malcolme the quhilk that rycht weill knew
Col. 2. Sic thing of him, as Makdufe to him schew,
With all the power he had with him thoir,
To Birnane wod passit the nycht befoir 40,390
The da he thocht that the battell sould be,
And euerie man ane greit branche of a tre,
Vpone his bak than other les or mair,
That samin nycht gart to Dunsenane bair.
Syne on the morne, sone be the da wes lycht, 40,395
This Makcobey beheld into his sicht
So greit ane wod, quhair neuir none ʒit grew
Sen he wes borne, na of sa grene ane hew,
Traistand it wes ane taikin of his deid,
ʒit neuirtheles, restles but ony reid, 40,400
Rayit his men that waponis docht to weild,
And suddantlie syne gaif this Malcolme feild.

And as tha war baith reddie for [to] june,
Out of the feild he fled awa full sone ;
His men that tyme quhen that tha sa him   40,405
   wend,
That wald nocht fecht him awin self to defend,
Tha thocht folie with sic ane man to stryfe ;
To Malcolme than tha come ilk man belvye
Withoutin straik, and put thame in his will.
This ilk Malcolme so clement wes thame till,   40,410
Baith gude and ill into the samin place
Rycht glaidlie than resauit in his grace.
That tyme Makdufe, quhen Makcobey had fled,
Follouit richt fast, sic malice at him hed,
The narrest way quhair he knew he wes gane ; 40,415
Syne at Lumfanane thair he hes him ouirtane,
And said to him, " Now fals dog thow sall de !"
Said he agane, "Thairof that thow sall le !
" No levand man this da borne is of wyfe,
" That hes power other with sword or knyfe,   40,420
" Or ony wapin, me for to schent or slo."
" I am content," said he, "that it be so ;
" For I wes neuir ȝit of my mother borne,
" Quhen scho wes deid out of hir syde wes
   schorne.
" This is rycht suith, traist weill that I am he, 40,425
" Of my handis, fals tratour, thow man de !"
Syne suddantlie without mercie or grace,
Rycht cruellie he slew him in that place ;
This prophecie availlit him richt nocht.
Vpoun ane speir his heid syne hes he brocht   40,430
With greit blythnes onto the oist agane ;
Quhairof his fais war that tyme full fane.
Than of his regnne quhilk wes the saxtene ȝeir,
He maid sic end as I haif said ȝow heir,
And of oure Lord ane thousand ȝeir and one,   40,435
And sixtie als compleit war and bygone.

That samin ȝeir wes auchtane of his ring,
Of gude Edward of Ingland that wes king.
Sen neidfull is to vnderstand the storie,
To tell ȝow heir, sen it is in memorie,   40,440
Of the Danis the space and tyme how lang,
How mony als in Ingland of thame rang
That kingis war, and how tha did succeid,
Heir sall I tell as ȝe ma efter reid.
This Canutus quhilk that Eldredus slew,   40,445
Bot schort quhile syne befoir as I heir schew,
Syne with his sone Edmound of Irnesyde,
Betuix thame tua the kinrik did diuyde.
And so tha stude in Ingland lang togidder,

Lib.12, f.189b.
Col. 1.
Withoutin stryffe, in dreid ilk ane of vther,   40,450
And euirilkone of vther war suspect.
Ane Inglis man quhilk wes of litill fect,
Ane bludie bouchour, faithles wes but fame,
Edrecus als wes callit to his name,
Of this Canutus to rewardit be,   40,455
This gude Edmound richt tratourlie slew he,
Vpoun ane draucht doand his naturall det.
This fals tratour wnder the schield wes set,
Quhilk to his cuming tuke gude tent and cuir,
With ane lang speit quhilk in his hand he buir,   40,460
Amang the bowellis vpwart in the breist,
Straik him to deid withoutin clerk or preist;
And to Canutus passit syne full sone,
And schew to him that tyme how he had done,
For luif of him his awin prince hes nocht spard,   40,465
Traistand thairfoir of him to get reward.
This Canutus considderit weill and knew,
This fals tratour that his awin maister slew,
That naturallie wes nother kynd nor leill,
Greit danger wes with sic ane dog to deill;   40,470
And for that caus, as he seruit to haif,
That samin tyme siclike reward him gaif,

Into the streit quhair euerie man mycht se,
Vpoun ane gallous hangit him full hie,
Into the tyme with mekill schame and lak,   40,475
That all vther exempill thair micht tak,
In tyme to cum, with wrang or violence,
For to put hand other in king or prince.
The Inglis lordis syne quhen that tha knew
So greit justice Canutus to thame schew,   40,480
Of Edmoundis deid sic vengence he had tone,
With haill consent of the lordis ilkone,
Maid him tutour to governe and to gyde
Of all Ingland ; also the samin tyde,
Edward and Edwyn within ȝouth richt far,   40,485
Of king Edmond the lauchtfull sonis war,
In matrimonie quhilk that his wyfe him buir,
Deliuerit hes into Canutus cuir ;
Quhome he ressauit blythlie and bening,
And treittit thame as sonis of ane king.   40,490
Sone efter syne he changit his intent,
And send thame bayth onto the president,
Valgarus hecht, that tyme of Swadyn land ;
Syne quyetlie he send to him command
Rycht suddantlie for to distroy thame bayth.   40,495
This president, thinkand grit syn and skayth
Sic innocentis for to condaime to deid,
Send thame rycht far baith to ane vther steid,
To Salomone, of Hungarie wes king.
Thir tua childer that plesand wes and ȝing,   40,500
Remanit thair richt lang and mony ȝeir,
Quhill efterwart as I sall schaw ȝow heir.
Efter the deid syne of this Canutus,
Ane sone he had wes callit Heraldus,
As it wes said wes in his tyme als swift   40,505
As ony [h]air that ran wnder the lift,
Thairfoir Hairfit, bot gif my author le,
With vulgar pepill callit than wes he,

Tua ȝeir he rang and no moir as I reid.
Heirdecanutus efter did succeid,   40,510
His bruther wes, to his auctoritie,
For-quhy that tyme na vther air had he.
Wes none so proude levand wnder the sky,
At Inglismen quhilk had so greit invy,
Herald his bruther that wes deid befoir,   40,515
For caus sum tyme he manist him with schoir,

Col. 2.   Out of the erth his deid bodie hes tone,
Syne of the heid he hes gart stryke, anone
In Lundoun toun, quhair euerie man mycht se,
Vpoun ane staik gart set it vp full hie: 40,520
In Tames water, rynnis bayth deip and fast,
Of the deid cors the laif he gart in cast.
Ane law he maid, bayth be way and streit,
Quhair euir tha hapnit ony Dane to meit,
Tha suld him halss as ane man of gude,   40,525
And in his hand still for to hald his hude,
At euerie word kneill and mak curtasie,
Ay still and quhill that he war passit by.
Commandit als that nane of thame suld meit
Vpoun ane brig, other on hors or feit,   40,530
The sempillest Dene in all Ingland wes kend,
Bot to remane ay at the brigis end,
Without sterage ay still as ony stone,
Quhill that the Dene wes passit ouir and gone,
And bek to him syne as he goith by.   40,535
The Inglismen, quhilk that his tirrany
Mycht nocht suffer without humanitie,
Diuysit hes with greit subtilitie
The Danis all, with litill sturt and noy,
Vpoun ane nycht in Ingland to distroy.   40,540
And so tha did ouir all Ingland ane nycht,
In euirilk hous ane greit supper wes dycht,
Quhair all the Danis callit wes thairtill,
Of wyne and aill takand thame sic ane fill,

With sic exces quhill that tha war als fow,   40,545
Syne fell on sleip alss sound as any sow;
And also fow and drokin as ane mous,
The Danis war than into euirilk hous;
That samin nycht syne, lang or it wes da,
Tha war all slane thair sleipand quhair tha la.   40,550
The Inglismen syne on the morne tuke feild,
With euirilk wicht ane wapin docht to weild,
And all the laif syne of the Danis slew.
Heirdecanutus, quhen he hard and knew
The fassoun all how tha his men gart slo,   40,555
And him awin self wer seikand than also,
Knawand so weill than as the mater standis,
That he micht nocht avaid out of thair handis,
And for that caus or he come in thair will,
And thoill sic pane as tha wald put him till,   40,560
With ane lang knyfe that hang be his awin belt,
He slew him self thair suddantlie and suelt.
The Inglismen, quhen that tha hard and knew
So suddantlie him self as he than slew,
In tyme to cum tha war quyte of his ill,   40,565
And tha also had thair fredome and will,
Ane Godowyn, ane greit nobill that wes,
In Normondy that tyme tha[1] haif gart pas
For Alarude and Edward in that tyde,
Quhilk brethir wer till Edmond of Yrnesyde,   40,570
Sonis also wes to the king Eldred,
And gude Emma his latter wyfe, I red,
Ducke Richardis dochter wes of Normondy,
As I schew ȝow bot schort quhile syne goneby.
This Godowyn, of quhome heir that I schew,   40,575
That samin tyme ane tratour wes vntrew;
Canutus dochter, of quhome befoir I tald,
Ane sone him buir quhilk callit wes Herald,

---

[1] In MS. *that.*

Quhilk wes the caus of tressone as I reid ;
In that belief this Herald suld succeid   40,580

Lib.12, f.190.
Col. 1.

Efter his guid-schir for to bruke the croun,
He promeist [hes] thir childer to poysoun.
Gude Alarude the eldest wes and air,
Wes none that da moir plesand and preclair,
He hes gart poysoun in that samin place ;   40,585
And gude Edward, as it wes Goddis grace,
Saifflie did his tressoun than wmschew,
And how it wes I can nocht tell ʒow now.
Bot sone efter, as ʒe sall wnderstand,
This ilk Edward wes crownit in Ingland,   40,590
Eldredus sone wes narrest to succeid.
This ilk Edward syne efter, as I reid,
Ane nobill king he wes in all his dais,
Wes none better as that my author sais,
This Godowyn for him so soir that dred,   40,595
Schort quhile befoir of Ingland he had fled,
So meik he wes, within ane litill space
Ressauit him agane into his grace,
And gart all thing agane to him restoir,
Bayth land and gude all that he had befoir ;   40,600
Gart him remane with him self nycht and da ;
Herald his sone, duke of Oxonia
For his plesour he maid into the tyme.
Bot gratius God, the quhilk all gilt and cryme
Rycht equallie, thocht he desire ane space,   40,605
Will puneis heir or in ane vther place,
And so he did to this fals Godowyn ;
Tak tent and heir how that it hapnit syne.

How Godowyn worreit himself to Deid in Presence of Edward King, becaus he maid ane greit Lesing.

Vpoun ane da with mony fenȝeit fabill,
With king Edward quhair that he sat at tabill, 40,610
Of sindrie thingis speikand ill and gude,
Thair talking than wes most of Alarude,
This Godowyn that tyme with greit effect,
Traistand the king thairof had him suspect,
He said, and suoir richt mony aith betuene, 40,615
Of that tressoun he wes saikles and clene.
And in his hand he tuke ane peice of breid,
Before thame all syne he held vp his heid,
Vnto the king on this same wyiss said he,
" I beseik God ma[1] this my poysoun be, 40,620
" Gif euir I had, without ony remeid,
" Art or part of Alarudus deid."
Syne in his mouth he pat the breid with that,
Quhen in his hals, that same tyme quhair he sat,
[It] stak so fast without ony remeid, 40,625
Or euir tha wist, it wirreit him to deid.
Thus endit he the quhilk menswoir alhallowis,
Syne erdit wes efter wnder the gallous;
Into this mater I will no moir remane,
Bot to my storie turne I will agane. 40,630

How King Malcolme was crownit King of Scotland, and how he rewardit his Lordis and maid Erlis and mony gude Lawis.

This gude Malcolme of Scotland than wes king,
The auchtane ȝeir of this Edwardus ring,

---

[1] In MS. no.

Throw his supple, befoir as I ȝow schew,
His heretage in Scotland did reskew.

CoL. 2. Quhilk crownit wes the fyue and tuentie da   40,635
Of Aprile, as my author did sa,
And of oure Lord ane thousand and sexty
Ȝeiris and one compleit war ane gone by.
To Forfair syne he passit thair and baid,
Quhair he that tyme rycht mony lawis maid ;   40,640
To thair freindis that Makcobey had slane,
Richt richlie than rewardit hes agane ;
To euerilkone that tyme baith les and moir,
That tuik his part so planelie of befoir.
In that counsall, as ȝe sall wnderstand,   40,645
The first erlis that euir war in Scotland
Wes maid that tyme with his auctoritie,
Befoir wes wont bot thanis for to be.
Of quhome the names I haif nocht perqueir,
Of pairt of thame ȝit sall I schaw ȝow heir.   40,650
Fyffe and Angus, Mar and Morauia,
Buchane, Catnes, Menteith, Atholia,
The Lennox, Ros, without ony gane-call,
In that counsall tha war maid erlis all ;
And mony surename also les and moir,   40,655
Wes maid that tyme quhilk wes nocht of befoir ;
As Calder, Lokart, Gordoun, and Setoun,
Gallowa, Lauder, Wawane, and Libertoun,
Meldrum, Schaw, Leirmond, and Cargill,[1]
Stratherne, Rattray, Dundas als thairtill,   40,660
With Cokburne, Mar, and Abircrumby,
Myretoun, Menȝeis, and also Leslie.
All thir surnamis that I haif schawin ȝow heir,
Weill ma ȝe wit, withoutin ony weir,
That tha tuke part withoutin ony pley   40,665
Into that tyme aganis this Makcobey,

---

[1] In MS. *Gargill.*

With gude Malcome of Scotland that wes king.
And for that caus, and for na vther thing,
Richt greit rewardis to thame all he gaif,
Efter thair deidis [1] as tha war worth to haif.   40,670
To gude Makduffe the erle of Fyffe gaif he
Ane priuiledge, and his posteritie ;
The first, quhilk wes ane priuiledge conding,
The erll of Fyffe quhen crownit wes the king,
Onto his chyre suld him convoy and leid,   40,675
The croun of gold syne set vpoun his heid
With his awin hand, all seruice for to mak,
As president most principall of that act ;
The secund wes, that battell in ilk steid
In his gyding the vangard for to leid ;   40,680
The thrid also, that neuir ane of his clan
Suld judgit be wnder ane vther man,
Quhair euir he war, bot with the erle of Fyffe,
Quhen that he war accusit of his lyffe.
With mony lawes also hes maid than,   40,685
Richt commendabill bayth to God and man,
And abrogat all lawes les and moir,
That Makcobeus maid had of befoir.

How Lauchlat, Makcobeus Sone, wes crownit King in Scone, and how Makdufe slew him rycht sone.

Rycht sone efter that done wes all this thing,
Thair come ane man the quhilk schew to the   40,690
  king
Of nyce newis in the tyme wes done,
Ane callit Lauchlat wes crownit into Scone,
Quhilk wes the sone of foirsaid Makcobey.
The erle of Fyffe send wes to red that pley ;   Lib.12, f.190b.
  Col. 1.

[1] In MS. *deith.*

The quhilk at Esk that tyme hes him ouirtane, 40,695
And slew him thair with his feiris ilkane.
Be this wes done, onto the king wes tald
Ane bellomy that busteous wes and bald,
In Loutheane had seruit mekill blame,
And quhat he wes I can nocht tell his name,   40,700
With mony revar, that war bald and stout,
He spuilȝeit had the land all round about,
Baith in the Mers and Loutheane richt far.
Ane nobill man, Lord Patrik of Dumbar,
At Colbrandispeth this captane carle he keild,   40,705
And sax hundretht of his men into feild ;
Fourscoir he tuik quhilk to the king he led,
The carlis heid also with him he hed
Thair captane wes, and presentit to the king,
Quha wes rejosit gritlie of that thing.   40,710
This Lord Patrik the erle of Merche he maid ;
Of Colbrandispeth the landis lang and braid
Gaif him that tyme, and thairwith ordand he,
In his banar ane bludie heid to be,
Perpetuallie in ane taikin and sing   40,715
Of his honour the quhilk that did sic thing.
Syne efter this it hapnit vpone cace,
This king Malcolme at hunting in ane place,
Of sindrie men quhome of he wes suspect,
As secreitlie wes schawin him in effect,   40,720
Conducit war than with his mortall fo,
For greit reward this king Malcolme to slo.
The king him self that knew rycht weill thame all,
The men of thame that wes most principall,
Richt quietlie the king with him is gone   40,725
Furth in the wod than hand for hand alone,
Waill secreitlie wnder ane buss of breir,
Quhair thair wes nane other to se or heir.
This gude Malcome than to that man said he,
" O fals tratour ! without humanitie ;   40,730

" O brutell beist! but kyndnes in memoir
" Off all kyndnes that I did the befoir.
" Traist weill, tratour, of the I haif hard tell,
" With fals tressoun thow schaipis to rebell
" Aganis me, and is my mortall fo,   40,735
" And tratourlie thow schaipis me to slo,
" Quhen I sall haif na power to defend.
" Thy cruelnes is richt weill to me kend."
With that he drew ane brand bayth braid and
    brycht,
And said till him, "Cum on! God schaw the   40,740
    richt!
" Now is moir tyme quhen no man is to red,
" No for to sla me sleipand in my bed.
" Defend the, tratour, ane of ws sall die!"
With that the tratour fell doun on his kne,
And held his handis to the hevin in hy,   40,745
Syne piteouslie on him mercie did cry.
Malcolme wes meik and wald do him na ill,
And suddantlie he said agane him till,
" Of thi reat this tyme full soir I rew;
" In tyme to cum so that thow wilbe trew,   40,750
" Heir I forgif the all faltis bygone."
And be the hand that tyme syne hes him tone:
Syne raikit furth befoir as tha war wont,
Amang the laif into the hillis to hunt.
Heir will I rest ane lang quhile and remane,   40,755
And of king Edward tell sum thing agane.

How Edward, King of Ingland, was aigit and
had no Airis of his Bodie, send for
Edward his Bruther Sone, quha was in
Hungary, to resigne the Croun to him
and be King of Ingland efter him.

This ilk Edward as ȝe sall wnderstand,
That samin tyme that king wes of Ingland,
Weill agit wes and cuming to greit eild,
And of his awin had nocht ane lauchfull cheild   40,760
Efter his dais the kinrik for to gyde.
His eldest bruther Edmond of Yrnesyde,
His tua sonis quhilk war in Hungarie,
As I schew ȝow bot schort quhile syne gone by,
Edmound the eldest deit without air.   40,765
Edward, ane virgin plesand and preclair,
Weddit ane wyfe wes callit Agatha,
The kingis dochter wes of Hungaria ;
To him scho buir Edmond ane sone, also
Margaret and Cristiane, and na barnis mo.   40,770
This king Edward that samin tyme send he,
For this Edward his sone and air to be.
At his command this Edward come belyve
Into Ingland with his barnis and wywe,
Quhome that the king resauit with renoun ;   40,775
Befoir thame all syne offerit him the croun,
Becaus he wes his eldest brutheris cheild,
And he him self also wes of gude eild,
And for that caus he profferit him the croun,
Befoir his deid to gif him possessioun.   40,780
This ȝoung Edward so curtes wes and heind,
His darrest eme, so tender wes ane freind,
He thankit hes that tyme rycht reuerently,
To tak the croun refusit hes, for-thy
He wes eldest and grittest of renoun,   40,785
And in possessioun also of the croun,

The quhilk he thocht wes nocht semand to be,
For greit degraiding of his majestie.
The pepill all quhen that tha hard sic thing,
How ӡoung Edward refusit to be king,   40,790
For sic kyndnes till his vnkill he hed,
Withoutin his purpois [eithlie] micht haif sped,
Quhen oft hes bene befoir that the tone bruther
For heretage distroyit hes the tother,
And for that causs that he sic thing forsuik,   40,795
The pepill all greit plesour of him tuke.
Sone efter syne, as my author did tell,
This ӡoung Edward, as aventure befell,
Departit hes befoir Edward the king,
That sorrowfull wes and sorie of that thing,   40,800
Ay moir and moir with greit langour and wo,
Out of this warld quhill he wes maid till go.
Sone efter syne, as halie kirk now grantis,
Now in till eird is numberit amang the sanctis
Richt hie in hevin, with blythnes and grit   40,805
    gloir
Withoutin end, and so and euirmoir.
The lordis than of Ingland euirilkone,
To Lundoun toun togidder all ar gone
To cheis ane king to be thair governour ;
This ӡoung Edmond quhilk wes of grit honour, 40,810
This Edwardis sone borne wes in Hungarie,
Neglectit wes that tyme and far put by
The heretage, to quhilk he had sic richt,
Part than for wrang and vther part than by
    slicht,
Corruptit wes be giftis of Herald,   40,815   Lib.12, f.191.
Quhome of befoir schort quhile to ӡow I tald,   Col. 2.
The eldest sone of Godowyn bygo,
And dochteris sone to Canutus also.
For his reward of greit riches and mycht,
This ӡoung Edmond wes frustrat of his rycht, 40,82

And this Herald without rycht of sic thing,
For Canutus[1] that da wes crownit king.
Thair allegatioun wes as I wnderstude,
For he wes narrest of Canutus blude,
And for that caus the Danis wald nocht pruif,　40,825
Vnjust battell aganis thame till mufe.
Tha fenȝeit this to be the caus and quhy;
It wes nocht so, and that rycht weill wait I.
That Canutus thairof had all the wyit,
Quhairat greit God had efter greit dispyit,　　40,830
And brocht thame all, as it wes rycht weill kend,
For thair falsheid onto ane febill end.
And how it wes quho[2] lykis for to speir,
Tak tent this tyme and I sall tell ȝow heir.

HOW HERALD MAREIT THE DUIKIS DOCHTER OF
　　NORMONDY, AND HOW HE COME IN INGLAND,
　　MARTERIT THIS FAIR LADIE, AND SEND [HIR]
　　TO HIR FATHER RICHT SCHAMEFULLIE, AND OF
　　THE DUIKIS CUMING IN INGLAND.

This ilk Herald sone efter he wes king,　　40,835
Into his mynd consauit hes sic thing,
That he wald pas, I cannocht tell ȝow quhy,
Into Flanderis, bot gif it wes for-thy
As God hes said sa all thing man be done.
This ilk Herald to schipburd passit sone,　　40,840
Syne ankeris drew and leit saillis dounfall,
Befoir the wynd syne went ouir mony wall.
Sone efter syne, within ane lytill we,
So greit ane storme thair fell into the se,
That force it wes ay sailland by and by,　　40,845
For till arryve than into Normondy.
This ilk Herald thairof he tuke the land,
The quhilk that tyme richt weill did wnderstand

---

　　[1] In MS. *Conatus.*　　|　　[2] In MS. *quhy.*

Williame, Bastard quhilk wes of Normondy,
At him he had greit malice and invy,   40,850
For his father distroyit Alarude,
His cousing deir, so neir wes of his blude.
And for that caus to counsall he is gone,
Decreittit wes syne with thame all ilkone,
Herald suld fenȝe that he come to wed   40,855
The duikis dochter, to bring to his bed
In matrimonie vnto his wyfe and quene,
To mak friendschip quhair lang grit weir had bene.
Quhairof this duke richt hartlie wes content,
And gart compleit all thing incontinent   40,860
Of his desyre that he plesit to haif;
His dochter syne in mariage him gaif
With greit devyss; quhen all thing wes done so,
He tuke his leif hame with his wyfe till go.
And quhen he come in middis of the way,   40,865
Vpoun the se, as my author did say,
The Normanis all that come hir till convoy,
Into that tyme withoutin noy,
Except hir self that tyme and othir thrie,
Send all agane hame bakwart ouir the se.   40,870
In Ingland syne, sone efter he come hame,
To this ladie hes done greit lak and schame,
Of hir father for malice and invy,   Col.
Magir hir will, gart laddis with hir ly.
Hir plesand ene syne as the cristell stone,   40,875
For greit dispyte out of hir heid hes tone;
Syne cuttit of hes baith hir eiris tuo,
Hir lustie lippis and hir nois also;
Hir plesand face, that pitie wes to se,
Deformit hes with greit crudelitie;   40,880
Onto hir father in his lak and schame,
On that same fassoun than he send hir hame.
This Williame Bastard syne efter rycht sone,
Of that injure Heraldus had him done,

With greit power, as my author did sa,   40,885
In Ingland come syne efter on ane da,
With bernis bald that waponis weill culd weild,
And slew Heraldus fechtand into field.
Depryuit him of his kinrik, lyfe and croun,
Of greit injure and of the fals tressoun,   40,890
To him befoir so wranguslie he wrocht,
And his dochter full deir than hes he bocht.
And euir moir in storie as I reid,
The Normond blude sensyne hes done succeid
Into Ingland, haifand auctoritie,   40,895
Baith of the croun and all greit dignitie:
As God prouydis so all thing is done.
This Williame Bastard efter this rycht sone,
Thair with his lordis into Lundoun toun,
Ressauit hes of all Ingland the croun;   40,900
And all the lordis also ill and gude,
Ouir all Ingland quhilk war of Inglis blude,
Dishereist hes withoutin ony dreid,
And maid ane Normane in his place succeid.
The vulgar pepill leit thame leif als fre,   40,905
And far better nor tha war wont to be,
With thair awin law, langage, and all the laif,
Siclike befoir as tha war wont to haif;
The kinrik als as it wes wont to be,
Callit Ingland be his auctoritie.   40,910
Quhilk causit thame fra that tyme furth but pley,
To him and his euir moir for to obey,
And ȝit hes done, I can nocht tell how lang,
As plesis God the quhilk can do na wrang.
This ȝoung Edmound, the sone wes of Edward, 40,915
Quhen that he saw the kinrik wes transferd
Fra his natioun wnto the Normane blude,
Perfitlie than he knew and wnderstude
That all his laubour wes [but] waist and vane,
In Ingland than na langar wald remane.   40,920

In ferme purpois to pas in Hungarie,
With baith his sisteris syne went to the se;
Thair passage maid than out of Thamis mouth.
The wind it blew so stark out of the south,
Ay be ane burd it draif thame to the north,   40,925
Quhill tha tuke land richt far vp into Forth,
Into ane place, as my author did sa,
Sanct Margaretis-hoip is callit at this da.
To king Malcolme quhen this wes schawin syne,
Remanand wes into Drumfermlyne,   40,930
To thame he send for to inquyre and speir
Of thair cuming the fassoun and maneir.
As[1] he [wes] bad this messinger hes done;   Lib.12, f.191b.
Col. 1.
Syne come agane and schew to him rycht sone,
Quhat that tha war and how that tha come   40,935
    thair,
And all the fassoun ilk word les and mair,
The quhilk befoir that I haif put in verss,
Is nocht neidfull agane for to reherss.
This king Malcolme, quhilk wes nocht immemor
The greit kyndnes that gude Edward befoir   40,940
Schew him in Ingland quhen he did remane,
And for his saik thairfoir he thocht agane
Onto his freindis recompance to mak,
Quhilk causit him moir kyndlie with him tak.
And so he did with greit honour and gloir,   40,945
And all his lordis that tyme les and moir
That present war, tha princes richt potent,
With king Malcome onto the schip tha went.
This zoung Edward that knew full weill sic thing,
Richt reuerentlie he come and met the king,   40,950
With his mother and with his sisteris tuo,
Quhilk salust him syne all the laif also.

---

[1] In MS. *As as.*

This nobill king hes tane him by the hand,
His mother syne, quhilk nixt [to] him did stand,
He kissit hes thair, with his sisteris tuo,   40,955
To Drumfermling syne maid thame all till go ;
In greit blythnes ane lang tyme of the ȝeir,
Quhair tha remanit ilk da with grit cheir.
As plesis God so all thing man be done :
This king Malcolme considderit hes rycht sone   40,960
Of this Margaret the greit humilitie,
Hir pulchritude and hir speciositie,
Hir greit vertu, the quhilk that did exceid
All vther virgin in hir tyme, I reid ;
And for that caus, as my author did mene,   40,965
This king Malcolme hes tane hir to his quene,
With haill consent of the nobillitie,
In matrimony his lauchtfull wyfe to be.
The ȝeir of God quhilk send sic grace fra hevin,
Ane thousand saxtie als thairto and sevin,   40,970
This ilk Margaret of quhome befoir I mene,
Of Scotland than wes crownit to be quene.
This beand done as ȝe sall wnderstand,
Than Williame Bastard, king wes of Ingland,
Quhen that he knew how all this thing wes done, 40,975
He flemit hes out of Ingland richt sone
The[1] freindis all wes of this ilk Edgair,
That levand war ilkane baith les and mair ;
Quhilk of thair lyvis wes so soir adred,
That samin tyme in Scotland all tha fled.   40,980
Quhometo king Malcome greit rewardis gaif,
Of gold and land as tha war worth to haif,
The quhilk sensyne geid neuer ȝit hame agane,
Bot ay in Scotland stone still did remane ;
And quhat tha war, quha lykis for to speir,   40,985
Thair surnames alss now I sall schaw ȝow heir.

----

[1] In MS. *This.*

Lyndesay, Wallace, Touris, [and] Lovell,
Ramsay, Prestoun, Sandelandis, Bisset, Soullis, Maxwell,
Wardlaw, Giffurd, Maule, Borthuik also,
Fethikran, Creichtoun, all thir and no mo.   40,990
Fyve of thir last, alss far as I can spy,
Come with this Edgar out of Vngary;
And all the laif of thir, as eith is to ken,
Of thir ilkone tha war all Inglismen.
This Williame Bastard quhen he wnderstude,   40,995
This king Malcolme with so greit gratitude
Ressauit hes thir men baith les and moir,
To him he wrait with rycht greit bost and schoir,
In heichtie langage that wes all to large,
Commandand him, wnder all pane and charge   41,000
Of his perrell that efter micht be fund,
This ilk Edgair he sould send to him bund.
Than king Malcome, in fair termis and plane,
Als hett and hielie ansuer maid agane;
Sayand, als far as he culd wnderstand,   41,005
He wes nocht oblist to keip his command;
No ȝit, he said, of his desyr and will,
Nocht worth ane fle thairof he wald fulfill.
" As for his bost I set richt litill by,
" Do that he dow," he said, " I him[1] defye."   41,010
With this ansuer the messinger richt sone,
Went hame agane and schew how he had done;
And all the ansuer that he gat agane,
Ilk word by word[2] in termis that war plane.
This Williame Bastard herand it wes so,   41,015
Ane greit armie he furneist hes till go
With ane hecht Rodger, as I vnderstand,
Ane Normane wes into Northumberland,
For-quhy gude [Suard] that tyme thairof wes lord,
To king Malcome, gif that I rycht record,   41,020

His mother bruther in the tyme wes he,
And tuik his part at possibilitie.
This ilk Rodger than for to keip command,
He enterit sone into Northumberland,
Quhair he that tyme wes sone put to the war,   41,025
His men war slane, him self chaissit rycht far,
And in the chace, as it wes rycht weill knawin,
Throw tressoun slane thair be men of his awin.
This Williame Bastard, of Ingland that wes king,
Quhilk litill sturt than tuke of all that thing,   41,030
Ane grittar armie sone efter he send
In Cumberland, syne maid with thame to wend
The erle Richart, of Loncastell wes lord,
To be thair gyid[1] and keip thame in concord.
The erle of Merche, gude Patrik of Dumbar,   41,035
And of Menteith, thir tua erlis send war
Be king Malcolme that tyme in Cumberland,
Quhilk stoppit him and maid him sic ganestand,
Scant worth ane hog tha leit him tak awa ;
Quhair he tuke ane tha tuke agane ay tua.   41,040
This Williame Bastard seand it wes so,
Ane greit armie he hes maid till go, .
Gif it be trew that my author tald me,
With ane bischop thair governour to be,
And wes[2] his bruther, Oden hecht to name,   41,045
The erle of Kent, ane man of nobill fame,
Quhilk enterit sone into Northumberland,
Wes nothing fre befoir thame that tha fand,
Baith brint and slew, as my author did sa,
Syne mekill gude tha tuke with thame awa,   41,050
Evin as tha wald at thair plesour and will.
Syne king [Malcolme], quhilk sone thair[3] sped
      thame till,

---

[1] In MS. kynd.   [3] In MS. thair than.
[2] In MS. with.

Arreistit thame, syne with ane maissar wand,
Or tha passit out of Northumberland,
Richt mony thousand of thame thair wes slane, 41,055
And all the laif war chasit hame agane.
This bald bischop, for all his schavin croun,
Durst nocht than byde to heir thair confessioun.
Ʒit William Bastard, quhilk that wald nocht tyre,
Ane grittar armie and with moir desyre, 41,060
With his sone Robert wnto Northumberland,
With thame he send to be at his command.
This ilk Robert, as my author did sa,
He come to Tyne and thair stane still he la :
The New Castell he gart agane restoir 41,065
Till the awin strenth distroyit wes befoir.
Into that tyme he did no vther thing,
Bot passit hame but ony tareing.
This Williame Bastard, quhilk culd nocht proceid,
To his purpois cumand so hulie speid, 41,070
All that he did befoir richt far he rewis,
With king Malcolme wes fane for to tak trewis,
Of this conditioun I sall to ʒow sa ;
That all the land fra Stanemure inwart la
North onto Tueid, without ony ganestand, 41,075
All Cumbria and also Westmureland,
This king Malcolme suld haif in peax and rest,
For euirmoir withoutin ony molest :
Makand thairfoir aith of fidelitie
To this Williame and his posteritie. 41,080
Into Stanemure ane cors of stane wes set,
Quhair the merchis of thir tua kingis met ;
And on the cors, as ʒe sall wnderstand,
Tua crownit kingis with sceptour in to hand
Depanetit wer richt propirlie that tyde : 41,085
The king of Scotland on the northmest syde,
The king of Ingland also on the vther,
Haldand thair faces euerilk ane fra vther,

Lib. 12, f.192.
Col. 1.

I wait nocht weill quhither on fit or hors,
Quhilk ay sensyne wes callit the Re-cors.   41,090
And Suardis sone, erle of Northumberland,
Hecht Wordyas, maid mariage and band
With ane ladie of fame that wes wnfyld,
To Williame Bastard that wes dochter child;
And this erle Sward in tyme to cum suld be   41,095
For tuentie ʒeir of all tribute maid fre,
Fra Williame Bastard, of Ingland that wes king,
Quhilk grantit wes to him and his ofspring.
This beand done as I haif said ʒow heir,
Sone efter syne within les nor ane ʒeir,   41,100
Into the Ylis and in Gallowa,
Baith thift and reif, as my author did sa,
Slauchter and murthur with mekle oppin wrang,
With all ill vices in that tyme tha rang.
And or I tell ʒow quhat wes the remeid,   41,105
Heir mon I la ane stra into this steid,
And of Banquho sum mentioun for to mak,
Of quhome befoir in this same buik I spak,
Quhilk Makcobey with sa greit tressoun slew,
Siclike befoir in that same tyme I schew   41,110
With fals tressoun he quit him to his thank.
He had ane sone wes callit Eleank,
Quhilk, with the substance in the tyme he hed,
Fra Makcobey into the Walis he fled;
Quhair with the lord he tretit wes rycht   41,115
    weill,
And to his dochter wes so deir ilk deill,
As kyndlie is thairof sould no man wonder,
Richt sone efter wes brocht in sic ane blunder,
Judge ʒe or nocht gif that scho wes begyld,
That sone efter scho wox rycht greit with   41,120
    child;
Quhairat hir father wes richt far displesit.
This Eleank, or that he wald be mesit,

Richt cruellie without mercie gart slo ;
His dochter als, quhen that he had done so,
In seruitude for terme of all hir lyfe   41,125
Maid hir to be ane sympill mannis wyfe.
Quhill efterwart ane ȝoung sone that scho buir
To Eleank, of quhome scho tuke sic cuir,
Quhill he wes leirit baith to gang and ryde,
Quhilk callit wes to name Walter that tyde,   41,130
In Albione wes nocht ane farar child ;
Syne efterwart, quhen that he come till eild,
On to Scotland to king Malcome come he.
Sone efter syne, throw greit nobillitie,
And worthines in mony stalwart stour,   41,135
Greit fame he wan with riches and honour,
And with king Malcome haldin wes of price,
Becaus he wes so nobill and so wyce.
This ilk Walter syne efter on ane da,
With greit power wes send in Gallowa,   41,140
For to resist the tratouris did rebell,
Quhome of befoir schort quhile ȝe hard me tell.
This ȝoung Walter with litill sturt or noy,
He maid thame all to be as clois and quoy.
Thair greit chiftane, MakGlawis hecht to name,   41,145
Of all thair deidis quhilk that buir the blame,
Fechtand in feild, and mony mo he slew,
The laif wes sworne than all for to be trew.
Syne efterwart he passit in the Ylis,
And part throw strenth, and vther part throw   41,150
    wylis,
He maid thame all als waldin as ane wand,
For till obey and byde at his command.
Becaus he wes of sic nobillitie,
This king Malcome of his auctoritie
His land-stewart in the tyme he maid   41,155
Ouir all Scotland that wes baith lang and
    braid ;

Syne till his surename Stewart did him call,
And gaif to him the land[is] liand all
In Cuninghame, that my author did sa,
Quhilk Stewartoun ar callit at this da.   41,160
His hous and famell, efter as I schew,
Onto sic riches and greit honour grew,
And spred richt far also hes his ofspring,
Of quhome sensyne discendit is our king,
Heir efterwart, quhen I haif tyme and space,   41,165
I shall schaw ȝow as God will gif me grace.
Sone efter this that ȝe haif hard me tell,
Ane hecht Makduncane in Murra did duell,
Perswadit hes all [pepill] moir[1] and les,
The Mernis, Mar, Ross, Buchane and Caitnes,   41,170
For to conspyre agane Malcome thair king,
And disobey him into euerie thing,
Without he leit thame hald thair landis fre,
But ferme or maill, at thair awin libertie;
And greit injure agane the king hes done.   41,175
Makduffe of Fyffe thairfoir wes send rycht sone,
With greit power that perrell to prevene.
The men of Mar quhilk hes his power sene,
Dreidand his strenth tha tempit him for-thi
With greit reward gif tha culd beir him by.   41,180
That samin tyme king Malcome at thair hand,
With new power wes cumin in the land;
Syne with Makdufe togidder baith in one,
To Monymusk richt haistelie ar gone,
And plantit hes thair palȝeonis on a plane,   41,185
Ane quhile at counsall syne thair did remane.
Lib.12, f.192b.
Col. 1. This king Malcolme that samin tyme gaif he
To Sanct Androis, with haill auctoritie,
Of Monymusk alhaill the baronie,
Of his fais to send him victorie.   41,190

---

[1] In MS. *moir moir.*

Syne with his oist he passit furth but pley,
Quhill that he come on to the water of Spey,
Quhair all his fais in the samin tyde,
Remanand wer vpoun the tother syde.
In gude ordour appeirit in thair sicht,   41,195
In breist plait, birnie, and in basnet brycht;
Sic multitude of thame as he hes sene,
He trowit nocht in all Scotland had bene.
The man that tyme the kingis baner buir,
Stoppit and stude and no forder than fuir,   41,200
Sum thing adred, as my author did mene :
The king thairof richt crabit wes and tene,
And hint the baner sone out of his hand ;
On to ane vther by him self did stand,
Ane berne full bald quhilk wes of blude and   41,205
    bone,
Quhilk callit wes Alexander Carone,
He gaif the baner in his hand to bair ;
In heretage syne efter euir mair,
His surename syne wes callit Scrymgeour,
Quhilk surname ȝit tha keip to this same hour.   41,210
This beand done the king passit ouir Spey,
Quhair mony freik that da had bene full fey,
War not the kirkmen, my author did mene,
With intercessioun gangand oft betuene,
Quhilk causit thame than of that stryfe to ceis.   41,215
Of this conditioun freindschip maid and peice ;
The commonis all sould skaill awa but stryfe,
The nobillis all ilkane, saiffand thair lyfe,
Suld cum that tyme into the kingis will,
To quhat pennance him plesit put thame till.   41,220
This Makduncane that all the stryfe began,
And vther mo wes no [les] witles than,[1]

---

[1] In MS. *And mo vther wes no witles than.*

Sone efter syne he did thame all denude
Of land and lordschip, and all vther gude ;
Syne all thair tyme with grit pennance tha la   41,225
In strang presoun vnto thair latter da.
Quhen this wes done as I haif said ȝow heir,
The king Malcome richt lang and mony ȝeir,
In peax and rest and greit tranquillitie,
Ane lang quhile so efter leuit he.   41,230
Off halmes [deidis] all vther did exceid
In Albione in his dais, I reid,
Of godlynes and of richt perfite lyfe,
Be the instructioun of Margaret his wyfe,
Quhilk in hir tyme had nother maik no peir   41,235
In Albione, alss far as I can heir.
Insufficient I am for to discrywe
Hir sanctitude, and eik hir halie lyfe ;
Hir greit diuotioun and hir godlie werkis,
As writtin is be mony famous clerkis :   41,240
And of king Malcome and his nobill deidis,
Witnes will bair quha that his legend reidis.
Thairfoir as now I will lat sic thing be,
Ouir langsum war heir at this tyme to me ;
Thair werkis all heirfoir to put in write   41,245
My pen wald irk, my self also to dyte
Wald grow als dull and sad as ony stone,
Thairfoir as now I lat sic thing alone.
The gude exempill of thair halie lyfe,
He[s] causit mony with thame for to stryfe   41,250
In greit perfectioun and in cheritie,
Col. 2.   Preissand with thame thairin equale to be.
Quene Margaretis mother, Agatha hecht to name,
Cristiane hir sister wnfyllit of fame,
Throw gude exempill of thir tua tha tuke,   41,255
All warldlie pomp and riches tha forsuik ;
And all the dais efter of thair lywe,
Religious like leuit contemplatywe.

Edgair hir bruther, as I wnderstand,
That samin tyme he passit in Ingland   41,260
To Williame Bastard, quhilk did him resaif,
And greit lordschip, quhair he plesit to haif,
He gaif to him in all part vp and doun,
And syne gaif ouir all richtis to the croun
To Williame Bastard hartlie with gude will,   41,265
And neuir agane to haif reclame thairtill;
And all his tyme withoutin sturt or stryfe,
He leuit so to ending of his lyfe.

OFF WILLIAME BASTARDIS DECEIS, AND OF HIS
    THRIE SONIS, HOW KING MALCOME BIGGIT
    THE KIRK OF DURHAME, AND OF THE SEIGE
    OF ANWIK, AND OF AND HOW KING MAL-
    COME DECEISSIT.

Neirby this tyme as ȝe sall wnderstand,
Williame Bastard, that king wes of Ingland,   41,270
Than of his regnne quhilk wes the tuentie ȝeir,
He tuik his leif and baid no langar heir.
The ȝeir of God ane thousand and fourscoir,
And sex ȝeiris compleit war and no moir.
Quhilk had thre sonnis plesand and preclair,   41,275
Williame Rufus, that eldest wes and air,
King of Ingland he maid efter his deid,
The quhilk succeidit syne into his steid ;
The secund, Robert, duke of Normondy ;
The ȝoungest sone quhilk callit wes Henry,   41,280
The fairrest thing that euir wes on the mold,
To him he left his riches and his gold.
This king Malcome into that samin tyme,
The kirk of Durhame foundit of stone and lyme,
That faillit wes ane lang tyme of befoir,   41,285
Reformit hes syne all thing les and moir,

In forme and fect as it wes wont to be,
With als greit fredome and auctoritie.
Ane faithfull father of honour and fame,
Priour thairof, hecht Torgatus to name,   41,290
Ane letterit man profound in all science,
Just and deuot, rycht haill of conscience;
The king Malcome this halie Torgotus,
He maid him bischop of Sanct Androis;
The quhilk that wrait the legend and the lyfe   41,295
Of king Malcolme and gude Margaret his wyfe.
Wes none culd do that thing so weill as he,
Quhilk wes so just and neuir ane word culd le.
And all thair lyfe perfitlie weill he knew;
Thairfoir I traist all that he said wes trew   41,300
Of thame ilk word, as semis weill to be,
Be thair gude lyfe and his auctoritie.
By counsall of this ilk Torgotus syne,
Lib. 12, f. 193. Col. 1. King Malcome biggit into Dunfermlyne
Ane fair tempill [the best] of the countre;   41,305
Syne ordand hes perpetuallie to be,
Into that kirk with diligence and cuir,
All kingis grauit into sepulture.
This Williame Rufus ȝe sall wnderstand,
Sone efter he wes maid king of Ingland,   41,310
Rycht wickitlie that tyme begouth to wirk
Agane the fredome than of halie kirk;
And mony abba also gart distroy,
To kirk and kirkmen greit injure and noy,
Ilk da be da he wrocht without ony remeid,   41,315
Quhairthrow rycht mony sufferit hes the deid.
The halie bischop, just and glorious,
Of Canterberrie callit Anselmus,
Becaus this king meikle he did corrak
Of his vices, quhairof he thocht sic lak,   41,320
And grew so hett withoutin ony remeid,
That efterwart he thocht to haif his heid;

War nocht the soner onto Rome he fled,
So wait I weill into the tyme he hed.
Suppois he knew that rycht just wes his   41,325
   querrell,
Ʒit neuertheles he wald vmschew that perrell,
Althocht he wes rycht saikles of that cryme,
To saue himself onto ane better tyme.
Williame Ruffus [of] quhome befoir I tald,
Rycht greit displesour oft and mony fald   41,330
Of Cumbria and of Northumberland,
So peceable wer in the Scottis hand,
Rycht greit dispyte into his mynd had he.
Thairfoir rycht sone ane wonder greit armye,
In contrair his promeis and his band,   41,335
Rycht sone he send into Northumberland ;
And Anwik castell that wes starge and strang,
He wan that tyme suppois the seig wes lang.
And Malcome than of Scottis that [1] wes king,
Quhen he hard tell the fassoun of that thing,   41,340
With greit power he passit on ane da,
Towart Anwik with all the haist he ma.
The Inglismen of his cuming hard tell,
Tha sped thame hame rycht sone attouir the fell,
Ilkone that tyme richt haistelie agane,   41,345
Except the men did in the hous remane,
Quhilk schupe to byde at grit laser and lenth,
With all thair power to defend that strenth.
Than king Malcolme sone efter this wes done,
Onto the hous ane seig gart set rycht sone,   41,350
And so scharplie ilk da did it assaill,
That tha within on force behuvit faill ;
Sone efter syne within thre dayis or four,
Force wes to thame the hous for to gif ouir.

---

[1] In MS. *than.*

Within the hous that tyme thair wes ane man; 41,355
Quhat wes his name as now tell I nocht can,
Bot, for to sa of him the veritie,
Ane freik he wes full of audacitie,
Gif all be suith of him heir that I reid,
As efterwart it [1] previt weill indeed ;   41,360
Richt humlie, but rancour or rebous,
On ane swyft hors he come furth of the hous,
With ane scharp lanss that wes bayth stif and
    squair,
Quhairon the keyis of the hous he bair,
Sayand, he wald without tareing   41,365
Tha keyis all deliuer to the king,
Als suddantlie as he mycht cum him till :
Syne horss and men put all in to his will.

Col. 2. Quhairof the Scottis war rycht fane ilkone,
And furth with him towart the king is gone, 41,370
Quhair that he la that tyme into his tent.
Of his tydenis wes mony diligent
To ryn and speir, richt mony than rejois,
Quhill that the ost redoundit of thair noyis.
The nobill king quhair he la in his tent,   41,375
Come furth to se quhat all that noyis ment,
And greit wounder that tyme had of that thing.
This Inglisman knawand that he wes king,
As Scottismen that tyme had till him schawin,
Ane sober pais towart him hes he drawin,   41,380
Kest doun the lance that wes lang and squhair,
Quhairon the keyis in the tyme he bair,
Evin as he wald deliuer in that place
The keyis all onto the kingis grace.
Syne with scharpe spurris in the tyme he hed, 41,385
Spurrit his hors quhill bayth his syidis bled,

<hr>

[1] In MS. *I.*

Quhilk causit him go leip furth in ane ling,
Evin at the face syne markit of the king ;
Than with the speir that wes of suir trie,
He hit the king richt in at the e,   41,390
The scharpe sokkat syne throw his heid is gone.
In that same tyme, or he micht be ouirtone,
Onto ane wod, the quhilk wes neirhand by,
Spurrit his hors and sped him spedely,
And wan the wod in magir of thame all.   41,395
This nobill king sic havie chance did fall,
Amang his men without ony remeid,
That samin tyme thair sufferit hes the deid.
Syne in Tynmouth, ane abba neirhand by,
Tha burdit him thair richt solempnitly ;   41,400
Quhilk Alexander gart tak out of that place,
That wes his sone, efter ane weill lang space,
In Drumfermling syne hes gart put in¹ graue,
With all honour that sic ane king sould haue.
This samin tyme now that ʒe heir me tell,   41,405
Ane vther plaig vpone Scotland thair fell ;
Edward the prince, bayth plesand and preclair,
To king Malcome wes eldest sone and air,
At ane carmusche into Northumberland
Wes woundit sair, quhair throw I wnderstand,   41,410
For ony leich that micht mak him remeid,
Sone efter that he sufferit hes the deid.
Quhen this wes done as I haif said ʒow than,
Skaillit the oist and passit hame ilk man.

Off Quene Margaretis Deidis.

To quene Margaret quhen this wes schawin   41,415
    plane,
How hir husband and sone also wer slane,

---

¹ In MS. *put it in.*

In Edinburgh within that castell strang,
With greit seiknes quhair scho wes viseit lang,
Throw sic dolour, as my author did sa,
Departit efter on the fourt da.   41,420
Quhais blissit saull, that wes so clene but syn,
Ascendit alss as hie as cherubyn.
Of Malcolmus ring the sex and threttie ʒeir,
All this wes done that I haif said ʒow heir,
And of oure Lord completit wes than evin,   41,425
Ane thousand ʒeir thairto nyntie and sevin.

Off ane greit Storme that fell be Se in Albione, and did grit Skaith.

Lib.12, f.193b.
Col. 1. That samin tyme now that ʒe heir me tell,
In Albione sic aventure befell,
Be storme of se all endlang the cost,
Full mony toun into the tyme wes lost ;   41,430
And mony place, and mekle pleneist land,
Distroyit wes and turnit all in sand.
The quhilk remanis ʒit [on]to this da
In that same stait, as my author did sa.

The Number of King Malcomes Sonis gottin with Quene Margaret.

This ilk Margaret, that meik wes and bening,   41,435
Sex sonis buir to gude Malcome the king.
Edward the eldest, as ʒe hard me sa
Of his departing and his latter da ;
The secund sone wes callit Ethaldreid,
Quhilk in ʒouthheid departit as we reid ;   41,440
Edmound the thrid, as in storie we schew,
Quhilk Donald Bane sum tyme in presoun slew ;
The fourt Edgair, of greit honour and fame ;
And Alexander the fyift callit to name ;

Dauid the saxt, and ȝoungest of thame all,   41,445
Of halie kirk the cheif pillar and wall,
As I sall schaw to ȝow with Goddis grace,
Heir efterwart quhen tyme cumis and place.
To tell of him I will nocht now remane,
Bot to my purpois pas I will agane.   41,450

How Donald Bane purposit to clame the Croun, quhilk Bruther wes to King Malcolme.

This king Malcome, at Anwik quhilk wes slane,
Ane bruther had wes callit Donald Bane,
Quhilk in the Ylis wes fled lang tyme befoir,
Sic dreid he had than of Malcolmis schoir,
And all his dais thair he did remane.   41,455
And quhen he knew that king Malcome wes
    slane,
And Edward als that wes his sone and air,
He tuik purpois than hamewart to repair,
Sen he wes narrest as he wnderstude
To clame the croun be law of consuetude,   41,460
And abillest als that tyme of ony vther,
Efter the deith of gude Malcome his bruther.

How Donald Bane was crownit King of Scotland, and of Organus and his Competitour.

This ilk Donald, as my author did sa,
Convenit with the king of Norrowa,
Promittand him, for his help and supple,   41,465
The Ylis all liand within the se.
Be quhais help syne as I wnderstand,
Crownit wes he that tyme king of Scotland,

At his plesour, but contrapleid or pley,
The baronis all so did him than obey.　41,470
The samin tyme to ȝow now that I mene,
Edgair, bruther of gude Margaret the quene,
Into Ingland quhen that he hard sic thing,
How Donald Bane of Scotland wes maid king,
Richt secreitlie in Scotland on ane da,　41,475
Sone efter that, as my author did sa,
Ane message send, quhilk[1] causit hes thairfoir
The thrie sonis of king Malcome Canmoir,
And tua dochteris richt plesand and bening,
Quhilk Margaret buir to gude Malcome the　41,480
　king,
Out of Scotland fra Donald Bane to fle,
Syne cum to him, with greit humanitie

Col. 2.　He tretit thame alss gudlie as he mocht,
Quhat neidfull war thairof tha wantit nocht.
Bot puir invy that suffer ma na thing　41,485
Lang into rest at plesour for to ring,
Quhilk waittis alway euerie man with schame,
Ane knicht wes callit Organus to name,
Accusit hes this Edgair on ane tyme,
Befoir the king of greit tressoun and cryme,　41,490
Sayand, he had agane his hie renoun,
In prejudice of him and of his croun,
King Malcolmis sonis into Ingland brocht,
And secreitlie amang thame sa had wrocht,
That efterwart quhen tha thair tyme mycht se　41,495
For to conspire agane his majeste,
Him to distroy that wes of sic renoun,
Syne he and his for euir to bruke the croun.
Ane man that tyme of greit honour and fame,
Ane knycht he wes, I knaw nocht weill his　41,500
　name,

---

[1] In MS. *quhair.*

Apeillit hes, my author tellis thus,
Into barras this samin Organus;
Befoir thame all thair with the kingis leif,
He proferit him thair manfullie to preif
In plane battell, or he schupe to ceis,   41,505
All that he said of that Edgar wes leis.
Syne kest his gluif to preif that all wes trew,
And in that querrell this Organus he slew.
With greit honour into the samin tyme,
He clengit hes this gude Edgar of that cryme,   41,510
And causit him moir gudlie in all thing
For to be treittit efter with the king.
The tyme is schort I ma nocht weill remane ;
To Donald Bane now will I turne agane.
This ilk Donald of quhome I schew befoir,   41,515
Vpone ane tyme he manast with grit schoir
Richt mony barroun gangand to his bed,
With barus mantill wes he thair[1] weill cled,
So far that tyme he stude into hir grace ;
Sayand to thame rycht planelie in thair face,   41,520
Bot gif tha sueir all till him to be trew,
Richt suddantlie he suld mak thame to rew,
And all thair airis efter thame ilkone.
The quhilk wordis in thair heidis ar gone
Hiear befar nor tha wald schaw him till,   41,525
Quhill efterwart that tha ma get thair will.

HOW DUNCANE, BASTARD SONE TO KING MAL-
    COLME CANMOIR, TUKE THE FEILD AGANIS
    DONALD BANE, QUHA FLED IN THE YLIS AND
    NA LANGAR DID REMANE.

This king Malcome, as that my author sais,
Ane bastard sone he had into tha dais,

---

[1] In MS. *wes*.

Quhilk wan in France greit honour and fame,
In Ingland als, and Duncane wes his name,   41,530
Richt opolent of horss, harnes, and geir,
Manlie and wyss in policie of weir.
That samin tyme into Scotland come he,
Out of Ingland with greit help and supple ;
Vpoun ane da syne pertlie tuke the plane,   41,535
For to gif battell to this Donald Bane.
Siclike this Donald on the tother syde,
Bald as ane boir he bownit him to byde.

Lib. 12, f. 194.
Col. 1. Quhen baith the feildis than rayit war at rycht,
And ilk of other cuming war in sicht,   41,540
The lordis all of Scotland euirilkone,
Tha left Donald and to Duncane is gone.
Quhen Donald saw it micht na better be,
Out of the feild with few feiris did fle,
And left the laif into the feild allone,   41,545
Syne in the Ylis with his gude is gone.
Bot half ane ʒeir efter he tuik the croun,
And no langar, than lestit his renoun.

HOW DUNCANE WAS CROVNIT KING OF SCOTLAND
AND WAS WEILL GEVIN.

This ilk Duncane, of quhome befoir I tald,
Quhilk in his tyme wes bellicois and bald,   41,550
Wes crownit king vpoun the marbell stone,
With haill consent of all the lordis ilkone.
Ane man he wes, alss far as I haiff feill,
In all his tyme ay for the commoun weill ;
Of him wes said so equale that he wes,   41,555
No falt vnpuneist in his tyme leit pas.
With mony man he louit was the war,
And speciallie in Murra and in Mar,
And vther landis as ʒe ma weill deme,
Becaus he wes in justice so extreme ;   41,560

And for that caus, as my author did tell,
In sindrie partis schupe for to rebell.

How King Duncane wes slane be Devyss of Donald Bane, and syne efter his Deid sat doun and rang into his Steid.

To Donald Bane quhen that this thing wes
  schawin,
Rycht quietlie to ane freind of his awin,
Lord of the Mernis callit Makpendar,   41,565
Ane seruand send that wes bayth wyss and war,
With greit reward and hechtis mony one
Of gold and siluer and of pretious stone,
Agane this Duncane for to tak his part.
And he agane richt glaidlie with his hart,   41,570
Promittit him rycht hartlie with gude will,
To mak him quyte sone of this Duncanis ill.
And so he did, gif I the suith suld sa,
Into Menteith sone efter on ane da,
Vpoun the nycht, gif my author be trew,   41,575
This ilk Duncane into his bed he slew
Rycht cruellie without ony remeid ;
And neuir sensyne accusit of his deid.
Thus endit Duncane that tyme of his ring,
The secund ȝeir efter that he wes king.   41,580
Syne Donald Bane, efter that he wes deid,
Come hame agane and sat doun in his steid,
In staitt royall siclike as of befoir ;
Of his gyding quhat suld I say ȝow moir ?
I can nocht find, heir schortlie to conclude,   41,585
In all his tyme quhair he did ony gude,
And say of him bot siclike as I heir.
Sone efter syne into the secund ȝeir,
Mangnes, the king that tyme of Norrowa,
With ane greit armie come vpoun ane da,   41,590

And all the Ylis tuke at his awin hand,
Without debait of ony or ganestand,
With all the strenthis also les and moir,
Be the promit Donald maid him befoir,
And gaif thame lawis, as my author sais ;   41,595
Quhilk lawis lestit ȝit into thir dais,
Within the Ylis in the occident se,
Vnabrogat, bot gif my author le.

Col. 2.
Quhairfoir the lordis [all] that at the king
War all displesit rycht far of that thing,   41,600
Syne efterwart, as my author did tell,
Ane counsall maid quhair tha did all rebell
Agane Donald, as ȝe sall wnderstand ;
Richt suddanelie syne send into Ingland
Ane messinger, as my author did mene,   41,605
To Edgair, sone of gude Margaret the quene
And king Malcolme, quhilk wes of sic renoun,
To cum in Scotland for to tak his croun,
His heretage and richtis till persew,
And tha till him suld all be leill and trew.   41,610
Than ȝoung Edgair to wit his vnkill will,
Ane messinger syne hes he send him till,
Schawand to him how that he had no richt
To hald his croun be sic maistrie and micht,
Quhilk he knew weill wes greit vnrycht and   41,615
    wrang,
Belevand weill it mycht nocht lest richt lang.
Beseikand him thairfoir of his frie will,
His croun agane he wald restoir him till,
And he thairfoir to his reward suld haif
All Loutheane, quhilk sould nocht be to   41,620
    craue,
And vther landis quhair him lykit best,
Quhair he mycht leif at grit plesour and rest.
This Donald Bane so cruell wes and ill,
The oratouris ȝoung Edgar send him till,

Agane the law, haifand to God no e,   41,625
Vpoun ane gallous maid thame all to die.
Quhen this wes schawin to ȝoung Edgair the
   prince,
How his vnkill had done him sic offence,
Out of Ingland with greit power and micht
In Scotland come for to persew his richt.   41,630
And as he wes hame cumand be the way,
Into Durame, as my authour did say,
Reueillit wes to him into his sleip,
Be ane visioun quhairto he tuke greit keip,
Sanct Cudbertis baner that tyme in his neid   41,635
Suld bair with him, quhairthrow he suld cum
   speid :
And so he did, the suith gif I suld sa.
In Scotland syne come efter on ane da,
With mony wy that worthie war and wicht,
In breist-plait, brasar, and in birny bricht,   41,640
Be way of deid his richtis to persew.
This Donald Bane that weill his cuming knew,
Arrayit him vpoun the tother syde,
With mony berne that battell weill durst byde.
Syne quhen he saw apperand in his sicht,   41,645
Sanct Cudbertis baner borne so hie on hicht,
And the reid lyoun all in gold so reid,
Wes streikit vp agane him in that steid,
Sic fortoun than he had that tyme and grace,
His lordis all wer with him in that place,   41,650
Tha left him thair into the feild allone,
And to ȝoung Edgair passit syne ilkone.
This Donald Bane, quhen he saw and beheld
His men allone had left him in the feild,
With haill effect tuik purpois for to flie   41,655
Onto the Ylis in the occident se.
Ȝit neuirtheles it hapnit so on cace,
Or he come thair he wes tane in ane chace,

And syne deliuerit to Edgair the prince.
The quhilk Donald for his wrang and offence,   41,660
This ilk Edgair, as my author said me,
In presoun maid sone efter for to die.

How Edgair was crownit, and first anoyntit King of Scotland than in Scone with ane Godrick.

Quhen this wes done as I haif said befoir,
The lordis all that tyme baith les and moir,
Edgair the prince to Scone than haif tha   41,665
   brocht,
In rob royall that worthelie wes wrocht,
And croun of gold, with sword, sceptour and ring,
Into Scotland wes first anoyntit king
Be ane Godrik, as that my author sais,
Of Sanct Androis wes bischop in tha dais.   41,670
The quhilk quene Margaret quhen scho wes on lyfe,
To king Malcolme that princes wes and wyfe,
At paip Urbane purchest sic facultie,
Kingis of Scotland till anoyntit be,
Into hir tyme, as that my author sais,   41,875
Quhilk consuetude is keipit in thir dais.
My purpois is heir for to paus ane quhile,
To vther mater for to turne my style :
Of aventure that in that tyme befell,
Tak tent to me and ȝe sall heir me tell.   41,680

How the Princes of Ewrope convenit with greit Power, and passit in Halie Land quhair Christ was borne.

The princes all of Ewrop in tha dais,
All in ane will as that my author sais,

Convenit hes with greit power and mycht
The halie land quhome to tha had sic rycht,
Quhair Christ wes borne and king wes of tha   41,685
    landis,
For to reskew out of his fais handis.
And Robert duke of Normondy tha dais,
And Godefredus, as that my author sais,
Of Lorence duke, thir nobill princes tua,
Of Blasone als the nobill erle also,   41,690
And of Flanderis the michtie erle and lord,
And mony mo me neidis nocht remord,
Lordis of France and vther lordis mo,
With this armie wer chosin for to go.
Of thair passage quhat suld I to ȝow tell,   41,695
So fair fortoun in thair way than befell?
Throw Grece tha passit into Asia,
Oure the mont Tawr to Anteochia;
The quhilk citie tha seigit sone and wan,
Quhair tane and slane that tyme wes mony   41,700
    man;
And in that citie fund wes in that tyde
The speir quhilk woundit Christ into the syde,
Vpoune the croce efter that he wes deid,
Quhen that he bled water and blude so reid.
This beand done, without stop or ganestand,   41,705
Tha passit syne ouir all the halie land;
Jerusalem syne seigit on ane da,
And wan the toun, as my author did sa.
And euerilk citie into Joury land
Subdewit hes to be at thair command;   41,710
And mony mo, the quhilk durst nocht rebell,
Wes neirhand by, as my author did tell.
Throw strenth and micht that God had gifin
    thame till,
Tha weildit all thing at [1] thair awin will.

---

[1] In MS. *as.*

This beand done quhair nane durst mak   41,715
  demand,
With [full] consent, without ony ganestand,
Thir princis all quhen tha war boun till go
Hame to thair landis quhair that tha come fro,
Thair haif tha chosin, as my author sais,
Robert the duke of Normondy tha dais,   41,720

Behind thame thair for to remane and byde,
The greit armie for to convoy and gyde,
Of Jerusalem the king and prince to be
In heretage: зit neuirtheles than he
Excusit him richt far into that thing,   41,725
For-quhy his bruther Williame, of Ingland king,
Wes deid but child of his awin to succeid.
This duke Robert thairto the quhilk tuke gude heid,
Sen he to him wes narrest lauchfull air,
Moir plesour thocht in Ingland to repair   41,730
And Normondy, to his and his ofspring,
No for to be of Jerusalem the king.
The haill lectioun that tha had gevin him till,
To Godefryde rycht hartlie with gude will,
Of Lorence duke into the tyme, he gaif,   41,735
Quhairof hartlie content wes all the laif.
This Godefryde that Cristin wes maid than,
In the weiris so greit honour he wan,
That moir honour wan neuir ane sensyne;
Quhilk numberit is amang the nobillis nyne,   41,740
Gif all be suith that sindrie storeis sais,
Gothra Bullen callit is in thir dais.
This ilk Robert, duke wes of Normondy,
His зoungest bruther callit wes Henry,
Or he come hame, efter his brutheris deid,   41,745
Wes crownit king succeidand in his steid;
For-quhy befoir tha hard tell of sic thing,
His eldest bruther Robert wes maid king
Of Jerusalem quhair he suld ay remane,
In that beleif neuir to come hame agane;   41,750

And so this Robert incurrit greit skayth,
And frustrat war than of tha kinrikis bayth.
To ȝoung Edgair now will I turne agane,
And of my storie tell ȝow to remane.
This ilk Edgair, of Scotland that wes king,   41,755
Tua sisteris had baith plesand and bening,
Quhilk in thair tyme exceidit ony vther,
Mateldis ane, Maria hecht the vther.
The quhilk Mateld, as my author did mene,
With king Henrie wes spousit and maid quene, 41,760
Ouir all Ingland, as that my author sais,
Mauld the gude quene wes callit all hir dais ;
Quhilk to king Henrie beand in his cuir,
Four fair childrene into hir tyme scho buir ;
Williame and Richart quhilk war sonis tuo,   41,765
Eufreme and Matild quhilk war sisters tuo.
The secund sister callit Maria,
Till ane Eustach erle of Bolonia [1]
That samin tyme in mariage gaif he,
To this Ewstach his lauchtfull wyfe to be ;   41,770
Scho buir to him that samin tyme also,
Bot ane dochter withoutin childer mo,
Into hir tyme wes plesand and preclair,
That efterwart syne wes hir fatheris air,
Syne weddit wes than for that samin quhy,   41,775
With ane hecht Stevin, quhilk wes to king Henry
His sister sone, of Ingland ane greit lord,
Gif all be suith my author did record.
That samin Stevin, as that my author sais,
Wes king of Ingland efter in his dais,   41,780
As ȝe sall heir within ane litill space,
At mair laser quhen tyme cumis and place. [2]
This king Edgair, of quhome I schew befoir,
Of gratitude wald nocht be immemoir,

---

[1] In MS. *Bouenia.* | [2] In MS. *space.*

Quhilk that Sanct Cuthbert schew to him as   41,785
   than,
Be his baner quhen he the battell wan

Into the feild aganis Donald Bane.
This king Edgair rewardit him agane,
With sic reward as halie kirk suld haif;
Of Coldinghame the baronie he gaif   41,790
To Durhame kirk in heretage and fie,
Ane cell of monkis ay of that kirk to be.
And Beruik toun siclike amang the laif,
To the bischop of Durhame also gaif,
Canulfus hecht to name into the tyme;   41,795
Quhilk efterwart of greit tressoun and cryme
Convictit wes, and Beruik tane him fra,
Depryvit syne out of his sait alsua.
This beand done than gude Edgair the king
In peax and rest did all his dais ring,   41,800
Weill louit alss with his leigis ilkone.
Sone efter syne in ane castell of stone,
Callit Electum, standing be the se,
Quhair now standis the gude toun of Dundie,
Quhen of his regnne completit wes the nint   41,805
   ʒeir,
He tuik his leif and baid no langar heir,
And of oure Lord ane thousand ʒeir ago,
Ane hundreth als with nyne ʒeir and no mo.
Syne grauit wes with greit honour and tryne,
Sone efter that into Drumfermlyne.   41,810

HOW KING ALEXANDER SUCCEIDIT EFTER KING
   EDGAIR, AND OF HIS WORTHIE DEIDIS DONE
   IN HIS TYME, AND OF THE SCRYMGEOURIS
   AND THAIR VPCUMING.

Syne efter him Alexander his bruther,
Narrest to him that tyme of ony vther,

Efter his deid succeidit in his steid,
Fra this Edgair withoutin child wes deid.
Fers Alexander, as my author sais,   41,815
Syne efter that wes callit all his dais,
And for that caus, as my author did mene,
Becaus he wes of justice so extreme.
Ʒit neuirtheles the first ʒeir of his ring,
For-quhy he wes so humbill and benyng,   41,820
Diuote and full of religiositie,
Richt mony man thair demit him till be
Baith blait and blunt, of wit rycht waik and puir,
And vnabill to sic office or cuir ;
And for that causs, as that my author sais,   41,825
The men of Ross and Murra in tha dais,
Perturbit hes the north baith far and neir,
With greit heirschip that horribill is to heir.
This nobill king thairof quhen he hard tell
So greit discord amang his leigis fell,   41,830
Rycht suddantlie, but ony schoir or boist,
Enterit amang thame with ane rycht grit oist.
Or euir tha wist, the maister men ilkane
That war in wrang war all in handis tane,
And on ane gallous maid ilkone to de :   41,835
So endit tha and thair iniquitie.
This beand done as ʒe haif hard me sa,
This Alexander efter on ane da,
Than cumand hame thair hapnit in the streit,
In to the Meirnis with ane woman to meit, 41,840
Befoir the king on baith her kneis fell ;
" For him," scho said, " that maid bayth hevin and hell,
" Heir my complaynt or thow go forder by !
" Wes neuir wicht so far wrangit as I,
" In termis schort as I sall sone declair.   41,845
" The lord [1] of Mernis eldest sone and air,

---

[1] In MS. *lordis*.

" My deir husband and eldest sone also,
" Richt cruellie this tyme he hes gart slo,
" Befoir ane judge becaus tha did him caw,
" For det he aucht to ansuer to the law."   41,850
This nobill king quhen he had hard hir mone,

And soir complaynt befoir thame all ilkone,
Doun of his hors he lichtit in the tyme,
[And swoir to be revengit of that cryme.]
Befoir thame all solempnit vow did mak,   41,855
Quhill that war done, agane vpone hors bak,
For ill or gude, suld neuir man him se,
Quhill that his vow completit than had he.
And sic punitioun of that thing he tuke,
That euerie man that saw it then forsuik   41,860
In all his tyme, other puir or ryke,
For ocht micht fall, for to commit siclike.
Quhen this wes done efter incontinent,
This nobill king on to Balledgar went,
Ane castell than quhilk into Gowrie stude,   41,865
Thair to remane he thocht plesour and gude,
With mony lord and nobill in the tyde,
For peax and rest the pepill to provyde.
That samin tyme that he did thair remane,
The Murra men that had thair freindis slane,   41,870
Ilk for his falt as ȝe haif hard befoir,
Into thair mynd the langar ay the moir
Consauit hes with greit subtillitie,
Of the gude king for to revengit be.
His chalmer cheild, of simpill blude and puir,   41,875
That of his chalmer had alhaill the cuir,
And vther sex siclike the tyme as he,
That wnder him had greit auctoritie ;
Thir Murra men for gilt and grit reward,
This chalmer cheild conducit with his gard,   41,880
Vpoun the nycht quhen the king wes on sleip,
Out throw ane closet for to lat thame creip

Into ane pairt that unsuspect wes hed,
Quhill that tha come on to the kingis bed.
Syne on ane nycht togidder all did meit,
At that same place thair purpois to compleit. 41,885
Be Goddis grace the tyme than hapnit he,
In that same sessoun wyde walkand for to be,
And in the closet hard ane noy and dyn
At the samin place quhair tha war cumand in.
Thairfoir that tyme, for tressone that he dred, 41,890
Rycht lichtlie than he lap out of his bed;
Syne with ane sword [that] hang at his bed heid,
His chalmer cheild and all the laif, to deid
Without ganestand he pot thame all ilkone,
Quhair thair wes nane bot he and tha alone. 41,895
Within the houss sic noyss raiss and cry,
Tha walknit all in chalmeris liand bi,
Quhome by the law that wes thairout ilkane,
Or euir tha wist, war all in handis tane,
Syne to the king wer brocht all in the tyme. 41,900
And quhen tha war accusit of that cryme,
Rycht planelie thair tha schew him but ganestand,
Quha causit thame to tak sic thing on hand,
Ilk word be word tha schew withoutin chesone,
Quha causit thame for to commit sic tressone; 41,905
And schew the king of ilk man be his name,
In Murra land quhair that tha duelt at hame.
And quhen the king than wnderstude and knew
That all wes suith to him that tyme tha schew,
No tarie maid without stop or ganestand, 41,910
Quhill that he enterit into Murra land.
Syne ceissit nocht quhill ilkane les and moir
War hangit all that maid the falt befoir,
Be the leist lad that tyme buir ony blame;
Quhen that wes done tuke leif and passit hame. 41,915
Ane man of gude into tha samin dais,
That tyme in Murra, as my author sais,

Wes with the king of greit honour and fame,
And Alexander Carrone hecht to name.
Sic vassalage that he committit than,   41,920
And in tha weiris sa greit honour wan,
Throw sic vertew and deidis of honour,
Syne callit wes to name Scrymgeour.
Quhilk surname ȝit succeidit hes sensyne
To heretage be richt succes and lyne,   41,925
Quhilk is ane hous of greit auctoritie,
Laird of Dudop and constabill of Dundie.
This Alexander so dred wes all his dais,
Wes none so hardie, as my author sais,
Ill or gude, as ȝe sall wnderstand,   41,930
Agane the law to brek the leist command.

How Alexander King foundit the Abbais of Scone and Sanct Colmis-inche, and how he was sustenit thair be ane Armeit for the Tyme within the Yle.

Syne Alexander, efter this wes done,
Foundit and feft ane fair abba in Scone,
Onto this da remanes ȝit to se,
Ane plesand place of greit auctoritie.   41,935
Syne efter that the king passit ouir Forth,
So strang ane storme thair blew out of the north
Quhilk draif the king wnto ane litill ile,
Within the se in that menetyme and quhile,
Quhilk callit wes that tyme Emonia,   41,940
Sanct Colmis-insche is callit now this da.
Into that yle, as that my author sais,
Ane halie armet duelland war tha dais;
Besyde ane chapell of Sanct Colme also,
Within the yle remanand wes no mo.   41,945
This king throw storme compellit wes that tyde,
But meit or drink thre dayis thair to byde;

None of his awin he had my author menit,
Ʒit neuirtheles he wes richt weill sustenit,
This king him self and so wes all the laif,   41,950
At sufficience that neidfull wes to haif,
With sic prouisioun that that armet had,
Tua kyis milk quhair with that tha war fed ;
Quhilk haldin wes ane greit miracle as than,
Be intercessioun of that halie man   41,955
Sanct Colme him self, quhilk in that samin
   quhile,
And ʒit siclike, wes patrone of that yle.
Thairfoir that king, as my author did sa,
Into that place ane plesand fair abba
Foundit and feft for hospitalitie,   41,960
In sic distres gif ony hapnis be.
Sune efter syne amangis all the laue,
The landis all to Sanct Androw he gaif,
Als fre as man with hart[1] and mynd can think,
Quhilk callit wes that tyme the Boris-rink ;   41,965
And to Drumfermling siclike all the laue,
Greit priuiledge with mony landis gaif.
The samin tyme that done wes all this thing,
Dauid, the bruther of this nobill king,
Remanand wes in Ingland, as I wene,   41,970
With his sister Mateldes the gude quene.
This ilk Dauid, be fauour of the king,
Weddit ane ladie plesand and bening,
The lauchtfull air wes, as I wnderstand,
Of Huntlyngtoun and all Northumberland,   41,975
Quhilk did exceid of fairnes and of fame.
This fair ladie, Mateldes hecht to name,   Col. 2
This ilk Dauid, be hir auctoritie
Declarit wes ouir all Ingland to be,

---

[1] In MS. *hard.*

Of Huntlyngtoun and als Northumberland　　41,980
Baith lord and syre but ony ganestand.
That samin tyme, as my author did mene,
Matheld the dochter of Matheldis quene,
And of Henrie that king wes of Ingland,
Weddit scho wes, as ʒe sall wnderstand,　　41,985
The empriour hecht Henrie in tha dais,
Fourt of that name as that my author sais.
As ʒe haif hard syne sone efter all this,
The nobill quene of Ingland callit Matildis,
Scho tuke hir leif out of this present lyfe,　　41,990
With greit murning of mony man and wyfe.
Hir ʒoungest sister callit Maria,
Quhilk duches wes als of Bolonia,
Within thrie ʒeir and les efter ago,
Siclike as scho departit than also.　　41,995
Thair sepulturis, of greit auctoritie,
Remanis ʒit in Ingland for to se.
This king Henrie throw aventure and chance,
Sone efter that greit weiris had in France,
And oft in France amang his fais ʒeid,　　42,000
And als come hame without perrell or dreid.
Ilkone other ane lang quhile did invaid,
Syne at the last betuix thame peax wes maid.
The samin tyme as that ʒe heir me mene,
The thre childer of Mateldes the quene,　　42,005
Scho buir that tyme beand wnder his band,
To this Henrie that king wes of Ingland,
Williame, Richart and Ewfamia,
Thir thrie childer sone efter on ane da,
It hapnit thame throw aventure and chance,　　42,010
Efter thair father cumand out of France,
Throw greit tempest and stormis in the se,
That samin tyme all pereist for to be.
And all the laif als in thair cumpanie
Chaipit neuir ane, and for that samin quhy　　40,015

This king Henrie than efter all his dais,
In murning weid, as that my author sais,
He levit ay, withoutin play or sport ;
Wes nane micht caus him for to tak confort,
For ony way that tyme that culd be wrocht,   42,020
Thair deid so soir it lay into his thocht.
Out of beleif he wes that tyme also,
So agit wes for to haif barnis mo,
And for that caus, with mony sich full soir,
Ilk da be da his murning wes the moir.   42,025

How King Alexander deceissit, and how his Bruther Dauid succeidit King efter, and of his vertewis and nobill Deidis.

This samin tyme as I haif said ʒow heir,
This Alexander in the sevintene ʒeir
Than of his regnne completit wes and no mo,
And of oure Lord ane thousand wes ago,
Ane hundreth als with sevintie ʒeir and fyve,   42,030
He tuke his leif out of this present lyve ;
Syne in Drumfermling put in sepultuir,
On princelie wyss deuotlie with honour ;
Withoutin cheild to him for to succeid.   Lib.12, f.196.
Thairfoir his bruther Dauid as we reid,   Col. 1.   42,035
With haill consent that tyme of ald and ʒing,
Wes crownit than of Scotland to be king.
This ilk Dauid, as that my author sais,
He did exceid all vther in his dais
Of singular justice and of sanctitude ;   42,040
With all his liegis all tyme weill wes lude.
Godlike he wes, full of deuotioun,
And mony fair place of religioun
Foundit and feft, as my author did sa,
Quhilk ʒit remanis to the samin da :   42,045

Of quhome the names I sall reckin heir,
Into my mynd that I haif now perqueir.
Dundranane, Jedburch and Calco vpone Tueid,
Newbottill, Melross also, as we reid,
Halyrudhous,[1] Camkynneth and Kinloss,   42,050
Drumfermling, Home, and also Lanarcois.
Thir tua last places that ȝe hard me sa,
Besyde Carlill standis in Cumbria.
And mony mo than I will heir report,
To reckin heir becaus the tyme is schort.   42,055
And four bischopis, as my author sais,
Foundit and feft into tha samin dais,
Of quhome to ȝow the names I sall tell;
Ross and Breichin, Dumblane and als Dunkell.
And Abirdene at his auctoritie,   42,060
That samin tyme also translatit he
Fra Lowmorthloch, as my authour did mene,
To that ilk place now callit Abirdene;
And mony vther worthie nobill deid,
As ȝe ma heir quha lykis efter reid.   42,065
Henrie his sone that eldest wes and air,
Ane prince he wes baith plesand and preclair,
Woddit ane wyfe that tyme and brocht hir hame,
Quhilk Adama than callit wes to name,
The erlis dochter of Warrania,   42,070
Quhilk buir to him, as my authour did sa,
Malcome, Williame, and Dauid also,
Three dochteris alss scho buir him and no mo;
Of quhome efter within ane litill space,
I sall schaw ȝow quhen tyme cumis and place.   42,075

---

[1] In MS. *Halrrudhous.*

How King Dauidis Wyffe the Quene deceissit,
and he levit chest efter hir and neuir mareit agane.

Sone efter this that I haif said ȝow heir,
Within les space nor tua or thre of ȝeir,
The nobill quene, as that my author sais,
So gude and godlie wes in all hir dais,
And so weill louit with all man and wyfe,   42,080
Departit hes out of this present lyfe,
With greit displesour baith of auld and ȝing,
And speciallie of gude Dauid the king,
Quhilk louit hir, as ressone wald and richt,
Into hir tyme aboue all vther wicht;   42,085
And for hir saik the wedow habit tuik,
Fra that da furth all wedding he forsuik,
And euirmoir, as my author did sa,
He levit chest wnto his latter da.
Efter hir deid deuotlie with honour,   42,090
Gudlie wes grauit in hir sepultuir,
In Scone abba, with greit triumph and gloir,
As scho desyrit in hir lyfe befoir;
Quhilk to this da remanis ȝit to se,
In that same place of greit auctoritie.   42,095
Neirby this tyme that I haif said ȝow heir,
Mathildis dochter to Henrie Bellicleir,   Col. 2.
King of Ingland, quhilk wes of sic honour,
Weddit befoir wes with the empriour
Henrie the fourt, quhilk in tha samin dais   42,100
Departit hes as that my author sais,
Withoutin chyld borne of this ilk empryce,
In all hir tyme that wes baith gude and wyss.
This king Henrie no mo childer had he,
For all the laue, as ȝe hard, in the se   42,105
Pereist ilkone bot schort quhile gane by.
This ilk Matildes for the samin quhy,

The king hir father, hecht Henrie to name,
Sone efter that into Ingland brocht hame.
The lordis all of Ingland in tha dais   42,110
He gart thame sueir all, as my author sais,
With euerie man vphaldand his awin hand,
Efter his deid all at hir faith to stand.
Decernit wes into that parliament,
Into that tyme with all thair haill consent,   42,115
This ilk Matild of quhome now that we reid,
Efter his deid to him scho suld succeid.
This beand done as I haif said anone,
His purpois wes of hir for to dispone.
Richt laith he wes to wed hir on ane lord   42,120
Into Ingland, becaus of greit discord.
Ane man thair wes that tyme amang the laif,
Callit Godfrid, erle wes of Antigaif,
Into his tyme of greit honour and fame,
Weddit this ladie and syne send hir hame.   42,125
Scho buir to him ane sone that wes his air,
Callit Henrie, richt plesand and preclair,
The quhilk Henrie as that my author sais,
Wes king of Ingland efter in his dais.
Robert the duke that tyme of Normondy,   42,130
That bruther wes to this ilk king Henrie,
Withoutin cheild than tuke his leif to fair
Out of this lyfe, for he micht leve na mair.
The landis all thairfoir of Normondy,
Of heretage fell to this king Henry.   42,135
The quhilk Henrie within schort quhile also,
Out of this lyfe he tuke his leif to go ;
And for this caus as I haif said ȝow heir,
Ouir all Ingland that tyme baith far and neir,
The commoun weill wes puneist and maid puir, 42,140
Ilkone on vther wrocht so greit injure,
In falt of ane the commoun weill to gyde.
This ilk Matildis in the samin tyde,

The quhilk thairof suld haif auctoritie,
Hir lord that tyme with sic infirmitie   42,145
In Antigave wes vexit at the hart,
Tha scho fra him no way than mycht depart:
Henrie hir sone that wes hir eldest cheild,
In to that tyme wes bot of tender eild.
Ane nobill man wes callit Stevin to name,   42,150
Erle of Bolone quhair he than duelt at hame,
Weddit the dochter of Marie I wene,
That sister wes to gude Matild the quene ;
Ane proper ladie, plesand and preclair,
And eik also that wes hir faderis air;   42,155
Als sister sone he wes to king Henrie.
This samin Stevin, for that ilk caus and quhy,
In Ingland come and askit for to be
Thair governour with haill auctoritie,
And tutour be onto Matildis cheild,   42,160
Onto the tyme he war of lauchtfull eild,
Sen he to him wes narrest in that tyde,
And ablist[1] als sic office for to gyde.
Quhairof the lordis war richt weill content,
And maid him tutour with thair haill consent,   42,165
Into that tyme without debait or chasoun,
For-quhy tha thoucht it wes bot rycht and ressone.
Sone efter syne, within ane litill we
That he had gottin sic auctoritie,
So greit fauour he had of auld and ȝing,   42,170
Pretendit hes of Ingland to be king,
And gart the lordis sueir into the tyde,
For all his tyme ay at his faith to byde,
And nane vther for till ressaue bot he,
Into Ingland thair king and prince to be.   42,175
To ratifie all thing that he had done,
Ane herald syne into Scotland richt sone

Lib.12, f.196b.
Col. 1.

---

[1] In MS. *oblist*.

Onto king Dauid, quhilk did him command
All Cumbria and eik Northumberland [1]
On to this Stevin, as of Ingland the prince,   42,180
In Lundoun toun to mak obedience ;
And wald he nocht, than schortlie to conclude,
He suld persew him baith with fyre and blude.
To that herald befoir thame all in plane,
This king Dauid sic ansuer gaif agane :   42,185
" Gude freind," he said, " sa thow onto thi lord,
" He is no king as thow hes done record ;
" Bot wranguslie vsurpit hes the croun,
" At his awin will but richt or ȝit ressoun.
" To my nevoy Matildis, that hes richt   42,190
" Till all Ingland intill hir faderis sicht,
" I haif maid homage, sworne with aithis deip,
" The quhilk I think for till obserue and keip.
" Thairfoir pas hame and no moir at me craue,
" No vther ansuer of me sall thow haif."   42,195
To this king Stevin quhen that ansuer wes tald,
Dilay that tyme no langar that he wald ;
Ane richt greit armie, as I wnderstand,
Richt sone he send into Northumberland,
And greit distructioun in the land hes maid,   42,200
With fyre and blude of all tha boundis braid ;
Wirkand sic wrang withoutin ony wyte,
The quhilk I trow wes nocht richt lang to quyte.
The erle of Merche that tyme wes maid till go,
The erle of Angus and Menteith also,   42,205
In the reskew than of Northumberland,
With mony berne that weill culd weild ane brand,
Rycht manlie war quhen that it stude in mister.
That samin tyme than the erle of Glocister,
With mony thousand wnder speir and scheild,   42,210
At Alertoun [2] he gaif the Scottis feild.

---

[1] This line precedes the former in the MS.   [2] In MS. *Alectoun.*

The bowmen, big and bald as ony boir,
Sic scharpe schutting maid in the feild befoir,
With fedderit flanis scharp as rasure schair,
That throw thair scheildis maid thair syidis sair. 42,215
Syne all the laif hes tane the feild on breid,
With bricht brandis gart mony bernis bleid,
That mony freik wes fellit throw grit force,
And mony knycht than keillit throw the corce.
The Scottis kene so cruell wes that tyde, 42,220
The Inglismen docht na langar to byde;
Out of the feild tha fled with all thair speid,
Als fast as fyre or spark out of ane gleid.
Rycht mony thousand of thame thair wes keild,
Na fewar als of thame wer tone in feild, 42,225
With thair captane and nobillis all ilkone, Col. 2.
That samin da into the feild wes tone.
Syne hed in Scotland wes the spulȝe haill,
Quhairof ilk man syne efter gat his daill,
Baith ȝoung and auld than, be the leist ane 42,230
    knaif,
Ilk man that tyme as he wes worth to haif.
Vnto king Stevin this infortunitie
Quhen it wes schawin, with greit mortalitie
Of his armie that wes maid thair that da,
And all the nobillis tane and led awa, 42,235
Richt weill he knew but thair help and suppel,
In peax and rest he mycht nocht rycht lang be;
And for that caus as it micht rycht weill seme,
Ambassadouris he send thame till redeme.
For thair ransoun conditioun thair wes maid, 42,240
And letteris writtin with seillis that war braid,
Subscryuit als with this king Stevynis hand;
That is to say, that all Northumberland
And Cumbria he sould frelie resing,
Into the handis of this Dauid king, 42,245
With all the rycht that Ingland had thairto,
And neuir agane thairwith till haif ado;

Bot euirmoir of Scottis grund till be,
Without reclame of superioritie.
This beand done without ony reclame,   42,250
Thir presoneris ilkone passit hame.
This ilk king Stevin sone efter did repent,
And suddantlie he changit his intent,
Revoikand all befoir that he had done ;
Thairfoir in haist rycht suddantlie and sone   42,255
Ane greit armie, with mony bow and brand,
He send that tyme into Northumberland.
Of thair cuming the Scottis weill that knew,
Waill fraklie than, suppois tha war rycht few,
Tha gatherit out at greit laser and list,   42,260
Thair ennimye that tyme for to resist,
And gaif thame feild rycht manlie on ane mure.
Sa few tha war tha mycht nocht lang induir
Into that feild agane sic multitude,
Ӡit neuirtheles into that stour tha stude,   42,265
Quhill that tha micht nocht weill ganestand that
    sturt.
Syne at the last with litill skaith and hurt,
Out of the feild in gude ordour tha fled
Onto ane strenth neirhand that tyme tha hed.
This beand done, syne efter da be[1] da   42,270
With small battell, as my author did sa,
Richt oft tha met ilk vther till persew.
The Scottismen, suppois tha war bot few,
In all that tyme tha keipit weill thair awin,
And with thair fais wald nocht be ouirthrawin.   42,275
This king Dauid quhen that he kend and knew
That it wes so, rycht sone for till reskew
Northumberland into that stait that stude,
Contractit hes ane richt grit multitude,
Ouir all Scotland that tyme that he micht be,   42,280
In that intent all on ane da to de,

---

[1] In MS. *dalie.*

Or to posses with fredome but ganestand,
All Cumbria and eik Northumberland.
In ȝork thair wes ane nobill bischop than,
Onto his name that callit wes Turstan.   42,285
To Roxburch to king Dauid come he,
Trewis that tyme he tuke for monethis thre,   Lib.12,f.197.
Col. 1.
And obleist wes to him thair be his hand,
To leif in peax than all Northumberland
To ȝoung Henrie thairof wes richteous air,   42,290
And Inglismen no moir for to repair.
This beand done as I haif said ȝow so,
This nobill bischop tuke his leif till go,
Quhither or nocht he wes thairof to blek,
Off all he said come nothing till effect.   42,295
Than king Dauid fra he sic falsheid knew,
Richt suddanelie, his purpois till persew,
Passit that tyme into Northumberland ;
His fais all befoir him that he fand,
Richt cruellie withoutin ony reskew,   42,300
At his plesour that tyme bayth tuke and slew.
Quhen this king Stevin than hard that it wes so,
Richt haistelie withoutin ony ho,
With all the power that tyme he micht be,
To Roxburgh richt haistelie come he.   42,305
Richt sone agane for that same caus and quhy,
That his lordis wald nocht to him apply,
Into Ingland he did agane retour,
But his desire and with richt small honour.
This beand done that I haif said ȝow heir,   42,310
Sone efter syne into the secund ȝeir,
Richt nobill men betuix thame till mak peice,
War richt solist to gar tha weiris ceis,
And with greit treittie oft ȝeid thame betuene,
Of Sanct Androis, Glasgow and Abirdene,   42,315
Thir thre bischopis, and of Scotland no mo,
Of Canterberrie and of ȝork also,

Thir tua bischopis bayth wyss and circumspect,
That weill culd bring sic mater till effect.
This ilk king Stevin bydand on that concord,   42,320
In Durhame lay with mony erle and lord ;
Siclike king Dauid in the samin tyme,
In the New Castell standis vpoun Tyne,
With mony nobill gudlie to command,
Remanit thair quhill all thing tuke ane end.   42,325
And on this wyiss as I sall ȝow declair :
That king Dauid as to the richteous air,
His sone Malcome as ȝe sall wnderstand,
All Huntlyngtoun and als Northumberland
Resigne to him, and he till wndertak   42,330
On to king Stevin obedience to mak
For tha landis, and nocht ellis to pa.
The landis als siclike of Cumbria
This king Dauid sould hald that tyme alss fre,
Siclike befoir as tha war wont to be.   42,335
Quhen this wes done with all thair haill consent,
The king of Ingland passit hame to Kent ;
Siclike king Dauid in the samin tyde,
To Carlill toun thair to remane and byde ;
And biggit hes than round about the toun   42,340
New strang wallis befoir wer cassin doun.
The castell als, at greit lasar and lenth,
Reformit hes, with mony sindrie strenth
In Cumberland that tyme baith les and moir,
That faillit had rycht lang tyme of befoir.   42,345
Of this king Stevin that I haif said ȝow heir,
All this wes done into the first thre ȝeir
Than of his ring, as my author did tell ;
Syne efterwart quhat aduenture befell
To this king Stevin syne efter the fourt ȝeir,   42,350
Tak tent to me and I sall tell ȝow heir.

How Matildis the Empryce come in Ingland
    with greit Power agane King Stevin,
    and of the lang Stryfe that was betuix
    thame, and efter appoyntit and agreit.

Mathild the empryce that wes lauchtfull air,
And dochter als of Henrie Belliclair,
Schort quhile befoir as ʒe haif hard me sa,
Weddit the erle of Antygauia   42,355
Godfride to name, als in that tyme wes he
Vexit full soir with greit infirmitie.
This ilk Matild sone efter on ane da,
With greit power, as my author did sa,
In Ingland come hir partie to persew,   42,360
Thairof hir richtis gif scho mycht reskew;
With help and fauour, ʒe sall wnderstand,
Of tua lordis that tyme war in Ingland.
Richt planelie than Mathildis part tha tuke,
Quhair all the laif hir seruice haill forsuik,   42,365
And with king Stevin and his auctoritie,
Plane part tha tuke bayth for to leif and die.
Richt lang thir tua at greit stryfe tha stude,
With mort battell quhair spilt wes mekle blude,
In all Ingland ouir all part far and neir,   42,370
Continewallie the space of fourtene ʒeir.
That ʒoung Henry, richt plesand and preclair,
To this Mathildis eldest sone and air,
And to Godfride as ʒe haif hard me sa,
The nobill erle of Antygauia,   42,375
Quhilk of befoir that wes so ʒoung ane cheild,
Wes cuming than to perfite aige and eild,
And weddit wes than with ane ladie fair
To Picardie and Turyn als wes air,
Ane duches dochter of honour and fame,   42,380
That Helenor wes callit to hir name.

This ilk Mathildis in tha samin dais
So causit him, as that my author sais,
To cum till hir with greit help and supple,
Quhilk come with him for greit affinitie   42,385
Of Helenor that wes his weddit wyfe.
The commoun weill of Ingland than belyfe
Had bene perturbit in the tyme rycht far,
Wer nocht wyiss men richt sone thairof wes war ;
Quhilk causit thame agrie and to concord,   42,390
Of this same way gif that I richt record.
That this king Stevin, as my author sais,
Sall bruik the croun of Ingland all his dais ;
Syne ȝoung Henrie, as ȝe ma efter reid,
Efter his tyme sould to the croun succeid.   42,395
And so it wes as I sall schaw ȝow heir,
In peax and rest lang efter mony ȝeir,
Without discord of ony erthlie wycht,
At all plesour ilk man brukit his richt.

How Henrie the Sone of King David deceissit and was bureit in the Abba of Calco, and of King Dauidis hie Displesour, and vexit in his Mynd for his onlie Sonis departing, and of his Wisdome and Ressone aganis his Displesour maid to his Lordes.

Lib.12, f.197b. Sone efter syne [that] wes done all this thing,   42,400
Col. 1. Henrie the sone of gude Dauid the king,
Of euerie wicht with greit weiping and wo,
He tuke his leif out of this lyfe till go.
Wes neuir poet ȝit with pen or inke,
Culd writ or dyte, or ȝit with hart culd think,   42,405
The greit beleif of vertew but offence,
That euirilk man had of this plesand prince.

Off God Almichtie he had so greit ane grace,
Wes neuir man that saw him in the face,
Bot he him louit hartlie fra the splene,   42,410
As he his bruther or his sone had bene.
My pen wald tyre and eik my self wald irk,
My mynd also wald grow baith dull and dirk,
To occupie so lang ane tyme and space,
The greit vertew and mony spetiall grace,   42,415
That rang in him gif I suld now report.
Thairfoir as now, sen that the tyme is schort,
Heir will I leve and tell ȝow furth the laue.
Into Calco quhair he wes put in graue,
Than of oure Lord ane thousand ȝeir and tuo,   42,420
Ane hundreth fiftie and no ȝeiris mo,
In that same place intumulit wes he,
Quhilk sepulture remanis ȝit to se.
This nobill king that had na sonis mo,
No wonder wes suppois his hart wes wo,   42,425
And so it wes, suppois he buir it fair,
So sonne to lois his onlie sone and air,
To him alway so tender wes and deir,
Ȝit neuirtheles he changit not his cheir ;
Sic vse of ressoune in all his tyme hed he,   42,430
And dantit so his sensualitie,
To God and man, as it wes rycht weill kend,
Did neuir thing trowand thame till offend
In word or deid, quhairthrow that tyme that he
With vice or falt micht apprehendit be.   42,435
The lordis all of Scotland les and mair,
All come till him to keip him out of cair,
With play and sport, and consolatioun,
To keip him furth of disperatioun,
And causs his cair with confort to decres,   42,440
Quhilk helpis mekill in sic havines.
This nobill king, as my author recordis,
Richt tenderlie ressauit all his lordis,

With blyth visage and countenance rycht kynd,
Suppois he wes soir vexit in his mynd.　　　42,445
Befoir thame all syne with ane voce so cleir,
He said to thame as I sall schaw ȝow heir:
" Lordis, beleue sic trubill and wnrest
" Oft syis," he said, "sic cumis for the best,
" Sen euirilk chance be greit God is ay gydit,　42,450
" Baith ill and gude at his plesour prouidit.
" Quhat man in erd hes sic auctoritie,
" So weill, ·so wyslie, can prouide as he ?
" And sen his will so equale is and richt,
" In all this warld wes neuir so wyss ane　　42,455
　　　wycht,
" Of all his werkis that culd mend ane myte,
" Thocht mony fuill throw folie with him flyte.
" Sen euirilk thing, as it is richt weill knawin,
" Of proper det be ressone is his awin,
" Bayth ill and gude this tyme vnder the lift,　42,460
" Syne lent [to] ws, and nocht frelie as gift
" In heretage ay with ws to remane.
" Syne quhen he list to haif his awin agane,
" He is ane ¹ fuill, I say thairfoir for me,
" Onto his God wald so wnthankfull be,　　42,465
Col. 2.　" To hald fra him, other be bost or schoir,
" So thankfullie that he lent him befoir.
" Quha dois so I hald him for to blame ;
" Forlane, tha sa, suld ay cum lauchand hame.
" And weill I wat all thing heir ws amang,　42,470
" Is lent be God, and I wait nocht how lang,
" At his plesour and at his awin fre will,
" And for na dett that he can aw ws till ;
" Than ressoun wald I bid nocht for to lane,
" Quhen plesis him to haif his awin agane,　42,475

¹ In MS. *ane ane.*

" Thair at no man sould any murmoir mak,
" Na in his mynd sould no displesour tak.
" Sum thing on force sen that sic thing man be,
" Thairfoir," he said, " I hald it best for me,
" For to be blyth, thair is no better mendis,   42,480
" And ay thank God of all thing that he sendis.
" This samin tyme," he said, " and so sall I
" My sonis deid ressaue als thankfully,
" As euir man [did] ony grace or gift
" Gevin be God this da wnder the lift."   42,485
Siclike as this than on ane fair maneir,
And mekle mair na I haif said ȝow heir,
He said to thame, na I ma now report,
For-quhy ȝe knaw my tyme is verrie schort,
And I haif mekill mater for till speid,   42,490
And of ane lang tarie had bot litill neid.
Now to my purpois thairfoir I will pas,
And tell ȝow furth the storie as it wes.
Quhen he had said thir wordis all in feir,
Ilk word by word as I haif said ȝow heir,   42,495
In forme and fect befoir as ȝe haif red,
The lordis all thairof greit ferlie hed
Of his prudens and greit patiens also,
Syne tuke thair leif and hamewart all did go,
Withoutin stop ilk man to his awin steid.   42,500
The eldest sone of this Henrie wes deid,
Malcome to name, ane prettie plesand page,
Quhilk threttene ȝeir that tyme wes of aige,
This king Dauid than maid with him till go,
The erle of Fyffe, with mony vther mo,   42,505
Richt glaidlie than at the kingis command,
Ouir all the partis that tyme of Scotland,
With greit triumph and of the kingis expence
This ȝoung Malcome ressauit as thair prince,
Promittand than with haill auctoritie,   42,510
Efter his tyme thair king and prince to be.

The secund sone of this Henrie also,
Callit Williame, that same tyme maid to go
In Huntlyngtoun, and eik Northumberland,
Quhair he ressauit mony aith and band,   42,545
Of all the nobillis into ane concord,
Him to ressaue as to thair cheif and lord.
Sone efter syne that all this thing wes done,
To Carlill toun he went him self rycht sone,
And with Matild his nevoy thair he met,   42,520
Quhair euirilkone rycht gudlie other gret,
His sister dochter to him wes so deir,
Wes empryce befoir as ȝe micht heir.
Hir sone Henrie scho brocht with hir alsua,
The erlis sone of Antigauia,   42,525
Apperand prince also of all Ingland,
Quhilk to king Dauid that tyme maid ane band,
That he suld bruik, ay as him awin self lest,
Northumberland in gude peax and in rest,
At his plesour, without stop or ganestand,   42,430
With Huntlyntoun and also Cumberland,
Lib.12, f.198. And thair gaif ouir richt hardlie with gude will,
Col. 1. All kynd of richt that Ingland had thairtill.

How King Dauid maid Henrie his Nevoy Knicht, and how the said King diuotlie and godlie deceissit.

Into this tyme now that ȝe heir me sa,
With greit triumph in Carlill on ane da,   42,535
With ane gilt spur of burneist gold so brycht,
This ilk king Dauid maid ȝoung Henrie knycht.
Quhen this was done as I haif said ȝow so,
Ilk man tuke leif and hamewart than did go.
This king Dauid of quhome I schew ȝow heir,   42,540
Syne of his regnne the nyne and tuentie ȝeir,

Soir vexit wes with greit infirmitie,
That euerilk man knew weill that he wald de.
So knew himself, and for that samin quhy,
Into his bed that tyme quhair he did ly,   42,545
The sacrament wald nocht lat to him bring,
He thocht he wes wnworthie to sic thing;
Betuix tua preistis with rycht clene intent,
Led on his feit on to the kirk he went,
Diuotlie thair remanit quhill neir none,   42,550
On bayth his kneis syne quhen the mes [wes] done,
In hart contreit with reuerence and honour,
The blissit bodie of oure Saluiour,
Rycht penitent into that samin place,
Ressauit hes to his greit gloir and grace.   42,555
This beand done syne hame agane wes hed,
And softlie syne laid doun into his bed;
Syne efterwart within ane litill space,
Befoir thame all into that samin place,
Quhair that he lay that tyme in Godis bandis,   42,560
His spreit commendit into Christis handis,
The croce of Christ syne in his armes imbraist;
Quhen that wes done la still and gaif the gaist.
Vnsufficient I am in all my lywe,
His nobilnes and vertu till discryve;   42,565
Sic thing till do difficill is to me,
Thairfoir as now heir will I lat it be;
And of the tuelt buik heir I mak ane end,
Loving to God that me sic grace hes send.

END OF VOL. II.

LONDON:
Printed by GEORGE E. EYRE and WILLIAM SPOTTISWOODE,
Printers to the Queen's most Excellent Majesty.
For Her Majesty's Stationery Office.

THE CHRONICLES AND MEMORIALS

OF

GREAT BRITAIN AND IRELAND
DURING THE MIDDLE AGES.

PUBLISHED BY THE AUTHORITY OF HER MAJESTY'S TREASURY, UNDER THE
DIRECTION OF THE MASTER OF THE ROLLS.

1. THE CHRONICLE OF ENGLAND, by JOHN CAPGRAVE. *Edited by* the Rev. F. C. HINGESTON, M.A., of Exeter College, Oxford.

2. CHRONICON MONASTERII DE ABINGDON. Vols. I. and II. *Edited by* the Rev. J. STEVENSON, M.A., of University College, Durham, and Vicar of Leighton Buzzard.

3. LIVES OF EDWARD THE CONFESSOR. I.—La Estoire de Seint Aedward le Rei. II.—Vita Beati Edvardi Regis et Confessoris. III.—Vita Æduuardi Regis qui apud Westmonasterium requiescit. *Edited by* H. R. LUARD, M.A., Fellow and Assistant Tutor of Trinity College, Cambridge.

4. MONUMENTA FRANCISCANA; scilicet, I.—Thomas de Eccleston de Adventu Fratrum Minorum in Angliam. II.—Adæ de Marisco Epistolæ. III.—Registrum Fratrum Minorum Londoniæ. *Edited by* J. S. BREWER, M.A., Professor of English Literature, King's College, London, and Reader at the Rolls.

5. FASCICULI ZIZANIORUM MAGISTRI JOHANNIS WYCLIF CUM TRITICO. Ascribed to THOMAS NETTER, of WALDEN, Provincial of the Carmelite Order in England, and Confessor to King Henry the Fifth. *Edited by* the Rev. W. W. SHIRLEY, M.A., Tutor and late Fellow of Wadham College, Oxford.

6. THE BUIK OF THE CRONICLIS OF SCOTLAND; or, A Metrical Version of the History of Hector Boece; by WILLIAM STEWART. Vols. I., II., and III. *Edited by* W. B. TURNBULL, Esq., of Lincoln's Inn, Barrister-at-Law.

7. JOHANNIS CAPGRAVE LIBER DE ILLUSTRIBUS HENRICIS. *Edited by* the Rev. F. C. HINGESTON, M.A., of Exeter College, Oxford.

8. HISTORIA MONASTERII S. AUGUSTINI CANTUARIENSIS, by THOMAS OF ELMHAM, formerly Monk and Treasurer of that Foundation. *Edited by* C. HARDWICK, M.A., Fellow of St. Catharine's Hall, and Christian Advocate in the University of Cambridge.

9. EULOGIUM (HISTORIARUM SIVE TEMPORIS), Chronicon ab Orbe condito usque ad Annum Domini 1366; a Monacho quodam Malmesbiriensi exaratum. Vol. I. *Edited by* F. S. HAYDON, Esq., B.A.

IN THE PRESS:

THE REPRESSER OF OVER MUCH BLAMING OF THE CLERGY. By REGINALD PECOCK, sometime Bishop of Chichester. *Edited by* C. BABINGTON, B.D., Fellow of St. John's College, Cambridge.

RICARDI DE CIRENCESTRIA SPECULUM HISTORIALE DE GESTIS REGUM ANGLIÆ. (A.D. 447—1066.) *Edited by* J. E. B. MAYOR, M.A., Fellow and Assistant Tutor of St. John's College, Cambridge.

MEMORIALS OF KING HENRY THE SEVENTH : Bernardi Andreæ Tholosatis de Vita Regis Henrici Septimi Historia ; necnon alia quædam ad eundem Regem spectantia. *Edited by* J. GAIRDNER, Esq.

MEMORIALS OF HENRY THE FIFTH. I.—Vita Henrici Quinti, Roberto Redmanno auctore. II.—Versus Rhythmici in laudem Regis Henrici Quinti. III.—Elmhami Liber Metricus de Henrico V. *Edited by* C. A. COLE, Esq.

MEMORIALES LONDONIENSES ; scilicet Liber Albus et Liber Custumarum in archivis Guyhaldæ asservati. *Edited by* H. T. RILEY, Esq., B.A., Barrister-at-Law.

THE ANGLO-SAXON CHRONICLE. *Edited by* B. THORPE, Esq.

LE LIVERE DE REIS DE BRITTANIE. *Edited by* J. GLOVER, M.A., Chaplain of Trinity College, Cambridge.

CHRONICA JOHANNIS DE OXENEDES. *Edited by* Sir H. ELLIS, K.H.

RECUEIL DES CRONIQUES ET ANCHIENNES ISTORIES DE LA GRANT BRETAIGNE A PRESENT NOMME ENGLETERRE, par JEHAN DE WAURIN. *Edited by* W. HARDY, Esq.

THE WARS OF THE DANES IN IRELAND : written in the Irish language. *Edited by* the Rev. Dr. TODD, Librarian of the University of Dublin.

The " OPUS TERTIUM " and " OPUS MINUS " of ROGER BACON. *Edited by* the Rev. J. S. BREWER, Professor of English Literature, King's College, London, and Reader at the Rolls.

DESCRIPTIVE CATALOGUE OF MANUSCRIPTS RELATING TO THE EARLY HISTORY OF GREAT BRITAIN. *Edited by* T. DUFFUS HARDY, Esq.

IN PROGRESS:

BARTHOLOMÆI DE COTTON, MONACHI NORWICENSIS, HISTORIA ANGLICANA (A.D. 449—1295). *Edited by* H. R. LUARD, M.A., Fellow and Assistant Tutor of Trinity College, Cambridge.

HISTORIA MINOR MATTHÆI PARIS. *Edited by* Sir F. MADDEN, K.H., Chief of the MS. Department of the British Museum.

The BRUT Y TYWYSOGION; or, The Chronicle of the Princes of Wales, and the ANNALES CAMBRIÆ. *Edited by* the Rev. J. WILLIAMS, AP ITHEL.

A COLLECTION OF POLITICAL POEMS FROM THE ACCESSION OF EDWARD III. TO THE REIGN OF HENRY VIII. *Edited by* T. WRIGHT, Esq., M.A.

A COLLECTION OF ROYAL AND HISTORICAL LETTERS DURING THE REIGNS OF HENRY IV., HENRY V., AND HENRY VI. *Edited by* the Rev. F. C. HINGESTON, M.A., of Exeter College, Oxford.

EULOGIUM (HISTORIARUM SIVE TEMPORIS), Chronicon ab Orbe condito usque ad Annum Domini 1366; a Monacho quodam Malmesbiriensi exaratum. Vol. II. *Edited by* F. S. HAYDON, Esq., B.A.

November 1858.